2ª Edição - Novembro de 2022

Coordenação editorial
Ronaldo A. Sperdutti

Preparação de originais
Eliana Machado Coelho

Revisão
Profª Valquíria Rofrano

Projeto gráfico e arte da capa
Juliana Mollinari

Imagem da capa
Pixabay

Diagramação
Juliana Mollinari

Assistente editorial
Ana Maria Rael Gambarini

Artista gráfico
Cristiano Botazzoli (@criszzoli04)

Impressão e acabamento
Gráfica Loyola

Proibida a reprodução total ou parcial desta obra sem prévia autorização da editora.

© 2020-2022 by Boa Nova Editora.

Av. Porto Ferreira, 1031 | Parque Iracema
CEP 15809-020 | Catanduva-SP
17 3531.4444

www.**lumen**editorial.com.br
www.**boanova**.net

atendimento@lumeneditorial.com.br
boanova@boanova.net

Dados Internacionais de Catalogação na Publicação (CIP)
(Câmara Brasileira do Livro, SP, Brasil)

```
Schellida (Espírito).
   Um novo capítulo / romance ditado pelo
espírito Schellida ; [psicografado por] Eliana
Machado Coelho. -- 1. ed. -- Catanduva, SP :
Lúmen Editorial, 2020.

   ISBN 978-65-5792-010-7

   1. Espiritismo 2. Psicografia 3. Romance espírita
I. Coelho, Eliana Machado. II. Título.

20-48169                              CDD-133.9
```

Índices para catálogo sistemático:

1. Romance espírita psicografado : Espiritismo   133.9

Maria Alice Ferreira - Bibliotecária - CRB-8/7964

Impresso no Brasil – Printed in Brazil
02-11-22-5.000-15.000

ELIANA MACHADO COELHO
ROMANCE DO ESPÍRITO SCHELLIDA

UM NOVO CAPÍTULO

LÚMEN
EDITORIAL

APRESENTAÇÃO

Meus queridos,

Schellida, essa autora espiritual que está encantando corações, iluminando consciências e transformando vidas, vem provocando curiosidades a respeito de suas experiências.

O que podemos garantir é "Pelas obras se conhece o obreiro", como diz o ditado popular.

Como minha mentora, vejo Schellida desde que me conheço por gente. Sempre envolta por uma luz sublime, que é de muita paz.

Embora seja doce, gentil e educada, transmite autoridade moral e firmeza. Delicada, Schellida sempre me envolveu com ternura, compreendendo minhas limitações, mas não deixando de me incentivar.

Por meio de seus romances, que trazem ensinamentos em cada página e emoção em cada linha, em pouco tempo, tornou-se a *querida Schellida*, assim tratada por muitos leitores, um título nobre, a meu ver, e que não poderia ser diferente.

Sabemos que todo espírito adquire conhecimento em suas diversas existências, aperfeiçoa experiências, harmoniza situações de que necessita e é capaz de passar adiante os ensinamentos para que outros possam também progredir mais rápido e com amor, conquistando a paz, que é a verdadeira evolução.

Quando vi a querida Schellida as primeiras vezes, não me importei. À medida que fui crescendo, entendi que somente eu a via. Hoje, alguns médiuns conseguem.

Eu era criança quando comentei isso com meus pais, Fernando e Neusa, que aceitaram muito bem. Também falei para minha avó materna, dona Tina (Ernestina), que me orientou a orar, fazer preces, pois ela era meu anjinho da guarda e se eu quisesse sentir sua presença, receber sua proteção e orientação, somente a prece e o desejo no bem me deixariam próxima a ela. Foi a melhor orientação que recebi. Válida até hoje.

Com o tempo, conheci aquele que seria meu marido, amigo, parceiro de jornada... André Coelho, que era espírita, por isso não tive o menor problema em lhe contar sobre o que eu via. O André me deu, e continua dando, muita força e incentivo para eu abraçar, ainda mais, a Doutrina, os estudos e os trabalhos com a mediunidade e com minha mentora.

A doce Schellida se identificava como *um espírito amigo*, algo muito comum que espíritos de determinadas envergaduras dizem aos seus pupilos. Mas como eu não era diferente de outros médiuns, queria um nome para esse espírito amigo, só que não o tinha.

Então, num impulso, decidi chamá-la de Maria.

Um nome que eu gostaria de ter.

Conversávamos muito e, para mim, era coisa normal. Apenas me senti diferente dos outros quando descobri que as demais pessoas não viam, ouviam ou interagiam com espíritos.

Em momentos delicados, eu chamava por ela, por Maria. Mas, em meus pensamentos, sempre separei minha mentora da figura de Maria, Mãe Santíssima, Mãe de Jesus, pela qual tenho imenso respeito, amor e carinho.

Já era estudiosa da Doutrina Espírita quando, um dia, em treinos de psicografia, onde ela sempre assinava *um espírito amigo*, eu falei:

— Bem que você poderia assinar Maria. Um nome cairia bem nas mensagens.

Docemente, ela respondeu:

— Poderiam me confundir com Maria, Mãe do Mestre Jesus, e nós não queremos isso.

Não pensei muito e decidi:

— Então vou te dar um nome.

Sorrindo, de forma linda, delicadamente, comentou:

— Que seja bonito então — expressou-se com um toque de graça, brincando.

— Schellida — falei. Foi um nome que ouvi e tinha apreciado muito. Eu o colocaria em uma filha, se tivesse uma na época.

— Gostei. Já tive esse nome em uma reencarnação passada. Assim como já me chamei Maria também — ela disse.

E foi a partir daí que Schellida passou a assinar dessa forma.

Após me casar com o André, tivemos uma filha. Colocamos o nome de Ellen. Nós a criamos nos princípios da Doutrina. Por ter indicado o nome à Schellida, perdemos a chance de chamar nossa filha assim. Pela presença e participação constantes dessa mentora em minha vida, poderia haver confusão.

Nossa querida Schellida tem, como trabalho espiritual, a missão de levar a luz da evolução através de suas obras literárias com base sólida, incentivo moral e respeito mútuo, além de belos romances.

Sei também que ela, junto com uma grande equipe, atua em prol do socorro de jovens desencarnados.

Sua família espiritual, ou egrégora, é imensa e tem como alicerce os ensinamentos e o proposto pelo Mestre Jesus.

Ela faz parte das legionárias de Maria de Nazaré. Eu sempre soube disso, mas tive imenso receio de revelar.

Sei que essa mentora querida tem muito amparo para o que realiza e infinita convicção em sua tarefa.

Em certa ocasião, um querido amigo, perguntou-me se Schellida não teria sido a encarnação de Maria de Cléofas, pois ele havia tido essa revelação. Perguntei à querida mentora e obtive a confirmação.

— Sim. Há mais de dois mil anos, fui Maria de Cléofas, tia de Jesus. Nessa época, despertei para ensinamentos nobres. Foi acompanhando os Seus passos que prometi segui-Lo, servi-Lo e apresentá-Lo em qualquer época da existência. Desde então, percorri as estradas apropriadas para harmonizar o que precisava com uma nova consciência, resignando-me nas expiações, esforçando-me nas provas, corrigindo as más tendências, buscando auxiliar como o Mestre ensinou e apresentando-O da melhor forma possível: com ações e exemplos próprios do amor que Ele nos deixou.

Pensei que essa informação não fosse mudar o que eu já sentia pela amável mentora. Mas, enganei-me, pois, quando se trata de uma seguidora e testemunha da vida do Cristo, as coisas mexem com a nossa cabeça. Foi aí que comecei a entender o peso e a importância de seu nobre trabalho: passar os ensinamentos do Mestre, através de singelos romances com os quais nos identificamos e que se tornam divisores de água em nossas vidas ao compreendermos que o conteúdo nos leva a inúmeras reflexões para a nossa evolução.

Diante disso, pedi à doce Schellida a permissão e a possibilidade de ser confeccionado um desenho da imagem de seu rosto, como eu a vejo, afinal, seus queridos leitores merecem conhecê-la.

Ela, bondosamente, permitiu.

Nessa época, "por acaso", em uma rede social, surgiu a solicitação de amizade de uma pessoa bem interessante que realizava perfeitos trabalhos em desenhos artísticos.

Aceitei a sua solicitação de amizade. Tratava-se do artista gráfico Cristiano Botazzoli. Conversamos a respeito do assunto. Após algumas explicações, baseando-se nas minhas informações, ele conseguiu, com primor, realizar o retrato de nossa querida Schellida, o qual tenho a imensa satisfação de apresentar.

Espero que apreciem esse depoimento e a imagem.

Com carinho,

Beijos a todos!

Eliana Machado Coelho.

ÍNDICE

1ª PARTE 14

Capítulo 1 – Os planos de Isabel 16
Capítulo 2 – Desafio entre primos 27
Capítulo 3 – A libertação de Isabel 43
Capítulo 4 – A morte não existe 55
Capítulo 5 – Previsão de Margarida 67
Capítulo 6 – Com as rédeas da própria vida 80
Capítulo 7 – A cunhada de Lea 93
Capítulo 8 – As gêmeas 106
Capítulo 9 – Ouça o seu coração 118
Capítulo 10 – A chegada de Luís 134
Capítulo 11 – A festa do cavalo 147
Capítulo 12 – O boicote 158
Capítulo 13 – A briga com Edgar 175
Capítulo 14 – Uma grande surpresa 189
Capítulo 15 – Abraço morno 205
Capítulo 16 – Santiago 220
Capítulo 17 – Um presente para Santiago 233
Capítulo 18 – A vida fica mais leve 247
Capítulo 19 – A ajuda de Luís 262
Capítulo 20 – O poder de um jarro 277
Capítulo 21 – Segundos infinitos 292
Capítulo 22 – A importância de Margarida 307
Capítulo 23 – Novos planos 322
Capítulo 24 – A empregada perfeita para Marisol 334
Capítulo 25 – As aliadas 346
Capítulo 26 – O retorno de Lea 360
Capítulo 27 – O piano não escreve partitura 375
Capítulo 28 – Iago colocando tudo a perder 388

Capítulo 29 – As joias 406
Capítulo 30 – A descoberta de Iago 419
Capítulo 31 – Acerto de contas 433
Capítulo 32 – União por amor 448
Capítulo 33 – Outros tipos de escravidão 465
Capítulo 34 – Amor incondicional, sempre 484

2ª PARTE 510

Capítulo 35 – Nova época 514
Capítulo 36 – Opiniões diferentes 530
Capítulo 37 – Deixar-se florir 546
Capítulo 38 – Envolvimento sem seriedade 557
Capítulo 39 – Aproximando-se de Iago 573
Capítulo 40 – Família é importante 588
Capítulo 41 – Empatia, prejudicial ou não? 603
Capítulo 42 – O reencontro 627
Capítulo 43 – Atraído por Lea 645
Capítulo 44 – Dias difíceis 656
Capítulo 45 – Intolerância 675
Capítulo 46 – A paz é o prêmio final 689
Capítulo 47 – O reencontro com Hernando 706
Capítulo 48 – Amor, sentimento maior 722
Capítulo 49 – Uma gota de veneno 755
Capítulo 50 – Reajustes 770
Capítulo 51 – Por sua causa, não desisti 785
Capítulo 52 – A nova casa de Lea 797
Capítulo 53 – No fundo do poço 810
Capítulo 54 – Os planos de Santiago 825

MENSAGEM

Sorria

O sorriso é a arma mais poderosa a ser usada em todos os momentos, inclusive nos alegres.

Disponha do sorriso, com carinho e amor, para que ele deixe o seu coração e ganhe o mundo.

A grandeza de um sorriso é medida pela luz que propaga, pelo encanto que atrai, pela força do seu contágio.

O sorriso é uma joia, um tesouro inestimável. Aquele que o oferece sempre multiplica essa preciosidade em seu ser.

Não existem portas fechadas para o sorriso, porque ele acaricia todas as almas e alegra todos os corações.

Quer um dia melhor?

Ao acordar, sorria!

Pelo espírito Erick Bernstein
Mensagem psicografada por Eliana Machado Coelho
Primavera de 2020

# 1ª PARTE

1864

PRINCIPADO DAS ASTÚRIAS
– PROVÍNCIA DE ESPANHA

CAPÍTULO 1
OS PLANOS DE ISABEL

Ruan caminhou alguns passos negligentes pela grande sala muito bem arrumada, com mobílias e objetos raros e caros para a época e lugar. Foi para trás de linda peça de madeira nobre, envernizada, apanhou alguns papéis e começou reler.

Amaldiçoou logo as primeiras linhas e jogou as folhas, que escorregaram por sobre a mesa e se abriram como um leque.

Abriu a tampa de uma caixa de madeira com figuras entalhadas à mão, pegou seu cachimbo, um pouco de fumo já picado e, sem demora, socou no fornilho. Fazia tudo automaticamente, enquanto perdia o olhar, que não se fixava em ponto algum, olhando para o nada.

Foi até a lareira acesa, segurou uma longa haste de madeira, acendeu a ponta e colocou sobre o fumo no fornilho, ao mesmo tempo, aspirou na boquilha da piteira, observando a coloração avermelhada, indicando a queima do fumo, junto à fumaça que surgia.

Poucas batidas à porta e permitiu a entrada de sua esposa, que se trajava elegantemente para a época.

Era uma mulher bonita, pele alva, alta e magra. Porte austero. Usava botas de cano curto com abotoamento lateral, que não podiam ser vistas devido ao seu longo e pesado vestido de veludo verde musgo, com mangas compridas. Dos punhos e da gola, saltavam o babado da blusa branca, que usava por baixo. Elegante, seus cabelos estavam presos em um grande coque atrás da cabeça, reluzindo o preto brilhante dos fios. Duas mechas mais curtas, propositadamente, escapavam com cacho suave nas laterais da cabeça, perto das orelhas, quase se misturando aos brincos que tinham madrepérolas como pingentes. Ela fez seus passos soarem até chegar frente ao marido e o encarou com firmeza.

— O que decidiu, senhor Ruan, meu esposo? — Isabel indagou séria em tom grave.

Primeiro ele xingou, esmurrou a mesa e depois falou:

— Não permitiremos que Diego Avilles seja beneficiado por *tu padre*, Isabel!!! Aquele...!!! — ofendeu e xingou muito.

— Também não concordo com o que meu pai fez — afirmou com dureza. — Ele teve somente duas filhas! A divisão de seus bens, após sua morte, deveria ser igual para nós duas. Agora, morto, não temos como mudar isso. — Deixando-se enfurecer, exclamou com os dentes quase cerrados, ao mesmo tempo em que procurava falar baixo para não ser ouvida, exibindo sua fúria: — Um homem desgraçado, infeliz, indecente e egoísta!!! Meu pai, certamente, fez isso para provocar-me!!! Foi de propósito! Sabia que eu e Carmem nunca nos demos bem e queria ver nossa rivalidade aumentar!!! A infeliz e imunda da minha irmã não ficará como única beneficiada!!! Nunca!!! — enervou-se.

— Ele fez isso porque foi ela quem cuidou dele nos últimos tempos, quando moribundo. Sua irmã o influenciou, certamente. — Breve instante e, simulando um sorriso cínico com o canto da boca, disse: — Se Diego Avilles e sua irmã Carmem morrerem... — insinuou, estendendo uma das mãos com a palma para cima, num gesto singular. Baforou seu cachimbo mais algumas vezes e caminhou alguns passos para olhar pelas janelas quase fechadas, através de cortinas escuras e pesadas, balbuciando de modo quase inaudível: — Estou me sentindo tentado.

Respirando fundo, mostrando-se calma, Isabel se aproximou. Suavemente, tocou-o nas costas e, ostentando semblante frio, murmurou com leve sorriso:

— É preciso cuidado, senhor meu marido. Nós seríamos os principais suspeitos. Lembremos que Diego Avilles e Carmem têm três filhos. A herança passaria para as crianças.

— São pequenos demais para administrarem bens de tão grandes proporções. Obviamente, nós, seus únicos tios e parentes próximos, seríamos seus tutores. Até crescerem, teremos tempo de transferir tudo para nós mesmos ou para nossos filhos. — Pensou um pouco e perguntou: — Qual a idade dos filhos deles?

— Iago é pouco mais velho do que nossa filha Lea. Angelita fará quatorze anos e Yolanda onze. — respondeu com presteza, muito atenta aos detalhes.

— Em poucos anos, arrumamos casamento para Angelita e, em seguida, para Yolanda. Iago... Bem... Quando tiver idade suficiente, entregamos a ele algo singular como herança dos pais. Não há como contestar. Ele não poderá fazer nada. Duvido que, hoje, esse moleque tenha noção do patrimônio do pai.

— Mas... Senhor meu marido, há de concordar que não temos pessoas a quem confiar um trabalho desse porte. Deixar aquelas crianças órfãs requererá muita perspicácia.

— Minha esposa, não quer que eu suje minhas mãos, quer? — encarou-a ríspido.

— Senhor... Pense! — Rodeou-o, enquanto andava esguia, olhando-o sobre o ombro ao contorná-lo: — Se pagar pelo serviço, mesmo a um bom preço, poderá ser extorquido pelo resto de nossas vidas. — Falava pausadamente, oferecendo certo tempo para a reflexão do marido. — Lembra-se do caso da família Alvarez? — Nova pausa. — Não foi difícil encontrar o culpado. Um dos empregados, que presenciou a morte do filho mais velho agonizando com dores abdominais, deu margem a desconfiarem do vinho, presente do outro irmão. Dado o vinho ao cão, certificaram-se de que a bebida estava envenenada.

— Era um cão muito bonito. Que desperdício — ele riu, baforando a fumaça para o lado.

— Estou falando a sério, senhor Ruan — tornou em tom digno de atenção.

— O que sugere, Isabel? — olhou-a mais compenetradamente, de modo severo.

A esposa sorria com moderação, sem mostrar os dentes. Seus olhos cresceram e brilharam pela ideia brilhante que acreditou ter. A representação mental que teve, naquele momento, era tudo o que mais queria. Então, respondeu quase sussurrando:

— Um assalto. — Rodeou-o, novamente. Calcando o chão e fazendo seus passos soarem mais alto que sua fala, propôs a meia voz: — A região de Astúrias, nos últimos tempos, está sendo bem acometida de ladrões.

— Toda a Espanha está acometida de ladrões! — retrucou em tom grave.

— Então é o ideal! Essa é a melhor maneira de nós nos livrarmos de Diego Avilles e Carmem.

— Como? — ficou curioso.

— Poderia encontrar assunto para tratar na Capital Oviedo ou... — pensou — talvez Cantábria seja mais ideal. O caminho para essa província é tortuoso. Precisarão atravessar rios, montanhas e... — sorriu ao deter as palavras.

Ruan sentiu-se invadido por desejo de ganância, que não podia controlar. Exalando algo sombrio no sorriso astucioso, apoiou as ideias da esposa e completou:

— As lavouras têm exigido trabalho braçal de imigrantes e isso trouxe muita gente para a região. Por essa razão, o grande número de assaltos vem acontecendo, principalmente, às carruagens e diligências. Se fôssemos juntos, nós quatro, poderíamos simular um assalto e dizer que, de alguma forma, pouparam a nós dois. Cantábria é o melhor lugar para irmos, devido a ser ermo. O caminho é solitário. Há trechos descampados e, torneando as montanhas, os penhascos são íngremes.

— Precisamos pensar... Como atraí-los para lá sem os filhos? O que faríamos em Cantábria? — Isabel questionou friamente.

— Lá existem lugares interessantes. O ar é úmido e faz bem à saúde. Por ocasião da morte de seu pai, sua irmã ficou melancólica. Proporíamos um retiro. Uma viagem para que ela respirasse outros ares.

Isabel sorriu largamente ao reproduzir, mentalmente, como tudo deveria acontecer:

— Deixaríamos as crianças sob os cuidados das amas. Viajaríamos só nós quatro. Caminhos tortuosos, lugares ermos, assaltantes... — olhou-o e sorriu.

— Certamente — o marido concordou.

— Converse com Diego. Convença-o, o quanto antes, sobre os benefícios de uma viagem para Carmem. Deixe claro que iremos juntas, pois estou comovida com o estado de minha irmã e quero ajudar. Viajar para perto do mar e ficar alguns dias em província diferente, será o ideal para ela.

— E o cocheiro?... — ele se preocupou.

— O que tem? — indagou severa, sem entender a pergunta.

— Se formos para Cantábria, vamos de carruagem. Não quer que eu seja cocheiro também, quer? Será motivo de desconfiança! — ressaltou insatisfeito.

— Contrate um cocheiro — Isabel idealizou com astúcia. — Não leve o nosso nem aceite o deles. Diga a Diego que será bom para nossos filhos que funcionários homens permaneçam em nossa estância para a segurança dos pequenos. Então, você contrata o cocheiro mais beberrão que encontrar — sorriu de modo ardiloso. — Iremos para Cantábria. Afirme que ficaremos lá cerca de dez dias. Dê muito dinheiro ao cocheiro quando chegarmos lá. Ele vai se embebedar. Deixe claro para não se preocupar conosco, que só quer vê-lo, novamente, no dia do retorno para nos transportar de volta. Dessa forma, esse cocheiro sairá de nossas vistas. Porém — sorriu por sua sagacidade —, após dois ou três dias que estivermos aproveitando o passeio, um mensageiro entregará uma carta dizendo que os filhos de Carmem e Diego estão muito, muito doentes. A maldita da minha irmã ficará desesperada. Não quererá ficar mais um dia sequer. O desespero faz as pessoas realizarem coisas estranhas. Ela, certamente, proporá ao marido que voltemos imediatamente. Sem cocheiro, implorará que vocês mesmos conduzam a carruagem. Dessa forma, estaremos nós quatro a sós na viagem de volta.

— Quem enviará um mensageiro com a carta dizendo que os filhos deles estão doentes? — Ruan perguntou com desagrado, parecendo reprovar a ideia.

— Ninguém — respondeu friamente. Rindo de sua própria astúcia, Isabel explicou: — O senhor, meu marido, já levará a mensagem consigo, com o selo de nossa casa, inclusive. Quando Carmem e Diego se distraírem e estiverem longe de nós, o senhor dirá que um mensageiro chegou a cavalo para trazer a carta a pedido de nossos empregados. No caminho de volta, nós nos livraremos da mensagem e deles.

Com olhos espremidos pelo sorriso malicioso, circundou a mesa, caminhando com trejeitos manhosos como se se envaidecesse por suas artimanhas.

Ruan a admirou. Olhou-a de cima a baixo contemplando sua inteligência e sorriu.

Aproximando-se, o marido colocou a mão em seu ombro e a beijou, demoradamente, na testa. Sorrindo, pediu:

— Solicite a Estevão que prepare meu cavalo. Vou ter com Diego e preparar nossa viagem o quanto antes.

Já era quase fim de tarde quando, extremamente nervosa, Carmem atiçava o fogo da grande lareira na sala principal de sua casa. Esbravejava com a criada, afirmando que o fogo já deveria estar aceso àquela hora.

— Sinta o frio desta sala, estúpida! Como vamos servir o jantar?! Inútil!!! — Ergueu-se. Estapeou o rosto da empregada e a empurrou, gritando: — Faça esse fogo acender ou sentirá o fio do chicote, Consuelo do cão! Imprestável dos diabos!!!

— Sim, senhora... — a moça murmurou chorando, enquanto se levantava do chão, pois havia caído com o empurrão que levou.

— E não quero ouvir seus lamentos! Parasita inútil! Órfã dos infernos!!!

— O que aconteceu aqui, Carmem?! — indagou a voz forte de Diego, que adentrava na casa fazendo soar o calcar de suas botas no assoalho de madeira.

— A inútil criada não acendeu o fogo mais cedo, senhor meu marido. Quase hora de servir o jantar e a casa está esse gelo que pode sentir!

— E onde a senhora, minha esposa, estava que não viu isso antes?! — indagou exigindo com dureza, falando de modo grave.

— Dando ordens de como preparar o cervo que serviremos amanhã, como assado, no almoço que prometeu a Ruan e Isabel. Não entendi direito o que essa infeliz e seu marido querem aqui! Só me dar trabalho, decerto!

Diego abriu os botões de seu casaco, tirou-o e pendurou em um mancebo, no canto, ao lado da porta, onde já havia depositado o chapéu.

Procurou por uma poltrona e sentou-se.

— Tire minhas botas — exigiu ríspido.

Carmem obedeceu sem questionar. Era o costume.

De costas para o marido, como se montasse em sua perna, segurou a bota e começou a puxá-la com toda a força, enquanto ele, com o outro pé, empurrava-a por trás, para ajudar. Ao mesmo tempo, ela reclamava:

— Não sei o que Isabel quer aqui. Tomara que não traga os filhos! Crianças mal-educadas! Endiabradas! — tirou uma bota e depois a outra. Em seguida, gritou: — Consuelo!!! Leve as botas para serem limpas e traga a bacia e o cântaro com água para lavar os pés do senhor!

Saindo rapidamente de perto da lareira onde apertava o fole para o fogo aumentar, a criada correu para cumprir a ordem.

De cabeça baixa, a empregada apanhou as botas. No mesmo instante, com reflexo rápido, encolheu-se ao se sentir ameaçada por Carmem, que ergueu a mão para estapeá-la e bateu o pé ao mesmo tempo em que gritou:

— Corre, inútil!!!
— Fale baixo, Carmem! — exigiu o marido com voz firme. — Seus gritos irritam!

Na ausência da empregada, a esposa prosseguiu:

— O difícil de receber Isabel e Ruan é mostrar-me melancólica. Não sei por que ainda preciso parecer triste pela morte de nosso pai. Já se passaram dois meses.

— Mulher, use a inteligência, se tiver uma! — exclamou agastado. — Não podemos levantar suspeitas. Dom Onofre, seu pai, era homem lúcido, apesar da idade. Não teria razões óbvias para transferir toda sua fortuna para nós. Cale-se e mantenha-se triste. Muito triste. Chore. Contenha-se ao pedir as coisas aos empregados. Não gosto do jeito como trata esses criados. Deveria ser mais benevolente, perto dos outros. Quem está melancólico, em luto, costuma expressar-se com bondade.

— Eu não consigo, senhor meu marido. Não consigo! — disse enervada.

A criada entrou trazendo a bacia, toalha e um cântaro com água.

Colocou a tina entre os pés do patrão.

Carmem pegou-lhe o cântaro e a toalha das mãos e ordenou rígida:

— Saia daqui! Amalucada e imbecil!

Em seguida, despejou a água a certa altura, de modo que, sentado, Diego esfregou as mãos para limpá-las, passando-as no rosto também.

Entregando a toalha ao marido, começou a lavar seus pés dentro da vasilha, secando-os em seguida.

— Providencie que a água esteja mais quente amanhã — ele exigiu, demonstrando imensa insatisfação.

Consuelo retornou trazendo os calçados semiabertos e meias de lã, entregando-os a Carmem, que colocou nos pés de Diego.

— Saia, estrupício dos infernos! — a patroa mandou e a jovem obedeceu de imediato.

— Quando falou comigo, Ruan disse que Isabel está preocupada com você. Contou que sua irmã acredita ser conveniente uma viagem, um retiro para que melhore o ânimo e a saúde. Novos ares farão bem para que saia da melancolia. Queria vir aqui de imediato para conversarmos a respeito. Não achei conveniente. Precisava de tempo para pensar e conversar contigo para que não houvesse contradições. Por isso, não respondi de imediato e achei conveniente um almoço — Diego contou. — Não sei por quem o maldito do Ruan me toma. Ainda não esqueci que esse infeliz tomou minha frente na negociação daqueles cavalos. Foi bem feito ter problemas com a febre equina. Perdeu metade dos potros — riu pelo problema do outro.

— Minha irmã nunca foi de se preocupar comigo. Onde já se viu? Algum interesse tem. Quer se aproximar porque está desconfiada ou...

Diante da demora, o marido perguntou:

— Ou o quê?

— Ou quer dinheiro — Carmem deduziu.

— Não creio que Ruan e Isabel necessitem de dinheiro. Quanto a desconfiarem de algo que tenhamos feito contra seu pai... Não é sensato dizer isso. Todos perceberam, a olhos vistos, que Dom Onofre definhou lentamente e desequilibrou a memória até morrer. Não foi nada repentino. Tudo foi muito bem feito. Você deu o elixir aos poucos, dia após dia. Ninguém viu. — Rindo ao se lembrar, comentou: — Só não sabem que foi no início do desequilíbrio da memória que nós o fizemos transferir todos os seus bens para mim. Ninguém notou. Isabel e Ruan visitaram tão pouco o pobre coitado do velho que nem perceberam isso.

— Senhor Diego, às vezes, ocorre-me que, quem lhe vendeu aquela fórmula, que dei em várias doses para Dom Onofre, pode aparecer e nos acusar. Tenho esse medo.

— Não. Não aparecerá. Adquiri de um mascate. Um turco, mercador ambulante infeliz, que encontrei casualmente na estrada. Mal conversamos. Ele não faz ideia de quem sou ou para onde iria. Fizemos tudo de modo perfeito — riu novamente. — E seu pai mereceu.

— Certamente, que sim! — tornou a esposa que não parava de massagear seus ombros com ambas as mãos. Demonstrando amarguras e fortes ressentimentos, falou com tom contrariado na voz baixa: — Homem estúpido! Indecente! Egoísta! Infeliz dos infernos! Minha mãe morreu à custa de seus espancamentos. Nunca vou esquecer tanta violência. Para ele não nos agredir, ela se colocava à sua mercê e ele a surrava. Ela perdeu vários filhos, na gravidez, por causa das surras que levou. Nem ao padre ela era capaz de acusá-lo em suas confissões.

— Confissões?! Atitude mais imbecil não deve existir. Um homem mais pecador e criminoso do que eu ouvindo meus pecados? Nunca! Confissões só serviram para ajudar nas arrecadações de impostos para a Igreja, levando pobres idiotas para a fogueira do Santo Ofício. Ricos não foram para os calabouços da Inquisição. Quando acusados, pagavam ao clero valores imensos para serem absolvidos ou esquecidas as acusações, tudo se voltava contra o acusado da injúria. — Diego respirou fundo. Em tom severo, praticamente exigiu: — Não mencionemos mais nada sobre Dom Onofre. Quanto menos falarmos sobre esse assunto, melhor. Concentre-se na sua melancolia para sua irmã não levantar suspeitas. Assim, ninguém fará perguntas sobre os últimos dias do velho infeliz.

— Quanto à viagem, vamos aceitar?

— Eu disse que não estava em nossos planos. Contudo, pensaremos a respeito.

Conforme proposto por Ruan e Isabel, depois de muita insistência, a viagem foi marcada para dali a poucos dias.

De acordo com o plano, a carta informando o estado doentio dos filhos de Carmem e Diego foi levada na viagem e entregue a eles em momento oportuno. Sem qualquer desconfiança, o casal entrou em desespero e propôs o retorno imediato.

Ruan informou que o cocheiro se encontrava totalmente inconsciente, em uma taberna, por conta da embriaguez. Afirmou que não encontrou outro homem disposto a fazer a viagem de volta para Astúrias, uma vez que não teria meios de transporte fácil para retornar à Cantábria. Então, foi proposto que eles mesmos retornassem, revezando-se na condução da carruagem.

Bem preocupados com os filhos, pois na região, pouco antes, houve um surto epidêmico de uma doença misteriosa, Diego aceitou.

Assim foi feito.

O clima não estava nada bom. O tempo virou de repente. Na metade do caminho era possível ver neve nos pontos mais altos das montanhas próximas a Astúrias. Algo incomum naquela época do ano. Parecia que o inverno se antecipava. Mas não podiam se deter.

CAPÍTULO 2
DESAFIO ENTRE PRIMOS

Era chegada a hora.
Ruan, que conduzia a carruagem, parou o veículo alegando algum problema na roda. Todos desceram.
O lugar ermo era apropriado para seu plano.
Isabel, aparentemente preocupada com a irmã, enlaçou seu braço ao dela e a atraiu para uma caminhada na estrada, afastando-a. Enquanto isso, Ruan e Diego olhavam a roda.
Aproveitando-se por ver Diego abaixado, o cunhado apoderou-se de uma madeira forte e bateu-lhe com toda a força na nuca e nas costas. Vendo-o caído, arrastou-o até uma parte da lateral da estrada que, abaixo, dava para um desfiladeiro e o jogou.
A certa distância, Carmem percebeu uma movimentação estranha e decidiu voltar.
— O que houve?! Onde está Diego?!
Ruan socou-lhe o rosto, estonteando-a. Em seguida, atacou-a, fatalmente, com a mesma madeira que agrediu Diego. Depois, conforme já havia feito, jogou-a no mesmo penhasco.
Um nervosismo, pelo excesso de adrenalina, tomou conta do casal, que se entreolhou.
— Fizemos tudo perfeito.
— Ficaremos ilesos? — Isabel questionou.

Apoderando-se de uma pedra, o marido a agrediu com leveza na cabeça e nas mãos, deixando escoriações bem visíveis e fez o mesmo consigo. Machucou a própria cabeça, as mãos e os braços.

Em seguida, subiram na carruagem, açoitaram os cavalos e seguiram para casa. Durante o caminho, repetiram, várias vezes, a mentira sobre o assalto para não serem pegos em contradições.

Chegando ao vilarejo, alardearam o fato, fazendo com que autoridades fizessem diligência na região em busca de Diego e Carmem e também à procura dos ladrões, que não existiam.

Três dias depois, quando o casal Ruan e Isabel estava em sua propriedade, souberam da notícia de que o corpo de Carmem foi encontrado, assim como o de Diego. Mas, para a surpresa do casal, ele ainda respirava.

Inconsciente, muito machucado, trazia o rosto deformado e a coluna fraturada.

O desespero tomou conta de Isabel. Se o cunhado sobrevivesse, poderia contar o que havia acontecido.

— Ele acordará! — enfatizava sussurrando, em tom aflitivo na voz baixa. — Falará! Contará o que realmente aconteceu. Dirá que fomos nós que fizemos aquilo com eles. O que faremos quando nos acusar?!

— Cale-se, Isabel! — exigiu Ruan no mesmo tom abafado na voz. — Seu desespero é que nos denunciará! Diego é um morto-vivo! Não há esperanças. É questão de horas.

— Não sei não, meu marido... O senhor não imagina como estão meus nervos!... — inquieta, andava de um lado para outro no quarto, esfregando as mãos ao demonstrar-se agoniada. Sentou-se por um instante. Segurando a cabeça, balançou o corpo para frente e para trás num gesto de desespero. Depois, procurando olhar para o marido, preocupou-se: — Se Diego Avilles acordar! Se falar!... Seremos punidos com a morte!... Nossos bens vão para o reino...

— Cale-se, mulher! Eu exijo! Os criados ou as crianças podem ouvi-la! — bradou em baixo volume na voz rouca por estar enfurecido. Pensou um pouco e decidiu: — Temos de pensar em alguma coisa. Suas condições angustiantes levantarão suspeitas. Direi que está com os nervos afetados. Não bastasse a morte de seu pai, há tão pouco tempo, perder a irmã e ver seu cunhado nesse estado é muito para você. Dessa forma, não receberemos visitas. Não quero que saia daqui nem que fale com ninguém. Cancelaremos a celebração de *quinceañera* de Lea — festa de quinze anos da filha mais velha. — Alegaremos que seus nervos, Isabel, não estão bons e, por estar em luto, não convém solenidade ou divertimento. Nem à igreja iremos. É o mais sensato a fazer.

— Como ele sobreviveu esses dias? — a esposa indagava, ainda balançando-se, vagarosamente, para frente e para trás. Nem parecia tê-lo ouvido. — A temperatura estava muito baixa. Como viveu a isso e sem qualquer socorro? Infeliz! — encarando o esposo, expressou-se em tom grave: — Senhor meu marido, ele tem de morrer... Tem de morrer!...

— Cale-se, Isabel! Pare com isso! — notou que havia algo muito errado com ela, só não sabia explicar o que era.

— A culpa é do senhor, meu marido, que não fez o que deveria ter feito direito — olhou-o com raiva, enquanto o acusava.

Dando somente um passo, Ruan se aproximou e a esbofeteou na face com força.

— Cale-se, mulher! Eu exijo!

Caída sobre a cama, Isabel ruminou seus piores sentimentos. Na sua visão imaginária, começou a representar, mentalmente, tudo o que poderia acontecer se fosse descoberto o crime cometido.

O que o casal não sabia é que Lea, a filha mais velha, pouco antes deles, havia entrado no quarto em busca de um vestido de sua mãe para experimentar. Pegando-o, vestiu-o, sonhando com a confecção de seu vestido de baile, que ainda não estava pronto para a festa de seus quinze anos. A jovem fantasiava e imaginava como a vestimenta ficaria nela, rodopiando pelo ambiente. Quando percebeu a aproximação de seus pais, a mocinha se escondeu embaixo da cama e ouviu toda a conversa. De imediato, não entendeu direito o que acontecia, porém era esperta o suficiente para levantar suspeitas de seus pais estarem envolvidos na morte de sua tia e no estado grave de seu tio. Aquela história ficaria por anos em sua memória.

Sentindo-se tremer, envolvida por um sentimento que não sabia explicar, a menina permaneceu quieta, totalmente parada, e esperou muito tempo antes de sair de lá sem que ninguém a visse.

Muito debilitado, Diego queimava em febre sobre o leito de seu quarto.

O médico pago para oferecer-lhe cuidado, não podia fazer muita coisa.

Compressas frias eram colocadas em sua testa e renovadas com frequência para baixar a temperatura.

Um lado de sua face estava inchado, exibindo a forte agressão sofrida.

Naquela tarde, sabendo que o médico não estava mais lá, Isabel foi até a estância do cunhado com a intenção aparente de visitá-lo.

Ao vê-lo, chorou. Demonstrou-se entristecida. Segurou-lhe a mão inchada e curvou-se, encostando a testa nela.

Consuelo, a empregada designada para trocar as compressas, saiu do quarto por alguns instantes, levando a bacia com a água fria para ser trocada.

Aproveitando-se por estar a sós com o cunhado, Isabel apoderou-se de um travesseiro e tentou sufocá-lo.

Nesse exato instante, Consuelo retornou e ficou parada à porta, muito surpresa com a cena.

Isabel estava de joelhos sobre a cama. Parou com o que fazia e olhou espantada para a criada.

A serviçal correu para junto da cama e, num impulso inesperado, ajudou a apertar o travesseiro que a outra segurava sobre o rosto do enfermo, asfixiando-o mecanicamente.

Observando que ele não respirava mais, ela arregalou os olhos para a empregada e disse:

— Acabou. Acabou a agonia dele. Ele não sofre mais.

— Desgraçado... Que o inferno seja bom para ele. Cansei de ser pega pelos cantos por esse verme. Precisei me sujeitar só para ter um teto — Consuelo murmurou e cuspiu no rosto do falecido. Com frieza impressionante, sugeriu: — Vamos arrumar a cama e deixar o corpo em posição que pareça tranquila.

— Diremos o quê? — Isabel indagou desconfiada, acompanhando-a com o olhar. Apesar da postura austera, disfarçava certo tremor nas mãos.

— Que a senhora estava aqui quando, juntas, assistimos ao seu último suspiro. Essa é a verdade, não é, senhora? — indagou com elegância na voz baixa e firme.

— Sim. — Com postura ponderosa, desconfiada, Isabel perguntou: — O que quererá em troca, Consuelo?

— Nada demais, senhora. — Sorriu com certo cinismo ao afirmar: — Meu desejo é servi-la. Ser bem tratada pela senhora e sua família é suficiente. Diferentemente do tratamento que recebi aqui desde que cheguei.

— Será minha criada pessoal. Está bem para você?

— Sim, senhora — aceitou e sorriu.

— Mas... Irá trabalhar. Ninguém poderá desconfiar de nada. Se acaso tiver tratamento especial... Porém, é certo que terá regalias.

— Entendo, senhora. Preciso de trabalho. Sou sozinha — disse enquanto arrumava a cama. — Agora, se a senhora me permite aconselhar... Chore a morte de seu cunhado e de sua irmã. Compadeça dos sobrinhos órfãos, abraçando-os. — Embolando algumas roupas e a fronha do travesseiro, antes de sair dos aposentos, falou: — Enviarei mensagem ao vigário e aos conhecidos sobre o falecimento do senhor, seu cunhado. Com sua licença, senhora — fez uma reverência e se foi.

Isabel, reflexiva, acomodou-se na cadeira ao lado da cama e ali ficou até que outras pessoas chegassem e pudesse exibir a encenação de sua tristeza pelo ocorrido.

No plano espiritual, névoa acinzentada, que circundava Isabel, parecia movimentar-se. Eram energias funestas criadas por suas práticas e pensamentos.

Ninguém encarnado poderia ver.

Além disso, o espírito Carmem estava ali, ao seu lado, revoltado.

Apesar de suas condições deploráveis e ainda perturbada, Carmem endereçava seu ódio e sua contrariedade para a irmã.

Na espiritualidade, não há segredos. Sabia que sua irmã era mentora de seu assassinato e executora da morte do marido. Tudo para ficar com a herança.

Havia séculos, Carmem e Isabel não se harmonizavam. Viveram às voltas com ódio, rancor, tramas mesquinhas que sempre levavam uma a matar ou muito prejudicar a outra. Não se acertavam, por mais que planejamentos de harmonia fossem projetados.

Isabel sentiu uma ponta de angústia e ao mesmo tempo um alívio, diante da certeza de que o marido de sua irmã não faria nenhuma revelação porque estava morto.

Quanto à Consuelo, testemunha e também a ajudante na morte do cunhado, acreditava que a criada não seria um problema. Caso se sentisse ameaçada, Isabel poderia reverter a situação contra ela, acusando-a da morte do Diego. Todos acreditariam nela por ser uma mulher honrada.

Passados meses do ocorrido, Ruan multiplicava seus negócios, após ser tutor dos sobrinhos. Logicamente, foi generoso com a igreja. A fim de pagar os débitos que sua consciência cobrava, ofereceu consideráveis dotes ao eclesiástico, acreditando em seu perdão.

Em sua casa, os sobrinhos: Iago, Angelita e Yolanda passaram a ser cuidados e educados por Isabel que, obviamente, não os tratava iguais aos seus próprios filhos: Lea, Marisol e Edgar. Eles percebiam isso e, de alguma forma, os primos eram distantes. Somente Lea, Iago e Angelita conversavam e interagiam um pouco mais. Entretanto, o casal, Isabel e Ruan, não gostava disso.

Consuelo passou a ser empregada pessoal de Isabel. Muito bem tratada, possuía diversas regalias na casa. Mandava e exigia de outros criados, até mesmo castigando-os fisicamente, esquecendo-se dos maus-tratos que sofreu.

Os bens financeiros adquiridos à custa de engenhosidade cruel e criminosa, não trouxeram a felicidade que acreditaram. Ao contrário. Algo inconsciente, que não sabia explicar, incomodava Isabel demais. Sintomas estranhos, sensações físicas e emocionais totalmente desconhecidos na época, intensificavam-se a cada dia e nada do que era feito adiantava.

Não somente sua consciência cobrava, mas também as perturbações espirituais sofridas duramente, desequilibravam-na cada dia mais.

O espírito Carmem não se afastava da irmã nem por um momento. Passando a ficar como que imantada a ela, falava-lhe, em nível de pensamento, as piores coisas, fazendo acusações terríveis, incentivando as mais decaídas ideias, tornando-se grande influência perniciosa.

— Sinto tremores!... Senhor meu marido, é algo horrível! — explicou com voz estremecida. — Veja minhas mãos trêmulas e frias... Uma coisa ruim me sufoca... — Isabel reclamava ao marido mostrando as mãos.

— Já foi examinada pelos melhores médicos que conseguimos contratar. Um deles veio de longe somente para vê-la — falou de modo ríspido, intolerante. — Todos disseram ser seus nervos. Não existe doença aparente. Já tomou todos os remédios, chás e garrafadas! Não aguento mais suas reclamações e choros!... Pare com isso! — Ruan reagiu.

— Não... O senhor não entendeu... — prosseguiu em tom de lamento, gaguejando com a voz trêmula. — É uma coisa que sinto e não sei explicar. Tenho medo... Um medo estranho. Às vezes, acho que algo sem explicação acontecerá. Acredito que da parede sairá uma coisa para me agarrar — confessou. — Tenho medo. Não durmo. Não consigo dormir. Pareço ter pesadelos mesmo acordada. — Com olhos arregalados, circunvagando o olhar de um lado para outro a fim de se certificar de que não havia mais ninguém no recinto, murmurou em tom estranho, demonstrando desequilíbrio: — Às vezes... Às vezes, escuto vozes. Ouço gemidos e também gargalhadas. Escuto a voz da Carmem... — sussurrou. — Ela acusa a nós dois pelo que fizemos a eles.

— Você está louca! — ele gritou. — Não me obrigue a enclausurá-la, Isabel! Pare com isso! Está me enlouquecendo também! — agrediu-a com forte tapa no rosto. Quando a viu cair, pegou-a pelo braço e a puxou, arrastando-a até um quarto onde a colocou para dentro e fechou a porta, trancando-a.

Diuturnamente, essas eram as queixas e as falas da esposa e ele não suportava. Não adiantava exigir com violência, agredindo-a. Isabel temia mais o que dizia ouvir e sentir do que as agressões do marido.

Na espiritualidade, incontáveis espíritos inferiores, desprovidos de quaisquer esclarecimentos morais, enchiam o ambiente onde Isabel se encontrava. Brigavam entre si e se alimentavam das desordens vividas por ela. Uns cobravam justiça, outros a defendiam e se aliavam a ela, mas eram tão atormentados quanto a própria encarnada.

O espírito Carmem ligava-se diretamente à irmã. Não somente pelo fato de ela ser a responsável intelectual de seu desencarne, aniquilando sua oportunidade de vida terrena e executora da morte de Diego para ficar com fortuna e bens, mas também por seus desentendimentos passados, que nunca foram harmonizados. Qualquer coisa que já viveram foi motivo de discórdia e falta de perdão.

Carmem não conseguia se encontrar com Diego que, como ela, permanecia em região inferiorizada na espiritualidade. Cego e sequioso por vingança, ele obedecia a forças de atração do passado sem perdão.

Havia séculos que Ruan e Diego eram algozes um do outro. Jamais se entendiam. Perseguiam-se, lutavam, brigavam, afligiam-se e se matavam de forma desumana e cruel. Nunca se aceitaram. Aquela foi a encarnação que mais próximo chegaram de se tolerarem, devido aos conceitos civilizados de onde viviam.

Espíritos doentes pelo egoísmo, desejosos de vingança, repleto de vaidade, ódio e outras mazelas decorrentes das más tendências e da consciência doentia, irmanavam-se a eles, mesmo que desconhecidos entre si. Isso implicava forças sombrias que afetavam os encarnados envolvidos e, no caso, principalmente Isabel, mais sensível.

Os meses foram passando...

A cada dia, Isabel exibia-se mais desequilibrada e infeliz.

Começou a se envolver com uma coberta nas costas, que segurava com as mãos na frente do corpo, o tempo todo.

Atormentada, falava sozinha, em voz muito baixa, enquanto andava de um lado para outro com expressões e tiques repetitivos, que ninguém sabia onde os adquiriu.

Embora também abalado, Ruan temia que a esposa, em seus delírios, revelasse o crime cometido contra Carmem e Diego.

Acercando-se do patrão, Consuelo, que sabia de toda verdade, aconselhou-o a afastar a mulher da convivência dos demais, incluindo dos filhos e sobrinhos, o quanto antes.

Por essa razão, ele deu ordens para que a esposa fosse levada ao andar mais profundo, frio e escuro daquela suntuosa mansão. Um lugar tão sombrio, úmido e apavorante que mal se via a luz do sol por um mísero orifício engradado na parede, muito acima da cabeça e que de modo algum se tinha acesso.

O espírito Carmem, em total desequilíbrio e desespero, aflita para que a irmã sofresse, por rancor e falta de perdão, permanecia ligada à Isabel, que se entregava, cada dia mais, à alucinante alienação, perdendo a razão e a consciência de tudo a sua volta.

— Saia daqui! Saia daqui!... Essa casa é minha! Minha! Minha! Minha!... Saia daqui! Vai embora! Essa casa é minha! Minha! Minha! Minha! Tudo aqui é meu! Meu! Meu! Meu! Você morreu! Saia daqui! — Isabel delirava em voz alta, falando, repetitivamente, com a sombra de suas visões mentais.

Mal se alimentava.

Perdia a beleza, o viço, a postura austera. Encurvava-se. Definhava. Seus cabelos, admirados por serem totalmente pretos, passaram a ficar brancos de forma acelerada demais.

Foi explicado aos filhos que Isabel não estava bem. Sua mente estava comprometida e insana. Por essa razão, seu afastamento do convívio social era necessário e a melhor alternativa para sua própria proteção. Por recomendação médica, não deveria sair daquele reservado. Nenhuma informação externa poderia chegar até ela para não perturbá-la ainda mais.

— É uma pena que tia Isabel esteja tão doente — Iago disse, comovendo-se com a prima que estava muito entristecida.

— Minha mãe sempre foi uma mulher firme, inteligente, segura de si e forte. Não entendo o que aconteceu para que ficasse assim — a prima Lea considerou.

— Destino. Não sabemos os propósitos de Deus. Eu e minhas irmãs ficamos sem nossos pais e não sabemos a razão.

— Isso é o que um padre diria. Mas ele teria razão? Nós não poderíamos mudar nossos destinos? Afinal, se podemos escolher, podemos mudar o destino — ela sorriu com leveza ao exibir lógica de raciocínio.

— Lógico que não! — afirmou Iago, rindo. Na tentativa de afastá-la um pouco de tantas preocupações, convidou: — Parece que precisa distrair-se um pouco. Vamos pescar?

— Não sei pescar. É uma escolha. Não quero aprender — sorriu mais lindamente.

— Pensei que escolheria aprender, Lea. A não ser que acredite ser um despropósito para uma jovem ou para a inteligência feminina — o rapazinho falou com graça.

— Mulheres podem fazer tudo que os homens fazem. É um grande erro pensar diferente! — exclamou segura de si, com postura imperturbável.

— Então, acreditando-se capaz, venha pescar comigo. — Iago, rindo, convidou ainda: — Não só isso, posso ensiná-la outras coisas também.

— Jogar anzol com iscas na água do lago para pegar peixes é algo que qualquer incapacitado pode fazer. O que pode ensinar que eu não saiba?

— Selar um cavalo. Escovar o animal. Lavá-lo... — riu com gosto, divertindo-se ao imaginar a prima, uma jovem de fino trato e tão bem arrumada, fazendo aquele tipo de serviço em um estábulo. — Aposto que não sabe nem conduzir uma charrete ou atar uma égua a ela. Sabe a diferença entre uma égua e um cavalo?

— Acaso sabe lavar, costurar, cozinhar, temperar um porco? Garanto que não! Aposto que é muito mais difícil do que selar um animal, escová-lo, lavá-lo ou conduzir um coche — sorriu, repleta de pretensões para desafiá-lo.

— Minha prima é muito presunçosa — brincou para mexer com ela. — Então, vamos lá! Hoje, pescaremos e veremos quem pega mais peixes. Amanhã, cuidaremos de um animal e observaremos como se sai. Começaremos pelo cavalo. Depois eu aceito aprender como se tempera um porco e outras coisas que julga tão difícil.

— Desafio aceito! — ela se alegrou. — Mostrarei do que uma mulher é capaz!

Dessa forma, Iago e Lea passaram a ficar bastante tempo juntos.

Aprenderam muita coisa, um com o outro. Divertiram-se demais e riam muito das atrapalhadas que faziam. Ao mesmo tempo, um sentimento de proximidade e apego surgia devagar e silencioso, envolvendo seus corações sem que percebessem.

Consuelo incumbiu-se de cuidar da patroa e alimentá-la. Ruan confiou a ela tais cuidados, mas nunca os conferiu.

A criada, por sua vez, cuidava da doente de forma que nem mesmo um animal deveria ser tratado.

Jogava-lhe pão duro no chão e alguns restos de comida colocados em tinas, empurrados para dentro da cela como se Isabel fosse uma terrível e miserável prisioneira.

O recinto, úmido e escuro, mal era limpo. Um odor horrível exalava dali e roedores habitavam o lugar.

Em estado mental perturbado, Isabel não se dava conta do que lhe acontecia.

Suas palavras desordenadas e repetitivas eram ouvidas por Angelita que, curiosa, atraiu-se para aquela parte da casa e se apiedou ao ver o estado da tia.

Furtivamente, a sobrinha começou a pegar a chave do calabouço e adentrá-lo, levando comida decente e água limpa.

Apesar da pouca idade, percebia que algo estava errado. Seu coração dizia isso.

Também notou que Consuelo, além de usar as melhores roupas de sua tia, passava as noites no quarto de Ruan, por isso entendeu que não poderia fazer ou falar nada contra o tratamento dela para com Isabel.

Mesmo temerosa, procurou pelo tio.

— Senhor meu tio, sua bênção — inclinou-se e beijou-lhe a mão.

— Deus a abençoe. O que deseja aqui? — estranhou vê-la. Era muito difícil qualquer um dos jovens procurá-lo, a não ser seu filho Edgar, que sempre levava consigo para que aprendesse os ofícios sobre a fazenda.

— Tenho um pedido a fazer, meu senhor.

— O que quer, Angelita? Desembucha de uma vez!

— Sua permissão para cuidar da tia Isabel. Gostaria de vê-la. Estar com ela...

— Qual seu intuito com esse pedido? — indagou rígido, nada flexível para um diálogo.

— Sinto compaixão da tia. É raro, mas, às vezes, ouço-a falando e andando... Talvez sua solidão piore ainda mais seu estado.

— Quantos anos você tem, menina? — tornou o tio no mesmo tom intolerante.

— Quinze.

— Pensei que fosse menos — olhou-a e silenciou.

Diante da grande espera, a jovem insistiu:

— O senhor meu tio permite que eu visite a tia Isabel?

— Não dei essa permissão nem mesmo para meus filhos. Por que a daria a você? Não acha que está sendo impertinente? — questionou zangado.

— Creio que não permitiu aos meus primos para que não se entristecessem devido ao estado da mãe. Já, eu... — Aproximando-se, tentou justificar: — Só desejo retribuir a acolhida que recebi aqui com meus irmãos, desde que ficamos órfãos. Poderia ler para a tia, fazer companhia por algumas horas, dar-lhe alguma refeição... Há tanto a ser feito para seu conforto.

— É Consuelo quem cuida de Isabel.

— Sim, senhor. Sei disso. Mas penso que uma pessoa da família, mais chegada, pode trazer um pouco de alegria ao coração da tia Isabel.

— Vou pensar. Depois conversamos. — Estava preocupado com outras coisas e queria livrar-se dela. — Por hora, preciso ficar a sós.

— Sim, senhor meu tio. Compreendo. Com licença.

Fez uma reverência, virou as costas e saiu.

Angelita subiu as escadas e foi para seus aposentos.

Sentou-se aos pés da cama e ficou reflexiva.

Cortava-lhe o coração recordar as condições subumanas em que viu a tia. Mesmo sabendo que aquele tratamento era comum para pessoas com qualquer problema mental existente à época.

Em meio à penúria espiritual que reinava ali, uma claridade tênue se fez em torno de Angelita quando orou em pensamento:

"Senhor, meu Deus, ajude a ajudar tia Isabel. Coitada. Aquele não é lugar para um ser humano viver. Nem mesmo sei como ela ainda resiste. Vem aí mais um inverno rigoroso. Quando a neve chegar não sei se ela conseguirá enfrentar o frio sem o calor de uma lareira. Está fraca demais. Ajude-me, Senhor Deus. Apesar de ela nos tratar diferente, entendo. Tia Isabel ama os filhos mais do que os sobrinhos. Ela foi boa para nós quando nos acolheu. Deu-nos comida boa e teto. Não negou que estudássemos. Sei ler graças a ela. Admirei tia Isabel fazer as filhas estudarem e aprenderem a ler, escrever. Muitas jovens nem sonham com isso. Minha mãe mesmo nunca se preocupou com isso. Somente o Iago era letrado. Então... Por favor, abrande o coração do tio Ruan. Que ele permita meus cuidados para com ela. Amém."

A mocinha não conseguiu ver a sublime energia que a envolvia desde o começo de sua prece.

O espírito Esmeralda, que foi sua avó materna, fez-se presente e a abraçou com ternura.

— Minha neta querida... No momento, é a única que pode ajudar. Venho tentando dissolver o ódio entre Isabel e Carmem, mas não consigo. Há tempos, ambas se maltratam em lutas de intenso rancor, vinganças inúteis que só atrasam a evolução.

— Acompanho a luta que tem se travado nos domínios espirituais desta morada, prezada Esmeralda — disse Dionísio, mentor de Angelita, que se fez perceber. — Nada aqui é fácil. A ajuda de minha pupila, libertando Isabel, é o início de seus reajustes. Sabe disso.

— Sim. Sei, caro amigo. No passado, Angelita ajudava a manter em cárceres pessoas que foram subjugadas e maltratadas, incluindo Carmem, a pedido de Isabel.

— Se não atormentou esses condenados ou fez sofrer, permitiu que outros fizessem, e isso também é errado. O mal ganha vida, quando o bem se finge de morto.

— Estou em busca de harmonia entre minhas amadas filhas, como bem sabe, há séculos. As desarmonias entre elas só cresceram. Discórdia, ódio, desejos perniciosos se acumularam na consciência do espírito, traduzindo-se em vingança e rancor na inconsciência das reencarnações. É preciso um basta, um ponto final para tantas agressões ou tudo ficará ainda pior. Egrégoras de espíritos caídos no mal, desde séculos antes do Cristo Renascido, trabalham em zonas inferiores da espiritualidade, arrebatando e recolhendo como escravos aqueles que não se desvinculam do ódio, da revolta, da vaidade, do egoísmo diante das oportunidades de harmonização e amor. Temo por minhas amadas filhas, que não se desprendem de tais sentimentos inferiores.

— A única atitude capaz de romper os laços com toda e qualquer inferioridade é o perdão. O único sentimento capaz de dissolver energias funestas e de destruição é o amor. Enquanto não se perdoarem e não se amarem, Isabel e Carmem viverão perturbações e sofrimentos indizíveis, podendo sim deixarem-se atrair a condições mais inferiores e infernais, dominadas por espíritos de manifestações ainda mais demoníacas[1] do que as que conhecemos.

— Quem sabe Angelita, Lea e os filhos, de algum jeito, consigam gotas de simpatia entre ambas, até a afeição nascer, definitivamente, entre elas — idealizou Esmeralda, desejosa por harmonização entre as duas.

— Toda tentativa é válida. Vamos orar a Jesus para que isso ocorra o quanto antes. O mundo há de se tornar um lugar melhor à medida que o planeta se conscientiza da reencarnação, da lei de causa e efeito. Os movimentos a respeito dessa crença, no Ocidente, surgidos recentemente na França, deve

---

[1] Nota da Autora Espiritual: O termo: demoníaco, aqui usado, serviu para classificar espíritos demasiadamente cruéis, que operam em zonas espirituais de extrema inferioridade, considerados caídos no mal pelos sentimentos e manifestações inadequadas ao bem e ao amor. Eles não estão, sobremaneira, confinados a esse nível eternamente, uma vez que, sendo Deus o Criador de tudo e de todos, existindo Sua centelha em todas as Suas criaturas, faz, de alguma forma, evoluir tudo o que criou, independentemente do quanto de tempo isso leve.

alertar espíritos preparados para uma nova consciência, para o despertar de evolução. Quem tiver olhos para ver, verá.

— Oremos para isso. Apesar do Auto de Fé, em Barcelona, terem-se queimado os livros que viriam para a Espanha a fim de elucidarem a vida depois da vida, ainda há esperança.

— A irmã sabe que aquela fogueira atraiu olhares para a nova doutrina. A Doutrina Espírita tem como missão trazer explicações lógicas de o porquê e para que estamos aqui vivenciando no corpo de carne experiências e provações. Deus não ama mais a mim do que a você. Deus, por ser bom e justo, não nos pune, mas permite que nossa consciência nos eduque, mostrando que o amor e o perdão são os caminhos para uma vida melhor e feliz. — Oferecendo ligeira pausa, o espírito Dionísio orientou: — No momento, nossa atenção deve se voltar para Angelita, tendo em vista seu desejo e ação para o bem. Somente ela poderá libertar Isabel. Aquele que pratica o amor incondicional sempre é protegido.

CAPÍTULO 3
A LIBERTAÇÃO DE ISABEL

Ruan sempre fugia quando se tratava de Isabel. Nem mesmo com os filhos, permitia conversar sobre a questão. Não autorizava que fossem à parte da casa onde a esposa permanecia.

Embora soubesse que sua mulher vivia, não se deu ao trabalho de saber em quais condições. Para ele, era como se já estivesse morta.

Confiou à Consuelo, aquela que acreditou ser a empregada fiel à Isabel, todos os cuidados com a patroa.

Sem demora, com perspicácia e interesses obscuros, a serviçal passou a dedicar-se em demasia aos cuidados pessoais de Ruan.

Sempre estava em seus aposentos ou nas proximidades, fazendo-se presente e acompanhando tudo de perto.

Mostrando-se submissa, obediente e humilde, aos poucos, fazia sutis solicitações como a permissão para usar as roupas da patroa e ter outras concessões.

Por piedade de seu infortúnio ou por descaso ao que pertencia à Isabel, Ruan consentiu à criada apropriar-se das coisas da esposa, aos poucos, sem notar, pois sempre se achava ocupado.

Ao perceber a situação, Lea ficou furiosa. Principalmente pelo fato de Consuelo usar até mesmo as joias de sua mãe.

Para resolver isso, foi mais fácil o pai brigar com a filha. Agredi-la e exigir seu silêncio sobre o assunto.

Ele não quis pensar mais sobre a questão, uma vez que suas preocupações com os negócios ocupavam seu tempo totalmente.

Sua solidão e carência permitiam a aproximação mais íntima de Consuelo, mulher bonita e atraente, astuciosa, repleta de artimanhas, mas também discreta e conhecedora de seus mais temidos segredos: a morte de Carmem e Diego.

A empregada pouco se importava com o que os demais criados falavam a seu respeito. Impunha-se sobre eles, fazia-lhes exigências e, quando tinha oportunidade, atacava-os física e verbalmente.

Consuelo evitava conflitos somente com os filhos e sobrinhos de Ruan.

— Não sei o que fazer, minha prima! Não tenho com quem dividir essa angústia.

Angelita tomou as mãos de Lea e a conduziu para que se sentasse em sua cama.

Em seguida, após fechar a porta, acomodou-se ao lado e indagou, mesmo sabendo sobre o que se tratava:

— Por que tanta aflição, minha prima?

— Por causa de Consuelo. Você já percebeu... As roupas de minha mãe, as joias, as ordens sobre as tarefas da casa... Apodera-se de tudo! — Inclinando-se para mais perto da outra, comentou sussurrando: — Sempre dorme no quarto do senhor meu pai, também.

— Chiiiiiiu! — Angelita chiou com o dedo indicador em riste na frente dos lábios, pedindo silêncio. — Fale baixo. Não deixe que ninguém ouça isso.

— Minha mãe nem morreu!... — murmurou exclamando no mesmo tom. Não suportando, chorou, colocando as mãos no rosto. — Ele nem permite que a vejamos...

— Calma... — a prima pediu com voz terna. — O senhor seu pai não permite isso para que não sofram. A mente da tia Isabel não está mais como antes. Ela perdeu a razão. O tio Ruan não quer que a veja descoordenada. É isso.

— Não, Angelita... Não é só isso. Comecei a implorar para que permitisse, pelo menos a mim, vê-la. Mas ele não consente. Disse que Consuelo não acredita ser algo que faça bem aos filhos.

— Solicitei ao tio Ruan para que eu pudesse vê-la e ajudar de alguma forma. Acho que leituras e companhia, por alguns momentos, fariam bem à tia. Ele disse que pensaria.

— Não sabia disso — falou em tom brando, porém surpresa. Olhando-a com ternura, agradeceu: — Obrigada por preocupar-se com minha mãe. Apesar de ela...

— ...não nos tratar tão bem quando chegamos aqui?... — sorriu. — Ora... Sou capaz de entender. Não foi fácil para ela ter de cuidar de nós também. Sou grata por tudo o que nos ofereceu e que ensinou, a mim e meus irmãos.

— O que não poderia ser diferente. — Inquieta, Lea falou baixinho: — Deveriam tratá-los muito, muito bem. Meus pais tiveram lucro com o trágico assalto em que os seus morreram.

— Percebi isso — a prima concordou e abaixou a cabeça.

— Acredito que minha mãe sofreu demais depois de tudo, porque... — calou-se no primeiro instante. Lembrou-se de quando, escondida embaixo da cama, ouviu a conversa de seus pais sem querer. Não deveria contar aquilo à Angelita. Não sabia como a prima reagiria. Mas sentiu vontade de desabafar, ao menos um pouco e falou: — Meu pai se beneficiou demais. Multiplicou seus lucros e seus bens. Tornou-se poderoso na região desde que passou a administrar tudo. É o homem mais respeitado e rico destas paragens. Para nós, mulheres, isso não tem qualquer importância. A não ser para arrumar um casamento proveitoso. Tenho muito medo disso. Já temos idade para oferecer dotes a fim de encontrar um marido.

— Não me lembre disso, por favor. É meu maior medo — Angelita confessou, angustiada, franzindo o rosto com repulsa. — Um homem estranho, desconhecido, rude, tomar-me como esposa!... Não terá nada pior.

— Corremos esse risco, minha prima. Por essa razão, gostaria de ter minha mãe ao meu lado. É provável que ela orientasse meu pai e o influenciasse a escolher um partido melhor para nós. Alguém bom, que não fosse rude ou cruel. Jovem também — sorriu. — Mas, em seu estado... Perdeu a razão... Não pensa direito... Como faria isso? Não bastasse, percebo que Consuelo tem algum poder sobre o senhor meu pai e... Sinto-me perdida — chorou, mais por raiva do que por se sentir fraca.

— É muito injusto não sermos donas de nossas vidas.

— Totalmente injusto! — Lea protestou. — Não podemos tomar as rédeas de nossos destinos. Dependemos de homens a vida inteira. Isso é horrível! Primeiro dependemos e nos submetemos ao pai, depois ao marido. Nunca podemos agir por nós mesmas.

— Eu soube que, em muitos lugares na renomada Paris e em Londres, as mulheres estão revolucionando esse sistema. Muitas delas, progressistas, ousaram ir para as universidades e não se casaram. Reivindicaram seus dotes aos pais, que cederam, e, de posse deles, abriram até negócios que elas mesmas tomam conta como: livrarias, casa de costura e figurino, escola de costuras, artesanatos... São donas de suas próprias vidas! — Angelita contou com um toque de entusiasmo. — Fiquei sabendo disso por dona Isaura, a senhora que tomou conta de nós, algumas vezes, por ocasião que o senhor meu tio demorou para nos buscar na igreja. Enquanto você e Iago ficaram brincando, ela conversava com outra mulher e, escandalizada, contava isso e muito mais.

— Já ouvi sobre isso também. A professora de piano contou. A preceptora também. Mas... Pobres de nós. Vivemos tão longe dessa realidade. Quem dera fôssemos livres como os homens! Não podemos nada. Nem viajar sozinhas, sequer! — Lea ressaltou indignada. — Não nos permitem pensamentos livres como os das francesas. O pouco de progresso de liberdade que tivemos foi a permissão de aprender a ler. Porém, os literários são controlados e precisam ser aprovados pelos homens, antes de nossa apreciação.

— Já é um avanço, embora eu anseie por mais. Apesar do término da Inquisição Católica, ainda vivemos sob seu manto tenebroso. Existem pouquíssimas coisas feitas por mulheres, até hoje. Ou nunca ouvimos falar.

— Aqui, onde estamos, não temos acesso às informações. Este lugar é no fim do mundo. Se existem mulheres que fazem coisas diferentes e ousadas, não chegam ao nosso conhecimento. Creio que para não nos dar ideias — Lea reclamou. Contrariada, lembrou: — Haja vista a queima daqueles livros em Barcelona. O vigário proibiu-nos de falar sobre o assunto, condenando a cem chibatadas, em praça pública, aqueles que ousarem ter cópias dos tais literários. Os livros que viajaram de Paris até Barcelona foram todos queimados. Não sobrou um!

— Qual seria o conteúdo? — Angelita indagou, curiosa.

— Alguns disseram que falava a respeito de demônios dos infernos mais profundos que trouxeram cartas. Outros, relatam que são ditados por mortos falando sobre a vida depois da morte. Existe até quem comenta que esses livros franceses pressupõem que podemos nascer de novo — arregalou os olhos quando contou. — Meu pai e os outros senhores discutiam isso em uma das reuniões que fizeram aqui em casa. Aquelas em que nunca podemos nem colocar a cara para fora do quarto. Em algumas eu saí e ninguém me viu. Sempre escuto as conversas — riu pela peripécia. — De qualquer forma, são livros proibidos para nós. Creio que nunca teremos acesso a eles.

— Eu quereria ler um livro desses — Angelita disse trazendo o olhar perdido como se sonhasse. — Não acho que são livros dos demônios. — De imediato, perguntou: — Já que ouviu toda a conversa... Você sabe o nome desses livros que foram queimados? — interessou-se.

Colocando as mãos em forma de concha em torno da boca, Lea cochichou:

— *O Livro dos Espíritos*. E não me peça para repetir esse nome — riu com gosto.

— Tem medo?

— Não! Só não quero arrumar problemas. Alguém pode nos ouvir.

— É verdade. Já temos problemas suficientes.

— Precisamos de liberdade como a que as francesas têm conquistado. Elas têm mais oportunidades e não são submissas. Enquanto nós formos dominadas pela opressão católica e masculina, não conseguiremos nada. Na minha opinião, religião cega oprime, subjuga, condena... — Lea desabafou. — Uma vez, quando pude participar da primeira festa, ouvi, também às escondidas, a conversa entre um grupo de mulheres. Uma delas, que havia conhecido Paris, disse que lá, desde 1791, existe a *Declaração dos Direitos da Mulher e Cidadã*. E que isso foi uma resposta à *Declaração dos Direitos do Homem e Cidadão*. Mas, dois anos após criada essa declaração dos direitos da mulher, a autora foi considerada traidora e executada. Quase cem anos e seu feito persiste e serve de exemplo e referência a outras mulheres. Nos dias de hoje, as mulheres que gostam de ler não são mais consideradas deslumbradas, fantasiosas e sem seriedade. Dizem que, na Inglaterra, existem até escritoras! — admirou-se. — Quer dizer, além de terem liberdade para ler, elas podem escrever!!!

— Fale baixo! — Angelita pediu. Rindo, contou: — É verdade. Já vi nome de mulheres em livros — deu uma risadinha malandra.

— Eu sei que, às escondidas, anda pegando alguns livros do senhor meu pai que nos são proibidos — Lea riu igualmente e a empurrou com o ombro.

— Você percebeu? Mais alguém sabe?! — a prima preocupou-se e ficou séria. — Posso levar mais de cem chibatadas por causa disso!

— Somente eu vi. Percebi que o espaço faltante na estante não era somente da *Bíblia* que você pegou para ler — Lea quase gargalhou.

— Se quiser, posso passar o livro a você antes de colocar no lugar.

— O que tem de tão interessante nesses literários? — quis saber de modo maroto, muito curiosa.

— Tem coisas que não dão para contar assim... — riu baixinho. Inclinando-se para o lado da prima, colocou as mãos em torno da boca, garantindo o abafar do som e cochichou-lhe aos ouvidos: — Um dos livros descreveu um beijo na boca!... Depois, falou que a mulher estava incrivelmente apaixonada por um homem e desejosa por vê-lo, querendo ser beijada na boca! Na boca! Quando o encontro ocorreu, entregou-se em seus braços e ele a beijou como ela sonhou. Além disso, teve uma personagem que se recusou a casar com o escolhido por seus pais. Ela procurou alguém que a amasse, um amor verdadeiro. A família não aceitou. Então, contra tudo e todos, fugiram.

— Fugiram?!! — Lea arregalou os olhos ao perguntar.

— Fugiram sim. Em outro livro — ainda contou —, teve um caso em que a esposa, por ter sido obrigada a se casar com um velho nojento, não suportou e traiu o marido sem que ele percebesse — riu e contou outras coisas.

Os olhos de Lea cresceram em alguns momentos e, vez e outra, riam.

Após terminar o relato de algumas aventuras literárias, Angelita afirmou:

— Por causa desses livros, entendi como Consuelo, aquela rameira, controla o senhor seu pai. Homem é um animal idiota. — Breve instante e considerou: — As mulheres ainda vão dominar o mundo.

— Pena que não estaremos aqui para ver — Lea lamentou.

— Voltando ao assunto sobre sua mãe... Se conseguíssemos, de alguma forma, trazê-la para nosso convívio, Consuelo não teria todas essas regalias. Tia Isabel não merece viver onde e como vive.

— Será que minha mãe está tão ruim assim? — indagou, mas temeu ouvir a resposta.

— Não... — disfarçou. — Mas viver ao lado da família é sempre melhor.

— Se ao menos encontrássemos uma maneira do senhor meu pai livrar-se de Consuelo.

— Só nos resta orar, Lea.
— Não podemos só orar. Precisamos agir. Se houvesse um jeito de minha mãe escapar...

Angelita não quis contar à prima o que sabia. Não poderia fazê-la sofrer.

Envolto por energias que não podia entender, muito atarefado e diante da insistência da sobrinha para cuidar da tia, Ruan permitiu que Angelita pudesse dar atenção à Isabel.

— Não deveria ter feito isso, meu senhor! — opinou a criada, quando soube, praticamente exigindo. — Pensasse mais ou falasse comigo!

— Não admito ser contrariado, Consuelo! Sou eu quem tomo decisões aqui!

— Impensadas decisões!

— Como ousa?!! — elevou a voz grave em tom de advertência, muito irritado.

— O senhor não imaginou que Isabel, mesmo em sua loucura, pode contar tudo o que fizeram?

Ruan foi tomado por sensação enervante nas fibras mais íntimas de sua alma. Não havia pensado nisso. Atordoado, deu-se conta do que tinha feito. De imediato, tentou justificar:

— Isabel está louca! Não está em seu juízo perfeito! Quem acreditaria nela?

— Os filhos que tiveram os pais mortos e observaram o quanto o senhor enriqueceu após esses acontecimentos. Eles podem fazer questionamentos sim, inclusive deduzindo se não foi por causa disso que Isabel ficou dessa forma. Enlouqueceu ao perceber que matou a irmã e o cunhado para o senhor regozijar-se e deleitar-se com sua fortuna — Sem trégua, decidiu: — Eu mesma vou buscá-la! Ela não pode...

— Cale-se! — exigiu num grito e a viu amedrontada. — Estou cheio de suas interferências, presunções e intromissões!!! Cale essa sua boca!!! Eu decido o que deve ser feito!!! — e saiu do recinto, calcando suas botas e batendo a porta atrás de si.

O que Consuelo disse fazia sentido.

Em seus delírios, Isabel seria capaz de contar tudo e levantar desconfianças.

Era um homem importante. Um dos mais ricos da região.

Respeitado. Não poderia haver qualquer dúvida sobre seu caráter. Ainda mais, por estar prestes a fazer alianças com outros fazendeiros da região, por meio do casamento de suas filhas. Não toleraria ter seu nome maculado.

Sem pensar, Ruan foi rumo ao andar mais profundo e sombrio daquela moradia. À medida que caminhava, sentia a umidade e o cheiro horrível que parecia brotar do chão, algo que o apavorava.

Lembrava-se de ter ido lá somente uma vez em toda sua vida. Foi quando criança, por conta de brincadeira com os primos. Ficou preso, ali, por horas. Depois disso, nunca mais voltou.

Arrepiou-se quando precisou pegar o lampião e caminhar pelo corredor estreito e baixo, onde precisava inclinar-se um pouco para não bater a cabeça no teto.

Logo viu a iluminação bruxulear que, certamente, vinha do lampião que Angelita levou para o local.

O corredor se findou em uma antessala e, dali, pôde ver a cela onde Isabel estava.

Angelita olhou surpresa. Não esperava ver o tio.

Ruan, por sua vez, ficou petrificado com a visão inesperada e absurda.

Circunvagando o olhar, reparou em cada detalhe.

Havia tinas com água e comida no chão como que jogadas. Pedaços de pães misturavam-se às cobertas e sobre algo que nem se arriscaria a chamar de colchão.

Isabel, de mulher linda e elegante, resumia-se a suja e esquelética. Vestida com trapos, que deixavam partes de seu corpo à mostra. Com um cobertor nas costas, garantia o aquecimento miserável que a fazia sobreviver naquele ambiente. Seus olhos esbugalhados exibiam espanto e medo intraduzível.

A atmosfera era impregnada por um cheiro horrível. Nos cantos, viam-se roedores e excrementos.

Sem conseguir entender como a esposa sobreviveu ali, Ruan questionou com voz sufocada:

— O que é isso?... — falou bem devagar.

— Foi por isso que solicitei ao senhor a permissão para cuidar de minha tia.

— Mas... Consuelo me garantiu que esse lugar era cuidado e que Isabel gozava de toda a mordomia aqui.

— Ainda bem que o senhor meu tio pôde ver por si mesmo e não através de minhas palavras. Fico admirada de tia Isabel ter sobrevivido todo esse tempo nessas condições.

Nesse instante, Isabel, que tinha a visão afetada pelos dias e noites em lugar escuro, percebeu a presença do marido e começou a dizer:

— Tire-me daqui, Ruan. Tire-me daqui. Eu não fiz nada. Nada! Nada! Nada! Só quis expulsar todos aqueles vultos da minha casa. Minha casa! Minha! Tire-me daqui, Ruan. Tenha misericórdia! Misericórdia!

— Calma, tia... — Angelita pediu, ao mesmo tempo que ajeitava a coberta em suas costas.

Isabel se levantou e foi para perto das grades e a sobrinha perguntou:

— Podemos levá-la para cima, senhor meu tio? Podemos ter misericórdia e dar a tia Isabel tratamento digno?

— Claro... — ainda respondeu de modo austero. Junto da porta de grade, abriu-a e ajudou a envolver a mulher e conduzi-la.

Angelita pegou os lampiões e apressou-se, seguindo à frente para iluminar por onde andavam.

Caminharam até a parte de cima da casa.

Isabel, fraca, mal andava. Era amparada pelo marido o tempo todo.

Chegando à sala, Lea, surpresa e chocada, deu um grito de horror quando viu a mãe.

Chorando, correu para perto, tomando suas mãos e conduzindo-a para que se sentasse.

Sem se importar com as condições sujas da genitora, a filha a abraçou e choraram por algum tempo.

Ruan, inquieto e preocupado, berrou chamando outras criadas que correram até ali para atendê-lo. No instante seguinte, ordenou para que Isabel fosse levada para o quarto de banho e banhada, depois aquecida e alimentada.

Enquanto essas providências eram tomadas, o dono da casa foi até os aposentos de Consuelo. Ela arrumava algumas coisas em um saco de viagem. Certamente, preparava-se para fugir.

Assustada, a criada ficou parada a certa distância do patrão e balbuciou:

— Posso explicar... Eu estava... — não completou.

Ruan estapeou-a com força. Ao vê-la no chão, chutou-a e esbravejou:

— Rua! Suma daqui agora! Não se atreva a pegar nem uma muda de roupa sequer! Suma! Imunda! Antes que eu tome uma atitude pior ainda!!!

Apavorada, Consuelo engatinhou para se distanciar, antes de se levantar e correr pela primeira porta que encontrou.

Enervado pela descoberta, o homem voltou para a sala onde viu os filhos Edgar e Marisol parados, assustados com o ocorrido. Iago e Yolanda também surpresos, somente olhavam. Ninguém ousou dizer nada.

Sabendo que a filha Lea e a sobrinha Angelita cuidavam de Isabel, não quis acompanhar o tratamento dado à esposa.

Irritado, fechou os punhos e socou a mesa de madeira maciça, ao mesmo tempo em que deu um berro exibindo toda sua fúria.

Viu-se tomado por infelicidade indizível. Sua alma doía. Experimentava pela esposa fortes sentimentos. Odiou vê-la daquela forma e sentiu-se culpado.

Notou-se tonto, naquele instante, e fragilizado também.

Cambaleando, foi para o escritório e fechou-se lá.

Longe de todos, chorou como nunca havia feito.

Pela primeira vez, sementes do arrependimento brotavam em sua alma.

Questionou-se se tudo o que fez para ter fortuna e domínio, tinha valido a pena.

Na espiritualidade, energias de ódio o envolviam. O desejo intenso do espírito Diego para perturbá-lo nunca minimizava.

Ofensivo, o espírito Diego criava ondas tenebrosas das piores emoções.

Riu ao se comprazer da infelicidade do outro.

Ruan sentiu-se verdadeiramente abalado. Quase enlouquecido.

O espírito Esmeralda, sem que pudesse ser vista pelos demais, inferiores ao seu grau de esclarecimento, aproximou-se de Ruan e o envolveu com o intuito de recuperá-lo.

— Meu filho de coração... Essa dor pelo arrependimento e culpa são bênçãos ao espírito. Mostra que está se libertando do egoísmo, do orgulho e da vaidade, mazelas que nos fazem cometer erros e equívocos difíceis de reparar. Lembre-se do Cristo, que disse: "Vinde a mim os que choram e Eu vos aliviarei". Socorra-se em Jesus, meu filho. Torne-se um bom homem desde já. Que essas lágrimas aliviem sua alma em dor, lave os seus olhos para que veja o caminho certo que precisará seguir.

Sob a dor e o peso da culpa, Ruan passou o resto do dia e toda a noite ali, sozinho.

CAPÍTULO 4

A MORTE NÃO EXISTE

Angelita e Lea empenharam-se para que Isabel tivesse o melhor conforto e cuidados.

Com o passar dos dias, Lea incomodava-se em ver e ouvir a mãe com aqueles tiques e cacoetes nervosos, às vezes, espalmando o ar como se quisesse espantar algo ou olhando como que procurando alguém que não estava ali e, ao mesmo tempo, falando:

— Sai! Sai! Sai! Deixe-me em paz! Sai daqui! Esta casa é minha! Minha! Minha! Minha! Tudo isto aqui é meu! Meu! Meu! Meu!

Muitas vezes, Lea dividia com a prima toda sua angústia e confessava sobre o quanto era difícil ver e ouvir sua mãe daquele jeito. Embora, ainda assim, oferecia-lhe carinho e atenção.

Vítima da própria inteligência voltada para práticas não elevadas, Isabel era atormentada por seus medos. Sua mente estava encarcerada pela crueldade que praticou e pela falta de perdão no passado. Mostrava, para si mesma, que toda ganância não valeu a pena, pois não tinha paz para usufruir suas conquistas.

Lea insistia para Marisol ficar um pouco junto com a mãe, fazendo-lhe companhia. Mas a irmã dizia não aguentar aquele comportamento estranho.

— Precisa estar mais com ela, Marisol! É sua mãe!

— Não suporto! Simplesmente, não suporto! Ouvir falas repetitivas de uma louca! Isso não é para mim! — exclamava Marisol de modo rude. — Olhe para ela! Veja como está! Tenho vergonha, nojo!... Ela não é mais minha mãe!

— Como se atreve a dizer isso?! É nossa mãe! Deu-nos a vida! Cuidou de nós! — Indignada, Lea lembrou-se de dizer: — Deus está vendo você falar e agir assim!

— Se Deus gostasse dela, não a deixaria enlouquecer assim! E se Ele não gosta, por que eu gostaria?! Agora, é uma louca desvairada! Insana! Não é mais gente! Não sabe o que fala! Não sente mais nada! Por que me importaria?! — Encarando a irmã, com dureza, comentou, parecendo não ter sentimentos: — Em muitas famílias, pessoas como ela, loucas, são excluídas do convívio. Elas são colocadas nos porões e calabouços e cuidadas lá para não interferirem ou envergonharem o meio familiar. Não entendo o porquê de nosso pai tê-la tirado de onde estava!

— Marisol, minha irmã, não acredito que ouço essas palavras da sua boca! — Lea expressou-se inconformada. — Tão nova!... Tão cheia de ódio!... Tão...

— Não se trata de ódio! Como ousas?! Tenho opinião formada por ser astuta e aprender rápido com o que vejo. Ela mesma dizia isso quando ainda era lúcida. Você se esqueceu?!

— Ela é nossa mãe... — a irmã disse em tom de lamento, tentando lembrá-la.

— Foi minha mãe! Agora, não sei o que é. E não será você a querer mudar minha forma de pensar.

— Não lhe peço muito. Desejo somente que a visite, que a veja, que lhe dê bom dia. Ela entende. Sorri. Abraça. Fica calma quando recebe carinho.

— Tenho mais o que fazer! Esqueceu-se de que, desde que ela enlouqueceu não tenho mais quem me ajude a bordar o enxoval?! O seu já está completo. Não é meu caso. Acho bom cuidar mais da sua própria vida, Lea. Deixe-me em paz!

Dizendo isso, Marisol virou as costas para a irmã, deixando-a sozinha.

Ao passar pela porta, segurando a longa saia, suspendendo-a um pouco para que pudesse andar mais rápido sem pisá-la, Marisol encontrou-se com Angelita. Rapidamente, olhou-a e bateu seu ombro no da prima, propositadamente, seguindo seu rumo.

Desconfiada, Angelita quis saber:

— O que aconteceu?

— Conversei com minha irmã sobre ela ir ver nossa mãe e, quem sabe, ajudar um pouco fazendo-lhe companhia. Dar-lhe atenção, no mínimo. Mas Marisol, sempre rebelde, acredita que nossa mãe não é mais nada. Disse que é louca e não sente nada... Como pode pensar assim?!

— Lea, calma. Nos últimos tempos, vejo-a inquieta e irritada com esse assunto.

— Não me conformo com isso! Estamos falando de nossa mãe e minha irmã a despreza como se não fosse ninguém!

Aproximando-se, Angelita colocou-lhe a mão no ombro e aconselhou:

— Seus nervos aflorados não vão, de forma alguma, mudar a opinião de Marisol. Melhor cuidar do que pode e consegue fazer.

— Penso que ela pode servir de má influência para Edgar, nosso irmão.

— Se ele tem a Marisol como má influência, também tem a você como exemplo perfeito de como deve aceitar e tratar a própria mãe — lembrou Angelita. Olhando-a nos olhos, ainda disse: — Não se enerve com a situação. Faça sua parte. A escolha dos outros pertence a eles. Não é de sua responsabilidade. Sua preocupação com o que eles têm a fazer só prejudica a si e não resolve qualquer situação. Pense nisso.

— Às vezes, estou esgotada, cansada...

— Talvez seja isso que a incomode. É bem provável que deseje Marisol cuidando e zelando por sua mãe para ter uma folga. Mas já que isso não é possível, não traga para si mais um problema, que é o da sua irmã não fazer a parte dela.

— Preocupo-me com o futuro. Decerto, o senhor meu pai está conciliando um casamento para mim. Quando isso acontecer, quem cuidará da minha mãe? — indagou com lágrimas nos olhos.

Não houve resposta.

Angelita a envolveu com um abraço apertado, reforçando laços de carinho e amizade entre ambas.

As dores da culpa pelo remorso corroíam Ruan. Sempre se pegava reflexivo.

Será que Isabel, estaria daquele jeito se não tivessem feito o que fizeram com Diego e Carmem?

A insanidade de sua esposa só se manifestou após a infeliz morte da irmã e do cunhado.

Teria valido a pena?

Arrependido, mas mantendo-se austero, prosseguia firme e, aparentemente, inabalável. Ignorava que o espírito Diego o atormentava com pensamentos e sentimentos terríveis. Insistia na ideia de que Ruan deveria matar Isabel e depois se matar. Sabia que isso o faria sofrer ainda mais. Porém, Ruan resistia e se mantinha firme.

Sem que pudesse imaginar, foi procurado por Angelita.

Sabendo que o tio buscava pretendentes para ela, a jovem decidiu propor-lhe que não o fizesse. Em troca, seguiria cuidando da tia com toda a presteza.

Ruan gostou da ideia e aceitou o pedido.

Embora ele mesmo não oferecesse à esposa atenção devida, não gostaria de ver Isabel sofrendo maus-tratos como já ocorrera.

Percebia que Angelita era gentil, por natureza, e seria uma situação bem conveniente.

Na espiritualidade, o clima daquela residência sempre permaneceu sombrio e sufocante.

O espírito Carmem não se deixava socorrer.

Muitas vezes, Angelita lia a *Bíblia* para a tia e percebia que ela apreciava.

A sobrinha tecia comentários sobre o perdão ensinado pelo Mestre Jesus em muitas passagens.

Ignorava que era envolvida por seu mentor, sua avó ou outros espíritos amigos para lançar reflexões a ambas: Carmem e Isabel.

Angelita conseguia perceber os olhos atentos da tia quando lia para ela. Isabel demonstrava-se calma e atenta. Aquilo lhe fazia bem.

O tempo foi passando...

Com o desencarne de Isabel, o espírito Carmem se viu em desespero.

Aquela que foi sua irmã, agora, como espírito e em outra sintonia, simplesmente, desapareceu de seus domínios.

O estado espiritual de Carmem era lastimável. Sua consciência era limitada, envolta nas dores do ódio, da mágoa e do rancor que a consumia.

Na espiritualidade, definhava. Vivia feito indigente, atirada pelos cantos, totalmente em desequilíbrio.

O espírito Isabel, por sua vez, permitiu-se ser socorrida.

Levada a local apropriado para suas condições, aos poucos, tomou consciência de seu estado em plano espiritual, mas isso não aliviava sua dor consciencial. Encontrava-se bem perturbada.

Ao entender o ocorrido com seu corpo de carne, reconheceu aquela que foi sua mãe, Esmeralda, e lamentou:

— Eu sinto muito, minha mãe... — chorou demais. — Sinto muito por tudo o que fiz... De nada adiantou... Sofri...

— Acalme-se, Isabel — Esmeralda pediu com bondade.

— Não consigo... Sinto uma dor profunda que não sei explicar. A Carmem sempre contribuiu para isso. Ela nunca teve limites.

— O perdão precisa acontecer de ambas as partes. Mas, se pelo menos, só você perdoar, tenha a certeza de que se libertará.

— Ela me prejudicou muito. Em outra vida sei que ela me matou. Fui enclausurada para que ficasse com meu marido e com tudo o que era meu. Carmem me prejudicou.

— Assim como você a ela, em outros tempos, minha querida. É preciso que haja uma trégua, uma conciliação, o perdão. Essa rivalidade entre ambas precisa acabar. Alguém necessita tomar a iniciativa de perdoar, esquecer para construírem uma vida nova, de mais paz.

— Não consigo esquecer os prejuízos que ela me causou — chorou. — Mas o que sinto é ruim... É uma dor profunda...

— É seu ser mostrando que o que fez não foi correto. Nenhuma das duas age com equilíbrio. Quando não agimos com equilíbrio, nossa consciência nos pune com dores como essa que sente.

— Sinto uma coisa... Remorso, mas... A culpa foi da Carmem. Ela precisava parar com esse inferno.

— Você também. Você pode tomar a iniciativa. Não necessita esperar que ela o faça.

— Tenho uma mente má... Fui capaz de planejar, com frieza, a morte da minha irmã e capaz de matar o Diego por ele ter sobrevivido.

— Usamos nossa inteligência para o mal quando ainda não desenvolvemos o amor. Ninguém pode nos julgar. Todos nós somos espíritos errantes de passados distantes. Às vezes, fomos tão cruéis que nem nos permitem saber o que fizemos porque enlouqueceríamos.

— Não estou aguentando essa dor... Quero acabar com isso...

O espírito Esmeralda decidiu não revelar que Carmem havia também ajudado no assassinato do próprio pai para ficar com a herança. Aquela informação em nada seria útil.

— Onde está o papai? Ele não foi nada bom. Ele só fez mal à senhora e a muita gente...

— Minha filha, aqui, na espiritualidade, existem muitas condições e tipos de moradas. Somente agora eu entendi as palavras de Jesus, quando disse: Há muitas moradas na casa de meu Pai. Onde estamos, agora, podemos considerar uma morada para espíritos do nosso nível. Existem moradas melhores. Mas também existem outras bem inferiores. E o que nos leva de uma para outra é a nossa consciência tranquila, a nossa aceitação para o que não podemos mudar, desejo de sermos melhores, amor, fé, bondade... — Fez uma pausa. — Seu pai, infelizmente, não foi um homem bom, digno e honesto. Muito menos temente a Deus. Ele fez coisas que não foram corretas, por isso se encontra em estado de perturbação muito infeliz, em região triste e rodeado de perseguidores. Suas vítimas não desenvolveram o perdão.

— O pai também matou pessoas, escravos com torturas horríveis... Tomou bens de outros, deixando-os na miséria e...

— Filha — interrompeu-a —, o mal não deve ser reproduzido em conversas. Não vamos comentar ou enumerar as falas dos outros. Se o fizermos, entraremos na mesma frequência de vibrações ruins e não ficaremos nada bem.

Chorosa, Isabel reconheceu ao afirmar:

— Também usei minha inteligência para o mal. Não mereço este lugar que me acolheu com bondade.

— Lembra-se das leituras que Angelita fazia para você? Foram elas que inclinaram seus pensamentos ao bem, ao desejo de ser melhor. Não mudou seu estado lá, mas mudou incrivelmente aqui. Ficou atenta às palavras do Cristo. Sentiu esperança, passou a desejar o bem. Despertou o amor em si. Desenvolveu o arrependimento, que é o desejo de mudar para melhor.

— Mas não mudou o que eu fiz. Não mudou o que sinto por Carmem. Ela me prejudicou muito. Não consigo esquecer. Não consigo perdoar. Eu a odeio.

— Sabe, filha, é possível que não me entenda agora nem veja utilidade no que vou te falar: nossa vida é eterna. Nascemos de novo quando nos arrependemos de nossas falhas e buscamos nos renovar e harmonizar o que desarmonizamos. Ouvir as lições do Cristo, despertou em você o amor. Junto a isso, o arrependimento. Se ainda não é capaz de perdoar à Carmem, tenho certeza de que está no caminho. É preciso haver perdão para que se liberte para uma vida melhor.

— Mas... — chorou em desespero. — Sinto uma sensação horrível... A morte deveria existir de verdade para eu não experimentar esses sentimentos dentro de mim. Sinto como se fosse enlouquecer.

— Isabel, lamento informar: a morte não existe.

— Tem um desespero vivo dentro de mim. Estou enlouquecendo.

— É o arrependimento. Vamos orar. Deus nos ouve. Vamos encontrar uma solução para isso.

O espírito Isabel chorou muito, torturando-se pela falta de perdão.

Em suas ideias mentais revivia, quase ininterruptamente, a sequência de planos da morte de sua irmã e cunhado. As cenas de Diego sendo agredido, a tortura e agonia nos dias que se seguiram até o instante em que o matou por asfixia angustiante. Ela via até mesmo o que não presenciou. Os dias em que ele ficou jogado à míngua sem ser encontrado. Não se achava responsável por tudo. Acreditava que Ruan tinha a maior parcela de culpa por não ter feito o assassinato direito. Pensava que Carmem também era culpada. O ódio que experimentavam vinha de outras vidas. A antipatia era imensa. Práticas sem grande importância, de uma para com a outra, eram motivos de disputa, adversidade, repugnância que terminavam em total intolerância, prejuízos demasiados ou morte.

O espírito Isabel não parava de vivenciar tudo isso. Sua consciência pedia, implorava reajuste e harmonização. Ela passou a ter dores, as mesmas que Diego e Carmem sentiram em seus corpos físicos devido ao imposto, como ato cruel, para suas mortes. Gemia e gritava. Com os dias, deixou de perceber a presença dos demais a sua volta. As cenas de tudo o que planejou e praticou continuavam se repetindo, além das sensações emocionais, o desespero e as dores.

É impossível fugir da própria consciência, por isso, é bom fazermos o que é certo.

Ao mesmo tempo, os espíritos Carmem e Diego permaneciam na crosta terrestre junto aos encarnados. Ela, remoendo ódio, rancor e ele buscando vingança por tudo o que lhe ocorreu. Após perder a sintonia com Isabel, Carmem vibrou na mesma frequência que o marido, que perseguia o cunhado.

Ambos contra Ruan que, a cada dia, achava-se muito perturbado.

Ruan atribuía o que vivia ao falecimento da esposa e todos a sua volta acreditavam no mesmo.

Tornou-se duro e cruel. Mal conversava. Quando o fazia, berrava, exigia e até mesmo agredia.

Com o passar do tempo, ficou cada vez pior. Tornou-se um péssimo pai.

Ao perceber que Lea e Iago estavam sempre juntos e se davam muitíssimo bem, ele a espancou como nunca e tomou a decisão de casá-la o quanto antes.

Foi à custa de diversas surras e gritos contra Lea que a fez aceitar casar-se com Vicente, um homem viúvo e muito mais velho, a quem ele ofereceu considerável dote, principalmente, após a filha se mostrar rebelde e contra o casamento, sob as vistas de todos.

Não tinha como ser diferente. Lea deveria aceitar a união com um homem detestável que não desejava ou seria deserdada e expulsa de casa para viver pela própria sorte.

Ao encarar o marido, sentia repulsa. Total aversão. Vicente tinha modos repugnantes, rudes. Mais velho do que o pai da noiva, não possuía qualquer atrativo físico, desprovido de gentilezas e generosidades. Frio, calculista e insensível era o que se podia perceber de imediato ao vê-lo.

Semanas após o casamento, Lea desabafava com a prima:

— Eu deveria ter fugido. Ido embora para lugar distante. Sou tratada como bicho. Tenho orado para que ele morra...

— desesperou-se. — Veja o que ele fez... — mostrou-lhe os braços e outras partes do corpo com hematomas. — A única pessoa aqui que me trata bem é a Margarida, uma das empregadas. Mas quando ele a vê com gentilezas para comigo, ele também a agride e a pune severamente. Ela é como uma mãe para mim... — chorou. — Vicente é um homem horrível... Como meu pai pôde permitir esse casamento?...

— Calma, não fique assim.

Inconformada, Lea ainda alertou:

— Você é a próxima. Sabe disso. Agora que não tem mais minha mãe para tomar conta, o senhor meu pai, seu tio — enfatizou —, não vai poupá-la. Não há nada que possa fazer. Se foi capaz de me vender ao Vicente, homem tão nojento, para ter benefícios com seus negócios, o que não fará com você e com a Yolanda?! Ele me disse que até Marisol já tem idade de se casar!

Angelita sentiu um travo de amargura.

Realmente, não havia nada que pudesse fazer.

Decidiu não dizer nada.

Angelita não contou à prima, porém, há alguns meses, estava encantada por um jovem com quem trocava olhares e sorrisos. O rapaz era filho do dono do armazém e sempre realizava entregas na fazenda. Não comentou com Lea porque, quando se deu conta do que acontecia, a prima foi informada de seu casamento infeliz e não tinha cabeça para mais nada.

Naquele instante, teve a ideia de conversar com o tio a respeito do assunto. Contudo, não poderia afirmar se o moço estaria interessado mesmo. Seria ousadia de sua parte, mas precisava saber. Insinuar-se também seria um escândalo. Não sabia como agir.

No dia imediato, para surpresa de Angelita, ao chegar ao pátio dos fundos da residência, viu Arturo e um ajudante descarregando algumas caixas da carroça.

Admirou-o a distância e experimentou uma sensação estranha percorrer-lhe o corpo esguio.

Seus olhos verdes brilharam mais ainda quando o rapaz fitou-a longamente e depois sorriu.

Não ousou se aproximar, mas ele o fez assim que pôde.

— Dia lindo, não acha? — ele perguntou.

— Sim. Está um belo dia.

— Soube que a senhorita é a sobrinha de Dom Ruan.

— É verdade.

— Está aqui para passar alguns dias? — tornou Arturo, puxando conversa.

— Na verdade, moro aqui desde que meus pais faleceram.

— Perdoe-me, senhorita... — falou sentido. — Não foi meu desejo importuná-la com assunto que a entristeça. — Diante do silêncio, viu o sorriso tímido, porém simpático da jovem. Nesse momento, apresentou-se: — Meu nome é Arturo — estendeu-lhe a mão.

— Angelita — retribuiu o cumprimento.

O silêncio foi duradouro.

Sem ter mais nada a dizer, por mais que buscasse algum assunto em sua imaginação, o rapaz ficou parado, rodando as bordas do chapéu entre as mãos.

Sentiam seus corações baterem forte sem qualquer explicação.

— Eu venho sempre aqui — ele afirmou para ter o que dizer.

— É... Eu sei — tornou a jovem que, igualmente, procurava algo para falar.

— Gosto de vê-la, mesmo que seja a certa distância — Arturo confessou e percebeu o rosto corar, mas orgulhou-se do seu atrevimento.

Angelita ofereceu largo sorriso e também ficou ruborizada. Não quis revelar que partilhava a mesma alegria por vê-lo.

O ajudante que descarregava as mercadorias avisou que havia terminado o serviço e Arturo, a contragosto, falou:

— Preciso ir. É uma pena, pois apreciei nossa conversa.

— Eu também — ela praticamente sussurrou.

O jovem fez uma reverência e, sem qualquer outra palavra, foi embora.

Ela experimentou sensação nunca sentida antes.

Com misto de ansiedade, felicidade e medo, correu para dentro de casa e se recolheu para pensar melhor em tudo aquilo que lhe aconteceu.

CAPÍTULO 5

PREVISÃO DE MARGARIDA

Uma das criadas que trabalhava na cozinha viu a cena de Arturo e Angelita conversando e reparou no jeito interessado do rapaz.

Havia muitos anos que Eugênia servia a família de Ruan. Era uma empregada que, antes da chegada de Consuelo, possuía diversas regalias na casa, algo que desagradava imensuravelmente à Isabel, a dona da mansão. Mas o marido não aceitava dispensar ou maltratar Eugênia. Concordou que fosse trabalhar na cozinha somente após a chegada de Consuelo, pois essa nova criada sabia de muita coisa que poderia incriminá-lo junto com sua mulher.

Eugênia tinha uma filha da mesma idade de Angelita e, há muito, pretendia que a jovem fosse notada por Arturo. Não gostaria que Nilda, sua filha, ficasse confinada pelo resto da vida com ela, trabalhando em uma cozinha, servindo de empregada.

Sempre que Arturo chegava àquela estância para fazer as entregas, Eugênia fazia questão de que Nilda fosse recepcioná-lo. Sugerindo sempre para a filha ser gentil.

Aquela aproximação do rapaz com a sobrinha de seu patrão a enervou. Desejava que sua filha conseguisse um futuro melhor à custa de casamento proveitoso.

Contrariada, suspirou fundo e voltou para seus afazeres, mas não deixava de pensar no assunto.

Ruan, não deixando de experimentar cruel amargura em suas emoções, prosseguia trabalhando. Vivia introspectivo. Quase nunca conversava. Focava em objetivos, em suas metas de lucros, ensinando o que sabia para Edgar, para que fosse como ele, sem dar nenhuma atenção aos desejos e sentimentos alheios. Fazia o que achava certo. Não se importou com a contrariedade de Lea que implorou para não se casar com Vicente. Aquilo foi resolvido. Seu próximo passo era casar a sobrinha Angelita, depois, sua filha Marisol e, por fim, a sobrinha Yolanda. Garantindo-lhes um futuro, bem encaminhado como dizia. Mas para sua consciência, estava se livrando do encargo de cuidar de mulheres.

Sua mente ainda funcionava como a de muitos homens extremamente arcaicos da sua época. Acreditava que necessitava garantir o futuro das mulheres da família com casamentos arranjados por conveniência e elas precisavam aceitar e honrar isso. Não se importava com o sentimento das jovens. Não lhe interessava se os maridos eram intoleráveis, velhos, repugnantes, insensíveis, rigorosos ou tiranos. Logicamente que, para as filhas, fazia questão de que os maridos fossem muito ricos e que a união lhe favorecesse de alguma forma. Para as sobrinhas, bastava casá-las.

Não havia dúvidas de que o dote das sobrinhas seria bem insignificante, se comparado ao das filhas.

Ruan vendeu parte da fazenda que pertencia aos sobrinhos, dizendo que o valor seria repartido como dote das meninas. Desfez de tudo que havia na propriedade como empregados, animais, maquinarias, ferramentas e outros. As terras restantes se tornaram, praticamente, inférteis pela falta de cuidado. O restante ficaria para Iago, o sobrinho que sempre afastava de si para que não aprendesse ou entendesse de negócios.

Fora isso, Ruan incorporou os bens do sogro aos seus e montou grande império, tornando-se um dos homens mais ricos e bem conceituados da região.

Acreditava preparar Edgar, seu único filho homem e herdeiro, para substituí-lo. Por essa razão, desde bem cedo, levava o jovenzinho a todo lugar que ia.

Certa manhã, Ruan caminhava pela propriedade e foi avistado por Eugênia, sem perceber.

A empregada trazia no braço uma cesta com hortaliças e, disfarçadamente, aproximou-se do patrão, cumprimentando-o:

— Bom dia, senhor.

Ele ofereceu um aceno de cabeça e mal resmungou bom dia.

— Fico feliz em ver a prosperidade dessas terras. Cada dia mais produtiva. O senhor precisa é tomar cuidado com usurpadores.

— O que quer dizer com isso? — interessou-se. Não admitiria ser enganado e ter prejuízo.

— Desculpe-me dizer, senhor, mas...

— Fale logo, mulher! — intimou duramente, olhando-a firme.

— Senhor Ruan, costumava ter mais atenção e benevolência de vossa parte — encarou-o.

— Enxergue-se, criatura! Sabe muito bem que ainda está aqui por minha benevolência.

— Sim, senhor... — abaixou a cabeça.

— O que você insinuou? Fale de uma vez! — ordenou novamente.

Eugênia olhou para os lados, garantiu que não seria ouvida por outros e revelou:

— Ando reparando que o jovem Arturo, filho do dono do armazém, corteja sua sobrinha Angelita sempre que vem fazer entregas aqui na fazenda. Isso ocorre há meses. Penso que não é um bom partido para essa jovem. Até acredito que ele e seus pais estão interessados nos lucros de uma união.

Ele olhou com desprezo para a criada. Depois virou-se, demonstrando não levar em conta aquela informação. Saiu caminhando.

Eugênia sentiu-se enfurecida, entretanto não poderia fazer nada. Pensou em dizer-lhe muitas coisas, até que Nilda, sua filha, era filha dele também e tinha deveres morais com ela. Mas não. Era casada e isso iria comprometer sua união com o marido, que ignorava o fato. Ela gostaria de obrigar Ruan a dar todos os direitos que Nilda tinha como filha dele. Porém, se assim o fizesse, correria o risco de ser posta para fora da propriedade e não ter onde ficar com a família.

Ruan, ao chegar a casa, foi direto para a sala de arte onde encontrou a filha Marisol treinando no fortepiano[1] e as sobrinhas, Angelita e Yolanda, bordando seus enxovais.

Arrogante e com modos frios, Ruan chamou Angelita, que o seguiu até o escritório.

Temerosa, a jovem o acompanhou.

Já dentro do recinto, com as portas trancadas, o tio indagou:
— É verdade que o entregador, filho do dono do armazém, vem aqui e a corteja?
— Senhor, meu tio... — gaguejou e foi interrompida.
— Fiz uma pergunta direta! Exijo resposta do mesmo nível!
— Não sei, senhor... Só conversamos e...
— Os dotes pertencentes a você e sua irmã não são dos melhores, tendo em vista a porcaria deixada por seu pai. Está difícil de arrumar casamento vantajoso para você e sua irmã por conta disso. Precisamos cuidar dessa situação o quanto antes. É inadequado eu casar Marisol, minha filha, antes de vocês, que são mais velhas. Aliás, já está passando da idade de se casar. Portanto, diga ao jovem que a corteja que eu quero falar com o pai dele. Que venha aqui, o quanto antes, ter comigo.

Angelita ficou atônita, imóvel. Um misto de medo e surpresa a dominou. Não sabia o que dizer.

Por um lado ficou feliz. Arturo era um rapaz agradável. Não se importaria em ter uma vida mais simples do que a que levava junto ao tio. Por outro lado, sentiu-se temerosa. Ele estaria mesmo interessado nela? Não saberia responder.

— É só! Cuide disso o quanto antes!

---
[1] Nota: Fortepiano é um instrumento musical de teclas, antecessor do piano atual.

A exigência do tio fez com que voltasse à realidade.
— Sim, senhor — acatou. — Com licença... — saiu submissa.
As intenções de Eugênia se voltaram contra ela.

A mulher ficou furiosa quando soube da decisão de seu patrão. Não esperava por aquilo. Seria injusto. Sua filha não teria oportunidade de encontrar alguém de nível melhor, enquanto Angelita, que tinha dote a oferecer, tirava a chance de Nilda.

Tudo planejado.
Arturo, bem nervoso, e seu pai, o senhor Salvador, foram falar com Ruan.
Assim que apresentados, grosseiramente, o tio de Angelita foi rude e direto:
— Não me importo com a humilde posição de seu filho ou a submissão de suas condições. Somos negociantes e homens realistas, senhor Salvador. Entende a urgência de casar minhas sobrinhas e, na sequência, minha filha mais nova. Somente assim, darei por encerrada minha tarefa de pai e tio. Já estou velho e preciso dar atenção total ao meu filho e ensinar-lhe sobre nossos negócios. Por isso, esse é o dote que tenho a oferecer por Angelita e desejo que a união se dê o quanto antes.
— Entendo e aceito, por essa ser a vontade de meu filho — concordou com frieza. — Visto ser viúvo e o fato da menina Angelita não ter mãe, minha esposa cuidará de tudo referente à festa e às celebrações.
— Estaremos à disposição — afirmou Ruan. — Darei ordens aos empregados para liberarem tudo o que a fazenda tem a oferecer. Os custos serão por minha conta como é tradição. Sua esposa pode vir aqui quando quiser.
— Certamente.
— Seu filho estará liberado para vir aqui cortejar minha sobrinha aos domingos, com supervisão, após a missa e poderá

almoçar conosco. Não os quero mais conversando às escondidas pela propriedade — exigiu Ruan.
— Estamos acertados, então.
Assim foi feito.

Eugênia não se conformou com os acordos e não admitiria que sua filha Nilda perdesse a oportunidade de um pretendente tão conveniente para seu nível.
Pensaria em algo. Não permitiria aquela união.

Lindalva, esposa de Salvador e mãe de Arturo, teve total permissão para ir até a fazenda de Ruan para tratar de assuntos referentes ao casamento e à festa.
Rude e exigente, a mãe do noivo quis conhecer a jovem Angelita e analisá-la. Por não ter nenhuma filha, avisou que Angelita usaria o seu vestido de noiva, que estava guardado havia vinte e dois anos, não dando opção para a jovem escolher.
A senhora sempre levava consigo uma empregada pessoal e, juntas, cuidavam dos preparativos.
Em conversa com a criada mais antiga da casa de Ruan, a futura sogra da noiva disse:
— Aqueles talheres de prata que reservei ali devem ser polidos. Quero me pentear neles. As louças também precisam ser limpas. Encontrei poeira nos pratos. Encomendei as flores na cidade e devem chegar um dia antes do casamento. Reúna todas as empregadas para cuidarem dos arranjos. Não sei se a florista dará conta sozinha de tanto trabalho.
— A senhora terá o melhor daqui. Fique tranquila — assegurou Eugênia.
— É bom mesmo — disse Lindalva, arrogante. Demonstrando atitude desdenhosa, virou as costas e saiu.

Eugênia a acompanhou até a porta e ainda viu quando o criado da fazenda ajudou a senhora e sua empregada a subirem na carruagem.

Após a poeira abaixar, Eugênia aproximou-se do homem e perguntou:

— Aguilar, você e a Concheta falaram tudo para a empregada de dona Lindalva, exatamente, como eu mandei?

— Exatamente tudo — o empregado confirmou. — Tudinho. A moça, criada dela, ficou bem impressionada. Certamente, falará para a patroa.

— Só espero que ela seja fiel e conte tudo para dona Lindalva. — Eugênia riu com perversidade e frieza. Desejava que seu plano desse certo para garantir a felicidade de sua filha Nilda.

Alguns dias se passaram...

Ruan estava enfurecido.

Entrou no quarto da sobrinha e, sem dizer nada, estapeou-a no rosto com tanta violência que Angelita caiu no chão.

Ele gritou, berrou e a xingou, muito, dos piores nomes.

De posse de um chicote, o tio açoitou a jovem até se cansar e a condenou a ficar incomunicável em seus aposentos.

Marisol e Yolanda puderam ouvir o espancamento, mas não ousaram ver sobre o que se tratava.

Enquanto Yolanda chorou, a prima ficou quieta. Somente mais tarde, procurou pelo pai para saber o que tinha acontecido.

Encontrou-o no escritório. Pediu permissão para entrar e depois perguntou:

— Senhor meu pai, posso saber o que aconteceu?

— Pode! E é bom que saiba! — gritou o homem ainda nervoso. — Sua prima Angelita é uma perdida. A senhora Lindalva, mãe de Arturo, descobriu entre conversas de criados que Angelita vem se deitando com homens pelo interior da fazenda. Sempre percebi que essa minha sobrinha era diferente. Gostava de ler. Tinha ideias. Não era tão submissa! Igual a sua irmã! Ainda bem que casei Lea cedo! Ainda bem! Deveria ter feito o mesmo com sua prima. Quando Eugênia me contou que a viu conversando com Arturo, não deixei que terminasse. Não era somente com Arturo que ela conversava. Havia outros com quem Angelita se dava a conversar e... — Deu um murro sobre a mesa e fez os objetos pularem. Em seguida, gritou: — Como você fará um bom casamento tendo uma prima perdida?!!! Uma rameira da pior espécie?!!

— Não quero ficar solteira! — Marisol exclamou, indignada. — O senhor precisa providenciar um casamento para Angelita ou enviá-la para um convento! Um convento muito longe! Bem longe! Fale com o padre Manolo o quanto antes, senhor meu pai! Ofereça um bom dote para que não a devolvam de um convento, aconteça o que acontecer! Ela merece a clausura! Maculou minha imagem!

Ruan olhou para a filha e acreditou que aquela era uma boa ideia. Não seria fácil encontrar um pretendente que aceitasse a vergonha e a desventura pela qual a sobrinha passou. Angelita estava falada por toda aquela região. Seria difícil também fazer aquela história ser esquecida após um casamento. Ele era um homem bem conhecido. Tinha um nome a zelar. Falariam pelas suas costas. Mandar a sobrinha para um convento tiraria de si um grande encargo e trabalho.

— O dote de Angelita é grande demais para ser doado todo à igreja. Pela vergonha que nos fez passar, poderá partilhá-lo. Metade para a igreja e o restante para mim. Dessa forma, terei oportunidade de achar um marido a minha altura. O que o senhor acha?

— Vou providenciar que seja feito. — decidiu Ruan tão somente.

Ao saber de todo o ocorrido, Lea aliou-se à prima e tentou defendê-la:

— O senhor meu pai não percebeu que tudo isso não passou de uma trama? Eu mesma encontrei a Eugênia toda feliz por esse ocorrido. Estranhei. Por isso, fui investigar. Conversei com a empregada da senhora Lindalva e ela me garantiu que foram os empregados daqui, desta fazenda, quem difamaram Angelita. Mas eles não apontaram com quem minha prima se desonrou ou... fornicou. E...

— Cale-se, Lea! Foi uma ideia de sua irmã e foi ótima! Não temos o que discutir!

— Se tudo for uma mentira, meu pai?!

— Mentira ou não, está feito! Angelita está difamada. Não pode continuar aqui. Não vamos conseguir desmentir isso... Se for mentira... Claro. Já chega!

Chorando, Lea ainda disse:

— É injusto! Nós, mulheres, temos sentimentos, emoções! Não somos bichos para sermos tratadas dessa forma absurda e abusiva! Isso precisa mudar!

— Cale a boca, Lea! Vá embora daqui! Tenho problemas demais! Saia daqui ou a coloco para fora!

Para não piorar a situação, a filha saiu do escritório e foi até o quarto da prima, mesmo recebendo orientação para não ficar na casa.

Ao se verem, abraçaram-se por longo tempo e choraram juntas.

Afastando-se, Lea procurou olhar nos olhos de Angelita, que mantinha a cabeça baixa.

— Eu sei que não é verdade. Nada disso é verdade.

— Ao menos você acredita em mim — murmurou chorosa.

— Se conseguíssemos reverter tudo isso, provando que é mentira.

Angelita não parecia nada disposta.

Segurando as mãos da prima, foram juntas para perto da cama e se acomodaram.

Abatida pelo golpe da calúnia e humilhação, Angelita falou baixinho:

— Não há como reverter isso tudo. Como é que Arturo vai renovar suas intenções por mim depois do impacto de tantas difamações? Ele seria um homem desonrado.

— Mas é mentira! Uma invenção maligna contra sua honra e moral. Eugênia fez tudo isso, certamente. Conversei com a criada de dona Lindalva. Ela me contou que soube dessa história aqui na fazenda.

— O que nós, mulheres, podemos fazer em vista de tamanha desonra? Nada, minha prima! O mundo é cruel para conosco.

— Pior. Nós, mulheres, somos cruéis para com nós mesmas. Fazemos tudo para prejudicarmos umas às outras, em vez de nos unirmos e nos apoiarmos. Tudo por egoísmo, ambição, vaidade... Eugênia, certamente, tem planos para a filha. Você e ela têm a mesma idade. Arturo seria o partido ideal, pois elas não têm dote a oferecer e se ele se apaixonasse, não daria importância a isso. Já vi Nilda flertando com ele, em algumas entregas que ele realizou. Só não liguei os fatos. Não me importei. Ignorava que esse moço lhe agradava.

— Não ousei contar a ninguém. Nem mesmo a você. Quando percebi algo, você estava tão contrariada por conta do seu casamento.

— Posso falar com Arturo. Vou procurá-lo e contar tudo. Dizer que suspeito que Eugênia, querendo empurrar a filha para cima dele, caluniou a você para Nilda ter alguma chance. Arturo entenderá. Sendo ele o objeto de cobiça, o melhor seria manchar a imagem de sua noiva.

— Se me aceitar, Arturo terá sua imagem de homem sério e respeitável abalada. Duvido muito que a senhora Lindalva permita.

— Não custa tentar. Precisamos fazer alguma coisa!

— Não é conveniente, Lea. Não desgaste sua própria imagem. Devo acatar a decisão do meu tio e me preparar para meu destino.

— Não acredito no que ouço. Em muitos outros lugares do mundo, em pleno século XIX, mulheres estão ganhando direitos e você não quer lutar pelo seu?

— Aqui, onde estamos, vivemos como medievais! Não percebeu isso? O que eu posso fazer? O que disser será motivo de outras chibatadas.

— É injusto isso! É injusto! Quando é que nós mulheres teremos direitos?[2] — Lea não se conformava.

Sem pensar muito, Lea procurou por Arturo na esperança de fazê-lo entender a situação.

Apesar de inseguro, ele a ouviu, mas não ofereceu qualquer esperança. Aliás, o jovem rapaz não lhe disse absolutamente nada, deixando Lea sem saber o que estava pensando.

Os boatos e fofocas na região correram mais rápido do que qualquer diligência.

Após falar com Arturo, pensativa e preocupada, Lea fez as compras de que precisava na cidade e, só depois, retornou para sua casa.

Ao chegar, seu marido Vicente a esperava no pátio com um chicote nas mãos.

Assim que a viu descer da carruagem, arrancou o chapéu da esposa com um tapa e a fez cair ao chão.

Lea tentou rastejar e fugir, porém não conseguiu.

Vicente pisou seu vestido com um pé enquanto a chutava com o outro e perguntava:

— Quem lhe deu o direito de conversar com outro homem na cidade?! Quem lhe permitiu tal ousadia?! — e a chutava.

Abaixando-se, puxou-a pelos cabelos e, após esbofetear a esposa, arrastou-a para dentro de casa e depois para o quarto, onde a espancou ainda mais.

A certa distância, Eugênia assistia a tudo com satisfação e sorriso maldoso estampado na face. Ela desviou-se do caminho que deveria seguir só para passar ali e contar para

---

[2] Nota: O livro: *O Resgate de uma Vida*, romance do espírito Schellida, psicografia de Eliana Machado Coelho, mostra-nos excelentes reflexões e ensinamentos sobre esse tema.

Vicente que tinha visto sua esposa, na cidade, conversando com outro homem. Depois, afastou-se e ficou esperando tudo acontecer. Apreciou ver Lea apanhar e não ter a oportunidade de se defender ou se explicar. Não desejava mais vê-la intrometida em seus planos. Gostaria de casar sua filha com Arturo. Só bem depois, quando não pôde ver mais nada, foi embora para a fazenda onde trabalhava.

Nos dias que se seguiram, com ódio mortal do marido, Lea não tirava dos pensamentos a ideia de envenená-lo.

Seu desejo era algo tão forte que pensou em se confessar com o padre, mas teve medo de o vigário, de alguma forma, revelar sua confissão. Não confiava no padre Manolo.

Certa noite, enquanto bordava perto da lareira sob a luz de lampião, perdida em seus pensamentos, se assustou com a presença de Margarida. Respirando com força, puxando o ar para dentro dos pulmões, fazendo um barulho e levou a mão ao peito pela visão inesperada.

— Desculpa, senhorinha. Não quis assustar. Só estava apagando os lampiões e as velas — a mulher justificou.

Ao chegar ali, assim que a conheceu, Lea entendeu que era uma velha criada que trabalhava ali havia anos, pois conhecia muito de tudo o que tinha na casa e na fazenda, além dos costumes do patrão.

— Estava tão distraída que não a vi — comentou simplesmente.

— Devo apagar esta sala, senhorinha?

— Não. Pode deixar — disse e sorriu para ela.

— Não vai dormir, senhorinha? Já é tarde.

— Vicente ainda não chegou e... Talvez só amanhã haverá de aparecer aqui feito um porco imundo.

— Se me permite, senhorinha... — disse a criada com aparência e expressão humilde, envolta por um xale de lã gasto pelo uso. Aproximando-se, pôde vê-la melhor pela luz amarelada e vibrante da lareira, refletida no rosto jovial de Lea. — Não deixe que essas indignações se revelem.

— Como não ficar indignada? Como não sentir ódio desse marido imundo? — indagou com aversão escapando pelo olhar. — Casei-me contra a vontade com um homem que tem mais idade do que meu pai. Não bastasse isso, ainda é nojento e agressivo. Vive nos bordéis. Embriaga-se e depois volta para casa... Eu o odeio! Odeio! — enfatizou enquanto murmurava, para evitar ser ouvida, acaso o marido chegasse. — Quero que o senhor Vicente morra!

— Não diga isso a mais ninguém, senhorinha. Muita coisa pode mudar em breve. Suas palavras, pouco favoráveis para com seu esposo, podem servir contra a senhora.

— Do que está falando, Margarida? — ficou atenta e curiosa. Não era a primeira vez que ela parecia adivinhar seus pensamentos.

— Não reclame a ninguém do tratamento que o senhor lhe dispensa. A ninguém.

— Por quê?

— Oh... Senhorinha... Em muito breve sua posição será outra. Como bem disse, o senhor seu marido é um homem que tem mais idade do que o seu pai. Ele se descuida de todas as formas. Tão logo, talvez, seja possível a senhorinha estar sozinha. Por isso, tenha equilíbrio e sensatez.

— Por quê? Do que está falando, Margarida? Não estou entendendo.

— Entenderá. No momento certo, a senhorinha entenderá. Aquiete a mente. Despreze o ódio. Não comente planos. — Após ligeira pausa, desejou: — Tenha uma boa noite, senhorinha.

Aquela conversa deixou Lea intrigada. Não era seu costume falar muito com empregados. Foi educada assim. Mas aquela mulher era tão terna e inspirava confiança. Agora, estava com a curiosidade aguçada. Desejava conversar mais com Margarida.

CAPÍTULO 6

COM AS RÉDEAS DA PRÓPRIA VIDA

Impossibilitada de conversar com sua prima, pois seu marido a proibiu, Lea só recebia algumas notícias através de uma empregada que, às vezes, ia até a fazenda de seu pai.

Ficou indignada ao saber que Angelita foi enviada para um convento sem ao menos terem a chance de se despedirem. As informações eram desencontradas. Alguns diziam ser um convento em Santiago de Compostela. Outros falavam que a sobrinha de Dom Ruan foi levada para um mosteiro em algum lugar de Portugal.

— A verdade é que meu pai não deseja que ninguém saiba para onde ela foi levada. Oh, meu Deus!... — quase gritou. — Quando é que a soberania dos homens vai acabar? Desejamos ser livres!

— Acalme-se, senhorinha... — murmurou a empregada para preservá-la. — O senhor seu marido pode ouvi-la.

— Que ele... — Lea deteve as palavras. Pensou em dizer: — "Que ele morra!" —, mas recordou-se dos conselhos de Margarida, dias antes.

— Eu soube também, senhorinha, que a senhorita Marisol, sua irmã, já está prometida. Vai se casar em breve. Talvez, antes mesmo de Yolanda, sua prima.

— Yolanda vai se casar?! — surpreendeu-se. — Meu pai, certamente, engordou os dotes de Marisol, com o que pertencia à

Angelita. Qualquer pretendente cresceria o olho e aceitaria o mais rápido possível. Ele também quer se livrar de Yolanda. Ela é muito jovem!

— O senhor Ruan dará Yolanda em casamento ao filho de um homem que trabalha no porto, que cuida das exportações da produção do senhor seu pai. Já, Marisol, é para o filho de um grande fazendeiro.

— Ao menos são maridos jovens. Serão menos infelizes do que eu — resmungou em tom quase inaudível. Naquele instante, lembrou-se de Iago. O primo tinha sua idade. Era bonito, forte, inteligente e, principalmente, gentil, generoso compreensivo. Ele ensinou muitas das coisas que sabia sobre fazenda e se divertiam muito com isso. Era possível haver homens bons e nobres, de fala agradável ao tratar com uma mulher. Suspirou fundo ao se recordar dele e sorriu sem perceber.

— A jovem Marisol está muito feliz, eu soube — Margarida falou, tirando-a daqueles pensamentos.

— Que bom para minha irmã. Já, eu... Não sei o que atacou a mente do meu pai para me conceder a esse marido que tenho...

— No seu caso, tenha paciência e submissão aos sofrimentos momentâneos. Está saldando débitos do passado.

— Sobre o que fala, Margarida? — estranhou o comentário.

— Que a senhorinha precisa se resignar sobre sua atual condição. Tudo muda, não é mesmo?

— Ouvi-la dizer que estou saldando débitos do passado. Ouvi sim!

— Estou ficando velha... Não ligue para mim. — Procurando mudar de assunto o quanto antes, a criada comentou: — Dizem que a propriedade da casa que pertence ao futuro esposo da senhorita Marisol é dotada de lindo bosque, jardins delicados e de vários estilos. Contaram que a mansão é tão ampla que é possível se perder nela.

— Ainda bem que as calúnias sobre nossa prima não atrapalharam a vida de minha irmã. Marisol sempre desejou bem-estar e vida boa. Tomara que seu marido seja bom para ela e que vivam felizes, se é que isso é possível... — desfechou com amargura no tom de voz.

— Cada um é feliz a sua maneira, mas desenvolver dons necessários para o ser é importante e preciso. Por isso, a vida nos prega peças, coloca-nos em situações difíceis para nós progredirmos.
— Você fala engraçado, Margarida. Às vezes, não entendo.
— Entenderá um dia — sorriu com o canto da boca.

O casamento de Marisol foi grandiosamente celebrado. Nunca se ouviu falar, naquela região, de tamanha comemoração.

Enquanto que a solenidade e o festejo do casamento de Yolanda foram incrivelmente simples. Logo após a união, a sobrinha de Ruan foi morar com a família de seu marido. Não demorou, todos se mudaram para um porto distante e perderam, completamente, o contato com ela.

Em visita a seu pai, Lea soube que o primo Iago havia voltado para o que restou da fazenda que lhe pertencia como herança. Contaram que o jovem tentou enfrentar seu tio quando a irmã mais velha foi enviada para um convento. O rapaz não admitiu a ideia e Ruan, depois de espancá-lo, mandou-o embora, sem qualquer recurso. Apenas devolvendo-lhe as terras abandonadas.

— Ele é muito jovem, senhor meu pai. Não conseguirá fazer nada naquela estância. Até porque, há anos aquela fazenda não recebe qualquer cuidado. A casa está velha e sem manutenção. O senhor, que poderia ter tratado de tudo, não o fez.

— Lea! Não abuse da minha paciência. Não questione a minha autoridade! Os filhos dos outros não são problemas meus. Não mais. Como tio e tutor fiz o meu melhor. Cumpri minha obrigação.

Percebendo que não adiantaria nada insistir sobre esse assunto, a filha decidiu, ao menos, tentar saber:
— E Angelita?
— O que tem ela?

— Para onde o senhor a mandou?

— Angelita está morta. Ela morreu para nossa família no dia em que envergonhou meu nome. Precisei dar muito dinheiro para que sua irmã se casasse bem. Agora chega. Não vamos retomar esse assunto.

— Mas... — foi interrompida.

— Chega, Lea! Cale-se!

Ela parou de falar. Permaneceu em silêncio, degustando o chá na companhia melancólica e amarga de seu pai.

Antes do final da tarde, quando se preparava para voltar para a fazenda onde morava, ficou sabendo, por uma empregada, que Nilda, a filha de Eugênia, era cortejada agora por Arturo, antigo pretendente de sua prima Angelita.

Apesar da contrariedade, não havia o que pudesse fazer.

Chamou o cocheiro, subiu na carruagem e foi embora.

Passados alguns dias, pela ausência de seu esposo e de seu capataz, Lea foi chamada ao pátio frente a casa.

— Senhora Lea, lembra-se da gente, não lembra? Lembra de mim e de meu irmão? — indagou um dos homens, ambos de meia-idade. — Fomos empregados do senhor seu pai por anos. Aconteceu de sermos, impiedosamente, dispensados dos serviços por causa da idade. Mas ainda aguentamos muito trabalho, senhora. Estamos procurando quem aceite nossos préstimos.

— Sim. Lembro-me de vocês. Meu pai lhes dispensou?

— Sim, senhora. Acredita que não somos bons para o serviço por conta da idade. Mas podemos provar o contrário. Precisamos de oportunidade, só isso — disse um deles.

— Não temos onde ficar, senhora — contou o outro. — Estamos na estrada há dois dias. Decidimos vir aqui em busca de seu bom coração para nos conceder emprego e morada. Do contrário, morreremos de fome ou nos tornaremos ladrões.

Lea desceu os degraus da varanda e chegou ao pátio. Olhou-os melhor e perguntou especificamente a um deles, sem trégua.

— Aguilar, não foi você quem maculou a moral de minha prima Angelita para a empregada de dona Lindalva?

O homem abaixou a cabeça, rodou a aba do chapéu entre os dedos e titubeou, falando baixinho:

— Não, senhora Lea. Não fui eu não...

— Foi sim! Tenho informações precisas! A própria criada da senhora Lindalva me contou.

Dando um passo para trás, o homem colocou um joelho no chão e pediu:

— Misericórdia, senhora Lea... Perdão... Por Deus... Fui obrigado a mentir. Fui obrigado por Eugênia. Ela e o marido iam me denunciar ao senhor seu pai. Diriam que eu havia roubado algo, mesmo sendo mentira, caso não falasse contra sua prima. Precisei fazer o que fiz.

— Como pôde?! — indagou incrédula. — Mentiu sobre a honra da minha prima e a condenou ao escárnio! Não trouxe a verdade à luz nem mesmo quando a viu levada para um convento para ficar enclausurada! Meu Deus! Como pôde?!

— Perdoe-me, senhora... — curvou-se ainda mais. — Posso tentar reverter tudo isso, senhora.

Nesse instante, Vicente e alguns de seus empregados chegaram a cavalos.

A esposa tomou postura submissa e se adiantou com modos humildes:

— São ex-funcionários do senhor meu pai. Estão aqui pedindo emprego.

— Entre! — Vicente exigiu e Lea obedeceu de imediato, fugindo ao olhar. Ainda sobre o cavalo, rodeou os dois homens sem tirar os olhos deles e disse: — Não quero velhos aqui. Sumam! Depressa, sumam!

Sem demora, Aguilar e seu irmão pegaram os pequenos sacos que continham suas poucas roupas e saíram amedrontados.

Ao entrar, o marido viu a esposa orientando duas empregadas.

Foi a sua direção e berrou:
— Não quero que cuide dos assuntos que me pertencem!!! — exigiu.
— Fui chamada e...
— Cale sua boca!!! Não permito que me responda! — levantou a mão para agredi-la, mas parou na metade do gesto.

Vicente deu dois passos para trás. Com olhos arregalados, levou a mão ao peito e cambaleou.

Lea e as empregadas permaneceram petrificadas por instantes.

O marido caiu e parou de respirar.

A esposa foi até ele. Seu instinto de preocupação fez com que colocasse o ouvido em seu peito. Foi então que se certificou que o coração não batia.

Assustada, deu ordens para que um médico fosse chamado. Assim foi feito.

A criada Margarida, com idade e experiência, atraiu sua patroa para um canto e orientou:
— Fica triste, senhorinha. Finja seu luto ao menos. Entendo que foi um alívio, mas precisa se mostrar sentida, porém sensata e capaz. Só assim poderá cuidar de tudo por aqui. Lembre-se de que o senhor seu pai, homem lúcido e exigente, pode interferir, alegar que é insensível e incapaz e requerer seus bens para seu irmão tomar conta para a senhora ou, ainda, pode oferecê-la em casamento novamente, para que tenha um marido para cuidar de tudo. Além disso, lembremos que basta alguém acusá-la de louca para que fique enclausurada.
— Estou com medo, Margarida — tomou as mãos da empregada ao confessar.
— Se mantiver a calma, vai conseguir. Chore, vamos! Chore!... Coloque o luto. Vamos lá! Vamos procurar uma roupa de luto. Um véu preto cobrirá sua cabeça e o rosto. Isso dificultará que vejam sua face.

Margarida ajudou Lea a se vestir. Arrumou um véu preto e fino que cobrisse bem o rosto da jovem, onde foi passado farinha para que parecesse muito pálida. Orientou-a de como se comportar. Deveria manter-se triste e chorosa, mas sem escândalo. Seria melhor se não comesse para demonstrar-se sentida.

Algum tempo após o falecimento de Vicente, Ruan foi visitar a filha.
Viu-a vestida toda de preto. Um coque prendendo os cabelos pretos, que eram bem compridos, e uma seriedade marcante no rosto. Fazia lembrar sua mãe, Isabel. Lea era incrivelmente parecida com ela.
A tristeza estampada no conjunto de comportamento, mostrava o quanto guardava o luto.
— Quando acha que podemos lhe arrumar um novo marido?
— Nunca mais, senhor meu pai — demonstrou tristeza.
— Não diga tolices. Você é jovem. Nem filhos têm e isso facilita as coisas. Tem bens consideráveis. Não precisa se preocupar com dote. Haverá muitos interessados.
— Senhor meu pai, não me sinto preparada para outro matrimônio. Ao menos agora.
Ruan nem lhe ouviu e comentou:
— O fato de não ter filhos do primeiro casamento, por um lado, é bom. Mas... Pensando bem... Um novo pretendente acreditará que você é estéril, improdutiva, seca.
— Por que a culpa por não ter filhos sempre recai sobre as mulheres, senhor meu pai? — Sem esperar que ele respondesse, completou: — O senhor Vicente foi casado por mais de vinte anos, em seu primeiro matrimônio, e também não teve filhos. O problema não seria dele?
Ruan sentiu-se constrangido. Aquele não era assunto que gostaria de conversar com uma filha.
Incomodado, procurou mudar de conversa.
— Como pretende fazer? Como vai tocar os negócios até se casar novamente? E as plantações, o gado?...

— Temos bons funcionários. Já estou tomando a frente de tudo. Paguei as contas e os empregados. Comprei sementes para o próximo plantio, separei os porcos que estavam marcados para a venda e serão entregues semana que vem. Recebi antecipadamente, inclusive. Depositei o lucro no banco para qualquer emergência, mas antes, separei valores para os gastos com outros serviços.

— Vicente lhe ensinou isso?

— Sim senhor — mentiu. — Meu marido parecia sentir que não andava bem da saúde. Começou a me chamar para acompanhar o livro caixa, verificar compras e despesas.

— Seu irmão será capaz de ajudar.

— Caso precise, falarei com o senhor ou com Edgar, sem a menor dúvida! — enfatizou.

— Espero que seja verdadeira a sua capacidade de cuidar desses negócios até decidirmos por tudo aqui. Não quero que perca seus bens.

— Lógico, senhor meu pai. Eu me comprometerei com o trabalho, atentarei para tudo e o procurarei quando houver dúvidas.

— É isso mesmo.

A filha se comportava com um cinismo sem igual. Media cada palavra e o tom com que as usava para parecer convincente ao pai.

Após se despedirem e ela ver a charrete de Ruan sumir na poeira da estrada, foi para o seu quarto e gritou:

— Nunca mais!!! — rodopiou enquanto segurava o véu no ar, com as duas mãos, fazendo a peça voar. — Nunca mais viverei sob os tenebrosos cuidados de homem algum!!! Graças a Deus aquele infeliz morreu e estou livre! Livre! — Lembrou-se do primo Iago, naquele instante. Não poderia dizer que nunca mais viveria com homem algum. Caso Iago se aproximasse dela... Mas aquele seria um sonho impossível de realizar. Por onde estaria ele? Sabia da sua viuvez e nem a procurou?

A empregada tirou-a daqueles pensamentos:

— Fale baixo, senhorinha... — murmurou Margarida rindo, achava graça de vê-la daquela forma, como que dançando sem música.

— Vou pedir-lhe um favor: deve me chamar de Lea, de hoje em diante. Pode me chamar de qualquer outra coisa, mas não me chame mais de senhora ou senhorinha. Isso acabou. Além disso — parou frente a ela e disse: —, lembra-se daqueles dois ex-empregados do meu pai que estiveram aqui no dia em que o Vicente bateu as botas?

— Sim. Lembro.

— Peça que os encontrem. Aguilar é bem conhecido. Preciso que venha falar comigo o quanto antes.

— Só isso, senho... — não terminou.

— Lea. Lea, por favor, Margarida.

— É difícil lembrar de falar assim agora — disse a empregada sorrindo.

— Odeio ser chamada de senhorinha. Título exigido pelo senhor meu marido que, certamente, está batendo papo com o capeta lá nos quintos dos infernos.

— E quando tivermos visitas?

— Não vou me incomodar com que os outros pensem.

— Mas precisa. A opinião dos outros pode comprometê-la. Vivemos dias inquietantes e perigosos para nós mulheres. Quantas de nós foram condenadas à clausura em masmorras ou porões? Quantas foram mortas por desejarem a liberdade ou falarem o que pensavam?

Lea pensou um pouco e considerou:

— É... Você tem razão. Mas, então, que me chame somente de senhora, quando houver visitas aqui. Já está de bom tamanho. — Um instante e lembrou: — Faça o que pedi, por favor. Peça para um empregado trazer Aguilar aqui. Preciso dele. Depois, Margarida, precisarei de outro imenso favor seu. Você é uma das empregadas mais antigas nesta fazenda. Conhece tudo e todos. Pense bem e me aponte quais os empregados do meu marido que eram mais fiéis a ele, aqueles em quem não posso confiar. Pense bem e depois me diga.

— Essa é uma sábia decisão, Lea — Margarida sorriu. Entendeu o que a patroa iria demitir todos aqueles que serviam a Vicente e não se importavam com ela.

Assim que o ex-empregado de seu pai foi colocado a sua frente, Lea considerou:
— Aguilar, vamos barganhar. Quero que procure Arturo, o ex-pretendente de Angelita. Conte a ele toda a verdade. Diga que Eugênia o forçou a mentir e você o fez para preservar seu emprego, mas está arrependido de ter acusado minha prima por algo que ela não fez. Por consequência disso, Angelita foi difamada e confinada em um convento. Arrume essa situação e poderá trabalhar para mim.
— Eu e meu irmão?
— Sim. Você e seu irmão e a família. Sei que vocês têm mulheres.
— O senhor Arturo está prestes a se casar com Nilda, a senhora sabe disso? — ele indagou, preocupado.
— Sim. Sei. Nilda é uma rameira tal qual a mãe. Sem escrúpulos, aceita essa situação sem dizer a verdade. Mentirosas. Precisam ser desmascaradas. Além do que, minha prima Angelita merece ter sua honra de volta.
— E o senhor seu pai, dona Lea?
— Aguilar, você quer ou não o emprego? — indagou firme. Não se deixando questionar.

Na espiritualidade, Esmeralda ainda se preocupava com aquelas que foram suas filhas: Isabel e Carmem.
Em conversa com um orientador a quem pediu conselhos, ouviu:

— Isabel entrou em estado amortecido. Não interage. Sua consciência se fechou por tanto ódio, ausência de perdão, sentimento de culpa. Está sem interação, bloqueando qualquer tentativa de contato.

— Isso dói tanto em mim... Não bastasse, Carmem também apresenta dificuldades. Ela só se deixou socorrer depois de ver os sofrimentos pelos quais passa a filha Angelita e também Yolanda. Não se conforma com as dores das filhas. Fragilizou-se e, só depois, passou a pensar na tortura e no que fez ao próprio pai, envenenando-o aos poucos, roubando seus bens e o levando à morte. Socorrida, começou a dar conta, ainda mais, de tudo o que fez. Mesmo assim, ainda está contrariada com Isabel. Não lhe perdoa pela morte prematura. Quer seu mal.

— Esmeralda — alertou o orientador —, talvez fosse oportuno Isabel e Carmem reencarnarem juntas. Ficariam meses na mesma vibração e energia, durante a gestação, e isso seria muito benéfico.

— Mas suas consciências ainda não estão preparadas para novo reencarne.

— Nem ficarão, permanecendo aqui como estão. Elas se odeiam. Não se perdoam. Sentem-se culpadas pelas mortes que provocaram. Consciências que não conseguem o perdão têm melhores chances de fazê-lo encarnadas, com as bênçãos do esquecimento e, neste caso, do ajuntamento.

— Elas carregarão os abalos! — tornou Esmeralda preocupada. — São espíritos bem perturbados pela não aceitação do que não podem mudar, pela falta de perdão. Suas consciências se prendem nisso. Isabel, que possuía inteligência admirável, usou-a para planejar a morte da irmã e do cunhado. Carmem, não diferente da irmã, planejou a morte do próprio pai. Tudo isso por conta do que sentiam uma pela outra. Em vida terrena, ainda se orgulharam por terem idealizado e realizado o crime perfeito.

— Então, não existe melhor alternativa do que reencarnarem juntas, sem a inteligência de antes. Desprovida de astúcia, dependentes e unidas, hão de ter somente uma à outra. Não concorda?

— O irmão insinua que Isabel e Carmem experimentem nascer gêmeas e com problemas mentais?

— Não. Problemas mentais não. Em condições especiais e atraso no desenvolvimento infantil, deficiência mental moderada.

— Está falando de retardamento?

— Hoje em dia, os encarnados sabem bem pouco sobre pessoas que nascem em condições especiais. Só recentemente, um médico britânico estudou sobre o assunto e, ainda assim, ele o expôs com certo preconceito e pobreza de entendimento. Mas, convenhamos, esse é o começo dos estudos. Dificilmente, entenderão e admitirão que a principal causa dessa condição temporária, quando encarnado, é a necessidade de evolução, harmonização e aperfeiçoamento do espírito.

— Procuram causas físicas quando, na verdade, as razões para as síndromes são espirituais. Eu entendo...

— Sempre é uma bênção para a evolução do espírito a oportunidade de refazimento na reencarnação. Cada caso é um caso, lógico. Para consciências de espíritos que não se perdoam, que não perdoam ao próximo, que ruminam seu ódio a ponto de endurecerem o raciocínio lógico, a estada terrena, em condições especiais poderá libertá-lo. As limitações mentais ou físicas despertam o desejo de ser melhor. Desperta o anseio e a gratidão para ser perfeito.

— E se Carmem e Isabel forem rejeitadas pelos pais? Doadas a orfanatos?...

— Se forem rejeitadas pelos pais, eles serão responsabilizados por suas próprias consciências. Isso é entre eles e Deus, Esmeralda. Não fique aflita. Existem leis naturais de atração. Temos a nossa volta tudo e todos que atraímos e necessitamos para evoluir.

— Quem poderia recebê-las? Talvez, devesse ser dentro da própria família.

Sem pensar, o orientador recordou:

— Lembra-se de quando Marisol recusou-se visitar, cuidar e zelar da própria mãe? Talvez, essa seja a oportunidade de reparar suas atitudes e opiniões. Além do que, é jovem, encontra-se socialmente bem. Terá ajuda por ser rica. Seu esposo, jovem e arrogante, precisa também se trabalhar, ser mais humilde, humano e menos orgulhoso.

Esmeralda não sabia o que dizer. Entendia que aquela era a opção mais adequada para Isabel e Carmem, senão a única.

CAPÍTULO 7
A CUNHADA DE LEA

A notícia sobre a gravidez de Marisol deixou todos bem contentes.

Ruan estava orgulhoso, mas cada vez mais mergulhado em uma dor melancólica, que não sabia explicar.

Encontrava, na bebida, momentos que o anestesiavam. Desejava adormecer seus sentimentos para não ter lembranças indesejáveis, mas não conseguia.

Com o tempo, nem disfarçava mais. Andava trôpego pela casa com uma garrafa na mão. Olhava cada parede, mobília, seus bens e nada daquilo lhe agradava ou lhe dava prazer.

Alegria verdadeira, paz e satisfação eram algo que ignorava sentir há anos.

Edgar passou a cuidar dos negócios, apesar das dificuldades pela falta de habilidade e empenho.

Sentia-se fraco e imaturo. Não possuía a mesma destreza de seu pai ou seus avós, que muito ouvia falar.

Às vezes, sentia que não havia nascido para aquilo.

Foi ofendido e agredido por Ruan, quando perdeu dinheiro em negociação considerável. Nada que abalasse o patrimônio grandioso, mas seu pai não admitia perdas.

Também era humilhado pelo patriarca por não punir funcionários que, na opinião de Ruan, deveriam trabalhar na condição de quase escravos. Embora a abolição da escravidão já tivesse ocorrido, na Espanha, a prática continuava em colônias espanholas e lugares afastados das grandes capitais. A Espanha foi o último país, no continente Europeu, a aboli-la.

Por sua vez, os escravos libertos não dispunham de posses, condições ou para onde ir, sujeitando-se a continuar no mesmo trabalho escravo para sobreviver. Não havia outra escolha. Não eram escolarizados e ninguém os aceitaria para serviços remunerados.

Muitos empregados brancos ou mestiços eram tratados da mesma forma: escrava.

O jovem Iago, obrigado a cuidar do que sobrou das terras de seu pai por determinação de seu tio, também se via em dificuldades.

Totalmente inexperiente e sem a menor ideia do que fazer com o que restava, voltou a morar sozinho na casa em que nasceu.

A fazenda se encontrava em péssimo estado e improdutiva. Não havia animais, plantação, tão menos mão de obra. E ele não tinha com o que pagar.

Tentou colocar as terras à venda, mas, sem saber que o seu tio Ruan, homem influente, deu a entender que não ficaria satisfeito com qualquer comprador daquele patrimônio. Por isso, os fazendeiros da região não se manifestaram.

Na verdade, Ruan, com coração endurecido, desejava que o sobrinho o procurasse e vendesse as terras para ele por preço muito mais baixo do que valiam.

Assim que soube que a prima ficou viúva, Iago a procurou para conversarem.

— Entre, meu primo — ela o convidou com imensa alegria e agradável sorriso por vê-lo ali.

— Desculpe-me por não ter vindo aqui antes. Imaginei o quanto estava sofrida pela viuvez e não quis incomodá-la com meus assuntos.

— Ora... — quase riu e contou a ele. Porém achou melhor se conter. — Você não incomoda nunca. Vamos nos sentar na outra sala, perto da lareira. Hoje está um dia muito gelado.

Vou pedir que nos tragam chá, para aquecer. Certamente, está com frio e cansado de ter andado tanto — percebeu que Iago não chegou a cavalo.

Sentaram-se frente a frente e com a xícara nas mãos, ele contou:

— Prima, muitas coisas me incomodam. Na verdade, torturam-me, desde que meus pais morreram.

Lea sentiu-se gelar. Recordou o que escutou dos pais, enquanto estava embaixo da cama e também do quanto seus tios eram ricos. Achou melhor ouvir e disse somente:

— Lembro-me bem.

— Eu tinha idade suficiente para saber e hoje recordo o quanto nossa propriedade era rica e próspera. Depois que fomos viver com o tio... Bem... Muita coisa mudou. Nem todas as terras me foram devolvidas. O tio vendeu parte delas para os dotes de minhas irmãs. Tive intensa divergência com o tio Ruan por conta do seu casamento, da minha irmã enviada para um convento desconhecido e a outra, praticamente, vendida sabe-se lá Deus para quem, pois ninguém sabe onde está Yolanda.

— Brigou com meu pai por conta do meu casamento?

— Lógico, prima. Perdoe-me a franqueza. Vicente era um homem velho demais para você. Sem educação, rude, repugnante até no meio de outros homens. Mas isso não importa. Não mais. Bem... Como dizia... As terras, que me foram devolvidas, estão em péssimas condições. Não sei o que foi feito dos bens financeiros dos meus pais. Mas nenhum dinheiro me foi entregue. Não sei o que fazer no momento. Somente as terras e minhas mãos não são suficientes. Nos últimos meses, vendi objetos da propriedade para comprar comida ou não sobreviveria. Pensei em vender tudo. Andei especulando, na cidade, com outros fazendeiros, mas não achei interessados. Temo decisão tão importante, como a de vender as terras, e depois me arrepender. Quando o dinheiro dessa venda acabar, o que será de minha vida? Se ao menos... — Iago calou-se. Segurando a xícara entre as mãos, olhou para o fogo que crepitava.

— Se ao menos?... O que diria? — Lea perguntou.
— Se ao menos minhas irmãs estivessem comigo. Nem sei onde estão. Elas sofrem, tenho certeza. O convento para Angelita e o casamento para a Yolanda, tão nova, não foi da vontade de nenhuma. Receio que nunca mais as veja.
— Em que posso ajudá-lo, meu primo? Acaso tem algum plano?

Iago trazia o semblante caído, desanimado. Havia perdido a empolgação e alegria nas expressões. Estava magro e maltratado.

— Não tenho qualquer plano traçado e estou perdendo as esperanças. Tenho consciência de que a jovialidade e a imaturidade me prejudicam. O tio nunca me deixou estar próximo a ele para aprender como se faz para cuidar de uma fazenda, administrativamente. O resto, sei. Meu desespero chegou a tanto que penso em passar as terras para o tio. Em troca, receberia algum valor, mas... Não sei se isso funcionaria.

— Receio que não — a prima praticamente murmurou. Conhecia bem a astúcia de seu pai, embora, seu irmão pudesse ser diferente e tentar ajudar o primo, seu pai não apoiaria e prejudicaria qualquer apoio.

— O que me ocorreu, quando chegava aqui, é que poderia me contratar. Eu trabalharia para a prima, ainda mais agora que não tem o braço forte do seu marido.

— Você é bem esperto, Iago — sorriu com doçura e seus olhos brilharam. — A mesma ideia me ocorreu, mas devo admitir que com requinte e aperfeiçoamento — deu um risinho debochado, achando-se melhor do que ele.

O jovem achou graça e quis saber:
— Em que está pensando?
— As instalações em suas terras ainda existem, não é mesmo?
— Sim, porém precárias. Não tenho como pagar mão de obra. Nada para oferecer nem mesmo alimentos.
— Estamos no início do inverno. Não há condições de fazer muita coisa agora. Existem pessoas de cor negra que trabalham

em regime escravo em fazendas da região. Há empregados remunerados sim, mas esses são bem poucos. Tenho aqui, trabalhando, muitos criados que estou começando a remunerar, pois Vicente, o infeliz do meu marido, ainda mantinha o regime escravocrata — viu-o arregalar os olhos quando ela chamou o falecido de infeliz, porém não se intimidou. — Não pago muito, pois comecei a fazer isso agora. Tenho de controlar as finanças muito bem, porque qualquer deslize posso perder tudo, até a fazenda e a liberdade que tenho, acaso o senhor meu pai decida me casar novamente ou mesmo tomar meus bens para administrar. Mas... Isso não é o que quero falar. Acontece que, desde que passei a pagar aos funcionários e exigir dos encarregados tratamento de respeito, decência e sem qualquer violência, tenho recebido solicitação de empregos para parentes que vivem e trabalham em outras estâncias. Essas pessoas poderiam trabalhar para você! — enfatizou.

— Acabei de dizer que não tenho como pagar-lhes, prima. Estou aqui porque não tenho nem mesmo o que comer! O dinheiro acabou!

— Eu sei. Entendi isso muito bem. — Sorriu ao sugerir: — Faríamos uma reunião com essas pessoas que desejam se libertar do trabalho escravo e proporemos um acordo. Sob as condições de bom tratamento, respeito e decência, sem qualquer tipo de violência, eles aceitam erguer a fazenda, consertar moradias, revitalizar a terra, plantar, colher e todo o resto... Você promete tratá-los com dignidade, como falei, provê-los de boas condições e comida. Quando negociar as produções, eles receberão uma parte, de acordo com seus lucros. Precisa estabelecer uma porcentagem, lembrando-se de contabilizar os gastos e as reservas para as próximas produções.

Iago ficou pensativo e temeroso. Não sabia se conseguiria aquilo sozinho.

— Como conseguirei fundos para comprar grãos, ferramentas, animais de tração e tudo mais de que preciso?

— Essa parte é comigo! Vou ceder os grãos e o financeiro para que tenha um começo. Até algumas ferramentas posso dar. Poderá me pagar quando puder. Creio que... Por volta da terceira ou quarta safra terá condições de quitar sua dívida comigo. E, enquanto tudo isso não começa, você ficará aqui. Terá onde comer, dormir e roupas decentes. Faço questão, pois sei que faria o mesmo por mim.

O rapaz sorriu. Sentiu a esperança nascer, embora um misto de ansiedade o dominasse.

Acreditou que, com a ajuda de Lea, poderia conseguir.

Assim foi feito.

Lea estava triste.

Aguilar, o funcionário que ela pediu para procurar Arturo para desmentir tudo sobre Angelita, informou que havia esclarecido a situação. Em conversa, garantiu que falou toda a verdade, mas o rapaz, submisso aos pais, não quis se opor. Disse que seu casamento com Nilda, filha de Eugênia, estava acertado para breve. Seria novo escândalo envolver seu nome, acaso terminasse com essa noiva também.

— Não acredito que Arturo deixou por isso mesmo e prefere se casar com uma mentirosa! Ele não é homem! — gritou e falou outras frases difamando o jovem. — É bom mesmo que não fique com minha prima. Ela não merece alguém como ele. O que preciso, agora, é descobrir onde Angelita está. Tenho de dar um jeito de trazer minha prima de volta.

Após isso, Lea saiu à procura de Margarida e a encontrou sentada em um banco na frente da horta.

A senhora estava com olhos fechados. Séria, parecia nem respirar.

Sem entender a razão, Lea aproximou-se de modo respeitoso, não querendo quebrar o silêncio.

Aguardou.

Ao fim de longo tempo, a mulher sugeriu em voz baixa, sem abrir os olhos:

— É melhor se sentar.

Lea assim o fez. Para ela, Margarida era um enigma. Aceitava seus conselhos sem questionar. Acreditava que sua sabedoria era fruto da idade, da vivência e do bom senso. Porém, sentia que a mulher tinha algo a mais do que sabedoria. Era como se Margarida pudesse ver ou prever o futuro. Não sabia explicar.

— O que a intriga? — perguntou com voz suave.

— Várias coisas. Não era meu desejo incomodá-la aqui, nesse seu... Retiro? — não sabia dar nome àqueles momentos que a via afastada de tudo e todos.

Margarida riu com gosto. Nunca pensou naquela prática como retiro.

— É... É como um retiro mesmo. É muito bom ficar de frente a um mato, horta ou jardim e aquietar os pensamentos. Faz bem para a alma, para o coração... A gente se afasta do mundo mesmo. Quando volta, com menos agitação, encontra solução para o que buscamos. A senhora deveria experimentar.

— Agradeço, mas não tenho tempo para isso. E não me chame de senhora.

— Quando a vida exigir, vai encontrar tempo para isso.

— Como disse? — não ouviu direito.

— Nada. Falei à toa — riu sem ela perceber.

Lea, ansiosa, desejava ir direto ao assunto e não deu importância ao que a anciã falava. Sem demora, contou:

— Arturo não se importou em saber que Eugênia mentiu e tramou contra Angelita. Apesar de conhecer toda a verdade, vai levar o casamento com Nilda adiante.

— Atitude de homem fraco. Agradeça a Deus por isso. É um livramento quando homem assim sai da sua vida ou você tem coragem de largá-lo. Às vezes, é preciso séculos para algumas pessoas aprenderem a não se deixarem dominar e criarem coragem.

Lea a olhou com estranheza, pensando que tivesse usado, no sentido figurativo, a palavra século.

— Eu esperava que ele tomasse uma atitude. Fosse até meu pai, exigisse saber onde está Angelita.

— Essa história de homem salvar donzela, montado em garanhão branco, é conto, minha filha. Mulher tem de salvar sozinha.

— Nos dias de hoje?! Com a opressão que sofremos? Como?! Impossível!

— Isso mudará, um dia. Aos poucos, mas vai mudar — Margarida falava sempre com calma, expressa na voz baixa.

— Depois que eu estiver morta e enterrada não vai adiantar nada para mim essa mudança.

— Ora, ora, menina!... — Olhou-a nos olhos e falou com convicção: — A morte não existe. Ficamos lá do outro lado por algum tempo e depois voltamos.

— Não diga isso, Margarida. Senti até um arrepio correr no meu corpo.

— É verdade. Você querendo ou não. Por isso, precisamos tomar cuidado com tudo aquilo que praticamos. Temos de voltar para este mundo e pagar nossos débitos. As mulheres que sofrem hoje a opressão, no passado, foram homens que oprimiram.

— Não acredito nisso. Se fizermos o bem, iremos para o céu. Se não fizermos direito, iremos para o purgatório. Se formos maus mesmo, iremos direto para o inferno.

— Coitado do demônio — disse e riu alto, arrancando um capim e colocando o talo na boca. — O pobre do demônio vai ficar lá, confinado, cuidando de gente ruim até quando? Oh, pobre!...

— Mas é assim que funciona — Lea insistiu.

— Não é porque dizem que é assim, que é assim de verdade. A gente precisa pensar, menina. E aqueles pobres coitados que não tiveram chance alguma na vida? Aqueles que nasceram escravos, aleijados, doentes... O Deus que você acredita é bom ou mau?

— Lógico que é um Deus bom e sabe tudo do que precisamos.

— Então, por que fez alguém nascer escravo, mulher, branco, negro, pobre, rico...? Por que tantas diferenças?

— Ora... — não sabia responder.

— Nascemos sempre, menina. Morremos e voltamos a nascer. E nascemos nas condições de que precisamos para pagar o que fizemos de errado. — Ofereceu grande pausa e disse: — Meu avô sempre contava uma história... Por volta do ano 1010, dizia ele que um sultão impiedoso saqueou uma cidade sagrada na Índia. Lá, capturou milhares de pessoas. Depois, vendeu-as aos persas e esses as venderam como escravos pela Europa afora. — Nova pausa. — Escravos existem desde antes da época de Nosso Senhor Jesus Cristo. O homem sempre quis escravizar seu semelhante em troca de poder e lucro. A pergunta é: os escravos que temos hoje não são, senão aqueles que escravizaram em outros tempos?

— Está querendo me dizer que aqueles que capturaram escravos, venderam, negociaram, compraram e os usaram em suas terras, hoje, renascem como escravos?

— Você tem explicação melhor?

— E os senhores de escravos, nos dias atuais, quem são eles?

— Escravos que não perdoaram aos seus senhores, aos seus captores, aos negociadores, aos traficantes... Guardaram ódio e desejo de vingança em seus corações, que voltaram ou renasceram como senhores de terras para serem bons e servirem de exemplo, mas a índole, a alma cheia de sentimento ruim, não lhes deixa fazer o que é certo. Por isso, praticam o mal ao semelhante. Escravizam, maltratam, matam... Mas Deus é tão bom que vai dar novas chances a eles. Eles voltarão, renascerão em condições difíceis para aprender. Sofrerão as humilhações que provocaram. É sempre assim. Deus não confina ninguém ao inferno. Deus tem coisa mais importante para fazer do que cuidar de cada um que erra. Deus coloca Suas Leis em funcionamento e acabou. — Um segundo de pausa e afirmou: — Veja você. Foi homem em outra vida.

— Eu?! Homem?! — achou graça.
— Foi sim. Foi homem enérgico. Não permitia a liberdade da mulher. Tratava a esposa feito bicho. Mas foi bom para com seus criados. Não judiava deles porque, em outra vida ainda, já tinha aprendido. Daí, nesta vida, veio como mulher para experimentar, na própria pele, o que não se deve fazer. Por isso, digo: vá devagar. Calma. Tenha cautela. Não vá perder suas conquistas. Contenha os ânimos. Deixe um pouco a vida dos outros. Arturo precisa aprender e não será você a ensiná-lo. Angelita precisa das experiências dela para aprender também, já fez o mesmo no passado. Assim como os outros que passam dificuldades. Ajude, mas não se envolva tanto. Não tire deles as lições que precisam para aprender.
— Isso não faz sentido.
— Faz sim, menina. Faz sim.
— Como sabe tudo isso, Margarida? Onde aprendeu sobre essas coisas?
— Sou filha de ciganos. Aprendi tudo o que sei com meus avós, meus pais e meu clã. Nosso grupo, ou clã, foi considerado delinquente, vagabundo, trapaceiro... Somos seres humanos e estamos aprendendo ainda. Erramos como todo mundo. Só que as pessoas nos veem com outros olhos. Qualquer um tem permissão para exterminar um cigano ou grupo. Todos os atos violentos podem ser praticados contra nós sem qualquer punição. A igreja católica considera nosso povo descendente de Caim[1]. Criou-se a lenda de que foi o povo cigano que fabricou os pregos que crucificaram Nosso Senhor Jesus Cristo. Acusaram-nos de feiticeiros, magos, bruxos. Muitos de nós foram condenados à fogueira ou à forca. Nossas músicas, danças e cultura incomodam só por sermos diferentes e termos nossas próprias regras. Por isso, a tentativa de extermínio do povo cigano sempre foi claramente aceitável. Isso é intolerância. É por isso que a

---

[1] Nota da Médium: Caim é um personagem bíblico, filho de Adão e Eva que, segundo o *Velho Testamento*, matou seu irmão Abel.

humanidade necessita de muitos povos diferentes, muitas raças — etnias —, idiomas, nacionalidades... O perseguidor de ontem é o perseguido de hoje porque nasceu nas condições de intolerância de outras pessoas. Eu acredito no progresso da humanidade. Será devagar, mas a intolerância acabará por conta das experiências desastrosas que as pessoas atraem para si a cada vez que renascerem. Hoje sou oriunda do povo cigano por ter sido intolerante também. Não sou perfeita.

— Vocês, ciganos, são nômades, ou seja, não permanecem muito tempo em um lugar e se mudam demais. Já ouvi dizer que roubam coisas e até plantação.

— Como sobreviver? É errado roubar. Sei disso. Mas morreríamos se não o fizéssemos. Na Espanha, existem os clãs ciganos mais pobres e necessitados do mundo. Não são aceitos de modo algum.

— Por que só você está aqui, nesta fazenda? Por que não seguiu seu grupo? — Lea se interessou.

— Vivi um amor proibido e me entreguei a ele. Era irmão do Vicente, seu marido. Antônio era um homem bom. Muito diferente do irmão e bem mais velho. Dei um desgosto imenso para meu pai e para toda a minha família. Meu pai me excluiu e seguiu com o grupo. Fui deixada para trás. Vivi alguns anos ao lado do meu amor. Não podíamos nos casar na igreja porque o vigário não permitia. Afinal, eu era uma cigana. Mas isso não importava para Antônio. Porém, aconteceu o pior. A mesma gripe que matou a primeira mulher de Vicente também matou meu Antônio. Vicente, por consideração ao último pedido de seu irmão mais velho, não me colocou para fora. Ele assumiu os bens que herdou do irmão e me deixou ficar na função de empregada. Não me restou alternativa senão aceitar.

— Então!... Você é minha cunhada! É minha parenta! — alegrou-se e a abraçou.

— Mais ou menos isso — Margarida sorriu, exibindo a falta de alguns dentes.

— A partir de hoje vai dormir na casa comigo! Vamos preparar um quarto para você e não assumirá qualquer tarefa como empregada.

— Isso não é necessário. Gosto de trabalhar.

— Trabalhará ao meu lado. Juntas, unidas, tomaremos as melhores decisões — respirou fundo e olhou para longe. — Tenho muitas decisões para tomar e... Apesar de suas histórias meio estranhas... — riu. — preciso da sua sabedoria.

— O que a intriga tanto? — Margarida perguntou desconfiada.

— Meu primo me procurou. O Iago precisa de ajuda — contou tudo.

— Fez bem ajudá-lo. É um rapaz de ouro. Um tanto inseguro.

— É mesmo, né... — sorriu. Corrigiu-se de imediato. Não desejava mostrar seus sentimentos, por isso disse: — Também emprestarei empregados, equipamentos e sementes... Ah, Margarida, sinto um tremor dentro de mim que não para. Estou com medo de não dar certo.

— Dará. Dará sim. Iago é um moço grato que retribuirá tudo o que fizer. Mas não esconda nada dele. Ele aprecia transparência.

— O Iago também quer saber onde está Angelita e Yolanda. Quer trazer as irmãs de volta.

— Uma ele terá de volta. A outra não. É a senhorinha quem descobrirá e desenrolará a história de uma delas.

— Você! Por favor, chame-me de você ou de Lea. Afinal, é minha cunhada! Mas de quem fala: Angelita ou Yolanda?

A senhora sorriu e tornou a dizer:

— Descobrirá sobre Angelita sem querer. Não adianta procurar, perguntar... Em pouco tempo conhecerá um homem que trará essa resposta. Gostará dele, mas cuidado... Esse homem poderá trazer grande alegria que ficará eternamente na sua vida, mas poderá trazer problemas também. Ficará malvista... — foi interrompida.

— Deus me livre!!! Não gostarei de homem algum! Estou determinada a nunca mais ter homem nenhum na minha vida! — quase gritou.

— Pode ser... Seu destino diz isso. Mas, que aparecerá, aparecerá... Ah, isso acontecerá... — previu a senhora. Depois alertou: — Mas cuidado: poderá adquirir má fama por causa dele.

— Não! Não! Não terei mais ninguém na minha vida. — Um instante e propôs: — Agora vamos. Precisamos cuidar para que se mude para um quarto da casa. Se quiser, tem um muito bom ao lado do meu. E... Para dizer a verdade, já pensava em colocar você para viver comigo lá dentro, independentemente de ser minha cunhada ou não — abraçou-a enquanto andavam. Parou por um instante, frente à senhora, deu um gritinho e beliscou suas bochechas com graça na atitude. Viu-a sorrir e seus olhos brilharem. Seus olhos verdes fizeram Lea se lembrar de sua tia Carmem. Eram lindos, iguais aos de Angelita e ela admirava isso.

Lea tinha um coração bondoso, conquistado através de duras experiências de outras épocas vividas.

Não mais maltratava pessoas, julgando-as insignificantes ou inferiores.

Mas ainda havia acertos para fazer.

CAPÍTULO 8

AS GÊMEAS

Margarida, preocupada com a reputação de Lea, aconselhou-a a não comentar nada sobre ela estar nas dependências da casa, deixando a condição de empregada e sendo reconhecida como cunhada.

Lea não gostou desse tipo de segredo, porém decidiu aceitar. Acreditava que os conselhos da senhora eram benéficos e positivos. Apesar de não estar certa sobre suas crendices, respeitava.

Quando Marisol deu à luz, seu parto foi de grande expectativa e surpresas.

Gêmeas. Meninas.

O sexo das crianças não agradou ao marido e à sua família. Mas o pior estava por vir. Não demorou que percebesse algo diferente nas meninas.

Lea, acompanhada de Margarida, que passou a levar para todo lado, foi visitar a irmã e a encontrou aos prantos.

— Primeiro tive duas meninas e o Raul não ficou satisfeito, mas se contentou. Não demorou muito, a mãe e a avó dele começaram a achar que as meninas eram diferentes de bebês comuns. Tinha algo errado com elas. A avó disse que já viu crianças assim e que, quando crescem são idiotas. Não fazem nada... — chorou. — Trouxeram um médico de longe para ver as meninas. Ele confirmou que elas têm aparência de crianças doentes que chamam de mongoloides.[1] Dizem que é porque os pais ou avós tiveram tuberculose, mas isso nunca aconteceu na nossa família. Minha sogra me acusa... — chorou. — Falou que a culpa é minha, da minha família... Que minha mãe foi afastada da sociedade, que ninguém nunca mais a viu porque ficou louca com problema mental. E isso passou para minhas filhas.

Os bebês estavam em cestos. Ao lado, Margarida, com jeito delicado, foi observar as meninas e comprovou.

Os olhos amendoados, menores e puxadinhos, mãozinhas com uma única prega nas palmas, perninhas e bracinhos mais curtos do que normalmente os bebês apresentam, linguinha para fora da boca, exibindo-se maior. As características evidentes exibiam que as menininhas eram diferentes.

— Não sabemos o que Deus quer de nós quando recebemos esse tipo de presente — disse Margarida, sorrindo para as crianças.

— Presente?! Considera minhas filhas doentes um presente?! — irritou-se Marisol, inconformada.

— Quando Deus nos dá uma dificuldade é porque sabe que somos capazes de resolver e que, depois disso, nós nos tornaremos pessoas melhores. Apesar da dor que podemos viver, tudo o que nos torna pessoas melhores, é um presente.

Marisol olhou para a irmã e balançou a cabeça negativamente. Depois perguntou:

---

[1] N. M.: O termo mongoloide ou mongol já foi usado, de modo errôneo, para designar pessoas com Síndrome de *Down*. Na história, não existe qualquer justificativa que associe o mongol, pessoa que nasceu na Mongólia, com essa síndrome. Não é adequado, nos dias atuais, com tanto conhecimento à disposição, estigmatizar qualquer etnia ou exibir negligência para com o portador da síndrome. Síndrome de *Down* é um distúrbio genético causado quando uma divisão celular anormal resulta em material genético extra do cromossomo 21. Essa diferenciação no número de cromossomo faz com que a pessoa, portadora dessa síndrome, possua características marcantes e perceptíveis. Ela também não está coligada a doenças pré-existentes nos pais ou descendentes.

— Já tenho problemas demais. Por que a trouxe? — falou em tom irritado.

— Será que não tem remédio e cura para isso o que elas têm? — Lea indagou com humilde ignorância.

— Não! Raul disse que não. Ele foi à procura de médicos e informações. Minhas filhas são idiotas, mongoloides. Nunca serão gente que pensam. Elas não pensam nem nunca pensarão. Não aprenderão nada. Não darão atenção a ninguém. Talvez nem falem ou andem. Farão suas necessidades nas roupas por toda a vida... — chorou. — ...e são duas!... Não aguentarei...

Naquela época, a falta de conhecimento e o preconceito pioravam a situação e o ânimo.

Lea ficou triste pela irmã e as condições das sobrinhas. Não sabia o que dizer, aconselhar ou ajudar. Arriscou somente uma fala:

— Se precisar, conte comigo.

— Em que você ajudará, Lea? — indagou dura e amargamente, Marisol. — Essas meninas deveriam ter morrido no parto. Eu deveria ter morrido!... Não estou suportando tamanha humilhação e desgosto. Meu marido está desapontado... A família dele está envergonhada, decepcionada comigo... — chorou mais ainda. — Não há nada que possamos fazer. Nada!

— Sinto muito, minha irmã — murmurou.

— Falei com o Raul, o senhor meu marido, e ele nem quer dar nome a elas... Também... Para que dar nomes se nunca entenderão quando chamadas? — falou com jeito áspero.

— Dê a uma o nome de sua mãe e a outra o nome de sua tia — Margarida sugeriu e sorriu com bondade.

— É uma boa ideia — Lea gostou. Olhou para as meninas e falou: — Isabel e Carmem. São nomes lindos! — sorriu.

— Não sei... — Marisol murmurou. — Preciso falar com meu marido. Gostaria de que ele participasse dessa escolha, mas... Nem está olhando para mim. Minha sogra disse que ninguém da família quer apadrinhar crianças idiotas e o padre nem sabe dizer se elas podem ser batizadas, devido à doença que têm. Nem sabe se têm almas.

— Quanta gente imbecil! — Lea se revoltou. — Se ninguém quiser apadrinhar e você e o Raul permitirem, eu mesma serei madrinha das duas, com muita honra! — curvou-se e pegou uma das sobrinhas no colo. Brincou com ela e, depois de algum tempo, entregou-a para Margarida e pegou a outra garotinha também.

— Mas... Quem seria o padrinho?

— Pode ser o Edgar ou o Iago. Pronto! Resolvido! — Lea decidiu com praticidade.

— Não sei se o Edgar quererá... Ele e o nosso pai nem olharam para as meninas quando estiveram aqui. É como se eu tivesse alguma culpa... — chorou novamente.

— Não ligue para isso. Você não tem culpa. Não se preocupe. Falarei com Iago. Conversarei com Raul para falar com o vigário. — Praticamente murmurando, lembrou: — Esse padre faz qualquer coisa por dinheiro. Resolveremos isso com facilidade.

— Onde encontrará o Iago? Nosso pai falou que ele voltou para a fazenda que era do pai dele e não teve mais notícias dele.

— O senhor nosso pai o expulsou e ele precisou voltar para a fazenda do pai dele. Essa é a verdade. Porém... Agora o Iago está cuidando das próprias terras. É fácil encontrá-lo. Tenho certeza de que ele aceitará ser padrinho das meninas.

— Eu soube que não restaram nada naquelas terras. Ficaram anos sem cuidados — disse Marisol.

— Restaram as terras e muita boa vontade por parte do nosso primo. Ele reuniu pessoas que não conseguiam trabalho e está oferecendo moradia e participação nos lucros, quando negociar as produções.

Margarida trocou profundo olhar com Lea, intimidando-a de dar mais informações. A outra entendeu e completou:

— É tudo o que sei. Posso falar com ele e, bondoso como sempre foi, aceitará apadrinhar as minhas sobrinhas. Conversando com o vigário e oferecendo um bom dinheiro pelo batizado das filhas, o Raul resolve essa situação. Não deixaremos as meninas pagãs — beijou a testa da garotinha que segurava e a colocou de volta no cesto.

No caminho de volta para casa, Margarida questionou para fazê-la entender:

— Será que Deus é cruel por deixar nascer pessoas com limitações ou será que Deus é bondoso por dar oportunidade de vida àqueles que precisam nascer de novo, sofrendo limitações para aprender, deixar de sofrer, aprender e ser melhor do que já foi em outras vidas?

— Ai, Margarida... Você me confunde com essas colocações. Não sei responder. Qual a razão de minhas sobrinhas nascerem assim, na sua opinião?

— Cada caso é um caso, menina. Talvez pela falta de perdão a si mesmo, pela falta de perdão aos outros, para deixar de praticar o mal, deixar de perseguir... Por egoísmo, usaram tanto a inteligência de forma errada para se darem bem e hoje nasceram com ela, a inteligência, comprometida. Por isso, elas vão se sentir presas, limitadas, mas entenderão tudo, só não conseguirão corresponder.

— E depois? — Lea quis saber.

— Depois que elas morrerem de novo, terão total consciência do que viveram aqui. Seguidamente, nascerão de novo com nova forma de pensar, viver e ver a vida. É possível que decidam cuidar de pessoas para aliviarem-se de culpas. Serão seres humanos bem melhores. — Um momento e disse: — Por estarem juntas, quer dizer que precisam permanecer unidas para conciliarem alguma coisa. Talvez entre elas mesmas... Talvez para o que fizeram aos outros... É por isso que necessitamos ser bons, principalmente para com elas. Eu diria que essas meninas estão com o espírito adiantado. Não sabemos se já pagamos todos os nossos pecados e se ainda renasceremos assim ou pior. Acho bom Raul e sua irmã aceitarem e cuidarem bem das filhas.

— Percebi que minha irmã está rejeitando as meninas. Coitadinhas...

— O Divino colocou essas meninas no caminho dos pais para minimizar o orgulho e a vaidade deles. Não foi por eles terem bons corações e quererem ajudar aquelas almas. Se não aceitarem, não forem humildes e bondosos...

— Virão experiências de vidas piores?

— Lógico. Seja nessa ou em outra existência.

— Qual sua opinião sobre o que vai acontecer? — Lea se interessou, curiosa.

Sábia, Margarida sempre tinha algo para acrescentar:

— Raul é orgulhoso demais. Sua irmã está dividida. Ele proporá internar as meninas em algum orfanato católico, à custa de grande soma de dinheiro. Sua intenção será a de enterrar as meninas lá.

— Internar, você quis dizer? — a jovem indagou, tentando corrigi-la.

— Não. Ele quer enterrar mesmo. Deixar lá e nunca mais ir ver nem lembrar que existem.

— E minha irmã? O que Marisol pensará disso?

— Ela ficará em dúvida. Terá medo. Muito medo. Se não aceitar, será excluída do convívio social. Tachada de louca e enclausurada. O que vai permitir que ele faça o que quiser com as filhas. Raul é pressionado pela família. Sempre segue as orientações e determinações dos pais. Coitado...

— Não há nada que Marisol possa fazer para ficar com as filhas?

— Sem apoio, não. Mas ela mesma não quer as meninas — Margarida considerou em tom triste.

— Ela não terá ajuda do nosso pai. Jamais ele aceitará minha irmã de volta.

— Seria um escândalo a separação de Marisol, você sabe. Para o senhor seu pai, é preferível que ela morra a ser largada pelo marido. Aceitar ajuda para sair de casa e ficar com as filhas será grande desafio e prova para sua irmã.

— Margarida, como consegue saber coisas assim? É como se visse o futuro! — enfatizou.

— Não vejo. As coisas me são mostradas dentro da minha cabeça. É um dom. Não sei explicar.

— É curioso.

— Muita gente tem isso, mas não dá a menor atenção. A religião católica colocou rédeas nos pensamentos dos fiéis. Não deixa que adorem o céu, o sol, a lua, o fogo, a água, o ar... Vocês são inibidos de adorarem a Natureza, de contemplarem a vida... A religião esquece de que foi Deus que criou tudo isso para ser contemplado mesmo, para alegrar a vida, descansar a mente, deixar feliz o coração... Pena que a falta disso trará grandes problemas para o ser humano que não saberá o que fazer com as dores da alma e seus problemas de nervos. As pessoas não tiram um tempo por dia, um pouquinho que seja, para admirar a Natureza, apreciar as coisas lindas que Deus fez e, durante esse período de adoração, esquecer sua própria vida, o sofrimento, os problemas... Durante esse período de adoração, ganharem energia, força, proteção, firmeza, vigor e renovarem-se totalmente, sentindo-se capaz e em paz.

— Sempre gostei de admirar a natureza e me desligar da vida.

— Porque você está admirando Deus. Permita-se descontrair olhando a Natureza e será uma pessoa melhor a cada dia. Quando nós nos ligamos à Natureza, admirando as coisas feitas por Deus, todas as respostas e soluções vêm até nós.

— Mudando de assunto... Acha que Raul permitirá que eu seja madrinha das minhas sobrinhas? — indagou animada.

— Não.

— Ora! Por que não?! — perguntou insatisfeita.

— Não prestou atenção em nada do que eu disse. Ele não quer que Marisol se afeiçoe às meninas. Quer se livrar delas o quanto antes.

Lea fechou o sorriso e preocupou-se com a situação. Ficou pensando em uma maneira de ajudar sua irmã e sobrinhas.

No mesmo instante...
Na casa de Raul, ele estava atento às palavras de sua mãe.

— Hoje mesmo ela recebeu visitas da irmã e de uma criada da irmã. Que absurdo! Lea foi capaz de trazer sua criada aqui! Uma velha franzida de olhos espremidos que ficou prestando atenção em tudo! Não gosto de gente assim! Se fosse minha, dar-lhe-ia chibatadas só por me olhar daquela forma! — indignava-se Juanita, sempre com aspereza no tom amargo da voz firme. — Precisa cuidar disso o quanto antes, Raul. Conversei com padre Manolo. Nas imediações de Madri, existe um orfanato que ele indica. — Observou o filho pensativo e argumentou: — Você e Marisol não terão com o que se preocupar. Para que ficarem com crianças idiotas, mongoloides vivendo aqui? De nada servirão! De repente, elas até podem influenciar seus outros filhos que, esperamos, nasçam normais.

— Marisol quer batizar as crianças. Acabou de me dizer isso. A irmã aceita ser madrinha junto com um primo. Acho que o nome dele é Iago.

— Acabe com essa farra logo, Raul! — exigiu a mulher com impiedade. — Daqui a pouco quererão exibir as crianças idiotas em praça pública, querendo que todos aceitem como normal o que é aberração! Expor seu nome e comprometer sua família será um circo! Dirão que somos defeituosos! Incapazes de ter gerações normais! Eu sei que muitas famílias conceituadas, por toda a Espanha e continente europeu, não permitem que esses filhos deficientes vinguem. Eles são desequilíbrios da natureza. Algo que deu errado. Não estou cogitando deixar essas crianças sem provisões em lugar ermo para que pereçam como é feito por aí. Mas... Pelo amor de Deus! A própria igreja tem lugares apropriados para eles.

— E se Marisol não quiser?

— Ela não tem querer aqui! Se sua esposa se recusar, nós faremos isso mesmo assim. Aproveite a bênção de serem gêmeas, de terem nascido miúdas, antes do tempo e o parto difícil que foi. Vamos aproveitar tudo isso e dizer que faleceram. Não resistiram. Ninguém mais precisa saber que são deficientes. Já basta a família.

— E Marisol? — Raul insistiu.

— A opinião dela não importa. Se criar caso e se revoltar, nós a trancaremos.

Olhando para seu pai, que ficava sempre calado, Raul quis saber:

— O que o senhor meu pai acha de tudo isso?

Ernâni, homem rude e rigoroso, de opiniões piores do que a esposa, disse:

— Quero saber de netos, não de aberrações. Essas coisas que nasceram não são gente. Eu disse: netos homens!

— Está certo, então. Falarei com minha esposa — decidiu.

— Como pode concordar com isso, Raul?! São nossas filhas! — Marisol dizia, chorando.

— Como minha mãe disse, elas são falhas da natureza. O médico que as examinou disse que elas nem sentem nada. Não são como crianças normais. Não são como gente. Você ouviu. Crescerão idiotas. Nem devem ter cérebro. Não são nada.

— São nossas filhas... Não podemos...

— Podemos sim! Essas coisas não sentem nada. Em casos assim, muitas famílias costumam colocar a criança no meio de matas, lugares ermos e abandonar lá para que Deus cuide dela. Não faremos isso. Elas serão bem cuidadas por freiras que, por não fazerem nada o dia todo, terão todo o tempo do mundo para cuidarem de criaturas assim. — Aproximando-se da esposa, afirmou: — Nossa oportunidade é agora. Você teve um parto difícil. Foram gêmeas e nasceram antes do tempo, pequenas demais. Diremos para todos que não resistiram. Podemos até fazer um jazigo no cemitério nos fundos da propriedade. Ninguém saberá.

— Nem batizaremos? — indagou como se implorasse.

— Até podemos fazer isso, mas que seja o quanto antes e anunciaremos que estão doentes. Essa é uma boa ideia. Algo simples, aqui mesmo, na capela da fazenda. Dessa forma, futuramente, ninguém desconfiará. Falarei com minha mãe para tratar tudo com o padre Manolo. A cerimônia será em breve.

— Pode ser minha irmã e meu primo?

— Como quiser. Isso pouco importa. Mande um mensageiro o quanto antes avisando a sua irmã. Precisamos resolver isso logo — Raul determinou, deixando-a sozinha com as filhas.

Marisol chorou muito. Sentia uma dor inexplicável.

Estava confusa, mas não sabia o que fazer. Não teria como ir contra a decisão do marido e da sogra.

Após o batizado, realizado com celebração imensamente simples, algo incomum para famílias tão nobres, foi oferecido um almoço para os pais e padrinhos.

O avô materno não participou, embora tivesse sido convidado.

Ruan alegou que não se sentia muito bem. O que era verdade.

O tempo em que esteve a sós com sua irmã, Lea tentou consolá-la, pois a percebeu chorando de vez em quando.

— Calma... Não chore tanto — aconselhou.

—Não sabe o quanto dói ter como filhas crianças assim... Toda mãe, todo pai quer orgulhar-se de seus filhos, mas, no meu caso, não tem como.

— Acho que Deus confiou a você dois anjinhos indefesos e inocentes porque entende o seu amor e sabe que vai cuidar bem delas.

Marisol a abraçou e chorou ainda mais. Pensou em contar os planos do marido e dizer que isso a fazia sofrer muito.

— Estão me tratando como lixo, nesta casa... Ignoram-me... Minha sogra não me oferece atenção. Fico aqui, neste quarto, sozinha, dia e noite... Mal uma ou outra criada vem me trazer comida e pegar as roupas sujas.

— Quer ir para minha casa com as meninas?

— Meu marido não permitirá. Apesar de restringir visitas, pelo estado das meninas, não admitirá que eu fique longe daqui.

— Não recebe visitas? — Lea estranhou.

— Não. Nenhum parente dele. Dizem que eu e as gêmeas não estamos bem. Nossa saúde está abalada. Tudo isso para não saberem que temos filhas anormais.

— Lamento isso. Não sabia... — Lea disse sensibilizada.

Naquele momento, Juanita, sogra de Marisol, abriu a porta do aposento com modos austeros.

Encarou a nora e sua irmã com olhar duro e anunciou:

— Hora da sesta! — hora em que se descansa ou dorme, após o almoço. — Marisol e as meninas precisam de sossego. As pobrezinhas não estão bem. O leite de sua irmã é fraco. Dividido para duas, piora a situação. Deixá-la sem dormir, prejudicará ainda mais.

— Acabei de amamentá-las. Estão quietinhas. Eu só mostrava para minha irmã os bordados que fiz em suas roupas com os nomes delas. Veja como ficou lindo — exibiu os bordados com os nomes: Isabel e Carmem.

— Ora!... Para que isso? Perda de tempo! — desdenhou a sogra. Virando-se para Lea, solicitou: — Deve deixar sua irmã e sobrinhas descansarem. Venha comigo. Caso não queira ir embora agora, providenciarei lugar para sua sesta.

— Não se incomode comigo — Lea se levantou e disse no mesmo tom austero. — Não lhe darei trabalho algum. Estou indo. — Virando-se para a irmã, curvou-se e a beijou no rosto, dizendo: — Caso queira passar uns dias em minha estância para descansar em outros ares, será muito bem-vinda com minhas afilhadas. É só me avisar. Agora, vou-me.

Sem dizer mais nada, passou pela senhora sem sequer olhá-la e saiu pelo mesmo caminho, indo à procura de seu primo Iago.

Ao encontrá-lo, não precisou insistir para que fossem embora.

Quando se viu a sós com seu filho, Juanita falou:

— Ousada essa sua cunhada. Propôs para sua esposa passar alguns dias na fazenda dela com as meninas para descansarem em outros ares.

— A senhora falou com o padre Manolo? — perguntou com frieza.

— Claro. Na terça-feira, pela manhã.

— Alguém virá aqui buscá-las?

— Sim. Alguém de confiança do padre. Não se preocupe, meu filho.

— Elas são muito novinhas. Sobreviverão sem a mãe?

— Raul, por acaso elas vivem? Tenha dó!... Olhe para aquilo e veja se se parecem com gente! Conversei com o padre Manolo e ele me disse que criaturas que nascem assim, com debilidade, abestalhadas, tortas ou defeituosas são aberrações para nós a reconhecermos como filhos das trevas e darmos a elas o destino que merecem. Não faz muitos anos, essas criaturas iam para a fogueira. Esqueceu? Hoje, estamos sendo piedosos. Certamente, o padre Manolo sabe o que está dizendo. Essas aberrações são piores do que animais. Elas não nos servem para nada. São, totalmente, inúteis. Se o próprio Deus as amasse, não nasceriam assim. — Ao vê-lo pensativo, falou confiante: — Não fique desse jeito. Em breve, estará tudo resolvido e você terá esquecido, principalmente, quando outros filhos chegarem.

— E se vierem com problemas também? — ele se preocupou.

— Estará comprovado que a culpa é da sua esposa. Ela é incapaz de gerar filhos saudáveis e perfeitos. Dessa forma, teremos de dar o mesmo destino à cria que ela tiver. Procuraremos alguém que queira nos doar um recém-nascido perfeito ou roubar alguma criança por aí... Ou ainda, dar um fim nessa sua mulher para que se case com outra. Afinal, você é um homem jovem, herdeiro de muita fortuna. Não deve desperdiçar tudo com filhos e esposa que não lhe servem para nada.

CAPÍTULO 9
OUÇA O SEU CORAÇÃO

Lea caminhava pela sala da residência que foi seu lar, por muitos anos, antes de se casar.

Parecia ouvir os gritinhos de seus irmãos enquanto crianças, brincando de esconder.

Lembrou-se de sua mãe, do quanto era gentil e amável, ao mesmo tempo enérgica e segura de si. Viveu ali por anos e muito feliz. Não sabia dizer em que fase da vida tudo começou mudar.

Como se fosse de repente, viu sua mãe fechando o sorriso para a vida e se preocupando com negócios. Reclamando de seu avô que, de súbito, ficou doente e senil, sem que ninguém soubesse explicar.

Uma ambição além da conta cresceu no coração de sua mãe e ela se uniu ao seu pai, deixando de lado os filhos, que ficaram largados nas mãos de governantas e professores, que os educavam em casa.

A situação piorou ainda mais quando sua tia e o marido morreram.

Viu a mãe inquieta, dolorosa, sofrida, angustiada cada dia mais, andando de um lado para outro com preocupação exacerbada que não sabia explicar.

Não gostou quando os primos foram morar ali por estarem órfãos e passaram a dividir tudo: governanta, preceptores —

professores encarregados da educação das crianças no lar — e tudo mais. Mas depois aceitou. Simpatizou com os primos. Iago vivia pela fazenda, curioso em saber como tudo acontecia. Dava-lhe muita atenção, ensinando-a como fazer tarefas que as meninas ou mulheres nunca aprendiam, como selar um animal, arrear um cavalo na carroça, limpar os cascos, lavar o animal, além de muitas outras coisas. Nunca imaginou que tudo aquilo lhe seria imensamente útil um dia. Apegou-se demais à Angelita, principalmente, quando sua mãe ficou doente.

Por um instante, assim que se lembrou, odiou Consuelo, que confinou Isabel nas mais miseráveis condições. Porém, sabia que a culpa era de seu pai, pois deu liberdade à amante para fazer aquilo.

Experimentava certa mágoa pelo ocorrido.

Talvez fosse essa a amargura que seu pai vivia. Ele mudou muito também, depois de tudo.

Lea olhou para o retrato pintado, pendurado na parede, e observou o quanto sua mãe era bonita.

Sorriu.

Seus pensamentos foram interrompidos pelo barulho que seu pai provocou ao chegar à sala.

— Ah... Você está aí?

— A bênção, senhor meu pai... — aproximou-se e beijou-lhe a mão.

— Deus a abençoe. — Sentou-se e pediu: — Traga-me uma dose de rum.

A filha obedeceu. Foi até um armário que continha diversas bebidas, colocou uma dose em uma taça e o serviu.

— Encontrei com o Edgar lá fora. Ele estava recebendo os arados novos. Pelo visto, muito bons.

— É sim. Tecnologia nova como dizem. Mais fácil para a tração animal.

— E os antigos?... — perguntou com segundas intenções.

— Se quiser, pode mandar buscar.

— Eu os quero sim. Muito obrigada. Darei ordens para isso.

— Como está se saindo? — olhou-a firme pela primeira vez.
— Oh... Senhor meu pai... Melhor do que eu mesma esperava — expressou-se com voz melodiosa, demonstrando felicidade. — Devo dar orgulho ao senhor meu marido. Que Deus o tenha!... — fez o sinal da cruz e baixou o olhar com uma performance que ninguém desconfiaria ser representação.
— Não seria melhor um homem cuidar de tudo aquilo? — franziu o cenho, esperando uma resposta.
— Ora, senhor meu pai... Tudo está dando muito certo. Tenho pedido orientação para Edgar, no que consiste a fechar alguns negócios e está sendo tão fácil.
— Não falo do seu irmão. Penso em arrumar-lhe um marido.
— Ora, papai... — falou aparentemente triste. — Não é esse o momento. Não vejo como outro homem pode ocupar o lugar do senhor Vicente em meu coração. Não, por favor. Eu lhe imploro. Vamos dar mais um tempo. Dois ou três anos, pelo menos. E se eu não conseguir me manter, prefiro até que Edgar tome conta de tudo a ter outro homem em minha vida. Até porque, pensando bem, outro homem pode colocar todas as conquistas do senhor Vicente a perder.
— Vamos aguardar. Mulheres não são boas administrando bens.
— O que me trouxe aqui... Lógico que vim visitá-lo, mas... Também quero lhe falar sobre Marisol.
— Marisol não é mais da nossa conta. Sabe disso.
"Eu também não. Por que, então quer me casar ou cuidar dos meus bens?" —, Lea pensou, mas não ousou indagar.
— Mas é minha irmã e me preocupo com ela. O senhor sabe que batizei as gêmeas.
— Soube sim! — respondeu nervoso. De imediato, lembrou-se de perguntar, demonstrando insatisfação: — E que história foi essa de você e Iago serem padrinhos?!
— Bem... As meninas nasceram com probleminha e ninguém queria apadrinhá-las. Ninguém! — enfatizou. — Marisol estava triste. As meninas, doentinhas, fraquinhas não estavam bem e ela desejava muito batizá-las. Diante disso,

aceitei e lembramos de Iago, que sempre cede a tudo. Consultado, ele aceitou sem questionar.

— Não quero que se envolva com seu primo! Soube que ele está tentando tocar aquela fazenda. Não tenho ideia de como. Só se alguém ajudar. Mas não creio que alguém se atreva a fazer isso!

— Nem eu... — mentiu. Sorriu, sem que ele visse e prosseguiu: — Não tenho qualquer contato com o Iago. Só fiz a vontade da Marisol e pensando nas meninas. Não o vi mais. E agora, que as gêmeas morreram, não temos razões para nos falarmos. O batismo ocorreu rápido para que não ficassem pagãs. Ainda bem que as batizamos, não é mesmo?

— É... — resmungou, Ruan. Em seguida, esticou o braço segurando a taça como se pedisse outra dose da bebida.

— Estou preocupadíssima com Marisol. Um mensageiro trouxe o recado sobre a morte das gêmeas. Já haviam sepultado as meninas no cemitério da família, nos fundos da propriedade. Preocupada com minha irmã, sabendo dos modos grosseiros de sua sogra, achei por bem avisar que a visitaria. Mas, para minha surpresa, a senhora Juanita mandou dizer que eu não fosse! Falou que Marisol está entediada, melancólica, triste e não receberá visitas a não ser de seu próprio médico! — falou com energia, na gesticulação também. — Como pode ser isso?! Necessitamos de notícias de Marisol!

— O que você precisa é deixar de se meter na vida dos outros. Deixe sua irmã em paz. As meninas já estão mortas e enterradas! Foi bom assim! — esbravejou.

Lea sentiu-se esquentar, mas precisava manter a calma e polidez, pois, qualquer exaltação de sua parte, poderia ter o equilíbrio questionado. Seu pai estava atento e desejoso de tomar seus bens só para não vê-la administrar o que herdou do marido.

— Entendo seu ponto de vista, senhor meu pai, mas é que... sempre me dei muito bem com minha irmã — mentiu. Não eram tão ligadas, porém não eram rivais. — Éramos unidas. Gostaria que isso continuasse. Acredito que Marisol precise da minha companhia, do meu ombro.

— Sua irmã deve agradecer a Deus por ter perdido as filhas. Ninguém deseja aberrações como filhos!

Sem que o pai visse, Lea chegou a fechar os punhos, espremer os olhos e respirar fundo pela contrariedade que sentia. Precisou de muito controle emocional para não se manifestar.

— Entendo... — tornou, reprimindo as emoções. — Pensei que, vindo aqui, talvez, o senhor quisesse me acompanhar em uma visita. Tenho certeza de que não negariam ao senhor o desejo de ver a filha.

— Ora, Lea!... Tenho mais o que fazer! Não me traga inconvenientes.

— Está certo, senhor meu pai. Desculpe-me incomodá-lo.

Agindo de forma submissa, foi até ele e beijou-lhe a mão.

Ao sair, encontrou seu irmão nos arredores da casa e o chamou:

— Edgar! — ao vê-lo se aproximar, percebeu que o rosto do menino se escondia na face de um homem jovem. Sorriu.

— Olá, Lea! Vai embora já? Nem conversamos!

— Vim aqui para falar com nosso pai sobre a Marisol — contou-lhe tudo.

— Eu nem sabia que as gêmeas haviam morrido — disse surpreso. — Creio que o pai também não sabia.

— Não me admira.

— Mas... As meninas pareciam frágeis. Eram os bebês mais pequenos que já vi.

— Estou bem triste. Eram minhas afilhadas. Gostaria de visitar nossa irmã, mas como eu disse...

— Posso ir com você. A presença masculina intimidará a senhora Juanita. E... Diga-se de passagem, uma mulher insuportável. Além do que, Raul não nos poria para fora. Arrumarei uma desculpa... Algum assunto com ele.

— Oh! Meu irmão! Você é formidável! — pendurou-se em seu pescoço, abraçou-o e beijou-lhe o rosto.

Edgar sorriu. Ficou feliz com a alegria da irmã.

— Assim que enviar mensagem para Raul, mando avisá--la. Combinamos e passarei em sua casa.

— Outra coisa... Não querendo abusar... Nosso pai não diz para onde Angelita foi. Não consigo esquecê-la. Acaso você...

— Quer que eu descubra para onde ele a mandou?

— Se conseguir!... — sorriu lindamente. Enternecida, expressou: — Serei eternamente grata.

— Tentarei falar com nosso pai. Agora vá, antes que a escuridão alcance você no caminho! — Sorriu. Olhou para Margarida, que estava na charrete esperando e lhe fez um cumprimento, tirando parcialmente o chapéu.

Enquanto andava, a irmã ainda disse:

— Ah!... O pai me deu alguns dos equipamentos que não usarão mais.

— Bom saber! Mando entregar! — gritou e acenou.

No trajeto de volta para sua fazenda, Lea contava para Margarida sobre a conversa com seu pai.

— Ele ainda pensa em arrumar casamento para mim! Que odioso é isso! Um absurdo! Lógico que dissimulei. Mostrei-me triste com a morte daquele infeliz e disse que ele vivia no meu coração. — Breve instante e desabafou: — Desejo que Vicente passe a eternidade ardendo no fogo do inferno por cada soco, chute e tapa que me deu! — gritou.

— Calma. Desejar o mal faz mal. Pense que já pagou o que devia.

— Ora, Margarida! Eu não devia nada. Não me lembro de nada!

— O esquecimento é uma bênção. Se recordássemos tudo o que fizemos em outras vidas, ficaríamos loucos. A culpa por algumas bobagens, nesta vida, castiga a mente, os pensamentos, as ideias... Imagina só sabermos de crueldades que praticamos. Só temos e recebemos o que merecemos. Se não está bom, é preciso mudar e buscar soluções com postura nobre.

— O que você fala, às vezes, é bem confuso.
— Não. Não é não.
— Ah! Quase me esqueci de contar. Meu irmão irá até a casa da Marisol comigo.
— Moço esperto.
— Meu pai é muito cruel com ele. Exige demais.
— Não por muito tempo.
— O que quer dizer com isso? Meu pai morrerá? — Lea ficou atenta.

Era com aquele jeito de falar que Margarida parecia prever algumas coisas.

— O senhor seu pai guarda muita mágoa de si mesmo. A idade traz arrependimentos que a juventude não mostrou... Ele tem o gênio forte. É inflexível. Come e bebe demais. Bebe para esquecer as coisas que já fez com muita gente. Ninguém é feliz quando rouba a felicidade do outro.
— Do que está falando agora? Consegue resumir?
— Tudo isso adoece a alma e o corpo. Seu pai está perturbado.
— É verdade. Desde que minha mãe morreu, não está bem. Ficou amargo demais. — Alguns minutos depois, falou: — Não vejo a hora de encontrar com minha irmã e saber direitinho o que aconteceu com as minhas afilhadas. Será que Raul teve coragem de colocar as meninas em um orfanato, por serem diferentes?
— Se colocou em orfanato, foi misericordioso. Muita gente joga fora, no mato.
— Creia Deus Pai!... — fez o sinal da cruz. — Isso é um absurdo! Covardia! Crueldade! Se aconteceu isso mesmo, aposto que a ideia foi daquela mãe dele, dona Juanita. — Passados poucos minutos, indagou: — Se Deus é tão bom e justo assim, por que pessoas más tem vida tão tranquila ou dinheiro, poder?... Por quê?
— São testes para que nunca reclamem que não tiveram boas oportunidades na vida. Quando lhes forem cobradas as atitudes boas, não poderão reclamar.

— Não entendo isso. Dona Juanita, por exemplo, é tão dura, má, arrogante, rica, poderosa... Uma pessoa que não lembra de Deus e Deus não faz nada! — ressaltou.

— Lea... Deus não tem pressa porque Ele tem a eternidade. Quanto às pessoas poderosas, que não têm problemas... Fique atento quando a vida não lhe der problemas, quando tudo é resolvido com dinheiro. Aquele que não tem nenhum problema não procura Deus. Está andando de braços dados com o maligno.

A senhora a olhou e não disse mais nada ao vê-la pensativa.

Seguiram com a luz frágil de um lampião aceso, pois a escuridão da noite se antecipou.

Longe dali, em um orfanato administrado pela igreja, a noviça Maria Dolores afeiçoou-se muito às gêmeas com necessidades especiais que ali chegaram.

A fragilidade das crianças cortava seu coração. Dedicou-se muito a elas, colocando garrafas com água quente para aquecê-las, trocando as fraldas com frequência e dando-lhes leite com colher.

— A madre acha que você está dando atenção demais para essas meninas — alertou a outra noviça.

— Fiquei penalizada com elas. Tão frágeis... Tão inocentes... — disse Maria Dolores.

— Elas têm problemas. São deficientes. Você sabe.

— Sei — brincava com uma das meninas, enquanto conversava. — Hoje a Isabel não quer dormir. Está danadinha — riu.

— Colocou nome nelas?

— Não. Vieram com eles. Isso chamou a minha atenção. Seus nomes foram bordados em todas as roupas. Esta é a Isabel. Aquela é a Carmem. — Breve instante e contou: — Carmem foi o nome da minha mãe e Isabel o nome de minha tia. Ambas já morreram — seus olhos se encheram de lágrimas com emoção, que tocou seu coração.

— A vida aqui é dura, principalmente para nós, confinadas pela própria família que não nos quer mais. Não arrume problemas, dando mais atenção a essas crianças.

— Sou somente mais simpática a elas. É pelos nomes que têm. Por que será que vieram para cá?

— Talvez a mãe tenha morrido ou não... — pensou. — Nenhuma família quer criança idiota. Elas têm traços de idiotas, a madre disse.

— Vamos fazer o que nos cabe. Cuidar delas com amor.

— Com amor? Somente você mesmo — disse e saiu rindo. — Ninguém tem amor aqui, Maria Dolores. Ninguém. Tenho pena dessas crianças. Principalmente dessas aí.

Edgar e Lea foram visitar a irmã conforme combinado.

Marisol só chorou. Não falou quase nada. Um sentimento de culpa, impotência com misto de arrependimento, castigava-a. Não sabia explicar o que sentia.

Sua sogra Juanita não ofereceu uma única oportunidade para que ficassem a sós com sua nora. Vigiou-os o tempo inteiro, trazendo ar insatisfeito pela visita.

A caminho de casa, Lea comentou com o irmão:

— Estou com muita pena dela. Coitada. — Após um tempo, opinou: — Os casamentos deveriam ser desfeitos quando as pessoas descobrissem que não gostam mais umas das outras ou quando há incompatibilidades insolúveis.

— Que ideia estranha — o irmão considerou.

— Por que estranha? Deveria ser natural uma pessoa se separar da outra quando não está feliz. Veja a Marisol, por exemplo. Ela é infeliz ao lado de Raul e naquela casa. Poderiam se separar. Ela iria embora e pronto.

— Pare de ter essas ideias. Nossa irmã está daquele jeito porque as filhas morreram. É isso.

— Não é isso não, Edgar! Não é só isso. Percebi que o marido nem olha para ela. Chamou-a de isso aí! Ele disse várias vezes:

isso aí não para de chorar! Isso aí está alagando o quarto! Isso aí não tem jeito! A visita de vocês deixa isso aí ainda mais melancólica! — Em seguida, criticou: — Que horror! Quem é feliz com um marido que fala algo tão abominável e faz a mulher se sentir uma coisa?

— Você não teve um marido que a tratasse bem, no entanto vejo-a triste após a viuvez. Nosso pai disse que não quer se casar novamente por não esquecer seu marido.

Lea havia esquecido de sua farsa. Surpreendeu-se e disse:

— Não vamos falar de mim. — Prosseguiu com o assunto: — Não bastasse, aquela sogra é um terror! Mais fria do que qualquer pedra de granizo que eu tenha tocado. Não ofereceu um minuto de trégua para mim e minha irmã ficarmos sozinhas.

— Acho que não tinham muito o que conversar, não é mesmo?

— Deixe de ser ingênuo, Edgar. Aquela mulher está com medo de alguma coisa. Estava muito desconfiada. Gostaria de ter com minha irmã a sós. Totalmente a sós.

— Marisol não ficará eternamente assim. Terá sua oportunidade. — Mudando de assunto, o irmão lembrou: — Amanhã mando levar os arados e outras ferramentas que o pai deu a você.

— Obrigada — ficou feliz e sorriu. — Mandaria alguém buscar, mas... Se pode entregar, melhor.

Enquanto os dois cavalos de grande porte puxavam a carruagem lentamente, já na estrada dentro da propriedade, o irmão olhou à volta e disse:

— Reparei que cuida muito bem de suas terras. Está bonita e produtiva.

— Obrigada. Vindo de você é grande elogio.

— Às vezes, tenho vontade de visitar o Iago, nosso primo — falou ele.

— Para quê? — ela perguntou desconfiada.

— Sei lá... Para vê-lo, tão somente. Eu me senti mal no dia em que nosso pai, praticamente, colocou-o para fora de casa. Iago levou somente algumas roupas que lhe pertenciam.

— Sério?! Eu não soube disso — a irmã comentou.

— Seu marido era vivo. Você não saia muito de sua casa. Não conversava com ninguém, talvez por isso não soube. O pobre Iago voltou para a fazenda do pai dele sem qualquer recurso. Não sei como se virou. Dizem que vendeu as poucas coisas que restaram na casa, móveis e objetos de valor, para comprar comida. Mas, nos últimos tempos, soube que fez plantações e está produzindo. Arrumou gente para trabalhar para ele e até já negociou a próxima colheita.

— Eu soube que ele vendeu poucas coisas que restaram na casa. As joias da nossa tia não foram encontradas. Os pertences de valores do tio sumiram.

— Como soube? — indagou curioso, pois acreditava que não conversavam.

— É... — gaguejou. Pensou rápido e respondeu: — Ele contou quando nos encontramos no dia do batizado das gêmeas.

— Entendi. — Edgar suspirou fundo. Já era possível ver a casa da fazenda ao longe e ele ainda contou: — O pai está me fazendo pensar em casamento. Quer que aceite o dote da Leandra.

— A Leandra é boa jovem. Bem prendada e alegre.

— Não sei se gosto dela o bastante.

— Aconselho: ouça o seu coração e não nosso pai.

— Dizem que o amor é capaz de nascer com os anos de convivência. Foi isso o que aconteceu a você, não foi?

Lea respirou fundo e ficou em silêncio, olhando pela janela da carruagem. Não respondeu.

O irmão achou estranho, mas nada disse.

Ao chegarem a casa, Margarida, que viu o veículo se aproximando, estava esperando aos pés da escada.

— Boa tarde, senhora — o rapaz cumprimentou ao descer e ajudar sua irmã a fazê-lo.

— Boa tarde, Edgar — Margarida respondeu.

— Vamos entrar, Edgar? — a irmã convidou.

— Melhor não. Quero voltar antes que escureça.

— Ainda tem medo de assombração? — perguntou para brincar e caiu na gargalhada. Lembrou-se de quando eram crianças e ela lhe narrava histórias de terror e ele cobria a cabeça.

— Cresci! — ele riu ao ver seu jeito divertido.

— Pense bem sobre a Leandra. Precisamos parar de fazer uniões infelizes por conta de dinheiro e riquezas. Ouça o seu coração.

— Boa tarde, minha irmã — subiu na carruagem e sorriu, enquanto olhava pela janela e o cocheiro virava o veículo.

Quando se viu a sós com a cunhada, ainda aos pés dos degraus da escada, Lea disse tudo e depois desabafou:

— Resumindo: a visita foi inútil, praticamente. Minha irmã só chora.

— É por se ver condenada e confinada.

— Toda essa história está mal contada. Tudo muito estranho. Perguntei, duas vezes, porque não nos avisaram da morte das meninas, afinal, sou madrinha, quereria ir ao enterro. Por que só me avisaram depois? Ninguém respondeu.

— Só agora, sua irmã só se deu conta de que aquela família não presta. Ainda assim, Marisol acredita que eles precisam tratá-la com atenção e afeto. Sua irmã é iludida com riqueza, dinheiro, mordomia, luxo... Está pagando um preço alto demais para isso.

— Ser rico é errado, Margarida?

— Não. Se sua riqueza e bem-estar não custam a felicidade de alguém e são conquistas lícitas, frutos do seu trabalho, se por conta de tê-las você não é arrogante, materialista, não é errado. É justo.

— Meu irmão quer visitar o lago, nosso primo. Preciso vê-lo o quanto antes e dizer que não mencione meu nome, nem diga que o ajudei.

— Isso mesmo. Seu pai não deve saber disso.

Lea parou por um instante, com olhar perdido, comentou:

— Pobre Marisol... Tanto que desejou ser rica como é, sem ter de trabalhar...

— Atraiu o que queria e as consequências próprias para que crescesse. Mas ainda tem muita coisa para acontecer e, se ela não quiser aprender, ainda acontecerá muito mais.

— Ai, Margarida!... Tenho medo quando a vejo falando assim.

A mulher sorriu com bondade e nada disse. Pegou a bolsa que a outra segurava e subiu os degraus lentamente.

O tempo foi passando. Dias viraram meses que completaram um ano...

As atividades difíceis na fazenda e as situações complicadas exigiam que Lea trabalhasse muito duro.

Sempre fazia serviços que seriam destinados a homens, pelo uso de força e resistência.

Vivia com roupas sujas, manchadas, típicas de trabalhos nada delicados.

Suas saias, geralmente, achavam-se rasgadas, enlameadas ou cobertas de poeira, apesar do avental longo e comprido que vestia para cobri-las. Seus cabelos, muito bonitos, quando arrumados aos domingos para ir à igreja, encontravam-se presos, em desalinhos e cobertos por lenço e um chapéu durante a lida. Trazia a pele do rosto bronzeada, o que lhe dava um ar especial na beleza. Porém, isso não era bem-visto na época, pois a pele queimada pelo sol era típica de empregados que trabalhavam em serviços pesados e demonstrava ausência de riqueza, porque os ricos não se expunham. Mas ela não se incomodava com isso.

Um dia, enquanto empurrava um carro de mão repleto de feno para o celeiro, parou para descansar. Contemplou a sua volta. Todo sacrifício valia a pena. Era bonito ver tudo aquilo.

Sorriu.

Orgulhava-se por sua capacidade e sabia o quanto de esforço ainda precisaria despender para manter aquelas plantações, pastos e animais bem-cuidados.

Respirou fundo, usou a ponta da saia para secar o suor da testa e, casualmente, seu olhar se prendeu em um ponto da estrada onde viu um cavalo a galope. Estranhou.

Percebeu, de imediato, que era uma mulher montada, pois a barra da saia e os saiotes esvoaçavam conforme o vento.

Ficou parada, observando. Não demorou a ver que se tratava de Marisol.

Lea abandonou o que fazia e foi para a estrada parar o animal.

— Lea!... — Marisol gritou, desceu do animal e se jogou nos braços da irmã.

— O que houve? O que aconteceu?! — indagou preocupada.

A irmã só chorava, abraçada a ela.

Com delicadeza, Lea a conduziu para a casa que não era tão longe.

Ao ver um empregado, deu ordens para cuidar do carro de feno e do animal que deixou no caminho.

Entraram.

Fez com que Marisol se sentasse em uma poltrona na sala e pediu a uma empregada que trouxesse água fresca e preparasse chá calmante.

— Agora está segura. Tudo ficará bem. Conte-me o que aconteceu — pediu com bondade, ajoelhada a sua frente, segurando suas mãos.

— Desde que casei sou infeliz... — chorou. — Minha sogra me bate, meu sogro já me espancou... O Raul... Ele é o que me agride menos, mas não se importa quando a mãe dele me maltrata. Olha... — mostrou a parte interna do braço levantando a manga do vestido. — Tenho outra dessa nas costas...

— O que é isso?! — a irmã perguntou, embora soubesse que se tratava de queimadura.

— Eu me recusei a tocar piano em uma festa que eles deram por conta de negócios e... A senhora Juanita me queimou com ferro como costuma fazer com os criados... — chorou.

— Que horror! Isso não pode acontecer! — indignou-se.

— Pararam de me bater quando fiquei grávida. Mas assim que as meninas nasceram, por serem meninas, apanhei. Ao descobrirmos que eram doentes, bateram-me mais ainda... No dia em que você e o Edgar foram lá me visitar, pela morte das meninas, dona Juanita me bateu muito. Fiquei com galos na cabeça. Ela disse que queria que eu morresse para o Raul encontrar outra mulher que não lhe desse filhos deficientes...

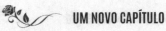

Falei que minhas meninas nasceram daquele jeito por culpa dela me ter batido quando estava grávida e ainda não sabia. Então, apanhei mais ainda — chorou muito.

— Calma... Calma... Vamos pensar. O que pode acontecer se uma mulher decide deixar o seu marido? Se ela não quiser mais ficar casada?

— Isso não existe, Lea!... Não existe! — encarou-a com olhos mergulhados em lágrimas.

— Tem de existir essa possibilidade!

— Não é só... Minhas filhas estão vivas. Não morreram... — contou tudo o que foi planejado por Juanita, com o consentimento de Raul e o pai dele, senhor Ernâni. — Nem vi quando tiraram as meninas do quarto. Acho que tinha alguma coisa no chá que me serviram naquela noite. O Raul contou que foram levadas para um orfanato cuidado por freiras. Disse que seriam bem-tratadas, pois o padre Manolo recomendou o lugar.

— Então... Eles levaram as meninas para um orfanato cuidado por freiras... — falou em um tom de contrariedade e ficou pensativa.

— Sim. Nas imediações de Madri.

— Meu Deus... — murmurou Lea. E gritou em seguida: — Meu Deus!!! Como é que o Senhor permite que exista gente dessa laia?!!

— Para quem está falando? — Marisol não entendeu.

— Com Deus! É claro! Onde já se viu pessoas com ideias tão deformadas assim?

— Estou com medo, Lea. Com muito medo, minha irmã. Há tempos quero revelar isso tudo a você, mas não me permitiam sair. Somente hoje consegui escapar durante o banho de sol. Mas... Creio que me encontrarão aqui e tudo será bem pior.

— Não vai não! Calma. Fique aqui. Já venho.

Lea foi para fora, procurou um empregado e começou a lhe dar ordens. De repente, uma ideia surgiu e pediu que esperasse. Foi para dentro da casa, rasgou vários pedaços do vestido da irmã. Voltou e o entregou ao homem, dizendo:

— Faça como pedi. Leve o cavalo para o sentido oposto, o mais longe que puder e, no caminho, deixe retalhos do vestido dela. Tome.

— Vou à direção de Cantábria e deixarei o animal perto do rio e farei rastros pela vegetação.

— Certo. Obrigada. Muito obrigada. Agora, vá.

Retornando para dentro da casa, encontrou Margarida cuidando de sua irmã.

Lea reparou que Marisol tremia muito. Estava assustada e ela também. Não tinha o que fazer naquela situação. Esperava contar com a sorte e fazer com que seu plano desse certo. Deveria parecer que sua irmã rumou para outra região, bem longe.

Mas, e depois?

Até quando poderia tomar conta de Marisol sem levantar qualquer suspeita?

Certamente, Raul iria procurá-la. Não se deixaria difamar, passando por homem abandonado. Tinha um nome a zelar.

Isso seria um escândalo e macularia sua reputação.

Se Marisol fosse encontrada, seria maltratada ainda mais. Poderiam, até mesmo, matá-la. Ela também perderia tudo o que conquistou. Seu pai, pressionado pela sociedade, tiraria seus bens. Ela seria enclausurada, pois seria considerada insana.

Lea sabia o quanto a crueldade era intensa e comum naquela época e naquela parte do mundo para com mulheres. Não permitiria isso. Precisava esconder a irmã e ajudá-la, além de se proteger.

— O que faremos, Margarida? — perguntou com forte tom de preocupação na voz.

— O seu primo vai ajudar — a senhora disse e sorriu. — Aqui e na casa do pai de vocês serão os primeiros lugares onde a procurarão. Mas... Ninguém irá à casa de Iago. Ele é um rejeitado... — sorriu.

Lea retribuiu com outro sorriso de esperteza.

CAPÍTULO 10

A CHEGADA DE LUÍS

Sem demora, Lea deitou a irmã em uma carroça e a cobriu com uma manta. Disfarçou sobre e em volta com caixotes com verduras, ramos de legumes e feno que possibilitaram escondê-la.

Ela mesma conduziu o veículo até a fazenda do primo e, por sorte, não encontrou com ninguém pelo caminho.

Iago a recebeu bem. Ficou feliz ao vê-la.

— Como vai, prima? Tudo bem? — disse, segurando as rédeas da carroça e auxiliando-a a descer, dando-lhe a mão.

— Quase tudo — foi enigmática.

Ele estranhou vê-la tão despenteada e suja, como se tivesse abandonado seus afazeres às pressas para estar ali. Alguma coisa havia acontecido.

— Em que posso ajudar? — quis saber, encarando-a com seriedade.

— Podemos ir até o seu estábulo? — pediu, falando baixinho.

— Sim. Claro. Venha.

Chegando lá, Lea descobriu a parte de trás da carroça e mostrou.

O primo ficou extremamente surpreso ao ver Marisol deitada e chorando.

— O que houve? — preocupou-se e estendeu a mão para ampará-la a se sentar e descer.

Ligeira, Lea contou tudo.

— Fez muito bem tê-la trazido para cá. Confio naqueles que trabalham aqui. Não teremos problemas. É bom escondê-la, por hora, ou até que os ânimos de Raul e de sua família acalmem. — Olhando firme para a prima, assegurou: — Deixe comigo, Lea. Cuidarei bem dela. É melhor voltar. Certamente, receberá visitas.

— Obrigada, Iago. Serei eternamente grata por isso — sorriu e, num impulso, elevou-se nas pontas dos pés e o beijou no rosto.

Ele ficou surpreso e apreciou a demonstração de gratidão.

Imediatamente, Lea retornou para sua fazenda.

Inquieta e preocupada, reuniu os funcionários que presenciaram sua irmã ali e os orientou para que guardassem segredo. Em seguida, retomou seu trabalho.

Quase no final da tarde, recebeu a visita de Raul e outros três homens o acompanhavam.

O cunhado procurava por sua irmã.

Lea, com vestimentas que exibiam trabalho árduo, movimentava a manivela de uma bomba de poço, pegando água para se lavar.

Ainda montado, ao se aproximar, o cunhado puxou as rédeas de seu cavalo, fazendo o animal andar em círculos, relinchar e resfolegar.

— Ora, Raul! — sorriu. — Você por aqui? Que boa surpresa! — disfarçou muito bem sua ansiedade.

O cunhado a olhou de cima a baixo, esboçando fisionomia de reprovação, principalmente, por ver a parte de trás da saia da cunhada passada por entre as pernas e presa na frente, na altura da cintura, fazendo parecer uma calça. Para ele, aquilo era odioso.

— Onde está sua irmã?! — exigiu firme, sem sequer cumprimentá-la.

Com desfaçatez impressionante, Lea ficou séria de imediato. Demonstrando-se surpresa, questionou em tom de desespero:

— Como assim?! Por que procura por minha irmã aqui?! O que aconteceu?! — encheu-o de perguntas.

— Marisol fugiu. Foi vista pela última vez esta manhã, enquanto tomava banho de sol.

— E ninguém tomando conta dela?! Minha irmã não está nada bem! Onde estavam todos?! Como descuidaram dela assim?!

— Ela não esteve aqui?! — tornou, bem sério.

— Lógico que não! — enervou-se. — Se quiser, pode procurar! Esteja à vontade! Aliás... é bom que a procuremos pela fazenda. Marisol pode ter se perdido no caminho para cá. Veio aqui uma vez somente. E é muito longe para uma caminhada e...

— Ela fugiu a cavalo! — esclareceu.

— Como permitiram isso?! — indagou em tom acusador. — Não sabem que minha irmã ainda está fragilizada pela perda das filhas?! — Um momento e lembrou-se de falar: — Na casa do senhor meu pai! Talvez...

— Não. Viemos de lá agora. Ficaram tão surpresos quanto você.

Enquanto conversavam, Lea percebeu que um dos acompanhantes de Raul desceu do cavalo, olhava à volta e também pelo chão, em busca de pistas.

Ágil, lembrou de chamá-los:

— Vamos! Entrem comigo por um instante. Tomem água para refrescar e se refaçam. Deem-me um minuto para me refazer também e ir com vocês.

— Ir conosco? — Raul perguntou insatisfeito.

— Sim! Ajudarei na busca! É minha irmã! — ressaltou severa.

Um dos ajudantes olhou para o patrão e lhe fez um sinal. Em seguida, virou-se para Lea e perguntou:

— Podemos entrar mesmo, senhora?

Seu convite teve o efeito que desejava. Tirou a atenção do que ele fazia.

— Mas é lógico! Venham! — foi andando rápido para perto da casa, seguida por eles.

O empregado, olhando para Raul, sorriu levemente. Gostaria de fazer buscas pela casa.

Após desmontarem dos cavalos, lançaram as rédeas no varão de amarração frente à varanda, subiram os degraus e entraram logo atrás dela.

— Margarida! Margarida! — ela chamou, mostrando-se nervosa. — Peça providências para que tragam água fresca ou qualquer outra bebida para eles. — trocou olhares, arregalando os olhos e inclinando levemente a cabeça para a senhora como se pedisse ajuda.

Margarida sentiu seu desespero.

— Claro, senhora — disse. Virando-se para eles, perguntou: — Aceitam um refresco de limão?

— Não. Não é preciso — Raul respondeu.

— Vou me trocar e... — Lea disse e foi interrompida.

— Não precisa vir conosco, Lea — o cunhado afirmou.

— Ora... Como não? Minha irmã sumiu. Decerto, Marisol não está nada bem dos nervos para fazer algo assim.

— Herança de família, eu suponho — tornou ele com modos ásperos. Raul correu olhar pela sala, analisando tudo.

Tão rígida quanto ele, a dona da propriedade propôs com nítida insatisfação:

— Se está desconfiado de que minha irmã está aqui, convém examinar a casa inteira! — falou firme, encarando-o e deixando claro seu desagrado.

— Já que permite... — Raul sorriu com descaramento ao afrontá-la. Logo, fez um gesto para os homens que entraram com ele e, de imediato, obedeceram.

Parado no centro da sala, percebeu a cunhada austera, mas tranquila enquanto aguardava.

Não demorou muito e os homens voltaram, fazendo sinal de negação com aceno de cabeça.

— Desculpe-me pelo incômodo — o cunhado disse. Segurando a ponta da aba do chapéu, fazendo reverência, virou-se.

Logo atrás dele, a dona da casa afirmou:

— Darei ordens aos meus funcionários para vasculharem toda a minha propriedade. Se tiver um único rastro de minha irmã, eles encontrarão.

Após descer os degraus da varanda, ele se voltou e pediu, ainda arrogante:

— Informe-me, caso isso ocorra. — Pegou o cavalo, montou e, junto com os demais, foi embora.

Ao vê-los na estrada ao longe, ela olhou para Margarida e procurou seu abraço.

— Nunca tive tanto medo... — murmurou.

Ao se afastarem, a cunhada resmungou:

— Moço ruim! Tolo! — cuspiu longe. — Mas sua sina está preparada e está perto.

— Do que fala agora, Margarida? — perguntou surpresa.

— Precisará esconder sua irmã por mais tempo. Esse moço está com o destino comprometido. Homens que não gostam dele nem do pai dele estão no encalço dos dois. Até lá, ela não poderá aparecer. Pensando bem... Precisará esconder Marisol por muito mais tempo, enquanto a sogra dela não morrer. Isso levará anos...

— Ai... Credo, Margarida... Você me dá arrepios — Lea confessou.

A mulher achou graça e aconselhou:

— Toma um banho hoje. Já enchi a banheira no quarto de banho para você tirar esse cheiro — riu.

— Não estou com cheiro! — afirmou zangada.

— A gente acostuma até com o que é ruim — tornou a outra murmurando e rindo.

Retalhos do vestido e anáguas de Marisol foram achados bem longe da região. Assim como o cavalo que ela usou. O animal ainda estava selado. Mas ninguém sabia de qualquer notícia sobre o paradeiro da esposa de Raul.

Juanita não se conformava. Se ao menos a nora fosse encontrada morta, seu filho poderia se casar novamente e isso seria um alívio.

Mulher de temperamento horrível, já cogitava comprar um corpo para dizer que era a nora e fazer um sepultamento, garantindo a viuvez do filho. Mas, para isso precisaria ter certeza de que a nora não voltaria mais.

— Deixe passar um tempo. Mandaremos nosso capataz negociar com alguma família muito pobre que passe pelo luto de alguém com a idade e aparência semelhante a de Marisol. A família nos venderá o corpo e enterrará um caixão vazio. Traremos o corpo para cá como se fosse ela. Vestiremos com suas roupas e o enterraremos. Dessa forma, Raul poderá se casar novamente. Escolheremos bem, desta vez.

— Às vezes tenho medo de você, mulher. Sua agilidade para encontrar saídas, surpreende-me — o marido riu ao se manifestar.

— E se minha esposa aparecer, minha mãe? — Raul cogitou.

— Se isso acontecer, ela precisará morrer de verdade. Daremos um jeito. Não poderemos viver presos a essa louca. Preservaremos nosso nome. Foi um erro casar-se com ela. Você não quis me ouvir quando eu disse que a mãe de sua pretendida sumiu da sociedade e, certamente, isso indicava que a escondiam por desequilíbrio e loucura. Não! Você não quis me ouvir! — enfatizou. — Encantou-se pelo belo rosto e olhos verdes que servem para nada! Uma árvore podre que lhe deu duas, não uma, mas duas filhas mulheres e, ainda, doentes! Idiotas!

— A senhora já disse isso, minha mãe. Agora chega. Deixe-me pensar como resolver essa situação.

— Não tem o que resolver, Raul! — tornou arrogante. — Sua mulher fugiu. Você precisa achar um jeito de levar sua vida mantendo sua moral e dignidade. Sua reputação não pode cair em descrédito. O que dirão de um homem abandonado pela esposa?

Expressando-se sempre com poucas palavras, Ernâni afirmou:

— Sua mãe tem razão. Deve ouvi-la — concordou o pai, olhando-o firme.

— Espere algum tempo e dê ordens para que nosso capataz compre um corpo. Pegarei um vestido de sua mulher para que use nele. Diremos que foi encontrado longe. Lógico que estará quase se decompondo ao chegar aqui. Comunicaremos a família e os chamaremos para o enterro. Convidaremos o padre Manolo que virá abençoá-lo. Isso implica dinheiro, claro — envergou a boca com ar de insatisfação. — Mas, ele afirmará, para toda a cidade, que Marisol foi encontrada morta e enterrada no cemitério desta fazenda.

Raul respirou fundo e não disse nada.

Os dias foram passando...

Em visita a seu pai e seu irmão, Lea ficava apiedada por eles se preocuparem com o paradeiro de Marisol, mas não poderia contar onde ela estava.

Há dias, Ruan não se sentia bem e só permanecia de cama.

O médico, que o examinou, não gostou de seu estado. Recomendou algumas garrafadas de medicamentos de ervas e muito descanso.

Longe do patriarca, os irmãos conversavam na sala.

— Ontem o pai tossiu sangue. Não quer que conte a ninguém.

— Mas...

— Não fale isso perto dele, Lea.

— Está certo — ela concordou.

— Penso que não há muito o que possamos fazer. Parece que o pai está se entregando. Desinteressado da vida. Por isso, acelerarei meu casamento com a Leandra. É o desejo dele.

— Mas não é o seu! — a irmã exclamou. — Edgar, pense no seu bem, na sua felicidade! Não se case para agradar ao pai. Acaso gosta da Leandra? Sente algo por ela?

— Como disse uma vez, ela é uma boa moça.
— Não foi isso o que perguntei! — falou firme, encarando-o. — Gosta dela? — Diante do silêncio do irmão, que fugiu ao seu olhar, Lea insistiu: — Tem outra moça que aprecie?
— Tem. Tem sim.
— Quem é? — ela quis saber.
— Não a conhece. Não adiantaria contar. Mas, como o pai disse, paixão é coisa da mocidade e logo passa.
— Meu irmão... Não pense assim. E se não passar? Viverá frustrado ou traindo sua esposa? Acaso isso lhe trará paz?
— Ora, Lea!... Melhor não falarmos mais sobre isso. O mais importante para nós, agora, é encontrarmos Marisol. Fui até o porto e ofereci recompensa. Tenho conhecidos lá e estão alerta.
— É... Fez bem — disfarçou.
— Você tem visto o Iago, nosso primo? — Edgar indagou de súbito.
— Não... — mentiu.
— Ainda sinto vontade de visitá-lo.
— Não faça isso! — falou rápido. Sem pensar. Lembrou-se de que a irmã achava-se escondida na casa do primo.
— Mas, ora... Por que diz isso? — o irmão estranhou.
— Melhor não... É que... — pensou rápido. — Nosso pai não gostará nada, nada. Ele está muito doente. Não devemos contrariá-lo. Sabe como é... As notícias aqui se espalham como fumaça. Um fala para o outro... Quando dermos conta, alguém que vier visitá-lo pode contar e piorar o estado dele. — Rodeou-o e esfregou suas costas. Em tom brando, aconselhou: — Não façamos nada que agite nosso pai. Não vamos contrariá-lo de modo algum para não nos sentirmos culpados.
— Está certo. Também... O Iago é tão reservado. Nunca nos procurou desde que saiu daqui.
— Ah! Isso é verdade! Talvez devêssemos desprezá-lo. Ele quer viver longe, que viva! — Sem demora, Lea decidiu: — Então... vou embora para não pegar escuridão na estrada. — Sorriu lindamente e se despediu.

No caminho de volta, não parava de pensar. Não encontrava uma saída para aquela situação de sua irmã. Ela não poderia ficar escondida na fazenda do primo a vida toda.

Não saberia dizer até quando acobertaria Marisol sem que ninguém descobrisse.

Ainda se inquietava com o fato de as gêmeas serem entregues a um orfanato. Aquilo foi muito cruel. Desejaria saber para onde as sobrinhas, suas afilhadas, haviam sido levadas e encontrar uma forma de resgatá-las, trazê-las de volta.

Não bastasse a prima Angelita viver em um convento que ninguém ousava dizer onde era, as gêmeas também se encontravam em paradeiro desconhecido.

Uma coisa tinha certeza: o vigário da cidade estava envolvido nos dois casos. Marisol contou que o padre Manolo recomendou o orfanato para onde as gêmeas foram. Sabia também que foi o mesmo padre que levou sua prima.

Como poderia arrancar informações do religioso?

Seria difícil.

Em meio a esses e outros pensamentos, desviou a charrete do caminho de casa e foi para a fazenda de lago. Queria rever a irmã e ter o prazer de ver o primo. Gostava demais dele.

As primeiras chuvas daquela temporada castigaram a região.

Alguns lugares ficaram praticamente isolados pelo excesso de lamaçal, demorando dias para secar.

Aproveitando a estiagem, Lea e dois funcionários trocavam o moerão e arrumavam uma cerca. Havia muito trabalho devido ao chão encharcado. Mas era preciso fazê-lo ou algum animal fugiria por ali.

Como sempre, quando trabalhava, a jovem mulher se encontrava com roupas sujas, despenteada, saia passada entre as pernas e presa na frente. Naquele dia, além disso, tinha o rosto marcado com espirros de barro e suor.

O serviço estava difícil, por isso decidiu:

— Vamos descansar... Vamos descansar... — ela pediu sussurrando e os homens obedeceram imediatamente.

Com uma concha, Lea pegou água em um balde e bebia no pequeno utensílio quando viu um cavalo se aproximando a trote lento.

Sobre o animal, a figura de um homem que ela não reconheceu.

A aproximação deixou-a muito curiosa. As vestimentas eram finas. Calças pretas, sapatos polidos, camisa branca. O paletó preto, tipicamente aberto, deixava aparecer o colete de seda brilhoso da mesma cor. O chapéu social também preto, tinha fita fina contornando-o.

Quem usava tudo isso era um homem de seus trinta anos. Bem barbeado, bonito e sorridente.

Mesmo sobre o cavalo, ele fez uma reverência cortês enquanto segurava a aba do chapéu e, simpático, cumprimentou-a:

— Bom dia, senhorita!...

— Bom dia — respondeu secamente, franzindo o rosto e respirando de modo quase ofegante ainda, pelo serviço que fazia.

— Poderia falar com o senhor, proprietário destas terras?

Justamente, naquele dia, Lea estava de péssimo humor, além de muito cansada e irritada pelos transtornos que as chuvas trouxeram para a fazenda.

— Pode. Pode sim — ela falou. Colocou a concha de volta no balde. Deu as costas aos funcionários. Chamando o cavaleiro, fez um gesto com o braço ao mesmo tempo em que disse: — Venha comigo!

Caminhou certo percurso em direção a casa e ele a seguiu, sem desmontar do animal.

Perto da varanda, o moço desceu do belo cavalo, enrolou as rédeas no varão de amarração e ficou olhando para ela, que se sentou no segundo dos três degraus que subiriam para a varanda e disse:

— Pode falar — Lea praticamente ordenou.

O rapaz ficou sem jeito. Não entendeu nada. Sorriu, tirou o chapéu e falou educado:

— Gostaria de ter um momento com o senhor, proprietário dessas terras. Ele está?

— Eu sou o senhor proprietário dessas terras — sorriu cínica e forçadamente por um instante. No segundo seguinte, fechou o sorriso. Muito séria, perguntou: — E o senhor é?...

— Bem... — olhou em volta. Ficou confuso. Nunca tinha visto uma mulher à frente de uma propriedade, principalmente daquele porte. Além de mulher, era nova demais para ser responsável por tudo aquilo. Não sabia o que dizer. Nunca se deparou com aquela realidade.

— Perdeu a fala, moço?! — Enquanto ele ainda a analisava sem saber o que dizer, ela debochou: — Vestido desse jeito só por três motivos: festa na cidade, perdido na região ou veio trazer a notícia do velório de alguém importante — gargalhou em seguida.

Ele também achou graça e perguntou:

— Devo tratá-la de senhorita ou senhora?

— Meu nome é Lea. Por mais que me ache nova, sou proprietária disso tudo aqui. Dispenso títulos — continuou sentada no degrau da escada, esperando alguma reação.

O homem deu dois passos à frente e estendeu a mão para cumprimentá-la, dizendo:

— Meu nome é Luís. Estou aqui para convidá-la a participar da Feira do Cavalo, que terá duração de três dias na cidade. É uma feira do produtor rural. Haverá leilão de cavalos de raça, além de outros animais, claro. Exposição para compra de produtos de agropecuária e outras novidades. Barracas com comidas típicas e também para aqueles que querem expor seus produtos. Mas não só! Teremos músicas, danças, jogos, brincadeiras e muitas outras atividades ao ar livre.

— E o que eu ou minha propriedade temos a ver com isso? — perguntou com desdém, inclinando o corpo para trás e apoiando os cotovelos no chão da varanda.

— Será um prazer se a madame nos der, tão somente, o ar de sua graça e beleza na festa. Mas, será uma honra ainda maior, se essa propriedade puder e quiser participar com alguma de suas especialidades ou atividades. Afinal, nunca encontrei terras cuidadas de forma tão magníficas por uma mulher tão jovem e linda. O mundo precisa saber disso! — enfatizou e sorriu.

Lea sorriu com gosto e, percebendo o sotaque diferente, perguntou:

— Conheci gente que falava assim quando fui ao porto negociar minhas produções. Então... Diga-me: de que diabos de lugar do Reino Unido você saiu? E ainda me chamou de madame!

— Sou de Madri — sorriu. Em seguida, explicou, sempre educado: — Estudei e trabalhei, por muitos anos, em Londres. Retornei e estou montando feiras em diversas regiões da Espanha.

— Gosta do que faz? — perguntou com ar de curiosidade. Achou interessante aquele tipo de trabalho.

— Muito. Viajo bastante. E se tem uma coisa de que gosto é de viajar.

— Interessante seu trabalho. Quer dizer que prepara a feira, monta espaços para quem quiser expor o que produz para vender, deixando tudo pronto?... Depois aluga para os produtores?...

— Exatamente isso. Tenho uma equipe que monta as barracas de acordo com o tamanho e dentro das necessidades do que será exposto. Enfeitamos, decoramos, contratamos músicos. Fazemos tudo! Os fazendeiros ou produtores que desejam participar alugam o espaço e me pagam por ele. Eles só têm o trabalho de levar seus produtos. Os visitantes não pagam para entrar na feira, mas pagam pelo que consomem e adquirem. Se bem que o espaço para dança, algumas brincadeiras ou jogos são de graça, para atrair o público. Com isso, todos lucramos.

— Interessante. Tenho alguns cavalos para negociar. Mas quero um bom preço por eles. São de raça.

— O preço do produto é determinado pelo produtor. Não interfiro. Preciso saber quantos animais são para taxar o valor da exposição, nesse caso. Se vai colocá-lo à venda, a preço fixo ou leiloar.

— Terá espaço para barganha? Troca.

— Isso será entre a senhorita e outros produtores. Também não interfiro. Mas é interessante saber para prepararmos espaço próprio. Aliás, tive uma ideia! — salientou. — Os animais que não forem vendidos no primeiro e segundo dias, poderão ficar em outro espaço no terceiro dia, exclusivamente para troca. É algo para se pensar.

— Preciso verificar com meu capataz o que tenho para expor. Não sei responder de imediato. O comum, por aqui, por exemplo, é avisar, lá no armazém central, que temos potros à venda. O dono do armazém faz a notícia correr e, quando efetuamos a venda, ele ganha uma porcentagem.

— As negociações na feira são mais emocionantes. Posso garantir. Todos expondo seus produtos e podendo negociar, sem a interferência de ninguém. Garanto que é muito melhor, pois podem comparar. Além disso, tem a festa magnífica, onde homens e mulheres elegantes passeiam, dançam, comem, interagem... Vai encontrar muita gente!

— Vou verificar o que expor. Como faço para saber o quanto vai me custar o espaço para os potros?

— Voltarei aqui semana que vem.

— Combinado — concordou e sorriu de modo mais amável. Levantando-se, estendeu a mão para ele e falou: — Aguardarei seu retorno. Obrigada.

— Será um prazer retornar. Então... Tenha um ótimo dia, senhorita ou senhora Lea.

— O senhor também. Tenha um ótimo dia!

O homem subiu em seu cavalo, olhou-a novamente e disse, com largo sorriso no rosto:

— Gostei da sua personalidade: doce, firme, destemida e determinada.

Ela o encarou e sorriu lindamente.

CAPÍTULO 11

A FESTA DO CAVALO

Luís retornou à estância e negociou tudo do que precisava com Lea.

Semanas se passaram. Chegou a temporada de estiagem e o dia da festa.

Havia uma movimentação muito grande na cidade.

O povo exibia-se com roupas elegantes e alegres, principalmente as mulheres, com seus melhores vestidos, um para cada dia.

A música não parava por conta das bandas, que se revezavam. Tudo muito bem organizado.

Um pátio de madeira foi construído especialmente para danças e muitos estavam ali mostrando o que sabiam.

Lea usava um vestido vermelho vivo, comprido, bem marcante na parte de cima do corpete e rodado em baixo, com rendas vermelha e preta nos babados da saia que iam até o chão. As mangas, que saíam da ponta do ombro, eram curtas e também traziam lindos babados. O colo ficava à mostra e o decote atrás deixava as costas bem à mostra também. A vestimenta delineava muito bem sua cintura. Ela prendeu meio cabelo de um lado, colocando não alto, quase atrás da cabeça, uma flor vermelha no mesmo tom do vestido, deixando cachos compridos das mechas brilhosas caírem no outro lado da cabeça.

Um xale preto de linha, tricotado à mão, estava jogado parcialmente nos braços.

Em uma das mãos, um leque bem bonito que mais usava como assessório de charme do que propriamente para aliviar o calor.

Algumas mulheres a criticaram, considerando-a ousada demais para uma viúva. Aliás, críticas não faltavam sobre Lea. As senhoras da sociedade local, principalmente nos últimos tempos, viviam analisando, examinando e julgando o comportamento e a postura dela. Discutiram minúcias de seus feitos, atitudes e conduta de que era capaz. Algo inimaginável para uma mulher, naquela época. Lea era muito além de seu tempo. Uma mulher com atitude, que demonstrava poder.

No entanto, algumas jovens a olhavam diferente. Achavam-na linda, capaz, invejavelmente atrevida e corajosa. Era muito admirada.

Já os homens a consideravam atraente demais.

Sozinha, andou pela feira de uma ponta a outra, observando tudo enquanto sustentava um sorriso diferente, com um toque de audácia ou de quem se considerava competente o bastante para estar ali, sem ter de dar satisfações a ninguém, pois era autossuficiente.

Margarida não quis acompanhá-la. Decidiu ficar perto de onde havia algumas senhoras sentadas, perto de onde pararam a carruagem.

Não demorou, Lea se encontrou com Luís. Desta vez, o rapaz ficou petrificado por sua beleza ao reconhecê-la.

Admirou-a de cima a baixo e se concentrou em seu lindo rosto e sorriso, até afirmar:

— Se me permite... Preciso dizer que está maravilhosa demais! — enfatizou, falando baixinho, tomando sua mão e levando até a boca para beijá-la.

— Muito obrigada, senhor Luís.

— Luís, tão somente. Não me chame de senhor — ele pediu cortês. — Sinta-se muito bem-vinda a este evento. Sua presença ampliou a beleza deste acontecimento.

— Obrigada — sorriu mais ainda. — Estou adorando a feira! Perfeita! Tenho uma curiosidade: por que é chamada de Festa do Cavalo, se existem outros produtos e atividades nesta feira?

— Fico feliz que tenha gostado — disse a princípio, depois explicou: — É que tudo começou com uma feira exclusiva para cavalos de raça. Aos poucos, foi crescendo e incorporamos produtos, mas o nome continuou.

— Que interessante. Gostei de saber.

Sem demora, ele a convidou:

— Permita-me a próxima dança?

— Sim. É claro — aceitou, sorridente. Sentiu-se muito feliz com o convite. Talvez, dançando, pudesse exibir ainda mais sua performance e ousadia. Sabia que era motivo de cobiça e crítica. Isso parecia incitá-la. Desejava provocar as pessoas.

Após dançarem, ele a conduziu para que saíssem do pátio de dança.

Riam de algo quando encontraram Raul e seus pais conversando com o padre Manolo.

Lea os saudou com aceno de cabeça, mas a família não lhe deu importância, virando-se.

Mesmo assim, ela insistiu em reverenciar o pároco ao passar por ele e ser notada.

Aproveitando-se da situação, inesperadamente, o vigário apresentou:

— Este é meu sobrinho, Luís!

A roda de conversa se abriu e todos sorriram, voltando a atenção para o organizador da festa.

— Sim! Claro! É o responsável pelo maravilhoso evento — Raul disse estendendo a mão. Já conhecia o rapaz que o procurou para que apresentasse seus produtos na feira.

— Como tem passado? — deram as mãos. — Há dias não nos vemos.

— Estou bem. Deixe-me apresentar meus pais.

Novos cumprimentos, Luís disse:

— É grande prazer conhecê-los.

O círculo de conversa se fechou de tal modo que Lea se sentiu, nitidamente, excluída.

Sem dizer nada, virou-se e deixou todos ali. Saiu andando lentamente, porém, ficou imensamente intrigada ao saber que Luís era sobrinho do padre Manolo.

Com a facilidade incrível que tinha para ter ideias e fazer planos, no mesmo instante, imaginou se o moço não poderia descobrir sobre o orfanato e o convento para onde o vigário levou sua prima e sobrinhas.

Deixou até de apreciar a feira devido ao turbilhão de pensamentos que surgiram na sua cabeça.

Precisava saber mais sobre Luís e tê-lo como aliado. Ele seria a única pessoa capaz de achar ou tirar informações do padre.

Mas como faria isso?

Interagiu com algumas pessoas enquanto sorria delicadamente, não deixando ninguém perceber sua inquietação.

Saberia aguardar.

Olhou à volta e, em meio a muitos rostos, reconheceu o primo.

— Iago! Que bom vê-lo! — sorriu largamente.

— Olá, Lea! É muito bom ver você aqui também. Está sozinha?

— Vim com Margarida, mas ela decidiu ficar sentada lá no início da rua. Falou que não está disposta a andar — contou alegremente. Mas ficou intrigada com o que via.

Ao lado de Iago tinha uma jovem bem bonita e simpática que sorria o tempo todo. Lea estranhou vê-la em companhia do primo, que parecia cortejá-la.

Quando ficou olhando para a moça, esperando ser apresentada, ele se deu conta e, quase constrangido, falou:

— Perdoe-me... Esta é Estela. Estela, esta é minha prima Lea, de quem tanto ouviu falar.

— Prazer, Estela! — sorriu estendendo a mão.

— O prazer é meu... — seu sorriso quase se fechou e precisou forçar-se para que isso não acontecesse. Para disfarçar, perguntou: — Está gostando da feira?

— Sim. Está muito boa — a jovem respondeu.

— Trouxe seus potros para leiloar, Lea? — o primo perguntou, embora já soubesse.

— Sim. Trouxe. Deixei o Aguilar cuidando da apresentação — referiu-se a um funcionário. — Sei o quanto as pessoas desta cidade são preconceituosas para negociarem com uma mulher. Isso é impressionante e abominável! Mas... Preciso aceitar, se quiser sobreviver aqui. Reclamações não resolvem nada — falou, mais séria, um tanto insatisfeita.

— Meu pai diz que muitas mulheres têm vergonha de irem sozinhas solicitar algum serviço para ele — a jovem contou.

— O pai da Estela é ferreiro. O senhor Aristeu — Iago explicou.

— Ah! Conheço bem o senhor seu pai. Um bom homem. Já prestou diversos serviços para mim — Lea comentou.

— Para mim também — tornou o primo. — O senhor Aristeu já me serviu muito e confiou em mim quando ninguém mais o fez — riu. — Confiou na minha palavra e deixou que pagasse depois pelos seus serviços.

— E você honrou com o compromisso, não foi? — a prima indagou brincando.

— Lógico! Ou não poderia convidar a linda filha dele para me acompanhar nesta feira! — olhou para o lado, pegou a mão da jovem Estela e a beijou.

Lea não gostou do que viu. Sentiu-se mal. Irritada.

— Bem... Então vamos aproveitar a feira que está mais para uma linda festa — Lea sugeriu. — Até daqui a pouco.

— Até...

Seguiram.

Lea não gostou daquilo. Não sabia que Iago cortejava Estela. Aliás, mal se lembrava dela. Ver ambos ali, um ao lado do outro, deixou-a contrariada. Acreditou que ele merecia alguém melhor, com mais iniciativa, ousada, destemida...

Respirou fundo e pensou que aquilo não era de sua conta, mas não conseguia tirar a cena das ideias. Somente quando ouviu seu nome, tirou a atenção daquilo.

— Lea! — era Luís chamando e tentando alcançá-la — Você se afastou... — disse quando se aproximou.

— Achei que a conversa não tinha espaço para mim. O padre Manolo é seu tio?

— Sim. Meu tio em segundo grau. Na verdade, ele é tio da minha mãe.
— Seu tio, de qualquer forma.
— Sim. É.
— Raul é meu cunhado, sabia? — indagou, olhando sua reação.
— Não! Sério?! — Luís se surpreendeu. — Por que não lhe deram atenção? Algum problema de família? — perguntou e percebeu uma névoa estranha pairando no belo rosto da jovem mulher.
— Tenho razões para acreditar que minha irmã, esposa de Raul, comeu o pão que o diabo amassou enquanto viveu sob o teto daquela família.
— Enquanto viveu?... Como assim? — quis saber, curioso.
— Agora não é um bom momento para contar detalhes, mas... Minha irmã fugiu de casa.
— Fugiu da casa do marido? — ele se interessou.
— Sim. Fugiu.
— Desapareceu? Foi encontrada?
Lea olhou em seus olhos e camuflou a verdade ao responder:
— Ninguém sabe onde ela foi parar.
— Sinto muito.
— Mas isso não é só e... — calou-se. Pensou e quis saber: — Até quando você ficará por aqui?
— Não sei muito bem. Talvez fique um tempo, após essa feira. Preciso descansar um pouco. Há tempo não o faço e aqui é um bom lugar.
— Ah... Que bom — sorriu satisfeita.
Frente a frente, olharam-se por algum tempo e seus olhos se imantaram.
Experimentaram uma sensação diferente. Seus corações aceleraram e um frio estranho percorreu seus corpos, alterando a respiração.
Ela tomou um susto. Fugiu o olhar ao respirar fundo e se abanou com o leque.
— Lea... — segurou suavemente em seu braço. Ao vê-la olhar, perguntou: — Aqui, talvez... Não tenhamos como conversar

e... Gostaria de saber se, na próxima semana, após a festa, posso lhe fazer uma visita?

— Sim... — praticamente sussurrou.

— Então está marcado — Luís sorriu. Segurou a aba do chapéu em sua cabeça e curvou-se lentamente, fazendo reverência e pediu licença para tratar de outros assuntos.

Lea sentiu-se estranha. Aquela sensação nunca havia acontecido. Ficou dividida e confusa.

Abanou-se com o leque de um modo nervoso. Virou-se e se deparou, de repente, com seu irmão.

— Edgar!...

— Como vai, minha irmã?

— Estou bem. E o pai?

— Lógico que não conseguiu vir. Está do mesmo jeito que o viu da última vez: sem ânimo.

— Coitado... Não temos o que fazer por ele.

— Você viu o Raul e os pais dele?

— Sim. Vi. Nem olharam duas vezes para mim.

— Fizeram o mesmo comigo. Acenei com a cabeça e viraram as costas. São eles quem nos devem satisfações sobre nossa irmã desaparecida — ele contou intrigado.

— Querem distância.

— Isso é estranho.

— Está gostando da feira, Edgar? — perguntou para mudar de assunto.

— Sim! Muito bem organizada.

— O lago está aí — ela nem sabia o porquê de dar aquela informação.

— Que bom.

— Acho que nosso primo corteja a jovem que o acompanha — falou, disfarçando o incômodo que ainda sentia.

— Bom para ele. Talvez se case logo e, dessa forma, não se sentirá sozinho naquela fazenda. Ouvi dizer que nosso primo está indo bem. Ninguém esperava isso.

Lea olhou para o lado, viu o primo e sua acompanhante e anunciou:

— Veja o lago ali! — exclamou baixinho.

Edgar se virou e observou melhor. Seu rosto se contraiu e ficou sério de imediato.

— Está com a Estela?... — ele murmurou.

— Sim. É a Estela, filha do senhor Aristeu, o ferreiro. — Sem perceber a mudança na fisionomia do irmão, convidou: — Vamos até lá?

— Não! — respondeu secamente, de modo rude.

— O que houve? — intrigou-se.

— Nada — tornou ele em tom rígido, sisudo.

— Mas... Você estava tão contente até agora e...

Edgar olhou para o outro lado, procurando não encará-la e informou, ríspido:

— Preciso ver outras coisas.

Quando pensou em se retirar, ela segurou seu braço e quis saber:

— Edgar, o que houve? Estava tão alegre. Ninguém muda de repente sem motivo e fica insatisfeito de um segundo para o outro.

— Não crie histórias na sua imaginação — falou com dureza, puxando o braço.

— Não senhor! Não é minha imaginação — afirmou. Esperta, pensou um pouco e olhou para o primo e sua acompanhante ao longe. Eles riam e conversavam. Sem demora, deduziu: — É por causa do Iago e da Estela, não é mesmo?

— Deixe de ser tola, Lea!

— É sim — lembrou-se da conversa que tiveram. O irmão não disse de quem gostava.

— Vejo você daqui a pouco — ele disse e se afastou.

Lea teve certeza. O irmão estava apaixonado por Estela. Não contou porque seu pai desejava vê-lo casado com alguém de posses e a jovem era de família simples.

Ficou pensativa, mas não tinha como ajudar.

Olhou novamente e viu Iago e Estela de braços dados, rindo e brincando com alguma coisa.

Apesar de várias ideias e preocupações diferentes, Lea conversou e interagiu com várias pessoas durante a festa.

Muitas delas tinham a curiosidade particular de como uma mulher jovem, viúva e sozinha cuidava de uma fazenda e sabia negociar.

Ela respondia dissimulando sempre. Com jeito simpático e expansivo, mentia dizendo que o pai e o irmão a ajudavam. Julgou que ninguém tiraria satisfações.

Convidada para dançar com outros cavalheiros descomprometidos, aceitou.

Recebeu elogios e viu o quanto alguns se encantavam por ela. Mas Lea logo deduziu que, provavelmente, o interesse fosse por seus bens e não por ela como pessoa. Percebeu o quanto foi admirada durante grande parte da festa, até seus modos provocavam olhares. Notava que falavam dela quando passava. Gostava disso.

Luís a convidou para dançar outras cinco vezes e apreciou isso também. Era um rapaz de modos agradáveis, sempre sorridente e com ar elegante.

Todas as jovens olhavam atentamente para ele, apreciando-o de alguma forma. Com bela feição, elegante altura e porte nobre, não tinha como ser diferente.

Todas as vezes que estavam juntos, eram observados por todos, com deslumbramento de alguns que os consideravam um belo casal ou com a reprovação de outros que encontravam algo para criticar.

O interessante era que, cada vez que se encontravam e conversavam, Lea e Luís sentiam grande simpatia e animação.

Só não passaram mais tempo juntos porque ele tinha vários assuntos para cuidar durante o evento.

Já era noite quando Lea decidiu ir embora.

Procurou por Margarida. Subiram na carruagem e retornaram. O caminho de volta seria longo.

No trajeto, a senhora percebeu-a introspectiva, silenciosa demais. Às vezes, Lea trazia suave sorriso no rosto, sem perceber. Fitava ao longe pela janela, perdendo o olhar na paisagem escura e nos pensamentos, que não ousava revelar.

Após longo tempo, diante de tanta quietude de alguém tão falante, a cunhada quis saber:

— Não se cansou o suficiente?
— Desculpe-me... O que disse? — indagou.
— Não parou a festa inteira. Pensei que você fosse adormecer durante o caminho de volta. Não se cansou o suficiente?
Ela sorriu e dissimulou:
— Estava pensando no meu irmão e no lago. Acabei descobrindo que Edgar gosta da Estela — contou tudo. — Meu irmão ficou transtornado. Depois de hoje, acredito que vai se forçar ao casamento por conveniência com Leandra.
Depois de ouvir tudo atentamente, Margarida aconselhou:
— Não se envolva nesse assunto, Lea. Deixe seu irmão decidir a própria vida. Assim como seu primo. Não sabemos por que algumas coisas precisam acontecer.
— O amor é uma coisa complicada... Como é que podemos ter certeza de que é amor mesmo?
O silêncio reinou.
Seguiram por estrada totalmente escura, somente iluminada pela fraca luz dos dois lampiões nas ponteiras laterais da carruagem lenta, que as balançava de um lado para outro.
— Experimentei algo estranho hoje... — balbuciou Lea. A outra fixou seus olhos verdes nela, esperando que contasse. — Já sentiu algo dentro de você que parece mexer na boca do estômago, correr por todo o corpo, fazendo gelar e esquentar ao mesmo tempo, enquanto olha para alguém?
— Acho que sei o que quer dizer — sorriu enigmática. — É quando um toca a alma do outro com o olhar e desperta um sentimento forte. Sentiu isso conversando com o Luís, não é mesmo?
— Eu não disse que foi com ele — fitou-a e sorriu.
— Só pode ser.
— Nunca senti algo assim. Não sei explicar. Foi como... — procurou detalhar, mas não conseguiu.
— Despertou sentimentos fortes em você. Ele também sentiu o mesmo.
— Será, Margarida?! — interessou-se.
— Lógico.

— É um moço alegre, tem desenvoltura para conversar e é educado. Pessoas assim são fáceis de admirar. — Lea franziu o semblante de imediato e contou: — Mas também fiquei com raiva por ver o Iago com a Estela! Não sei o que senti! Ele é meu primo! — Silenciou por alguns segundos, depois considerou: — O que está acontecendo comigo?

— Deixe seu primo. Ele tem um destino, você outro.

Lea pareceu não ouvir e ainda disse:

— Jurei não ter nenhum homem na minha vida! O casamento foi a pior experiência que tive! Quando fiquei viúva... Deus que me perdoe! — fez o sinal da cruz. — Foi uma libertação! Senti-me a mulher mais feliz do mundo!

— Que ninguém a ouça. Foi um casamento difícil para que aprendesse a tratar melhor todas as pessoas.

— Eu trato bem as pessoas!... — defendeu-se.

— Nesta vida... Nesta vida...

— Ora, Margarida! Não me venha com esse assunto. Não gosto de falar sobre essas coisas estranhas. Sempre fui boa. Não merecia o marido ignorante, rude e desprezível que tive. Mulher nenhuma deveria ficar presa a um homem por toda a vida quando é maltratada. Isso é injusto! — Breve pausa e exclamou: — Independente de qualquer coisa, quero fazer bom uso do meu direito de liberdade! A única forma de uma mulher ser livre, hoje em dia, eu conquistei: é ficando viúva! Para mim, chega! Basta! Não quero homem algum na minha vida!

Margarida a observou, sorriu e não disse nada.

CAPÍTULO 12

O BOICOTE

A visita inesperada de Iago, após alguns dias da festa, fez com que Lea se sentisse muito feliz ao vê-lo. A sensação de ansiedade a dominou e quis saber assim que o viu:
— Como você está? Tudo bem? Algum problema com Marisol?
— Estou bem. Sua irmã também. Fique tranquila — sorriu ao percebê-la inquieta.
— Fiquei preocupada. Não esperava vê-lo tão cedo. Durante a festa, às vezes em que nos encontramos, não falamos dela devido à presença constante de Estela ao seu lado.
— É por causa de Estela que estou aqui — revelou sem demora.
O sorriso da prima fechou-se lentamente e ela tentou disfarçar:
— Ah... É?... Sobre o que se trata?
— Gosto muito dela. Então... — ele sorriu sem jeito. Não sabia como contar. — Num impulso ou, sei lá... Fui até a casa do senhor Aristeu e pedi a mão dela.
— O senhor Aristeu? Pai da Estela?... — o acontecimento inesperado fez Lea perder as palavras.
— Sim. Pai dela. Pretendo me casar em breve. Não vejo motivo para adiar a celebração.
— Oh!... Parabéns, Iago! — disfarçou os sentimentos. Não gostou nenhum pouco daquela notícia. Nem mesmo saberia

dizer a razão. Ela e Iago se davam tão bem e acreditou que, casado, isso seria diferente. A esposa do primo poderia não gostar da amizade que tinham. Talvez também ele não fosse o mesmo depois do matrimônio.

— Obrigado — sorriu sem jeito. Em seguida, confessou: — Estou um pouco assustado ainda. Quando me dei conta da situação, da responsabilidade!... Tenho uma fazenda para administrar e não tenho pai ou avô para me ajudar ou orientar em nada. Não sei se fiz a coisa certa. Você me entende? Uma esposa e, certamente, filhos no futuro... De repente me vi preocupado. A fazenda não se estabilizou totalmente como eu gostaria e... Ainda tenho dívidas com você.

"Por que não analisou tudo isso antes de se comprometer?!" — ela pensou, mas não disse nada.

Dissimulando os sentimentos, sorriu. Levantou-se, foi até o armário, pegou dois cálices, que encheu de licor, e retornou, oferecendo um ao primo. Suspendendo o cálice no ar, pediu:

— Façamos um brinde à sua nova e próspera vida, que será ao lado da Estela! — sorriu lindamente, mas havia um toque de dor em seus olhos.

Iago notou algo estranho. Um misto de arrependimento e despertar enquanto olhava para a prima e sorria.

Teria feito a coisa certa? O que sentia pela prima seria algo além de amizade e companheirismo? Lea sabia compreendê-lo desde sempre e a vida inteira foi sua melhor amiga. Como pôde perceber isso só naquele instante?

Seus olhos se imantaram e a seriedade os dominou por longos segundos.

O que estava acontecendo com seus sentimentos?

Não eram capazes de responder.

Ela, tomando a iniciativa, ergueu o cálice e encostou ao dele. O tilintar dos vidros batendo soou alto e os despertou para a realidade. Degustaram a bebida.

— Obrigado — fugiu-lhe o olhar. — Acha mesmo que tenho chance de ser próspero?

— Sem a menor dúvida, meu primo — falou com seriedade. — Sabe, as dificuldades, o sofrimento, o trabalho duro fazem as pessoas fortes. Você sempre se empenhou muito. Tenho orgulho quando o vejo — sorriu com doçura. — Aquelas terras não tinham o menor valor antes de assumi-las e cuidar de tudo tão bem. Olhe para elas agora!

— Confesso que estou com medo.

— Iago, eu também tive medo. Não imagina o quanto. Não é comum... Aliás, em toda essa região, não se tem notícias de uma mulher assumir a administração de uma propriedade como a minha. No começo, enfrentei extremas dificuldades, muito embora não reclamasse com ninguém. Ao contrário. Quase ninguém negociava comigo por ser mulher. Hoje... Não direi que as coisas melhoraram, mas a grande maioria se tornou flexível e passou a me aceitar à frente das negociações.

— Também senti dificuldades no começo. Sabe disso. Hoje, não mais. Sei que devo muito a você, que foi a primeira pessoa que acreditou em mim e me ajudou.

— Ora... — ficou sem jeito.

— Mas... Mudando de assunto... Acredita que me precipitei em pedir a mão de Estela?

Ela sorriu, pensou rapidamente e lembrou-se das palavras de Margarida sobre deixar o primo seguir seu destino.

— Você fez o que seu coração pediu. Não há o que temer. Se me permite, aconselho uma coisa: respeite-a como deseja ser respeitado. Seja gentil, compreensivo e atencioso, como deseja que ela o trate.

— Você recomendou quatro coisas — riu com gosto, relaxando a tensão. Em seguida, mais sério, respirou fundo e comentou: — Lembro-me bem do quanto as atitudes de meu pai, fornicando com as criadas, desgostavam minha mãe e a faziam sofrer. Isso a magoava profundamente. Também recordo do quanto ele era agressivo com ela e lhe batia. Isso me deixava imensamente triste. Não serei como ele. Gosto da Estela e prometo tratá-la bem. Com respeito, como me orientou.

— Isso mesmo. Gostei de ouvir — sorriu com doçura e o admirou ainda mais. Em seguida, lembrou-se: — Preciso me preocupar com Marisol, não é mesmo? Encontrarei um jeito de trazê-la para cá o quanto antes.

— Penso que a Estela não se importará.

— Desejo que sua noiva e futura esposa não se incomode com isso. Principalmente, por ser assunto delicado que exige segredo. Melhor ela não saber nada sobre minha irmã. Trazê-la para cá é o ideal a fazer. Do jeito que vi o Raul agindo durante a festa, duvido muito que queira Marisol de volta. Ele não vai procurá-la mais.

— Notei que Raul e a família não conversaram com você nem com Edgar. Estou errado?

— Não mesmo. Evitaram-nos o tempo inteiro. Aquele nojento...

— A mãe da Estela disse que falará com padre Manolo sobre a data do casamento e, nesse momento, lembrei-me de que me contou sobre ele ter levado as gêmeas para o orfanato.

— Não só isso. Ele sabe sobre Angelita. Afinal, para o meu pai colocá-la em um convento, certamente, teve ajuda e orientação desse vigário.

— Será? Será mesmo que ele se envolveu em tudo isso?

— Com isso e muito mais. Deve ter muita coisa que não sabemos — Lea respirou fundo, demonstrando-se insatisfeita. Depois contou: — O Luís, organizador da festa, é sobrinho-neto do padre Manolo. Procuro um jeito de falar com ele para tentar descobrir alguma coisa sobre Angelita e as gêmeas.

— Ele nos ajudaria?

— Não temos alternativas, se não tentarmos...

— Até quando Luís ficará na cidade?

— Não sei exatamente. Procurarei falar com ele o quanto antes — não contou que ele prometeu visitá-la.

— Obrigado, Lea.

— Não por isso. Eu que agradeço por cuidar tão bem da minha irmã.

— A propósito — ele lembrou —, tive bons lucros com a feira. Muito mais do que quando efetuo outros tipos de negociações.

— Eu também!
Os primos conversaram por longo tempo.

Era sábado...
A visita de Luís deixou Lea muito feliz. Esperava ansiosamente que ele cumprisse a promessa.
Conversaram muito e caminharam pela propriedade.
Almoçaram ali e a sesta — hora em que se dorme ou se descansa após o almoço — foi ao ar livre, em redes amarradas sob as árvores.
No final da tarde, ele se foi.
Uma mistura de felicidade e medo invadiu os sentimentos da jovem mulher.
Ela não comentou a respeito das sobrinhas ou da prima. Achou cedo demais. Precisava ganhar sua amizade, primeiro.
Combinaram de se encontrarem no dia seguinte, na cidade, para a missa da manhã. Por isso, decidiu aguardar. Quem sabe tivesse alguma oportunidade.

No dia que se seguiu, viram-se novamente.
Alguns conhecidos na cidade repararam que Lea e Luís ficaram juntos e conversaram bastante. Algo que deu motivo para muitos comentários.
Até mesmo Juanita, mãe de Raul, incomodou-se. A mulher olhava para Lea sem qualquer discrição e com ar de reprovação. Sempre que podia, olhava-a de cima a baixo, fazendo questão de que todos percebessem seu descontentamento e reprovação. Desejava ter quem se aliasse a ela.
Após a missa, Luís e Lea não se intimidaram de andar lado a lado pela cidade, antes de ele amarrar seu cavalo na carruagem pertencente a ela e acompanhá-la até sua fazenda.

Porém, ao chegarem, Lea recebeu a notícia de que seu pai havia falecido.

Apesar de saber que Ruan não estava bem havia algum tempo, a notícia doeu profundamente e ela entristeceu.

Decidiu que iria para a casa de seu pai imediatamente e Luís a acompanhou. Aliás, o rapaz não se ausentou de seu lado, inclusive durante todo o velório e enterro. Todos perceberam isso.

Juanita foi a primeira a reunir, discretamente, um grupo de senhoras que, juntas, passaram a tecer comentários desonrosos sobre Lea, acreditando que aquele não era comportamento adequado para uma viúva.

Diversas observações e críticas maliciosas surgiram no círculo de conversa. Uma mulher contou que soube por outra pessoa que Luís tinha vivido maritalmente com uma jovem em Madri, que era muito ciumenta e não gostava de que ele viajasse, de cidade em cidade comercial, propondo realizar suas feiras, pois, em cada viagem, ele se enamorava de alguém. Teve até quem comentou que Luís tinha uma companheira em cada cidade e que Lea era somente mais uma a ser usada por ele. Por outro lado, ela não se dava ao respeito. Sempre espontânea, alegre, sorridente para tudo e todos. Nunca se colocava em seu lugar. Jovem e bonita, já deveria ter se casado novamente para que o marido se colocasse à frente de seus negócios. Era incabível uma mulher sozinha fazer o que fazia. Os maridos dessas senhoras reparavam isso e alguns chegavam a comentar, com elogios, os feitos da jovem viúva. Nenhuma delas apreciava isso. Ao contrário.

Não suficiente a conversa, essas senhoras marcaram uma reunião para dali alguns dias com a intenção de encontrarem um jeito de convencerem seus maridos a não negociarem mais nada que Lea produzisse. Essa seria a forma de colocá-la em seu devido lugar, uma maneira de constrangê-la ou, talvez até, fazer com que vendesse suas terras e fosse para longe dali. Destemida, determinada, capaz e nada acomodada, intimidava, causava inveja e ciúme naquelas senhoras incapacitadas, limitadas e de mentes restritas.

O problema da pessoa incapacitada é focar na capacidade alheia, com o intuito de difamá-la, em vez de ressaltar a própria capacidade.

Após o enterro, nos dias que se seguiram, Lea ficou bem abatida, assim como seus irmãos.

Luís lhe fez companhia o quanto pôde.

Sentindo que poderia confiar nele, Lea decidiu contar sobre sua vida um pouco mais.

Revelou sobre a prima querida levada à força para um convento que ninguém sabia onde ficava, mas o vigário da cidade estava envolvido. Falou a respeito de sua irmã e das gêmeas, que eram especiais e foram dadas como mortas, tendo sido enviadas pelo padre Manolo, a pedido de Juanita, para um orfanato cuidado por freiras.

— Sempre soube que meu tio-avô, e padre, não tinha boa índole. Porém nunca tive provas. Fiquei surpreso, mas nem tanto.

— Desabafei tudo isso com você porque, com a morte do meu pai, temo nunca mais saber onde está minha prima, tão cara para mim. Não bastasse, desejo encontrar as gêmeas, minhas afilhadas.

— Sua irmã ficará em sua casa, então?

— Sim. A partir de amanhã. Estamos providenciando transportá-la à noite para que ninguém saiba.

— Se precisar da minha ajuda, pode contar comigo.

— Obrigada. Contudo, eu e meu primo Iago daremos conta da tarefa. A Marisol não está bem, emocionalmente. Fica parada olhando para o nada. Muito diferente do que um dia foi. Ela tinha personalidade. Acho que, aqui, melhorará consideravelmente.

— Admiro-a, Lea. Admiro-a muito. Doce, firme, destemida e determinada. Qualidades importantíssimas em qualquer pessoa, mas em você elas saltam com beleza.

Lea o encarou e sorriu, tão somente.

Estavam sentados sobre a coberta estendida no chão sob linda árvore, muito frondosa e de flores vermelhas, à beira do lago, na propriedade dela.

Sempre se refugiavam ali para conversar. Longe de tudo e de todos, ninguém os incomodava. O lugar preferido de Lea para ficar sozinha também, onde passou a fazer o que Margarida recomendava: apreciar a natureza. Foi insistindo nisso que começou a se sentir muito bem.

Lea respirou fundo e ficou olhando ao longe, além do lago, para o pasto verde que se estendia ao longe.

Ficaram em silêncio por bastante tempo.

Ao seu lado, Luís ousou tocar seu cabelo e escorregar uma das mechas entre os dedos.

Depois, afagou-lhe a nuca e o ombro, puxando-a para si, aninhando-a em seus braços.

Lea cedeu ao carinho nunca recebido antes. Fechou os olhos e se aconchegou em seu peito, sentindo o abraço morno e gostoso que a envolvia, experimentando a sensação prazerosa do afago jamais sentido.

Luís beijou-lhe a cabeça e o rosto. Olhou-a nos olhos, segurou com ternura sua face delicada e beijou-lhe os lábios demoradamente.

Ela retribuiu. Abraçou-o e afagou suas costas.

Para ela foi um momento único. Ímpar.

Ficaram assim por longo tempo.

Muito depois, o jovem afirmou:

— Vou ajudá-la. Farei o possível e impossível para descobrir sobre as crianças e sua prima com meu tio.

— Não tem ideia de como estará me ajudando.

— Confie em mim.

Marisol foi para a casa de sua irmã. Ainda se achava bem abalada com tudo o que aconteceu em sua vida.

Ficava confinada no quarto. Alimentava-se mal. Só saía para tomar um pouco de sol porque Margarida a obrigava.

O casamento de Iago e Estela ocorreu sem muitas pompas. Foi simples. Uma festa com poucas pessoas na própria fazenda.

Luís, também convidado, estava lá. Passou toda a noite ao lado de Lea. Riram e conversaram muito à vontade.

Já amanhecia quando foi levá-la, mas antes de deixá-la em casa, fizeram uma parada perto do lago, um pouco à frente do riacho, um lugar mais discreto ainda. Estenderam uma coberta no chão e se sentaram sobre ela. Permaneceram ali, conversando.

— Tem muita coisa que me incomoda — ela confessou.

— O que é? — quis saber, puxando-a para ajeitá-la em seus braços, jogando uma manta sobre ela.

— Quando você irá embora?

— Não queira saber sobre isso. Todos os dias, pergunto-me a mesma coisa. Sei que já estou tempo demais por aqui. O grupo de homens que trabalha para mim seguiu para outra cidade onde já tínhamos algo combinado. Essa exposição já está acontecendo e eu deveria estar lá. — Olhando-a nos olhos, falou: — Gostaria que fosse comigo. Viajaríamos o mundo! — enfatizou.

— Sabe que não posso. Tenho muito para cuidar aqui. Não deixaria essas terras nem minha irmã.

Luís procurou por seus lábios e a beijou com ternura. Depois, sussurrou-lhe algumas vezes:

— Eu a amo... Eu a amo...

Lea correspondeu aos seus carinhos e ao seu amor.

O que não sabiam nem percebiam era a presença do espírito Jade, que se irritou profundamente desde que percebeu a aproximação de ambos.

Revoltada, criava energias funestas para envolver os dois, jurando separá-los.

Alguns dias depois, Luís partiu para cuidar, de perto, de seu trabalho. Não se passaram quinze dias, retornou.

Nesse período, Lea estava preocupada com o boicote que sentia ao oferecer suas produções e animais para vender. Era uma represália sistemática que inibia suas relações comerciais. Não sabia tratar de uma trama organizada por Juanita.

Junto a isso, levou um choque quando Raul e sua família anunciaram terem encontrado o corpo de Marisol.

Ela se revoltou. Mas não poderia contar a verdade sobre a irmã estar viva nem mesmo a Edgar, que se achava muito diferente após a morte do pai. Agressivo, insensível, severo e sempre ríspido ao conversar, principalmente depois de seu casamento com Leandra ser anunciado.

Não poderia falar a ele sobre Marisol. Por sorte, ele nunca mais foi à sua propriedade.

Mesmo indignada, compareceu ao falso enterro preparado para a irmã e ficou zangada quando o padre Manolo disse ter reconhecido o corpo encontrado, afogado, em uma cidade vizinha. Devido ao estado, somente ao vigário foi mostrado o cadáver.

O religioso chegou a realizar uma missa pela alma da esposa de Raul.

Na celebração, Lea reparou o quanto todos não tiravam os olhos dela, principalmente as mulheres.

Começou a entender que era por Luís estar ao seu lado.

Certamente, aquelas senhoras comentavam muito pelas suas costas. Talvez fosse esse o motivo de não conseguir comercializar mais com tanta facilidade suas produções.

Isso a preocupou.

Na primeira oportunidade, após a morte de seu pai, Lea esteve na casa que, agora, era do irmão e procurou pelas joias de sua mãe.

Da herança deixada, sabia que nada sobraria para ela, por ser mulher, uma vez que já havia recebido o dote dado ao seu marido na época do casamento. Mas achou-se no direito de ficar com o que pertencia a sua mãe. Eram peças de muito valor. Além dessas, sabia que as de sua tia também estavam, ali, guardadas juntas.

Não contou nada para ninguém. Nem para a irmã.

A situação que passavam a deixava preocupada e quis ter consigo, caso necessitasse, algo que pudesse transformar em dinheiro.

Dias depois...

Deitada ao lado de Luís, sob a mesma árvore de sempre, contou sobre suas desconfianças:

— Acredito que estão boicotando minhas produções. Bando de hipócritas! Não dão conta nem de seus maridos, que vivem nas casas de jogos e nos bordéis e querem tomar conta da minha vida! Invejosas! Fofoqueiras!

— Fiquei impressionado, negativamente, com o meu tio-avô, o padre Manolo, por dizer que reconheceu o corpo de Marisol e ainda celebrar uma missa por sua alma.

— Como ele pôde?! O que o dinheiro não faz?! — irritou-se.

— Se eu mesmo não tivesse visto sua irmã aqui, acreditaria em toda aquela farsa montada pela família de seu marido e pelo vigário.

— Muitas outras coisas são encobertas pelo seu tio-avô. Acho que não temos ideia...

— Descobri algo muito grave sobre meu tio. Não sei se devo contar.

— Agora deve! Lógico que deve! Não pense que terei um instante de sossego depois de ouvir isso.

Luís riu e a abraçou. Primeiro fez com que ela jurasse guardar segredo, depois contou:

— Pedi para um dos meus funcionários seguir meu tio e ver o que ele faz ou deixa de fazer fora da cidade, pois, como sabe, ele se ausenta muito. Algo incomum, uma vez que mora aqui e tem seus afazeres como vigário nesta cidade.

Pois bem, tinha a esperança de descobrir algo que pudesse usar contra ele a fim de fazê-lo confessar onde estão as gêmeas e sua prima. — Viu os olhos de Lea crescerem e ficarem com muita expectativa. — Descobri que meu tio-avô, o padre Manolo, tem uma família, se é que podemos chamar assim.

— Família?! Como assim?! Ele é um padre! — fez o sinal da cruz.

— Na verdade... — não encontrava jeito de contar. — Não é bem uma família. Mas não sei como chamar a isso.

— Isso o quê?! — enervou-se. Gostaria de saber logo do que se tratava. — Fale logo! — exigiu.

— É longe daqui. Nas imediações de Cantábria. Ele tem uma casa onde vivem suas duas mulheres.

— Como assim?! — ela se alarmou.

— Isso mesmo que ouviu. Duas mulheres. O padre Manolo viaja para lá com frequência. No caminho, quando se sente seguro e longe das vistas dos outros, troca suas roupas de vigário por outras de um homem comum e prossegue a viagem até a casa onde vivem suas duas mulheres.

— As duas juntas?! Eles moram todos juntos?! — insistiu para ter certeza do que ouviu.

— Morar não é a expressão exata. Ele vai para lá e ficam alguns dias juntos.

— Por isso as viagens frequentes?!

— Exatamente.

— Eles têm filhos? — ela se interessou.

— Não que eu saiba. — Passado um instante, pediu novamente: — Isso precisa ficar somente entre nós, se quiser sua prima e sobrinhas de volta.

— Claro. Pouco me importa o que ele faz da vida. Quero Angelita e minhas afilhadas. Tenho dever de madrinha para com elas e muito amor por minha prima.

— Darei um jeito de descobrir mais a respeito. Agora, ficará fácil — sorriu com malícia no olhar.

Lea o beijou e disse:

— Obrigada pela ajuda.

— Não me agradeça.
Um momento e ela perguntou:
— Quando partirá novamente?
— Depois de amanhã. Mas voltarei em breve. Prometo. Não sei viver sem você...

Lea aceitava e se contentava no momento. Mas seus pensamentos eram fustigados com ideias do que ele poderia ou não fazer longe dela e seu ciúme começava a crescer.

O espírito Jade não lhe dava mais sossego.

— Você é uma imunda! Não presta! Sujeita-se a um homem como ele. Não sabe quem é, de onde vem, por onde andou, para onde vai. Sem-vergonha! — ofendia. — Como pode dormir em paz, depois de fazer o que faz? Rameira!!! Ele também não presta! É um homem imundo! Você é uma sem-vergonha! Imoral!

Essas ideias, passadas pelo espírito Jade, ressoavam nos pensamentos de Lea, que começavam a incomodar muito.

"Estou sendo usada. Nem sei direito quem é o Luís. E se ele for igual ao tio-avô? Mau-caratismo pode ser um traço de família. Certamente, o boicote dos comerciantes pelo que minhas terras produzem é por conta de observarem minha vida irregular com ele. Desejam me punir por meu comportamento, inibindo minhas negociações. Embaraçando meus interesses. Senti dificuldade até para comprar as sementes para a próxima safra. Encomendei e não entregaram. Eu estava indo tão bem! Agora, estou falada e punida por meu comportamento..." — pensava Lea insistentemente, deixando-se envolver por forte sentimento de culpa e insegurança.

Como poderiam ser felizes na companhia um do outro?

Lea possuía raízes e Luís asas.

Ele nunca falou sobre um relacionamento mais sério e, com a vida que levava, viajando de um lado para outro, sem se fixar em lugar algum, seria difícil.

Não via alternativas a não ser se ele deixasse a própria vida, casasse com ela e ficasse ali, na fazenda, cuidando de tudo ao seu lado.

Mas, ao olhar para Luís, não conseguia enxergá-lo como um homem que cuidasse de terras. Ele não tinha o menor dom.

Esses assuntos, entre outros detalhes, incomodavam Lea profundamente. Pensava em uma forma de falar com ele, sem magoá-lo.

Sentia forte angústia apertando seu peito e, não raramente, experimentava a sensação de estar só, desamparada. Principalmente agora, depois do casamento, o primo pouco a visitava e quase não se falavam como antes.

Pensou em desabafar tudo aquilo com Margarida, mas a senhora estava acamada naquela semana. Havia contraído algo que não sabiam dizer o que era e não se sentia bem.

Não conseguia conversar com a irmã. Também Marisol não se dava a participar de nada de sua vida. Só se preocupava com seu próprio infortúnio. Não se conformava que o marido e a família a desprezassem tanto. Não deveria ter sido maltratada por eles, afinal, seu pai ofereceu considerável dote para que tivesse um bom casamento. Acreditava ter seus direitos e enervava-se por não poder exigi-los, principalmente, depois de ser dada como morta. Aquilo foi um absurdo. Não aceitava a vida simples na fazenda da irmã, por mais que tivessem fartura. Desejava ser tratada com mordomias e empregadas à sua disposição. Não admitia ter de lavar e cuidar da própria roupa nem de fazer o próprio prato de comida. Exigia ser servida sempre. Mas isso não acontecia ali e a irmã sempre insistia para que tivesse alguma ocupação ou tarefa, o que odiava. Sua revolta e tristeza aconteciam mais por suas condições do que pela falta das filhas. Não se conformava em ter tão pouco luxo.

O primo Iago e sua esposa Estela foram visitar Lea em uma tarde de sábado.

Cumpridor de sua palavra, o rapaz foi efetuar o último pagamento que devia a prima.

— Muito obrigado, Lea. Se não fosse por você, não teria nada do que tenho hoje.

— Tudo o que conseguiu foi por suas conquistas e esforços. Não foi graças a mim — ela considerou, satisfeita.

— De qualquer forma, sem sua colaboração, nada seria possível.

— Estou feliz por você, Iago. Aliás, por vocês dois. Pena o período de venda não ser tão favorável, pelo menos para minhas produções. Desde o término da feira, tenho problemas para negociar meus produtos.

Estela trocou olhares com o marido e, não suportando, revelou:

— Você precisa saber... É muito desagradável o que tenho a dizer, mas necessário. — Depois de ver o marido se levantar e sair, garantindo a privacidade, contou baixinho: — As senhoras da comunidade se reuniram algumas vezes, que eu saiba. Falaram muito sobre seu comportamento e seus encontros com o senhor Luís.

Lea remexeu-se na cadeira, respirou fundo e colocou a xícara de chá sobre o pires, à mesa.

— Não devo nada a ninguém! — defendeu-se de imediato.

— Entendo isso. Mas elas não. Por essa razão, pressionaram seus maridos a não negociarem mais com uma mulher sem compostura.

— Sem compostura?! — falou alto, irritando-se. — Não estou negociando a mim! Vendo o que minha fazenda produz! — Levantou-se, olhou para o canto e depois para a outra e quis saber: — Quem lhe contou isso?

— Minha mãe. Ela faz a limpeza no salão paroquial, onde essas senhoras se reúnem com frequência. Ouviu dona Juanita falar horrores sobre você e do comportamento de sua irmã quando viva. A mulher deu graças a Deus por seu filho ficar viúvo e poder se casar com alguém decente. Disse que foi uma bênção de Deus. Ela nem imagina que Marisol está aqui. Dona Juanita é terrível! Ela quer acabar com você! Difamando-a, é o caminho.

— Mulher horrorosa! Infeliz! Por que não cuida da própria vida e do marido que fica por aí?... — não completou. Sentou-se, novamente, frente à outra.

— Eu precisava contar-lhe isso. Perdoe-me, mas era necessário que soubesse. — Ofereceu breve pausa e continuou: — Estamos preocupados com suas dificuldades. Sabemos que isso é só o começo. Então... Desejamos nos dispor a ajudá-la, pois foi a única que colaborou com Iago quando ele foi sozinho para a fazenda. Foi ideia dele que viéssemos aqui e eu lhe contasse tudo isso.

Lea a encarou e quis saber:
— Como querem me ajudar?
— Um minuto. Chamarei meu marido. Ele explicará melhor do que eu — levantou-se e foi à procura dele.

Iago propôs à prima que tudo o que ela produzisse em suas terras, ele levaria para comercializar como se fossem produções dele. Aliás, ele estava fechando negócios para exportação de seus produtos e poderia também incluir os dela. A ideia era levar as mercadorias para o porto e vender em outra parte da Europa.

Lea alegrou-se com a ideia. Ficou satisfeita e agradeceu, aceitando a proposta em troca de pagar ao primo singela porcentagem por seu trabalho. Afinal, Iago cuidaria de tudo, a partir do transporte.

Fecharam acordo e o casal se foi.

Ao se ver a sós, novamente, aquela angústia voltou a incomodá-la.

Não gostou de saber que seu nome era o principal assunto das conversas das senhoras respeitáveis da cidade, que se achavam detentoras da moral e bons princípios e, por isso com o direito de criticar, julgar e punir. Isso era injusto.

Lea sentia sua moral abalada. Não era mais a mulher distinta e admirável de lutas e conquistas.

Por mais que dissesse a si mesma que ninguém tinha nada a ver com sua vida, toda aquela situação tirava seu sono e sua paz.

Seus sentimentos ficaram ainda piores pela ideias maldosas e funestas que tinha, sugeridas pelo espírito Jade.

CAPÍTULO 13

A BRIGA COM EDGAR

No espaço de tempo entre um trabalho e outro, Luís retornava para a casa de Lea, onde ficava instalado.

Mas o relacionamento entre eles começou a ficar incômodo quando ela passou a se queixar, fazendo cobranças:

— Eu não sei o que sou sua! — disse firme, olhando-o nos olhos. — Você vem para cá, ficamos juntos. Vai embora e nos separamos por dias, semanas e até mais de um mês. Não sou sua noiva ou...

— É um título que quer, Lea? Quer ser chamada de esposa? É isso?

— Por que não, Luís? — indagou séria.

— Venha comigo! Podemos nos casar e você vem comigo, acompanhando-me no meu trabalho. Viajaremos para lugares incríveis que nunca imaginou. Vai gostar.

— O que faz como trabalho é algo inseguro. Chuva, frio, neve... Qualquer intempérie atrapalha. Não tem lucro certo. Não é algo com que possamos contar. Certamente, seria melhor nos casarmos e você fixar-se aqui na fazenda, junto comigo.

— Ah, não! Por favor, não me peça isso. Não conseguiria viver preso, mexendo na terra, viver sujo e suado. Isso não é para mim!

— Nem viver viajando é para mim! Essa situação me incomoda e prejudica o que faço para viver. Nos últimos tempos... — contou tudo.

— Pessoas infelizes e imbecis! — ele se enervou. Encarando-a, perguntou: — O que quer que eu faça?

— Não sei... — murmurou.

A ideia de se prender a um lugar não lhe agradava de forma alguma.

O espírito Jade, totalmente em desequilíbrio por seu apego excessivo, inquietava-se, incomodando a ambos.

— Ela deseja controlar você, Luís. Não está vendo? Quer mandar e determinar o que faz ou deixa de fazer. Isso não vai dar certo! Não vai!

O sino da igreja soava seu badalo muito alto a fim de comunicar os fiéis sobre a missa dominical.

Na praça da matriz, reuniam-se várias charretes, carruagens e cavalos amarrados que pertenciam aos frequentadores da paróquia.

De uma carruagem desceu Lea em companhia de Margarida, com quem sempre andava de braços dados.

Caminhavam pela calçada de pedras e já estavam próximas às escadarias da igreja quando, subitamente, foram rodeadas por um grupo de mulheres, entre elas, Juanita.

Lea sentiu-se gelar. Ficou tomada por certo nervosismo, que não deixou transparecer. Mesmo assim, sorriu e cumprimentou:

— Bom dia, senhoras.

— Não será um bom dia para a comunidade se tivermos na missa a presença de pessoas indignas! — Juanita falou de modo duro.

As demais tomaram postura austera. Com semblante carrancudo, transmitiam a intolerância do ódio no olhar firme.

Lea segurou ainda mais firme no braço da amiga e demonstrou-se frágil, sem aceitar aquela agressão.

— Aqui é a casa de Deus. Lugar que recebe os filhos do Pai ou estou enganada? — Margarida perguntou com jeito simples e firme.

— Cigana imunda! Você é outra que não queremos em nosso meio! — tornou Juanita, ríspida e arrogante.

— Isso mesmo! — exclamou outra mulher com vestimenta elegante, que exibia seu nível social. — É o momento de expurgarmos todo o lixo humano de nossa comunidade! Não são dignas de estarem ao nosso lado, na nossa igreja, na nossa praça, na nossa cidade!!!

Um murmurinho em apoio às agressoras começou e aumentou de volume, atormentando os sentimentos de Lea e Margarida, que passaram a experimentar um medo nunca vivido antes.

— É verdade! — outra gritou. — Vocês são lixo! Sujas! Imundas!

— Não queremos gente dessa espécie aqui!!! — mais alguém gritou.

— Vão embora! Sumam daqui!!! — exigiu Juanita, impondo-se.

— Imundas!!!

— Indignas!!! Rameiras!!!

Ecoaram gritos de toda parte e o número das que protestavam aumentava a cada momento.

Sentindo-se imensamente ameaçadas, Lea e Margarida experimentaram um frio percorrer seus corpos. O medo de ambas cresceu.

Todas as mulheres gritando, xingando ofensivamente, repetiam para que sumissem.

Aos primeiros passos que deram para retornar para a carruagem, o círculo se abriu para o caminho que deveriam seguir.

Teve alguém que pegou uma pedra da rua e jogou na direção das duas, mas não acertou.

Tremiam e aceleraram os passos, quase correndo para saírem dali o quanto antes, enquanto percebiam diversos transeuntes parados, observando a cena, sem nada fazer.

A vergonha cresceu mais ainda quando chegou até a carruagem e o cocheiro, funcionário da fazenda, não estava ali.

A multidão, que as seguiu, soltava gritos agressivos, atacando-as moralmente. Pararam e as viram entrar na boleia.

Ficaram ali, bradando ásperas ofensas até o cocheiro chegar e as tirar dali.

No caminho, Lea chorou muito.

Em sua mente, parecia ouvir, repetidas vezes, as vozes das senhoras escorraçando-as, ofendendo-as e agredindo-as com tanta dureza.

Nunca imaginou que, um dia, pudesse ser tão humilhada. Nunca foi tão maltratada em sua vida.

Desesperou-se e inclinou-se para chorar nos braços de Margarida, que estava mais controlada. Pela sabedoria, ela sabia que algumas coisas aconteciam por certas razões e isso não podia mudar. As vivências pessoais que nos machucam, são as mesmas que nos oferecem forças para novos dias, em outras tormentas.

Passados três dias, todo o ocorrido ainda estava vivo nas lembranças de Lea que mal saiu do quarto. Não trabalhou como de costume. Ficou extremamente abalada.

Não bastasse isso, o irmão foi procurá-la.

Por meio de sua esposa Leandra, que esteve na cidade, Edgar ficou sabendo do acontecido e quis tirar satisfações com a irmã.

— Veja o que fez consigo! Está perdendo todo o crédito que conquistou! Eu admirava você! Mas veja o que fez! Perdeu o respeito e a moral por causa de um homem que não sabe quem é e nem está aqui para defendê-la! Você mesma deixou de se respeitar! Jogou sua moral no lixo!

— Já chega, Edgar... — falou com voz fraca, diferente de como reagiria em outras circunstâncias.

— Não chega não! Como vai ser daqui por diante?!

— Não sei! Só acho muito injusto as mulheres não terem o mesmo direito que os homens. Isso é injusto!

— Está errada... — falou mais brandamente. — Acho injusto os homens não serem como as mulheres. Focados no que é decente. Empenhados em cuidar da família. Vocês são tão superiores, angelicais. Essa vida de liberdade traz arrependimentos e culpas. Às vezes, é algo sem volta... — Edgar disse isso, virou as costas e se foi, deixando-a pensativa.

Na próxima visita de Luís, Lea estava muito magoada.
De certa forma, ela o culpava pela situação vivida.
Discutiram sobre o assunto e o clima ficou bem desagradável entre o casal. Não sabiam como resolver aquilo.
Somente uma notícia boa:
— Meu tio-avô revelou para onde sua prima Angelita foi levada. E, por incrível que pareça, ela está no mesmo lugar que as gêmeas. É um orfanato cuidado por freiras.
— Como descobriu? Sabe onde é? Como poderei ir até lá? Como trazê-las de volta? — encheu-o de perguntas.
— Descobri tudo embebedando meu tio, o padre Manolo. Ele está muito zangado comigo. Penso em uma maneira de tirar sua prima de lá, junto com as gêmeas, claro, mas... Não será fácil. Como vamos até lá? Não será só bater à porta e pedir que saiam.
— Talvez somente o padre Manolo conseguirá isso sem termos problemas.
Luís ficou pensativo. Desejava um jeito de ajudar e pensava fixamente em um plano infalível.

Na manhã seguinte, sem saber que Luís estava na propriedade, Iago foi até lá tratar dos negócios da prima.
Ele e Estela estavam radiantes por saberem que o primeiro herdeiro estava a caminho.
Lea ficou feliz com a notícia e os recebeu com alegria.
A sós com Lea, Estela comentou:

— Soube do ocorrido na cidade.
— A senhora sua mãe lhe contou?
— Sim. É importante que se afaste desse moço, Lea. Minha mãe soube que ele tem uma mulher em outra cidade. Talvez não só uma e em outras cidades também. Você não merece isso. Valorize-se.
— Outra mulher?! — sentiu-se magoada, mais ainda.
— Sim. A tia dele, que mora na cidade vizinha, contou para uma conhecida, daqui da cidade, que o Luís tem alguém. Disse que essa moça, certa vez, fez um escândalo em frente à casa da mãe dele por ele não ter aparecido.

Lea sentiu-se mal. Bem que desconfiava. Mas nada comentou.

Inesperadamente, ouviram o trote de um cavalo.

Era Edgar que visitava a irmã. Desejava se desculpar por ter sido rude com ela. Mas não puderam tocar no assunto, pela presença do primo.

Iago o cumprimentou com satisfação e, logo que pôde, contou-lhe sobre a espera do primogênito.

Edgar forçou-se alegria e os parabenizou.

Sempre que havia visitas, Margarida ficava no quarto com Marisol, garantindo que não saísse de lá para sua própria proteção. Isso causava grande nervosismo em Lea, ainda mais naquele dia, pois Luís também decidiu ficar fora das vistas de todos.

Sem que esperassem, Edgar falou sobre a novidade:
— Fiquei sabendo que o Raul vai se casar.
— Casar?! Mas como? — a irmã se surpreendeu.
— Casar, simplesmente. Ele pode. É viúvo.

Iago trocou olhar com a prima e não disseram nada. Não havia o que fazer. O alívio era saber que Marisol estava em segurança e que Raul não a procuraria mais.

Depois que todos se foram, Lea procurou por Luís para tirar satisfações.

Contou o que soube por Estela.

— Não tenho ninguém! Juro!

— Como não?!

— Para dizer a verdade, já tive. Tive alguém sim. Vivemos o mesmo problema: ela não se dispôs a me acompanhar. Mas não só isso. Ela demonstrou um gênio terrível. Era exigente, gritava, falava muito... Por isso, afastei-me. Falei que não dava mais e terminamos. Foi então que, sem saber onde me encontrar, ela procurou a casa de minha mãe e provou seu descontrole e desequilíbrio. Fez um escândalo. Era uma pessoa que não tinha respeito por si nem por ninguém.

— Isso não garante tudo terminado entre vocês! Talvez a visite ainda quando não está aqui. Quem garante?

— Eu garanto! Ela... — foi interrompido.

— Garante?! Não tem como fazer isso! Detesto sua vida! É insegura! Não estou suportando essa situação!

— Ela morreu! — ele quase gritou. — A Jade morreu meses antes de eu vir para cá.

Lea parou de acusá-lo. Ficou atônita e muito insatisfeita. Luís poderia dizer a verdade, mas aquela situação entre eles era incômoda para ela. Achava-se insegura.

Havia perdido o respeito conquistado com tanta dificuldade por causa do romance com um homem que nada lhe oferecia.

Como ficar com alguém assim?

Não sabia o que fazer.

Só então percebeu que Luís não lhe dava a menor segurança. Ia e voltava quando ele bem podia ou queria. Não parecia o tipo de companheiro que estaria próximo quando ela precisasse. Não tinha como contar com ele. Porém, estava apaixonada.

Seria mesmo uma paixão? Não seria carência?

Não tinha noção de como era receber carinho físico até conhecê-lo. Sentia-se solitária e com medo de não conseguir fazer tudo sozinha para sempre. Talvez, inconscientemente, buscasse um companheiro para ter com quem dividir. Mas não encontrou isso nele.

Sua carência foi tamanha que se sujeitou a um relacionamento sem estrutura, sem qualquer alicerce e sem futuro.

Luís nunca escondeu ser um homem livre que admitia gostar e desejar continuar assim.

Por todas as suas inseguranças e carências, ela não quis ver isso. Acreditou que ele pudesse mudar de ideia.

Pensou em tudo isso em frações de segundo, até dizer:

— É difícil termos um relacionamento tão íntimo e ficarmos tão próximos somente quando você pode e quer. É complicado esperar por você e... Tudo é muito inseguro entre nós.

— Ora, Lea... Não é nada disso. Não podemos nos deixar levar pelos costumes e princípios dos outros. Não devemos satisfações a ninguém e...

— Não acredito que esteja completamente certo, Luís. Não devo satisfações para os outros, mas devo para mim. Devo satisfações e justificativas para os meus sentimentos. Sinto que sou somente um passatempo para você. Não sei nem quem você é! — enfatizou em tom de desapontamento. — Não sabia que teve uma companheira. Se outra pessoa não me contasse, jamais o faria.

— Ora, Lea... Por favor!...

— O que sou para você, Luís? — encarou-o com firmeza.

Não houve resposta. Ele fugiu ao olhar e ela disse:

— No fundo do meu coração, meu desejo é que fique ao meu lado. Fique comigo, mas não dessa forma, indo e voltando quando bem entende. O que fez com essa mulher, a Jade, pode fazer comigo a qualquer momento. E isso não está certo. Você está me iludindo, fazendo com que eu perca meu tempo, minha vida e outras possibilidades... Além de me fazer perder o respeito que conquistei em uma sociedade retrógrada, preconceituosa e hipócrita.

— Não estou fazendo você perder sua vida nem nada... — reagiu com insatisfação.

— Como não? Por você, expus-me. Acabei tendo consequências nos meus negócios e isso mudou minha vida. Eu tinha dignidade, respeito das pessoas, agora, por ter admitido que entrasse dessa forma na minha vida, perdi tudo. E o pior... Ainda escuto que não perdi nada na minha vida. Até parece que não me acompanhou, não vê o que está acontecendo. Com quem você se preocupa realmente, além de si mesmo?

— Ora, por favor!... Eu só ofereci a liberdade que sempre quis!

— Enganei-me, então. Sozinha estava bem melhor. Não apreciei a liberdade que me deu, pois os resultados que isso trouxe para outras áreas da minha vida foram desastrosos.

— Você está querendo me prender aqui! Quer que me amarre a essas terras!

— Não peço isso. Não quer trabalhar nas terras, pode abrir um ramo de negócio respeitável na cidade. Poderíamos viver bem com isso. Poderia ceder um pouco, se, realmente, gostasse de mim e tivesse consideração por minha pessoa.

— Por que não cede você? Por que não vem comigo?

— Viver com você é ir de um lado para outro no meio de um bando de homens, montando feiras aqui e ali, debaixo de chuva, sol, neve!... Acha mesmo que isso é vida para uma mulher?! Acaso pensou um pouquinho nas minhas necessidades como mulher? E se tivermos um filho? Como seria ir para lá e para cá com criança pequena? — Não houve resposta para nenhuma das perguntas. — Só está pensando em você, Luís. Isso é puro egoísmo! — ressaltou.

— Você não está em um dia bom. Melhor eu ir — zangou-se.

Grande angústia tomou conta do coração de Lea.

Procurando por Margarida, contou-lhe tudo e chorou.

A senhora a confortou.

De repente, a jovem mulher reclamou:

— Você tem o dom de ver as coisas, de ver o futuro. Por que não me avisou? Por que não me disse o quanto ele era egoísta e eu não enxergava?

— Algumas lições só aprendemos quando doem na alma. Acreditando em mim, perderia a oportunidade de aprender. Você era imatura antes dessa dor e essa experiência a fez amadurecer.

— Como pude deixar alguém como ele entrar na minha vida?

— A ilusão cega. A dor acorda. Paixão é ilusão. Quando nos iludimos, é por querer fugir da realidade. Queremos que as coisas sejam boas só para nós e do nosso jeito. Isso é egoísmo também. Não é fácil aceitar a vida como ela é e as pessoas como elas são.

— O Luís é um embusteiro! Um enganador!

— É a natureza dele. Cabia a você aceitar ou não.

— Nisso você tem razão. Ele só entrou na minha vida porque eu permiti.

Iago, após árduo trabalho e empenho, passou a ser grande no que fazia e tornou-se um homem respeitado.

Nem parecia ter sido tão prejudicado pela ganância de seu tio.

Não bastasse seus negócios, ele também cuidava da venda da produção da prima, que necessitava de sua ajuda. Lea não conseguiu mais recuperar as considerações que tinha.

Por sua vez, muito insatisfeito, Edgar estagnava. Entregava-se cada vez mais à bebida, jogos e romances extraconjugais. Mentindo, enganando, trazendo para si energias, vibrações e companhias espirituais do pior nível. Fazia questão de mostrar-se sempre superior, arrogante.

Naquele dia, Lea, o primo e sua esposa Estela foram convidados para um almoço na casa de Edgar. Era um evento para anunciar a gravidez de Leandra.

Todos estavam bem contentes e brindaram a isso.

A esposa do dono da casa recebeu todos com satisfação, ficando muito feliz com os elogios recebidos devido à refeição saborosa.

— Embora as empregadas ajudem, tenho certeza de que o maior empenho é seu para que tudo saia com esse primor — comentou Estela, reconhecendo o valor do trabalho da anfitriã.

— Realmente, tudo está muito bom. Uma delícia! — Iago concordou com sua esposa.

— Faz lembrar o tempero da nossa mãe. Não é mesmo, meu irmão? — Lea indagou.

— Não me lembro mais. Essas recordações parecem bem distantes.

— Eu me lembro bem. Talvez por ser a mais velha — tornou a irmã.

Após dar alguns goles na bebida servida, Edgar falou:

— Nem me lembro direito dela. Só sei que foi afastada do nosso convívio e, quando o pai resolveu tirá-la do porão, ela estava acabada. Não falava nada com nada. Completamente louca — disse com desdém.

— Não sei dizer se aquilo foi loucura mesmo — a irmã falou baixinho, descontente com o rumo da conversa.

— Lógico que era! — o irmão ressaltou com rispidez. — Não dizia coisa com coisa. Andava com uma coberta nas costas. Parecia nem reconhecer a gente. Nem o padre ou os médicos resolveram — comentou falando mole.

— Eu me lembro bem da tia Isabel, antes da doença. Era mulher firme, tanto quanto minha mãe — Iago olhou para a esposa, que não as conheceu, e explicou: — Minha mãe, dona Carmem e tia Isabel eram irmãs. Mulheres determinadas, de iniciativa e firmes. A prima Lea faz lembrá-las muito, com seu temperamento — achou graça e olhou para a prima.

— Lea deveria se conter mais. É muito atrevida! Insolente! — Edgar considerou com modos rígidos.

— Não fale de mim como se eu não estivesse aqui, meu irmão — ela reclamou firme. — Na minha vida, tive razões e necessidades suficientes para ser como sou.

— Viram como estou certo?! — tornou ele. — Você deveria se comportar melhor, ter mais decência, ser uma dama, colocar-se em seu lugar! É uma viúva alegre!

— Ora, Edgar!... Como ousa?! — ela não gostou.

— Ousada aqui é você! Ousou tanto que perdeu todo o respeito e prestígio, colocando em risco o que herdou do seu marido. Estou sabendo que, se não fosse o Iago, estaria à mingua, na miséria, talvez. Tudo porque perdeu a moral, envolvendo-se com quem não presta. — Bebeu outro copo de bebida e falou ainda mais: — Eu não deveria nem mesmo aceitá-la na minha casa. Que exemplo estou dando para minha esposa?! — alterou-se.

— Você está me ofendendo! — olhou-o firme.

— Eu?! — gargalhou de modo forçado. — Você se deita com qualquer um, tem uma vida sem-vergonha e eu a ofendo? Quem se colocou onde está, com a má fama que tem, foi você mesma, minha irmã!

— Ninguém tem nada a ver com a minha vida! — exclamou zangada.

— Grande engano, Lea! Grande engano! Quer ver como tem a ver? Quando ofendeu os princípios e valores de uma sociedade, essa mesma sociedade não é obrigada a aceitar o que considera sem valor, sem moral, sem respeito. Então, essa sociedade tem o direito de rejeitar o que você oferece! Foi o que aconteceu! Ninguém mais quer o que você oferece.

— Uma sociedade machista e preconceituosa, onde homens, como você, podem fazer de tudo: jogar, beber, ir para os bordéis, ter amantes, alguns até têm duas famílias, mas as mulheres não têm direito algum!

— São vidas podres! Imundas! É isso o que quer para você?! — Sem oferecer oportunidade de resposta, Edgar completou: — Quer o direito de se deitar com um e com outro? Pois vá! Pode ir! Só que, depois, arque com as consequências! Uma delas é lidar com a sociedade preconceituosa e machista. E a pior é com a própria consciência! Vai se sentir um lixo!

— Não vou me sentir um lixo!

— Não vai... Já está se sentindo! Duvido que não se incomode quando o tal Luís não aparece e fica sozinha pensando com quem ele está dormindo — riu alto. — Sua vida com um homem assim, tirou-lhe a oportunidade de encontrar alguém melhor que lhe faça companhia e dê apoio nos momentos difíceis! Duvido que não lamente por ver seus negócios declinarem por conta de seu comportamento leviano!

— Cale-se, Edgar! — Lea exigiu.
— Cale-se, você! Estou na minha casa! Quem pensa que é para levantar a voz aqui dentro?! Se nosso pai estivesse vivo, acha que ele teria orgulho ou vergonha de você?! Aliás, quero que responda, minha irmã: você tem orgulho ou vergonha de você mesma?

O momento ficou bem tenso.

Leandra e Estela abaixaram o olhar. Não ousavam encarar ninguém.

Iago decidiu acalmar os ânimos.

— Meu primo... Lea... Vamos manter a calma. Talvez não seja...

— E você?! — Edgar virou-se para ele e falou: — Você com esse jeito manso e sonso só fica estudando a situação para ter vantagens. Primeiro quis se casar cedo para se colocar como um homem respeitável. Mas não foi tolo. Apesar de não ter lucro com o dote pelo casamento, escolheu um belo rosto — riu alto. — De um órfão indefeso e inocente, o pobre menino que o tio emancipou, tornou-se um negociador de sucesso. Choramingando aqui e ali... Ficou... — ele não sabia mais o que dizer. — Agora tenho certeza de que está tendo lucros com as produções desta trouxa aqui... Tudo porque essa rameira não se sabe conter e... deita com qualquer um...

Lea se levantou arrastando a cadeira que provocou grande barulho e gritou:

— Eu odeio você, Edgar!!! Fala de mim, mas não fala de suas amantes! Das bebedeiras nos bordéis onde o colocaram para fora! Não conta sobre o número de vezes que brigou por causa de prostitutas!!! Das encrencas e de todo o dinheiro gasto em jogos! Não fala da sua vida podre e medíocre de um homem frustrado que nunca lutou por nada e tudo o que tem foi dado por seu pai!!! Fale de você em vez de falar de mim!!! — disse e saiu correndo para fora da casa.

Por sua vez, Iago olhou para a esposa e se levantou, dizendo:
— Com licença... — Virando-se para Leandra, que ainda estava de cabeça baixa, disse: — Obrigado pela recepção. A comida estava ótima, mas precisamos ir.

Ela não ousou olhar para ele.
Conduzindo sua mulher, foram para o pátio externo, onde Lea já estava dentro do coche chorando.
O caminho de volta foi feito em silêncio.

CAPÍTULO 14

UMA GRANDE SURPRESA

Tudo o que ouviu de seu irmão aumentou sua dor e seu sofrimento. Lea não conversava com ninguém. Recolheu-se em seus aposentos e ficou profundamente pensativa.

Talvez devesse entender que aquela sociedade não aceitaria seu comportamento e que, se insistisse, como o fez, haveria consequências. Era algo que não mudaria. Deveria aceitar.

Lamentou.

Progrediu tanto. Embora suas posses fossem herança de seu marido, conseguiu manter o que tinha e ampliou as produções. Conquistou espaço almejado por muitos. Manteve-se bem e ganhou respeito, mas colocou tudo a perder.

Não modificaria a mentalidade das pessoas, os conceitos, os costumes. Poderia ter sido mais discreta, expondo-se menos. Quem sabe?

Por que o mundo precisava ser dessa forma?

Por que as pessoas não respeitavam a opinião do outro sobre suas próprias vidas e comportamento?

Por que não aceitavam o que era diferente?

Não sabia responder.

Agora, tornou-se novamente dependente, mas, pelo menos, desta vez, era do primo, que cuidava de seus negócios como se fossem dele.

Ela teria de viver no anonimato, na sombra, e isso lhe agradava.

Estava receosa de ir à cidade, seja para as missas, a passeio ou para compras. Sentia medo de ser, novamente, escorraçada, ofendida e humilhada.

A imaturidade, a ingenuidade ou carência não a deixou ver que o romance com Luís não tinha futuro. Aquela paixão era, nada mais nada menos, uma ilusão, como lhe disse Margarida. E quando nos deixamos iludir é porque queremos fugir da realidade.

Gostaria de que tudo fosse diferente. Desejou voltar atrás.

Somente o tempo tem o poder de dissolver a dor e a angústia.

Lea achava-se inquieta, carrancuda e todos percebiam isso.

Alguns dias haviam passado desde a briga com seu irmão.

Ela levava as sementes para o campo a fim de serem cultivadas. O plantio estava atrasado. Tudo precisava ser feito no tempo certo antes que o inverno rigoroso chegasse.

Depois de dar orientações aos funcionários, retornou para a casa.

Subia os degraus da varanda quando viu a poeira de uma carruagem acompanhada por alguém a cavalo.

Achou estranho. Não aguardava por ninguém.

Ficou em pé, parada, esperando.

A inquietude cresceu em seus pensamentos ao reconhecer, mesmo a distância, que Luís montava o cavalo que acompanhava o coche.

O cocheiro parou os cavalos em frente a casa.

Ela olhava para Luís, sem entender. Ele desceu do cavalo e se aproximou, dizendo:

— Bom dia, Lea. Como tem passado?

— Bem... O que quer aqui? — indagou e olhou para a carruagem com as cortinas escuras cobrindo as janelas.

O cocheiro mal se movia. Ficou com o semblante fechado, olhando para frente.

— Trouxe algo que quer há muito tempo — Luís falou baixinho, praticamente, sussurrando. — Mas preciso de dinheiro para pagar o silêncio do condutor.

— O que está acontecendo? — tornou desconfiada, sem entender.

— Venha... — Luís chamou.

Ela desceu os degraus e se aproximou da carruagem. Ele abriu a porta.

Curiosa e desconfiada, Lea olhou para dentro do coche com cuidado.

Num instante, seu rosto ganhou ar de espanto e seus olhos se arregalaram, quando deu um gritinho abafado num murmúrio:

— Angelita! Angelita!... Minha prima...

Momento em que a outra ergueu os olhos e começou a chorar.

Angelita tinha ao seu lado duas crianças, duas meninas gêmeas que segurava como se fossem preciosidades raras.

Uma das crianças despertou e começou a chorar.

Lea a pegou no colo e pediu às pressas:

— Venha! Vamos entrar...

Luís ajudou Angelita a descer da carruagem. Tinham sido horas de viagem cansativa, sentada naquele banco duro, suportando os desníveis do caminho.

Trazendo a outra garotinha abraçada a si, apoiou-se nele e deu passos lentos em direção a casa, seguindo a prima. Não olhou para os lados nem para trás. Mal ergueu o olhar para frente.

Na sala principal, Lea deu um grito chamando Margarida, que surgiu rapidamente.

— Lea, preciso de dinheiro para pagar o cocheiro. Surgiram imprevistos... Ele precisa silenciar também. Você entende?

— Claro! Lógico! De quanto precisa?

— Trinta peseta de cinquenta em prata.

Ela arregalou os olhos, mas não reclamou.

Imediatamente, foi para seu quarto e retornou com uma algibeira — pequeno saco de couro que se amarrava com tiras, para carregar moedas. — Sem dizer nada, entregou-a para Luís, que saiu de imediato.

Lea voltou-se para Angelita, abraçou-a demoradamente. Choraram.

Margarida chamou a outra criada, que a ajudou com as meninas, levando-as para outro cômodo.

Os soluços eram as únicas expressões. Palavras não existiam.

Luís retornou e ficou observando-as, esperando oportunidade para se manifestar.

Algum tempo depois, o abraço foi desfeito. Mesmo assim, as primas não deixavam de se tocar, segurando-se sempre.

Olhando para ele, Lea agradeceu com voz embargada e lágrimas escorrendo na face:

— Obrigada... Muito obrigada... Não sei como conseguiu, mas...

— Não sei quem é você, mas... Obrigada — disse Angelita em lágrimas.

— Depois de tudo o que descobri, não poderia viver bem comigo mesmo. Precisava ser feito — o rapaz afirmou.

— Sente-se, Luís, por favor — Lea pediu e ele aceitou. — Como conseguiu saber onde estavam e trazê-las?

— Como sabe, descobri que meu tio-avô, o padre Manolo, tem uma vida dupla. Em bebedeira, contou-me que estava envolvido com o caso da Angelita e das gêmeas. Falou que havia levado as meninas para o orfanato cuidado por freiras, lugar onde sua prima estava. Ele é tão mórbido que riu quando deduziu que Angelita teria a oportunidade de cuidar das primas de segundo grau.

— Ordinário! — Lea reagiu.

— Nem sei se esse é o nome que ele merece, mas... Descobri algo mais sórdido, mais podre ainda. Ele contou que, quando suas duas companheiras engravidavam e não conseguiam abortar, as crianças, ainda recém-nascidas, eram levadas para o tal orfanato e deixadas lá — Luís, indignado, omitiu outros detalhes.

— Como fez para tirar Angelita de lá com as gêmeas? — Interessava-se em saber.

— Depois de descobrir muita coisa sobre o padre Manolo, esperei um tempo. Peguei-o sóbrio e o ameacei. Disse-lhe que se não fosse comigo até o orfanato, libertar Angelita e as meninas, contaria para toda a cidade e a igreja sobre sua vida dupla e imunda. Então, fomos até o orfanato. Não sei qual a desculpa que ele usou lá dentro. Não entrei. Após um tempo, o padre Manolo retornou com Angelita, com vestimentas comuns e não de freira e as duas meninas, como esperava. Eu já havia contratado um cocheiro que se resguardasse de qualquer comentário. Afirmei que precisava de sigilo e segurança. Ele deu seu preço quando disse a distância da viagem. Tivemos problemas na volta. A carruagem quebrou a roda e precisamos arrumar. Gastei também com a troca de um dos cavalos que não parecia suportar a viagem toda e... Foi por isso que cheguei aqui e precisei de dinheiro. Perdoe-me por esse imprevisto.

— Isso não importa. Agradeço a Deus por trazer vocês a salvo — olhou para a prima. — E o padre Manolo?

— Ficou de voltar sozinho. Estava contrariado. Odiou-me por isso.

Margarida se fez ver e quando a atenção se voltou para ela, perguntou:

— Angelita não precisa se recompor? Talvez um banho e outras roupas fossem convenientes antes do almoço.

— Claro! — Lea concordou de imediato. Levantando-se, disse para a prima: — Vá com Margarida. Ela cuidará muito bem de você. Logo mais conversaremos.

Angelita, visivelmente abatida e assustada, obedeceu sem questionar. Confiava na prima.

Lea voltou-se para Luís e perguntou:

— Quanto mais lhe devo?

— A mim? — achou graça. — Nada. Senti que era meu dever ajudar, principalmente, depois que o padre Manolo revelou coisas que não convêm comentar.

— Não posso aceitar. Empenhou-se muito e teve outros gastos, certamente.

— Não me deve nada. Fique tranquila. Quero vê-la bem e ao lado daqueles que ama. Não é porque nós dois não demos certo que não quero o melhor para você e... — calou-se. Olhando-a nos olhos, suspirou profundamente e disse: — Eu gostaria que fosse diferente. Sei que não pode me acompanhar. Mas... Desejo que me entenda. Entenda que não é que não quero, é que não consigo me prender a um lugar só. Pelo menos, hoje, é assim. Quem sabe, um dia... As coisas entre nós terminaram de modo ríspido. Não quero que pense mal de mim. Não sou seu inimigo. Ao contrário... Eu a amo.

Lea ficou parada. Não conseguiu dizer qualquer palavra. Nem mesmo organizava seus pensamentos.

Em seu coração, desejou que ele ficasse ao seu lado, mas sabia que seria um homem infeliz ali.

— Sempre estarei aqui — ela murmurou. Seus olhos se encheram de lágrimas.

— Preciso ir agora.

— Fique! Descanse. A viagem foi muito longa.

Luís olhou-a, sorriu. Aproximou-se e beijou-lhe suavemente o rosto, depois murmurou, sorrindo:

— Até outro dia...

— Obrigada, mais uma vez.

Olharam-se demoradamente e ele se foi.

Num impulso, Lea correu atrás dele, mas quando chegou à varanda, só pôde vê-lo sobre o cavalo, rumo à estrada da fazenda.

No primeiro momento, Marisol ficou em choque ao saber que as filhas estavam ali.

Um misto de ansiedade, medo e inquietação. Não sabia o que fazer.

Sentiu-se desesperada.

As gêmeas haviam mudado muito. Estavam espertinhas, sorriam com facilidade, expressavam muitos outros sentimentos, mas tinham dificuldade de andar, apesar de já terem idade para isso. Não foram tão estimuladas para isso, quanto deveriam. Esse era o problema.

Angelita contou que, quando as viu chegando ao orfanato, sem entender a razão, sentiu-se atraída por elas.

Ao ver seus nomes bordados nas roupinhas, Carmem e Isabel, ela lembrou-se, fortemente, de sua mãe e tia. Guardou consigo os dois cueiros bordados e os entregou para a prima, mãe das gêmeas.

Marisol chorou, secando o rosto com o tecido.

Angelita disse que se empenhou em cuidar, ela mesma, das meninas, pois, por saberem que eram diferentes, as demais freiras não se interessavam por elas. Relatou que, aliás, nenhuma criança era bem tratada no orfanato. Chorou quando falou sobre isso, por se lembrar de detalhes que não revelou.

No quarto onde a irmã estava, Lea cuidou para que fossem preparados berços apropriados para que as gêmeas pudessem dormir e ficar bem.

O vento frio soprava, demonstrando que o inverno chegaria cedo e poderia ser mais rigoroso do que de costume.

Ao cair da noite, sem se importar com isso, Lea estava na varanda da casa, andando vagarosamente de um lado para outro. Trazia um xale jogado nas costas e segurava as pontas na frente do peito.

Muitas preocupações passavam pela sua mente.

Definitivamente, suas responsabilidades agora eram imensas. Teria de cuidar da fazenda, desde a plantação até a colheita, dos animais e dos empregados. Tinha de zelar por

UM NOVO CAPÍTULO

sua irmã e as filhas gêmeas, com necessidades especiais e isso não seria fácil. Sua prima Angelita, agora, também sob seus cuidados. Não conseguia ter ideia de como tudo se encaminharia dali em diante.

Como consequência de seu comportamento e vida pessoal, recriminados e hostilizados pelas próprias mulheres de sua época, num mundo preconceituoso e machista, achava-se impossibilitada de cuidar, ela mesma, de seus negócios. Para comprar, vender, promover tudo, necessitava de seu primo Iago e isso a importunava. Não saberia dizer até quando ele seria generoso. Até quando Estela não se incomodaria com aquilo.

Havia percebido que desde o dia que houve a briga na casa de Edgar, a mulher de Iago estava diferente. Talvez pela gravidez. Mas, no fundo, acreditava que Estela implicava com ela, sem dúvida, por causa do seu comportamento, sua má fama. Provavelmente, influenciada por sua mãe.

A certa distância, ela reparou as tochas acesas que ladeavam parte da frente da casa. As chamas tremeluziam muito com o soprar do vento.

Respirou fundo e sentiu o ar gelado expandir seus pulmões, deixando-a mais alerta.

Ouviu um barulho atrás de si.

Era Margarida que lhe foi fazer companhia.

— Todos já foram dormir? — sorriu levemente ao perguntar.

— Estão tentando. Hoje o dia foi de muita novidade. Isso provoca inquietude e faz o sono ir embora — respondeu a senhora.

— Estou muito preocupada, Margarida. Serei capaz de dar conta de tudo isso sozinha?

— Sozinha por que quer.

— Como assim? Não entendi.

— Percebo que aqui não vem quase ninguém, por inúmeras razões. E quem chega, é visto desde longe... Então, está na hora de dar o que fazer para sua irmã. Ela é mulher boa pra trabalhar. Trancafiada no quarto ou só dentro de casa, a Marisol está fazendo mal para ela mesma. Existem tarefas que pode e deve fazer. Principalmente agora.

— Terá de cuidar das filhas.

— Sem dúvidas. Não dê moleza para sua irmã. Assim como sua prima. Você já as está ajudando bastante. Dando tudo a elas. Não deixe que se acomodem. Angelita não pode ficar parada. Ela não é folgada, está traumatizada. Pagou tudo o que fez no passado.

— Pagou o quê?

— O que é ruim não se comenta. Angelita precisa voltar à vida. Dê tarefa para ela que vai fazer. Já sua irmã precisa ficar de olho nela. Além de não fazer nada, ocupa demais as empregadas com coisa fúteis.

— Marisol sempre foi a dondoca da casa. Sempre foi cuidada.

— Isso precisa mudar, Lea. Cuidar-se é o mínimo que se pode fazer para amadurecer.

— A situação geral me preocupa, Margarida. Essas terras, todo o trabalho com elas... Sou sozinha.

— Sua tristeza maior é por não ter o Luís ao lado.

— Acho que sim. Um homem ao lado faz falta.

— Terá de ser mais forte ainda, minha filha.

— O que quer dizer? — procurou olhá-la.

— Ainda não sabe ou não quer admitir? — a senhora perguntou, com leve sorriso no rosto enrugado.

— Ah... Margarida... — falou em desalento. — Não pode ser... Não estou preparada...

— É Deus quem decide se está preparada ou não. Você terá um filho sim. E por mais que pareça aterrorizante, agora, esse menino será muito bom aqui. Cuidará bem de você.

Lea sentiu-se em conflito.

Era difícil admitir a gravidez. Sentia-se despreparada.

Abraçou-se à Margarida e chorou.

— Não pode ser... O que será de mim agora?... O que vou fazer? Se não bastasse tudo o que esta acontecendo, serei mãe solteira!

— Calma... Aprenda. Tudo o que fazemos tem consequências. Traz responsabilidades, lições ou libertação. Tudo. O desespero não trará solução alguma. Assuma a responsabilidade, a partir de agora, e seja mais prudente.

— O Edgar disse muitas coisas sobre mim e... O que dirá agora? Como serei vista na cidade?

— Falarão? Falarão. Falarão de qualquer jeito. Cabe a você cuidar de si e de suas obrigações e encargos. — Passado um momento, Margarida indagou: — Contará ao pai quando?

— Não sei... Se o Luís se foi e... Não gostaria que ficasse comigo forçado, por causa do filho.

— É seu dever avisá-lo — orientou com calma peculiar.

— Estou confusa. Não sei se é o melhor a fazer.

— Querer ser forte o tempo todo e não admitir que precisa de ajuda, leva à falência das emoções.

Nos dias que se seguiram, as preocupações de Lea não diminuíram de tamanho ou intensidade.

Ao ver a irmã almoçando enquanto duas empregadas ofereciam refeição às gêmeas, Lea lembrou-se dos conselhos da cunhada e decidiu falar:

— Marisol, é você quem tem de cuidar das suas filhas. As empregadas têm outros afazeres.

— Mas eu não sei fazer isso! — defendeu-se a irmã de modo ríspido. — Elas são difíceis!

— Se você não sabe, as empregadas muito menos. Além do que, seu instinto dirá o que fazer. Alimente-as! Troque-lhes as fraldas! Cuide delas! Brinque! Converse! É seu dever! — foi firme.

— Minhas filhas têm problemas. Não são crianças normais.

— Não me venha com desculpas! — foi firme. — Foi o que Deus achou que você merecia! Sinal que é também especial para cuidar delas. Certamente, que terá ajuda, mas não pode ficar aí, de braços cruzados, olhando os outros fazerem o que cabe a você.

— Não sabia que era tão insensível, Lea! — a irmã esbravejou.

— Se eu fosse insensível, não estaria aqui agora, na minha frente, com suas filhas! — quase gritou.

Marisol, com postura demonstrando indignação, levantou-se de onde fazia a refeição e foi para seu quarto. Percebia-se que chorava e fez questão de exibir que estava magoada, para que a irmã se sentisse culpada por isso.

Sem pensar duas vezes, assim que viu as sobrinhas terminarem de comer, Lea pegou uma delas no colo e disse à empregada:

— Traga a Carmem.

A mulher assim o fez e a acompanhou.

Chegando ao quarto da irmã, Lea nem bateu à porta. Entrou, colocou Isabel em um dos cercadinhos enquanto a empregada punha Carmem no outro. Em seguida, disse:

— Elas já comeram. Troque as fraldas e depois vá passear com elas ao sol. Fará bem a todas. Não solicite ajuda das empregadas. Elas têm outros afazeres mais urgentes e importantes na fazenda.

As meninas começaram a chorar. Fazendo um sinal com a cabeça, Lea chamou a mulher para que saíssem do quarto.

Retornando para a sala, encontrou Angelita encolhida em uma cadeira, coberta por uma manta.

— Você está bem? — perguntou a prima.

Vendo-a com olhos marejados, Lea se aproximou e ouviu seu sussurro.

— Ficarei bem. Só preciso de um tempo.

— Que tal levantar daí e andar um pouco lá fora? Tome sol.

— Sinto-me estranha, com tremores...

— São seus nervos, Angelita. Foi muito maltratada.

— É estranho até quando escuto você me chamar pelo meu nome.

— Por quê? É seu nome, não é? — Lea não entendeu.

— No convento, meu nome foi mudado. Passou a ser Maria Dolores. Meu nome de batismo deveria ser esquecido... Passei por muitas situações difíceis... Muita humilhação. Não tinha como fugir, não havia para quem reclamar... — chorou bem baixinho. — Fui punida muitas vezes. Punições horríveis.

A prima se aproximou e afagou-lhe as costas.

— Não ficou no meio de freiras? Elas não são criaturas bondosas? Esposas de Cristo?

— São demônios vestidos de hábitos! — exclamou sussurrando. Olhou-a com lágrimas escorrendo pela face. — Como bem sabe, fui levada para lá à força. Assim que cheguei, fui enclausurada em uma cela. Não havia nada nem ninguém. Nem luz do sol. Fiquei mais de dez dias bebendo uma caneca de água por dia e comendo só um pão. Só isso. Fiquei fraca. Minha cabeça doía muito. Levaram-me até a madre superiora Dulcinéia e tive de me ajoelhar diante dela. Não queria, por isso bateram com madeiras grossas em minhas pernas. Quando estava de joelhos, chorei e esbofetearam meu rosto. A madre deu-me um novo nome: Maria Dolores. Disse que todo meu passado deveria ser esquecido. Daquele dia em diante, eu serviria somente a Jesus e a Igreja, pagaria por todos os meus pecados e não poderia reclamar, pois aquela oportunidade era uma bênção única para eu entrar no reino de Deus. Falou que, por toda punição sofrida, eu deveria ser grata por aprender e pagar meus pecados. Mandou cortar meus cabelos bem curtos para não ter vaidade alguma. Assim o fizeram. Machucaram minha cabeça com navalha cega... Reclamei e apanhei por isso. Fiquei um dia sem comer nem beber como punição. Colocaram-me para fazer os piores trabalhos. Quando as latrinas não ficavam bem limpas, eu apanhava. Um dia, fiquei revoltada e reclamei, gritei. Achei que, dessa forma, seria expulsa dali — chorou baixinho. Respirou fundo e prosseguiu enquanto a outra ouvia atentamente: — Mas não. Tive de pagar penitências... Mandaram-me ficar com os braços acima da cabeça segurando uma pedra, quando não consegui, fui surrada nas costas descobertas, com chicote que tinha pedras nas pontas dos fios. Por ser rebelde, várias vezes, fui trancada na cela e... Chamaram padres para me doutrinar... — chorou. — Fizeram horrores comigo. Disseram que... Já que eu queria ser impura, iriam me fazer sentir uma até que aceitasse as penitências e castigos que me iriam purificar... — chorou.

— Meu Deus... — Lea afagou suas costas. Puxou uma cadeira e sentou ao seu lado.

— Isso aconteceu várias vezes... Quando descobriram que eu estava grávida, bateram em mim... Depois, chamaram algumas freiras e me amarraram. Espetos introduzidos no meu corpo provocaram o aborto. Pensei que eu fosse morrer. Passei mal por dias seguidos. Ninguém cuidou de mim. Permaneci na cela a pão e água que jogavam no chão. Algumas vezes, ouvi alguém dizer: ela ainda está viva? — Longa pausa. Apesar de indignada, a prima decidiu não interromper. Ela precisava desabafar. No mesmo tom angustiante, Angelita prosseguiu: — Depois que me recuperei, a madre superiora disse que Deus havia me dado outra chance para me redimir dos pecados. Eu não ousava perguntar quais. Fiquei calada. Estava cansada de sofrer. Comecei a aceitar tudo para não ser punida. Fiz os piores trabalhos. Até enterrar outra moça, na terra pura, sem caixão, nos fundos do convento de madrugada... Soube que ela foi rebelde. Disseram que mais rebelde do que eu, por isso Deus não lhe perdoou. Morreu doente. Lembro de ter ouvido seus gritos, seus pedidos de socorro, seus murmúrios de dor... Mas nada podia fazer. Decidi ficar em silêncio. Com o tempo, foram me tratando melhor. Padres frequentavam ali para saciarem suas necessidades carnais com a permissão e consentimento da madre Dulcinéia. Ela dizia que as freiras deveriam servir a eles por uma boa causa. Aquilo seria a prova do desapego do corpo, pois a alma era mais importante. O pior, o pior de tudo é que muitas acreditavam nisso. Acreditavam em cada palavra dela!... — expressou-se em tom de revolta.

— E no caso de uma gravidez? — Lea quis saber.

— Ali mesmo, tiravam os fetos, que eram enterrados nos fundos do convento. — Uma pausa e contou. — Ali não é a morada de Deus. Não mesmo. — Novo momento de silêncio. — Com o tempo, novas pobres coitadas foram chegando. Por

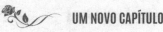 UM NOVO CAPÍTULO

ter bom comportamento, fui trabalhar na outra ala do convento, que era o orfanato.

— Então tudo melhorou? Não foi? — a prima perguntou, esperançosa para ouvir algo bom daquele relato.

— Não sei em qual dos dois lugares chorei mais, fiquei mais indignada, revoltada... Comecei a questionar se Deus existe mesmo ou se somos resultados de uma coisa que não é boa e somos punidos. Se existe Deus, se Ele é bom, precisa haver uma explicação, uma justificativa muito boa para tanto sofrimento, tanta crueldade...

— Lógico que deve ter... Somos ignorantes e não entendemos ainda.

— Ver tudo o que acontecia naquele orfanato é horrível. Até bebês recém-nascidos eram recebidos com palmadas e outras crueldades. Elas os seguravam por um pezinho e de ponta cabeça e lhes davam palmadas fortes — chorou ao lembrar. — Para pagarem seus pecados por terem nascido de mães promíscuas. Entendiam que, se foram rejeitados, não seriam boas coisas para o mundo e precisavam pagar seus pecados desde ali. Os maiores eram castigados com surras, com varas, com palmatórias, com ferros em brasa na sola dos pés... Os mais rebeldes também recebiam a visita dos padres para puni-los de forma que ninguém via. Eles os usavam para suas necessidades físicas... — chorou muito. — Podíamos ouvir seus gritos. Era triste demais. Pensei que fosse enlouquecer por ouvir tanto choro, tanta dor... Malditos! Malditos!

— Agora já passou... — Lea sussurrou e a abraçou.

— Não, minha prima! Não passou! Crianças ainda estão lá!

— Mas não há nada que possamos fazer!

Angelita olhou em seus olhos por longos segundos e contou:

— Um dia, a irmã que ficava responsável pelo recebimento de crianças na roda de adoção[1] ficou doente. Designada para

---

[1] Nota: Roda de adoção é o nome de um artefato, normalmente, de madeira, afixado no muro ou parede de igrejas, orfanatos, conventos ou hospitais, na qual era depositada a criança rejeitada. Ao girar o artefato, a criança era conduzida para dentro das dependências do lugar e recolhida.

o lugar dela, recebi as gêmeas. Logo percebi que vestiam roupas boas e, junto com elas, havia também um enxoval de bebê e cobertores extras. Notei os nomes bordados: Carmem e Isabel. Lembrei-me de minha mãe e da tia... — emocionou-se e encarou-a com ternura. — Nunca poderia imaginar que se tratava das filhas de Marisol. Percebemos logo que as gêmeas tinham problemas. A orientação para casos de crianças debilitadas, como elas, era de darmos menos atenção possível. A madre nos disse que deformidade significa que nem Deus se importa com aquela criatura e a está punindo de alguma forma.

— Isso é errado. Se acabaram de nascer, que pecado cometeram? Não sabemos de nada. Deus não disse nada. Não está escrito isso em lugar algum.

— É verdade, prima! Deus nunca escreveu nada. Nunca falou nada com ninguém. Jamais se manifestou. Li e reli a *Bíblia*. Tudo aquilo foi escrito pelos homens.

— Moisés recebeu as tábuas com os dez mandamentos.

— Quem garante?! Quem garante que não foi ele mesmo quem escreveu tudo aquilo? São mandamentos maravilhosos, sem dúvida. Nada ali está errado. Mas, certamente, foi para conter um povo desregrado. Um povo sem princípios, sem limites, sem amor ao próximo e que precisava de um freio. Ao mostrar aquelas leis, dizendo que Deus as mandou, Moisés impôs limite a eles.

— Angelita, você está nervosa. Com sentimentos feridos... Cuidado com o que fala — Lea pediu de um jeito carinhoso.

— Temos a palavra de Jesus, mas o Cristo nunca disse que conversou com Deus. — Ofereceu uma pausa e disse ainda: — Olha para o mundo! Quanta crueldade é feita em nome da igreja. Veja o que foi feito em nome do Santo Ofício! Pessoas torturadas das formas mais dolorosas e cruéis! Queimadas vivas! A igreja ficou com seus bens, juntou fortunas! Que religiosos são esses?! Papas, madres, padres, freiras!... Quem são eles? Deveriam voltar seus olhares para os necessitados, para os pobres! Mas o que fazem de verdade é enganar o povo...

— Calma... Fique calma. Está alterada demais — disse e a puxou para um abraço carinhoso.

Não sabia o que fazer e tentou confortá-la.

Angelita chorou muito. Sua dor e revolta eram imensas.

CAPÍTULO 15

ABRAÇO MORNO

Lea era perseguida por inquietações de seus pensamentos acelerados, perturbadores e indesejáveis. Não conseguia livrar-se deles.

Entregou-se a todo trabalho que pudesse realizar. Quando não, acompanhava tudo o que era feito pelos outros, bem de perto.

Havia dois dias que mandou mensagem para Iago, pedindo que fosse visitá-la. Sem dúvida, o primo imaginou que se tratava de algum assunto sobre sua fazenda. Era período de plantio e todos se achavam bem ocupados.

Ela estava no campo e ao vê-lo chegar sobre uma carroça, abandonou o que fazia e correu para junto dele. Segurando a saia longa para não enroscar em nada, subiu na carroça e lhe fez companhia até chegarem a casa principal.

— Boa tarde, Iago.

— Boa tarde, Lea. Perdoe-me a demora em vir. Tive imprevistos. — Ele não revelou que sua esposa Estela não andava gostando de todo o suporte que dava à prima, por isso discutiam muito nos últimos tempos e, naquele dia, mais ainda. — Está precisando de alguma ajuda?

— Na verdade não. Não preciso de ajuda nenhuma, mas tenho ótimas notícias para você! — sorriu lindamente. Estava ansiosa para contar. — Logo saberá!

— Ora, ora!... O que será que tanto a deixa feliz desse jeito? — achou graça ao notar que ela não parava de sorrir. Gostava de vê-la animada daquela forma.

Chegaram a casa.

— Venha! Entre! — convidou enquanto descia da carroça.

Subiram os degraus e alcançaram à varanda.

Apressada, abriu a porta que dava na sala principal e o fez entrar.

Iago parou a certa distância e ficou petrificado ao reconhecer quem arrumava uma grande mesa em outro cômodo que podia ser visto.

Incrédulo, demorou alguns segundos para admitir que sua irmã estava ali na sua frente.

— Angelita?... É você?!... — foi para junto dela enquanto Lea fechava a porta.

A irmã parou com o que fazia. Cambaleou e levou as mãos à própria boca, deixando o rosto se contorcer em um misto de choro e riso.

Iago apressou-se para junto dela e a abraçou emocionado.

Angelita o apertou com ternura e escondeu o rosto em seu peito, chorando compulsivamente.

Foi doloroso o tempo em que ficaram distantes. Como lamentavam a separação.

Após longos minutos, ele a afastou de si. Com ambas as mãos, segurou em seus ombros e a olhou de cima a baixo, quase não acreditando naquele momento ainda.

— Angelita... Estou incrédulo... — murmurou com lágrimas escorrendo pelo rosto.

— Sentem-se — Lea pediu, sem tirar o sorriso do rosto e com lágrimas rolando pela face.

Puxando duas cadeiras da grande mesa, a prima os fez sentar.

Sem demora, foi até a cozinha e solicitou que servissem chá para eles.

Retornou.

Vendo-os sentados na lateral da mesa, voltados um para o outro, frente a frente, Lea ocupou a cadeira que ficava na cabeceira.

— Eu não poderia mandar recado dizendo que Angelita estava aqui. Não seria prudente — ela contou.

— Lógico que não. Entendo — ele concordou e sorriu. — Mas... Como conseguiu encontrá-la e trazê-la? Como foi possível?

— Não foi somente Angelita que voltou. As gêmeas, filhas da Marisol também. Carmem e Isabel estão grandes! Tem de ver! — contou animada.

— Contem-me! Contem-me tudo! — ele se interessou.

— A história é longa... Foi assim — Lea contou, detalhadamente, tudo o que aconteceu.

— Então... O padre Manolo?... — Iago murmurou, perplexo.

— Esse homem não presta! Não é digno de vestir uma batina! — a prima protestou.

— O importante é que estão aqui. Angelita e as gêmeas estão bem — ele considerou.

— Meu maior medo é de alguém descobrir que todas estão aqui. Isso me apavora. Marisol foi dada como morta e as gêmeas também. Conseguiremos manter esse segredo por quanto tempo? — Lea se preocupou.

— Calma. Ninguém virá até aqui. Por um lado, foi bom você não fazer mais negociações nem ter de interagir. Ninguém virá aqui.

— Só tenho você para me ajudar, Iago — disse olhando-o fixamente. Parecia esgotada, cansada demais. — Não posso contar nem com o apoio do meu irmão.

— Converse com os empregados, Lea. Reúna-os e avise sobre a importância de ninguém descobrir que elas estão aqui — ele orientou.

— Já fiz isso, mas reforçarei as recomendações.

— Sou mais um encargo e preocupação para você, minha prima. Sinto muito — Angelita entristeceu.

— Não. Você não é problema algum. É uma mulher livre. Se alguém a vir, diremos que desistiu do convento e retornou

para casa. Ninguém tirará satisfações. Temo que descubram a presença de minha irmã e das filhas. Foram dadas como mortas! Sabe o que é isso? A família de Raul, marido de Marisol, é poderosa e influente. São capazes de, realmente, matá-las! Raul se casou recentemente. Não bastasse, fui escorraçada da cidade por ter um romance considerado... Sei lá o que consideraram... As digníssimas senhoras da sociedade — falou com ironia — disseram que não sou bem-vinda nem na igreja! Elas me desqualificaram e interferiram nas negociações de minha produção. Seus maridos, com quem eu tratava de compras e vendas, não me atendem mais. É o Iago quem está cuidando de tudo isso para mim — sua voz embargou. Lea suspirou fundo e confessou: — Acabei com minhas possibilidades. Não posso, sozinha, cuidar das minhas coisas. E estou com medo de que tudo piore.

— É por enquanto, Lea. Nesta cidade, basta um novo escândalo para que o antigo seja esquecido — ele acreditou.

— Não sei se aparecerá uma mulher tão louca e ousada quanto eu. Só assim para novo escândalo surgir e o meu ser esquecido. Engraçado que os homens podem tudo! Seus nomes nunca são manchados. Já, nós, mulheres!...

— Por hora, deixemos como está. Continuarei cuidando de tudo.

— Obrigada, Iago. Não sei como nem quando retribuirei esse favor. Tenho medo de prejudicá-lo de alguma forma.

— Não. Nunca — afirmou e sorriu. — Continuaremos unidos. Mas... Vamos combinar o seguinte: nem mesmo a Estela, minha esposa, deverá saber disso.

— Está certo — Lea concordou.

Angelita olhou para o irmão e reparou o quanto estava diferente. Um homem feito.

— Eu nem sabia que havia se casado.

— Sim. Casei-me e tenho um filho a caminho — alegrou-se em anunciar.

Lea sentiu o coração apertado, enquanto ouvia-os conversar. Estava envergonhada demais para contar a eles sobre sua gravidez.

Naquele momento, decidiu que seria melhor que o pai de seu filho soubesse antes de todos, pois, de acordo com sua reação, a situação seria diferente.

Após a partida de Iago, Lea mandou um mensageiro até a cidade na esperança de encontrar Luís. Seu desejo era que ele fosse visitá-la no dia seguinte, no lugar onde costumavam se encontrar, perto do lago.

A manhã era fria. A neblina ainda não havia se dissipado totalmente.

Perto do lago, ansiosa, Lea caminhava de um lado para outro. Tentava ver além do que era nítido, através da névoa, para identificar a aproximação de alguém.

Sabia que a mensagem foi entregue, mas não tinha certeza de que Luís aceitaria seu pedido.

O sol começou estender seus primeiros raios e a visibilidade melhorava a cada instante.

Sem demora, conseguiu ver a silhueta de um cavalo sendo montado por alguém que ela identificou ser ele.

Seu rosto se iluminou com lindo sorriso, mas seu coração ainda estava apertado.

Ajeitou o xale nas costas, segurando firmemente as pontas na frente do peito.

O rapaz também sorriu ao vê-la e, bem próximo, desceu do cavalo.

— Olá, Lea. Como tem passado?
— Olá, Luís. Estou bem.
— Recebi seu recado. Fiquei preocupado — olhou-a firme.
— Tive medo de que já tivesse partido.
— Ia mesmo. Estava com tudo pronto para seguir viagem.

Lea sentiu-se tremer. Respirava fundo, quase ofegante, tamanho era seu nervosismo, por causa da notícia que daria.

Em seu coração, tinha a débil esperança de que, ao saber de um filho, Luís mudasse seus planos.

Sentia que ele gostava dela e pensava que, juntos, a vida poderia ser bem mais fácil para ambos. Ele tomaria à frente dos cuidados e dos negócios da fazenda e tudo seria diferente. Dessa forma, teria todos os seus problemas resolvidos e seus sonhos realizados.

Frente a ele, olhou-o na alma e comentou:

— Preciso muito falar com você e... — faltava-lhe coragem para contar.

— Pode falar. Caso necessite de algo que eu puder ajudar...

— Estou grávida — revelou sem trégua.

Luís ficou estático, olhando-a sem piscar.

O silêncio foi longo e absoluto, até ele dizer:

— Como assim? Eu... Eu não esperava... — gaguejou.

— O que esperava, então? — indagou em tom duro e decepcionado.

— Não sei. Talvez que... Que... Você foi casada e não teve filhos, então... Achei que...

— Achou errado — disse incrédula, diante daquela reação.

— O que espera de mim? — Luís perguntou, quase friamente.

Nesse momento, Lea olhou-o de cima a baixo e falou com indignação:

— De você não devo esperar nada mesmo.

— Não foi isso o que eu quis dizer. Eu... — não completou.

— Então, o que quer dizer de verdade?

— Lea... Lea, eu... Não posso ficar preso aqui nesta fazenda com você. Se quiser, venha comigo! Pode vir comigo!

— Você enlouqueceu?! — indagou duramente. — Primeiro, tenho muito mais o que fazer aqui e mais responsabilidade do que imagina. Segundo, como posso acompanhá-lo com um filho pequeno nos braços?! Acaso tem ideia das necessidades de uma criança? Acaso tem a noção do que seja uma família?

Diante das perguntas firmes e da reação inconformada de Lea, ele respondeu com um balançar lento e negativo de cabeça, perdendo o olhar ao longe, quando se virou. Parecia incrédulo a tudo o que acontecia.

Luís não mostrava indiferença, mas um filho não estava em seus planos. Exibia-se preocupado e sem qualquer ideia do que fazer.

Lea, por sua vez, via suas esperanças e expectativas irem por terra. Por isso, mantendo-se firme, decidiu liberá-lo de qualquer encargo:

— Desejo-lhe boa sorte — falou em tom rancoroso.

— Lea... Não é...

Interrompendo-o, exigiu:

— Vá embora. Não prolongaremos por mais tempo essa situação tão desagradável.

— O que fará?

Afastando-se e indo à direção do cavalo com que ali chegou, falou com toque de desalento:

— Creio que não seja da sua conta.

Tomando as rédeas do animal, montou e saiu lentamente, sem olhar para trás.

Ao chegar à casa principal, Lea sentia-se derrotada. Acreditou que ele pudesse pensar e agir diferente, após aquela notícia. Mas não.

Tentou disfarçar a todo custo, porém era impossível.

Margarida logo percebeu e foi ter com ela, que contou tudo.

— Calma... Calma...

— Como, Margarida? O que será de mim? O que será desta fazenda? Só por meu romance com o Luís, fiquei considerada uma perdida! Imagina, agora, com um filho sem pai?! — chorou de raiva. Estava inconformada. — Fui burra! Muito burra! Foi um alívio quando meu marido morreu! Estava livre e independente! Bastava trabalhar nestas terras para me manter. Mas, não... Tive de procurar sarna para me coçar. Fui burra por me envolver com um homem que não tem raiz, não se apega à família, a lugar algum... Deveria ter percebido que ele não quereria compromisso. Que eu era mais uma na vida dele. Agora, sem o respeito das pessoas, sem reputação, sem moral... O que será de mim?...

Estava inconsolável.

Não conseguia imaginar um futuro promissor ou de paz. Sentia-se envergonhada, confusa e sem esperança.

Lea passou a se confinar em seu quarto, abandonando suas tarefas e a companhia de todos.

Em uma das vezes em que foi vê-la, preocupada com a prima, Angelita insistiu em saber o que estava acontecendo e ela contou toda a verdade.

— O que pretende fazer agora? — quis saber.

— Não sei... Quero sumir... Não tenho moral nem honra agora... Acabei com minha vida. Sou uma perdida!...

— Não fale assim, minha prima.

A outra não disse nada e se calou.

Algum tempo se passou.

Percebendo que Lea não se alimentava devidamente e preocupada com sua saúde, Margarida decidiu enviar mensagem para Iago, pedindo que fosse vê-la. Acreditou que, se o primo soubesse, Lea se sentiria mais aliviada. Talvez o segredo, misto à vergonha, não a maltratasse tanto.

— Novamente sua prima requisita sua presença?! — Estela se incomodou. — O que será desta vez?!

— Deve ser importante. Nunca mandam me chamar à toa — ele comentou.

— Ela não percebe que você é um homem ocupado? Afinal, tem compromissos sérios e respeitáveis! Além de ser casado! Lea estragou a própria vida! Manchou o próprio nome! Agora quer usá-lo para defender seus interesses! É inconcebível!

— Ora, Estela... Não sabe o que está falando.

— Lógico que sei! Ela o usa! — exclamava de modo agressivo. — Aproveita de sua boa vontade! É impertinente! Não o respeita! Não o deixa cuidar da própria vida! Irá importuná-lo e usá-lo até envolvê-lo nas mesmas dificuldades em que se colocou! — estava irritada. — No início, pensei que Lea fosse diferente. Mas, com o tempo, percebi que ela não é digna da minha amizade. Minha mãe bem que falou. Lea sujou seu próprio nome! De mulher honrada, agora, não passa de uma rameira!

— Não diga isso sobre minha prima! — ordenou. — Também não dê tanto ouvido a sua mãe! — Iago falou firme, mostrando-se contrariado.

— O que está me dizendo?! Por causa de uma... — Estela ficou indignada e ofendeu Lea com xingamentos. — Além do que, está maldizendo minha mãe, uma mulher digna e decente!

— Se sua mãe fosse tão honrada, não falaria de outra pessoa! Quem é digno e decente, respeita os outros!

— Iago! Não acredito no que ouço!

— Estela!... — foi austero. Encarou-a e exigiu: — É melhor parar com isso. Você não sabe quem é minha prima, o que ela fez por mim e por nós! Contenha essas acusações!

— Como pode falar assim comigo?! Como ousa me afrontar? Justo a mim que estou à espera do nosso primeiro filho!

— Por favor, Estela... Não comece... — virou as costas e saiu.

— Além de me afrontar, acusa-me de injúrias. Ainda me contraria!

O marido voltou-se, deu alguns passos em sua direção e perguntou firme:

— Onde está aquela mulher amável, gentil, educada e compreensiva com quem me casei?

Estela o encarou por um breve momento até concatenar as ideias e pensar em um jeito de se fazer de vítima. No instante seguinte, deixou lágrimas transbordarem de seus olhos e começou a chorar, emitindo gritos agudos e abafados, mostrando seu desespero. De imediato, correu para outro cômodo da casa.

Iago suspirou fundo, acompanhando-a com o olhar. Estava entediado daquele comportamento da esposa. Aquele tipo de atitude de Estela se repetia muito, quando ela se sentia contrariada.

Ele decidiu sair e ver o que Lea desejava. Além de curioso para saber o que ela quereria, tinha outras coisas para resolver com a prima.

Ao chegar à fazenda, foi recebido por Angelita que o aguardava ansiosamente.

A notícia sobre a gravidez de Lea poderia deixar Iago contrariado.

Ser mãe sem ser casada, naquela época, era motivo de escândalo. Algo absurdamente assombroso, abominável e rejeitado por muitos. As mulheres eram quem mais falavam e divulgavam esse tipo de notícia.

— Olá, minha irmã. Como tem passado?

— Estou bem — sorriu. — E você?

— Seguindo a vida... Recebi um recado de Margarida pedindo que viesse visitar Lea o quanto antes. Do que se trata? Ela está bem?

— Nossa prima não está muito bem e... Margarida pediu que conversasse com você antes de vê-la.

— O que houve? — preocupou-se. Ficou sério.

Repleta de rodeios, Angelita começou justificando:

— Sei que nosso tio Ruan não foi tão generoso para conosco. Mas... Temos certeza de que Lea nos ajudou e até podemos dizer que retratou o nome do pai dela. O tio não cuidou das terras que hoje são suas, mas Lea o ajudou e...

— Sei de tudo isso. Não entendo aonde quer chegar, minha irmã.

— É que... Lea poderia ter somente cuidado da própria vida e...

— Pare, Angelita. Não gosto de suspense. O que aconteceu?

— Nossa prima precisa de nós, mais do que nunca, meu irmão.

— Por quê? — indagou muito sério.

— O Luís a abandonou...

— Isso era esperado. Lea se deixou iludir e...

— ...espera um filho dele — anunciou de imediato.

— Como disse? — Iago pensou não ter entendido direito.

— Ela foi iludida. Ele a enganou. Precisamos compreender e...
— Lea está grávida? Foi isso o que ouvi? — ele indagou e franziu o semblante.
— Sim. Lea está grávida de Luís e, mesmo sabendo disso, ele se foi. Não quis corrigir o erro.

Iago voltou o olhar para a paisagem ao longe. Sentiu-se abalado. Aquela notícia o perturbou muito.

O rapaz respirou fundo e ruidosamente, pendendo a cabeça negativamente.

Sua insatisfação era nítida. Não entendia como a prima não conseguiu prever aquela situação e ver o quanto sua vida seria muito mais difícil a partir dali.

Era óbvio que Luís não desejava qualquer compromisso com ninguém. Não assumiria responsabilidade de um romance sério. Essa era sua natureza.

Por sua vez, Lea sabia o quanto a sociedade da época era preconceituosa e exigente para com situações como aquela.

Iago esperava que fosse temporário o que fazia pela fazenda da prima. Acreditava que, logo que Luís partisse definitivamente, os comentários sobre Lea seriam esquecidos. Dessa forma, ela retomaria o controle de tudo. Mas não.

Ele não ficou nada satisfeito. Não sabia explicar que dor ou desconforto maior era aquele que sentia, além da preocupação com tudo.

Não gostou daquela notícia. Não pelas dificuldades. Era algo em suas emoções.

— Meu irmão?... — Angelita o chamou para a realidade, após vê-lo por longos minutos mergulhado em absoluto silêncio e muito sério, quase carrancudo. — O que está pensando?

— Que Lea poderia ter sido mais prudente. Ela já sabia que sua reputação, por conta de um aventureiro, não era das melhores. Não bastava isso?! — falou duramente.

— Ela merece respeito e...

— Que respeito?! Ela mesma não se respeitou!

— Por favor, Iago... Não fale dessa forma. Independentemente do que nossa prima fez da própria vida, se estamos melhores, hoje, devemos a ela.

— Onde Lea está?

— Margarida a levou para dar uma volta. Há dias que não está bem e... Talvez a encontre perto do riacho.

Com semblante fechado, rodeando, nas mãos, o chapéu de abas largas, Iago saiu porta afora.

Enquanto caminhava em direção ao rio, seus pensamentos fervilhavam. Concentrava-se nas dificuldades que enfrentariam. Negociar em nome de sua prima não era nada fácil, após seu envolvimento com Luís. Agora, seria ainda mais difícil. A gravidez seria um imenso escândalo.

Da mesma forma que Lea se projetou rapidamente, rebaixou-se, deixando para ele o dever de ajudar.

Muitos negociantes que se colocavam em posição respeitável e distinta, não firmavam acordo com quem fosse diferente deles.

Não demoraria muito para toda a região saber que sua prima estava grávida e abandonada por Luís.

As primeiras a rejeitá-la e censurá-la seriam as próprias mulheres, que se consideravam e autointitulavam notáveis e conservadoras, quando, na verdade, precisavam espezinhar, inferiorizar ou difamar outra pessoa para se elevarem e se valorizarem.

Sem perceber o trajeto percorrido, Iago seguiu pelo bosque, esgueirando-se pela trilha fechada, que descia até o riacho onde uma clareira se formava.

A pouca distância, percebeu Margarida de braços dados com sua prima, ao mesmo tempo em que o barulho de gravetos quebrando em seus pés, denunciou sua presença.

Detendo-se, ele recebeu os cumprimentos da senhora com um aceno de cabeça. Ficou parado, petrificado, sem saber o que dizer.

A mulher desfez o enlaço dos braços dados, sorriu para a cunhada e se afastou.

Lea nada disse. Fitou-o por longo tempo. Imaginou que Angelita já havia contado tudo ao irmão e essa era a razão de Iago trazer o rosto tão sério, quase sisudo.

Ela nem mesmo saberia dizer o porquê de ele estar ali.

Aproximando-se um pouco mais, ela quis saber e perguntou com modos tímidos:

— Conversou com Angelita?

— Sim — afirmou tão somente.

Ela abaixou o olhar e ainda indagou:

— Então já sabe?

— Sim.

— Sou motivo de vergonha e de desonra para minha família.

No primeiro momento, Iago pensou em falar-lhe sobre moral e princípios, da forma como aprendeu, da maneira como qualquer outro homem, arrimo de família, falaria. Seu pai ou seu tio, naquela mesma situação, sem dúvida, escarneceria Lea. O que fez era motivo de desprezo e humilhação. Deveria tratá-la da pior forma possível para mostrar o quanto ela era insignificante, agora, depois de sua postura, de seu comportamento imoral. Mas, logo acreditou que Lea já saberia de tudo isso.

Como ele, a prima foi criada com rigor e princípios religiosos sob a ótica de uma igreja que abominava tal comportamento.

Aproximando-se um pouco mais disse:

— Respondendo a sua pergunta... Se é motivo de vergonha, não sei dizer, mas, motivo de orgulho também não é. Sabe que terá sérios problemas, a partir de agora.

— Não sei o que será da minha vida... Já orei a Deus pedindo que eu morra... — chorou. Abaixou-se, apoiando-se e se sentando em uma pedra.

O primo deu passos vagarosos em sua direção e disse, ao lembrar:

— Ouvimos que Jesus impediu que apedrejassem a mulher adúltera. Mas disse para ela ir e não errar mais. Ele não disse para ela morrer nem deixou alguém matá-la. Penso que é o momento de você viver. Ter seu filho, cuidar dele, trabalhar...

— Como minha vida será a partir de agora? E a fazenda? Já está tão difícil... — chorou.

— Eu também não sei, Lea. — Iago se apiedou. Sentou-se ao seu lado, afagou-lhe as costas e os cabelos pretos e compridos, que estavam soltos.

Lea foi tomada por um choro compulsivo e se voltou a ele que a envolveu em um abraço morno.

Após longo tempo, o rapaz a afastou de si e disse:

— Procure se erguer. Será difícil, mas não impossível.

— Não sei o que fazer, Iago... Nem por onde começar.

— Faça o que der, o que pode. Não menos. É certo que teremos problemas. Mas não superaremos se formos covardes.

— O pior é ser julgada por uma sociedade com falso moralismo, onde um pode a mesma coisa que para outro é proibida. Pregam puritanismo, mas seus homens frequentam os piores lugares. Mulheres que falam em Deus, mas recorrem a cureteiras — pessoas que praticam aborto em outras —, são mentirosas, levantam falso testemunho, cuidam da vida alheia, traem seus maridos com empregados, abafam os podres da própria família!... O padre da cidade prega sermões de bons costumes, mas tem duas amantes em lugarejo vizinho, aceita tirar filhos dos outros por não parecerem normais, abusam de crianças e freiras...

— Lea, não nos preocupemos com a vida deles ou com seus comportamentos, pois seremos iguais a eles. Pensemos no que precisamos fazer para melhorar a nossa vida. — Iago pensou um pouco e lembrou: — Teremos problema dentro da nossa família. Seu irmão, decerto, não ficará nada satisfeito. A Estela, que está se deixando influenciar pela mãe, também criará problemas para mim por sua causa.

Lea o encarou. Fitaram-se por longos segundos.

— Desculpe-me... Não tive a intenção de importunar sua vida.

— Não precisa se desculpar. Estarei ao seu lado. Vou ajudá-la. Não sou ingrato. Devo muito a você e... Mesmo se não devesse... — sorriu. — Gosto de você o suficiente para desejar seu bem.

Sorriu. Olhou-a com ternura. Imaginou seu medo, insegurança e dúvidas. Gostaria que fosse diferente.

Sorrindo, com leveza, ele se levantou e estendeu a mão para ela.

Depois de se erguer, Lea confessou sussurrando:

— Estou com tanto medo...

— Imagino que sim.

Abraçou-a com ternura, agasalhando-a em seu peito ao afagar-lhe as costas.

Desejaria fazer mais. Aliviar aquela dor e temor. Não sabia que só sua presença já aliviava a aflição de Lea. Aquele abraço morno, vindo dele, era tudo do que ela precisava naquele momento.

CAPÍTULO 16

SANTIAGO

Com o passar dos dias, Lea acabou aceitando melhor a situação.

Mais uma vez, decidiu ser destemida e determinada. Os pensamentos, antes decaídos e desejando a morte, aos poucos, foram trocados por outros, à medida que se forçava a realizar tarefas.

O rumor sobre sua gravidez logo correu entre os empregados, espalhando-se também entre os que não trabalhavam ali, pois os criados de Iago, que foram até a fazenda para recolher produções, viram e souberam da gravidez.

Certo dia, logo que entrou em sua casa, após serviço cansativo, Iago foi recebido por sua esposa Estela e estranhou sua ferocidade.

Visivelmente revoltada, gritou ao vê-lo:

— Então não iria me contar, não é mesmo?!!! Pensou que eu nunca descobriria?!!!

— O que aconteceu, Estela? Do que está falando?

— Fiquei sabendo, por uma das criadas, que Lea está grávida!!! Isso é verdade?!!! — exigiu.

O marido a encarou com modos singulares, respirou fundo, expressando insatisfação por seus modos irritadiços, depois afirmou:

— Sim. Isso é verdade.

— E você não me contou?!!!
— Não. Não contei, justamente, por saber que reagiria dessa forma.
— Quer dizer que está do lado de sua prima?! Uma desqualificada! Sem moral! Sem dignidade! Uma rameira que jogou a reputação e o nome da família no lixo! Nosso nome agora está manchado por uma...
— Cale-se, Estela! — ordenou num grito. — O que esperava de mim?!
— Risque o nome dela de nossas vidas!!! É isso o que espero de você! Mas não! Continua indo até lá! Ajudando-a em tudo! Nem me contou sobre essa desqualificada estar prenha feito uma égua! Bem que minha mãe me avisou sobre o jeito dela!!! — Com ironia, ressaltou: — Determinada, exuberante, fogosa!!!... Uma conquistadora barata e ninguém estava percebendo isso!
— Engraçado, Estela! Quando lhe apresentei minha prima, por que não disse tudo isso a ela?! Acaso estava em seus planos aceitá-la, para me agradar, até me ter como marido?! Era esse seu plano?! — Não houve resposta e ele considerou: — Então você não é diferente dela! Também se comportou como uma rameira!!!
— Eu não a conhecia! Só depois, minha mãe soube quem era ela! Agora, Lea foi longe demais! Não posso ficar do lado dela! Nem você! Exijo que não a veja mais!!! Eu exijo!!!
"Agora entendo a razão de meu pai, meu tio e avôs exigirem que suas mulheres lhes tratassem com mais respeito, chamando-os de senhor meu marido... Esse tratamento talvez impusesse mais respeito e distância. É horrível ter uma mulher tão nervosa, descontrolada e exigente, gritando. Odeio gritos. Todo homem odeia gritos"—, ele pensou, mas nada disse.
Iago virou-lhe as costas e saiu. Retornou para casa somente de madrugada, sob forte efeito de bebida alcoólica.
Estela nunca o tinha visto daquele jeito.
Falou-lhe ainda muitas outras coisas de que o marido não se lembrou quando ficou sóbrio.

Não contente com a atitude do marido, Estela procurou por Edgar para conversar e contar-lhe sobre a gravidez de Lea.

Perplexo, petrificado, Edgar ficou nitidamente inconformado. Percebia-se, em sua fisionomia, a revolta e o desapontamento em forma de ferocidade.

Estela, por sua vez, não poupou qualquer comentário que desabonasse e criticasse Lea, o que deixou o outro ainda mais irritado.

Naquela época, era inadmissível uma mulher ter vida própria e ser mãe sem se casar. Os costumes e valores eram extremamente conservadores. Os soberanos, com mentalidade fechada e arcaica, na grande maioria, não tinham respeito ou empatia pelas mulheres.

As palavras de Estela e sua forma acalorada de falar, faziam com que a ira e a raiva crescessem nas emoções do outro.

— Precisa tomar uma providência, Edgar! Sua irmã acabará com o prestígio, a honra e o valor da nossa família! Se o pai de vocês estivesse vivo, tenho certeza de que lavaria a honra da família com sangue e a enclausuraria! Lea não tem limites! Não nos respeita! Não honra o nome que tem!

À medida que a ouvia, ele deixava sua contrariedade aumentar. Sentia multiplicar um desejo intenso de punir a irmã por tudo o que fazia.

Enlouquecido por pensamentos perturbadores e repetitivos, Edgar não dormiu nada naquela noite.

Negou-se a contar para sua esposa o que o incomodava, embora Leandra perguntasse algumas vezes o que havia acontecido, por percebê-lo tão furioso.

No dia imediato, Edgar chegou a cavalo na propriedade de Lea e a encontrou trabalhando em meio à plantação, próxima de funcionários da fazenda.

Ela sorriu ao vê-lo. Largou o que fazia e foi ao seu encontro. Achou que o irmão tivesse ido ali para se reconciliar, já que nunca mais se falaram desde que brigaram em um almoço, na fazenda dele. Era típico de Edgar pedir desculpas.

Desceu do cavalo. Próximo a ela, nem respondeu ao cumprimento e bateu-lhe no rosto com tamanha força que a jogou ao chão.

Passou a xingá-la com os mais inapropriados nomes, ofendendo-a com as piores classificações, enquanto a chutava.

De imediato, os funcionários pararam o trabalho e correram em direção do agressor.

Edgar estava violento. Era difícil segurá-lo. Não conseguiam detê-lo sem o agredir. Por essa razão, um funcionário da fazenda, bem mais forte do que ele, aproximou-se e passou a esmurrá-lo.

Enquanto isso, Lea foi socorrida e levada para a casa.

Enfraquecido depois da surra, foi colocado sobre o cavalo e expulso da fazenda pelos próprios funcionários.

Já no interior da casa, a dona da propriedade foi cuidada.

Todo seu corpo ficou dolorido. Sentia ainda mais dores onde recebeu os chutes.

Ela chorou. Chorou muito.

Bem mais tarde, um pouco refeita, relatou detalhes do ocorrido:

— O Edgar chegou e foi me segurando. Havia algo estranho no olhar dele. Uma maldade... Ele me bateu, jogou-me no chão, chutou... Foi me xingando... Chamou-me de vários nomes infelizes... Disse que engravidei de um vagabundo...

— Mas quem foi que contou a ele sobre sua gravidez? — Angelita quis saber.

— Não tenho ideia... — murmurou chorosa. Estava sensível.

— Os funcionários defenderam a senhora. Seguraram o seu Edgar, bateram nele, colocaram em cima do cavalo e expulsaram daqui! — disse uma das empregadas. — Mas antes de sair, ele falou que ia matar o Luís.

— Meu irmão é bem capaz disso — Marisol comentou, preocupada.

— Deixem de conversa! — Margarida falou firme. Desejava acabar com o assunto que poderia trazer mais preocupações ainda. — Lea precisa de descanso e não de conversas tolas para infernizarem sua cabeça. Vão cuidar das suas vidas! Se não tiverem trabalho a fazer, eu arrumo para vocês! — Virando-se, ofereceu: — Toma esse chá, Lea. Ficará mais calma. Depois deite e descanse.

Iago soube do ocorrido, mas ignorava ser sua esposa quem contou para o primo sobre a gravidez de Lea.

Imediatamente, foi visitar a prima.

— Tinha certeza de que seu irmão ficaria irritado. Mas não esperava que o Edgar fosse capaz de uma coisa dessas.

— Não sei o que aconteceu. Não parecia meu irmão. Aliás, nos últimos tempos, ele anda muito estranho.

Iago se aproximou, sentou-se na cama onde Lea estava sentada, com as costas encostadas na cabeceira e uma manta cobrindo as pernas.

Tomando suas mãos e disse:

— Lamento por tudo isso. Se tiver alguma forma de eu ajudá-la... — olhou em seus olhos.

Lea se emocionou. Lágrimas brotaram. Apertando as mãos dele, agradeceu:

— Obrigada. Não imagina como é bom ter sua solidariedade e ajuda, principalmente, neste momento tão delicado.

O rosto do rapaz iluminou-se com um sorriso agradável.

Não resistindo, aproximou-se ainda mais e a puxou para um abraço forte e morno.

Emocionada, chorou em silêncio e ele percebeu.

Permaneceram assim por algum tempo.

Ao se afastarem, Iago secou, com as mãos, as lágrimas que escorriam na face angelical da prima.

Seus olhos fitaram-se por longos segundos até que Iago respirou fundo e desviou o olhar.

Lea abaixou a cabeça, até que ele disse:
— Bem... Sabe que pode contar comigo. É só mandar me chamar.
— Obrigada.
Iago se aproximou novamente e, de modo rápido, beijou-lhe o rosto e se levantou.
— Agora, preciso ir — decidiu e se virou.
Nem mesmo viu quando Lea levou a mão no rosto e, levemente, ficou com a palma segurando a face onde recebeu o beijo, como se quisesse segurar aquele carinho por muito mais tempo.
Ao sair, ele quase esbarrou em Margarida, que trazia uma bandeja com xícaras de chá.
A senhora se deteve e, bem séria, com olhar espremido, seguiu-o até vê-lo sumir no corredor.
De imediato, voltou-se para Lea e perguntou com jeitinho típico:
— O que deu nele?
— Também não sei. Iago estava estranho — murmurou.
Margarida, desconfiada, não quis falar nada a respeito e ofereceu:
— Trouxe chá para você.
— Obrigada. Vou tomar — sorriu.
No mesmo instante, Marisol entrou no quarto. Com modos agitados, anunciou gritando:
— Eles o mataram! Eles o mataram!
Lea se sobressaltou e perguntou assustada:
— O Luís?! Mataram o Luís?!
— Não! Mataram o Raul!!! Mataram o Raul e o pai dele também!!!
Lea trocou olhares com Margarida e a senhora se aproximou de Marisol, tentando acalmá-la.
— Venha... Sente-se — pediu generosa.
— E agora?! O que será?!
— O que será o que, Marisol?! — a irmã tentou entender. — O Raul não aceitou as filha. Abandonou-as em um orfanato e

as deu como morta. Prendeu você como se fosse louca. Não bastasse, deu-a como morta também, quando fugiu. Casou-se de novo! O que espera desse homem?!

Marisol ficou confusa. Não sabia o que dizer.

— Minha irmã, você não pode ser vista nem aparecer para a sociedade por causa dele. Raul tinha muitos negócios escusos. Falcatruava. Seu pai mantinha homens trabalhando em regime de escravos ainda. Quando fugiam, ele e o pai mandavam o capataz, também um negro, ir atrás e... Pobre daquele que era capturado. Muito me admira você esperar algo desse homem.

— Mas é que... É o pai das minhas filhas.

— Pai?! Um homem que joga as filhas fora pode ser considerado pai? O Raul desapegou das meninas como se elas fossem bichos.

— Estou chocada, minha irmã! Acaso não tenho esse direito? — tornou Marisol.

— Cuidado ao se dar certos direitos. Quando nos damos muitos direitos, esquecemos os nossos deveres — Margarida alertou. — Valorize-se, Marisol. Apesar das dificuldades, agradeça a Deus por ter livrado você desse homem. Cuide do que o Senhor confiou aos seus cuidados.

— Saí de um casamento nobre, onde tinha tudo do bom e do melhor. Era servida a qualquer hora. O que foi que me restou nesta vida?! Nem posso sair! Fui dada como morta! O que me restou?!

— Restaram suas filhas. Foi isso o que o Senhor confiou a você. E quem alardeou sua morte, impedindo-a de aparecer em público, foi seu marido e a família dele. Foi o homem por quem quer se desesperar e chorar. Acorda, minha irmã!

— Vocês são insensíveis!

— E você cega! — Lea exclamou.

Inconformada, Marisol se levantou, virou as costas e saiu, calcando o chão de modo firme, fazendo seu pisar exibir que não gostou da conversa.

Voltando-se para Margarida, Lea lembrou:

— Bem que você disse que Raul seria morto. Sua premonição não falhou.

— Ora, menina... Não é preciso premonição para adivinhar uma coisa dessas. Aquele moço e seu pai eram muito malvados. Ninguém que pratica o mal permanece feliz e fica impune por muito tempo. O mal rodeia os maus.

— De alguma forma, você sabia. Falou sobre isso.

— Falo muita coisa que não sei explicar.

— Margarida! — Quando a viu olhar, perguntou: — Acha que meu irmão fará algo contra o Luís?

— Não — respondeu firme.

— Por que tem tanta certeza?

— Há casos em que a covardia é uma bênção enorme. Seu irmão é infeliz. Acreditou que só seria feliz se tivesse conquistado a mulher com quem sempre sonhou. Grande engano. Não a conhecia de verdade e a odiaria de qualquer forma. Ele deveria se dedicar ao casamento que assumiu. Encontraria grandes realizações e felicidade dentro do lar.

— Você sabia que o Edgar gostava da Estela?

— Quem não viu isso, é cego. E ela percebeu isso também. Mulher tola.

— Por que diz isso?

— Foi ela quem contou para seu irmão que você está grávida.

— Será? Como sabe?

— Só sei que sei. Estela, por dar ouvidos à mãe, está fazendo um inferno do próprio casamento. Mulher que briga em casa, coloca marido para olhar o mundo sem ela.

— O que quer dizer com isso? — Lea ficou intrigada.

— Você entendeu. Agora, descanse.

Imperceptível, o tempo foi passando...

Estela deu à luz uma menina, que recebeu o nome de Angélica.

Iago ficou feliz com o nascimento da filha, diferente de sua esposa que desejava imensamente um menino.

Não demorou muito e Leandra deu à luz um menino, que recebeu o nome de González. Edgar decidiu homenagear seu avô paterno.

Depois de algum tempo, nasceu Santiago, filho de Lea.

Em visita à prima, Iago ficou sabendo:

— Dei ao meu filho o nome de Santiago em homenagem a você, primo — sorriu. — Santiago é uma aglutinação de Sant'Iago ou Santo Tiago, um dos doze discípulos de Jesus Cristo.

Iago ficou emocionado ao saber e sorriu. Não tinha o que dizer.

— Cheguei a pensar em lhe dar o nome de Iago, mas... Acaso tenha um filho e quiser dar seu nome, podemos ter confusão — riu ao considerar. — Primos com o mesmo nome seria engraçado. — Seu sorriso se fechou ao lembrar: — Pena que não poderei batizá-lo.

— Por que não? — ele quis saber.

— Não sou casada. Conhece os empecilhos da igreja.

— Sabemos muita coisa sobre o padre Manolo.

— O que você quer dizer?

— Que se eu ou você pedirmos a ele para batizar Santiago... Se ele se recusar, podemos pressioná-lo por suas imoralidades. Sua fazenda tem uma igreja. O batizado pode ser aqui.

— Não sei se isso é possível. Nos registros do clero, é necessário o nome do pai.

— Daremos um jeito. Se for para Santiago ter um nome e seu registro, daremos um jeito.

Lea iluminou seu rosto com lindo sorriso e anunciou:

— Quero que você, Iago, e a Angelita, sua irmã, sejam os padrinhos do Santiago. Daremos um almoço! Será lindo!

O primo estava com o pequeno no colo, aproximou-o e beijou a testa do garotinho, entregando-o à mãe.

Iago procurou pelo pároco da cidade que relutou realizar o batizado. Alegou que os livros da igreja exigiam o nome do pai e o casal deveria ser casado.

Quando saia da paróquia, para sua surpresa, ele avistou Luís, que chegava à cidade.

Ambos se cumprimentaram com aceno de cabeça.

Havia um clima tenso no ar. Mal se encararam, no primeiro momento, até Luís perguntar:

— Como está Lea?

— Está bem. Melhor agora após o nascimento de Santiago.

— Ela teve um menino?! — surpreendeu-se.

— Sim. Seu filho é um menino.

Luís abaixou a cabeça e respirou fundo. Não sabia o que dizer e arriscou:

— Estive pensando muito nela. Por isso, decidi vir aqui. Gostaria de vê-la.

— Ela está tentando batizar o filho, mas o padre Manolo não quer realizar o batizado pelo fato de Santiago não ter um pai e a mãe não ser casada com ele.

Luís o encarou e perguntou:

— Será que posso visitá-la?

— Creio que sim. Quer vir comigo?

— Claro. Vamos.

Lea surpreendeu-se ao ver quem acompanhava Iago.

A princípio pensou em não deixar Luís entrar e conhecer o filho, mas, em seguida, considerou.

Com o pequeno nos braços, Luís disse:

— Santiago. É um lindo nome. Lindo como ele. — Encarando-a, falou em tom solene: — Desculpe-me, Lea. Desculpe-me por não estar presente. Imagino o quanto tem sido difícil para você, sozinha... — Lea permaneceu em silêncio e bem séria. Estavam a sós no quarto e Luís sentiu-se mais à vontade para falar: — Soube, por Iago, que meu tio, o padre

Manolo, reluta em fazer o batismo. É algo muito importante para você.

— Não só para mim. Aqui, é a igreja que faz e guarda os registros. Preciso que meu filho exista! — ressaltou. — Tenha um nome, seja registrado, tenha direitos. Não sou qualquer uma para deixar um filho sem nome, sem o nome do pai. Meu marido faleceu a tempos. Não posso dizer que é filho do Vicente. Como poderia?...

Longo silêncio.

— Lea... Não posso me prender aqui nem você pode me acompanhar. Olhando para o Santiago... Vejo que é inviável tê-lo comigo na estrada com a vida que eu levo. Mas... — Aproximando-se dela, sugeriu de modo emocionado: — Se aceitar... E eu espero que aceite... Podemos nos casar. Aqui mesmo na igreja da fazenda. No mesmo dia, faremos o batizado do Santiago. Dessa forma, tudo ficará como você quer. O Santiago terá um nome. Terá o registro.

— Depois você iria embora? — olhou-o firme, aguardando a resposta.

— Como disse... Não conseguiria me prender.

— Não sei o que dizer — tornou com expressão preocupada.

— Pense, Lea. Pense. Voltarei sempre para visitá-lo. Ele saberá que tem um pai. Poderá dizer que meu trabalho exige que eu viaje sempre.

— Quer que eu crie meu filho com mentiras?

— Quero que ele não sofra, sentindo-se rejeitado. Isso seria pior. Ele terá um nome. Não terá uma mãe falada, pois imagino as dificuldades que tem passado e ele também passará.

— Vou pensar. Dê-me dois dias.

— Enquanto isso, posso ficar aqui, como antes?

— Não — foi firme. — Fique na cidade, onde está acostumado. Mandarei um mensageiro até você.

Após a partida de Luís, ao se ver a sós com Margarida e Iago, Lea contou-lhes tudo.

— Você não pode aceitar se casar com um homem que, em poucos dias, irá abandoná-la novamente! — ele protestou. — Como será sua vida e a do Santiago?! Viverão de migalhas?! Esperarão por um homem que vai e volta quando bem quiser?!

— Primo! Preste atenção! — disse firme. — Não estou fazendo isso por mim, mas pelo meu filho! Santiago precisa de um pai! Precisa ter um nome! É isso que a igreja exige. Dessa forma, mais tarde, quando tudo isso for esquecido, ele também será respeitado. Sabe como é nossa sociedade.

— Ora, Lea!... Estou pensando em você! Como será depois de casada com Luís?! Ele vem e vai quando quiser! Irá deixá-la grávida novamente passando por todas as dificuldades sozinha! É isso o que quer?! — estava nervoso.

— Não ficarei grávida novamente!

— Duvido! — ele praticamente gritou. — Você está carente! Ele saberá como conquistá-la! Depois, irá abandoná-la como já fez! Que tipo de vida é essa?!

— Iago!... Preste atenção! Casada, poderei ter outra vida! Quando o povo da cidade souber, será um escândalo, mas, em breve, será esquecido. Poderei ir à cidade sem ser nomeada do que já fui. Terei um nome, um marido, um filho!... Voltarão a me respeitar!

— Não é assim que as coisas funcionam!

— Preciso tentar!!! Que alternativa você me oferece?!! — gritou. — Não poderá cuidar de tudo para mim a vida inteira!!!

Iago fitou-a firme, espremendo os olhos ao pensar em algo. Nenhuma ideia. Nada lhe vinha à mente.

Ele respirou fundo e ruidosamente. Caminhou alguns passos, que não o levaram a lugar algum.

Com voz mais suave, Lea foi até ele e pediu:

— Por favor, Iago. Entenda e aceite. Preciso muito da sua permissão, da sua aprovação, do seu apoio, da sua bênção... Não tenho mais ninguém...

— Minha bênção? — indagou ao se virar para ela.

— Sim. Você é a pessoa mais importante na minha vida, depois do Santiago. Preciso que fique do meu lado.

— Posso ficar ao seu lado, mas não concordo com o que está fazendo. Nem pensou que o Luís pode vender seus bens, vender essa fazenda com tudo o que tem nela, quando se casar com ele?

— Ele não faria isso. O Luís gosta do que faz e...

— Não confie assim em ninguém, Lea. Ainda mais em um homem que não se sacrifica pelo amor que diz sentir por uma mulher que tem um filho dele. Eu faria qualquer sacrifício para ficar ao seu lado e do meu filho.

Lea pareceu levar um choque ao ouvir isso. Seus pensamentos ficaram confusos e não sabia dizer direito o que entendeu daquelas palavras.

Imediatamente, Iago virou as costas e saiu.

Somente nesse momento, Margarida, que estava quase imperceptível, manifestou-se:

— Seu primo precisa colocar a cabeça no lugar e você precisa de juízo!

— Como assim? O que está acontecendo?! Ajude-me, por favor! — pediu em tom de desespero.

— Ora, menina!... Mais claro do que isso tudo o que ouviu, não pode ser! — pareceu zangada.

— Não! Não! Não!... Será que o Iago disse o que eu entendi?

— Tem alguma dúvida?! Ele não quer que se case, mesmo sendo o melhor para você e seu filho. — Silêncio. — Mas, uma coisa ele tem razão: casado com você, o Luís poderá fazer o que quiser com essa fazenda, com as produções. Até vender a propriedade. E acaso tenha outros filhos por aí e os assuma, eles também serão herdeiros.

— O Luís não faria isso. É um bem, uma herança do filho dele!

— Nesse caso, concordo totalmente com o Iago. Você confia demais. Aprenda de uma vez por todas, Lea. Não confie em ninguém. Amanhã, não sabe o que a pessoa fará, não sabe do que será capaz. A vida faz revelações terríveis.

— Só penso no meu filho.

— Deveria pensar no futuro dele.

CAPÍTULO 17

UM PRESENTE PARA SANTIAGO

No dia seguinte, mais calmo, Iago procurou por Lea. Constrangido, pediu para que conversassem longe de todos.

Depois de deixar Santiago sob os cuidados de Margarida, saiu com ele para longe da casa.

Após uma caminhada, chegaram perto do lago, onde ela gostava de ir sempre.

— Desculpe-me pelo que falei ontem.

— Não tenho pelo que desculpá-lo. Achei estranha a sua atitude, seu comportamento. Nunca o vi daquele jeito.

— Acredito que esteja sendo ingênua, mais uma vez, por querer se casar com Luís.

— Iago, você não consegue entender que, se eu me casar com ele, minha vida e do meu filho pode melhorar perante a sociedade?

— Sim. Consigo entender isso. Mas, como homem de negócio, preciso alertá-la sobre o futuro. Conforme já adiantei, como seu marido, o Luís terá direitos sobre seus bens. Poderá vender esta fazenda, apostá-la em jogos... Comprometendo o futuro do seu filho e o seu. Se ele tiver e assumir outros filhos, eles terão direitos e o Santiago precisará repartir com esses irmãos a herança que recebeu da mãe. Entende o que digo?

— Sim — murmurou. — Mas não sei o que fazer, quanto a isso.

— Creio que, nisso, posso ajudar. Mas terá de confiar mais em mim do que nele. Embora esse casamento não me agrade...
Firme, ela o encarou e, criando coragem, perguntou:
— Quero entender por que esse casamento não lhe agrada.
— Foi um erro.
— O que foi um erro? — tornou ela desejosa por entender a verdade.
— Meu casamento com Estela.
— Não diga isso, Iago — murmurou. Abaixou a cabeça e se virou. Fechando os olhos.
— Digo sim. Meu casamento com Estela foi um erro. Eu sabia... Sentia-me atraído por você, mas... Tive medo e...
— Somos primos...
— E daí? Quantos casamentos com primos existem na história da humanidade? — Não houve resposta. — Sempre a admirei. Desde que éramos pequenos, jovens... Lembro-me de admirá-la desde sempre. Gostava do seu jeito. Sempre foi determinada, destemida... Lembra-se de quando a ensinei a cuidar de bichos, pescar, nadar!... — riu. — Acho que nenhuma mulher daqui sabe nadar — fitou-a e ela sorriu. — Você me ensinou a cozinhar. Por causa disso não passei fome quando fui morar sozinho na fazenda — sorriu. Silenciou por um tempo, depois contou: — Quando a Estela apareceu, toda meiga, graciosa e bela... Fiquei encantado por ela, mas... Foi só isso. Após o casamento, não demorou e sua meiguice se transformou em implicância. Sua graciosidade virou azedume. E?... Não se faz nada com beleza, quando não se tem outros atributos. Estela é egoísta. Fez-se meiga e graciosa para conseguir casar e não ficar solteira. Percebo que não tem sentimentos por mim.
— Não fale mal de sua esposa para mim. Ela foi escolha sua! Essa conversa me assusta. Não serei destruidora de lares! — falou firme, olhando em seus olhos.
— Não estou pedindo isso! — afirmou no mesmo tom. — Quero somente que me entenda, que saiba porque estou lutando por seus interesses. Ajudarei a você e ao seu filho, que considero como meu. Participei de sua gravidez todos os

dias. Tenho grande amor por ele. Nada mais, além disso. Tenho uma família e cuidarei dela também. Sei, muito bem, que foi escolha minha e sou responsável por isso.

— Meu Deus... Você precisa colocar sua cabeça no lugar, Iago. Que a Virgem Maria oriente suas ideias e...

— Agradeço por orar por mim. Mas saiba que sei o que quero. Preocupo-me com você por saber que só terá a mim enquanto Santiago não for um homem e conseguir administrar esta fazenda sozinho. Estou sendo sincero. Preciso que confie em mim.

Ao chegar a sua casa, naquele mesmo dia, Iago foi recebido com uma enxurrada de reclamações.

Estela estava furiosa por saber que o marido passou tanto tempo com Lea.

— Deveria cuidar de sua fazenda, de seus negócios!!! Cuidar da sua vida! Da sua família!!! Deveria estar aqui em casa cuidando de mim e de sua filha!!! Mas não!!! O que o atrai tanto naquela fazenda?!!

— Cale a boca, Estela! Já tive um dia cheio demais!

— Cheio?! O meu marido não sabe o que é ter um dia cheio! Não! Não sabe o que é ouvir o choro da Angélica o dia inteiro, sem saber por que ela chora tanto!

— Estela! Casamento é isso mesmo! Você tem de fazer os seus afazeres e eu os meus!

— Seus afazeres não são na casa da sua prima!!! Aquela desavergonhada e... — xingou e ofendeu.

Não suportando mais tantos gritos que o seguiam aonde quer que fosse, reagiu:

— Cale a boca, Estela!!! Eu exijo!!! Não me faça tomar uma atitude para que se cale!!!

Diante do berro, a esposa silenciou. Assustou-se. Não imaginava que Iago pudesse agir daquela forma. Ele sempre foi um homem muito tolerante e bondoso.

Iago, muito irritado, não conseguiu ficar ali. Virou as costas e saiu. Retornou bem tarde e embriagado.

O casamento entre Lea e Luís aconteceu na igreja da cidade, diante dos olhares críticos de muitas pessoas.

No entanto, ela decidiu que o batizado de Santiago seria um evento particularmente agradável, na igrejinha da fazenda, reservado à família, longe dos olhares críticos daqueles que não desejavam o seu bem.

Quando Luís acreditou que o quarto de Lea, na fazenda, seria o quarto do casal, enganou-se.

— Como assim? Não dormirei com você? — ele se surpreendeu.

— Quando me propôs casamento, ficou claro que era para que nosso filho tivesse um pai, um nome em seu registro na igreja e pudesse ser batizado. Ficou claro que você não se prenderia a essas terras, aos trabalhos nesta fazenda. Ficou claro que seria um homem livre. Ficou claro que voltaria ao serviço que realiza pelo mundo afora... Ficou claro sua liberdade. Diante disso, você só é meu esposo no papel e não nas vias de fato. Sendo assim, quero que fique claro que não dormirá na mesma cama comigo. Não aceito ser usada e depois dispensada para que viva sua liberdade pelo mundo. — Breve instante de pausa e avisou: — O quarto, no final do corredor, foi preparado para você. Mas... se não quiser, deixo claro que pode ir para a hospedaria na cidade. Espero que tenha uma boa noite.

Luís não sabia o que dizer. Não esperava por isso. Diante da decepção, não lhe restou outra escolha. Pegou suas coisas e foi para o quarto, no final do corredor.

Na manhã seguinte, Marisol advertia sua irmã:

— Como pôde fazer isso?! Agora ele é seu marido! Deve obediência a ele!

— Obediência coisa nenhuma! Ficou louca?! Sou uma mulher independente desde minha viuvez! Esse casamento com o Luís foi somente para facilitar a vida do meu filho, por conta de uma sociedade hipócrita, falsa, medíocre e que cuida demais da vida dos outros. Não me casei para ter um homem ao lado, um parceiro, um companheiro. Até porque, sei, perfeitamente, que ele quer liberdade! — ironizou. — Não posso me iludir em querer mudá-lo. Ah... Isso não! Se ele não quer ser companheiro, parceiro, pai de família... Não terá direito à vida conjugal. Pronto! É isso!

Sem saber qual o assunto da discussão, Luís chegou à grande cozinha, onde faziam o desjejum e perguntou em tom alegre:

— Bom dia! Estão falando de mim? — sorriu.

— Sim. Estamos — Lea afirmou. — Quero saber quando é que viajará novamente a trabalho?

— Mal cheguei... — ficou surpreso.

— Sim. Eu sei. Mas precisamos retornar à lida e um hóspede atrapalha o serviço da casa.

— Não sou um hóspede, Lea... — ficou sem jeito.

— Não repetirei tudo o que lhe disse ontem à noite. Se nós nos casamos só no papel para dar um nome e melhores condições sociais ao Santiago, sim, você é um hóspede, pois não mora aqui. Sua presença pode incomodar o bom andamento da rotina. O café da manhã fica pronto às 5h. Eu disse, fica pronto. Não é servido. Cada um se serve. Quando temos hóspedes, aí sim, o café é servido e, isso ocupa demais quem trabalha na cozinha, pois o hóspede, geralmente, não está à mesa às 5 horas da manhã. — Olhando o relógio, pendurado na sala e que podia ser visto de onde estava, apontou: — Veja que horas são! 6h30min! Já é tarde! Estaríamos trabalhando se não fosse sua presença! O almoço é servido às 10h. A cozinha já deveria funcionar com os preparos para ele, mas...

Por conta de termos você aqui... Tudo atrasado! Entendeu o que digo?

Não houve resposta.

— Lea, seja mais agradável, minha irmã — Marisol foi educada e sorriu para ele.

— Agradável? Ora!... E você!... Veja se cuida melhor das suas meninas. Não ocupe as empregadas para isso. Elas têm muito trabalho. Agora... Se me derem licença... Estamos no período de colheita — virou-se e saiu.

Luís não era tão bem tratado quanto esperava e isso antecipou sua partida, fazendo-o retomar às feiras que realizava de cidade em cidade.

A vida foi retornando ao normal para Lea que, com postura imponente e aos poucos, voltou a frequentar a cidade.

Primeiro retornou às missas de domingo. Percebia que era observada e também motivo de cochichos. Mas continuou firme. Sabia que, logo que surgisse outro assunto diferente, deixaria de ser alvo de conversas.

Depois, começou a efetuar as próprias compras para o que precisava na fazenda, deixando Iago sem esse encargo.

Porém, ainda era o primo quem negociava as vendas do que produzia. Os compradores nunca sabiam a origem das mercadorias: se da fazenda dele ou dela.

O tempo seguiu...

Aos poucos, Lea percebia que as pessoas voltaram a cumprimentá-la normalmente e até sorriam para ela e Santiago, que crescia lindo e forte.

Certo dia, na cidade, quando saia de um armazém, deparou-se com Edgar.

Lea estava bem-vestida, além de muito bonita. Tinha uma postura imponente, soberana, apesar dos calos nas mãos que as luvas escondiam.

O irmão pareceu levar um susto ao vê-la.

Ambos pararam. Ela, muito séria, encarou-o com firmeza enquanto segurava a alça do carrinho de bebê.

— Olá, Lea... — Edgar murmurou.

Ao contrário dele, ela cumprimentou firme:

— Bom dia, Edgar. Como tem passado?

— É... Bem...

Fazia um ano que não se viam. O irmão estava malvestido. Aparência envelhecida, apesar de ser mais novo do que ela.

— Sua esposa Leandra e seu filho estão bem?

— Sim, estão — respondeu rodeando a aba do chapéu nas mãos. — Eu soube que se casou e que teve um menino — falou em tom baixo, olhando para Santiago no carrinho, emitindo grunhidos alegres e engraçados, brincando com os sons.

— Sim. Este é meu filho, Santiago! — ressaltou com lindo sorriso.

— É um bonito nome. Ele é grande, muito bonito também. Parabéns.

— Obrigada. — Sem demora, decidiu: — Se me der licença... Preciso ir.

— Claro... — recuou para o lado como se abrisse passagem na calçada de tábuas que havia frente às lojas.

Após passar por ele, empurrando o carrinho, ela disse ainda:

— Foi bom vê-lo. Dê lembranças à Leandra.

— Obrigado. Apareça lá em casa quando quiser.

Ela nem virou para trás enquanto ele a acompanhou com o olhar por bom tempo, até que subisse na carruagem com a ajuda de um funcionário.

Ao chegar a sua casa, procurou por Margarida e contou-lhe tudo.

— Quando passei por ele, foi capaz de me convidar para aparecer à fazenda, então nem olhei.

— Seu irmão é inseguro. Não tem opinião própria e se deixa levar pelos outros.

— Não esqueço como me agrediu. Poderia ter matado meu filho. Ainda guardo mágoa por isso.

— Não creio ser mágoa. Você está triste.

— E se ele vier aqui?

— Receba-o como qualquer pessoa, oras! — nesse momento Margarida tossiu fortemente.

— Está resfriada?

— É... Parece que estou.

Respondeu e, quando ia saindo para cuidar de algum assunto, ouviu Lea perguntar:

— Pensei em convidar meu irmão e a família para virem aqui e o Iago e a família também. O que me diz?

— Você sempre querendo unir as pessoas... Terá de esconder a Marisol e as gêmeas. Tem certeza de que é isso o que quer? Tanto trabalho...

— Isso foi um sim?

Margarida não ouviu.

Nos dias que se seguiram, Margarida ficou acamada por causa de febre constante.

Lea deixou seus afazeres para cuidar, pessoalmente, da amiga.

— Eu mesma fiz essa canja, Margarida. Tome só um pouquinho — pediu com voz delicada.

— Obrigada, mas não consigo engolir nada.

— Só um caldinho, então... — insistiu.

Diante da teimosia, a senhora aceitou. Com dificuldade, engoliu três colheradas.

— Agora chega... Obrigada... — falou com voz rouca e tossiu muito.

— Mandei chamar um médico para vê-la. Ele virá amanhã, sem falta.

— Ora, menina... Não gaste dinheiro à toa.

— Não levarei em consideração o que me diz. Sei que a febre altera os pensamentos e a compreensão das coisas.

— Estou velha demais. Está na hora de partir.

— Deixe de falar bobagens! — zangou-se Lea.

— A morte é a lei da vida.

Lea ficou contrariada com o que ouviu.

No dia seguinte, após examinar Margarida, o médico disse:

— Os pulmões estão muito atacados. Ela precisa de cuidados e repouso. Já vi essa complicação antes e sei que é muito perigosa. É uma doença que ataca os pulmões e dificulta a respiração.

— É grave?

— Acredito que sim. Não temos muito o que fazer a não ser esperar. Quando me mandou chamar, seu empregado falou do que se tratava e logo desconfiei. Por isso, trouxe comigo essa garrafada de xarope. Dê a ela três vezes ao dia. Deve ajudar. — Virando-se para a paciente, recomendou: — Tome sol, dona Margarida. Sol faz muito bem à saúde. Também fique de repouso. Voltarei aqui para vê-la em três dias.

— Escutou, Margarida? — Lea reforçou. Ao ver o médico pegar sua maleta para ir embora, decidiu: — Vou acompanhá-lo, doutor. Obrigada por tudo.

Todas as manhãs, uma cadeira era colocada ao sol para que nela Margarida ficasse exposta.

Preocupada, Lea a acompanhava em tudo.

Naquele dia, ao ajudá-la a se deitar, observou:

— Que bom! Hoje está sem febre. Está melhorando bastante com os remédios e pelo banho de sol.

— O sol cura muita coisa, mas o melhor que ele faz é arrancar a energia da tristeza do nosso coração. Sol é vida.

Lea achou graça e não deu importância. Deixou-a deitada e saiu.

Quando seguia pelo corredor, percebeu que esqueceu seu xale no quarto da cunhada. Imediatamente, retornou.

UM NOVO CAPÍTULO

A porta estava entreaberta e, por isso escutou a senhora dizer:
— Pois é, Antônio... — nome de seu marido, falecido havia anos. — É bom eu não ficar doente não. Se fico doente, vem todo mundo me rodeando e dando remédio. — Breve pausa e indagou: — O que você disse? — breve pausa. — Eu sei que sou querida — riu e tossiu pelo esforço. — Também gosto muito dessa menina e do Iago. Sentirei falta dela. Foi bom que tudo aconteceu como planejado. Apesar das dificuldades que enfrentou, Lea tomou posse de tudo isso aqui e o Santiago também fará tudo certo. Eles aprenderam a tratar bem as pessoas. Ele aprenderá muito com a mãe para que, no futuro, em terras distantes, possa fazer um trabalho muito bom, que ele vem planejando há muito... — Nova pausa. Às vezes, sua voz era baixa e não se entendia o que era dito. — É... Eu sei. Sei que Iago será importante. Mas o coitado terá tanto problema por causa das escolhas e desatinos daquela mulher dele... — Um instante de silêncio. — Verdade, Antônio. Dá medo de ele não conseguir. Será triste. Mas... não era para ser. — Breve instante. — O Luís é imaturo, covarde. — Ficou quieta como se ouvisse alguém. Depois disse: — O Iago é danado! Ele fez isso e Lea nem me contou. Então, agora fico tranquila. O bem e a caridade não sobrevivem sem o dinheiro.

Ao perceber longo silêncio, Lea adentrou e se deixou ver.
— Com quem você estava conversando, Margarida? — perguntou com delicadeza.

A senhora a olhou e riu antes de responder:
— Com o Antônio. Não sabia que estava me ouvindo. Desta vez ele não me avisou que você estava aí — riu e teve uma crise de tosse.
— Deve ser a febre! Só pode! — afirmou preocupada, colocando a mão na testa da enferma.
— Deixa disso... Preciso descansar — murmurou baixinho. — Antônio me paga por não me avisar que tinha gente no quarto.
— O que disse?

Margarida não respondeu.

A vida seguiu.
O tempo passou...
Dificuldades surgiram, principalmente, quando o inverno rigoroso se antecipou e durou muito mais tempo do que o normal. Fez plantações se perderem e os prejuízos vieram.

Iago e Lea estavam bem preocupados. Reunidos, pensavam em estratégias para não passarem dificuldades.

— Não sei o que aconteceu. Parece que seu irmão adivinhou todos os nossos planos sobre exportar e se antecipou, vendendo toda a produção dele a um preço que, jamais, poderíamos aceitar. O prejuízo seria certo — contou Iago.

— Estranha essa antecipação — Lea disse com algo suspeito em seus pensamentos.

— Sim. O Edgar procurou os mesmos compradores com que negociamos sempre. Não sei onde conseguiu informações tão precisas e...

— Como meu irmão pôde fazer um preço inferior ao nosso?

— Apesar de ele ter sofrido prejuízos com o inverno, sua produção foi bem maior do que a nossa. Ele tem mais terras. Além disso, você sabe, tão bem quanto eu, que o Edgar ainda mantém mais da metade dos seus trabalhadores em regime escravo. Eles trabalham em troca de casa e comida. Muito diferente do que fazemos. Agora, não sei o que fazer. Nossos planos eram exportarmos, mas não temos como. Colocaremos à venda por um preço mais baixo para, pelo menos, pagarmos os funcionários e financiarmos a compra dos grãos para a próxima safra. Não sobrará quase nada.

— O que Edgar fez foi traição. Ele não tem empréstimos a pagar e é mais rico do que nós, pois herdou muitas terras.

— Eu soube que a senhora Juanita, mãe do finado Raul, está executando as cobranças dos pequenos produtores. Aqueles que não conseguem pagar suas dívidas têm suas propriedades confiscadas e agregadas às dela.

— Meu Deus... — Lea lamentou. — Mulher impiedosa. No meio de tanto dinheiro ainda quer mais, mesmo que custe a miséria dos outros.

— Muitos estão desesperados. — Iago olhou para Lea, deu leve sorriso engraçado ao perguntar: — Por acaso não está pensando em confiscar minhas terras por eu não ter pagado aquela dívida do ano passado, está?

Ela riu com gosto e respondeu:

— Mas é claro que estou! Tomarei suas terras e ainda irei mantê-lo trabalhando para mim em regime escravo! — rindo, inclinou-se para o lado e pegou a mão do primo que estava sobre a mesa, em cima de alguns papéis.

O riso foi se fechando suavemente, enquanto seus olhos se imantaram por longos segundos.

Ambos experimentaram uma sensação estranha invadir suas almas.

Lea se surpreendeu, respirou fundo e fugiu o olhar, recolhendo a mão.

Iago, virou o rosto com serenidade, remexeu-se na cadeira e voltou a olhar os papéis sobre a mesa.

Com a mão quase trêmula pela emoção sentida, esbarrou no tinteiro e quase derramou a tinta sobre os documentos.

Num impulso, Lea se levantou e apanhou o vidro e o porta pena da caneta impedindo que caíssem e ele fez o mesmo, segurando sobre sua mão.

Sentiram-se constrangidos.

— Desculpe-me... — ele pediu e soltou a mão dela.

— Nossa... Pensei que a tinta fosse derramar e fazer o maior estrago — sorriu sem jeito.

Em seguida, esforçando-se para mudar o clima reinante, Iago indagou bem sério:

— O que podemos fazer a respeito da venda dos produtos? Tem alguma ideia?

— Se vendermos por preço mais baixo, mesmo que tenhamos prejuízos, conseguiremos pagar o financiamento da safra passada para termos crédito aberto para a compra de novos grãos?

— Talvez. Preciso fazer algumas contas, mas... Há outros gastos, que não somente a compra dos grãos. Ração para os animais que não podem viver só de feno ou ficarão fracos para o trabalho. Ainda tem o adubo, ferramentas, imprevistos que sempre aparecem... Mas, principalmente, temos o pagamento dos funcionários. Eles têm despesas, comida, roupa... Famílias têm muitos gastos.

— Vamos garantir o pagamento das dívidas que temos. Não podemos perder nossas terras.

— Certo. E o resto?

— Tenho alguns animais que posso vender.

— Também tenho. Mesmo assim, não cobrem nossas necessidades.

O silêncio reinou por algum tempo até que Lea murmurou:

— Meu irmão sabia que tínhamos compradores certos. Sabia que passaríamos dificuldades se não vendêssemos a produção inteira. Sabia que temos empregados assalariados. Como pôde?

— Essa experiência serviu de lição. Não acredite que as pessoas possam ter caráter e ser tão bondosas quanto você. Depois que nós nos recuperarmos, diante de novas negociações, principalmente para exportação, exigirei contrato antecipado dos compradores.

— Sim. Precisamos fazer isso.

Nesse instante, Santiago chegou correndo com uma florzinha de dente-de-leão nas mãos, oferecendo:

— Mamãe!... Mamãe!... Mamãe!... Tome! É para a senhora!

— Que linda, meu amor! — Lea se alegrou e tomou o filho nos braços, beijando suas bochechas rosadas. — Muito obrigada! Colocarei em um copo com água para que dure bastante tempo e, cada vez que a mamãe olhar para ela, eu me lembrarei de você. Para isso é que servem os presentes.

O garotinho a beijou no rosto, fazendo o barulho de um estalo gostoso.

— Como ele está grande! — disse Iago sorrindo, esfregando a cabeça do garoto. — Venha aqui com o padrinho! — Ele desceu

UM NOVO CAPÍTULO

do colo da mãe e estendeu os braços para o outro pegá-lo. Ao tê-lo consigo, elogiou: — Você está enorme! Já pode ter um cavalo! Eu lhe darei um!

— Não, Iago! De jeito nenhum! Santiago é muito pequeno. Já ouvi contar casos terríveis de acidentes com crianças pequenas que caíram de cima de um cavalo.

Iago piscou para ela, dizendo:

— Um potrinho... Deixe-me dar esse presente ao Santiago. Afinal, ele é meu afilhado.

CAPÍTULO 18
A VIDA FICA MAIS LEVE

Naquela manhã, Marisol estava bem nervosa. Como sempre, não tinha a menor paciência nem tolerância com as filhas.

As gêmeas, devido às suas necessidades especiais, eram morosas em qualquer aprendizado. Quase não falavam. Por conta do nervosismo da mãe negligente, as meninas se mostravam irritadas.

— Parem! Parem com isso!!! Suas idiotas!!! Retardadas!!! Não aguento mais isso!!! — espalmou as filhas.

Lea, com roupas sujas pelo trabalho na lavoura, acabava de chegar e, percebendo a cena, foi à direção da irmã para segurá-la.

Marisol a empurrou, pegou uma das meninas que estava mais perto e agarrou-a pelo cabelo, chacoalhando-a.

As garotinhas choravam muito, mas Carmem, que tinha os cabelos puxados pela mãe, gritava de forma ensurdecedora.

Num impulso, Lea também segurou a irmã pelos cabelos e a puxou com força, momento em que Marisol largou a filha para segurar nas mãos da irmã.

Arrastou-a para um canto e, revoltada, deu vários tapas em Marisol, não se importando onde acertavam.

Ao ver a outra no chão, Lea gritou:

— Nunca mais! Ouviu?! Nunca mais quero ver você agredindo suas filhas!!! Não é a primeira vez que sei que bate nessas meninas, mas será a última!!! Entendeu?!! Se eu desconfiar que bate nelas, você vai apanhar de mim!!!

Toda descabelada, com vestido rasgado no ombro e o rosto vermelho devido aos tapas recebidos, sentada no chão, Marisol gritou revoltada:

— Você diz isso porque não sabe o que é ter essas mongoloides como filhas! Para piorar, tive duas! Duas aberrações!! Duas infelizes que nem servem para nada!!! Fala assim porque tem um filho abençoado! Olha para o Santiago e veja a diferença!!! Olha para ele!!! — chorou. — É um garoto que ri, corre, fala, come sozinho, entende o que dizemos a ele... Já essas duas!... O que são essas duas?! Retardadas!!! São retardadas!!! Não aprendem nada!!! Não comem sozinhas!!! Parecem bichos!!! Os cachorros desta fazenda são mais inteligentes do que essas duas juntas!!! Elas rolam no chão, comem terra!... Quando dão risadas parecem monstros! São horrorosas! Sou uma infeliz!!! Sou muito infeliz! Olha para mim!!! Olha para mim, Lea!!! — encarou a irmã que a observava. — Sempre fui a mais bonita! A mais esperta! A mais prendada! A mais comportada! A mais cobiçada! Casei-me bem... Fui uma das mulheres mais ricas desta região! Minha vida acabou quando essas duas nasceram!!!

— Cale-se, Marisol!!! — Lea exigiu.

— Calar-me?! Estou cansada de ficar calada! Cansada de viver presa! Nem à cidade posso ir! Nem a missa posso frequentar! Vivo uma vida infeliz, cuidando desses dois bichos!!! Elas deveriam ter morrido!!! Deveriam ter continuado no orfanato! Foi um erro tê-las trazido para cá! — chorou e se jogou no chão, debruçando sobre o próprio braço.

Angelita, Margarida e outra empregada estavam paradas, assistindo à cena e ouvindo tudo.

Quando Lea foi-se aproximar da irmã, Margarida fez um sinal negativo e ela parou.

A senhora se afastou para outro canto e Lea a seguiu.

Em voz baixa, para ninguém mais escutar, a senhora disse:

— Se quiser ajudar sua irmã, não a agrade. Não faça nada.

— Mas...

— Marisol, há tempos, quer passar para outra pessoa a responsabilidade que cabe a ela. Cada vez que bate nas gêmeas aparece alguém para cuidar das meninas. Cada vez que alguém vai ajudar a tratar das filhas, ela deixa de fazer o que lhe cabe e sai, abandonando a pessoa sozinha. Ela não quer ajuda. Quer ficar folgada, sem fazer nada o dia inteiro.

Lea respirou fundo e comentou:

— Já percebi isso também.

— Não sabemos porque Deus deu essa tarefa para ela cumprir. Quando grita e agride as meninas, ela o faz de propósito, para que a tiremos daquela tarefa. Mas a tarefa é dela. Marisol não é nenhum pouco grata a você. Ela tem um teto para si e para as filhas e não agradece. Tem comida, roupas, ajuda... Ainda pensa ser uma dondoca. Se quiser ajudar sua irmã, de verdade, você tem duas alternativas: ou a obriga a cuidar bem das filhas sem violência ou arruma uma empregada para cuidar das meninas enquanto a Marisol vai trabalhar na lavoura tanto quanto você ou outra empregada. Não menos! — ressaltou

— Nesses anos todos em que está aqui, a cada dia, reparo que minha irmã quer fazer menos.

— Ela é malandra. Tem muita mulher assim. Batem nos filhos na frente dos avós para que fiquem com dó e interfiram, pegando os netos para tomarem conta. Já vi muito disso. — Breve instante e aconselhou: — Deixe a Marisol lá no chão chorando. Tão logo ela se levante, dê ordens para que cuide das filhas. Reforce que não quer mais vê-la batendo nas meninas.

— Pode deixar. Obrigada, Margarida.

Encorajada e com uma visão melhor da situação, Lea retornou para junto da irmã, que se levantava e tentava se ajeitar.

Com voz firme, praticamente, ordenou:

— Pegue suas filhas e dê o almoço para elas. De hoje em diante, se eu vir ou souber de qualquer agressão sua para com elas, definitivamente, as coisas serão bem diferentes para você.

— Você não entendeu nada do que eu disse! Não aguento mais essas meninas! Não consegue ver que são retardadas?! Não evoluem em nada!

— Não importa! Elas nasceram! Estão vivas e merecem cuidados especiais e bom tratamento. Deus as criou assim! Ele deu a você a tarefa de ser mãe, de zelar, dar atenção e carinho a elas. Essa responsabilidade é sua e de mais ninguém. Você é ingrata! Tem a obrigação de cuidar tão somente das meninas e reclama, fica irritada e impaciente! Não tem de se preocupar com a comida pronta nem como ela chegou até a mesa! Não se preocupa com o que veste, com o teto que a abriga! Você tem um lar! Não agradece aos que estão a sua volta facilitando sua vida!

— Gostaria de ver você no meu lugar agradecendo a vida infeliz que passei a ter! — quase gritou.

— Como eu disse, foi Deus que lhe deu essa vida por seu merecimento! Não fui eu! Não consigo entender a razão de tanta diferença no mundo. Não sei explicar a razão de tantos desafios, dificuldades e dor para uns e para outros não. Mas tenho certeza de uma coisa: Deus não erra! Portanto, de hoje em diante, exijo que cuide das suas filhas. Se não tem amor ou respeito por ela, vai ter de fingir amor e respeito ou vai se ver comigo. Aqui, não terá agressões a mais ninguém! Não terá empregadas para ajudar, uma vez que você não faz absolutamente nada! —Breve instante de silêncio e ainda propôs: — Mas... Caso não queira, de nenhuma forma, cuidar das suas filhas, eu posso resolver isso da seguinte forma: designarei uma empregada para cuidar das gêmeas e você trabalhará na lavoura tanto quanto eu ou qualquer outro empregado. Não menos.

— Você está louca?! Não sei fazer o que faz! Não tenho estrutura física para isso! Nem meus nervos permitiriam!

Lea sorriu de modo irônico, achando incrível a falta de visão da irmã.

— Pois bem... Está certo. Não trabalhe na lavoura, mas exijo que cuide muito bem dessas meninas. Quero vê-las limpas, alimentadas e tratadas com carinho. Se eu souber que isso não aconteceu...

— O que vai fazer? — indagou de modo desafiador, quase sorrindo.

— Vocês três sairão das minhas terras — decidiu com tranquilidade.

— Você não faria isso — tornou em tom imponente.

— Não me tente, Marisol. Não me tente — disse em tom solene e calmo. Virou-se e foi se lavar para o almoço.

Após a refeição, Lea estava na varanda da casa olhando ao longe.

Angelita se aproximou trazendo Santiago pela mão.

— Hoje ele não quer tirar a sonequinha depois do almoço.

— Quero ficar com a minha mamãe — o menino falou e estendeu os braços para ela.

Lea o pegou no colo e o colocou sentado sobre o parapeito da varanda, ao mesmo tempo que o segurava firme, esfregando suas costinhas.

— Faz tempo que não aparece lá na horta. Está tão linda! Deveria ver — Angelita disse.

— Soube que você cuida muito bem dela. Vi os legumes... Nossa! Impressionante. Obrigada.

— Pelo quê? — Angelita perguntou.

— Por ajudar tanto. Com a horta, os afazeres da casa, costura, faz nossas roupas, toma conta do Santiago para mim enquanto estou fora...

— Cuidar dele é um prazer — sorriu. Olhando o garotinho encostado no ombro de Lea, falou ao vê-lo com olhos fechados: — Olha... Ele dormiu... — Um momento e perguntou: — Está preocupada, não é mesmo, Lea?

— Muito — fechou o sorriso e continuou acariciando o filho. — Terei de reunir os empregados até o fim de semana e explicar que as negociações com a safra deste ano, que não foram boas por conta do inverno, não deram certo. Como sabe, o Edgar nos passou a perna. Gostaria de saber como ele conseguiu descobrir com quem estávamos fechando negócio.

— Talvez saísse perguntando — a prima opinou.

— Não... Foi gente de perto para saber os valores, as porcentagens e oferecer aos nossos clientes.

— Desconfia de alguém? Desconfia de algum empregado?

— Não quero cometer o pecado de julgar. Teria de me confessar e não estou com tempo — riu com deboche.

— No dia em que fui à cidade, há uns meses, comprar tecido para costurar novos vestidos e saias... — parou de falar.

— O que tem? — Lea ficou curiosa.

— Eu estava na loja da senhora Luísa. Ela falava e mostrava as peças de tecido... Quase briguei com ela, explicando que não desejava cortes caros, que moramos em uma fazenda e precisávamos de roupas para trabalho e...

— Conta de uma vez, Angelita! — perdeu a paciência.

— Pela janela de vidro da loja, olhei e, do outro lado da rua, vi a Estela conversando, muito alegremente, com o Edgar. Achei estranho. Reparei que, em dado momento, os dois olharam para os lados, como se quisessem garantir que ninguém reparasse neles. Daí, eu vi, ninguém me contou... Vi a Estela tirando a luva da mão e... Eles pegaram a mão um do outro... Foi uma pegada de mão diferente de um cumprimento. Como se um esfregasse a mão do outro fazendo carinho, sabe? Eles se olhavam nos olhos... Até deixei de ouvir o que a dona Luísa falava.

— Tem certeza disso?! — preocupou-se, arregalando os olhos para a prima.

— Tenho. Infelizmente, tenho sim. Foi muito estranho. Aquilo me incomodou profundamente. Fiquei me sentindo mal. Decidi não comentar nada com ninguém. Isso acabaria com meu irmão. O Iago não merece. Então, comecei a dizer para mim mesma que era coisa da minha cabeça. Mas... Não consegui me iludir. Eu vi os dois. Tenho certeza.

— Eu não diria nada para não julgar, mas... Somente alguém tão próximo do Iago teria as informações sobre nossos interesses. Cheguei a pensar nela. Foi minha primeira suspeita.

— Mas... Por que a Estela prejudicaria o próprio marido?

— Para agradar ao amante — Lea falou baixinho, envergando a boca para baixo, demonstrando insatisfação.

— Prima... Pelo amor de Deus, você não vai...

— Não. Não falarei nada. Mas, de alguma forma, preciso pensar em como sugerir ao Iago para não comentar nada com a esposa.

— Coitado do meu irmão. Gostaria de estar enganada.

Naquela mesma tarde, após deixar o filho sob os cuidados de Angelita, Lea revirava o feno no celeiro para que secasse devidamente, evitando bolor.

Nesse momento, o filho de um empregado chegou, chamando-a:

— Senhora Lea?! Senhora Lea?!

— Estou aqui! — disse e se fez ver.

— Estão chamando pela senhora!

Ela largou o que fazia e foi ver quem era.

— Ora! Ora! — sorriu. — Quem é vivo sempre aparece! — exclamou ao ver Luís.

— Como tem passado, minha esposa? — perguntou enquanto trazia as mãos atrás das costas, escondendo algo.

— Bem. Trabalhando como sempre — respondeu desconfiada.

— Deixe-me ver suas mãos — ele pediu alegre.

Quando Lea estendeu as mãos, Luís colocou nelas uma caixa bem embrulhada com um lindo laço e disse:

— Mãos que trabalham merecem presente.

Ainda desconfiada, foi capaz de sorrir ao indagar:

— Mas o que é isso?

— Para você.

— Ora... Obrigada. Estou com as mãos sujas. Não quero sujar a fita, que posso aproveitar e usar em uma roupa ou nos cabelos. Deixarei para abrir quando estiver em casa.

— Então, quer que segure para você?

— Sim. Por favor — e passou o embrulho, novamente, para ele.

Caminhavam lado a lado quando Luís disse:

— Fui até a casa e não a encontrei. Disseram que estava no celeiro. Já vi o Santiago. Ele estava dormindo. Minha nossa! Como ele cresceu! — admirou-se. — Está enorme!

— Faz mais de seis meses que não o vê. Talvez seja por isso que estranha.

— Não faz mais de seis meses não. Faz cinco. Eu marquei — riu.

— Que seja... De que importa?

— Você está com ar de preocupada, além de cansada. Está tudo bem mesmo?

— Tivemos problemas por causa do inverno rigoroso.

— Essa estação trouxe problemas financeiros?

— Sem dúvida. Teremos de negociar o pouco da safra que conseguimos salvar a qualquer preço e... — contou tudo.

Luís ouviu atentamente sem dizer nada.

Era noite.

Após o jantar, Luís se aquecia perto da lareira, bebericando um cálice de licor, quando Lea o encontrou:

— Ah!... Você está aí!

— Não fui embora não. Sente-se — ele convidou, apontando para a outra poltrona à sua frente.

— Aceito. Estou cansada e, justo hoje, o Santiago deu o maior trabalho para dormir.

— Já sei o que vai me dizer... — Levantou-se. Pegou outro cálice cristalino, encheu-o com licor e ofereceu a ela. — Toda vez que estou aqui, o Santiago dá trabalho para dormir porque quer ficar comigo.

— Obrigada — agradeceu ao pegar o cálice. — É isso mesmo. Ele não quer dormir por sua causa.

Marisol, espiando a certa distância, exalava contrariedade e inveja. Desejava o lugar da irmã. Estava com muita raiva do que Lea fez com ela.

A conversa entre Luís e Lea prosseguia calmamente e ele perguntou:

— Fiquei pensando em tudo o que me contou sobre a fazenda e... Tem alguma maneira de eu ajudar?

— Se você tiver dinheiro para me dar, aceito.

— Posso arrumar, pelo menos um pouco. Mas preciso saber de quanto e também o que vocês têm como produto para vender. Posso levar algo para uma feira que estou montando na cidade vizinha.

— Sério?! — Lea se animou e seus olhos cresceram.

— Claro! Eu não brincaria com isso.

— Preciso ver o Iago. Ele guarda os livros de registros e...

— Esses livros deveriam ficar com você. Sabe disso.

Lea suspirou fundo. Experimentou certo descontentamento pelos pensamentos que surgiram.

Se era Estela quem passava informações para Edgar, não foi Iago quem contou a esposa, mas os livros de registros que ela viu.

Como dizer isso a Iago?

Lea tomou o último gole de licor e se levantou, dizendo:

— Amanhã, peço ao meu primo para trazer os livros. Agora preciso dormir. Acordo muito cedo.

Luís se levantou rapidamente, colocou-se à sua frente e perguntou:

— Vai dormir sem abrir o presente que lhe trouxe? Como ousa, minha senhora? — brincou.

Lea se surpreendeu e riu alto. Realmente havia esquecido.

Sorrindo para disfarçar o constrangimento por não ter lembrado, foi até um móvel rústico onde estava o presente intacto.

Com delicadeza, puxou as pontas da fita larga. Cuidadosa, desembrulhou uma linda caixa de madeira, com enfeites de flores entalhados à mão.

— Que linda! — admirou a tampa e, dentro, observou algo nunca visto.

Olhou, olhou e não conseguiu identificar.

Achou estranha aquela coisa escura e brilhante que parecia pedras lisas com formato diferente e bonito.

O aroma também era desconhecido, mas muitíssimo agradável.

Com jeitinho, perguntou:

— Mas o que é isso?

— O que você acha que é? — perguntou rindo, apreciava ver aquela expressão de curiosidade em seu rosto.

— São grandes demais para serem... Botões?

Luís deu uma gargalhada alta e aconselhou:

— Pegue um! Vamos!

Lea assim o fez.

Não demorou a perceber que aquilo começou a derreter suavemente ao contato de seus dedos.

— Está melando e...

— Coloque na boca! — ele pediu.

— É de comer?! — ela riu.

— É claro que é de comer.

Ao obedecer, saboreou algo que nunca havia experimentado. Sorria enquanto seus olhos pretos e brilhantes cresciam, admirada pelo sabor.

— Huuummm!... Huuummm!... — expressou-se ao sentir que tudo dissolveu na boca. Suspirou ao perguntar: — O que é isso? Que delícia!

— Chocolate.

— Cho-co... o quê?...

— Chocolate. Trouxe especialmente para você. Comprei em uma viagem que fiz para a Suíça.

— Acho que já ouvi falar... Mas isso é muito bom! Uma delícia! Algo divino!

— Eu trouxe uma caixa para o Santiago. Mas ainda não dei. Queria ver sua reação, primeiro. Dizem que a expressão de quem experimenta chocolate pela primeira vez é única.

— Fiquei apaixonada por esse chocolate! — colocou outro na boca.
— Deixe um pouco para amanhã.
— Certamente! Vou dar um para a Margarida — foi a primeira pessoa em quem pensou. — Frente a ele, agradeceu: — Muito obrigada. Adorei! Fico até preocupada.
— Por quê?
— Quando acabar, o que será de mim? — riu com gosto.
— Aprecio seu senso de humor.
— Obrigada, Luís. Obrigada também pelos chocolates.
Ele se aproximou ainda mais e lhe fez um carinho no rosto.
Lea fechou o sorriso, virou-se para o lado e, com a caixa nas mãos, falou:
— Agora tenho de dormir. Acordo muito cedo. O seu quarto, o de sempre, já está arrumado. Durma bem.
— Lea...
Sem se voltar, ela desejou:
— Boa noite, Luís — e saiu andando.
Marisol correu antes que a irmã a visse e entrou em seus aposentos.

Na manhã seguinte, Luís chegou à varanda e apreciou a vista da relva verde que se estendia desde a casa até bem longe.
Havia acordado tarde para o costume de todos. Só encontrou duas empregadas preparando o almoço e uma outra, que ia de cômodo a cômodo, recolhendo as roupas para lavar.
Nem Margarida ele viu.
Com uma caneca de café na mão, chegou perto do parapeito da varanda e observou Marisol arrastando um pano grande e um cesto repleto de brinquedos de madeira.
Ela esticou o pano e jogou os brinquedos.
Em seguida, retornou à lateral da casa em um ângulo que ele não pôde ver.

Sem demora, voltou puxando as filhas, praticamente, arrastando pelos braços. Jogou as meninas no meio do pano estendido no chão e sentou nele também.

Uma das garotinhas chorava e tentava ficar perto da mãe como se quisesse abraçá-la.

Marisol puxou-a de si. Pegou um brinquedo e deu nas mãos da criança, que o atirou longe. No mesmo instante, ela segurou a mão da filha e deu alguns tapas que se fizeram ouvir. A menina segurou a própria mão, levou-a ao peito e chorou alto.

Marisol olhou para os lados a fim de verificar se havia alguém assistindo a cena.

Assustou-se quando viu Luís, na varanda, fitando-a.

Com jeito lento, ele saiu de onde estava, deixando a caneca de café sobre o guarda-corpo.

— Bom dia, Marisol!
— Bom dia, Luís.
— Lindo dia, não acha?
— Graças a Deus! Enfrentamos um tempo tão horrível que era quase impossível sair de casa por causa dessas duas assim.

Ele se abaixou e brincou com a garotinha que chorava.

— Ei, princesa? Ei! — estendeu a mão para a menina.
— Ela não entende. Não adianta conversar com ela — Marisol avisou.
— Já tentou conversar mais devagar?
— São idiotas. Mongoloides. Elas não entendem nada.

Nesse instante, a pequena Carmem parou de chorar e segurou a mão do rapaz. Ergueu os olhos lacrimosos e olhou para ele, oferecendo um belo sorriso no rostinho lindo.

— Ei, princesa! Que sorriso lindo você tem! Sabia?

Carmem virou-se, pegou uma bonequinha feita de pano e deu a ele.

— Que bonequinha bonita. O vestido parece com o seu.
— Nenê... Nenê... — Carmem falou, apontando com a mãozinha para a boneca.
— Isso mesmo. É nenê — ele disse. Apanhou a bonequinha e colocou no braço como se fizesse dormir. No mesmo minuto, começou a cantarolar:

— Nana nenê... — Carmem também o acompanhou.
— Isso mesmo. O tio está cantando para nanar nenê.
A pequena Isabel também se interessou pela brincadeira. Levantou-se de onde estava e foi para junto dele.
— Nenê nana! — disse Isabel, estendendo uma fralda sobre a boneca e batendo em cima como se a acarinhasse para dormir.
Cantarolando, Luís observou os rostinhos alegres que se fixaram nele naquele instante.
Bem baixinho e devagar, ele falou:
— O nenê nanou. Vamos colocar para dormir agora.
— Aqui — disse a pequena Isabel que pegou o cesto e arrastou para perto. — Nenê nanando.
— Isso mesmo. Vamos colocar aqui dentro para nanar — disse Luís que, com jeito delicado, colocou a boneca no cesto.
Carmem, sorrindo, bateu palminhas e Isabel, mais perto dele, beijou-lhe o rosto fazendo um estalido com o gesto carinhoso.
— Oh!... Quanta honra! Ganhei um beijo dessa princesa.
Carmem se adiantou e fez o mesmo. Beijou-lhe na outra face.
Marisol estava sob o efeito de um choque. Ficou parada, observando, sem dizer nada.
Luís ainda pegou um cavalinho de madeira e perguntou:
— O que é isso?
— Au-au! — Isabel falou.
— Cavalo — Carmem respondeu, olhando para a irmã como se a corrigisse.
— Cavalo — Isabel repetiu.
— Muito bem! É um cavalo — Luís bateu palmas e as meninas, felizes, imitaram-no. — E isso, o que é? — perguntou ao segurar uma vaquinha, também esculpida de madeira.
— Vaca — Isabel falou.
— Não. É a mumu! — Carmem lembrou.
— É a vaca mumu! As duas acertaram. Como vocês são espertas! — ressaltou. Falava sempre em tom que as incentivava. Vendo os brinquedos que havia, ele pediu: — Vamos juntar todos os bichinhos? A vaca mumu, o cavalo... O que mais temos aqui?...

— Au-au! — Isabel pegou o cachorro.
— Isso! O au-au, o cachorro! O que mais?...
As meninas começaram a juntar todos os animais que reconheciam.

Em dado momento, Carmem pegou uma panelinha e colocou junto, momento em que Isabel reclamou:
— Não. Só bichinho.
As duas começaram a interagir.

Luís, sentado, virou-se para Marisol e orientou:
— É preciso conversar mais com elas. Falar devagar, incentivar com carinho. Elas entendem sim.
— Elas não aprendem.
— Talvez não aprendam do seu jeito, ou melhor, talvez não aprendam do jeito que estamos acostumados. Mas podemos perceber que entendem e aprendem muito bem.
— É que você não está no meu lugar — acreditava-se vítima. — Viveria esgotado como eu se tivesse de tomar conta delas todos os dias.
— Ninguém melhor do que você, que é a mãe, para fazer isso. Ainda bem que a Lea tem empregadas e só lhe resta cuidar das meninas.
— Elas... Não evoluem. Não sei até quando vou aguentar.
— Se tratá-las com amor, paciência, interagindo, elogiando, ensinando coisas novas e dando-lhes carinho, vão aprender e se desenvolver. Mas se cuidar delas como bichos... Vão se comportar como bichos.
— Para que vou fazer isso? Essas meninas nunca pensarão direito. Nunca farão nada. Nem casarão.
— É certo que não. Mas se tratá-las com amor, ensinando o que elas conseguem aprender, a vida será mais leve. Tudo aquilo que hostilizamos, será amargo e agressivo para nós mesmos. Tudo o que tratamos com carinho e compreensão, torna-se agradável. É você quem escolhe. Lembre-se de uma coisa: a vida sempre fica mais leve e nós nos sentimos bem quando sorrimos, tratamos os outros com carinho, respeito e generosidade.

Marisol tinha o rosto contrariado.

Uma das gêmeas pegou uma florzinha no mato e trouxe até a mãe.

Ela pegou, olhou e colocou no chão, ao lado.

— Não faça isso! — Luís sussurrou. — Agradeça, interaja, mostre que ficou feliz com uma coisa boa que ela fez. Elas são capazes de entender. Têm sentimentos. São vivas. — Silêncio. — Por serem gêmeas, sempre me confundo. Qual o nome dela?

— Isabel — murmurou.

— Então, diga: Obrigada, Isabel! Essa flor é linda. A mamãe gostou. Interaja com ela. Converse.

— Obrigada, Isabel. A mamãe gostou. Essa flor é linda.

— Mamãe... — Isabel disse e abraçou-lhe o pescoço com força.

Marisol forçou um sorriso e envolveu a filha.

Luís deu uma piscadinha, sorriu e se levantou, retornando para a casa.

No caminho, ficou pensando:

"Marisol é mais deficiente do que as filhas. Por ser racional, tem a obrigação de entender o limite das gêmeas."

CAPÍTULO 19

A AJUDA DE LUÍS

Luís, Lea e Iago se reuniram para tratar dos assuntos referentes à venda das produções das fazendas.

— Então, pelo que está me mostrando, não é só a fazenda da Lea que está com as vendas paradas, a sua também.

— Exatamente. Como contei, o Edgar se antecipou. Procurou nossos clientes e fez uma oferta abaixo do que eu havia combinado.

— Ele não se antecipou. Foi malcaratismo! Foi de propósito. Ele quis quebrar os negócios de vocês dois — Luís afirmou em tom duro.

Iago abaixou a cabeça para disfarçar a indignação. Concordava com Luís, embora não fosse simpático a ele.

— Não gosto de comentar isso com a Lea — olhou para a prima —, mas a cada dia que tento fazer alguma combinação, alguma transação com os compradores, fico mais contrariado com o Edgar. Meu primo sabia que exportaríamos e tínhamos acordo com essa safra.

— E para quem o Edgar vendia? Eles não se interessam pela sua produção? — tornou Luís.

— Logo que meu primo fechou negócio com a exportação, serviu o restante da sua safra para aqueles com quem já negociava, avisando que era só aquilo que tinha para oferecer. Então, esses negociantes procuraram outros produtores para se abastecerem. Só depois fiquei sabendo. Quando os procurei, já haviam fechado negócio. Será uma temporada bem difícil.

— Nem diga... Duas outras cidades cancelaram as feiras. Mas... Eu tenho algum dinheiro em caixa. — Pensou e disse: — Darei uma parte para Lea emprestar metade para você. Pode me pagar quando puder. Esse valor deve ajudá-los. Outra coisa... Posso levar comigo os animais que vi aqui. — Olhou para ela e falou: — Você criou cavalos de uma raça muito boa. Potros desenvolvidos, bem-tratados e vistosos. Impressionam muito! Terá um excelente valor no mercado. — Virando-se para Iago, perguntou: — Acaso você tem animais assim também?

— Sim. Na verdade, tenho muitos. Mas não sei o valor e...

— Aqui, nesta região, talvez não paguem o que vale. Levarei alguns comigo e verei como reagem os compradores interessados nesse tipo de animal.

— Com sua ajuda, ficaremos em pé. Obrigada, Luís.

— Não por isso... Preparem os cavalos que desejam vender. Partirei depois de amanhã. A estrada está boa. Não quero que fiquem esperançosos demais, mas... Passem-me por escrito o que vocês têm pronto para vender da última colheita.

— Quer que eu vá com você para ajudar com os cavalos? Tem havido assaltos na região.

— Sim. Será ótimo. Leva alguns dos seus homens para fugirmos desse tipo de perigo.

Assim foi feito.

Naquela noite, sorrateiramente, Marisol entrou no quarto onde Luís dormia e sentou-se em sua cama.

Num sobressalto, o rapaz acordou com a luz bruxuleante e fraca do lampião que ela trazia.

— O que foi? O que aconteceu? — ele perguntou, assustado.

— Fale baixo... — ela sussurrou. — Vim ver se você precisa de companhia — sorriu e afagou-lhe o rosto.

Luís sentou-se ao mesmo tempo que segurou sua mão, impedindo-a de prosseguir.

— Espere... Não faça isso — ele pediu.

— Se minha irmã o rejeita, o que tem a perder? — tornou em tom meigo.

— Isso não está certo e...

— Shiiiiiuuu... — chiou baixinho, colocando o indicador em frente aos seus lábios, pedindo silêncio. Em seguida, Marisol se curvou, beijou-lhe os lábios. Abraçou-o e passou a noite ali.

Na manhã seguinte, muito animada, Lea levantou bem cedo para separar os animais que seriam vendidos.

Ao terminar a tarefa, voltou para a casa. Chegando à cozinha, percebeu que Luís estava sentado à mesa, trazendo expressão cabisbaixa.

— Bom dia! — cumprimentou, sorridente.

— Bom dia — retribuiu sério, sem encará-la.

— Já separei os potros. Como viu, são de ótima linhagem. Estou esperançosa! Não vejo a hora de... — observou-o melhor. Deteve as palavras. — O que foi? Você está bem?

— Estou. Quer dizer... Acordei com dor de cabeça.

— Pedirei que lhe façam um chá — olhou em volta, procurando uma empregada.

— Não precisa.

— É só dor de cabeça mesmo? — ela insistiu em saber.

— Lógico. Voltando ao que você falava... — fitou-a.

— Eu...

Nesse momento, Marisol chegou à cozinha e os cumprimentou. Depois, virando-se para a irmã, avisou:

— Chamam por você lá fora.

— Com licença! — Lea pediu com sorriso no rosto. — Já volto.

Ao se ver a sós com Luís, Marisol passou por trás de sua cadeira, acariciou-lhe a nuca e, só depois, foi para o outro lado da mesa, perguntando baixinho:

— Dormiu bem?
— Não me senti nada bem com o que aconteceu.
— Ora... Por favor. Vocês não são casados nas vias de fato. Além do que, duvido muito que você não tenha se envolvido com mulher alguma esse tempo todo — riu.
— Você é irmã dela! — exclamou sussurrando.
— O que importa? Lea não está nenhum pouco preocupada comigo ou com você. Se não vivem como marido e mulher, o que fizemos não é traição.

Na noite que se seguiu, Marisol agiu da mesma maneira. Furtivamente, após todos dormirem, ela foi para o quarto de Luís.

Mais de vinte dias após Luís ter levado os cavalos para vender, ele retornou à fazenda com boas notícias. Conseguiu comprador para a safra das fazendas, o que deixou Lea e Iago bem satisfeitos. Além disso, o novo comprador ficou interessado em fazer outros negócios com eles.

Como sempre fazia, Luís permaneceu na casa da fazenda o tempo inteiro em que esteve na região.

Novamente, de modo sorrateiro, Marisol o procurava durante as noites.

Poucos dias antes de ele ir embora, ela o encontrou no pátio da fazenda, ao mesmo tempo que olhava as filhas a distância.

— Tenho um pedido para fazer.
— Qual? — ele ficou atento.
— Leve-me com você.
— Como?! — achou absurda a solicitação.
— Leve-me com você! É simples. O que Lea não aceitou, eu aceito. Deixarei as meninas aqui. Tenho certeza de que serão bem-cuidadas. Estou disposta a acompanhá-lo nas

viagens, ajudar nas feiras e... Deixe-me ser sua mulher, sua companheira. Não sou nada aqui. Vivo presa. Nem posso ir à cidade. Fui dada como morta. Existem funcionários aqui que nem sabem quem eu sou.

— Por favor, Marisol... Isso não será possível. Até porque... Eu pediria que não me procure mais. O que fizemos foi um erro. Um grande erro.

— Você e minha irmã não vivem juntos! Do que reclama?

— Mesmo assim, está errado. Compreenda isso! Lea acolheu você, pediu que eu encontrasse suas filhas...

— Eu nunca pedi isso a ela. Foi um erro ter trazido essas meninas. Elas atrapalham minha vida! — enervou-se.

Encarando-a de cima a baixo, com expressão de desprezo e repulsa, falou em tom pausado:

— Olhe para você... Como posso querer, ao meu lado, uma mulher que rejeita as próprias filhas? O que posso esperar de uma pessoa que é ingrata com quem a cuidou, acolheu e alimentou? Você é um ser desprezível, Marisol.

— Você não é diferente de mim! — quase gritou.

— É verdade. Estou com nojo de mim por ter dormido com você! — falou duramente e saiu de perto, deixando-a sozinha.

— Eu não esperava que o Luís fosse nos ajudar como o fez — Lea comentou.

— Confesso que também não — Iago afirmou.

— O bom disso tudo é que conseguimos novos compradores. — Observando a quietude de Iago, ela quis saber: — O que foi? Percebo um toque de preocupação.

— Fui com o Luís, quando levamos os potros e, nessa oportunidade, conheci e conversei com os novos compradores. Depois, retornei lá mais duas vezes.

— Sim. Eu sei. O que não me contou?

— Quando voltei lá pela última vez, fazendo as entregas, um dos compradores me contou que foi procurado por outro fazendeiro desta região que também gostaria de expandir e poderia fazer preços melhores do que o meu.

— Quem?! Edgar?! — ela quase gritou.

— Sim. O Edgar — confirmou com tranquilidade.

— E o comprador?! O que disse?! Continuará respeitando nosso acordo?! — indagou de uma só vez, sem dar trégua para que o outro respondesse. Estava enfurecida.

— Sim. Ele disse que deu sua palavra. Gostou dos produtos, do cumprimento do prazo e não quer arriscar. Ele não dizia o nome do Edgar, eu que insisti.

— Mas como meu irmão ficou sabendo?! — indagou, apesar de sua desconfiança. — Por que está tentando nos prejudicar?! O Edgar tem seus compradores certos. Não precisa disso.

— A principal pergunta é: quem informa o Edgar sobre os nossos negócios? São detalhes bem precisos. Somente alguém bem próximo de nós e...

Lea olhou-o por algum tempo. Não lhe poderia contar sobre sua suspeita, então, decidiu fazê-lo pensar:

— Tudo o que fazemos ou planejamos não conto para ninguém. Absolutamente ninguém! — enfatizou. — Até mesmo os livros das negociações, gastos, lucros... ficam com você.

Iago ergueu o olhar e fitou-a longamente. Em seguida, esfregou o rosto com as mãos, suspirou fundo e comentou:

— Tenho uma suspeita. Se for verdade... Não quero nem pensar.

Temerosa, indagou baixinho:

— Quem?

Longo silêncio antes de responder no mesmo tom:

— Estela.

— Mas, como?!

— A pergunta não é essa. A pergunta correta é: a troco de quê? — olhou friamente. — Sempre fui ponderado, mas... Sou capaz de matá-la.

— Não! Não vá sujar suas mãos. Calma... — pediu com voz trêmula.

Iago se levantou e sua prima fez o mesmo.

Indo a sua direção, Lea tentou tocar seu ombro, mas ele se esquivou. Pegou o chapéu e disse:
— Preciso ir.
— Calma, Iago. Não pode provar nada.
— Quem mais teria o privilégio dessas informações? Tudo o que fazemos é anotado nos livros, que ficam comigo. — Não houve resposta. No instante seguinte, resolveu: — Preciso ir. Até amanhã.
— Até...
Lea o seguiu com os olhos, até vê-lo sair e fechar a porta.
Inquieta, com pensamentos agitados, saiu do escritório e foi em busca de Margarida, que servia almoço para Santiago. Deixando o garotinho sob a supervisão de uma empregada, levou a senhora para fora e contou-lhe tudo o que acontecia.
— Isso é um problema... Um grande problema... — a mulher murmurou.
— O que faço, Margarida? — indagou aflita.
— Por que você deveria fazer alguma coisa? — olhou-a firme.
— Quero ajudar meu primo! Ele pode fazer uma bobagem!
— Então, deveria ajudar a Estela. É ela quem corre risco. Não ele. Não acha?
— Não me confunda, Margarida! Qual sua sugestão? O que faço?
— Não poderá fazer muita coisa para ajudar nenhum dos dois. A situação pode ficar até pior, acaso decida ir lá. A mulher do Iago é bem crescida. Sabe no que se meteu. Fique aqui e reze por eles.

Iago chegou a sua casa.
Ao provocar barulho, fechando a porta, atraiu até a sala a presença de Estela que, como de costume, ia ao seu encontro com reclamações e queixumes.

Olhando-a duramente, ouviu em absoluto silêncio tudo o que a esposa tinha para dizer.

Calma e frieza se confundiam ao se olhar para ele, parado e quieto.

Quando ela cessou de falar, em tom brando, o marido perguntou:

— Com que frequência você e o Edgar estão se encontrando? — ficou frente a ela e aguardou.

No primeiro instante, Estela pensou não ter escutado direito e quis entender melhor.

Mudando o tom de voz, que agora estava fraco, perguntou:

— O que disse?

— Com que frequência você e o Edgar estão se encontrando? — tornou a repetir, dessa vez, com tonalidade agastada na voz firme, encarando-a duramente.

— O... O... Ora... Mas... Que pergunta é essa? — seus olhos cresceram. Ela podia sentir o coração saltar em seu peito, enquanto um medo terrível percorreu seu corpo.

Iago, a passos lentos que calcava no assoalho, caminhou em sua direção, fazendo-a andar de costas.

— Exijo saber — imprimiu na voz um tom sombrio, muito grave. — Onde você e Edgar têm se encontrado?

— Que coisa é essa?... — falou quase sussurrando à medida que andava de costas para se distanciar dele.

— Quero a verdade!!! — Iago berrou.

Estela chegou até a mesa onde se encostou e apoiou-se nela com as mãos.

A poucos centímetros da esposa, ele gritou com toda a força de seus pulmões:

— Diga alguma coisa!!!

— Eu... eu... eu... Só conversei com ele um pouco... Foi casual... Na cidade...

— Pare de gaguejar e diga a verdade!!! — ordenou ao mesmo tempo que apertou, com ambas as mãos, o pescoço de Estela.

— Por favor... Não... Eu imploro... — sua voz quase não saiu.

Iago a afastou com raiva para o lado e a fez bater em um móvel.

Colocando as mãos na própria garganta, ela começou a tossir.

Indo, novamente, à sua direção, ele perguntou duramente:

— Você deu ao Edgar as informações sobre esta fazenda, as produções e os compradores?!!! Falou com quem eu negociava?!!! Comentou sobre porcentagens?!!! O que mais?!!!

Encostando-se nela, empurrou-a com força, usando o próprio corpo.

Estonteada, com muito medo, tentou correr.

Nesse momento, o marido segurou-a firme por um braço e berrou:

— O que mais?!!!

— Eu imploro... Não me machuque...

— Nunca encostei um dedo em você, apesar de tudo! Nunca a subjuguei a nada!!! Por que fez isso comigo?!!! Por que deu informações sobre meus negócios ao Edgar?!!! Explique-se!!!

— Ele perguntou... Ele... Queria saber...

— Por quê?!!! — gritou com toda força de seus pulmões. Agarrou-a pelo vestido, sacudiu-a, deu-lhe um tapa muito forte e a empurrou.

No chão, Estela anunciou em pranto:

— Não me bata... Por favor... Estou grávida...

A essa altura, empregados espiavam a briga, mas não se envolviam.

— Grávida?!!! Grávida de quem?!!! De quem?!!! — berrou mais alto ainda.

— É seu... Seu filho... — ela gritou com desespero indizível.

— Mentirosa!!! Exijo a verdade!!! Esse filho é do Edgar?!!! Diga!!!

Acenando positivamente com a cabeça, chorou mais ainda.

Ofendendo-a com os piores nomes, pegou-a pelas vestes e a ergueu. Levantou o braço para esbofeteá-la, mas se deteve.

Iago, com a respiração alterada, tinha olhos vidrados na face rubra e suada como nunca. Ficou parado, ofegante com a mão erguida.

Estela, em prantos, encolhia-se, esperando o tapa que não aconteceu.

Um funcionário de confiança, atraído pelos gritos, chegou até a sala e foi ver o que acontecia.

Ao entender o ocorrido, entrou às pressas e segurou o braço de Iago, desprendendo também a outra mão que agarrava as vestes de Estela.

Separando o casal, Pedro fez com que Estela se sentasse e caminhou até Iago, que parou estarrecido, com as mãos sobre a mesa, como se elas sustentassem seu tronco.

— Vamos, patrão... Vamos sair daqui... — sussurrou perto dele.

Numa reação súbita, Iago revoltou-se novamente:

— Eu mato essa desgraçada!!! — foi à direção da esposa.

Pedro era um homem alto, forte, de cor negra, muito educado e de total confiança de Iago. Ele precisou usar de muita força para impedi-lo.

— Tirem a senhora daqui! — Pedro gritou para as outras empregadas, que obedeceram imediatamente, levando Estela para outro cômodo. — Calma, patrão... Calma, patrão... — pedia, muito educado.

Iago deu um rugido de raiva e socou a mesa com os dois punhos fechados. Estava ofegante e com os olhos vidrados. Uma onda de desespero e ódio tomou conta de seu ser. Experimentou um torpor estranho.

Olhou para Pedro e sua visão duplicou a imagem.

Estonteado, deu alguns passos trôpegos e o empregado o apoiou.

— Vou matar aquela mulher! Infeliz!

— Calma... Calma, homem... Vamos... Vem comigo... — aproveitando-se de vê-lo tonto, Pedro o conduziu para fora da casa.

Segurando o braço do patrão, o empregado o levou para sua casa, no interior da própria fazenda.

— Respira fundo. Respira...

— Vou matar a Estela — repetia sempre.

— Calma... As coisas não devem ser resolvidas assim. Calma.
— A infeliz me traiu.
— Vamos! Anda, homem...

Ao chegar onde Pedro morava, sua esposa ficou assustada. Nunca tinha visto Iago daquele jeito.

De imediato, Pedro encheu uma caneca de rum e ofereceu ao patrão, pedindo que bebesse.

Chamando sua mulher a um canto, contou-lhe o que havia acontecido.

Algum tempo depois, perceberam que ele estava embriagado. Foi o momento de colocá-lo sobre um colchão posto no chão. Ali adormeceu até a manhã seguinte.

Sem notícias, Lea decidiu ir até a fazenda do primo para saber o que aconteceu.

Na casa principal, conversou com uma empregada que pediu para aguardar.

Não demorou e Estela apareceu, firme e ofensiva.
— Sabe o que fez?!! — chegou aos berros. — Destruidora de lares!!! Inventou mentiras!!! Jogou meu marido contra mim!!!
— Espere um pouco, Estela! Não sei do que está falando!
— Saia daqui! Você destruiu a minha vida! Estou grávida e nem isso respeitou!!!

Estela berrou, xingou e ofendeu.

Percebendo que não haveria condições de conversar, Lea virou-se e saiu.

Quando estava no pátio, em direção à charrete, uma empregada foi até ela e contou:
— O senhor Iago está na casa do Pedro.
— Sei onde é. Obrigada. Irei lá — respondeu com simplicidade.

Chegando ao local indicado, foi recebida pelo dono da casa, que a fez entrar rapidamente:

— Entre, dona Lea. Entre aqui — Pedro pediu e apresentou sua esposa. — Em seguida, apontou para a mesa onde Iago estava debruçado e contou: — Ontem eu trouxe o patrão para cá. Dei rum para ele beber até cair. Achei melhor fazer isso do que deixar seu Iago fazer uma bobagem.

— O que aconteceu, Pedro? Eu imagino, mas... Pode me contar detalhes?

O empregado relatou tudo. Depois disse:

— Acordamos com ele querendo levantar. Sentamos seu Iago aí à mesa e demos um café forte. Mas ele pegou a garrafa de novo e bebeu mais um pouco de rum. Agora, acabou pegando no sono outra vez.

Lea aproximou-se do primo e passou-lhe a mão suavemente em suas costas.

— Iago?... — murmurou. Ao vê-lo erguer a cabeça, perguntou: — Você está bem?

— Péssimo... Estou péssimo — falou baixinho. Pegou a garrafa, colocou outra dose da bebida na caneca e bebeu em um gole.

A prima puxou a cadeira ao seu lado e sentou-se.

Pedro chamou sua esposa e, com um sinal de cabeça, convidou-a para sair, deixando-os a sós.

— Ela me traiu, Lea. A Estela me traiu.
— Tem certeza?
— Ela está grávida do Edgar. Espera um filho dele.
— Não pode ser... Seu? — disse sussurrando.
— Há algum tempo... Anos... Ela vem se tornando insuportável. Para não tomar medidas drásticas eu me afastei dela. Saia cedo. Chegava tarde... Perdi o encanto por ela... — Segurou a cabeça com ambas as mãos, enquanto relatava: — Há meses não dormimos juntos. Lembro-me de que aconteceu uma coisa estranha. Faz pouco tempo, quando cheguei de viagem, ela me procurou com carinho... Mas eu estava bêbado. Queria dormir. Estava cansado e com sono. Ela ficou zangada. Não tivemos nada... Agora... Agora entendo a razão daquele comportamento. A Estela gostaria de que eu pensasse que esse filho fosse meu.

— Tem certeza de que não é?
— Absoluta! — encarou-a firme e respirou fundo. — Eu só penso em matar essa mulher.
— Calma.
— Quero matar a Estela e o Edgar — falou, vagarosamente, como se fizesse planos. — Sinto tanto ódio.
— Consigo entender você, Iago. Mas... procure se controlar.
— Se eu não fizer nada, serei chamado do quê? Devo duelar com ele e matá-la.
— O assassinato de sua mulher ou um duelo com o Edgar não fará de você um homem honrado. Esse é um costume bárbaro.
— Não suportarei...
— Suportará! Você é capaz! Você é forte! — enfatizou.

Sério, com estranheza no semblante pálido, algo que não se conseguia traduzir, fixou seus olhos nela por longos segundos, até dizer:

— Foi um erro.
— Do que está falando?
— Foi um erro eu ter medo do meu tio e não ter me revelado a você, enfrentado a situação para ficar ao seu lado, Lea.
— Pare com isso.
— Desde criança, sempre nos demos muito bem, não é mesmo? Na adolescência, quando lhe ensinei a montar, selar um cavalo, pescar... Gostava da sua companhia. Percebia seus olhares...
— Iago, pare.
— Não minta! Sei que também gostava de mim. Fui covarde... Mas eu não tinha nada. Como enfrentar Dom Ruan?! Como dizer que era apaixonado por minha prima?! Eu não tinha nada para lhe oferecer...
— Você bebeu demais. Não sabe o que está falando.
— Sei sim. A bebida só me deu coragem. Quando você casou com aquele velho nojento, eu!... Ah, Lea!... Não imagina como fiquei! Não imagina como quis matá-lo! Margarida guarda um segredo meu.

— Que segredo?

— Fui até sua fazenda para matar aquele homem nojento. Ela me descobriu escondido e conversou comigo. Falou que você não ficaria comigo nunca por eu ser um assassino. Fui embora envergonhado de mim. Não bastava não ter nada e ainda desejava ser assassino. Daí um tempo, o infeliz morreu. Mas eu?... Não tinha nada. Aquele casarão maravilhoso dos meus pais estava destruído por falta de manutenção. Vendi o que pude para sobreviver. Lutei contra pensamentos sobre você... Eu a queria... Depois, quando começou me ajudar, não vi mais aquele olhar de interesse por mim. Aí apareceu a Estela. Achei que com ela eu a esqueceria. Acreditei que a Estela seria doce, gentil, compreensiva, que estaria ao meu lado... Mas não. Só você esteve sempre ao meu lado. Todos esses anos ela implicou com você, com o que fazemos... Nunca nos envolvemos... Mesmo assim, ela falava... Bebia para esquecer as coisas que me dizia... Mas ela... Ela me traiu com o meu primo. Seu irmão. — Longa pausa. Total silêncio. Depois, prosseguiu: — Senti que algo errado acontecia. Percebia um comportamento diferente, estranho... Não durmo com ela há meses! Em vez de conversar comigo, ela me traiu. Acabou comigo.

— Não! Ela não acabou com você. Estela acabou com ela mesma! Destruiu a si mesma!

— Destruiu a minha vida! Não me honrou! Sempre dei a ela total liberdade que muitos maridos não permitem! Nunca encostei um dedo nela para agredi-la! Até ontem...

— Isso mostra o quanto ela não o merece. Matá-la seria fácil. Acabaria com a vergonha que ela merece passar. O melhor é fazer algo diferente do que qualquer homem faria. Pense, Iago! A vergonha faz sofrer. Eu sei disso. Senti na própria pele. Mande-a embora para a casa do pai dela. Conte a eles a razão. Não faça mais nada, além disso.

— E o seu irmão? O que o Edgar merece?! Tenho de lavar minha honra com o sangue dele!!! — reagiu e esmurrou a mesa.

— Não! Está enganado, Iago! Essa história de lavar a honra com sangue do ofensor é costume de bárbaros, pessoas não civilizadas, boçais! Não é nem nunca foi um ato de legítima defesa. É um assassinato, aos olhos de Deus, não importa a causa. O que você chama de lavar a honra, não passa de orgulho e vaidade, que não valem nada para Deus. Há mais merecimento em perdoar do que em se vingar.

— Perdoar?! Quer que perdoe à mulher que me traiu?! Quer que perdoe ao homem que desonrou meu nome?!

— Se não consegue perdoar, ao menos, abandone esses dois à própria sorte ou ao castigo de Deus. Não suje suas mãos! Você não fez nada de errado! Foram eles! Levante sua cabeça e siga sua vida!

— Como serei visto na cidade?! Com vão me encarar?!

— Esse problema não é seu. O que os outros pensam não lhe diz respeito, pois não conseguirá mudar a ideia de ninguém. Se você matar sua esposa, grávida do seu primo, será um assassino cruel e que não merece respeito. Merece ser punido. Se devolvê-la à família e ignorar quem o traiu, falarão do mesmo jeito. Mas você não precisará mudar sua vida, seus negócios... Terá honra diante de Deus por suportar a dor e continuar vivendo.

— Não sei se suportarei.

— Suportará! Suportará sim! Estarei ao seu lado!

Iago respirou fundo, encheu os pulmões e esmurrou a mesa, urrando ao mesmo tempo. Depois gritou:

— Por quê?!!!

Em tom calmo, Lea respondeu:

— Não sabemos. Deus nos coloca em situações que não conseguimos entender. Mas eu creio que exista um propósito para tudo isso. Só pode ser. Por isso... Por isso, eu imploro a você: preserve a vida daqueles dois. Faça diferente do que é comum, do que os outros esperam. Continue o homem honrado, mesmo que seja visto como ridículo, só por fazer o que Deus espera de você.

Naquela época, o duelo era uma prática comum. Muito difícil um homem que se sentia desonrado não praticá-lo. Consideravam-no fraco.

CAPÍTULO 20
O PODER DE UM JARRO

As emoções brotavam fortes nos sentimentos de Iago.

Raiva, ódio, contrariedade, indignação revolviam em seu ser.

Mais uma vez, despejou outra dose de rum na caneca e entornou na boca de uma única vez.

Respirou fundo. Levantou-se.

Estava tão revoltado e enfurecido que a bebida não parecia fazer efeito.

Sem esperar por Lea, saiu porta afora e foi à direção de sua casa.

A prima e o funcionário Pedro o seguiram.

Pedro era um homem maduro, quase de meia-idade, muito ponderado. Conseguiu uma vida melhor após a alforria de seus pais, pois Iago o aceitou com trabalho assalariado. Ele era imensamente grato por isso. Foi um dos primeiros a trabalhar ali. A princípio, entendendo a situação difícil do patrão, aceitou servir em troca de casa e comida. Quando o patrão começou a ter lucro, efetuou os pagamentos combinados, cumprindo a palavra. Desde então, Pedro tornou-se fiel, prestativo, respeitoso e respeitado, o braço direito de Iago.

Ao entrar em sua casa, Iago provocou grande barulho, batendo a porta com muita força.

Subiu as escadas e caminhou até o seu quarto.

No andar superior, com um chute, abriu a porta e entrou nos aposentos.

Ouvindo isso, Lea olhou para Pedro e ambos correram escada acima.

Assustada, Estela sentou-se na cama.

O marido, com voz áspera e dura, ofendeu-a com alguns xingamentos e se aproximou. Agarrando-a pelo vestido e pelos cabelos, jogou-a no chão. Nesse momento, tirou um punhal da bainha e foi à direção da esposa que gritava.

Lea e Pedro entraram no quarto e foram para perto dele.

Iago, violento como nunca se tinha visto, empurrou Pedro. Lea entrou em sua frente segurando o braço que elevava o grande punhal.

Ao tentar empurrar a prima, Iago a feriu com uma punhalada no braço.

O golpe e o sangue fizeram o homem parar e cair em si. Ficou olhando-a por algum tempo e viu, quando ela o soltou, com expressão de dor e caiu no chão, segurando o próprio braço.

Iago ficou chocado com a cena. Não era sua intenção ferir Lea. O ocorrido o deixou mais lúcido.

Ajoelhou-se perto dela e a fitou nos olhos. Afagou seu rosto e se levantou.

Novamente, olhando para Estela, que chorava caída no canto do quarto, ele disse, falando com os dentes cerrados, expressando sua ira:

— Você é um verme! Seu sangue derramado não vale uma gota sequer. Lea tem razão. Que a desgraça siga seus passos!!!
— Agarrou-a pelas roupas e a fez levantar.

Estela chorava muito. Foi empurrada pela porta e forçada a descer as escadas.

Pedro, já em pé, seguia cada passo do patrão.

Na sala, Iago empurrou a esposa em sentido da porta e a colocou para fora.

No pátio em frente a casa, assim que viu vários empregados espiando a cena, ele gritou:

— Vocês são testemunhas dos bons tratos desta mulher! Sempre a respeitei! Mas ela me traiu! Traiu-me com meu primo Edgar! Deu a ele informações que prejudicaram os negócios desta fazenda e, consequentemente, o salário de todos vocês! Se não fosse por muito esforço, eu demitiria muitos de vocês! Mas não é só isso! Não! Ela está grávida do Edgar!!! Isso mesmo! Ela me traiu com meu primo e espera um filho dele!!! Eu poderia matá-la! Mas não! O sangue dessa rameira não pode sujar esta terra! Ela precisa sentir a vergonha e o escárnio por tudo o que fez! De hoje em diante, está proibida de colocar um pé nesta fazenda! E se vocês tiverem um pingo de respeito por mim, virem a cara e cuspam quando encontrarem com ela na rua! — Olhando para Estela, que havia se jogado no chão e chorava muito, ordenou: — Não ouse se levantar daí! — Voltando-se para Pedro, solicitou: — Prepare uma carroça! Vou devolver essa rameira para o lugar de onde nunca deveria tê-la tirado!!!

Lea pegou um xale e enrolou em torno do braço. Depois disso, foi para fora e observou a cena.

Iago a olhou por um instante e nada disse. Logo que o funcionário chegou com uma carruagem, ele debochou:

— Era para ser uma carroça! — riu forçado. — Uma carruagem é muita mordomia para essa rameira. Mas... Vamos acabar com isso logo. — Foi até a esposa, caída no chão, pegou-a pelo braço e a fez entrar na carruagem. Após isso, subiu na boleia e se sentou ao lado de Pedro, que tocou os cavalos, seguindo rumo à cidade.

Pedro parou a carruagem em frente ao estabelecimento do senhor Aristeu, ferreiro da cidade.

De cima da boleia, onde ficou em pé, Iago gritou pelo nome do homem ao mesmo tempo em que andou pelo tirante e pulou ao chão.

Seus modos escandalosos e rústicos atraíram olhares, mais ainda, quando abriu a porta da diligência e berrou nomes ofensivos para a esposa descer.

Ela não quis sair do veículo e ele bradou para que o fizesse:

— Agora não quer descer daí?!!! Está com vergonha?!! Desça sua... — ofendeu-a. — Quando se deitou com meu primo não se envergonhou, não é mesmo?!!! — berrava. Isso atraía muitas pessoas que passavam por ali.

Não demorou e, assustado, Aristeu saiu para ver o que estava acontecendo.

A essas alturas, uma multidão parou em volta, formando um círculo para apreciar a cena.

Iago puxou a mulher pelo braço e a tirou da carruagem, praticamente arrastando-a.

Ao sair e ver tanta gente encarando-a, Estela se jogou ao chão.

Olhando para o sogro, Iago, de cabeça erguida e voz firme, disse em volume alto e tom forte:

— Depois de tudo o que sua filha fez, eu deveria lavar minha honra com sangue! Nas minhas costas, Estela deu informações sobre meus negócios ao meu primo Edgar! Prejudicou a venda da safra! Não bastando, Estela se deitou com ele! Está grávida dele! Grávida de um homem sem honra, sem escrúpulos, sem valores, que aceitou dormir com a mulher do próprio primo! Eu poderia lavar minha honra com sangue, mas não! Minhas terras não merecem o sangue desta vadia! Minhas mãos não merecem o sangue de Edgar! Nunca serei assassino! Tenho dignidade! Sou temente a Deus! Sempre fui bom marido! Nunca encostei um dedo para agredi-la! — Fitando a mulher que chorava copiosamente, afirmou: — Eles merecem a vergonha! Ambos não têm caráter nem brio! Duvido que consigam a confiança e o respeito de alguém depois de tudo o que fizeram! — Erguendo os olhos para Aristeu, que não disse uma única palavra, Iago ainda falou: — Vim devolvê-la a você! Garanto que esse filho que Estela espera não é meu e disso não tenho dúvida alguma! Minha filha Angélica ficará comigo. Essa rameira nunca mais irá vê-la. Cuide que jamais coloque os pés em minhas terras nem procure pela filha, pois, aí sim, morrerá por minhas próprias mãos!

A cidade estava em total silêncio, assim como o pai de Estela.

Dito isso, Iago olhou para todos à volta. Subiu na carruagem, acomodou-se ao lado de Pedro, que tocou os cavalos com leveza para que as pessoas, ao redor, saíssem vagarosamente da frente.

A multidão se moveu o suficiente para a carruagem passar, depois, permaneceu no lugar esperando o resultado final daquele escândalo.

Aristeu chegou perto da filha, segurou-a pelos cabelos, deu-lhe vários tapas no rosto. Puxando-a com força, fez com que se levantasse e obrigou-a a andar. Ainda segurando-a pelos cabelos de modo muito agressivo, empurrou-a para casa, onde a espancou.

Iago procurou pela prima a fim de saber como estava.

Desgostoso e angustiado, ainda não conseguia dizer se agiu corretamente ao seguir seus conselhos.

Como ficaria sua honra? Seria chamado de covarde?

Experimentou uma gota de alegria ao ver que Lea se achava bem, depois de tê-la golpeado sem querer.

— Como você está?

— A pior dor já passou — ela respondeu sorrindo.

Ele pegou seu braço com delicadeza e olhou a faixa colocada rodeando o ferimento.

— Sinto muito. Preciso que me perdoe. Eu fiquei cego.

— Não foi sua culpa.

— Como não? Estava louco. Ia matar a Estela. Mas... Quando vi você ferida, machucada, no chão, por minha culpa... Naquele instante tudo o que me disse antes fez sentido. Iria me arrepender do assassinato e não viveria bem comigo, sabendo que matei alguém. Mesmo que para lavar minha honra. Mas... Às vezes, ainda sinto dúvida quanto a isso.

— Devolveu-a ao pai?
— Sim. E para toda a cidade ver. Não deixei dúvidas sobre o caráter de Estela e Edgar.
— Foi melhor assim. Acredite.
— É... Talvez.
— Não tenha dúvida. Foi o melhor. A vingança, o duelo são atitudes de seres desprezíveis a Deus.

Depois de longo tempo pensando, o primo falou:
— Eu havia bebido muito e... Desculpe-me por tudo o que lhe falei. Respeito você e não gostaria que minhas palavras distanciassem nossa amizade.
— Entendo. Não preciso desculpá-lo. Em nenhum momento me ofendeu.

Tomado de estranha sensação, Iago cedeu ao impulso e se aproximou de Lea. Olhou-a nos olhos e lhe fez um carinho no rosto.

Ela colocou a mão sobre a dele. Fechou os olhos e inclinou a cabeça, aceitando a carícia por segundos infinitos.

Sorriu com leveza.

Tirou a mão do primo de seu rosto, levou-a aos lábios e a beijou. Depois, comentou com tranquilidade.
— Em breve, tudo isso será esquecido ou, pelo menos, as lembranças ficarão leves.
— Assim espero — ele deu um passo para trás ao dizer: — Agora preciso ir. Tenho muito a fazer.
— Está certo — sorriu. — Amanhã nos veremos.

Ainda havia certa tensão no ar.

Com o decorrer dos dias, aos poucos, Iago e Lea se desvencilhavam dos desafios provocados pelo inverno rigoroso e as negociações, que não deram certo, no primeiro momento, por culpa de Estela e Edgar.

Iago evitava ir à cidade. Ainda se sentia atormentado com todo o ocorrido. Sem dúvida, o problema que teve com a esposa devolvida ao pai de forma tão escandalosa, angustiava-o profundamente. Seu nome deveria ser o mais falado por aqueles dias. Mas, certamente, a moral abalada de Edgar e Estela era o assunto principal. Aquela sociedade conservadora e exigente trataria os traidores com desdém. Isso era certo. A represália seria certeira aos dois. Iago, só passaria a vergonha mesmo.

Com o passar dos dias, uma notícia inesperada.

— Grávida?! Como explica isso?! — Lea perguntava extremamente surpresa.

— Estou grávida sim! Estou grávida e pronto! — exclamou Marisol em tom arrogante.

— Quem é o pai?! — tornou a irmã, incrédula e furiosa.

— Não importa quem é o pai! — respondeu ríspida.

— Ah!!! Mas importa e muito!!! — Lea gritou, inconformada. — Você vive sob minha proteção, meus cuidados, dependente total de mim!!! Vive na minha casa com suas duas filhas!!! Você não pensa, Marisol?!!! Não tem responsabilidade?!!! Não basta a você o trabalho com as meninas?! Não basta ser improdutiva e mimada?! Você não faz nada!!! Nada!!! Aí, então, deita-se com o primeiro que aparece e ainda quer proteger o infeliz?!! Vai ter de contar sim, quem é o pai deste filho!!! — Lea berrou, irritadíssima.

— Não lhe devo satisfações!!! — exclamou no mesmo tom.

— Ah! Deve!!! Deve sim!!! Vive sob o meu teto!!! Come às minhas custas!!! Deve-me satisfações sim!!! Quem é o pai deste filho?!!!

Marisol sentiu muita raiva. Acreditou ser humilhada pela irmã que, naquele momento, enumerava a ajuda e a proteção que lhe dava.

— Não precisa esfregar na minha cara que me provê! Sei disso! — a irmã falou arrogantemente.

— Então deveria saber também como é que se faz um filho para não ter arrumado mais um!!! E se você e essa criança vão continuar aqui, nesta casa, exijo saber quem é o pai! Vou encontrar um jeito de responsabilizá-lo também!!!

— Não lhe devo satisfações!!!

— Sob o meu teto, deve sim! Ou vá embora! — exigiu gritando firme.

Nesse momento, Marisol sentiu-se estremecer. Precisaria falar a verdade.

Olhou para Margarida e Angelita que presenciavam a cena. Depois, com semblante arrogante e insatisfeito, encarou a irmã. Erguendo o queixo, com olhar de superioridade, afirmou sem titubear:

— Luís. O pai deste filho é o Luís, seu marido. — Ao observar a fisionomia dura de Lea se desfazer em assombro diante de suas palavras, Marisol provocou-a mais ainda. Desejava destruí-la. Uma forma de vingança, por acreditar ser humilhada: — Dormi com ele noites e noites, aqui, sob seu teto, no quarto dele. Por que acha que seu marido ficava, nesta casa, já que você nunca foi mulher dele após se casarem? Por quê? — Vendo-a se desfigurar, provocou mais ainda: — Fui mulher dele como você nunca foi, minha irmã! Ele vinha aqui para me ver, para dormir comigo! Pediu para que eu fosse embora com ele. Só não aceitei por causa das minhas filhas. Mas agora... As coisas serão diferentes. Não sou mais uma coitada, vivendo de favores e as suas custas! Acabou, Lea! Essa submissão acabou! Você não tem o direito de dizer que esta é sua casa! Que este é seu teto! Que estas são suas terras! Não mais! E sabe o por quê? Por que você é casada com o Luís e, assim que esse meu filho nascer, ele terá direito à metade de tudo isto que tem aqui! O Luís fará dele o seu herdeiro! Então, Lea, esta casa também é minha! Os empregados também são meus! Tudo o que tem aqui é de direito meu! Exijo que me trate com respeito que mereço! Exijo empregadas para cuidarem de mim e das minhas filhas, de hoje em diante! Exijo que maneire seu tom de voz quando me dirigir a palavra! Meu filho tem direito a tudo igualmente o seu! O pai dele fará a partilha!

Demoradamente, Lea olhou-a de cima a baixo e voltou a encará-la.

Em voz baixa, indagou, exibindo incredulidade:
— Como você pôde? Como teve coragem? Como consegue ser tão ingrata?
— Não me venha com lição de moral! — gritou. — Quem é você para falar assim comigo?! Ficou feliz no dia em que aquele velho nojento do seu marido morreu e lhe deixou estas terras!
— Não me julgue! Não escolhi me casar com Vicente! Deus sabe disso! Não planejei dar golpe algum. Nunca traí as pessoas que amo ou as que me ajudaram. Mas você!... Olhe bem para você, Marisol, e guarde muito bem este momento! — disse isso em tom brando. Virou as costas e saiu. Não deixou que ninguém a visse chorar.

Perto do celeiro, Lea secava as lágrimas com a ponta da saia, enquanto selava um cavalo.
Seu choro era um misto de indignação, raiva e contrariedade.
Ainda em pé, frente ao animal, segurou as rédeas e encostou sua testa nele.
Chorou e gemeu alto pela dor que castigava sua alma.
Entendia que seu casamento com Luís não tinha qualquer efeito real. Era de aparências. Mas acreditava que ele deveria respeitá-la dentro de sua própria casa e, principalmente, sua irmã.
Não conseguia entender como Marisol pôde ser tão ingrata. Foi a única que a ajudou, acolheu, protegeu e custeou desde que fugiu de um casamento infeliz. Fez tudo para recuperar suas filhas para não vê-la arrependida por ter posto as meninas no orfanato. Protegeu-as e sempre lhes ofereceu tudo do bom e do melhor. Mesmo percebendo que a irmã era acomodada, não cuidava de outras tarefas, aceitou-a. Exigiu apenas que tomasse conta das filhas muito bem, somente isso.
Sabia que sempre estava às voltas disso e daquilo. Comprar grãos, plantio, colheita, reprodução dos animais, negociações

UM NOVO CAPÍTULO

e esses afazeres não lhe deixavam sobrar tempo para observar outras coisas. Mas, jamais, poderia imaginar que sua irmã e marido pudessem trair sua confiança dentro de sua própria casa.

Chorou por sua ingenuidade.

No primeiro instante, descobriu que ninguém é totalmente confiável. Em seguida, ficou preocupada: e Iago? Até onde poderia confiar nele? Preocupou-se muito.

Afastou a testa da face do cavalo, que a olhou de um modo diferente.

O animal parecia perceber sua dor.

Ela lhe fez um carinho.

Novamente, pegou a ponta da saia e secou o rosto. Respirou fundo e, quando foi montar, percebeu a aproximação de Angelita que acelerou os passos ao vê-la sobre o cavalo.

— Aonde vai? — a prima quis saber.

— Não sei. Cuida do Santiago para mim.

— Cuidarei. Mas... Lea... Como será a partir de agora?

— Quando eu voltar, talvez já tenha uma solução — disse, ao mesmo tempo em que o cavalo rodou em torno de si, antes de sair a galope.

Após cavalgar sem rumo por algum tempo, deixou de conduzir o animal.

Fechava os olhos por alguns momentos e sentia o sol aquecer sua face.

Talvez fosse próximo do meio-dia quando se deu conta que estava na fazenda de Iago.

Não chorava mais. Sentia-se anestesiada.

Perto da casa, desceu do cavalo e entregou as rédeas a Pedro, que foi à sua direção.

— Bom dia, dona Lea!

— Bom dia, Pedro! — sorriu, disfarçando seus sentimentos.

— Está um dia lindo hoje!

— Sim. É verdade. E o meu primo?
— Está na casa.
— Obrigada. Vou vê-lo.
— Vou descansar o cavalo e dar de beber a ele.
— Obrigada, Pedro — sorriu. Subiu os degraus da varanda.

Ao entrar na casa, percebeu tudo muito quieto. Algo estranho para aquela hora do dia.

Procurou pelo primo nas salas principais e nada.

Depois de chamá-lo várias vezes, uma empregada surgiu e avisou:

— Bom dia, senhora. Seu primo está na biblioteca.
— Bom dia. Obrigada por dizer.

A mulher se retirou e Lea foi para o local indicado.

Ao abrir a porta, viu Iago debruçado sobre a mesa com o rosto colado nela.

Ao lado, uma garrafa de rum pela metade.

— Iago? — chamou firme. — Iago, acorda!

Ele nem se mexeu.

Lea sentiu-se irritada. Não era a primeira vez que o via embriagado daquele jeito e isso fustigava seus nervos.

De imediato, foi para a outra sala onde havia um cântaro de bronze cheio de água que apanhou de modo brusco.

Retornando ao escritório, despejou o conteúdo no rosto do primo, acordando-o da forma mais ousada que poderia.

Iago sobressaltou num susto e respirou fundo, enchendo os pulmões de ar.

— O que foi isso?! O que está fazendo?! — ele perguntou assustado e um tanto irritado.

— Acorda!!! — ela gritou. — Está embriagado de novo?! O que está fazendo com você?!

O primo não teve tempo de responder.

Pedro, afoito, adentrou no escritório, chamando em desespero:

— Seu Iago! Seu Iago! Por favor! Vá lá fora! O seu Edgar está aí!

Iago esfregou o rosto com as mãos e respirou fundo para acordar e tentar entender o que estava acontecendo.

Mal olhou para Lea. Saiu porta afora e ela o seguiu.

Em pé, na varanda, viu Edgar montado a cavalo, fazendo círculos em frente da casa.

O animal resfolegava, dando também alguns relinchos.

Ao vê-lo, Edgar gritou:

— Iago!!! Eu o desafio para um duelo!!!

— Posso saber por quê?! — o primo exigiu num grito.

— Você envergonhou meu nome! Acusou-me por toda a cidade! Sujou minha imagem! Hoje estou sendo mal-visto por sua culpa! Sem honra e sem moral! Isso me prejudica!

— Deveria ter pensado antes de se deitar com aquela vadia, que foi minha mulher!

— Se ela é uma rameira, que se deitava com qualquer um, a culpa não é minha! É sua! Os donos das vacas têm de manter o curral fechado para as éguas não pastarem em outras terras! Manchou meu nome por isso?! A mulher era sua!!! Cuidasse dela!!! Eu o desafio com espadas!

— E eu aceito! O dia... — foi interrompido com o empurrão que Lea lhe deu. Tão forte que quase caiu nos poucos degraus da escada.

Levantando a saia com uma das mãos, enfurecida, desceu os degraus da varanda e foi à direção do irmão.

Rápida, pegou a rédea do animal e, em seguida, bateu com o cântaro no braço de Edgar.

— O que está fazendo?! Ficou louca?! — o irmão gritou.

Sem se intimidar, acertou-o, novamente, com toda a força, no joelho.

Ao vê-lo largar as rédeas e se curvar, segurando o joelho pela dor que sentia, a irmã o agarrou pela camisa e o acertou na cabeça, puxando-o do cavalo e derrubando-o ao chão.

Com o jarro na mão, Lea o acertou várias vezes com o mesmo utensílio.

Edgar tentou segurá-la e rasgou parte de sua saia e manga da blusa. Mas não conseguiu fazê-la parar. Precisava se defender dos ataques dolorosos. Lea parecia possuída.

Ao mesmo tempo, ela gritava:

— Seu incompetente! Cretino! Imundo! Nosso pai teria vergonha de você!

O cavalo saiu correndo e Edgar, caído ao chão, teve a cabeça e braços acertados várias vezes. Estava tonto ainda e tentando se proteger da irmã.

— Quem é você para vir aqui falar em honra?! Quem é para exigir limpar seu nome?! Nossos pais teriam vergonha de você!!! Eu tenho vergonha de um irmão assim!!! Inútil!!! Se esse duelo acontecer, eu mesma mato quem sobreviver!!!

Iago aproximou-se e tentou segurá-la, mas Lea também o agrediu com o jarro.

Ela estava insana. Enfurecida. Os que assistiam não acreditavam onde encontrava forças para bater tanto, com um cântaro, em dois homens que não conseguiam segurá-la nem se defenderem.

— Lea, pare com isso!!! — o primo exigiu, precisando desviar dos golpes.

Pedro se aproximou. Percebeu-a cansada, mas ainda descontrolada. Colocando-se a sua frente, com jeito humilde, estendeu a mão sem dizer nada, demonstrando que queria o jarro.

Descabelada, rasgada, suada, ofegante ela o encarou, parou com o que fazia. Pareceu cair em si e entregou-lhe o utensílio. Mesmo assim, foi até o irmão estonteado, ainda no chão, e o chutou, dizendo:

— Levante-se e suma daqui! Não vai acontecer duelo algum! Você já envergonhou o nome do nosso pai o suficiente! Basta! Estou farta de pessoas imprestáveis que se aproveitam dos outros e das situações. Você e Marissol são dois irresponsáveis! Dois inúteis e estou farta disso!!!

Cambaleando, sem entender direito, ele se levantou e a olhou, estava confuso.

— Tragam o cavalo dele! — ela exigiu.

Enquanto aguardava, tinha o irmão de um lado e o primo do outro. Olhando-os, gritou:

— Se marcarem um duelo, antes que ele aconteça, eu mato vocês dois! Os dois!!!

Ninguém disse nada.

O cavalo foi trazido. Edgar o montou e se foi sem reclamar das dores provocadas por aqueles golpes.

Diante de todo o silêncio e dos olhares curiosos dos empregados, Lea respirou fundo. Passou a mão pelos cabelos desgrenhados e pelo vestido como se pudesse ajeitá-los para recuperar a classe.

Olhou em volta e não sabia como encarar os rostos assustados que desejavam assistir ao desfecho de tudo aquilo.

Ela ergueu o queixo e foi à direção da casa, subindo os degraus, com certa elegância no andar e entrou.

Iago olhou para Pedro, que encolheu os ombros e fez um gesto evasivo, ainda com o cântaro na mão.

Em baixo tom na voz, Iago perguntou:

— O que aconteceu aqui?

Não houve resposta. Ele respirou fundo, esfregou o rosto, franziu a testa e foi para a varanda. De lá, ainda pôde ver a poeira provocada pelo cavalo de seu primo, partindo para bem longe.

Entrou.

Não encontrou Lea no primeiro momento.

Foi para o andar de cima e ouviu vozes vindas do quarto de banho, que estava com a porta entreaberta.

Espiando pelo vão, viu uma empregada tirando as botas de Lea, outra penteando seus cabelos cujos fios estavam emaranhados e uma terceira enchendo a banheira e medindo a temperatura da água com a mão.

As três criadas rodeavam sua prima enquanto riam e comentavam sobre sua coragem e atitude.

— Ora... Não precisa de tudo isso — Lea afirmava, educada e tímida.

— Precisa sim. É um gosto para nós! Uma mulher bater em dois homens, fazendo-os calar e acabar com um duelo!...

— Não é todo dia que se vê isso! — outra exclamou e riu.

— Nunca se viu isso! — uma ressaltou.

— É um grado para nós! Uma honra poder cuidar da senhora! — falou enquanto afrouxava-lhe todas as amarras da vestimenta nas costas.

— A água está ideal! Tem um sabonete de cheiro aqui... — dizia com alegria no tom engraçado da voz. — É muito bom para os cabelos! Deixa bem cheiroso! — enfatizava.

— Nunca pensei que viveria para ver o que vi hoje — gargalhou a mais velha.

Iago não se deixou perceber e se afastou sorrateiramente.

Ao longe, riu do que recordou enquanto via os hematomas em seus braços. Aquele jarro foi muito poderoso. Nem ele pensava em viver para ver aquilo.

CAPÍTULO 21

SEGUNDOS INFINITOS

No meio da tarde, Lea desceu as escadas, vagarosamente, de modo elegante.

Não parecia a mesma mulher descabelada, com vestes rasgadas, suja e que há pouco havia batido no irmão e no primo, ambos, muito mais fortes e altos do que ela.

Iago a seguiu com olhar. Sentiu vontade de rir, mas não ousaria.

Reparou que estava limpa. Com cabelos molhados e penteados para trás. Trazia uma fita de cor preta amarrada na cabeça que servia como uma tiara.

Percebia-se que o bonito vestido, muito branco, com rendas pretas nos babados não era seu, pois não tocava o chão. Ficou um pouco curto e um pouco apertado.

Ao vê-la terminar de descer as escadas, convidou:

— Não deve ter almoçado também. Vamos comer alguma coisa?

— Sim. Claro que aceito — concordou sem qualquer empolgação. Sentia-se um tanto constrangida por toda a movimentação que causou. Algo, totalmente, incomum para uma mulher, ainda mais na sua época.

Em silêncio, foram para a sala de jantar e uma mesa já se achava arrumada à espera de ambos.

Na lateral da mesa, Iago segurou as costas da cadeira onde ela deveria se sentar e a ajudou chegar bem próximo.

Dando a volta, acomodou-se à sua frente, deixando a cabeceira da mesa vaga.

As empregadas tinham um ar de graça, enquanto os serviam. Pareciam esforçar-se para segurarem o riso.

A refeição foi feita em total silêncio. Somente no final, Lea decidiu:

— Está tarde. Preciso voltar para casa.

— Não, sem antes conversarmos — o primo decidiu.

Ambos levantaram e ele convidou:

— Vamos para o escritório. Quero saber o que a trouxe aqui.

A essa altura dos acontecimentos, Lea até havia se esquecido do assunto que a levou ali. Só lembrou quando ele falou.

No outro cômodo, Iago sentou-se em uma poltrona e ela a sua frente.

Sem demora, Lea contou tudo sobre a irmã estar grávida de seu marido.

— Sei que sou esposa dele só para o bem do nosso filho. Além disso, não temos qualquer outra ligação. Acredito que o Luís tenha outras mulheres por aí e isso não me diz respeito. Já que não é meu marido de fato, não me magoo. Mas... dentro da minha casa?! Com a minha irmã? Como se atreveu?! — Breve pausa e também perguntou: — E ela?! Com pôde?! Sou a única pessoa, neste mundo, com quem Marisol pode contar! — ressaltou, parecendo ainda mais indignada. — Você precisava ver como ela falou comigo! Como se impôs, dizendo que minhas terras eram do filho dela e que tinha direitos iguais aos meus! Ela me enfrentou, Iago! Tinha de ver!

— O que pretende fazer? — indagou calmo.

— Não sei ao certo. Vim aqui para conversarmos e...

— Você disse alguma coisa?

— Não. Nada. Preferi deixá-la se manifestar e saber de fato do que minha irmã é capaz. Conhecer com que tipo de gente estou lidando. Marisol está certa de que o Luís fará seu filho um herdeiro. Meu primeiro impulso foi de mandá-la embora e procurar seus direitos. Direitos que sei que ela não tem. Mas existem as meninas... Nossas afilhadas. Não conseguiria deixar minhas afilhadas sem um teto e comida. Certamente, Marisol quereria levá-las para que me sentisse culpada e me fizesse sofrer. Ela é bem capaz disso. Ou colocá-las em um orfanato novamente.

— É possível sim — ele considerou e se levantou, caminhando pela sala, pensativo. — Eu sugiro o seguinte: se quiser conhecer, exatamente, todos a sua volta, aguarde. Tolere um pouco mais essa situação e as imposições de sua irmã, até o Luís voltar.

— Não quero vê-lo nunca mais na minha vida! Ele me desrespeitou! Desrespeitou a minha casa, traiu a minha confiança!... — lágrimas escorreram em sua face e as secou com as mãos. Eram de raiva. — É muita humilhação aceitar isso tudo. Marisol não vai parar. A partir de agora fará da minha vida, da vida de todos daquela fazenda um inferno!

Parado atrás dela, colocou a mão em seu ombro e massageou-o com suavidade ao pedir:

— Tolere um pouco mais. Será melhor.

— Está sendo difícil para mim, Iago. — Levantou-se. Foi para o lado e ficou frente a ele. — Eu gostaria de... — não completou.

— Gostaria do quê?

— De ter menos responsabilidades. Não tenho medo de trabalho. Não é preguiça... — justificou. — Só quero um pouco de tranquilidade.

— Eu entendo. Imagino que não seja fácil. — Esboçou um sorriso ao afirmar: — Estarei do seu lado. Sabe disso.

Retribuindo com sorriso, ela perguntou:

— Posso pedir uma coisa?

— Sim. Claro.

— Diminua a bebida ou pare... Não gosto de vê-lo embriagado com tanta frequência. Isso está ficando comum.

— Embriagado, não! — achou graça.
— Não se destrua com a bebida, Iago. Preciso de você — disse em tom meigo na voz suave, e sorriso doce.
— Foi por isso que me jogou água fria hoje?
Lea riu e iluminou o rosto ao lembrar a travessura.
— Desculpe-me... — disse rindo. — Estava enfurecida. Chamei-o e não acordou. Olhei a garrafa ao seu lado e deduzi que havia bebido e... — gargalhou com gosto. — Foi tão bom jogar água em você!
Iago riu junto. Gostou de vê-la animada, novamente. Adorava aquele riso.
— Devo trancar a porta quando for me debruçar à mesa ou corro o risco de acordar com um cântaro se despejando na minha cabeça. Eu não estava embriagado. Debrucei para descansar e acabei dormindo. A garrafa estava ali por acaso.
— Desculpe-me... — ainda falou rindo.
— Mas... Lea, o que foi aquilo lá fora? O que deu em você, mulher?! — indagou sorrindo, balançando a cabeça negativamente e fazendo um gesto singular com as mãos.
— Ai... Desculpe-me por aquilo também. Eu... Não sei o que me deu. Quando o vi aceitando o desafio para um duelo... Enlouqueci! Perdi o juízo! — achou graça de si mesma ao explicar. — Fui tomada por um sentimento que não pude controlar.
Iago gargalhou ao dizer:
— Tomarei cuidado para não irritá-la de novo! Parecia possuída!
— Ora... Não exagere tanto.
— Como não?! Arrancou seu irmão de cima do cavalo e bateu nele até que caísse ao chão. Eu tive de defendê-lo! Fiquei com pena do coitado — riu. Depois mostrou: — Olhe o meu braço! — exibiu os hematomas roxos e inchaços. — Meu ombro também, minha cabeça...
— Ficou tudo resolvido, não ficou?
Iago achou graça e respondeu:
— Espero que sim.
— Por favor, perdoe-me. Não sei explicar o que me deu.

— Está perdoada, mas não faça isso de novo.

Alguns segundos, Lea decidiu:

— Bem... Já que tudo foi resolvido... Farei conforme sugeriu: tolerarei essa situação, por enquanto. Acho que também quero ver a atitude do Luís quando voltar. Já imaginou se ele disser que fará do filho de Marisol um herdeiro? — sorriu de modo travesso. Em seguida, seu sorriso se fechou ao dizer: — Sinto-me muito mal com tudo isso. O desrespeito dele, a ingratidão e a ganância da minha irmã...

— Acho que consegue entender um pouco do que senti quando descobri sobre a Estela e o Edgar. Traição dói.

— Ou fortalece — ela completou. — No primeiro instante, é muito, muito difícil. Sempre precisamos de um tempo para organizarmos as ideias. Depois, ou você assume ser idiota e aceita que a traição continue ou decide ser mais forte do que antes, supera tudo e mostra ao outro e ao mundo do que é capaz. — Ao vê-lo pensativo, falou: — Preciso ir.

— Já é bem tarde. Logo estará escuro e frio demais para cavalgar. Esta noite você dorme aqui.

— Ficarão preocupados comigo.

— Só por hoje. E será bom os papéis se inverterem e eles ficarem preocupados com você. Darei ordens para arrumarem um quarto aquecido para que fique bem acomodada esta noite.

Ela sorriu e agradeceu.

— Obrigada.

Era bem tarde.

Alguns archotes tremeluziam suas chamas, fracas diante da escuridão, frente à varanda da fazenda.

Parado, em pé no patamar, Iago observava ao longe.

Nem a lua era visível naquela noite escura.

Apesar disso, ouvia o barulho dos animais noturnos.

Respirou profundamente e sentiu o ar gelado encher seus pulmões, deixando-o mais desperto.

O sono estava longe de envolvê-lo.

Ficou pensando em sua vida, em como chegou até ali com tanta dificuldade.

Lamentou por suas decisões erradas. Sua vida seria diferente, talvez, mais leve se houvesse tomado outro rumo.

Deveria ter lutado por seu verdadeiro amor, anos antes. Enfrentado seu tio. Declarado-se para Lea. Fugido com ela.

Mas seria isso o suficiente?

Seu tio, certamente, mandaria matá-lo.

Sua prima não possuiria nada do que herdou com a viuvez e, logicamente, não teria como ajudá-la.

Tudo seria muito diferente.

Provavelmente não estaria vivo. Seu tio, único tutor, era um homem muito rigoroso. Temido. Quando jovem, ao ir morar na casa dele, chegou a desconfiar de que Ruan era responsável pela morte dos seus pais. Achou estranho quando o viu incorporar às suas terras toda a herança de seu avô. Não pareceu direito. Na época, não entendia de negócios nem poderia reclamar. Nada, absolutamente nada ficou para ele. Edgar, seu primo, herdou tudo. Não tinha o que fazer. Ainda assim, seu primo era um péssimo administrador de fazenda. Com bem menos propriedade, ele começava a se destacar mais do que o primo. Tanto que Edgar começou a usar de trapaças e falcatruas para prejudicá-lo. Para isso, destruiu parte da sua vida, seu casamento.

Essa situação o abalou demais, mas não totalmente.

De repente, Iago sorriu com o pensamento que lhe ocorreu.

A situação que viveu para devolver a esposa foi vergonhosa. Também ficou triste por Lea se sentir arrasada ao saber do desrespeito de Luís e Marisol. Porém, aqueles males pareciam dar a ele nova oportunidade para ser feliz ao lado de quem amava de verdade.

Seu rosto ainda esboçava um agradável sorriso quando decidiu entrar.

A casa estava na penumbra.

Subiu as escadas clareadas por um lampião de chama fraca.

Ao ir à direção de seu quarto, percebeu um facho de luz sair por baixo da porta do quarto onde Lea estava.

Ao parar frente à porta, ela foi aberta.

Lea não se surpreendeu ao vê-lo, ali, parado. Ao contrário, parecia esperá-lo.

— Está sem sono também? — ele quis saber.

— Sim. Estou — respondeu com voz doce e fraca, quase inaudível.

Iago afagou seu rosto com ternura, enquanto fitava seus olhos por longo tempo.

Com delicadeza, curvou-se lentamente procurando seus lábios para beijá-los. Momento em que ela o envolveu e foi correspondida.

Iago a tomou em seus braços, beijando-a como sempre quis.

Conduzindo-a para dentro do quarto, fechou a porta atrás de si.

Na manhã seguinte, a claridade invadiu o quarto despertando Lea, deitada de bruços com o rosto no peito de Iago, envolvendo-o pela cintura.

Ao percebê-la acordar, afagou-lhe as costas com carinho. Procurando ver seu rosto, sorriu ao dizer:

— Bom dia, dorminhoca — falou baixinho, em tom amável.

Atordoada, olhou-o de uma forma estranha como se, por um momento, não se recordasse de estar ali.

— Bom dia... — murmurou.

Havia um toque de constrangimento quando puxou o lençol para se cobrir e se afastou do abraço.

— Dormiu bem? — tornou ele no mesmo tom.

— Sim. Mas... Iago?...

— O quê?

— Não deveríamos... Não poderia acontecer... — falou baixinho.

— Por quê? A quem devemos satisfações? — Diante do silêncio, falou: — Você sempre quis liberdade, agora que a tem, preocupa-se em dar satisfações?

— Não é bem isso. É...

— Eu entendo o que quer dizer. — Sentou-se e a puxou para si. Afagando-lhe os cabelos e o rosto, comentou: — Temos pessoas que amamos, consideramos e acreditamos ser necessário darmos satisfações. Mas, como tudo ainda é bem recente... Melhor não dizermos nada, por enquanto. Tem muitas outras coisas acontecendo.

— É verdade. Concordo com você.

Ele a puxou para si e a beijou.

Os dias que se seguiram mostraram o tamanho da arrogância e prepotência de Marisol. Ela designou uma empregada para cuidar de cada uma das meninas e exigiu tratamento especial para si.

Lea, cabisbaixa, retomou normalmente seu trabalho na lavoura. Evitava conversar com a irmã e com outras pessoas. Distanciava-se da casa o quanto podia.

Ela estava de mãos dadas com o filho, levando-o para pescar, quando Angelita correu atrás dela e a alcançou:

— Disseram-me que ia para o lago, pois tinha pegado as varas para pescar.

— É... Faz tempo que não fico sozinha com o Santiago. Tive muito trabalho por esses tempos. Precisamos nos concentrar num bom plantio para melhorarmos a próxima safra.

— Posso acompanhar vocês? Pelo menos um pouquinho? Depois volto para que fiquem a sós.

— Claro — a prima sorriu e concordou.

— Mas você já fica comigo o tempo todo, tia Angelita! Custa deixar só eu e minha mãe?

— Santiago, não fale assim. Respeite a tia Angelita. Peça desculpas.

— Tá bom. — Olhando-a nos olhos, disse: — Desculpa, tia.

— Está desculpado. Mas garanto que não incomodarei por muito tempo.

Caminharam.

Chegando ao lago, Lea deu uma pequena enxada para o filho e propôs:

— Comece a cavar para encontrar as minhocas e coloque aqui — deu-lhe uma caixa metálica com tampa.

Para o garoto, aquilo foi empolgante. Uma ferramenta para que procurasse minhocas.

Lea se afastou do filho e Angelita a seguiu. De olho no garotinho, quis saber:

— O que foi, minha prima?

— Eu que pergunto: o que foi? O que está acontecendo, Lea? Por que deixa a Marisol fazer o que bem entende? As três empregadas da casa estão vivendo para servi-la! Todas as tarefas atrasadas! Eu e a Margarida não damos conta! Até a horta estou deixando de cuidar como deveria.

— É... Eu sei.

— E diz isso com essa calma?! — surpreendeu-se.

— Não podemos dispor de mais criadas para dentro da casa. Sei que é grande e dá muito trabalho. Limpeza, roupas, verificar os breus nos archotes, encher lampiões, varrer o pátio, limpar a cozinha, picar lenha, preparar refeições... — citou vários dos serviços e obrigações.

— A Marisol pensa ser uma rainha! Se o filho que ela espera é herdeiro da metade de tudo isso aqui, a Marisol tem de trabalhar tanto quanto você para manter a propriedade! Olha para suas mãos! Veja os calos! A aspereza! Olha para sua face dourada de sol! Veja suas unhas! Outro dia, vi seus braços com músculos aparecendo!

— Nem tanto assim — riu com gosto.

— O que deu em você, Lea?! Por que não adverte Marisol e não exige que trabalhe? — estava zangada.

— Esperarei mais um pouco, antes de falar com ela.

— Lea! Mais um pouco?! Sabe que as criadas não gostam dela! Poderão ir embora!

— Vamos esperar — decidiu com calma.
— Esperar o quê?! — Angelita perguntava em desespero.
— Que o Luís retorne.
— O Luís?! O que ele pode resolver?!
— Quem sabe ele se responsabilize pelo erro e assuma a Marisol com o filho. Talvez a leve com ele.
— Sabe que isso não vai acontecer! Querendo ou não, o Luís é seu marido! Ele é omisso e covarde! Não assume nada! — falava com ênfase na voz baixa, para o garotinho não ouvir.
— Sei de tudo isso, minha prima.
— Não acredito no que vejo... Você está muito estranha, Lea. Muito! Esperava que reagisse diferente.
— Como? Expulsando uma grávida das minhas terras, agora, sem que ela tenha para onde ir? Ou isso ou eu vou embora por não aturá-la. Vamos aguardar. Não farei nenhuma das duas coisas. Confie em mim. Esperarei o Luís retornar. Ele sempre aparece. Precisamos confirmar se esse filho da Marisol é dele, não é mesmo? — sorriu.
— Não a reconheço mais, minha prima. Isso não está certo. A Marisol inferniza a todos nós. Esperava outra atitude sua — falou em tom entristecido. Virou-se e se foi, sem aguardar que a outra se manifestasse mais uma vez.
Lea a seguiu com o olhar até que sumisse. Respirou fundo e se virou. Foi para junto de Santiago, ajudando-o na busca por minhocas.

Alguns dias se passaram...
Iago chegou trazendo uma carroça repleta de madeiras à fazenda da prima.
Desceu de um lado e Pedro seguiu em frente. O empregado já sabia o que fazer.
Ao ver o irmão, Angelita correu ao seu encontro.
Cumprimentaram-se e ele perguntou:
— Onde está Lea?

— Já vem. Quando o vi, mandei chamá-la. Como estão as coisas? Como está a Angélica? — quis saber sobre a sobrinha. — Faz tempo que não a vejo.

— As coisas estão indo bem. A Angélica está boa. Está crescendo tanto... Ainda bem que ela adora brincar com os filhos dos funcionários. Isso a distrai muito.

— Pergunta pela mãe?

— Sim — não apreciou a pergunta.

— E o que você diz? — a irmã insistiu em saber.

— A verdade. Que eu e a mãe dela brigamos e a mãe voltou para a casa do pai dela. Quando a Angélica fala em visitá-la, demonstro que estou muito zangado e isso basta.

— Tenho dó dela.

— Eu também. Mas a vida é assim e eu não sei o que fazer. Quando crescer, ela entenderá. — Desejando mudar de assunto, perguntou: — E como estão as coisas por aqui?

— Tudo muito, muito diferente. — Olhou para os lados para ver se havia alguém ouvindo e prosseguiu, dando ênfase ao mesmo tempo que falava baixinho: — A Marisol está terrível! Pior a cada dia. A Lea não reage! Não se impõe com a irmã! Acho injusto! A Lea trabalha na lavoura de sol a sol, enxada, arado... Faz tudo! Enquanto a irmã pensa e age como princesa só porque está grávida do herdeiro de metade de tudo isso aqui! Será que o Luís reconhecerá esse filho? É injusto! Muito injusto! Está insuportável conviver com a Marisol!

— Nesse sentido, não posso ajudar, Angelita. É a Lea quem administra aqui. Não tenho como interferir — disse em tom brando, cuidando para não ser ouvido.

— Está tão difícil, Iago! Tão difícil... — Olhando-o firme, pediu: — Não aguento mais... Gostaria de morar com você. Ajudaria a criar a Angélica. Certamente, minha sobrinha precisa de alguém de sangue, da família para ser sua mãe, agora. Gosto muito dela e... Eu seria útil.

O irmão respirou fundo, pensou um pouco, olhou-a nos olhos e disse:

— Você não imagina como é bom ouvir isso. Bom demais saber que a tia se preocupa tanto com a sobrinha, minha filha, que, neste momento, não tem mãe. Você seria incrivelmente útil. Gosto de você, minha irmã, da sua personalidade, da sua capacidade... Mas, sua atitude de abandono seria justa com a pessoa que mais a ajudou nesta vida? Foi ela quem fez de tudo para tirá-la daquele convento e não parou até conseguir. É justo renunciar e desamparar Lea que passa por situação tão delicada? Você seria tão traidora quanto Marisol e Luís, não acha? — Iago percebeu que a irmã levou um choque. Passados alguns instantes, considerou: — Pense em tudo isso. Depois me procura. Se ainda quiser ir lá para casa, as portas estarão abertas. Acredite.

Naquele momento ele olhou para o lado e pôde ver o lindo sorriso estampado no rosto de Lea que caminhava ligeiramente na direção de ambos.

Sorriu ao ver a prima se aproximar e pediu:

— Com licença, Angelita. — Foi à direção da outra, dizendo: — Mandei o Pedro descarregar as compras no celeiro. Vamos lá ver!

— Obrigada, Iago. Que bom que veio hoje. Pensei que viesse somente amanhã.

Caminharam para onde ele indicou.

— Quis adiantar — falou alegre. Distante de todos, bem perto, sussurrou: — Não aguento ficar muito tempo longe de você.

— Chiiiiiuuu... — ela chiou e olhou em volta para ter certeza de que ninguém mais ouvia. Estava sorridente e animada.

A proximidade fazia seus corações baterem fortes, no mesmo ritmo.

Marisol, como de costume nos últimos tempos, estava irritada por algo que não foi feito pelas empregadas, de acordo com sua vontade.

— Olha isso! Criada inútil! Eu pedi malcozido!

Quando ergueu a mão para estapear as costas da empregada, num gesto rápido, Lea, bem próxima, segurou o braço da irmã, ainda no ar.

— Isso não vou tolerar! — Encarando-a firme, ficou a sua frente e avisou: — Não se atreva a agredir ninguém dentro da minha casa!

— Essa casa também é do meu filho! Luís fará dele o seu herdeiro! Portanto, é minha! — exclamou com arrogância.

— Talvez. Mas, enquanto eu estiver sob este teto, você não se atreva a erguer a mão para ninguém aqui!

— Por que, talvez?! Esta casa é do meu filho! Filho do seu marido!

— Quando Luís fizer do seu filho um herdeiro, talvez, seja bom dividirmos essas terras. Não vou me importar em viver na casa que estou construindo para mim, meu filho e para os meus empregados nos fundos da fazenda. Não vou me importar em cultivar só metade de toda a área fértil e receber por tão pouco. Mas isso me livrará de transtornos e irritações perto de você! Será uma bênção sem preço! Além do que, apreciarei vê-la cuidando de todo o resto e trabalhando na terra — havia um cinismo no seu olhar e na boca que quase esboçou um sorriso. Disse aquilo para provocar a irmã.

— Você não faria isso?! — tornou Marisol com olhos arregalados.

Lea a olhou de cima a baixo com desdenho e não disse nada. Saindo, em seguida.

— Está construindo uma casa nova nos fundos da fazenda?! — Marisol gritou, mas não recebeu resposta.

— Lea é mais inteligente do que eu imaginava — Angelita sorriu ao comentar. — Não imaginava que ela fosse tomar uma medida tão estratégica e importante. — Olhando para a prima, disse: — Vou adorar ver você, Marisol, com uma enxada nas mãos ou puxando arado, selando boi, limpando estábulo, curral e muito mais como a Lea sempre fez. Afinal, terá de cuidar da sua metade da fazenda que pertence ao seu filho — dizendo isso, foi atrás da outra.

— Nunca pegarei em uma enxada. Se metade de tudo é meu, os empregados também estão incluídos. Eles vão trabalhar por mim. Luís providenciará isso. Não sou idiota como minha irmã! — gritou à porta para a prima ouvir.

Angelita nem olhou para trás.

Alcançando Lea, que estava indo para o estábulo, disse:

— Nunca imaginei que você pudesse partir a fazenda ao meio e deixar Marisol cuidar do que é do filho dela. Lamento por ter de diminuir a produção, mas é o preço a se pagar para ter sossego. — Um instante, sorriu e imaginou: — Ver Marisol com uma enxada na mão será algo...

Lea esboçou sorriso sem expor os dentes. Havia algo enigmático em seu semblante.

— Talvez essa ideia faça minha irmã rever seu comportamento e ingratidão. No tempo certo, os ingratos recebem o que merecem. Deus não falha. Não depende de mim.

— Lea... — Angelita chamou com um travo na voz. Ao vê-la olhar, revelou: — Estou envergonhada em contar uma coisa. Está tão insuportável conviver com a Marisol que cheguei a pensar em ir embora. Cheguei a falar com meu irmão. — Lea ficou atenta, observando a prima. — Na sua ausência, Marisol grita, bate nas empregadas e... Chegou a dar um tapa no braço da Margarida.

— Ela agrediu a Margarida?! — indagou incrédula.

— Com um tapa no braço. Eu vi.

— Deveria ter me contado! — zangou-se.

— A própria Margarida não deixou. Eu mesma já discuti várias vezes com sua irmã. Ela é terrível. Pirracenta, provocativa. Outro dia, eu estava com esterco em um saco, adubando as hortas. Ela me chamou ordenando outro serviço. Não dei atenção. Marisol foi até onde eu estava, pegou o saco de esterco e puxou, espalhando por todo o terreiro. Tive trabalho dobrado para recolher tudo. Ela joga as coisas para as empregadas pegarem do chão. Berra o tempo todo. É insuportável. Por isso, quis ir viver com meu irmão, ajudar com a Angélica que está sozinha e precisa de cuidados. Cheguei a falar com o lago e ele me fez enxergar o quanto era ingrata, da minha parte, essa atitude. Quero que me perdoe.

— Pare com isso. Não tenho pelo que lhe perdoar. Por que isso? — riu.

— Só pelo fato de querer abandoná-la neste momento difícil. Você é a pessoa que mais me ajudou na vida. Eu errei. Errei e peço desculpas. Estarei ao seu lado, aconteça o que acontecer.

Lea foi à sua direção e a abraçou forte, dizendo:

— Obrigada pelo apoio. É bom ouvir isso.

Angelita a beijou no rosto e, ao se afastar, com olhos lacrimejando, falou em tom mais alegre:

— Quando dividir esta fazenda, ficarei do seu lado! Pode fazer um quarto a mais ou um celeiro maior!

— Quem disse que a levarei comigo? — Lea brincou.

— Atirarei pedras no telhado, se não me levar!

Riram.

— Vamos aguardar, Angelita. Faz tempo que Luís não retorna. Resolveremos isso em breve. Tenho certeza. É bom que Marisol mostre quem é. Dessa forma, não terei remorso quando tomar alguma decisão.

CAPÍTULO 22
A IMPORTÂNCIA DE MARGARIDA

Lea tomou distância do que fazia para ver melhor o serviço que realizava junto com um empregado.

— Ficou um pouco torto, não ficou? — perguntou ao funcionário sobre um mourão que fincavam no chão.

— Não ficou não, dona Lea. É o tronco que não é muito reto. Mas para segurar a cerca das galinhas, está muito bom. Se elas passarem de novo para o lado da horta a gente arruma outra vez.

— Se as galinhas passarem para a horta, Angelita fará uma bela canja de nós dois. Ela ficou muito zangada com os prejuízos — disse, recolhendo as ferramentas.

— Oh... Dona Lea está sabendo que sua cunhada Leandra vai ter outro filho logo, logo?

— Não. Nem sabia que estava grávida.

— Está sim. O bebê deve nascer daqui a pouco — tornou o homem.

Quando olhou para o lado, Lea viu Margarida se aproximando. Quase ao lado, a senhora disse:

— Vim apanhar uns rabanetes. Se é que as galinhas deixaram alguns para nós — riu com gosto.

— Reforçamos o cercado. Você nem reparou — Lea a olhou de um jeito engraçado.

— Reparei sim. Só não tive tempo de comentar. Apressada!

— Acho que, agora, elas não passam — disse Lea que se sentou em um banco de madeira rústica, usado para corte de lenha.

Ao perceber que o empregado se afastou, a senhora comentou:

— Você foi muito esperta. Aprendeu ligeiro que não podia confiar nas pessoas.

— Por que diz isso? — sorriu desconfiada.

— Casou com Luís, mas não confiou plenamente nele. Se tivesse feito isso, estaria em maus lençóis.

— Pois é, minha bruxinha... Não sei como descobre as coisas, mas é isso mesmo. Embora fosse necessário confiar no Iago, antes mesmo de me casar com o Luís.

— Iago é um bom homem. Fiel a você desde outras vidas. Coisa rara. Ele já me foi um filho querido.

— É mesmo? — achou graça. Não sabia mais dizer se acreditava ou não em Margarida, mas era certo de que havia se acostumado com ela e gostava daquilo: — Do que a bruxinha está falando agora?

Sem responder, perguntou:

— E o que pretende fazer com a casa nova que está construindo nos fundos da fazenda?

— Não consegue adivinhar? Está perdendo seus poderes? — Lea gargalhou.

— Não consigo adivinhar nada. Nunca consegui. Só sei o que me é mostrado.

— Seria cruel colocar minha irmã, grávida, no olho da rua e expulsá-la daqui. Não conseguirei fazer isso. Então, saí para cavalgar, pois em cima de um cavalo sempre penso melhor... Daí, surgiu a ideia. Nos fundos da fazenda, tem um poço de água muito boa. Uma clareira muito boa. O lugar é perfeito para erguer uma casa muito boa — achou graça da forma como ela mesma falava. — Depois de tudo o que Marisol fez sob meu teto, traindo minha confiança, sendo ingrata, impondo-se tão arrogante e gananciosa para mandar nas minhas terras...

Nada melhor do que construir uma boa casa para ela e as crianças. Lá ela terá de fazer tudo sozinha para si e as filhas. Terá um poço seguro onde ela mesma tenha de puxar água para beber, quando tiver sede ou tiver de lavar as coisas e tomar banho. Lá, também terá uma boa horta, um galinheiro... Tudo prontinho para ela mesma cuidar — falou sorrindo. — Uma vez por semana, mandarei levar suprimentos e roupas, quando precisarem. Será um bom lugar para trabalhar a humildade e rever sua ingratidão.

— E quanto ao Luís?

— Pedirei que nunca mais apareça. Eu e o meu filho não precisamos dele. Reparou que o Santiago não faz muita conta do Luís? É como um conhecido de quem gosta e fica feliz em ver.

— Criança gosta de atenção tanto quanto de presença. O resto não importa. O Iago é mais presente na vida dele do que o pai.

— Ele adora o Iago.

— É... Adora... — a senhora murmurou. — ...e você também.

— O que quer dizer, Margarida? — olhou-a com o canto dos olhos.

— Nada... Nada... Nem sei o que estou falando. Não fique com ciúme. Você também já foi minha filha.

— Margarida...

A senhora, com os ramos dos vegetais que precisava nas mãos, saiu rindo e Lea percebeu.

Havia um peso no ar.

Uma dor, uma sombra nos sentimentos. Certa sensação indefinida. Lea não sabia explicar o que era.

Foi até a cozinha servir o café da manhã para Santiago, que havia levantado muito cedo, fora do costume.

Reparou a irmã agitada e insatisfeita com algo.

Lea não via a hora de tirar Marisol de sua casa. Mas precisava que a outra moradia ficasse pronta, o que faltava pouco.

Angelita apareceu e trocaram olhares, dizendo, no silêncio daquele gesto, o quanto era difícil tolerar gritos e reclamações.

— E aquela velha inútil? Bem que poderia estar aqui ajudando! Aquela bruxa horrorosa! — foi uma frase infeliz de Marisol que aguçou as observações de Lea.

Alerta, a dona da casa se questionou onde estaria Margarida.

Não era comum, nada comum a senhora dormir tanto.

Saindo à sua procura, foi direto ao quarto, espiou e a viu deitada ainda.

Entrou sorrateiramente e a dor estranha em seu peito aumentou de intensidade.

Frente ao leito, ficou parada observando.

Pálida e imóvel. Não havia o movimento de respiração no peito da senhora.

Forte emoção tomou conta de Lea que, temerosa, num sussurro, chamou pela amiga, com ternura na voz e a esperança de despertá-la:

— Margarida?... Margarida?...

Nenhum movimento.

Foi até as janelas e abriu-as para que mais claridade adentrasse no quarto.

Retornou para perto da cama.

— Margarida?... — tocou-a com leveza e a balançou. Nada. Em seguida, acariciou-lhe o rosto e sentiu o quanto fria estava aquela face.

Choro dolorido em meio a dor cruel que só lembrou de experimentar quando sua mãe faleceu.

Lea, de joelhos ao lado da cama, encostou a cabeça no braço de Margarida, enquanto segurava sua mão fraca e gelada.

Quanta dor.

Não sabia explicar por que a amava tanto.

Companheirismo, amizade, cumplicidade, ajuda, irmandade... Não havia explicação para tanta afeição.

Ainda chorando muito, levantou-se e beijou-a demoradamente no rosto, sussurrando:

— Siga com Deus... Obrigada por tudo...

Depois, cobriu com lençol seu rosto sereno, a expressão mais leve que já tinha visto.

Vagarosamente, retornou à cozinha.

Ao vê-la, Angelita se surpreendeu, sabia que algo grave havia acontecido.

— O que foi, Lea?

Todos pararam e voltaram a atenção para a dona da casa.

— A Margarida... A Margarida se foi... — chorou. — Ela nem acordou hoje...

— Por que, mamãe? Onde ela foi? — Santiago perguntou com alma inocente.

— Oh... Meu bem... Vem cá... — estendeu os braços para o filho, pegando-o no colo.

— O que vamos fazer, Lea? — a prima perguntou, assustada.

— Eu também não sei... Acho que precisamos chamar o Aguilar, um dos mais velhos por aqui e perguntar o que vamos fazer.

— Temos um cemitério aqui na fazenda, onde está enterrado o senhor Vicente, seu marido e o irmão dele, seu Antônio — lembrou uma das empregadas. — A Margarida sempre ia lá levar flores.

— A Margarida era minha cunhada, mulher do Antônio. Vamos tomar todas as providências para velar o corpo. Precisamos preparar um caixão e... Chamem o padre. Avisem o Iago, por favor. Chamem o Aguilar, o quanto antes.

Rapidamente fizeram um caixão com tábuas e o corpo de Margarida colocado nele. Flores campestres foram ajeitadas, além de belas margaridas cultivadas por ela mesma.

Como era de costume, o caixão foi colocado sobre a mesa da sala e velas acesas nas pontas da mesa.

Empregados, sentados em bancos encostados nas paredes da sala, estavam de cabeça baixa, acompanhando o orar do terço, rezado de vez em quando, enquanto aguardavam o padre, que não chegou naquele dia.

Na espiritualidade, ao lado daquele que foi seu companheiro, o espírito Margarida adentrou na sala, olhou para o corpo, que lhe serviu de instrumento, e sorriu, agradecendo:

— Obrigado por ter me servido. — Procurou por Lea, que estava vestida de preto, chorando, abraçada ao filho que dormia em seus braços. Aproximando-se, envolveu-a com carinho. — Minha filha querida. Meu amor por você é eterno. Obrigada por confiar em mim, por cuidar de mim... Sempre soube que era um anjo. Esses anos todos foram bons demais ao seu lado. Foi o que pedi a Deus e Ele me concedeu. De manhã, quando me beijou, acordei. Falei com você, mas não me ouviu. Olhei para o lado e vi o Antônio, sua avó Esmeralda e outros conhecidos — sorriu com meiguice. — Aí, falei: Tem gente demais aqui hoje e essa menina não está me ouvindo... Aqui tem coisa! — riu. — É que tinha chegado minha hora de partir e a sua hora de seguir em frente. Cuidando desse menino... — Breve pausa. — Obrigada, Lea, minha filha amada. Deus vai lhe proteger e abençoar como sempre fez por você ter um coração bom e agir corretamente. Foi isso o que precisou provar nesta vida. Um coração bom. Ser boa para quem trabalha para você. Mostrar que é forte e capaz de lutar e se manter. Deus lhe abençoe — curvou-se e beijou-lhe a testa. — Agora vou com meus queridos. Estou bem amparada. Graças a Deus.

Lea teve uma crise de choro.

Angelita pegou Santiago nos braços e Iago, sentado ao seu lado, colocou o braço nos ombros da prima e a puxou para si.

Na manhã seguinte, o empregado chegou com um recado do padre, avisando que não iria à fazenda por conta da morte de Margarida, pois ela não era considerada católica. Sua origem era cigana. Padre Manolo disse que a mulher não era filha de Deus.

Em outro cômodo, Lea ficou enfurecida.

— Onde já se viu?! Deus criou os humanos todos! Criou tudo o que existe neste mundo! Como é que o infeliz do padre ousa dizer que Margarida não é filha de Deus?!

— Calma, Lea — Iago pediu.

— Como terei calma?!

— Pare e pense: Deus criou tudo e todos, mas Deus não criou as religiões. Jesus não criou religião alguma. Portanto, não precisamos de padre nenhum para pedir a Deus que ampare a Margarida.

Lea ficou pensativa e parada, olhando para ele, concatenando as ideias.

— É mesmo! Como é que nunca pensei nisso? Vamos nós mesmos rezar e pedir por ela antes de enterrar.

— Claro. O padre Manolo é um homem como outro qualquer. Não estou desprezando, mas lembrando que o título e os poderes que ele tem foram dados pela igreja, não por Deus — tornou Iago.

— Jesus disse que poderíamos fazer o que Ele fez. E se podemos fazer o que Jesus fez, podemos fazer muito mais do que o padre. Vamos lá rezar e pedir bênçãos para Margarida! — Lea decidiu.

Retornaram para a sala.

Lea pediu a todos que ficassem em pé ao lado do caixão. Quando viu todos olhando para ela, respirou fundo e disse:

— Não sei falar bonito. Nem mesmo sei o que vai sair da minha boca, nesse momento. Só quero rezar por Margarida e encomendar sua alma a Deus.

Quando cheguei, aqui, nesta fazenda, há alguns anos, conheci o que era um purgatório. Vivi num inferno. Não demorou muito para um anjo, chamado Margarida, acolher-me com seu amor — lágrimas escorreram em seu rosto. — Corria para seus braços e neles me escondia. Com dores, medos, tristezas infinitas... Ela me acolheu com amor maternal. Confortava-me com suas palavras de esperança e fé. Sua fé era tão imensa que me contagiou e... E, mesmo quando eu não acreditava, acabava tendo esperança. Com o tempo, percebi que Margarida confortava, socorria e cuidava de todos que aqui viviam. Quando fiquei viúva, foi ela quem me orientou muitas e muitas vezes, de modo sábio. Uma sabedoria adquirida com seu amor pelos outros, com a idade, com seus dons especiais. Margarida não tinha um único inimigo. Ela foi impedida de frequentar a igreja, de ser católica e nem mesmo o padre quis vir aqui rezar por ela. Foi então, que me dei conta de que, para Deus, o importante é a bondade no coração e não a religião. Nosso Senhor Jesus Cristo, Maria de Nazaré, Sua mãe, São José e os apóstolos não tinham religião, não eram católicos, mas tinham uma coisa em comum entre eles: socorriam, ajudavam, ensinavam o que era correto e praticavam o amor independentemente de quem era o necessitado. Então, para Deus, nada é mais importante do que a bondade e o amor que praticamos no mundo. Não adianta ter religião e ser rude com as palavras, ofender seu conhecido, criticar as atitudes dos outros, invejar o que o próximo tem, fazer algum tipo de maldade, mesmo as mais simples... Não adianta. Deus não gosta disso. Não adianta ter religião e ser maldoso com as pessoas, recriminar, acusar sem provas, julgar, ofender, levantar falso testemunho... Deus não gosta disso. Não adianta ter religião e zombar de quem quer que seja, humilhar mesmo que seja pelas costas. Deus não gosta disso. E acredito que, de alguma forma, vamos pagar por esses delitos que não agradam a Deus.

Margarida não tinha religião, mas acudia, ajudava, socorria, abraçava, orientava, curava até as dores do coração com suas palavras amigas, doces. Acho que ninguém, aqui presente, foi capaz de ser mais cristão do que ela.

Por tudo isso que Margarida foi, neste momento, pedimos a Deus que a ampare e a receba no Seu reino de glória e amor. Rogo a Maria de Nazaré que cubra Margarida com Seu manto sagrado de amor e bondade. Ela foi muito importante para mim e para todos os presentes.

Que essa amiga bondosa, que tanto nos ajudou e ensinou, possa ser recompensada por tudo o que realizou e não recebeu em vida.

Senhor Deus, receba Margarida em Seu reino e nos dê forças para prosseguirmos sem ela, pois não será fácil... — chorou. Com voz embargada, pediu: vamos todos juntos orar o Pai Nosso.

Todos oraram.

No plano espiritual, longe dali, luzes sublimes caíam como garoa fina sobre o espírito Margarida que, emocionada, sorria e chorava.

Eram as energias da prece e do amor de todos que chegavam até ela.

Após o enterro, todos se encontravam cansados.

A noite em claro, velando o corpo, deixou-os exaustos.

Ao retornar para casa, Lea encontrou as empregadas arrumando a sala. Colocavam tudo no devido lugar.

Angelita foi ao encontro da prima e ofereceu:

— Vem para a cozinha. Coma alguma coisa. Tem pão fresco que acabaram de assar.

Forçando-se, ela aceitou e agradeceu:

— Obrigada — falou baixinho e a acompanhou.

No outro cômodo, Iago estava de olhos fechados, com os cotovelos sobre a mesa e cabeça apoiada nas mãos. Totalmente quieto. Só se moveu quando a irmã ofereceu:

— Tome este café.

— Obrigado — ele agradeceu.

Sem qualquer respeito, Marisol comentou insatisfeita:

— Não é preciso tanta tristeza assim. Era só uma velha criada. Imprestável, nos últimos tempos.

Lea se levantou rápido, virou-se, segurou a irmã pela gola do vestido e falou firme, com os dentes cerrados:

— Dobre sua língua para falar de Margarida! Ela significa muito para mim! Muito mais do que imagina!

— Lea... — Iago a segurou pelos ombros. Generoso, orientou: — Isso não é necessário.

Ela largou a irmã e ainda disse:

— Cuidado, Marisol. Não estou mais suportando tanto você. Cuidado — afastou-se.

— E vai fazer o quê?!

Lea ia responder quando Iago a segurou pelo braço e lhe fez um sinal, balançando negativamente a cabeça, dizendo, sem palavras, para desconsiderar a provocação. Em seguida, conduziu-a para fora.

Angelita, olhando para a prima, disse, antes de deixá-la sozinha:

— Você é um ser desprezível, Marisol. Quem não oferece respeito, não tem direito de exigi-lo. Lembre-se disso.

Os archotes acesos, no pátio, na frente da casa, eram suficientes para iluminarem boa parte de um jardim cultivado por Margarida.

Lea caminhava entre os canteiros com Iago ao lado. Pisava as pedras cravadas no gramado que ladeavam as flores.

Mais à frente, sentou-se em um banco e ele acomodou-se ao seu lado.

— Essa semana ela ficou toda feliz quando viu essas margaridas florescerem. Acho que não imaginava que seriam usadas em seu próprio caixão... — lágrimas escorreram em seu rosto. — Vivia aqui adubando, cuidando, podando... Olhe aquelas roseiras como estão lindas! No meu aniversário, que caiu num domingo, ela pegou uma rosa, colocou em uma bandeja com café, pão e queijo... e pediu para o Santiago levar para mim, no quarto — riu e chorou. — Depois disse: "Desde cedo, é preciso ensinar um homem a tratar bem uma mulher."

— Margarida sempre foi muito sábia.

— Teve um dia que me zanguei porque ela pegou o Aguilar para ajudá-la a colocar essas pedras cravadas no gramado.

Fiquei contrariada porque precisava dele em outro serviço — chorou arrependida.

— Ela entendeu.

— Veja como este jardim ficou lindo.

— Sempre haverá uma parte do coração daqueles que amamos em todos os lugares em que eles viveram. É uma forma de existirem, depois que se forem. Que bom isso.

— Conversávamos muito. Foi a pessoa em quem mais confiei.

— É uma bênção ter alguém em quem confiar.

— Iago... — não conseguiu dizer mais nada. Olhou-o e o abraçou.

Ele a envolveu com carinho, agasalhou-a com ternura e beijou sua cabeça algumas vezes.

Não podiam ver que, a certa distância, o olhar espremido de Marisol os vigiava e odiava ver quanto carinho havia naquele abraço.

Marisol sentiu-se corroer. Imaginou logo que a irmã tramava alguma coisa contra ela. Achava Lea muito conformada com a situação de lhe ceder metade daquela fazenda e dos seus bens. Certamente, aqueles dois tinham algum plano.

Um sentimento de inveja, criado pela sua própria insignificância, cresceu assustadoramente dentro de si.

Acreditava que a irmã sempre tramava para se sair bem.

Pensava que o sucesso, a vitória e a prosperidade só eram conseguidos à custa de engenhosos planos para dar golpes.

Era incapaz de reconhecer e admirar os esforços de Lea com suas conquistas.

Acreditava-se vítima da vida. Seu marido e família lhe deviam tanto quanto Lea por não reconhecerem seu valor.

Decidiu que lutaria por uma vida melhor, mas usando conspirações e traições para se dar bem.

Como faria isso? Ainda não sabia dizer. Mas pensaria em algo.

Por atrair tudo o que desejamos...

A tristeza pela morte de Margarida era visível no semblante de Lea e em seu comportamento.

Demorou alguns dias para que retornasse normalmente ao trabalho.

Era um dia atípico. Muito quente para uma manhã.

Sentada em um banco, bebia água de um balde com uma concha usada por todos os empregados, que estavam sentados no chão, pois pararam para breves minutos de descanso.

Em seu íntimo, ficou feliz ao ver a carroça de Iago levantando poeira na estrada, mas não sorriu. Sabia que ele trazia coisas para a fazenda.

A carroça parou ao lado dela e ele convidou-a para subir, oferecendo a mão a fim de ajudá-la.

— Vamos até a casa. Tenho novidades! — anunciou.

Ela suspendeu a saia, colocou o pé no estribo e deu a mão a ele, que a puxou.

Chegando próximo a casa, contou:

— Soube que o Luís está na cidade.

— É mesmo? — ela sorriu.

— Deve vir para cá logo. Até pensei que o encontraria aqui.

— Não. Ainda não chegou.

— Conversará com ele hoje? — Iago perguntou, curioso.

— O quanto antes. A casa lá no fundo, já está pronta. Horta, galinheiro... Só falta levar algumas galinhas. Não vejo a hora de mandar a Marisol para lá. Não aguento tanta provocação. Ingrata.

— E o Luís?

Ela sorriu com ironia ao responder:

— Gentilmente, pedirei que nunca mais apareça aqui. Direi também que caso insista, não haverá mais feira do produtor rural nessas redondezas, pois farei um escândalo sem precedentes com o nome dele. — No momento seguinte, quis saber: — Trouxe o dinheiro para pagá-lo?

— Sim. Cada centavo. Quitarei a dívida com ele e acabaremos com qualquer contato. É por isso que estou aqui. Logo que soube que o viram na cidade, preparei-me para trazer o dinheiro. Sou grato pelo empréstimo, por indicar novos e bons compradores. Não sou ingrato. Mas... Acredito que ele desrespeitou sua casa. Não teve honra. Muito embora, devo confessar, que eu tenha gostado dessa falha cometida.

— Iago! — repreendeu-o e sorriu.

— É verdade! Dessa forma, você ficou ainda mais livre, assim como eu.

— Mundo cruel! — ela reclamou. — Mulheres são tratadas como bichos de estimação. Não podem ter um trabalho, não podem se sustentar sozinhas! Precisam sempre de um homem para tudo. Quando solteira, vivem à custa do pai, submissas ao irmão. Depois, são obrigadas a se casarem por conveniência com um homem que, muitas vezes, nunca viram na vida. Nojento, velho, imundo, porco! — cuspiu ao lado. — Quando lembro com quem meu pai me obrigou a casar... Odiei aquele homem com todas as forças da minha alma! Odiei! — quase gritou. — Margarida me ajudou. Ouviu minhas queixas... Orientou-me... Quantas e quantas vezes chorei em seu ombro.

— Calma... Já passou — disse ele e a abraçou, puxando-a para si.

— Ainda tenho esperanças, muito embora não estarei aqui para ver...

— Esperanças do quê? — Iago perguntou, por não entender.

— Esperanças de as mulheres não serem tão inferiores e dependentes dos homens como são. De poderem trabalhar, estudar, viver sozinha!... Não temos nem direito de ler livros sem antes o literário passar pela avaliação de um homem! Foi a muito custo, por causa da insistência de minha mãe, que meu pai permitiu que aprendêssemos a ler e escrever. No dia do enterro da Margarida, você me fez pensar. Deus criou a todos sem distinção. Não nomeou padre, bispo nem papa. Deus não disse que a mulher é um ser inferior! Aliás, Deus não disse nada! Isso tudo foi coisa do homem!

— A religião é importante para nos dar princípios e valores para que não viremos bichos, para que um não mate o outro, por exemplo. Para educar, é preciso haver limites, respeito, honestidade. Já imaginou se todos pudessem fazer tudo o que desejariam?

— É verdade. Estamos longe de entender a razão de tudo isso.

— Você disse que mulheres não podem ler?

— Meu pai não deixava. Líamos às escondidas.

— Quando fechei negociação com aquele homem que veio da França, ele me deu um livro. Nem olhei direito. Está lá em casa. Vou dá-lo a você.

— Que livro? — ela se interessou.

— Não lembro o nome... Ele disse que é um exemplar daqueles livros que foram queimados em Barcelona, há alguns anos, causando muito barulho.

— Ouvi falar desse livro, Iago! Nem acredito que conseguiu um! — alegrou-se. — Sempre quis saber o que tinha nele! Os livros foram considerados impróprios pela igreja católica. O bispo de Barcelona mandou atear fogo em todos!

— Acho que é isso mesmo.

— *O livro dos Espíritos* — recordou o nome. — É esse o nome.

— Sim. É esse o nome.

— Não o leu? — ela se interessou.

— Não... Dei uma olhada por cima. Fala de Deus, da vida... É bem filosófico. Só li uma parte do prolegômenos. Da próxima vez que vier aqui eu o trago para você.

— Ah! Vou adorar! — alegrou-se. Inclinado-se, beijou-lhe o rosto.

— E da próxima vez que eu for entregar a produção quero que vá comigo.

— Para quê?

Iago a olhou e sorriu ao dizer:

— Ora! O mundo precisa se acostumar com mulheres à frente dos negócios. Esse é um bom começo. Não se preocupe. Os franceses têm outra cultura e mente mais aberta. Vai gostar.

— Nós vamos para a França?!

— Vamos.

Lea sorriu, estampando no rosto um ar de curiosidade e expectativa nunca vistos antes. Ficou imaginando como seria outro país. Ela nunca havia saído daquela região.

Estava muito feliz com a ideia.

CAPÍTULO 23

NOVOS PLANOS

Estavam na casa quando Lea foi até a cozinha orientar sobre algumas tarefas. Santiago e Iago conversavam e brincavam sentados no chão da sala principal, perto da lareira.

Angelita, por sua vez, terminava de costurar duas bonequinhas de pano para as gêmeas que, ao seu lado, esperavam ansiosamente os brinquedos ficarem prontos.

— Vamos amarrar as fitinhas nos cabelos, fazendo maria-chiquinhas — disse Angelita com voz mimosa, enlaçando as trancinhas. — Agora, nessa outra também... Pronto!... — e entregou nas mãos das meninas.

— Nenê, tia! — disse uma.

— É! Nenê, tia — a outra imitou.

— Ficaram lindas, não é mesmo? — Angelita sorriu, observando as gêmeas deitarem suas bonecas nos braços, embalando-as de um lado para outro como se as ninassem.

Iago se levantou do chão, foi para perto da irmã e comentou:

— Elas são meigas, não é mesmo?

— São sim. São diferentes. Demoram mais para aprender, mas conseguimos perceber que se esforçam para entender e se comunicar. Elas sabem, elas sentem tudo... Parecem só ter outra forma de expressarem amor. Não são idiotas como a idiota da mãe delas pensa.

— Mas precisam de acompanhamento — tornou o irmão.

— Sim. Sempre precisam. Na idade delas nós íamos para a cozinha acender o fogo, esquentávamos leite, torrávamos pão... Elas não são capazes de fazerem isso. É perigoso. Mas... Possuem outros dons, outros talentos que não sei explicar. Na semana após a morte da Margarida, Lea não levantou cedo como de costume. Ficou mais tempo na cama e a Isabel, quando tomava café da manhã, olhou para os lados e ficou procurando algo. De repente, levantou, pegou sua caneca com leite e o pedaço de bolo que foi dado para ela e foi ao quarto da Lea oferecendo a ela para que comesse. Corri atrás. Não sabia o que iria fazer e me deparei com a cena. Quer dizer que nós, dotados de inteligência, ficamos na dúvida se deveríamos ou não levar café da manhã para Lea no quarto, mas ela tinha certeza de que era necessário — sorriu. — Foi curioso ver a Isabel abrir mão do que comia para alimentar a tia. Achei tão lindo... Ela me deu uma grande lição: na dúvida, faça o bem. Na dúvida, pratique o amor.

A movimentação ocorrida do lado de fora da casa interrompeu a conversa, chamando a atenção de ambos.

Alegremente, Luís adentrava na sala, tirando seu chapéu, colocando um saco no chão e chamando pelo filho.

Santiago foi à sua direção e o pai estendeu os braços para abraçá-lo.

— Nossa! Como você cresceu! Está enorme! Um homem grande!

— A tia Margarida morreu — Santiago contou sem trégua. — A minha mãe está muito triste. Muito mesmo.

— Verdade? Nossa... Que triste... — Luís disse, chateado.

— É sim. Minha mãe chorou muito.

Luís olhou para Iago e Angelita cumprimentando-os.

Após corresponder, Angelita, pegou as gêmeas e foi para fora da casa.

Com Santiago no colo, Luís perguntou:

— Como vão as coisas, Iago?

— Bem. Muito bem. Apesar do luto pela morte de Margarida. Pegou a todos de surpresa.

— Foi de repente ou ela ficou doente?

— Foi de repente — Iago informou.
— Como a Lea está?
— Muito chateada. Ficou abatida por dias, mas já está se recuperando aos poucos.

Nesse instante, os passos de Lea foram ouvidos e ela chegou à sala, dizendo:
— Luís...
— Olá, Lea! Como tem passado?
— Hoje estou bem. Recuperei-me dos golpes.
— Imagino que tenha sofrido muito. Aceite meus pêsames.

Sem dizer nada, ela foi até Luís e estendeu os braços para tirar o filho de seu colo.

Achou estranho, mas não resistiu e entregou Santiago.
— Aguarde aqui por um minuto. Já volto — ela pediu de um jeito muito sério.

Luís ofereceu um sorriso estranho. Não entendeu aquela atitude incomum. Havia uma frieza, algo enigmático naquele comportamento. Ficou pior quando Lea colocou o filho no chão, chamou uma empregada, pediu para levar Santiago e chamar sua irmã.

Ao se virar, ouviu do marido:
— Tem algo muito estranho no ar. O que está acontecendo aqui?
— Precisamos conversar. Estou tão angustiada com tantas coisas que ocorreram que não aguentarei esperar. Assim que o vi chegar, até pensei em conversarmos depois do almoço, mas não. Estou, há semanas, meses... com um nó na garganta e preciso desatá-lo hoje, agora, o quanto antes.
— Esse mistério está me perturbando. Diga logo. Do que se trata? — o marido pediu bem sério.
— Precisamos aguardar. Está faltando uma pessoa para que possamos deixar tudo bem claro.

O barulho produzido pelos passos e pela fala de Marisol, que se aproximava, fizeram Lea oferecer suave sorriso, com um toque de sarcasmo, sem mostrar os dentes. Momento em que trocou olhares com seu primo.

Muito desconfiado, Luís ficou inquieto. Seus olhos cresceram quando viu Marisol adentrar na sala resmungando algo.

Percebeu-se que ela também ficou surpresa ao vê-lo, porém não se intimidou.

Arrogante e provocativa sorriu com desdém ao dizer:

— Ainda bem que você retornou. Foram meses difíceis pela sua ausência — e caminhou lentamente para o outro lado da sala, como se desfilasse.

Ficou pasmado, pareceu cambalear.

— Como pode ver, Marisol, minha irmã, está grávida e garante que esse filho é seu — Lea disse, austera, firme e fria.

— Marisol?... — Luís tentou dizer, mas suas palavras não saíram.

— Sim, meu querido. Como pode confirmar, é verdade. Estou grávida. Resultado de nossas noites de amor, em que fui totalmente sua.

Constrangido, Iago abaixou a cabeça. Respirou fundo e não disse nada. Desejava sair dali, mas Lea, antecipadamente, pediu que permanecesse ao seu lado.

— Os pormenores de sua intimidade não são relevantes, minha irmã. Já foi o suficiente tudo o que me contou. Os detalhes provocativos que descreveu só reforçaram minha indignação por vocês dois terem traído minha confiança, desrespeitado a minha casa, o meu teto... Aliás, tais detalhes sobre o amor dos dois, só deixaram claro o tamanho da ingratidão por tudo o que você, Marisol, recebeu aqui.

— Não foi nada disso! — Luís levantou a voz para se defender. — Não houve romance ou amor algum! Marisol invadiu meu quarto...

— Abaixe a voz, Luís! Você está na minha casa! — Lea exigiu num grito.

— Ela invadiu meu quarto! — tornou ele, tentando se justificar.

— Quer que eu acredite que foi violentado por uma mulher? — Lea riu alto ao falar com ironia. — Acaso você é tão frágil assim que não conseguiu se defender?

— Ele... — a irmã tentou dizer, mas foi interrompida.

— Calem a boca os dois! — a dona da casa exigiu firme. — Não quero ouvir mais nada.

Marisol não obedeceu e falou arrogante:

— Luís, quando você se casou passou a ter direito de tudo o que ela tem. Lea está contrariada porque nosso filho tem direito à metade de tudo o que existe nestas terras! Você poderá fazer essa partilha. Eu exijo que a faça o quanto antes. Portanto, esta fazenda também é minha!

Lea sorria com o olhar e procurou pelo primo nesse momento.

Iago, com calma absoluta, deu alguns passos aproximando-se e impostou seriedade na voz forte, falou:

— Não, Marisol. Não é não.

A prima gargalhou ao encará-lo. Mas, no segundo momento, estremeceu, sentindo que havia algo mais sério a ser dito.

— Luís e Lea não têm qualquer direito a essas terras. Eu nunca confiei no Luís. — Olhando-o, disse: — Perdoe-me a sinceridade. Quando Lea contou que poderiam se casar, eu alertei que ele teria direito aos seus bens e, acaso tivesse outros filhos e os assumisse, Santiago precisaria dividir com os irmãos a herança que era de sua mãe. Isso seria injusto. Acaso Luís comprometesse seus bens em algum negócio arriscado, empréstimo ou até jogos de azar, Lea e Santiago perderiam tudo e não teriam onde morar nem com o que viver. — Breve pausa em que viu os olhos de Marisol arregalados. Calmo, Iago prosseguiu: — Então, eu mesmo propus a Lea que confiasse em mim. Ela aceitou. Antes de se casar com Luís, passou para meu nome esta propriedade e tudo o que existe nela. Na mesma hora, lavrei um documento, especificando que, na minha ausência ou morte, tudo o que existe aqui é do Santiago. Na verdade, o que fiz foi só preservar os bens da minha prima e do seu filho. Nada mais. Isso, foi antes de eles se casarem. Portanto, Luís não pode passar nada que exista nestas terras para o nome de ninguém.

Marisol sentiu-se mal. Seu rosto ficou pálido e os lábios esbranquiçados. Apoiou-se em uma cadeira, depois, puxou-a e se sentou.

A irmã precisou se forçar para não socorrê-la.
Ainda assim, sentiu-se mal.
Inconformada, Marisol disse:

— Eu sabia... Sabia que você e a Lea andavam tramando e armando alguma coisa contra mim!

— Como assim, Marisol? Ainda quer tentar se passar por vítima nessa história? — indagou o primo com calma. — Quem lhe socorreu quando fugiu de casa? Quem lhe deu abrigo? Quem fez de tudo para trazer suas filhas quando se arrependeu por tê-las mandado para um orfanato? Quem lhes provê com casa, comida, roupas?...

— Chega!!! — ela berrou.

— Pessoas ingratas não valorizam as boas ações das outras. Não vou gastar meus nervos com isso. Podemos discutir esse assunto por dias e não chegaremos à conclusão alguma. Por isso, serei fria e prática neste momento. Pensei muito sobre o que já decidi. — Olhando para a irmã, falou: — Ficou bem claro para você que seu filho não tem direito algum sobre os bens que eu herdei do meu falecido marido e que agora são do Santiago. — Virando-se para Luís, reforçou: — Também ficou claro que você não tem qualquer direito aqui. Mas ainda temos algo para resolver, fora isso. — Caminhou pela sala e todos a olharam. Voltou-se para eles e disse: — Há anos, Marisol foi dada como morta e enterrada. Seu corpo foi reconhecido pelo padre da cidade. Que Deus proteja a alma enterrada em seu lugar... — fez o sinal da cruz. — Por conta disso, minha irmã não pode aparecer na cidade nem nas redondezas. Apesar de seu marido e sogro terem morrido, sua sogra, dona Juanita, ainda vive muito bem, é uma mulher terrivelmente maldosa e capaz de mandar matá-la de verdade se souber que ela e as filhas vivem. — Olhando para Luís, indagou: — Nós somos casados só no papel. Não o considero meu marido. Principalmente, depois que dormiu com a minha irmã. Quero saber se você assumirá o filho e os levará consigo, junto com as gêmeas, claro?

— Não — respondeu de imediato. — Não mudei minha vida por você, não mudarei por ela. Não tivemos nenhum romance.

UM NOVO CAPÍTULO

Foi uma aventura. O máximo que posso é, quando aparecer por aqui, dar algum dinheiro para que cuide da criança — falou sério e inflexível.

— Eu já previa essa sua atitude covarde — tornou Lea, muito firme.

— Não sou covarde! Estou pensando em mim!

Lea olhou-o de cima a baixo de modo desprezível. Não disse nada, mas Luís sentiu que ela entendeu sua insignificância. Sem demora, ela contou:

— Mandei construir uma casa, bem longe desta, nos fundos da fazenda. É boa o suficiente para Marisol e seus três filhos. — A irmã arregalou os olhos, encarando-a. Quando viu essa reação, perguntou com um toque de ironia: — Não quer que eu continue a viver com você, sob o mesmo teto, depois de tudo o que fez comigo, não é mesmo? Dê-se por satisfeita, porque meu coração não permite mandá-la embora daqui deste jeito: grávida e com duas meninas deficientes. Você não sobreviveria uma semana. Então, vai se mudar ainda hoje para a casa que construí. Não quero vê-la por aqui de forma alguma. Terá assistência. Terá uma horta para cuidar e um bom galinheiro. Puxará água do poço e cozinhará a própria comida. Terá cabras para cuidar e ordenhar, dessa forma terá leite. Cuidará da casa e dos seus filhos. Isso tudo tomará todo seu tempo. Mandarei provisões toda semana e... Vamos ver o que mais. Porém, que fique bem claro: não quero vê-la aqui. — Virando-se para Luís, ainda disse: — Quanto a você... Não preciso dizer o quanto me decepcionei e... Nunca, mas nunca mais quero vê-lo aqui nesta fazenda. Não precisa trazer dinheiro algum para minha irmã. Nunca mais procure a mim ou ao Santiago. Não precisamos de você.

— O Santiago é meu filho!

— Se você se atrever a exigir isso, eu juro por Deus: largo tudo o que tenho aqui, pego o Santiago, a Marisol e seu filho, que vai nascer, e mais as duas meninas e vamos todos nós nos juntarmos a você e sua trupe, viajando de cidade em cidade, acompanhando os seus eventos! Terá de nos sustentar e de nos aturar! — Luís intimidou-se e Lea percebeu isso. — Portanto, se ainda quer sair ileso e sem qualquer responsabilidade dessa situação, sugiro que vá embora agora! Esqueça que tem dois filhos nestas terras! Entendeu?!

Um tremor tomou conta de Luís que não sabia o que dizer.

Confuso, pegou o chapéu e quando procurou pelo saco onde tinha seus pertences, Iago se aproximou, tocou-lhe o ombro e disse:

— Tome. Aqui está todo o dinheiro que lhe devo. — O outro pegou o montante na mão e ele pediu: — Preciso que assine o documento confirmando o pagamento de toda a dívida.

Ouvindo isso, Lea foi até a outra sala e logo retornou com um tinteiro e a caneta de pena.

Havia algo tenso no ar. Ninguém se encarava.

Luís procurou a mesa mais próxima, assinou os papéis e entregou a Iago.

— Estamos certos, então. Muito obrigado por ter me ajudado. Serei sempre grato por isso — disse Iago.

Totalmente confuso, demonstrando-se atarantado, Luís reverenciou-o com aceno de cabeça antes de colocar seu chapéu.

Sem olhar para Lea ou Marisol, pegou o saco novamente e saiu porta afora sem dizer nada.

Lea respirou fundo e fechou os olhos. Sentiu um alívio imenso naquele instante. No momento seguinte, encarou Iago e comentou:

— Ele aceitou muito rapidamente a oportunidade de nunca mais ver os filhos. Como eu pude me envolver com um homem tão covarde? Como não vi isso antes? Tenho nojo de covardes! Sou mais macho do que esse homem que acabou de sair por essa porta!

Iago arregalou os olhos e franziu a testa, envergando a boca para baixo, fazendo uma expressão engraçada por estranhar aquela fala. Não ousou dizer nada.

Com esperança de ver a irmã mudar de ideia, Marisol ainda tentou argumentar:

— Quer dizer que vai me despejar do conforto desta casa, mesmo eu estando grávida e com duas crianças idiotas?

— Primeiro, a casa nova tem todo o conforto de que você precisa ou mais. Segundo, gravidez não é doença. Eu mesma trabalhei na enxada até dois dias antes do meu filho nascer. Terceiro, seja grata, pois está recebendo muito mais do que merece.

— Não terei uma única criada?! — exigiu em tom enraivecido na voz.

— Pensarei nisso, mas somente quando estiver perto de a criança nascer. Deixarei uma empregada lá para acompanhá-la em tudo. — Mais firme, exigiu: — Vamos! Levante-se daí e vá pegar suas coisas e as meninas. Pedirei ao Aguilar para trazer uma carroça para levá-las, o quanto antes, para a casa nova que já está toda equipada com utensílios de que precisa e muito mais. Até as lenhas já estão picadas... Pelo menos para hoje. — Virou as costas e saiu.

Marisol, com lágrimas escorrendo no rosto, trazia a fisionomia dura e raivosa. Olhando para o primo, perguntou:

— Você concorda com isso?

— A Lea manda aqui. Não posso opinar — saiu em seguida.

No entardecer daquele dia, um denso nevoeiro encobria a paisagem encantadora e exuberante do lindo lugar.

Lea caminhava, segurando as pontas do xale jogado em suas costas.

Sentiu o vento frio gelar seu rosto. Por um momento, temeu que o inverno chegasse mais cedo e durasse mais tempo como aconteceu anteriormente.

Não deveria estar tão frio aquela época do ano.

Andou para longe da casa, embalando a saia longa de um lado para outro conforme os passos lentos.

Seus pensamentos queimavam de preocupação.

Ficou com pena da irmã. Talvez devesse ter esperado a criança nascer, antes de tê-la mandado morar em outra casa. Mas ficou em dúvida. Se deixasse Marisol ali por mais tempo, correria o risco de não ter coragem de fazer aquilo depois, com um recém-nascido.

Sabia que a irmã era capaz. Forte o suficiente para muitas tarefas e preguiçosa o bastante para se acomodar.

A claridade sumiu rapidamente e a noite já se fazia presente.

Virou-se para retornar e só então percebeu o quão distante estava de casa.

No mesmo ritmo, decidiu voltar.

Caminhou mais um pouco e pôde ver, saindo do meio do nevoeiro, a silhueta de um homem alto, de ombros largos. Era Iago indo ao seu encontro.

Sem perceber, sorriu lindamente.

Achou graça no modo de ele andar. Poderia reconhecer seu jeito a qualquer distância.

Parou. Fez questão de vê-lo se aproximar.

Sorrindo, olhou discretamente para os lados e, bem perto, beijou-a e afagou seu rosto com carinho.

— Está gelada.

— Esfriou de repente — explicou com voz doce e sorriso meigo.

Iago a abraçou forte, agasalhando-a em seu peito.

Apertou-a, como se quisesse guardá-la dentro de si.

Lea o envolveu com carinho e, no silêncio daquele abraço, escutou seu coração bater forte.

Respiraram fundo e se afastaram.

Acariciando sua face mais uma vez, falou com ternura na voz grave:

— Eu a quero tanto...

— Eu também.

— Gostaria de assumir uma vida com você. Como poderemos fazer isso?

— Já pensei muito e não vejo como. Para todos os efeitos sou casada e você também. Vivemos em uma sociedade hipócrita, onde as pessoas cuidam demais da vida dos outros sem resolver seus próprios problemas. Ainda nos prejudicam, só por não seguirmos os padrões exigidos. Onde já se viu?... As pessoas casam, não vivem bem, não gostam umas das outras e são obrigadas a viverem juntas! Um absurdo!

— É assim e não podemos mudar. A revolta só piora tudo. Precisamos pensar em um meio diferente para nós. Os empregados já estão desconfiados, tanto os daqui quanto os de lá de casa e...

— E com a partida definitiva do Luís...

— Você explicou aos empregados a razão de ele não poder voltar mais aqui?

— Sim. Expliquei. Todos já sabem que ele é o pai do filho que minha irmã espera. Ela fez questão de espalhar essa notícia para mostrar que mandava aqui tanto quanto eu. Queria ser obedecida. Contei que o Luís não tem direito a nada e ela também não. Deixei claro que ele está proibido de pisar estas terras, pois me envergonhou, desrespeitou-me e me traiu. Contei que a Marisol foi morar na casa construída nos fundos da fazenda e viverá lá. Foi isso.

— Ninguém questionou?

— Não dou brecha para que queiram mais satisfações. Na minha frente, ninguém disse nada. — Riu ao dizer: — A Angelita veio contar que as empregadas ficaram felizes com a partida da minha irmã. Disseram que não querem ser designadas para cuidar da Marisol quando estiver perto de dar à luz.

Iago sorriu ao comentar:

— Às vezes, acho que os empregados torcem por nós dois.

— Você acha mesmo? — ela se surpreendeu, estampando sorriso agradável.

— Acho sim. O jeito como nos olham, acatam nossas decisões, respeitam nossas ordens... Gostam da gente. Creio que nunca foram tão bem-tratados em outro lugar.

— Sempre fomos sinceros e fiéis com eles. Por isso, são gratos.

— Gostaria que fosse viver comigo, lá em casa ou... Talvez eu pudesse morar aqui, trazendo a Angélica, claro.

— Seria ótimo — ela sorriu. — Mas... Seria um escândalo. Tudo é muito recente.

— Verdade. Aguardaremos um pouco mais. Enquanto isso, faremos planos para que tudo corra bem.

Continuaram andando em direção da casa, que já poderia ser vista entre o nevoeiro, pois os archotes acesos iluminavam o caminho ao redor dela.

Mais perto, Iago suspirou fundo, mostrando-se insatisfeito por ter de tirar seu braço que cobria os ombros de Lea.

CAPÍTULO 24
A EMPREGADA PERFEITA PARA MARISOL

Depois de tantas noites turbulentas, onde Lea travou grandes batalhas com os próprios pensamentos, finalmente, uma bandeira de paz foi erguida.

Estava decepcionada com a traição e desrespeito de Luís e sua irmã. Não conseguia aceitar tamanha ingratidão. Mas, começou a compreender que os dois eram daquela forma e não poderia mudá-los. Estava em suas mãos aceitar ou não a falta de caráter de ambos. Isso diminuiria a dor experimentada com a lâmina da ingratidão.

Por não aceitar, decidiu não querer Luís em sua vida e, por compaixão, ainda ajudou a irmã, mesmo deixando-a bem longe de seu convívio.

Tudo aquilo apertava seu coração, asfixiava sua alma. Entretanto, precisava ser firme diante de tantas responsabilidades e compromissos que tinha.

O que deixava tudo um pouco mais leve era seu amor por Iago e sentir-se correspondida.

Mas não ficarem juntos era um empecilho. Isso a angustiava. O futuro era incerto, acaso a sociedade da época descobrisse o romance que havia entre eles.

Seus negócios sofreriam prejuízos, isso já acontecera no passado.

O turbilhão de sentimentos, principalmente o medo, ofereceu-lhe grande sofrimento nas horas sozinhas das noites silenciosas.

Começou a perceber que não havia nada pior do que madrugadas insones com pensamentos agitados.

O tempo foi passando...

O convite de Iago para que fossem para a França tratar de negócios e, mais ainda, para passearem, deixou Lea animada.

Em toda a sua vida, nunca saiu daqueles sítios. Não conhecia nada além das cadeias de belas montanhas ao longe.

Uma viagem para outro país seria uma aventura empolgante.

Teria de deixar o filho Santiago sob os cuidados ternos de Angelita. Sabia que a prima amava o garoto como seu filho. Mesmo assim, seu coração apertava ao pensar naquela ideia. Mas, a viagem não seria propícia para uma criança.

Precisaria pensar também na situação de Marisol. Afinal, a irmã estava prestes a dar à luz e, nenhuma empregada da casa gostaria de ficar com ela e acompanhá-la no parto.

Foi então que uma das criadas a procurou, dizendo:

— Ela está sem emprego há tempos. Eu a conheci no armazém. Conversava com o dono, propondo-se a trabalhar. Soube que está vivendo de favor e em troca de alguns serviços em casa de conhecidos que não podem contratá-la. Não é mulher jovem. Acredito que aceitará, de bom grado, trabalhar e ficar com sua irmã até a criança nascer.

— Será que ela tem experiência com parto?

— Creio que sim. Empregadas mais velhas sabem fazer isso.

Lea analisou por um momento e confessou:

— Estou tão sobrecarregada de afazeres por causa da viagem...

— Dona Lea — tornou a empregada —, desculpe minha sinceridade, mas... Ninguém daqui quer ficar lá na casa de sua irmã. Se ficarmos, não é com gosto. Será por obrigação

UM NOVO CAPÍTULO

e porque a senhora mandou. Sei que a senhora falou que nos pagaria mais por isso, só que... Ninguém quer. Quando encontrei essa mulher a procura de emprego, logo pensei que seria uma coisa boa, juntaria o útil ao necessário. Ela precisa de dinheiro e aceitará. Sua irmã precisa de ajuda e...

— Minha viagem está marcada para amanhã. Talvez não haja tempo de eu conversar com ela. Preciso de total sigilo sobre minha irmã. Sabe disso. Pago bom preço pelo silêncio dela. Deixe isso claro. Ninguém, ninguém pode saber que Marisol e as filhas estão aqui. Entendeu, Rosana? — quis deixar bem claro.

— Ela me pareceu de muita confiança. Disse que a vida inteira trabalhou cuidando de casa e foi empregada pessoal também. Não se casou. Não tem família. Foi posta na rua por conta da idade que está chegando.

— Pobre coitada... É disso que eu reclamo. Mulher tem de viver à custa de pai, marido, irmão... Não pode fazer nada para garantir a própria sobrevivência como estudar, trabalhar, viver sem ser dependente... É obrigada a casar, encostar-se no marido e rezar para que os filhos nasçam homens! — ressaltou. — Caso contrário, será criada na casa dos outros e posta na rua quando a idade chegar. Virará mendiga e morrerá na sarjeta. — Breve pausa e aceitou: — Volte à cidade e a procure. Diga o que proponho pagar para ficar com minha irmã. Adiante que minha irmã é exigente. Se as duas se derem bem, ela pode ficar por lá para ajudar Marisol, mesmo depois de o bebê nascer. Vamos ajudá-la. É preferível dar emprego a esmola.

— Se ela chegar aqui amanhã bem cedo, talvez possa falar com ela.

— Não. Não quero me atrasar. Acerte com ela. Leve-a até Marisol e... Deixe que se entendam.

Assim foi feito.

Viajaram para a França.

No dia seguinte, a empregada de Lea chegou a casa onde Marisol morava com as filhas.

— Vocês demoraram! Faz dois dias que não aparece ninguém aqui! E se me acontecer alguma coisa?! — indagou nervosa e exigente.

— Desculpe-me, dona Marisol. É que sua irmã viajou e me incumbiu de trazer uma nova empregada para ficar com a senhora — Rosana se explicou.

Aguilar, o empregado que guiava a carruagem, desceu e foi pegar algumas provisões para deixar na casa. Ao olhá-la, cumprimentou e mais nada disse.

Rosana abriu a porta do coche e ajudou a outra descer.

Ao colocar o pé no chão, a mulher expressando largo e imediato sorriso, correu os olhos em toda a volta. Só depois, fixou-se em Marisol e a cumprimentou muito cortês:

— Bom dia, senhora — fez uma reverência e abaixou a cabeça. Não a encarou.

— Espero que saiba trabalhar e seja disposta. Não gosto de gente preguiçosa! — falou arrogante.

— Sem dúvida, senhora. Sei cuidar de crianças também. Fiz isso minha vida inteira.

— E está sem emprego? Se o fizesse bem, estaria trabalhando! — Marisol ressaltou em tom de ironia.

— É por causa da idade, senhora. Não dão muitas oportunidades para nós, nessa fase da vida.

Marisol olhou-a com mais atenção e comentou:

— Parece que a conheço...

A mulher sorriu com simpatia e nada disse. Virou-se e foi pegar um saco, cuja boca estava amarrada por uma corda fina.

— Eu conheço você — tornou Marisol desconfiada. — Qual seu nome?

— Maria — disse tão somente e perguntou: — Posso levar essas coisas para dentro da casa, senhora?

— Sim. É seu dever.

Rosana e Aguilar procuraram ser rápidos. Não desejavam ficar ali por muito tempo.

Marisol reclamou de um problema no curral das cabras e no galinheiro e o funcionário prometeu voltar, em breve, para arrumar. Já havia se comprometido com outro trabalho mais urgente.

— Aprendeu o caminho, não é mesmo, Maria? — Rosana perguntou.

— Sim. Não tem como errar. Qualquer coisa eu pego o cavalo e vou até vocês. Não é tão longe.

— Depois de amanhã voltaremos — Rosana afirmou e subiu ligeira no veículo cuja porta foi rapidamente fechada por Aguilar. O homem mal se despediu e se foi.

Sorridente e esbanjando gentilezas, a nova empregada solicitou:

— Vamos. Venha, senhora. Deve descansar. Vou cuidar de tudo para a senhora. Tenho certeza de que vai gostar dos meus préstimos.

Ao ouvir aquilo, Marisol sorriu satisfeita. Era assim que gostava de ser tratada.

A nova empregada mostrou-se esperta demais. Preparou as refeições, cuidou das gêmeas, arrumou a casa, picou lenha e tratou dos animais. Muito eficiente. No início da noite, colocou água bem morna em uma bacia e chamou Marisol para mergulhar os pés.

A patroa sentiu-se uma rainha. Quase não acreditou. Nem pensou em pedir aquilo.

Recostou-se na poltrona e fechou os olhos aproveitando os benefícios do relaxamento.

A água não tinha a chance de esfriar. A empregada, bem atenta, sempre colocava mais água quente na tina.

Ao término, sentou-se em um banquinho frente à poltrona, secou os pés da patroa com toalhas alvas e, para surpresa de Marisol, massageou-lhe os pés com óleo de cânfora e ervas.

Marisol nunca se sentiu tão bem-tratada.

Finalmente, sua irmã designou a pessoa ideal para cuidar dela como merecia.

Na manhã seguinte, surpreendeu-se com o cheiro gostoso de pão assado.

Levantou-se e estranhou não ver as filhas chorando ou fazendo barulho.

Ao chegar à cozinha, viu o fogão a lenha aceso a todo vapor e o forno acoplado a ele, com pães que estariam prontos em breve.

Em outro cômodo, viu as filhas brincando com as bonecas que Angelita confeccionou.

Passou por elas e foi até a varanda. De lá, viu a empregada voltando do galinheiro trazendo ovos frescos.

Sorridente e amável, a mulher falou:

— Bom dia, senhora!

— Bom dia, Maria.

— Que dia lindo, não é mesmo? O sol está radiante, mas ainda está frio para as meninas virem aqui fora. Por isso, deixei que brincassem lá dentro. Já limpei o curral das cabras e ordenhei-as. Já dei milho para as galinhas e soltei no terreiro. É assim que a senhora faz, não é mesmo?

— Sim. É — respondeu incrédula. Aqueles eram trabalhos intoleráveis para ela.

— Trouxe os ovos. Deixei os pães assando e devem estar quase prontos. — Bem perto de Marisol, aconselhou: — Vamos entrar, senhora. Apesar do sol tão lindo ainda está bem frio. Vamos entrar — colocou levemente a mão no ombro da patroa, conduzindo-a para dentro.

Na cozinha, fez com que se sentasse e serviu-lhe leite quente e chá.

— Vou tirar os pães. Estão assados.

— Você é bem-prendada e prestativa. Devo admitir — Marisol considerou.

— Vou tomar como um elogio. Espero que goste do meu trabalho.

— Até agora, estou gostando. Mas... Toda vassoura nova varre bem. Espero que não mude seu jeito.

A outra olhou e sorriu. Depois perguntou:

— Quer algo especial para o almoço, senhora?

— Vi que está fazendo galinha.

— Sim. Estou. Mais tarde vou bater manteiga, fazer geleia com as amoras que vi lá fora e também fazer alguns biscoitos. Acho que as meninas gostarão.

— O cheiro da galinha está bom.

A empregada serviu-lhe o pão fatiado em tábua e lembrou:

— Vou dar pão às meninas. Com licença.

Marisol sentiu-se satisfeita. Aquela criada saía-se melhor do que encomenda. Era isso mesmo o que desejava.

A mulher não a deixava fazer absolutamente nada. Além de dar conta de todo serviço, tratava bem às meninas, brincava com elas. Mas ainda estava intrigada. Aquele rosto lhe era familiar.

Maria tinha os cabelos muito grisalhos, longos e ondulados. Usava-os partidos ao meio e escondiam boa parte de sua face, mesmo preso atrás, feito um coque. Era muito acabada. Possuía muitas rugas e faltavam-lhe alguns dentes. Por essa razão, sempre sorria sem mostrá-los. Nunca ficava olhando de cara por muito tempo e vivia em movimento.

Após o jantar, enquanto descansava em sua poltrona e tinha os pés esticados na frente da lareira, num relampejo de memória, Marisol se lembrou de onde conhecia aquela mulher.

Sobressaltou-se e se sentou. Sentiu-se nervosa, mas não sabia exatamente de toda história que recordava de modo fracionado em sua mente.

Seu coração bateu forte e não organizou as ideias.

De repente, a empregada chegou à sala falando baixo e mansamente:

— As meninas já dormiram. São uns amores... Agora farei um chá para a senhora.

— Espere! — praticamente ordenou.

— Deseja algo diferente, senhora? Quer leite quente?

— Você!... Já sei de onde a conheço! — exclamou e se levantou. Foi até sua direção.

A mulher sentiu-se gelar. Um torpor a abalou por alguns instantes. Seu sorriso tornou-se expressão preocupante e seus olhos cresceram. Precisava pensar rápido em algo para se justificar e colocar-se como vítima das acusações que viriam. Sua experiência de vida, dizia-lhe que seria fácil ludibriar Marisol por sua vaidade, orgulho e arrogância. Afinal, logo de início, entendeu que ela vivia isolada ali porque era intolerante demais.

— Senhora... Ninguém nunca quis saber de toda a história por minha boca...

Parecendo não ouvir, sem trégua, a patroa disse de modo ríspido:

— Você é a Consuelo! Sim! Você é a Consuelo! Foi empregada da minha tia, depois se tornou criada pessoal da minha mãe! E acabou colocando minha mãe naquele porão!

— Não! Não fui eu! — interrompeu com desespero na voz. — Por favor, escute-me! Eu imploro... — lágrimas escorreram em seu rosto franzido quando se ajoelhou diante dela. — Por favor... Eu imploro que me ouça...

— Como pode me implorar algo depois de trancafiar minha mãe naquelas condições horrorosas?

— Mas não fui eu que decidi, senhora! Foi a pedido do senhor seu pai! Foi a pedido dele! Eu juro! Por favor... Acredite em mim... — chorou, ainda de joelhos. — Eu jamais teria a autoridade para trancar sua mãe naquele lugar. Nunca revelei isso para não destruir o amor e o respeito que os filhos tinham por ele. Existe muito mais história, além do que os filhos de dona Isabel conhecem. Foi mais fácil jogar a culpa em mim, uma criada sem valor, do que contar a realidade. Aceitei calada para que vocês, tão jovens na época, não sofressem... Se sua mãe estivesse bem, ela diria a verdade a vocês, na época. Mas não...

— Você foi amante do meu pai, dentro da nossa própria casa! — gritou.

— Não foi verdade, senhora... Ele me obrigou. Ameaçou me colocar na rua... — chorou. — Fui forçada... A senhora era bem pequena, não se lembra. Não podia entender. Era tão inocente para perceber certas coisas... Por favor... Dê-me uma chance para contar tudo o que sei.

— Conte, então! Fale logo! — Berrou.

Consuelo secou o rosto com a ponta do avental e se levantou.

Marisol, enfurecida, foi para junto da mesa e, devido ao peso da barriga, puxou uma cadeira e se sentou para ouvi-la. Mesmo assim, sentia-se alterada pelas emoções.

Consuelo, com lágrimas escorrendo pela face enrugada, foi até a mesa, ficou frente a ela e contou:

— A senhora era jovem demais. Não deve se lembrar de detalhes... Tudo começou bem antes... Aconteceu que, sua tia Carmem e seu tio Diego passaram a dar, diariamente, ao seu avô, Dom Onofre, uma bebida para ele se enfraquecer e morrer aos poucos. Quando o senhor seu avô estava bem debilitado, fizeram com que ele transferisse todos os bens e todas as terras para sua tia Carmem e o marido dela. Eu era empregada na casa. Via e ouvia muitas coisas. Nunca disse nada, pois era de confiança. Nunca trairia meus patrões. Sou fiel, senhora. — Um instante e prosseguiu: — Seus pais, dona Isabel e o senhor Ruan, que Deus os tenha, ficaram inconformados, quando souberam que a herança de Dom Onofre ficou para a dona Carmem. Talvez os tenham visto nervosos quando descobriram tudo, logo após a morte do seu avô. Então, a senhora sua mãe teve uma ideia: matar a própria irmã e seu marido. Dessa forma, tudo voltaria para ela. Planejaram uma viagem, aquela junto com seus tios. Os filhos ficaram em casa. Viajaram somente os dois casais. Na volta, simularam um assalto e mataram sua tia Carmem, jogando o corpo no penhasco. Atacaram o seu Diego e também jogaram seu corpo na ribanceira, mas ele não morreu. Foi encontrado vivo e levado para casa. Estava aleijado. Muito debilitado. Nem abria os olhos sobre a cama. Como empregada da casa, eu cuidava dele e... — chorou. — Um dia, abri a porta do quarto e vi a senhora sua mãe, com muita força, segurando um travesseiro sobre o rosto do seu tio Diego. Aleijado, ele não tinha como se defender. Dona Isabel o matou sufocado.

— Minha mãe?! — surpreendeu-se e se levantou.

— Calma, senhora... Calma... — Consuelo foi até ela e a fez se sentar. — Quer um chá?

— Não! — Pensou um pouco e afirmou: — O que me conta é impossível! Um absurdo!

— Não reaja assim... Por favor, ouça-me primeiro e pense... — Observou-a e a fez raciocinar: — De todos os empregados da casa de sua tia, por que, somente eu, tornei-me criada pessoal de sua mãe? — silêncio. — Vi o que dona Isabel fez. Era a única testemunha. Sua mãe me implorou segredo. Eu, assustada, sem ter para onde ir ou quem me proteger ou orientar, jurei que não diria nada. Ela me prometeu regalias para ser sua criada pessoal e guardar segredo. Com isso, ganhei sua confiança e ela me contou tudo o que aconteceu e porque fizeram aquilo com seus tios. A morte deles deixou seus pais sendo tutores dos seus primos. Seu pai, homem esperto, logo deu um jeito de somar os bens do seu avô aos dele. Deixou parte da fazenda de Dom Diego para o dote das filhas e uma outra parte para o lago, mas não cuidou de nada. Vendeu animais, muita coisa da fazenda e não cuidou das terras nem das casas que havia lá. Por anos a fio, tudo ficou largado, apodrecendo. Sua mãe ficava cada dia mais perturbada. Ela não conseguia viver normalmente com a culpa pelo que tinha feito com a própria irmã e com o cunhado. Foi enlouquecendo aos poucos. Começou a ver os fantasmas deles pela casa e falava coisas sem sentido. Tudo o que dona Isabel falava, perturbava o senhor seu pai. Fazia com que o senhor Ruan se lembrasse dos assassinatos. O pior era que, a qualquer momento, sua mãe poderia contar tudo para alguém. Poderia revelar para os filhos, para os sobrinhos, criados e amigos. Então... Então o senhor seu pai me obrigou a trancá-la naquele porão e deu ordens para não dar bom tratamento para sua mãe. Desejava que ela morresse logo. A má alimentação e a friagem dariam um jeito nela. Os crimes foram perfeitos e dona Isabel era a única que poderia incriminá-lo. Fiquei com medo. Não queria fazer aquilo com sua mãezinha, mas... O senhor Ruan me agrediu... Bateu-me muito... Vocês não viram. Eram pequenos. Eram tão inocentes... — chorou. — Fui obrigada a trancar sua mãe e dei a ela mais do que ele permitia. Com o tempo... — chorou mais ainda. — Ele me obrigou a dormir com ele. Forçou que eu usasse as roupas e as joias dela. Exigia que me passasse por ela e... Acho que ele também não estava nada bem dos nervos e da mente. Quando Lea e Angelita foram crescendo, descobriram as condições miseráveis em que dona Isabel vivia. Seu pai colocou a culpa em mim. Toda a culpa. Mas, senhora, pense!... Como é que um homem permite que a esposa fique trancafiada em um cômodo da casa aonde mais ninguém ia lá? Por que ele proibiu os filhos e sobrinhos de irem lá? Por que ele mesmo não ia? Se o senhor Ruan fosse homem íntegro, teria dado a parte da herança do avô ao sobrinho Iago e as irmãs. Teria cuidado das terras e não deixado a fazenda toda se tornar infértil como ficou. Não teria mandado o sobrinho embora e o deixado sem assistência. Não teria trancafiado Angelita em um convento nem vendido Yolanda como o fez e... coitada. Ninguém sabe onde ela está. E sua irmã Lea, então? Obrigou-a a se casar com um homem nojento, velho, tão velho que tinha idade para ser avô dela! Tudo para que pudesse passar com seu gado por dentro da fazenda do senhor Vicente e chegar mais rápido ao porto. Todos sabiam que a jovem Lea sofreria horrores nas mãos daquele homem. Muitos contam que ele matou a esposa com surras, por ela estar doente de gripe e não fazer o que ele exigia. — Breve pausa e disse: — Que Deus tenha o senhor Ruan, mas... Pense, senhora!...Se o senhor seu pai foi capaz de fazer isso com os sobrinhos, não seria capaz de culpar a mim, uma criada, pelo infortúnio de sua mãe?

Marisol ficou pensativa.

Nervosa, caminhou passos negligentes pela sala e parou reflexiva, junto à lareira.

— O senhor seu pai deu péssimas referências a meu respeito. Trabalhei em lugares horríveis que nem ouso contar, tamanho sofrimento que vivi... Tenha misericórdia, senhora... — pedia, implorando. — Serei mais fiel à senhora do que fui à sua tia e à sua mãe. Bem sabe que eu poderia ter revelado tudo o que sei, na época. Mas não. Quis preservar a integridade e o nome de todos vocês.

— Estou confusa e bastante nervosa.

— Não fique assim, senhora... — falou com voz generosa. Foi até a patroa, conduziu-a com cuidado e a fez se sentar, dizendo: — Tranquilize-se. Pense com muita calma em tudo o que lhe contei. — Sorriu no instante em que lhe acariciou a barriga: — Não deixe o bebê agitado. Prepararei um chá para a senhora.

CAPÍTULO 25

AS ALIADAS

Marisol não conseguiu dormir. A noite foi longa para ela que não parava de pensar em tudo o que a empregada lhe contou.

Não poderia dizer se aqueles relatos eram verdadeiros, mas uma coisa era certa: Consuelo a servia como ninguém nunca o fez antes. Acaso recusasse aceitá-la, pelo fato de seu envolvimento na vida da família, correria o risco de ficar só, após o nascimento do filho que esperava.

Sabia que a criada tinha medo de ficar sem trabalho e sem onde morar. Ninguém a queria. Isso era bom, Marisol pensou. Usaria esse medo para continuar recebendo o tratamento todo especial que Consuelo oferecia, pois o importante era ser tratada com mordomia. Não importava o passado.

No momento, experimentava imensa raiva por não ter conseguido, através de um casamento que lhe parecia vantajoso, o conforto e as regalias que desejava. Odiava Raul e Juanita por isso. Acreditava que merecia privilégios e vantagens, pois seu dote foi de um valor considerável para aquele casamento. Muito maior do que o de sua irmã. Era injusto seu marido e a família dele desprezá-la por conta de ter dado à luz duas meninas com problemas. Não lhes perdoava por isso. Acabou ficando sem nada.

Também estava imensamente irritada com sua irmã Lea, por tê-la colocado para fora da casa principal e condenado-a a viver naquela casa, nos fundos da fazenda, distante de tudo e de todos. O pouco tempo que ficou ali, achava-se prisioneira, obrigada a trabalhar e cuidar das duas filhas, o que detestava. Achava que não havia nascido para executar nenhum tipo de serviço.

Ter alguém com os préstimos de Consuelo era o mínimo que poderia possuir. Faria qualquer coisa para não perder aquele tipo de auxílio. Por suas duas filhas com problema e um filho a caminho, Lea deveria se sentir obrigada a oferecer-lhe muito mais, afinal, era madrinha das meninas. Mas parecia não se importar com isso. A cada dia, seu egoísmo e inveja aumentavam em relação à irmã.

Amanheceu um dia lindo.

Marisol levantou-se bem mais tarde.

Como no dia anterior, tudo foi cuidado com presteza.

Ficou feliz ao perceber que não precisaria mais alimentar a criação, tratar a horta, limpar o curral e o galinheiro, além de preparar as refeições. Não precisava fazer nada. Até suas filhas já tinham tomado o café da manhã e brincavam.

Após o almoço, acomodou-se na cadeira de balanço que havia na varanda.

Não demorou, garantindo que as gêmeas dormissem, Consuelo foi até a patroa levando uma mantilha para cobrir-lhe as pernas.

Com o semblante quase sorridente, ostentando certo ar de superioridade, aceitou e pediu:

— Sente-se, Consuelo — imediatamente foi obedecida.

A empregada foi para um banco à sua frente e se acomodou. Parecia preocupada ao perguntar, demonstrando-se submissa:

— Precisa de mais alguma coisa, senhora?

— Não. A não ser, conversar com você.

— Certo. Estou atenta. Pode falar — a empregada a encarou com semblante sofrido. A intenção era comovê-la.

— Conhece minha irmã, Lea.

— Sim. Claro que conheço.

— Sabe que ela ficou rica por tudo o que herdou após seu ótimo casamento. Minha irmã foi muito esperta. O homem era velho, rico. Ela sabia que ele morreria logo e a deixaria viúva e rica.

— Ela deu sorte, senhora. Nem todas são sortudas assim.

— É verdade. Foi meu caso. Casei-me bem. Tive de tudo, mas após o nascimento dessas meninas idiotas minha vida mudou. Até fui dada como morta. — Um momento pensativa e perguntou: — Acaso sabia que eu estava viva?

— Não, senhora. Eu soube que casou bem. Teve duas meninas, mas que elas nasceram fracas demais e morreram. Depois, houve um comentário sobre o seu sequestro.

— Meu sequestro?! — surpreendeu-se.

— Sim. Que pediram uma fortuna para que a devolvessem. Apesar de seu marido e o pai dele terem pagado, não a devolveram. Algum tempo depois, seu corpo foi encontrado e o padre Manolo a reconheceu. Dizem que pode ter sido vingança dos escravos, que já deveriam estar livres, e fugiram daquela fazenda. Isso não me admira, pois o senhor Ernâni e a dona Juanita tinham as torturas mais tristes que já se ouviram falar. Os escravos que não os serviam bem ou os que tentavam fugir eram queimados com óleo fervendo. Muitos eram aleijados por causa das surras nos troncos.

— Como foi contratada para vir trabalhar aqui? A Lea não a viu? — Marisol quis saber.

— Eu estava no armazém perguntando sobre algum trabalho mesmo que fosse em troca de comida e lugar para dormir. A Rosana me viu e perguntou o que sabia fazer. Depois de anos trabalhando nisso, sei fazer de tudo e não faço corpo mole. Ela disse que falaria com a patroa, pois procuravam alguém para trabalhar na casa da irmã. Só fiquei sabendo quem era no dia em que foram me buscar na cidade. Tomei um susto quando contou que a patroa era a senhora Lea. A Rosana falou que ela tinha viajado para a França, por isso não conversaria comigo e que me levaria direto para a casa da irmã. Fiquei extremamente preocupada. Os anos que passaram e o sofrimento mudaram minha aparência, mesmo assim era possível Lea me reconhecer e não me deixar explicar todo o ocorrido em casa de seu pai. Eu não teria qualquer chance. Apesar da inquietação, viemos da cidade para a fazenda. Passaram com a carruagem perto da casa principal. Mostraram-me tudo, mas de longe. Pegamos à direção desta casa e chegamos. Quando a senhora não me reconheceu, pois era bem menina quando trabalhei para sua mãe, acreditei ter uma chance. Primeiro, mostraria meus préstimos, minha eficiência, minha dedicação e ganharia seu reconhecimento. Depois, revelaria de onde nos conhecíamos e, dessa forma, a senhora poderia me ouvir e conhecer meu lado da história. E... Quem sabe, por acréscimo de misericórdia, poderia me aceitar. Perdoe-me, senhora por não ter contado antes — falou em tom melancólico. — Mas... Uma coisa não entendo... Como é que uma irmã tem a coragem de impor à outra uma vida tão confinada, tão isolada, em um lugar como esse?

— Para você ver como Lea é boa! Viajou para França e me abandonou aqui — suspirou fundo e falou em tom contrariado.

— A Rosana me contou que dona Lea precisava que guardasse um segredo e pagaria bem por isso. O sigilo era sobre não comentar nada, absolutamente nada, sobre a pessoa para a qual eu iria trabalhar. Ninguém poderia saber quem era, seu nome e onde vivia. Era alguém que foi dada por morta e deveria continuar assim. Preciso de dinheiro para minha velhice. Não tenho quem cuide de mim. Senti muito medo, pois Lea não sabia quem eu era.

— Agora sabe sobre mim e tudo o que me ocorreu. Sabe também que Lea não é tão piedosa. Foi capaz de me confinar a esse lugar. Ela não tem tantos amigos nem conhecidos que frequente aquela casa onde mora, cheia de recursos e criadagens. Eu poderia estar lá.

— Tem razão. Mas sabemos que, desde menina, Lea sempre foi geniosa e... Ah... Perdoe-me, senhora. Minha sinceridade escapou — disse parecendo implorar. — Não foi bem isso o que quis dizer — era astuciosa. Media cada palavra e expressão.

— Você tem razão. Não disse nenhuma mentira. Minha irmã e Iago tramaram contra mim. Desde sempre, eles mantêm um romance.

— Lea e Iago?! — surpreendeu-se, sussurrando ao exibir-se perplexa. Ficou atenta às explicações, isso poderia lhe ser útil de alguma forma.

— Sim. Ele se casou com Estela para não levantar suspeitas. Imagine as torturas emocionais que essa pobre coitada não viveu ao ver o romance do marido com a prima. Quando a esposa deu o troco, traindo-o com Edgar, Iago deu uma de macho e a devolveu ao pai, manchando-lhe a imagem em praça pública.

— Fiquei sabendo também que o senhor Aristeu, o ferreiro, pai da Estela, pegou o menino que nasceu e o deixou na porta da casa do pai, o senhor Edgar. Depois, virou as costas e nada disse.

— Não soube disso! E o que meu irmão fez? O que falou?! — alarmou-se.

— Fez como é de costume, sabe... Para não ser ainda mais motivo de comentários na cidade, o senhor Edgar pegou a criança e colocou para dentro de casa, exigindo que sua esposa cuidasse como se fosse filho deles. Seria vergonhoso ele rejeitar o filho que assumiu quando não convidou o Iago para um duelo, a fim de provar que o primo só quis macular seu nome.

— A Leandra, mulher do Edgar, aceitou a criança?

— Como não fazê-lo? Se não aceita, é posta na rua. Dizem que está muito desgostosa e melancólica. Dificilmente é vista na cidade. Nem às missas está indo — contou Consuelo em tom maledicente.

— Como Estela, a mulher do lago, ficou depois que o pai lhe arrancou o filho e deu ao Edgar?

— Não ficou sabendo mesmo do ocorrido, senhora? — expressou-se em tom ainda mais malicioso. — Foi um alarido tão grande na cidade! A notícia correu como vento! Logo que o menino nasceu, o pai da Estela, o senhor Aristeu, levou o menino para o senhor Edgar. Ao retornar, colocou a filha para fora de casa. Declarou-a uma perdida. Sem rumo e sem ter para onde ir, a Estela foi à procura do padre Manolo. — Cochichando, como se alguém mais pudesse ouvir, Consuelo contou: — Dizem que o padre a levou para um convento. Mas, há quem jure que a Estela foi para um bordel, que fica a caminho de outra cidade.

Os olhos de Marisol cresceram. Assombrada, quis saber:

— Como podem afirmar isso?

— Não seja ingênua, senhora... — riu com jeito maldoso. — Os homens da região, quando tocam o gado, levam mercadorias para negociar, fazem paradas para as necessidades deles — riu maliciosa. — Não só os criados, trabalhadores assalariados, mas também os grandes fazendeiros fazem paradas nesses curros... É normal. Muitos afirmam que a viram lá. Estela era conhecida, por ser filha do ferreiro e muito bonita, diga-se a verdade. Ninguém se enganaria. Soube, até, que o senhor Aristeu está arrasado. Não só pelo destino da Estela, mas também pelo compromisso da outra filha ter-se desfeito, por conta do comportamento da irmã perdida.

— Não sabia disso também. Escondida nesta fazenda, ninguém me conta nada! — falou em tom de reclamação. Indignada.

— Acredito que o melhor para a senhora é estar quieta aqui. Seu marido e seu sogro faleceram, mas sua sogra ainda vive e é cheia de energia. Manda e desmanda em tudo.

— É entediante ficar aqui! Tem dia que chega a ser desesperador. Não suporto esse confinamento!

— Não tem como reivindicar acomodações melhores?

— Não vejo como. Precisei fugir de Raul e de seus pais após o nascimento dessas crianças idiotas e infelizes. Dona Juanita, minha sogra, maltratava-me demais. Ela foi capaz de chamar o padre Manolo e mandar as meninas para o orfanato e divulgou que as gêmeas haviam morrido. Depois disso, quis me enlouquecer. Disse que eu geraria filhos doentes. Comecei a ter medo de ser morta, envenenada, talvez. Então fugi. Lea me recebeu. Com o tempo, descobriu onde estavam as meninas e mandou buscá-las. Achou que estaria me ajudando, de alguma forma. Trouxe também Angelita.

— Fiquei sabendo que a senhorita Angelita retornou porque descobriu que suas aptidões não eram no convento.

— Mentira! Ela foi internada no convento por meu pai, depois que descobriu suas sem-vergonhices. Lea a trouxe de volta e para isso se envolveu com o Luís, que é sobrinho do padre e descobriu onde ela estava. O pior é que Angelita pode andar pela cidade, mas eu não.

— Mas por que a senhora não pode ter as mordomias e o tratamento ideal na casa grande, junto com a senhora Lea?

— Minha irmã leva uma vida libertina. Sabe que tem um filho com o Luís. Envolveu-se com ele somente para trazer Angelita de volta.

— Foi um escândalo na cidade! O caso dela e do Luís teve muita repercussão. Dona Lea ficou muito falada. Além disso, todos sabem que se casou só no papel para dar nome ao filho. O marido viaja o tempo inteiro enquanto ela fica por aí, atrás dos homens, negociando aqui e acolá.

— É isso mesmo! Não bastasse, ainda tem um caso com o próprio primo. Lea não tem pudor. Essa é a razão de não me querer. Por causa da vida libertina que levava, não se importava com as minhas necessidades nem das meninas, afilhadas dela. Imagine que minha irmã chegou a exigir que eu trabalhasse na enxada!

— Que horror! A senhora não foi feita para isso — fingiu lamentar e estampou, na face, expressão de piedade. — Lembro-me de quando era pequena... A senhora sempre foi doce e delicada...

— Para você ver!... Ainda não permitiu que qualquer criada ajudasse com as meninas. Viu como elas são difíceis de lidar? Não entendem nada. Têm crises de rebeldia e... Não sei o que fazer com essas duas. Nem entendo como estão comportadas desse jeito, desde que você chegou.

Consuelo não segurou suave sorriso maldoso que logo disfarçou.

— É preciso ter jeito com elas. Reconheço que seja trabalho demais para a senhora. Não deve ficar sozinha. Ainda mais agora, grávida... — A curiosidade de Consuelo era saber como Marisol ficou grávida, se não tinha marido.

— Aconteceu muita coisa... — chorou nesse momento.

— Oh... Senhora, não fique assim.

— Lea não me quis perto por outra grande razão. Ela casou-se, mas não tinha uma vida normal com o marido. Enganou-o. Queria somente o nome dele. O pobre descobriu isso após o matrimônio. Ela, por sua vez, ficava de risos, conversas e chamegos com Iago, mesmo na frente do marido, humilhando-o, todas as vezes que ele aparecia. Deslocado, Luís passou a conversar comigo. Ficávamos envergonhados por Lea ser tão libertina. Eu por ser a irmã e ele o marido.

— Imagino o quão deva ser horrível.

— Não... Não imagina... Aos poucos, eu e Luís, que conversávamos muito, percebemos nossa paixão e... Luís se declarou a mim. Desejoso em se separar, ele procurou por Lea e contou sobre nossa paixão. Disse que me levaria com ele para nunca mais voltar. Mas ela não concordou. Virou um bicho! Ficou revoltada. Em meio a tudo, tivemos uma noite de romance. Ele precisou ir para preparar as coisas e prometeu buscar-me, logo que se ajeitasse. Mas havia algo muito mais importante que eu não sabia. Por ser casado com Lea, Luís teria direito a tudo nestas terras. Naquela noite de amor, geramos esse filho que espero. Lea ficou revoltada quando soube da gravidez. Queria, que eu abortasse. Entendi que ficou desesperada pelo fato de meu filho ter direito à metade de tudo o que existe aqui. Lea maltratou-me desde então e...

— chorou. — Ela e nosso primo tramaram, burlaram e deram um jeito de transferir essas terras para o nome de Iago.

— O Iago é dono de tudo aqui?! — surpreendeu-se.

— Sim. Graças à minha irmã. Luís passou a não ter direito algum. Veja, Consuelo, a única coisa para garantir meu futuro e dos meus filhos, minha irmã tirou de mim por ganância e ambição. Quando Luís retornou, ela o expulsou. Disse que havia me mandado para longe e que nunca mais ele deveria aparecer por aqui, pois essas terras são do Iago e seus homens tinham ordens para matar invasores. Na verdade, eu já estava aqui, nesta casa, sozinha com as meninas... Completamente abandonada... — chorou muito. — Luís partiu. Lea me aprisionou. Nunca veio me ver. Somente agora, prestes a dar à luz é que permitiu alguém vir aqui para me ajudar no parto. Por isso, ela quer tanto segredo.

— Que absurdo, senhora! Como pode existir gente assim?!

— É... Se não fosse por você, eu estaria sozinha. Não posso contar com a ajuda de mais ninguém.

— Foi por isso que Deus me colocou no caminho da Rosana: para que me trouxesse até aqui.

— Certamente, Consuelo. Sei que minha família teve problemas no passado e que você foi envolvida e... Agradeço por nunca ter revelado o que meus pais fizeram.

— Sou fiel, senhora... — Não contou que nunca revelou nada por puro medo de ser acusada da morte de Diego, que ajudou a matar.

— Preciso que continue aqui comigo, mesmo depois deste meu filho nascer — Marisol disse.

— Sim! Sim! Lógico, senhora. É o que mais quero também.

— Mas desejo que continue trabalhando, exatamente, como está.

— Lógico, senhora! Não tenho medo de trabalho e gosto de servir. Seremos aliadas.

— Pensarei em um jeito de minha irmã aceitar pagá-la depois que este filho nascer. Não só... Pensarei em uma forma de você não ser posta na rua quando ela descobrir que já trabalhou para nossa mãe e foi vítima daquelas acusações horríveis.

— A solução virá. Tenho certeza. Vamos pensar. — Um instante e decidiu: — Agora... Dê-me licença, senhora. Vou preparar-lhe um chá — levantou-se e saiu. Riu ao se ver de costas para a patroa.

Marisol respirou fundo.

Acreditava controlar toda a situação.

Precisava encontrar um jeito de convencer Lea para que Consuelo permanecesse ali.

As semanas seguintes foram de perfeita rotina.

Conforme as orientações da patroa, os empregados de Lea, Aguilar e Rosana, iam todos os dias até a casa para ter notícias de Marisol e saber se precisava de alguma coisa.

Em uma noite, as contrações para o parto iniciaram. Consuelo não saiu do lado da parturiente, providenciando tudo do que ela necessitava para ficar confortável.

Quando o dia clareou, a charrete lenta chegou trazendo os dois empregados. Assim que a mulher desceu, viu Consuelo, que correu e avisou:

— Traga ajuda! Dona Marisol está em trabalho de parto e tem algo errado.

Rosana, de súbito, pediu para Aguilar retornar para buscar a parteira mais experiente da região, caso ele não conseguisse o médico local. Ele obedeceu e ela correu para dentro da casa.

— Não sei se a criança está na posição certa. Pelo tempo, já era para ter nascido — a empregada informou.

Apesar da pouca experiência, Rosana ficou ao lado de Marisol, dando oportunidade para Consuelo cuidar de outros afazeres e também das gêmeas.

Naquele dia, as meninas estavam agitadas. Ansiosas demais. Brigavam e rolavam no chão. Seus gritos podiam ser ouvidos pela mãe que, bem nervosa, berrou para pedir que os barulhos produzidos pelas filhas parassem.

Consuelo levou as gêmeas para fora, deixando-as no quintal na frente da casa.

Aproveitou e puxou alguns baldes de água do poço e levou para dentro. Depois, foi até a horta em busca de algumas ervas para fazer chá e acalmar as meninas.

Bem mais tarde, Aguilar retornou com uma diligência mais rápida, trazendo consigo duas mulheres. Elas desceram e correram para dentro da casa.

O homem nem se atreveu a entrar. Foi para outro lugar, dar água aos cavalos e descansar os animais. Depois, deitou-se sobre os fenos no celeiro.

As horas passaram...

O parto de Marisol não foi fácil. Somente no início da noite ela deu à luz uma menina. Bem assustada, temia pegar a filha recém-nascida e deixou sob os cuidados das parteiras. Não gostaria que a menininha tivesse o mesmo problema das irmãs.

Nessa altura, Rosana, que ainda chamava Consuelo de Maria, questionou sobre as gêmeas. Ela não viu as meninas durante toda a tarde.

A empregada pareceu tomar um susto e saiu correndo à procura das meninas.

Junto com Rosana, passaram a procurar as meninas pela casa e ao redor dela.

Aguilar, que tinha dormido sobre os fenos, acordou e foi ajudar na busca sob a luz de lampiões.

Nada.

Consuelo entrou em visível desespero e os dois empregados também.

Acreditaram que as gêmeas haviam se afastado e se perdido nas matas. Algo perigoso, devido aos animais selvagens da região.

A busca durou a noite inteira. Até uma das parteiras decidiu ajudar, ficando a outra com Marisol.

Ninguém ousou contar para a mãe. Tinham a esperança de encontrar as irmãs antes do amanhecer.

Quando o sol apresentou seus primeiros raios em ritmo lento, todos estavam exaustos, decepcionados e aflitos. Nenhum vestígio das gêmeas.

Consuelo chorava. Seu desespero comovia os demais, que tentavam consolá-la.

Como contar para a mãe sobre o desaparecimento das filhas?

Era uma situação delicada. Marisol havia acabado de dar à luz. Mas precisavam contar.

Enquanto Consuelo acercava a patroa, relatando o ocorrido, Aguilar chamou Rosana às pressas. Com voz trêmula, contou e mostrou:

— Eu ia puxar água para deixar os tonéis cheios e... Achei as gêmeas no fundo do poço... — lágrimas escorreram em seu rosto enrugado e assustado.

— Meu Deus... — ela foi conferir.

A custo, eles retiraram os dois corpinhos inertes e gélidos para fora e chamaram as demais.

Ao saber, Consuelo entrou em desespero, garantindo:

— Ontem elas estavam agitadas, como nunca vi. Cuidei da Marisol e delas também... Corri sozinha para lá e para cá!... Depois que enchi os tonéis, tenho certeza de que fechei o poço muito bem fechado como sempre.

A notícia foi dada para Marisol que, para espanto de todos, ficou inerte. Sem reação.

Num gesto automático, pegou a filha recém-nascida e colocou ao peito para amamentar e ficou com olhar perdido, demonstrando pensamentos vazios, sem opiniões.

— O que fazer? — perguntou Consuelo.

— Essa reação deve ser por causa do parto — disse uma das parteiras. — Já vi mulheres ficarem com os sentimentos atrapalhados, confusas desse jeito depois de darem à luz. Talvez seja o caso dela.

— O que faremos com as gêmeas? — tornou a empregada da casa.

— Vamos levar para fazer um velório igual foi feito para Margarida e depois enterrar no cemitério da fazenda. A dona

UM NOVO CAPÍTULO

Lea não está, mas tenho certeza de que dona Angelita aprovará isso — opinou Aguilar.

— Vamos perguntar para dona Marisol se ela quer ver as filhas — Rosana decidiu.

Com cautela, Rosana foi até o quarto onde a mãe estava e, delicadamente, indagou:

— Senhora Marisol... Faremos um velório para as gêmeas, por isso vamos levá-las para a casa principal, mais perto do cemitério da fazenda. Você quer ver as meninas agora, antes de irmos? — indagou com voz mais suave que pôde.

Marisol, com olhar perdido, assim estava, assim ficou. Nada disse.

— Entendeu o que eu disse? — Rosana insistiu.

Sem qualquer expressão fisionômica, a mãe das gêmeas ergueu os olhos e respondeu:

— Entendi. Eu não tenho o que fazer por elas. Olhe para mim!... Tomem as decisões necessárias. Façam o que precisa ser feito.

— Quer ver suas filhas? — tornou Rosana, pois a outra não havia respondido.

Sem dizer nada, Marisol colocou a recém-nascida na cama e, com imenso esforço, levantou-se.

Imediatamente, Rosana a amparou.

Consuelo pegou a pequena, que chorava, e ficou com ela, agasalhando-a mais ainda.

Auxiliada pela empregada de Lea e as parteiras, Marisol, vagarosamente, caminhou até a parte externa da casa.

Aguilar havia envolvido o corpo das gêmeas em cobertores. Colocou-as lado a lado, em um caixão improvisado que ele mesmo fez com tábuas que encontrou no celeiro. Iria colocar o caixão no alto da diligência quando Marisol surgiu para ver as filhas.

O caixão estava sobre um banco na frente da casa.

Depois de descer os degraus da varanda, foi até onde estavam as filhas. Bem devagar, Rosana descobriu o rostinho das meninas.

Marisol sentiu uma dor como nunca havia experimentado antes. Algo estranho. Não acreditava que amasse tanto as filhas.

Bem próxima, passou a mão em cada rostinho gélido com carinho.

Não sabia o que pensar. Chorou.

Religiosa, Rosana convidou:

— Vamos fazer uma oração por elas agora? Rezaremos o Pai Nosso.

E com voz suave, a empregada iniciou a prece que o próprio Jesus nos ensinou.

Marisol balbuciou a oração tentando acompanhá-la, mas era interrompida pela voz embargada.

A prece foi orada também por Aguilar e as parteiras. Consuelo, da varanda, com a recém-nascida no colo, somente olhou.

Marisol beijou a ponta dos dedos e tocou a testa de uma, repetindo o gesto com a outra. Sob o efeito de um choro sentido, aceitou ser levada para dentro da casa e para o quarto.

CAPÍTULO 26

O RETORNO DE LEA

O sol estava alto, quando Angelita soube do ocorrido.

Ficou arrasada, mas com a ajuda dos empregados, fez o que era preciso para o velório e enterros das gêmeas.

Enquanto isso, na espiritualidade, Esmeralda e uma equipe especial de socorristas envolviam os espíritos Isabel e Carmem com generoso carinho.

Ambas se encontravam em estado semelhante ao do sono, provocado para o devido desligamento do corpo.

Levadas a local adequado ao estado, vibração e condições conscienciais de seus níveis espirituais, Isabel e Carmem se achavam calmas, não sentiam ou percebiam nada.

Observando os espíritos que, um dia, foram suas filhas em encarnações anteriores, Esmeralda percebeu a leveza e a tranquilidade que ambas traziam nas feições, mesmo inertes.

Aproximando-se da grande amiga, o espírito Jorge, orientador do grupo na espiritualidade, fez-se perceber ao lado.

— Elas estão tão bem — Esmeralda observou.

— A encarnação de expiação foi bem aproveitada. Viveram por dez anos uma ao lado da outra, dia e noite. Não tiveram companhias, parceiras... Nada. Ninguém as compreendia. Todos se distanciaram delas, por isso só tinham uma à outra. Eram excluídas, rejeitadas e só tinham uma à outra. Sentiam dores, medos, ansiedades e desejos, mas não sabiam se manifestar. Devido à forma diferente de se expressarem, brincarem, falarem, sem serem aceitas, só tinham uma à outra. Dez anos de prisão compartilhada onde repararam todos os desentendimentos do passado, porque só tinham uma à outra.

— Mas... O inconsciente de Carmem, por não ter perdoado totalmente à irmã, fez com que empurrasse Isabel para dentro do poço, mesmo que, para ela, aquilo parecesse inofensivo. Não tinha noção alguma do que fazia.

— Verdade. Porém, quando em sua débil percepção, entendeu que a irmã não estava bem, que Isabel passava alguma aflição, Carmem pulou na tentativa de ajudá-la, socorrê-la, queria salvá-la.

— É verdade... — Esmeralda concordou.

— A culpa não deixa de ser de Consuelo que arquitetou a morte, quando deixou o poço mal fechado, propositadamente, na esperança de que, ao menos uma das meninas, viesse a cair nele — Jorge observou.

— Além disso, desde que chegou à casa de Marisol, Consuelo medicava as meninas com drogas que trouxe consigo para que tivesse menos trabalho com elas e também fosse reconhecida sua eficiência para lidar com as gêmeas. A morte das meninas é uma forma de facilitar sua permanência ao lado de Marisol.

— Sem dúvidas. É certo que as gêmeas encontrariam um jeito de descarnarem juntas, da forma como ocorreu. A idade já permitia terem forças o suficiente para abrirem a tampa daquele poço, correrem para bem longe de casa para perto daquele penhasco, para o lago... Algo aconteceria. Mas, lamentavelmente, Consuelo só deixou tudo mais fácil e carregará essa culpa.

Leve presença se fez sentir e ambos olharam. Sorriram ao ver o espírito lindo e sorridente, de muita paz, que plasmava sua aparência com vestimentas ciganas, xale sobre os ombros, cabelos pretos, presos parcialmente com fios soltos na face. Sua imagem aparentava ser de trinta anos de idade, quando encarnada. Trazia sorriso suave e doce, com alegria no olhar. Era Margarida, que acabava de chegar.

— Como vai, minha amiga? — perguntou Esmeralda, indo à sua direção e dando-lhe um abraço.
— Muito bem... E a amiga?
— Melhor por vê-la — sorriu.
O espírito Jorge a cumprimentou e Margarida perguntou:
— Como estão nossas meninas?
— Muito bem — respondeu Esmeralda. — Foi aflitivo sustentá-las no desencarne. Sabe como é... Mas ao se desligarem, a serenidade tomou conta de suas consciências. Sorriram quando perceberam o amparo. Isabel estendeu-me seus bracinhos e eu a segurei... Carmem fez o mesmo. Senti que me reconheceram e confiaram imediatamente. Rapidamente, os demais socorristas desligaram os laços fluídicos que as prendiam parcialmente no corpo físico e, enfim, pudemos trazê-las para cá. Foram induzidas a sono profundo desde então.
— Lamento não conseguir chegar a tempo para auxiliar no socorro de ambas. Pelo que entendi, alguma coisa antecipou o desencarne delas.
— Sim. Era sobre isso que conversávamos — Jorge explicou tudo.
— Vão permanecer, assim, em estado de sono, até se recomporem a estado semelhante ao de adultas ou vão despertá-las e deixar que a consciência de cada uma busque moldar o corpo espiritual de acordo com sua evolução, aceitação e entendimento? — Margarida quis saber.
— Técnicos dessa ala acreditam ser melhor deixá-las despertar daqui a alguns meses e deixar suas consciências buscarem o melhor — tornou Jorge.
— Não vejo a hora de abraçá-las. Gosto muito dessas meninas... — Margarida considerou. — Desejo ajudá-las na recuperação, se me permitirem, claro. Terei alguns dias de férias e quero ajudar minhas meninas — sorriu e fez um carinho em cada uma.
— Será bem-vinda! Obrigada — Esmeralda agradeceu. — Nunca vou cansar de agradecer por cuidar tanto delas. Fez, muitas vezes, o que a Marisol se negou. Mesmo quando ninguém olhava. Mas, para a espiritualidade, nada escapa.

Algumas semanas depois, Lea retornou de viagem.

Ficou em choque ao saber que suas sobrinhas e afilhadas haviam morrido, vítimas de queda em um poço.

— Não acredito!... Não pode ser... — lamentava.

— Calma, Lea... — Angelita orientava.

— A culpa é minha...

— Enlouqueceu?! — a prima perguntou. — Como a culpa pode ser sua? Estava longe! Em outro país!

— Construí aquela casa o mais longe possível desta. Dificultei tudo para minha irmã e as filhas... Não tinha ninguém por perto. Aquele poço não tinha bomba de manivela, era de sarilho, de puxar na corda... Se estivessem aqui, nesta casa, isso não teria acontecido. Teria alguém cuidando delas enquanto minha irmã desse à luz. A culpa é minha. Eu nem estava aqui quando tudo aconteceu. Não deveria ter viajado nesse momento em que Marisol estava prestes... — foi interrompida.

— Pare com isso! Discordo de você totalmente, Lea! — Iago foi firme. — Marisol nunca se preocupou com as filhas. Se não fosse por você, as meninas estariam em um orfanato até hoje. Mesmo aqui, ela era alertada, toda hora, para cuidar das filhas, porque sempre as abandonava. Ela falava das gêmeas de modo rude, sem amor, sem respeito... E se não tivesse aprontado o que aprontou, se seu gênio não fosse tão difícil de lidar, se houvesse respeitado você ainda estaria aqui, sob este teto. Tenho certeza. Além do que, eu via a casa muito bem confortável e segura. Não faltava nada nem para sua irmã ou para as meninas. Até empregada você arrumou para ela. Se houve um acidente, foi por culpa de alguém ou por inocência das próprias meninas.

— Verdade. Foi algum descuido. Talvez estivessem nervosos por conta do parto. Dizem que essa mulher é muito boa para a Marisol. Só falta carregá-la no colo. É prendada e prestativa.

— Mas descuidou das minhas sobrinhas! — Lea gritou, chorando.

— Porque sua irmã estava em trabalho de parto — Angelita tornou firme. Mais calma, contou: — O Aguilar disse que quando chegou, deu água aos cavalos. Olhou e viu o poço fechado e os tonéis e baldes cheios. No dia seguinte, antes de retornar, foi dar água para os animais e também desejaria deixar água puxada e os tanques, cochos, tonéis e baldes cheios para ajudar. Foi então que percebeu a tampa do poço bambeando sem apoio. Parecia fechada, mas se pisasse, a tampa viraria, deixaria cair quem pisou e voltaria para o lugar sem que ninguém percebesse. Foi aí que ele abriu, olhou e pôde ver as gêmeas...

— Pare, Angelita! Por favor!... — pediu num grito. — Não adianta. Tudo o que me disserem não aliviará minha consciência...

— Só quero explicar que não foi culpa de ninguém! Muito menos sua! As meninas devem ter aberto a tampa do poço quando brincavam. Elas não tinham noção de perigo, você sabe.

A prima chorou inconformada e decidiu:

— Vou ver minha irmã...

— Irei com você — Iago decidiu.

Uma dor angustiante apertava o coração de Lea enquanto ia para a casa de Marisol. No caminho, pediu para a carruagem parar perto do cemitério onde desceu, foi até a campa onde foram enterradas as gêmeas.

Ali, chorou.

Caiu de joelhos e balbuciou uma prece.

Pediu perdão se, por acaso, errou em tê-las deixado sob os cuidados de Marisol e de uma empregada desconhecida.

O sentimento de culpa experimentado era cruel. Não sabia o que fazer.

Sua primeira intenção era pegar a irmã e a sobrinha recém-nascida e levar de volta para casa. Mas não tinha ideia de como a mãe das gêmeas se sentia e se lhe perdoaria.

Secou o rosto com as mãos, passando-as em seguida na saia.

Ao tentar se erguer, percebeu a mão de Iago estendida para ajudá-la.

Aceitou.

Ele ofereceu um abraço. Envolvida, Lea chorou em seu ombro.

Após se recompor, respirou fundo e seguiram sem qualquer palavra.

Ao chegar à casa de Marisol, já no quintal, observou tudo bem limpo e cuidado.

Animais bem-tratados, horta muito verde e abundante.

As três chaminés fumegavam, mostrando que a casa estava bem-aquecida. O aroma dizia que a comida estava pronta e boa.

Um chorinho fraco de bebê era ouvido a princípio, mas logo parou.

Após observar o que pôde, Lea caminhou até a varanda, chamou pela irmã, mas não aguardou. Foi entrando.

— Marisol?... Marisol?... — chamou baixinho, novamente.

Estava na sala, quando a irmã surgiu.

Frente a frente, Lea sentiu-se sofrida e temerosa. Marisol confusa e estremecida.

Longos segundos sem palavras. Até que a mais velha estendeu-lhe os braços mornos aos quais a outra se entregou, num arroubo de choro.

— Sinto muito, minha irmã... Sinto muito... — murmurou Lea, envolvendo-a com ternura.

— Dói... — balbuciou.

— Posso imaginar.

Afastaram-se e Lea passou a mão em seu rosto, tirando-lhe algumas mechas de cabelo da face. Tentando consolar, falou:

— Não sei o que dizer, mas posso imaginar sua dor. Sou mãe também.

— Até agora estou confusa com tudo. Nem acredito...

— Venha. Vamos sentar — conduziu-a para que se sentasse à mesa e puxou outra cadeira, acomodando-se ao seu lado. Segurando sua mão, disse em tom brando: — Minha irmã... Não sabemos as razões de Deus para o que experimentamos. Mas Ele sabe o que merecemos e do que precisamos.

— Estou confusa, Lea. Muito confusa... — olhou-a nos olhos com sinceridade. — Desde que a Clara nasceu, sinto-me estranha. Foi no mesmo dia em que as gêmeas caíram no poço e morreram... — chorou um pouco. A irmã ficou em silêncio. Achou melhor não interromper e deixá-la desabafar. — Foi um parto difícil, demorado... Sofri muito. Tive medo. Um medo mórbido que até agora não saiu de mim. Preciso ser sincera com você... As gêmeas eram idiotas, incapazes... Acho que é errado, mas senti um alívio por não ter de cuidar e me preocupar mais com elas e... ...e isso faz com que me sinta culpada... — chorou. — Muito culpada. Mas não consigo pensar diferente e então dói muito. Dá um desespero... Parece que isso aconteceu por causa da minha vontade.

— Você está em conflito. Calma... — pediu e acariciou seu rosto com as costas da mão.

— Tenho medo. Acho que sou culpada por terem morrido daquela forma — tornou Marisol, realmente sentida.

— Não fale isso. Não é verdade. Você estava dando à luz a Clara.

— Sinto-me culpada sim. Nunca me dediquei às gêmeas como deveria... Xingava e ofendia quem falava ou até olhava para elas e... Isso mostra o quanto eu tinha vergonha das minhas filhas.

— Marisol, ninguém está preparado para ter filhos diferentes da maioria. Ninguém. Foi um aprendizado para você e para elas. Você não foi culpada por elas terem nascido assim nem por terem morrido daquela forma. Deus lhe considerou capacitada para cuidar de duas criaturinhas como elas, que viveram ao seu lado o tempo suficiente de que precisavam.

— Não as amei como deveria.

— Você deu o seu melhor e Deus sabe disso.

— Eu as ofendia... Xingava... Criticava... Odiava por serem mongoloides... — chorou mais ainda.

— Talvez tenha sido um aprendizado para você também e, veja, olhe para si mesma agora. Seu amor manifesto em lágrimas e dor mostra o quanto de carinho e ternura tinha por elas e nem sabia.

— Mas agora elas não sabem. Nunca receberão meu amor.

— Estão recebendo sim. Agora mesmo. Onde quer que estejam, seu amor e carinho chegam até elas. Em pensamento, pode dizer o quanto as ama. Peça perdão por não ter entendido que as amava tanto.

— Eu as xingava por serem como eram... — Marisol chorava.

— Talvez isso seja a forma de desejar que fossem como a maioria das crianças são.

— Nunca vou me perdoar.

— Manifeste seu amor por elas agora. Ore, envie a elas bons pensamentos, bons desejos... — Lea ofereceu longa pausa, depois contou: — Eu ganhei um livro que se chama *O Livro dos Espíritos*. Sabe como são cansativas as viagens, por isso eu o levei para ler. É um literário diferente de tudo o que conheci e... Nem dá para explicar. Precisa ser lido para entender. Esse livro me fez pensar diferente. Muito diferente! — ressaltou. — Fala sobre Deus, sobre Ele ter nos criado para a eternidade. Explica Sua Justiça Divina e amor incondicional por suas criaturas, por isso nascemos e morremos, quantas vezes forem necessárias para aprendermos e evoluirmos. Sabe... Deus não nos confina ao céu ou ao inferno, depois que morremos. Se assim fosse, Deus não seria perfeito em Sua justiça. Ele não seria perfeito em Sua bondade. Seu amor não seria justo para uns. Não existe inferno, a não ser nas nossas consciências. O desespero e o medo são infernos provocados por nós e não por Deus, que é bom e justo. A Isabel e a Carmem, suas filhas, nasceram diferentes para experimentarem alguma coisa, para harmonizarem alguma coisa. Não nasceram assim porque Deus ama mais ao meu filho, que nasceu normal, do que a elas. Deus não ama mais uma criatura do que a outra.

— E por que nasceram assim?

— Como eu disse, porque, em uma vida passada, talvez tivessem feito coisas que não foram boas, harmônicas com a justiça Divina e suas consciências cobraram. Suas consciências se arrependeram. Sofreram pelo que fizeram e renasceram com problemas, nada normais para os padrões com os quais estamos acostumados. Renasceram juntas para se ligarem e aprenderam mais e terem uma à outra e para não ficarem sozinhas.

— Você acredita que vivemos alguma vida antes desta? — Marisol indagou surpresa.

— Sim. É a única coisa que faz sentido. — Um instante e recordou: — Você se lembra de quando a vovó Esmeralda falava sobre vidas passadas e reencarnação que suas avós e avós das avós diziam que a igreja falava?

— Lembro sim.

— A vovó contou que, até meados do século VI, a igreja católica aceitava a reencarnação, mas, por política, para atender as exigências do Império Bizantino, resolveram retirar ou abolir essa crença e substituí-la por ressurreição. Mesmo que ressurreição seja algo contrário a todos os apontamentos lógicos de raciocínio científico, pois ressurreição é retornar à vida, usando o mesmo corpo, já decomposto. Isso é impossível! Já, a reencarnação, que as crenças orientais anunciam e ressaltam há milênios, antes mesmo da era Cristã, como fato incontestável, é o retorno da alma ou espírito a viver na Terra usando um novo corpo físico após o nascimento. O objetivo é, nessa nova vida, aprender, rever suas falhas, ganhar conhecimento, elevar-se, harmonizar o que desarmonizou e evoluir mais, a cada reencarnação.

— Isso é muito confuso para mim e eu não atentava muito para as histórias da vovó.

— A ideia de reencarnação foi admitida pelo próprio Jesus Cristo em muitas passagens que escaparam das revisões da igreja católica, até hoje. Como aquela, onde Jesus diz que João é Elias, falecido séculos antes, que havia de vir como precursor do Messias. Que Elias já veio e não o reconheceram. Tem também a passagem de Nicodemos, que Jesus diz que é preciso nascer de novo para ver o reino do céu...[1] Se pararmos para pensar e repensar, minha irmã, só entenderemos a bondade e a justiça de Deus por meio das várias e várias oportunidades de vida pela reencarnação. Por que suas filhas nasceram com problemas de entendimento vivendo uma vida curta e improdutiva? Acaso Deus as ama menos do que a mim ou a você? Se assim for, o que elas fizeram para Deus puni-las? Não tem como acreditar em uma única existência terrena.

— Concebeu essas ideias apenas com a leitura de um livro?

— Não. Ao todo foram cinco. O primeiro foi *O Livro dos Espíritos*. Quando cheguei a Paris consegui os outros exemplares que formam o Pentateuco, cinco livros, ou Codificação da Doutrina Espírita. Todos do senhor Allan Kardec, que morreu há alguns anos. Nessa viagem, já li *O Livro dos Espíritos*, *O Evangelho Segundo o Espiritismo*, *O Livro dos Médiuns*, esse é fascinante! *O Céu e o Inferno* e estou lendo agora *A Gênese*.
— Observou-a e percebeu que a irmã não havia entendido nada. — Marisol, você precisa conhecer essas obras.

— Não sei... É algo estranho para mim. Não sei se quero.

— Deveria! — falou animada.

Só então Lea elevou o olhar e percebeu Iago parado à porta, recostado ao batente, olhando-as.

Marisol também o viu e se cumprimentaram.

O primo não disse muito, além de seus pêsames.

— Venham conhecer a Clara — a mãe chamou.

Caminharam pelo corredor, chegando ao quarto onde a pequena dormia profundamente.

Quando Marisol inclinou-se para pegá-la, Lea sussurrou:

— Deixe-a dormir. Não acorde... — Aproximando-se, olhou a sobrinha bem de perto. Sorriu. Beijou as pontas dos dedos de sua mão e, em seguida, tocou a cabecinha de Clara, dizendo baixinho: — Deus a abençoe, meu amor. — Voltando-se para a irmã, elogiou: — Ela é linda! Muito linda!

---
[1] Nota: Mateus Cap 11 vv. 13 e 14; Mateus Cap 17 vv 12 e 13; João Cap 3 vv 3 a 6.

Iago aproximou-se, olhou bem de perto, sorriu e concordou:
— Ela é linda.
— É boazinha também. Apesar de acordar muito à noite — disse a prima.
— É normal. Em pouco tempo isso acaba. — Lea ainda ficou curvada no berço, passou a mão pelos cobertores e sorriu. Não demorou, quis saber: — Onde está a Maria? A empregada que Rosana trouxe para você.
— Venha, precisamos conversar — chamou-a para que saíssem do quarto.
De volta à sala, puxou a cadeira da mesa e pediu para que Lea se sentasse. Virando-se para Iago, solicitou:
— Por favor, eu preciso conversar sozinha com minha irmã.
No mesmo instante, ele compreendeu e aceitou:
— Sem nenhum problema. Estarei lá fora.
Ao vê-lo sair, Marisol disse com voz alterada:
— Estou trêmula... Precisamos ter uma conversa séria.
— Ora... Mas por quê?
— Essa empregada está sendo muito boa pra mim. Muito mesmo, ela cuida exatamente de tudo!
— É... percebi quando cheguei, mas... Onde ela está?
— Assim que a viu chegar, saiu para que conversássemos. É preciso que saiba de um segredo de família.
— Fale logo. Não gosto de suspense — Lea pediu.
— Preciso que me ouça. Deixe-me contar tudo, antes de dizer alguma coisa.
A irmã ficou em silêncio e ela contou tudo.
Em alguns momentos Lea olhava para o alto e se contorcia na cadeira, mas permaneceu calada conforme prometido, até Marisol dizer:
— Ela não foi culpada como nós pensamos. A Consuelo foi injustiçada e a prova disso é a maneira como me serve e como trabalha aqui.
— Lembro-me bem de como nossa mãe vivia! Isso tudo não é verdade.

— Nosso pai que determinou! Ele e a mãe mataram nossos tios! Os pais do Iago, da Angelita e da Yolanda! — Marisol afirmava veemente.

Nesse instante, Lea se levantou e caminhou alguns passos e ficou muito pensativa.

Sentia seu coração apertado. O que sua irmã contou fazia muito sentido.

Recordou quando experimentou um mal-estar imenso quando soube que Iago recebeu as terras falidas e maltratadas. Sabia que seu pai havia falcatruado e tirado do sobrinho até a herança do avô. Por todas essas razões decidiu ajudar o primo. Mas nunca ousou revelar o que sabia.

— Essa história está estranha. Não sei o que pensar. Mas... — deteve as palavras.

— Nosso pai era egoísta, Lea! Bem sabe disso! Matou a tia Carmem e o marido para ficar com a fortuna que o vovô deixou para eles! Aproveitou-se e ainda tirou uma lasquinha da herança do Iago. Nem nós aproveitamos nada. Ficou tudo para o Edgar. O pai era capaz de fazer aquilo com a mãe sim. Só a libertou quando percebeu que havia perdido completamente o juízo e não era capaz de falar mais nada com nada. Foi por isso que a soltou e culpou Consuelo. O pai era egoísta. Vendeu você para poder passar com o gado pela fazenda do Vicente sem pagar por nada, só por ser sogro. Pegou metade do dote da Angelita, quando a internou em um convento, e acrescentou ao meu para eu ter um casamento melhor, mas...

Deixando-se levar pelo sentimento aflitivo, Lea desabafou:

— Tenho algo que guardo e muito me angustia — Lea olhou Marisol nos olhos e contou: — Recordo-me de quando faria quinze anos e experimentava um vestido de nossa mãe sem que ela soubesse. Queria me ver num vestido de festa e o meu não estava pronto. Eu dançava e rodopiava frente ao espelho no quarto da mamãe. De repente, escutei passos. Corri e me escondi embaixo da cama. Mal respirava de tanto medo que sentia. Foi aí que ouvi uma conversa muito estranha entre nossos pais. Falavam sobre a morte de nossos tios.

A mamãe temia que o tio Diego acordasse, pois havia sido encontrado vivo e estava muito mal após o ataque. Sou capaz de recordar a aflição de sua voz, o desespero de suas palavras, enquanto nosso pai exigia que se calasse. Ele estava nervoso e violento. Afirmou que diria a todos que a esposa estava com os nervos afetados, pois não bastasse a morte recente do pai dela, em seguida, perdeu a irmã e o cunhado estava em agonia. Nosso pai falava que, dessa forma, não receberíamos visitas. Decidiu que cancelariam a minha festa de aniversário de quinze anos. O que foi feito e, por medo, nem ousei reclamar. Ele exigiu que a mãe não saísse mais dali de casa. Nossa mãe estava muito alterada. Em algum momento, ela culpou o pai, dizendo que se ele tivesse feito direito, o tio não estaria vivo... Foi nesse momento que o escutei agredindo-a para que se calasse. — O silêncio foi absoluto e os olhos de Marisol estavam gigantes. Ela havia se surpreendido com a história, mais ainda, por Lea guardar aquele segredo por anos. — Ninguém pode saber disso, Marisol! Muito menos o Iago. Nunca diga uma palavra sobre isso.

— Por que nunca contou isso a ninguém?!

— Por medo! Por sentir muito medo!

— Poderia ter usado isso contra nosso pai quando não quis se casar com Vicente e ele a obrigou!

— Quem acreditaria em mim?! Pense! Eu era uma menina! Quem acreditaria em mim?! Além do que, o pai me surraria mais do que o fez. Lembra-se do quanto fui espancada?! Ele me mandaria trancar no porão como fez com a nossa mãe, ou me enviaria para um convento como fez com Angelita! Mulheres nunca tiveram voz! Nunca foram ouvidas! Ninguém nunca acreditaria em meu testemunho! Preferi me casar com Vicente a ser trancafiada ou ir para um convento!

— Mas...

— Não tem mas! Tem o medo! Medo! Nunca fui capaz de contar isso a ninguém... — seus olhos se encheram de lágrimas e ela disfarçou. No momento seguinte, respirou fundo e disse mais calma: — Nosso pai era violento, agressivo, irascível, veemente em tudo. O que eu poderia fazer contra ele? Enquanto estava viva, nem nossa mãe conseguiria dizer algo a meu favor. Quem acreditaria? — Passado um minuto, respirou fundo novamente e pediu: — Não conte isso a ninguém. Não adiantará nada essa história vir à tona agora. Outra coisa... Precisamos lembrar que a Consuelo poderia ter cuidado melhor de nossa mãe, mas não o fez. Ela não é de confiança.

— Não fez porque nosso pai não deixou. Foi por isso que ela não cuidou! Se você teve medo dele, imagine a Consuelo! — enfatizava Marisol.

— Não sei não, minha irmã... — Lea ficou pensativa. — Algo ainda está estranho nessa história. Independente do que nossos pais fizeram, não é bom uma mulher como essa ficar, aqui, com você. Aliás... Vim aqui para levá-la de volta para casa. Você e a Clara.

— Não! Não vou! Não quero! — Marisol reagiu.

— Como assim?! — a outra estranhou.

— Nunca me senti bem na sua casa, Lea. Os criados, todos olham para mim diferente. Não gostam de mim. Aqui estou bem. A Consuelo cuida de mim, da minha filha e... Ninguém me olha torto.

— Será melhor que volte comigo. Depois mando buscar suas coisas. A Consuelo pode até vir conosco e ser sua empregada pessoal.

— Não. Obrigada. Ficaremos aqui.

— Não entendo! — Lea ficou zangada. — Se voltar comigo...

— Não, minha irmã! Estou decidida! Ficarei aqui e... Se não der certo, no futuro, talvez, eu aceite voltar. De verdade... Senti-me ofendida com tudo o que me disse por ocasião que descobriu minha gravidez e...

— Esquece isso!... — pediu contrariada. — Ainda acha que tinha alguma razão?

— Não consigo esquecer. Por isso, por enquanto, ficarei aqui.

— Está certo, então — Lea suspirou fundo e decidiu: — Preciso ir. Tenho muita coisa para fazer e... Todos os dias um funcionário virá aqui para ver do que precisa, trará suprimentos e arrumará alguma coisa que não consigam. Na hora que quiser, poderá ir lá para casa.

— Obrigada por tudo.

Lea olhou em volta e ainda perguntou:

— A Consuelo não vai aparecer mesmo?

— Ela disse que iria até o rio pescar alguma coisa. Enquanto você estivesse aqui, não apareceria.

— Está certo — respirou fundo novamente, mostrando-se insatisfeita. Sentia-se contrariada. — Então, estou indo. Se precisar de algo...

— Obrigada.

Lea se aproximou, beijou-a no rosto e se foi.

CAPÍTULO 27

O PIANO NÃO ESCREVE PARTITURA

Lea não parava de pensar em tudo o que a irmã contou. Durante o caminho de volta, em silêncio, ainda resgatava as lembranças de quando se escondeu sob a cama e ouviu os seus pais.

Séria, imersa em pensamentos conflitantes, cada vez mais, obtinha ricos detalhes da conversa comprometedora através das recordações que se avivavam ainda mais.

Por algum tempo, fez vir à memória o quanto aquele assunto a incomodou e doeu por anos. Havia entendido que seus pais estavam envolvidos na morte de seus tios. Mas, conforme foi crescendo, quis esquecer e dúvidas pairaram em seu julgamento. Não sabia mais dizer se compreendeu direito, devido à sua idade.

Novamente uma dor, um medo com misto de raiva apossou-se de seus sentimentos. Não gostaria de acreditar que sua mãe, principalmente, foi capaz de matar a própria irmã e o cunhado.

Num relampejo de ideia, chegou a imaginar que sim. Se aquilo foi verdade, as gêmeas, Isabel e Carmem, poderiam ser as reencarnações de sua mãe e sua tia. Por que não?

Começou a pensar que sua mãe sofreu dos nervos e morreu muito debilitada. Por sua vez, a tia Carmem foi morta com pancadas na cabeça e seu corpo jogado em um penhasco.

UM NOVO CAPÍTULO

Como filha de Marisol, Isabel reencarnou com aquela deficiência de retardamento por ter atingido ou ajudado a atingir a irmã, na vida anterior, que morreu com pancadas na cabeça. Porém, surgiu uma dúvida: por que a outra gêmea também tinha o mesmo grau de debilidade? Seria mesmo sua tia Carmem? Deveria haver uma explicação. O que jamais imaginou era que o ódio existente entre ambas fosse capaz de criar fortes laços entre elas.

Seu silêncio absoluto incomodou Iago.

— Tudo bem com você? — ele perguntou sem ser ouvido.
— Lea?...
— Sim?... — sobressaltou-se.
— Tudo bem com você?
— Sim. Estou bem.
— Está muito quieta. Enervada, eu diria. Foi a conversa com Marisol?
— Sim. É que... Descobri que a empregada de minha irmã é a Consuelo, aquela que foi criada pessoal da minha mãe. Lembra-se dela?
— Mas claro! Foi ela quem trancou sua mãe sob péssimas condições!
— Ela disse para a Marisol que foi meu pai quem a obrigou a trancafiar minha mãe... Colocou toda a culpa nele.
— E a sua irmã acreditou?! Você acreditou nisso?! — perguntou com forte tom de insatisfação.
— Em parte, acreditei e... — titubeou. Não tinha forças para defender sua ideia. Talvez porque, se fosse falar algo, precisaria revelar que seus pais mataram os pais dele. Intimamente, sentiu-se preocupada e aflita. O que ele pensaria?
— Deveria ter mandado a Consuelo embora, Lea! Isso é incabível!
— Pensei assim, a princípio. Mas... Marisol garantiu ser muito bem-tratada por ela. Minha irmã é exigente. Não se dá bem com qualquer empregado. É a primeira vez que a vejo elogiar alguém. Porém... O que Consuelo falou faz sentido. Muito sentido. Logo que seus pais morreram... — sua voz

embargou. Pensou um pouco e prosseguiu: — Vi minha mãe muito desesperada. Chorosa, inquieta... Havia perdido, recentemente, o pai e depois a irmã. Isso atacou seus nervos.

— É... Lembro-me disso. Eu estava lá. Muito embora, devo confessar que estranhei. Nossas mães não se davam muito bem. Na verdade, elas mantinham as aparências. Até estranhei quando viajaram juntas porque a tia Isabel achou que férias fariam bem para minha mãe.

— Tudo o que ocorreu deixou minha mãe abalada. A morte de alguém sempre mexe com a pessoa que fica e... Depois da morte dos seus pais, perto do meu aniversário de quinze anos, teve um dia que eu peguei um vestido de minha mãe e coloquei em mim. O meu ainda não estava pronto e gostaria de imaginar como ficaria — sorriu, quase forçadamente, sem perceber. — Bailei pelo quarto e brinquei com a roupa na frente do espelho. De repente, escutei passos. Sabia que minha mãe era muito, muito exigente e que me daria grande bronca por estar com uma roupa dela. Então, para que não me visse, entrei embaixo da cama e fiquei lá. Minha mãe entrou nervosa, desesperada. Não falava coisa com coisa... — Nesse momento, Lea não teve coragem de dizer toda a verdade. Desejou fazê-lo, mas não conseguiu. Olhou para Iago e sentiu medo terrível. Ele não aceitaria que ela tivesse guardado aquilo por tantos anos nem entenderia que era para o bem de todos. Sempre teve vontade de contar tudo ao primo, mas ficou refletindo sobre em que aquela verdade ajudaria. Quando Iago recebeu a fazenda falida, como herança de seu pai, se revelasse a ele aquela história e o primo fosse tirar satisfações com o tio, Ruan seria capaz de espancá-lo, matá-lo para não ver seu nome manchado. Por isso, achou melhor não dizer nada. Só criaria mais desavenças ainda. Lea suspirou fundo, disfarçou o que sentia e prosseguiu, relatando só parte da história: — Meu pai havia entrado logo atrás e estava bem zangado. Muito zangado. Pedia para ela parar de falar, mas minha mãe não o ouvia. Em dado momento, farto daquele comportamento descontrolado, ele a agrediu com força...

Minha mãe chorou. Meu pai falou que suspenderia a celebração de *quinceañera*, para que ninguém a visse daquele jeito desequilibrada. Exigiu que não saísse de casa mais.

— Isso são provas de que seu pai mandou trancá-la e tratá-la mal?

— Sim, eu acho. Ele mandou prender minha mãe e proibiu que os filhos a visitassem. Qual a razão dessa proibição?

— Algo me diz para não confiar na Consuelo.

— A verdade é que não podemos confiar em ninguém. — Naquele instante, arrependeu-se de ter contado tudo à irmã. Mas não poderia voltar atrás. — No momento, devido à fragilidade de minha irmã, vou aceitar que Consuelo fique ali. Marisol é cheia de regras e preconceitos. Em breve, é provável que tenha diversas reclamações da empregada. Então, será o momento de trazê-la de volta para minha casa.

— O que você disse, Lea?! Quer trazer sua irmã para morar com você depois de tudo o que ela fez? Já não foi suficiente?! Ainda não aprendeu?!

— Espera, Iago! Calma! Ela é minha irmã!

— Ela nunca a respeitou! Marisol traiu sua confiança! Daqui a pouco, você aceitará o Luís de volta também!

— Quem falou do Luís aqui?! — zangou-se.

— Não gosto nada disso, Lea! Você está sensibilizada pelo ocorrido com suas sobrinhas, nossas afilhadas. Melhor esperar um pouco antes de qualquer decisão. Nunca devemos nos decidir por algo quando alguma emoção nos domina.

— Eu acredito que as gêmeas, Isabel e Carmem, eram minha mãe e sua mãe reencarnadas.

Iago fez questão de parar a diligência. Ambos estavam sentados no banco do cocheiro, ao ar livre.

Ele respirou fundo, olhou friamente para ela e esforçou-se para não se descontrolar ao dizer:

— Que bobajada é essa?!

— Eu li, naqueles livros. As gêmeas podem ter sido a reencarnação de nossas mães!

— A troco de que, nossas mães, nasceriam de novo e em corpos deficientes?! — estava enervado.

Lea se deteve. Não poderia dar as explicações sobre sua suspeita. Não poderia justificar.

— Não sei... — gaguejou. — Só achei. Li nos livros...

— Por favor, Lea, esquece aqueles livros. A viagem toda você ficou lendo e falando de espíritos e de tudo aquilo mais. Achei graça da sua empolgação, a princípio. Na França, quis visitar o túmulo do homem que escreveu essa coisa de Espiritismo, quis visitar as sociedades que cultuam essas coisas ou sei lá o quê!... Em vez de passearmos e aproveitarmos mais, ficou atrás dessas histórias! Chega! Agora, chega! Essa coisa está mexendo com você e não estou contente com os resultados. Temo o futuro.

— Por quê? Por que teme o futuro?

— Talvez não seja sadio para você. Lembre-se de como sua mãe ficou.

— Está querendo dizer que posso ficar desequilibrada dos nervos como ela? — ela indagou, mostrando insatisfação.

Iago não expressou seus pensamentos. Mas seus olhos, enquanto fixos nela, sim.

— Acha mesmo que posso ficar como ela? Diga, Iago?!! — Lea insistiu.

Fugindo-lhe ao olhar no primeiro momento, observou à volta e só depois respirou fundo e disse:

— Sempre admirei você, Lea. Uma mulher diferente, ousada, criativa, esforçada ao extremo. Nunca a vi parada. É capaz de trabalhar na enxada, no arado, domar cavalos e ainda se arrumar lindamente para uma festa ou conseguir ficar limpa, cheirosa e simplesmente delicada no final de um dia difícil. Ninguém nunca a ensinou ou a obrigou a ser assim. Faz tudo o que quer e porque quer. É uma mulher de garra e muito poderosa. Uma mulher além do seu tempo. Enquanto todas as outras se calam, aceitam e abaixam a cabeça, você pensa e atua, sempre dando um jeito, sempre se movimentando sem se importar com os outros. Não vive igual a uma flor de estufa. Nunca! Isso não é para você. — Observou-a por um instante e comentou: — Certo dia, eu me lembro bem de quando você tocava piano na sala e o tio Ruan disse: "Essa melodia é linda! Maravilhosa!". Então, você parou de tocar. Olhou para todos nós e falou: "Nunca se esqueçam de que não é o piano que escreve a partitura ou que dedilha as teclas. É preciso reconhecer e elogiar quem merece. Se eu tocasse mal, certamente, a melodia não seria linda!" — Breve pausa. — Nunca vou me esquecer disso. A partir daquele dia, eu a vi com outros olhos. Uma mulher de garra, que luta por seus direitos com classe, inteligência, sem ofender. Passei a admirá-la. Porém, Lea, querer que eu acredite que minha mãe era uma das meninas mentalmente debilitada, filha da minha prima... Perdoe-me, mas isso é demais para mim. Querer perdoar à sua irmã, depois de tudo o que ela fez a você... Desculpe-me. Não concordo. Vamos divergir. Mas... Fica o alerta: cuidado. Não deixe que o sentimento de piedade e de compaixão reduza sua razão. Sabendo que o escorpião pica, não lhe faça carinho. Sabendo que uma cobra é venenosa, não a coloque em sua cama. Ame-se em primeiro lugar. Somente quem for insano fará uma coisa dessas.

   O silêncio foi absoluto.

   Após longos minutos, quando Iago fez um gesto para tocar os cavalos, Lea lembrou:

— Mas Jesus andou com ladrões e mulheres adúlteras!

— Não só mulheres, homens adúlteros também! — ele ressaltou. — E foi por isso que Jesus foi parar na cruz! Ou você não entendeu isso? A propósito, Ele tinha uma tarefa, uma missão de exemplificar e ensinar o amor para o mundo. Precisava estar entre aquele tipo de gente. Mas se não tivesse vivido no meio de pessoas sórdidas, falsas, medíocres, mentirosas, traidoras, não seria crucificado. Pensando bem, podemos tirar essa grande lição de Sua história: não ande com quem não presta, se você não for Jesus nem tiver missão semelhante. Isso foi Ele. Foi missão. Outra coisa... Não me lembro de nenhuma passagem bíblica onde Jesus levou traidores para sua casa, bebeu e se embriagou em tabernas. Envolveu-se com brincadeirinhas e conversinhas diárias com esse tipo de gente. Não me lembro. Ele nem tinha uma casa para onde pudesse levar alguém. Não tinha uma pedra para chamar de sua e descansar a cabeça. Ele se concentrou na própria missão. E pregando o amor, foi para a cruz. Eu acredito que cada um de nós tem uma missão ou tarefa diferente um do outro. Sua irmã já se mostrou quem é, depois de tudo o que fez por ela. Sobre a Consuelo, podemos dizer o mesmo. Já não basta o que elas fizeram, para você conhecê-las? Ainda quer levá-las para dentro da sua casa? Você precisa de mais? Ou você não se lembra das roupas e joias da sua mãe que ela usava depois que saia do quarto de seu pai? Esqueceu? — Vendo-a abaixar a cabeça e olhar para o lado, bem calmo, disse: — Desculpe-me. Não queria ser grosseiro. Mas foi o jeito de fazê-la entender. Só porque leu livros que falam de amor e bondade para com animais, não vá acariciar um escorpião ou agasalhar uma cobra no peito. Trate-os bem, mas a distância para não ser picado. Essa é a regra do bom senso. Pense nisso. Não seja impulsiva. A história completa sobre alguém, ninguém conhece.

A opinião imprevista de Iago, com argumentos tão esclarecedores, desarmou Lea.

O silêncio pairou.

Iago tocou os cavalos e seguiram. Não trocaram qualquer palavra até chegarem à casa principal da fazenda.

Enquanto isso, na casa de Marisol, Consuelo comentava:
— Devo ser fiel à senhora e contar a verdade. Quando sua irmã chegou, achei melhor não sair para ir ao rio pescar e decidi me esconder na despensa. Ouvi a conversa de vocês. Agora sabe que contei a verdade sobre seus pais, senhora. Não sabe?

— Sim. Acredito mais ainda em você, Consuelo. Até me surpreendi por Lea guardar esse segredo por tantos anos — Marisol disse e ficou pensativa. — Minha irmã quer que eu volte a morar na casa dela. Concorda que vá comigo e seja minha empregada pessoal.

— É melhor ficar aqui, senhora — aconselhou com modos humildes. — Sua casa, suas ordens. Não deveria dizer, mas... — Consuelo calou-se.

— Mas, o quê? O que ia dizer?

— Lea disfarça bem, senhora. Suas lágrimas não são sinceras.

— Você acha?

— Mandou-a para cá, sozinha, grávida, com duas meninas deficientes e incapazes!... Ora, senhora... Desde que vim para cá, as meninas sempre ficaram bem. Bastou eu cuidar da senhora na hora do parto para as gêmeas mexerem no poço e conseguirem abrir aquela tampa.

— O que quer dizer?

— Nunca descuidei das meninas, senhora. No dia do nascimento da Clara, o único que ficou lá fora foi o Aguilar, empregado de confiança de dona Lea.

— Você acha que ele...? — Marisol não completou.

— Quem mais, senhora? Estávamos todas aqui dentro! Não tenha sentimentos de culpa. As gêmeas eram um problema para Lea também. Se tivesse um pingo de consideração e amor pelas sobrinhas e afilhadas, não as confinaria, aqui. Todos os empregados devem falar dela, de sua falta de compaixão. Por isso, agora, quer se retratar, levando-a de volta para a casa principal com um encargo a menos. Não terá mais de se preocupar com as meninas. Acho que Lea acreditava que as meninas deficientes eram más influências para o filho dela, não acha? — Consuelo tramava. Começaria a fazer seus jogos de interesses. Tinha planos ou estava à espera de qualquer oportunidade para conseguir benefícios. Precisava deixar a patroa confusa e desconfiada. — Todos esses anos, sua irmã sabia que os pais de vocês mataram seus tios para ficarem com a fortuna de seu avô. Ela nunca disse nada. Nem para o homem com quem se envolve, o Iago. Ela não tem sentimentos por ninguém.

— O que disse é verdade.

— Cuidado com ela, senhora. Se sua irmã foi capaz disso, poderá fazer pior. Onde já se viu confinar uma grávida e duas meninas frágeis num fim de mundo destes?! Se estivessem na casa principal, o que é de seu direito, teria mais criados para tomarem conta das gêmeas e elas estariam aqui, agora. Mas não. Mandou-a para cá, longe dos olhos de todos, para se livrar das meninas. Agora a quer de volta. Isso não lhe causa desconfiança?

— Sim. Lea é culpada pela morte das minhas filhas — Marisol ficou pensativa e assustada com as conclusões.

A custo de suposições vis, Consuelo conquistava a confiança da patroa.

Com o tempo...

O céu estava lindamente azul e o sol brilhava radioso, quando Lea erguia o filho Santiago e rodopiava.

A risada gostosa e cristalina do garotinho era contagiante.

Colocou-o no chão e ouviu:

— Faz de novo, mamãe! Faz de novo!

— Ah... você está pesado demais! Muito grande também, meu filho — riu com gosto. — A mamãe não está aguentando... A mamãe está ficando velha... — achou graça e se jogou sobre o gramado.

— Ah... Faz de novo, vai! — pedia com jeitinho doce e alegre.

Lea se levantou, pegou-o novamente pelas axilas e, mesmo com os braços trêmulos, ergueu-o e rodopiou, novamente.

Após alguns giros, propositadamente, colocou-o no chão, deixando-se tombar. Deitada, agarrou-o e rolou no gramado.

— A mamãe cansou... — murmurou ofegante.

— Tio Iago! — Santiago gritou, levantou e correu, estendendo os braços para ele, que se aproximava.

Lea continuou no chão. Rolou para o lado, de modo que via o filho ser suspenso e girando, bem alto, como gostava.

— Garotão! Você está cada dia maior! — Iago disse ao colocá-lo no chão.
— Acabei de falar isso para ele — a mãe disse com jeito meigo.
Iago aproximou-se dela e sentou-se no chão.
O garotinho, ainda ao seu lado, puxou-o, pedindo:
— Vamos, tio! Faz de novo!
— Já chega, Santiago. Você já voou muito por hoje — a mãe alertou.
— Mas eu quero mais — tornou o menino.
— Eu já disse, filho. Por hoje, chega — falou firme e séria.
— Ah... Mamãe!... — emburrou e saiu pisando duro.
Iago mordia um talinho de capim enquanto esboçava leve sorriso ao ver Santiago se virar e sair zangado, indo embora.
— Ele tem um gênio... — Lea murmurou e sorriu.
— Tem personalidade. Puxou a você — ele considerou e riu.
— Por mais que eu ensine, ele não chama a você de padrinho nem Angelita de madrinha.
— Deixa o menino... — ele pediu sem se importar. Sem demora, mudou de assunto: — Na próxima semana, devemos despachar as mercadorias para o porto. Estava pensando em fazer uma coisa, se você concordar, claro.
— O quê?
— Será bem trabalhoso, mas ideal.
— O quê? — ela insistiu, sob o efeito de expressão curiosa.
— Tirarmos a cerca de separação de nossas fazendas e abrir uma estrada dentro delas ligando as duas casas principais, passando em meio às plantações e pastos, saindo do outro lado e pegando a estrada, já existente, dentro das suas terras, para a rota do porto. Economizaríamos muito tempo. Eu, pelo menos. Seria muito mais rápido levar animais e produções ao porto.
— Uma estrada entre as casas das fazendas? Será algo muito, muito trabalhoso. Precisaríamos de muita mão de obra.
— Tudo acontece no tempo certo. Teremos a mão de obra necessária. Se bem que precisaremos apertar os cintos para pagá-la — ele a olhou e sorriu. Gostava de vê-la curiosa.

— Onde? Como encontraremos tantos homens para esse trabalho antes que o inverno chegue?

— A dona Juanita, a ex-sogra da Marisol... Bem... É de conhecimento de todos que ela e o marido Ernâni ainda mantiveram escravos. Mesmo após a morte do esposo, a mulher continua com os mesmos tratamentos de castigos cruéis e abomináveis.

— Ela é uma mulher horrorosa. Aceita a ideia de que negros não tem alma. Nasceram para servir.

— Concordo. É uma pessoa cruel. Mas... Dona Juanita e a nora, viúva de Raul, chegaram ao extremo. Um casal de trabalhadores fugiu. Jovens, que desejavam liberdade, além de ficarem juntos. A senhora deu ordens ao capataz da fazenda, também um negro, que achasse o casal a qualquer custo. Assim foi feito. Após espancamento no tronco, com ossos à mostra, a própria Juanita e a nora os queimaram com óleo fervendo. Quando a mãe da jovem implorou, pois não aguentou ver a cena, contaram que a impiedosa senhora furou seus olhos, rindo, dizendo que agora ela não veria mais nada.

— Pare de contar isso, por favor... Sinto-me mal só de ouvir — Lea franziu o rosto e se sentou, expressando dor nos sentimentos.

— Desculpe-me... Só contei para que soubesse o que aconteceu. — Fez uma pausa, esfregou as costas de Lea com uma das mãos e resumiu: — Esses trabalhadores, em regime escravos da fazenda, revoltaram-se. Alguns morreram na contenda, inclusive, o capataz e outros funcionários que os mantinham cativos. Os demais, os libertos, estão livres. Dona Juanita não tem mais quem trabalhe para ela como escravos. Ela não poderá fazer nada, uma vez que a abolição tirou seus direitos e os escravos não são mais cativos. Os negros ainda estão escondidos nas matas por medo de represália. Em busca de trabalho, abrigo e comida, um deles foi procurar o Pedro, meu empregado de confiança. Pediu emprego mesmo que fosse em troca de comida, senão para todos, ao menos para alguns.

— Eu não soube desse ocorrido.
— Estávamos viajando.
— Empregá-los não trará problema para nós?
— São homens e mulheres livres. Foram feitos cativos, contrariando as leis da abolição. Qual deles está envolvido nas mortes do capataz e ajudantes, ninguém sabe. Dona Juanita não pode dizer nada. Estamos longe de suas terras. O trabalho é para abrir a estrada e será uma empreitada.
— Tivemos despesas. Compramos grãos e animais novos para procriação. Teremos como pagá-los? — ela se preocupou.
— Por isso, disse que teremos de apertar os cintos. Estou pensando em reuni-los e conversar com todos. Explicar que, no momento, estamos no limite das verbas, pois empregá-los, não estava nos planos. Estabeleceremos o valor a ser pago e não podemos aumentar. Dizer que forneceremos alojamentos, que serão montados e desmontados ao longo da estrada a ser aberta. Isso terá custos para nós, além de alimentação, possivelmente medicação para quem ficar doente e outros imprevistos.
— E depois da estrada aberta?
— Pensei nisso também. Veja... Muito das duas fazendas está intacta. Não tem pasto ou plantio. Com a estrada aberta, o acesso a esses pontos será mais fácil. Poderemos usá-los e precisaremos de mão de obra, claro, para fazer pastos e novos plantios. Não direi isso a eles ainda. Não sabemos como vai ser e... Vou contratá-los por empreitada, só para abrirem a estrada. Com isso, observaremos os melhores, os que sabem e querem mesmo trabalhar. Sabemos que existem alguns que só encostam...
— A exemplo da minha irmã!... — Lea ressaltou de um jeito engraçado.
— Verdade — Iago riu. — Existem pessoas que só reclamam, não se empenham não fazem nada, não produzem e desejam ser servidas, acolhidas, bem-tratadas...
— Até Deus exige de nós bons comportamentos, boas atitudes, bons pensamentos, boas palavras e ações para que

possamos evoluir e sermos felizes. Enquanto tem empregado que quer receber sem trabalhar, sem produzir, sem fazer bem feito... Deus não dá nada de graça.

Iago a observou e sorriu. Achou engraçado seu jeito de falar. Sem demora, quis saber:

— O que você me diz? Vamos fazer essa estrada?

Lea encolheu os ombros, sorriu sem mostrar os dentes e disse de um jeito ansioso:

— Ai, que frio na barriga! — Ao vê-lo na expectativa, decidiu: — Vamos! Vamos sim. Derruba logo toda aquela cerca e abre a estrada! — De um modo mimoso, lembrou: — Nossas casas ficarão mais próximas. Não dará toda aquela volta...

Iago sentou-se, esticou-se e beijou-lhe os lábios suavemente. Em seguida, propôs:

— Lea... Que tal construirmos uma casa nova no meio do caminho só para nós...? Você, eu, minha filha e o Santiago? O que me diz? Estaremos mais longe de todos!

— Não sei... — seus olhos brilharam.

— Pense no assunto — ele sorriu.

Ergueu-se e estendeu a mão para ajudá-la a se levantar.

CAPÍTULO 28

IAGO COLOCANDO TUDO A PERDER

Nos dias que se seguiram, a abertura da estrada entre as fazendas começou.

Após a retirada das cercas, as propriedades pareciam uma só.

Em determinado ponto, não longe da estrada, Iago encontrou um platô ideal para erguer a casa que havia sonhado.

Mesmo com os desafios que surgiram, resolveu levantar a nova residência, distante das demais.

Enquanto isso acontecia, além de seus afazeres, Lea visitava sua irmã com frequência e alegrava-se ao ver o desenvolvimento saudável da pequena Clara.

Consuelo, sempre suspeita, simulava submissão e gentilezas para disfarçar seu caráter. Era covarde como todo aquele que trama e trai.

Os laços de amizade entre as irmãs pareciam reatados. As conversas eram leves e geralmente sobre crianças. Mas, assim que Lea ia embora, Consuelo sempre atiçava a toda inveja, a mágoa e o rancor de Marisol, procurando defeitos e falhas que ela pudesse mostrar para criar desconfiança e intriga.

Naquele dia de visita, Lea levou Santiago consigo. Ela e a irmã conversaram bastante.

Era meio da tarde quando decidiu ir embora.

Conforme orientação antecipada de Consuelo, ao se despedir, Marisol chamou o sobrinho e pediu:

— Beije sua irmãzinha. Diga adeus para ela.

— Minha irmãzinha? Ela é minha prima, tia! A Clara é minha priminha.

— O que está fazendo? — Lea se surpreendeu. Não estava preparada para aquilo.

— Santiago precisa saber a verdade. Clara é irmã dele! — explicou-se de modo arrogante.

— Sou eu quem decide o momento certo e o que ele precisa saber! Sou a mãe! Ele é uma criança! Não tem condições de entender coisas de adulto! Você enlouqueceu?! — falou indignada.

— Não fale assim comigo! Pensa ser dona da verdade?! Acredita que pode controlar tudo e todos?! A Clara é irmã do Santiago e todo mundo tem direito de saber disso! Eu tenho o direito de contar para quem quiser! O Santiago precisa saber que tem uma irmã.

Com frieza no olhar, Lea examinou a irmã e sentiu-se estremecer.

Como quem reprovasse suas palavras, expressando raiva, falou em tom grave:

— Pensei que pudesse confiar em você. Mas não. Bem que me tentaram avisar e não acreditei. Você mereceu e merece a vida que leva, isolada de tudo e de todos. Essa distância é boa para não ferir mais pessoas — virou-se para o filho, pegou-lhe a mão e saiu porta afora sem se despedir.

Marisol nem foi até a varanda para vê-la partir.

Consuelo chegou à sala e a patroa disse:

— Foi perfeitamente como você previu. Minha irmã não contou para o filho que a Clara é irmã dele. Não quer que ele saiba. Possivelmente, Santiago defenderá a irmã para que tenha uma vida melhor e livre, junto com ele, naquela casa.

— Exatamente, senhora. Sua irmã continua egoísta e ambiciosa. Deseja tudo só para ela. Pessoas assim, egoístas, são capazes de tudo. Sua linda filhinha pode se tornar empregada nas mãos de Lea. Lembre-se de que ela gostaria de vê-la trabalhando na enxada! Um absurdo!

— Absurdo mesmo! Agora vejo que tem razão. Minha irmã passou a me fazer visitas mostrando-se gentil, amável... A troco de quê?

— Talvez esconda algo ou... Sua irmã é tão ambiciosa e ardilosa quanto o senhor seu pai. Lembre-se: Lea ouviu a conversa entre eles, sobre terem assassinado seus tios, e nunca contou a ninguém. Nunca! Envolveu-se com o primo e nem teve a dignidade de revelar a verdade. É aproveitadora. Vai saber com quantos homens se deitou para ser tão bem-sucedida quanto é.

— Você tem razão. Lea escondeu as coisas para se autopreservar.

— Agora só pensa no filho. Trata-o como reizinho! — a empregada falou com deboche. — Criança sem educação e intrometida.

— Ela foi capaz de se casar com o Luís para o menino ter um nome e o impediu de me ver, novamente, negando a minha filha esse direito!

— Exatamente, senhora! Se foi capaz disso, ela é... — silenciou para causar curiosidade.

— Do que mais? Do que mais minha irmã é capaz? — interessou-se Marisol.

— Se eu abrir minha boca e disser o que estou pensando...

— O que está pensando, Consuelo? — expressou-se preocupada.

— Sua irmã a visitou com frequência nos últimos tempos. Decerto, pede que se livre de mim e...

— E?... — tornou Marisol curiosa.

— Senhora... Ela está querendo sua filha, senhora. Quer pegar essa linda menininha para ela. Livrar-se da senhora para que ninguém saiba que Clara é irmã do Santiago. Por obrigação moral, o irmão deve cuidar dela, preservar-lhe o dote, dar-lhe educação... Então, se ela pega a menina e cuida para que seja empregada, ninguém mais fala no assunto. Mas, enquanto eu estiver aqui, serei um problema, senhora.

— Lea seria capaz disso?

— Ora, senhora... Ela só lhe deu apoio enquanto a senhora não foi uma ameaça. Mas agora, com sua filha, irmã do filho dela... Ele deve apoio moral à irmã. — Um instante e comentou: — Bem que falei sobre ela não querer que o Santiago saiba que Clara é irmã dele. Qual seria o problema? O correto seria isso. Desde pequeno, ele precisa saber para se acostumar com a ideia. Isso prova quem ela é de verdade e quais suas intenções.

Marisol ficou reflexiva e temerosa diante das palavras de Consuelo. Seus pensamentos passaram a se concentrar naquela insensatez.

— O que devo fazer, Consuelo?

— Se eu fosse a senhora, daria um jeito de garantir o seu futuro e o da sua filha.

— Mas como? Isso é impossível. Não tenho nada na vida!

— Tem esperteza, senhora — sorriu. — A senhora é muito esperta.

— Como eu disse, não tenho nada na vida, Consuelo. A Lea também não. Essas terras são do Iago, que passou ou passará para o Santiago. Ela se deita com ele para garantir o futuro do filho, pois Iago não tem filho homem. Seria burrice dar todos os bens dele como dote para a única filha. Decerto, ela quer que o filho dela herde, ao menos, metade do que ele tem.

— Se eles brigassem?

— Não vejo como isso é possível.

— O tempo trará sugestões sobre o que fazer. Vamos aguardar.

Com o passar dos dias, Consuelo lembrou-se de perguntar:

— Senhora, sua mãe tinha tantas joias... O que foi feito delas?

— É verdade. Tinha sim. Somadas as joias da minha tia Carmem... Não sei dizer o que foi feito delas.

— Creio que deveria reivindicar parte delas, pelo menos. Senão, tudo.

— Com a morte do meu pai, creio que estejam com meu irmão. Se assim for, será difícil ter qualquer peça de volta. Edgar é mesquinho e, pelo que soube, não está bem. Dias atrás, Lea comentou que nosso irmão tem dívidas até com o banco. Essas joias já devem ter ido... Bebedeiras, mulheres, jogos de azar... Isso pode ter acabado com tudo.

— Será que Lea não foi esperta o bastante para pegar essas peças, tão preciosas, para ela?

Marisol ficou pensativa. De fato, sua irmã era muito esperta.

— Não sei dizer... Eu me casei muito bem. Tinha todo o luxo, joias, empregadas... É certo que meu marido era um cretino, assim como seu pai. Tinha negócios escusos, escravos... Mas eu tinha uma vida de rainha, embora minha sogra fosse terrível comigo. Tinha roupas, as mais lindas joias, uma carruagem só para mim... Quando saí da casa do meu pai para me casar, não pensei em qualquer coisa da minha mãe, porque seriam migalhas perto do que eu teria. Mas, depois das gêmeas, minha vida mudou. Na fuga, desesperada, não pensei em levar nada comigo. Hoje me arrependo.

— Sua mãe tinha muita coisa. Longos colares de pérolas, anéis de diamantes, broches, brincos e gargantilhas de esmeraldas... Tudo cravado em ouro puro! Aquilo vale uma fortuna. Vendendo-os, garantiria um bom pedaço de terra e dinheiro para a manutenção de tudo.

— Não tenho intenções de cuidar de terras, Consuelo. De onde tirou essa ideia? — achou graça.

— De qualquer forma, essas joias seriam muito bem-vindas.

Marisol olhou-a e sorriu.

Longe dali, Pedro, o funcionário de confiança de Iago, procurava o patrão para relatar algumas novidades.

— A abertura da estrada está indo bem. Mais adiantada do que o previsto, senhor Iago. Eles são bons trabalhadores.

— É ótimo saber que esse pessoal não faz corpo mole.

— Sebastián, o líder deles, quer saber se não existe a possibilidade de empregar algumas das mulheres na casa da fazenda. Já adiantei que não. Mas quis falar com o senhor para ter certeza.

— Realmente. Não temos tarefa para mais ninguém na casa. Outra coisa é que não posso me comprometer em pagar mais gente. Isso precisa ficar bem claro.

— Está certo. Falarei com ele — tornou Pedro. — Mas acho que Sebastián procurará o senhor. Ele nunca aceita um não. Trabalha bem. É ótimo no que faz, mas como pessoa, exige além do combinado, é intrometido, arrogante...

— É bom saber. Estarei preparado, caso converse comigo.

Naquele mesmo dia, Sebastián aproveitou-se da presença de Iago na abertura da estrada e interpelou-o:

— Seu Iago?

— Sim.

— Falei com o Pedro e já tive resposta, mas quero insisti com o sinhô. Nossas mulhé e irmãs que vive no acampamento pode trabalhar nas casas de ocês. Elas sabe cozinhá, lavá, cuidá da casa e faz de tudo um pouco e muito bem.

— O Pedro me falou. Mas... Como eu disse, no momento, não tenho como remunerar mais ninguém. As despesas com a estrada e a construção da nova casa foram além do que calculei. Quando me procurou querendo serviço, pensei muito antes de contratá-los. Avisei que seria somente para esta empreitada e que não teria trabalho além desse. Deixei-os até à vontade para procurarem empregos em outras terras.

— Eu sei. Não sou burro. Lembro disso aí que falô. Mas é que, nossas mulhé precisa do trabalho.

— Não posso dispensar aquelas que já trabalham para mim há anos. Sinto muito. Não tenho emprego para elas.

— Fala com dona Lea, então. Minha irmã, por exemplo, é jovem, forte, trabalhadeira... Quem sabe dona Lea precisa de alguém assim.

— Acredito que não — Iago começou a ficar insatisfeito.

— Precisamu do emprego, seu Iago. Quando a istrada acabá não vamu te nem pra onde i.

— Eu entendo, perfeitamente. Mas não tem como ajudá-los ainda mais. — Não contou que tinha planos de aumentar as áreas produtivas das terras e campos de pastagens para a criação e precisaria de trabalhadores. Percebeu que Sebastián era insistente e poderia pressioná-lo a dar início a essa tarefa o quanto antes, dando emprego às mulheres. Iago não gostaria de ser pressionado.

Na manhã seguinte, antes mesmo do nascer do sol, Iago acordou com o vozerio que vinha da cozinha.

Suas três empregadas, que cuidavam da casa, há anos, discutiam seriamente com alguém.

Ele se vestiu e foi ver o que era.

Maria José, esposa de Pedro, a empregada mais antiga, falava alto, esbravejando, quando ele chegou à cozinha.

Imediatamente, a mulher abaixou o volume da voz e explicou o que acontecia dando ênfase ao ocorrido:

— Bom dia, senhor Iago! — Sem esperar o retorno do cumprimento, contou: — Ontem, o Pedro, meu marido, falou que o senhor não ia contratar ninguém, nenhuma empregada nova para trabalhar na casa! Quando cheguei aqui, hoje, esta moça, Carlota, irmã do Sebastián, já estava na cozinha, acendendo o fogão, mexendo nas coisas! Disse que vai trabalhar aqui! Como pode isso?! Como se atreve e se intrometer onde não é chamada?!

Carlota era uma negra muito linda. Pele sedosa, olhos puxadinhos, lábios grossos, que sempre expressavam suave sorriso. Tinha um turbante que amarrava metade dos cabelos, deixando alguns cachos à mostra na parte de cima. Usava blusa de estampa florida e sem alças, deixando seus lindos ombros aparecendo e, quando os encolhia, expressava um jeito bem sedutor, que acompanhava encantador e expressivo olhar. A saia comprida tinha um rasgo lateral, mostrando suas pernas bem torneadas e brilhosas.

Com voz meiga, sotaque arrastado e gostoso de ouvir, ela disse:

— Bom dia, seu Iago. Desculpe a invasão. Mas eu só quero ajudá. Preciso do trabaiô.

— Bom dia a todas. Bem... Carlota, ontem falei com seu irmão. Deixei claro que não preciso e não tenho como pagar a mais uma funcionária para trabalhar dentro desta casa.

— Mas nem quero dinheiro, home!... — riu e meneou o corpo todo. — Por favô... Posso só trabaiá memo. A vida no acampamento é parada. As mulhé não têm muito o que fazê. Chega a dar desespero ficá ali. Serei útil. Sô jovem e forte. Não recramo de trabaiô duro! — Contorcendo-se levemente, com trejeitos sedutores, disse: — Posso ajudá muito a essas sinhoras. Sô esperta! Acredite. Não quero ninhum salário. Eu juro, seu Iago... Com o tempo, si gostá de mim... Pode até me contratá ou me empregá a troco de casa, cumida, mas sem maus-trato — deu um risinho e uma piscadinha. — Mas, si num quisé, seguirei o grupo quando a istrada estivé pronta. Por favô, seu Iago... — pediu como se tivesse implorando, mas havia um toque de cinismo na sua fala: — Deixa eu mostrá o que sei fazê?...

Iago estava sem jeito. Surpreso ao mesmo tempo que com piedade. Por despreparo, não entendeu que havia muitas outras intenções naquele jeito de Carlota.

— Não precisamos de ajuda não! Damos conta do serviço muito bem! — ressaltou a empregada mais antiga que fuzilava a jovem com o olhar.

— Mas eu posso ajudar muito, senhora... — Carlota falou com jeito meigo, praticamente implorando. — farei o serviço mais pesado sem reclamar. Estou acostumada a isso.

— Maria José, talvez a Carlota seja útil. Façam uma experiência. Se não der certo...

Maria José olhou de cara fechada para o patrão. Depois, concentrou-se na moça que olhou de cima a baixo, nitidamente contrariada.

Depois da última discussão com sua irmã, Lea deixou de visitá-la. Essa atitude fez com que Consuelo passasse a frequentar a casa principal da fazenda. Sempre com a desculpa de buscar algumas coisas e aliviar os funcionários que iam lá quase todos os dias.

Não demorou, começou a se afinar com os empregados. Sempre representando humildade e submissão, de modo a não levantar suspeita. Era amável e gentil sempre.

Angariou confiança e passou a receber todas as informações sobre os negócios de Lea e Iago. Soube, inclusive, da abertura da estrada e da construção de uma nova casa, além da união das fazendas.

Ao retornar para a casa de Marisol, detalhava tudo o que descobria, sempre com um toque de veneno nas palavras cujo tom demonstrava desdém e inveja, enervando a outra.

— Quer dizer que estão construindo uma casa nova entre as duas fazendas?! — Marisol indagou incrédula.

— Exatamente, senhora. Uma grande casa! Gigante! Houve quem disse ser um palacete! Sua irmã apresenta-se humilde, mas esconde muita coisa.

— E eu aqui!!! Neste fim de mundo sem poder viver!!! Longe de tudo e de todos!!! Nem posso ir à cidade!!! Não tenho vida!!! — berrou com lágrimas de ódio escorrendo na face.

Satisfeita pelos sentimentos que a outra nutria, Consuelo ainda provocou:

— Ela tem dinheiro, condições e conhece muita gente, senhora. Se gostasse mesmo da senhora, sabe o que sua irmã teria feito? — Não esperou que respondesse. Ao ver os olhos de Marisol arregalados, esperando a resposta, disse: — Arrumaria uma linda e confortável residência em Madri, para a senhora e sua filhinha. Se não fosse em Madri, poderia ser em algum lugar civilizado e não neste fim de mundo em meio ao mato, senhora. Lá, em Madri, por exemplo, a senhora teria uma vida nova, livre!... Sairia, passearia, conheceria gente nova e diferente que jamais imaginaria que viveu aqui. Mas a crueldade de sua irmã é medonha, senhora! Prefere trancafiá-la aqui, no meio do mato, a lhe dar uma vida saudável e feliz.

— Isso é verdade! Lea viajou até para outro país! Conheceu a França! Ela ficou mais de um mês em Paris! — exclamou e deu um grunhido de raiva.

— Mas a senhora ainda pode fazer algo semelhante — Consuelo provocou.

— Como?! De que jeito?! — indagou, sentindo sua raiva aumentar.

— Tem direito às joias de sua mãe. Pode exigir, ou melhor, pedir com jeitinho. Vendendo-as, terá dinheiro para sair daqui, passear, viajar para Paris, até! Por que não? É um direito da senhora!

Marisol ficou pensativa. Aquela era uma ideia a se considerar, só não saberia como fazer. Nem mesmo tinha ideia se as joias de sua mãe estavam com sua irmã. Lea nunca falou a respeito.

— Sua irmã é rica, senhora. Nem precisa dessas joias. Tem tudo o que quer e todos aos seus pés — Consuelo acrescentou. — Deveria dar tudo à senhora.

— Sinto-me injustiçada. Não tenho nada! Nem posso viver livre! Maldito Raul!!! Maldita Juanita!!! Maldita Lea!!! Olha o que fizeram comigo!!!

— Ah... Tem mais, senhora. Fiquei sabendo pelos empregados que os empregados de sua ex-sogra estão, todos, trabalhando para a Lea e o Iago.

— Todos?!

— Sim, senhora. Todos. Isso é prova de que estão muito bem, financeiramente falando. Mais uma razão para dar o que é da senhora por direito, bom senso ou compaixão. —

Breves segundos e comentou: — Se acaso soubesse onde estão essas joias, poderia pegar o que é seu. Não seria roubo.

— Nem sei se estão com minha irmã. Se bem que... É provável que o Edgar ou mesmo meu pai tenha dado a ela.

— Ou ela pode ter pegado.

— Como descobrir isso, Consuelo?

— Se a senhora voltasse a frequentar a casa de sua irmã... Eu mesma poderia procurar tais pertences.

— Briguei com ela. Esqueceu?

— Lea pode ser ambiciosa, mas é ingênua. É só fazer carinha triste e de arrependida, estender os braços e apertá-la contra si, pedindo desculpas. Estará dentro da casa dela novamente. Diga que se arrependeu do que falou ao Santiago sobre Clara ser sua irmã. Diga que não estava em um bom dia. O isolamento, neste lugar, não lhe faz bem. Pode falar que está se sentindo confinada demais aqui e isso não a deixa feliz. Por essa razão, irá visitá-la mais vezes.

— É uma ideia a considerar... — disse e permaneceu reflexiva, imaginando como faria aquilo.

Não demorou, Marisol arrumou-se, pegou a filha Clara e, em companhia de Consuelo, foi para a casa da irmã.

Quando a viu pedir desculpas e chorar, Lea se comoveu. Era capaz de entender o quanto a vida era triste naquele isolamento. Estendeu os braços e a envolveu com força e carinho.

— Pode vir aqui quando quiser, é claro. As portas estarão abertas para você.

Isso facilitou as coisas.

Marisol passou a frequentar demasiadamente a casa da irmã, mesmo quando Lea se encontrava em trabalhos pela fazenda.

Simpática demais com todas as empregadas da casa, Consuelo auxiliava em muitas tarefas. Com isso, passou a ter ainda mais liberdade de mexer, entrar e sair não só pelos domínios da casa, sem ser questionada, mas por toda a propriedade.

Até Lea começou a vê-la com outros olhos, acreditando em suas gentilezas e humildade.

O tempo foi passando...

Todos os trabalhadores das duas fazendas reuniram-se para o mais importante estágio da obra na casa nova construída: o telhado.

Almoço especial era preparado na casa de Iago e a movimentação era grande. Transportariam as comidas prontas até a obra. A quantidade era enorme.

As empregadas nunca tiveram tanto trabalho.

Lea levou suas funcionárias para ajudar. Sentia-se feliz, mesmo não demonstrando, por estar empenhada no trabalho.

Seria uma nova fase, um novo capítulo para sua vida de grandes lutas.

Havia dois dias que se achava ali, na casa de Iago, junto com suas funcionárias.

Embora já houvesse percebido bem antes, nos últimos dias, ali, reparou ainda mais no comportamento um tanto inadequado de uma empregada de Iago.

Jovem, bonita, atraente, de pele negra aveludada, lindos olhos, belo sorriso, Carlota não perdia a chance de esbanjar sensualidade. Seu modo de andar, meneando o corpo, fazendo balançar o quadril na longa saia florida com abertura no tecido transpassado chamava a atenção excessivamente, por exibir parte de suas pernas também.

Normalmente, mostrava um sorriso no rosto, sem deixar os dentes aparecerem. Era um sorriso provocante, audacioso, sensual quando se irmanava ao olhar espremido.

Havia meses que trabalhava ali. Lea conhecia sua história. Lembrava-se do alvoroço entre as empregadas mais antigas que ficaram contrariadas com a presença da jovem. Foi Iago quem contou e achou graça nisso.

No entanto, o comportamento de Carlota provocava algo de não sei que em Lea, que passava a acreditar que a funcionária a desafiava ou provocava de alguma forma.

Ciúme? Muito provavelmente não.

Desrespeito? Era óbvio que sim.

Com o decorrer dos meses, desde que conheceu Carlota, Lea acreditava-se cada vez mais afrontada. Uma coisa ou outra, sempre a deixava insatisfeita com o comportamento da empregada.

Lembrava-se de que, certo dia, ao chegar à casa de Iago, encontrou Carlota sentada em um banquinho. Ela prendia um pilão entre as coxas totalmente expostas, devido à saia que abria nas laterais. Era uma cena provocativa, sensual demais. Na face, a empregada trazia um semblante que a incomodou pela forma provocante, ainda mais quando a viu. Havia vileza em seus modos, pareceu excessivamente vulgar.

Séria, com um tom insatisfeito na voz, Lea solicitou:

— Sente-se direito e ajeite a saia.

Carlota obedeceu, mas riu um sorriso cínico de quem zombava.

As outras empregadas da casa ainda reclamaram com Lea, após esse episódio, aproveitando-se de seu descontentamento. Disseram que era sempre assim e piorava quando um homem aparecia na cozinha. Carlota os media com o olhar, fazia poses e expressões provocativas. Maria José ainda contou que proibiu Pedro, seu marido, de ir à cozinha quando aquela moça estivesse ali.

Lea pensou em se queixar para Iago, mas já tinham tanta coisa para resolver, tantos problemas para buscarem soluções... Aquilo não era importante. Imaginava que, em breve, aquela mulher partiria com seu grupo e tudo estaria resolvido.

Naquele dia, em especial, com tanta movimentação na casa, na fazenda, todos focados em suas tarefas, Lea percebeu que Carlota estava diferente. Mais arrumada ainda. Usava saia florida, aberta em uma das laterais deixando a perna à mostra. Uma blusa clara, com decote em V que exibia excessivamente o colo, deixando-a muito sensual quando uma das alças caia para o braço e mostrava mais do que deveria de modo insinuante e provocativo. Um turbante bem-feito e brincos de argolas chamavam a atenção. Talvez tivesse passado algum óleo na pele luminosa e boca carnuda, que ressaltava quando fazia certa expressão sensual junto com olhar expressivo. Carlota usava uma colônia que Lea reconheceu ser de Iago.

Chamando-a para um canto, não temeu perguntar:

— Que perfume é esse, Carlota? É do Iago?

— Ah... Disculpa... — falou de modo suave. — Fui limpá as coisa du quarto do patrão. Ele deixô o vridu mal tapado e... Derramô... Peguei e passei ni mim pra não disperdiçá — ofereceu um sorriso debochado.

— Seus serviços são somente na cozinha. Não tem nada o que fazer no quarto do seu patrão! — zangou-se, mas falou com classe.

— É qui... — riu. — As outra estão tão impenhada nos outro afazer que não tiveram tempo. Então, decidi euzinha não deixá nada por fazê.

— Você está dispensada de todo e qualquer serviço na parte de cima da casa. Se não sabe qual é, digo: não suba mais as escadas. Limite-se à cozinha e às salas. Siga as ordens de Maria José. Nada mais, além disso.

— Sim, sinhora... — e se virou, meneando o corpo enquanto andava.

Lea sentiu-se esquentar.

Que liberdade era aquela em que Carlota se achava no direito?

Sentiu raiva, mas se controlou. Precisava conversar com Iago, dizer que não gostava daquilo. Não aguentaria as provocações de uma empregada, jamais. Sentiu-se afrontada.

Demoraram em cobrir a casa que era bem grande.
No final, uma festa.
Iago estava feliz, assim como Lea.
Realizados.
Faltavam detalhes de acabamentos internos, mas isso seria muito rápido de fazer. O difícil foi erguer tudo aquilo.
A casa era linda, assim como a festa realizada para comemorar sua cobertura, regada à bebida e comida à vontade. Durou a noite toda e madrugada.
Iago estava visivelmente embriagado quando voltou para sua casa.
Não se lembrava de que, no início da noite, Lea falou que iria embora por algum motivo.
Ela levaria Santiago para a casa dele, pois o menino estava febril. Avisou também que Angélica estaria com ela, não seria bom a menina ficar, ali, em meio a tantos trabalhadores bêbados e sem a supervisão de uma pessoa muito atenta. Mas ele não recordava, por mais que se esforçasse.

O dia estava bem claro assim que percebeu que o garotinho não tinha mais febre. A noite tinha sido longa ao lado dele.
A casa se achava silenciosa quando saiu do quarto onde estava com o filho.
Caminhou pelo corredor e foi até a porta do quarto de Iago.
Abriu-a e viu, ao lado dele, o corpo despido e parcialmente coberto de uma mulher que o abraçava pela cintura, enquanto recostava a cabeça em seu ombro.
Lea sentiu-se mal. Não era mais a mulher submissa, um objeto sem poder, um adorno como foi em seu primeiro casamento. Tinha adquirido garra e personalidade, exigindo respeito, depois de tantas lutas. Não admitiria, de forma alguma, que seu homem a usasse, tivesse-a por enfeite. Exigiria um companheiro, um parceiro, alguém que somasse em sua vida, que a respeitasse em todos os sentidos.

Era certo que, para aquele tempo, seus objetivos, nesse sentido, podiam parecer ilusórios, mas Iago se demonstrou à altura de seus sonhos. Ele respeitava sua personalidade forte, reconhecia sua força, admirava sua coragem.

Agora, aquilo...

Trêmula, incrédula, aproximou-se e olhou bem de perto.

A mulher era Carlota.

Ambos se encontravam em sono profundo.

Foi até as janelas. Abriu as cortinas e as venezianas, deixando toda a luz entrar.

Parou aos pés da cama com as mãos na cintura e deixou a claridade acordá-los.

Iago estranhou e colocou a mão frente aos olhos que não suportavam toda aquela luminosidade.

Carlota se remexeu e deu um gemido. Com sorriso, acomodou-se ainda mais sobre o ombro dele.

Lea, furiosa, só olhava.

Iago a viu ao mesmo tempo em que percebeu Carlota.

Ele se sentou rápido, tirando o braço da outra que o envolvia.

— O que é isso?! — ele perguntou. — Lea!...

A calma de Lea fustigou seus pensamentos.

Piorou ainda mais quando ela, simplesmente, virou as costas e saiu.

— Lea!!! — Iago gritou e correu atrás.

Procurando por um empregado, às pressas, exigiu que preparassem uma carruagem para ir para casa. Falou que pegaria o filho e logo estaria ali, no pátio.

Atrás dela, Iago falava, mas era ignorado.

— Vamos conversar! Eu não sei o que foi aquilo nem por que ela está lá. Venha! Vamos! Entre! Vamos ver o que aconteceu!

Ela nem sequer o olhava.

Retornou para dentro da casa, momento em que Iago a segurou firme pelo braço, fazendo com que o encarasse.

— Fala comigo! — determinou num grito.

— Solta meu braço! Está me machucando! — ordenou no mesmo tom.

— Estou falando com você! — tornou ele, largando-a. — Não sei o que aconteceu para ela estar ali! Não houve nada! Olhe para mim! Estou vestido com a mesma roupa de ontem a noite! Todo empoeirado pelo término do telhado! Veja! Não sei o que houve.

— Sabe. Sabe muito bem. Você colocou tudo a perder. Deu regalias demais para uma empregada sem princípios! Uma rameira imunda! Foi avisado por outras funcionárias da casa, mas não deu atenção! Certamente, admirava o jeito de Carlota andar, sentar, falar, insinuar-se, mostrar o corpo mais do que deveria!...

— Não! Você está enganada!

— Não pense que sou imbecil! Por que a manteve por perto?! Por que a deixou dentro de sua casa?!

— Eu não pensei direito... Vamos falar com ela. Ela poderá se explicar.

— Jamais! Não sou mulher que se rebaixa — virou-se e foi pegar seu filho.

Iago ainda sentia os efeitos da bebedeira e não conseguia pensar direito. Sentia-se aturdido, um tanto incrédulo e confuso.

Aconteceu alguma coisa entre ele e Carlota de que não se lembrava?

Não sabia dizer.

Estava alegre e feliz demais quando chegou a sua casa. Não se recordava nem de ter ido para o quarto.

Como aquilo foi acontecer?

Aturdido, saboreava uma dor inexplicável, um assombro, um medo, uma angústia... Como convencer Lea de que aquilo que ela viu não foi real?

Respirou fundo, tentando acordar.

Cambaleou ao subir as escadas de dois em dois degraus.

Abriu a porta de seu quarto com o pé, fazendo grande barulho.

Apesar do susto, Carlota sorriu com modos sensuais, segurando o lençol que mal cobria o corpo.

Indo até ela, pegou-a pelo braço, puxou-a da cama e jogou-a ao chão.

— Seu Iago... Por favô...
— Vista-se ou a coloco fora desta casa do jeito que está!!! — berrou.

Rápida, com muito medo, Carlota pegou suas roupas ao lado da cama e se vestiu.

Iago a tomou pelo braço, fazendo questão de machucá-la. Enquanto apertava, levou-a até o quarto onde Lea agasalhava o filho.

Abriu a porta e exigiu da empregada:
— Diga a verdade!!! Como foi parar no meu quarto?!!

Lea parou. Fria, simplesmente, ficou olhando a cena.

Com lágrimas escorrendo pela face, Carlota disse em tom claro:
— Ontem... Ontem o sinhô me abraçô e me beijô lá embaixo e me troxe aqui pra riba.
— Mentira!!! — berrou ao mesmo tempo em que lhe bateu fortemente no rosto.

A empregada caiu ao chão. Chorou, enquanto ele tentava explicar:
— É mentira dela! Essa rameira está mentindo!

Lea se virou porque Santiago começou chorar. Ela envolveu o filho em cobertas, pegou-o no colo e o debruçou no ombro.

Sem dizer nada, saiu porta afora.

Enervado, Iago pegou Carlota, novamente, deu-lhe vários tapas e colocou-a para fora da casa.

Lea subiu na carruagem com o filho e se foi.

CAPÍTULO 29

AS JOIAS

Lágrimas escorriam no rosto de Lea durante todo o percurso de volta.

Abraçada ao filho, escondia o rosto para que não a visse chorar.

Já em casa, após dar acomodações e cuidados a Santiago, correu para a prima Angelita e contou tudo o que havia acontecido.

Chorou muito até adormecer.

Não teve como as empregadas não ouvirem a conversa. Logo que se viu a sós com as colegas de trabalho, Rosana, a funcionária de mais confiança, orientou com firmeza:

— Não digam uma única palavra sobre o que escutaram.

Ninguém se manifestou.

Já passava da hora do almoço quando Lea acordou.

A cabeça doía. Um peso forte incomodava-a para abrir os olhos.

Lembrou-se do ocorrido e chegou a pensar que tivesse sido um pesadelo.

Levantou-se.

Caminhou pelo corredor e se deparou com Angelita saindo do quarto de Santiago com uma bandeja nas mãos.

Ao vê-la, a prima quis saber:

— Como você está?

— Péssima.

— Trouxe um caldo para o Santiago. Ele tomou tudo. Está bem melhor. Não teve mais febre. — Quando viu Lea indo para o quarto do filho, avisou baixinho: — Ele dormiu.

A mãe espiou pela porta e observou o filho por um momento.

— Venha, Lea. Precisa comer alguma coisa.

Seguiram juntas para a cozinha.

Sentada à mesa, de frente para a prima, Lea não conseguia tomar o caldo que Rosana serviu.

— Só algumas colheradas, dona Lea — a empregada insistiu.

Ela se forçou e se alimentou um pouco mais.

Ruminava os pensamentos.

Vez ou outra, seus olhos empoçavam de lágrimas que quase caíam e ela disfarçava para ninguém ver.

Ouviu-se um barulho de carroça e uma movimentação dos funcionários no pátio dos fundos da casa, o qual a porta da cozinha dava acesso.

A voz de Marisol chamando pela irmã alertou a todos.

Lea levantou-se rapidamente e foi ver o que era.

Com a filha Clara nos braços, Marisol chegou até a varanda da cozinha e, chorando, contou:

— A Consuelo fugiu!... Foi embora e levou as joias da mamãe!...

— Do que você está falando, Marisol?! — a irmã exigiu.

— A Consuelo... — chorou. Não tinha fôlego para se explicar.

Angelita correu e pegou a pequena Clara, que chorava. Levou-a para um quarto dentro da casa, para que não ficasse mais assustada.

Lea colocou a irmã para dentro da cozinha e a fez sentar.

Rosana serviu-lhe um copo com água adoçada para que se acalmasse.

Um pouco mais serena, a irmã disse:

— Desculpe, Lea... Desculpe... — pediu, segurando seu braço. Falava como se implorasse. — Você avisou... Avisou sim...

— Calma. Conta tudo o que aconteceu — solicitou, demonstrando-se calma, quando, na verdade, seus pensamentos se agitavam demais.

— Nos últimos tempos a Consuelo estava às voltas com ideias de que você era injusta comigo. Largando-me longe de tudo e de todos e... Cada dia que passava, colocava muitas coisas na minha cabeça... — chorou.

— Conta de uma vez, Marisol! — pediu com firmeza, quase exigindo.

— Aí, ela falou que a mamãe tinha joias valiosíssimas. Era injusto eu não ter minha parte delas. Então, deu a ideia de que eu poderia vender essas joias, ir para longe, para um lugar onde ninguém me conhecesse. Cuidaria de mim e da minha filha. Teria a possibilidade de sair, aparecer em público, ver gente diferente e não mais ficar isolada como fico.

— E daí?!... — indagou a irmã tentando disfarçar o nervosismo.

— Com essas vindas aqui, na sua casa, ela achou onde você guardava as joias da mamãe... Disse que precisaria de uma oportunidade para ter a casa mais vazia. Então... Ontem... Com esta casa vazia, pois as criadas foram para a casa do lago, a Consuelo veio para cá, sozinha, logo cedo. Disse que retornaria assim que pegasse as joias. Mas... Até agora... Ela sumiu!... Deve ter levado as joias com ela... — chorou.

Lea olhou para Rosana, que estava com os olhos arregalados e, num impulso, correu para o seu quarto.

Aparentemente, tudo em ordem.

Foi até sua cama e a arrastou, usando de muita força, pois o móvel era bem pesado.

No chão de tábuas, percebeu os arranhões feitos pelo uso de alguma ferramenta.

Tratava-se de uma espécie de cofre no chão, praticamente imperceptível. Era preciso levantar as tábuas para ter acesso ao seu interior.

De posse de uma faca, abriu-o. Pegou a caixa de madeira dentro dele e percebeu o fecho quebrado.

Abriu-a.

Estava totalmente vazia.

As joias de sua mãe e de sua tia Carmem, o relógio de ouro de seu pai, as joias da falecida esposa de seu primeiro marido e uma quantidade considerável em dinheiro haviam sumido.

Lea se levantou, jogou a caixa contra a parede e deu um grito parecido a um rugido.

Sentiu-se enfurecida como nunca.

O sabor amargo e repulsivo da traição subiu-lhe pela garganta.

Tremia.

Nem nos momentos financeiros mais difíceis usou aqueles valores. Tinha em mente dar as joias de sua tia Carmem para Angélica, neta e herdeira, sem dizer nada sobre a origem dessas preciosidades. Cogitou a hipótese de repartir com a sua irmã parte das joias de sua mãe ou até todas. Imaginou isso várias vezes.

Mas, por passar por situações financeiras bem difíceis, não o fez. Gostava de pensar que possuía uma reserva considerável em dinheiro, que não guardou no banco. Em caso de extrema necessidade, usaria na fazenda para a compra de grãos ou pagar funcionários. No último inverno rigoroso, quase as usou.

Passou as mãos pelos cabelos e entrelaçou os dedos atrás da nuca, andando, vagarosamente, de um lado para outro do quarto.

— Desgraçada!!! — berrou com toda a força de seus pulmões, dando outro rugido.

Rosana foi até o quarto, ficou à porta e não disse nada. Somente observou. Pela reação da patroa, entendeu que algo grave havia acontecido.

Marisol seguiu a empregada.

Entrou no quarto chorando e perguntou com débil esperança:

— Ela levou todas as joias de nossa mãe? Não deixou nada?

— Levou tudo e muito mais!!! Desgraçada!!! Infeliz!!! — xingou outros nomes ainda. — Eu falei!!! Avisei!!! Aquela

UM NOVO CAPÍTULO

infeliz levou as joias de nossa mãe! Levou as minhas joias!!! Levou dinheiro vivo!!! Desgraçada!!! Eu sempre fui honesta com tudo e todos!!! Minha ideia era dar à Angélica o que pertenceu a Carmem, avó dela!!! Dar a você e as suas filhas todas as joias de nossa mãe! Garantindo um futuro próspero para todas! Se eu gostasse de joias, não estaria trabalhando nas terras, com gado e estrume!... Estaria desfilando por aí, ostentando tudo para todos verem! Só fiquei com elas por precaução!!! Para que você não gastasse tudo!!! Por medo de uma situação financeira difícil por causa de estiagens ou invernos rigorosos!!! Você é uma idiota, Marisol!!! Uma miserável infeliz que estraga a própria vida e a vida dos outros!!! Nunca mais... Nunca mais confio em você!!! Dane-se você e suas necessidades e ideias mesquinhas!!!

Sentou-se na cama e começou a chorar.

Por um instante, sentiu-se esmorecida pela extrema aflição.

Viu que a irmã choramingava algumas coisas e Rosana também dizia algo, mas não conseguia escutar.

Seus olhos ficaram nublados e a visão embaçada.

Lembrou-se de que Iago avisou sobre acariciar escorpião e agasalhar cobra no peito.

Mas quem era Iago para aconselhar sobre algo?

Traiu-a com a primeira empregada jovem e bonita que encontrou. Se é que era a primeira.

Quem sabe ela fosse cega, ingênua, bondosa demais para acreditar nas pessoas e, depois, ser apunhalada pelas costas?

Sua alma estava magoada profundamente.

Talvez nem fosse pelos valores, pelo dinheiro, mas sim pela traição, pela ingratidão.

Sentiu-se esgotada. Mole.

Seus pensamentos ainda fervilhavam. O peito doía, uma dor na alma, uma dor profunda que não sabia explicar.

Ainda sentada na cama, inclinou o corpo para trás e deixou-se cair.

Nada mais parecia importar.

Fechou os olhos.

Mesmo percebendo que falavam com ela, não quis reagir. Certamente, não conseguiria nem se desejasse.

Ficou assim sem saber por quanto tempo.

Horas depois, ao abrir os olhos, Angelita estava ao seu lado, com uma caneca de chá nas mãos.

Era final de tarde. O sol deitado no horizonte possibilitava seus raios invadirem o quarto.

Lea se remexeu. Notou que alguém colocou suas pernas sobre a cama e a cobriu. Nem viu isso.

Sentou-se.

Sem dizer nada, a prima estendeu-lhe as mãos dando-lhe a caneca de chá. Ela aceitou.

Mecanicamente, deu um gole na bebida quente que a reconfortou um pouco pelo sabor do açúcar.

Uma emoção forte tomou conta de Lea, que chorou mais um pouco até serenar.

— O que está acontecendo?... Minha vida está em ruínas... — murmurou.

Angelita temeu dizer qualquer coisa que pudesse piorar os sentimentos da prima. Conseguia se pôr no seu lugar. Imaginava sua dor.

— O que devo fazer? — Lea indagou, com olhos vermelhos e sofridos.

— Por enquanto, nada, ou melhor, erga-se. Seja uma pessoa de fibra, como sempre foi. O resto, deixa com Deus.

Apesar de sentir-se tonta e trêmula da cabeça aos pés, Lea respirou fundo e se levantou.

Colocou a caneca sobre uma cômoda e foi até a janela, onde as cortinas esvoaçavam para fora, deixando os últimos raios de sol entrarem.

Uma movimentação chamou sua atenção.

Alguns empregados tentavam segurar alguém perto da casa.

Sem demora, ela reconheceu Iago, completamente embriagado.

Sentiu-se gelar.

Rápida, deixou o aposento e foi ver o que acontecia.
Ficou parada na varanda e ordenou:
— Podem largá-lo!
Assim foi feito.
Cambaleando, Iago se aproximou. Tinha uma garrafa na mão, na qual deu um gole antes de dizer:
— Você... Você... Está... Está errada! — falava com voz trôpega, apontando o dedo para ela. — Foi uma armação daquela rameira... Eu juro!... Juro...
— Vá embora! Você está bêbado!
— Não... Não vou... Não... Você tem de me ouvir... — cambaleava e se firmava novamente. — Tem de ouvir... Faço tudo por você... Você... Vocêeeee... Lea... Não faz isso, Lea... Vem cá...
— Vá embora. Nem sabe o que está falando. Já está tarde. Onde está seu cavalo?
— Cavalo? Que cavalo?...
Nessas alturas, diversos empregados estavam parados observando a cena, sem se intrometerem, até que um disse:
— Achamos o cavalo dele. O animal chegou bem à frente. Só agora ele apareceu.
— Ah... O cavalo!... Deixa o cavalo... — Virando-se para ela, pediu: — Lea... Vamos conversar!
— Não. Não temos o que conversar. — Olhando para o lado, chamou: — Aguilar?! — Ao ver o empregado, ordenou: — Coloque-o em uma carroça e o leve embora com o cavalo.
— Não!... Não vou! Precisamos conversar! Lea... Eu amo você!...
— Ora... Por favor! Alguém!... Tire-o daqui. Essa cena é ridícula! — protestou e esbarrou em Angelita ao se virar para entrar.
— Lea!!! Amo você, Lea!... — ele berrou.
Rosana desceu as escadas da varanda às pressas e, bem perto, pegou-o pelo braço, dizendo:
— Seu Iago, vem comigo.
— Aonde? — perguntou com voz mole e piscando de modo longo e demorado, cambaleando.
— Vamos, ali, para minha casa. É ali... Vou preparar um café para o senhor.

— Quero conversar com a Lea! Só isso...
— Depois, seu Iago. Depois o senhor conversa. Venha... — pediu com voz dócil e incrivelmente generosa. Ele aceitou.
Rosana e Aguilar levaram Iago para a casa deles.
Ele falou muito, desabafou e chorou. Tomou o café oferecido e debruçou-se sobre a mesa.
— O que faremos com ele? — Aguilar perguntou.
— Está tarde. Melhor arrumar um lugar para ele passar a noite — a esposa sugeriu.
— É... Vou arrumar.
Dentro da casa principal, Lea sofria ainda mais com aquela situação.
Vendo-a angustiada, Angelita perguntou:
— Não acha que ele diz a verdade?
— Havia uma mulher na cama ao lado dele! O que quer que eu pense?! — indagou irritada.
— Você me disse que essa empregada era ousada, provocativa. Ela não teria tramado tudo?
— Até pode ser. Mas ele facilitou as coisas para ela. Decerto, apreciou seus modos vulgares e insinuantes. Por que a deixou lá? — Breve instante e decidiu: — Quer saber? Eu estava melhor sozinha! Homens, na minha vida, só trouxeram problemas, dores e dificuldades! Vou me preocupar com meu filho! — foi para o quarto de Santiago, deixando-a sozinha.

Na manhã seguinte, bem cedo, quando Lea chegou à cozinha, surpreendeu-se com a presença de Iago.
Rosana fez sinal para a outra empregada e ambas foram para outro cômodo.
— O que está fazendo aqui, ainda? — indagou com tranquilidade.
— Precisamos conversar — falou sério. Sóbrio.
— Não temos nada para conversar. Pelo menos, no momento, não. Podemos ser grandes negociantes. Erguer novamente as

cercas, usar a estrada que servirá para ambos... Talvez até possamos cobrar de outros fazendeiros pelo uso da estrada. Eles encurtarão o caminho. O que você acha?

— Faça-me um favor, Lea! — pareceu zangado. — Temos coisas mais importantes para falar do que isso! — Sem esperar que dissesse algo, contou: — Não sei como aquela empregada foi parar no meu quarto. Eu estava bêbado. E sabe por quê? Porque me sentia muito feliz! Feliz por ter erguido e coberto a nossa casa! Casa onde pretendo passar o resto da minha vida com você e nossos filhos. Longe de tudo e de todos! Acha mesmo que sou idiota, o suficiente, para dormir com uma rameira tendo você no quarto ao lado, tão próximo?! Uma vadia que vive se insinuando para qualquer um, que não se respeita nem se valoriza! Acha mesmo?! — indagou firme, quase irritado. — Você me encontrou vestido! Ainda empoeirado por causa do trabalho duro em nossa casa!

Lea suspirou fundo, ruidosamente. Pensativa, virou-lhe as costas.

Iago se aproximou.

Carinhoso, colocou ambas as mãos em seus ombros e, massageando de leve, falou com voz generosa:

— Todos esse anos, só tive olhos para você. Eu a amo, Lea. Não desejaria uma vida com outra pessoa.

Com delicadeza, ele a virou, fazendo-a encará-lo. Olhando-o nos olhos, Lea disse firme:

— Quero uma vida decente e digna ao seu lado. Quero ser respeitada. Não vou tolerar, como outras mulheres, saber que meu homem vive se deitando por aí com rameiras.

— Desde que entrou na minha vida, sempre a respeitei. Nunca tive outra.

Ela não disse nada. Ficou pensativa. Iago acariciou-lhe os cabelos, olhando com carinho para sua face. Acarinhou-lhe o rosto e curvou-se para beijar-lhe os lábios.

Lea, suavemente, virou a cabeça. Mesmo assim, ele beijou seu rosto e recostou-se nela.

Apertando-a contra si, como se desejasse abrigá-la no peito, ficou em silêncio.

A custo, ela o envolveu pela cintura.

Ficaram assim por longo tempo, até que, novamente, ele procurou seus lábios e a beijou com carinho.

Após o café da manhã, Lea perguntou:
— O que fez com a Carlota, depois que eu saí?
— Perdi a cabeça. Fiquei insano. Levai-a para fora a tapas. Xinguei, ofendi e quando dei por mim, ela estava no chão... ...e eu a chutando — abaixou a cabeça. — Não bastasse, peguei-a pelos cabelos e exigi que contasse a verdade na frente de todos que estavam ali. A cena não foi nada boa. Não gostei do que fiz. Nunca pensei que fosse capaz disso.
— Somos capazes de fazer coisas que não imaginamos — disse e o encarou. Depois, interessou-se: — E ela? Confessou a verdade?
— Confessou sim. Falou tudo o que eu já sabia. Que entrou sorrateiramente no quarto, despiu-se e deitou do meu lado. Mentiu para você para vê-la irritada. Contou que não gostava de você, do seu jeito... Foi isso o que falou.

Lea suspirou fundo. Terminou de beber o leite e revelou:
— Como se não fosse o suficiente, ontem de manhã, Marisol chegou aqui desesperada... — calmamente, falou o que tinha acontecido. Mas não disse que as joias de sua tia estavam juntas nem que havia considerável valor em dinheiro também.
— É sério isso?! — ele enervou-se.
— Sim. É — confirmou falsamente calma. — Entrei em desespero. Mas não tinha o que fazer.
— Não mandou ninguém atrás dela?! — Iago quis saber.
— Adiantaria?! — Sem esperar por resposta, detalhou: — Consuelo esteve aqui antes de ontem, pela manhã, enquanto todos estavam na casa nova fazendo o telhado. Somente ontem a Marisol apareceu com essa notícia. Consuelo fugiu a cavalo. Deve estar bem longe.

— Eu avisei que... — foi interrompido.
— Por favor! Não diga mais nada! — ficou irritada. Fechou os olhos por alguns segundos e respirou fundo.
— Conheço pessoas no porto. Ela só pode ter ido para lá.
— Não sei. Não acho que Consuelo esteja sozinha nessa trama.
— Por que diz isso? — ele quis saber.
— Pessoas baixas, miseráveis, mesquinhas e infames como ela, geralmente, não agem sozinhas.
— Não sei não — duvidou.
— Iago, tem outra coisa que me preocupa. — Quando o viu atento, comentou: — A Carlota é irmã do Sebastián. Ele, líder dos trabalhadores. Depois do que fez com ela, eles continuarão trabalhando para nós? Temos filhos. Não se esqueça disso.
Ele ficou preocupado. Pensou um pouco, depois considerou:
— Falta pouco para concluírem a empreitada da estrada e precisam receber. Ele deve conhecer bem a irmã que tem e vai entender que ela agiu levianamente.
— Será?
Não houve resposta.

Longe dali...
— Levanta daí logo e para de chorá! Faz um dia que tá aí deitada! Quero sabê de ocê o que aconteceu?
— Deixa sua irmã quieta, Sebastián — a esposa pediu. — A Carlota tá sofrida.
— Quero sabê o que orve pra ela tá assim desde que vortô da casa do seu Iago. Tá aí... Machucada... Quero sabê! Vamô, fala!
— Ele me humilhô — Carlota contou chorando. — Foi isso... Me tratô como escrava... Me bateu... Espancô eu... Só fartô me pôr no tronco...
— Vô acertá o passo dele! Esse home disse que não ia tratá a gente como escravo! E foi judiá logo da minha irmã!

— Carma, Sebastián! Num faz isso não. — Virando-se para a cunhada, considerou: — Ocê só conta isso desde que chegô. Não fala a razão do sinhô ter feito isso com ocê. Desembucha! Vamô!

Carlota silenciava e cobria o rosto com as cobertas.

Virando-se para o marido, a esposa aconselhou:

— Termina o sirviço da istrada. Vamô recebê o que é nosso e caça otro lugar pra trabaiá. Sua irmã é encrenqueira. Num bota fé nela não.

Mas ele não aceitou a sugestão.

No dia seguinte, a sós com a irmã, Sebastián insistiu:

— Conta logo ou quem vai te batê sô eu!

— Num foi nada... Já passô.

Segurando-a pelos cabelos, ergueu sua cabeça e, com a outra mão levantada, ameaçava lhe bater, dizendo:

— Ou conta ou apanha! Fala logo! — exigiu.

Carlota sentiu-se coagida. Se contasse toda a verdade, certamente, apanharia por seu comportamento. Decidiu mentir.

— Sorta! Sorta que eu conto.

O irmão soltou com um empurrão e ouviu:

— No dia que cobriram a casa, seu Iago chegô bêbado. Eu tava lá na cozinha. Ele me agarrô. Me levô pro quarto dele e dormiu comigo. De manhã, dona Lea pegô nóis dois junto. Fez um escândlo. Daí, ele quis que eu mentisse. Que falasse que eu é que entrei no quarto dele e que só dormi lá. Mas eu disse a verdade e ele me bateu. Me arrastô, puxo eu pra fora e bateu neu e chutô... Berrô para eu dizer o que ele queria e falei...

— Desgraçado!!!

— A vida é assim, Sebastián. A gente é negro. Amardiçoado. Pobre. Branco só abusa de nóis. Somô tudo coisa pra eles. Coisa é usada e jogada fora. Não somô gente não! — chorou.

— Ele me paga! Pensei que fosse um bom home! Falô que ia tratá a gente bem. Começô a dizê que tava pensando em contrata uma parte do nosso povo, pra mão de obra, pra cuidá do pasto novo e de onde vai prantá... Infeliz! Infeliz! Ele me paga!!! Deixa só ele dá o salário de todo mundo que vou acertá o passo dele.

— Não vá fazer nada não, Sebastián! A vida é assim mesmo! Somos negro e pobre! — Carlota falou, mas o irmão não ouviu.

CAPÍTULO 30

A DESCOBERTA DE IAGO

O tempo foi passando...

Iago não se conformou com o furto na casa de Lea. Acreditou que pudesse reaver tudo ou parte do que Consuelo levou.

Sem alarido, pediu a Pedro, seu empregado de total confiança, que fizesse contato com conhecidos para capturar a empregada que havia fugido.

Por honrar seus compromissos, pela honestidade e caráter, Iago passou a ser um homem muito conhecido e respeitado. Sempre que precisava de ajuda, era bem assessorado por suas qualidades.

Após semanas, quase havia esquecido o caso do furto. Então, foi chamado por um fazendeiro que vivia ali perto.

Ele não gostaria de abandonar o final da construção da estrada nem os últimos detalhes da casa que, praticamente, já estava pronta. Porém, foi preciso atender ao pedido.

Sem dizer nada à Lea, que se empenhava nos últimos detalhes e arrumações da residência, Iago e Pedro saíram para atender ao convite do fazendeiro.

Depois da cavalgada embaixo de sol, foi recebido com contentamento por um senhor de quase meia-idade, dono daquelas terras. Era um homem de cabelos um pouco grisalhos, alto, forte, muito bem aparentado. Sábio, fazia sempre bons negócios. Tinha poucos amigos, mas todos sinceros. Vivia sozinho desde que ficou viúvo, ainda muito jovem. Nunca mais se casou. Havia tempos que admirava Iago por seu caráter e honradez. Percebeu-o muito diferente do pai e do tio. Por isso, desejava estreitar amizade.

— Como tem passado, Iago?! — ficou feliz ao vê-lo. — Seja bem-vindo por aqui! É sempre bom revê-lo. Vamos chegando...

— Boa tarde, senhor Hernando! É muito bom rever o senhor também.

Convidou-o para a sombra na varanda onde uma empregada lhes serviu refresco. Estava um dia quente.

— Soube que está construindo uma estrada por aquelas bandas.

— Estou sim — sorriu satisfeito. — Está praticamente pronta.

— Acredito que o moço não esteja fazendo somente para o seu uso. Se for esperto, pode cobrar dos vizinhos a passagem do gado e mercadorias por sua estrada até o porto.

— Estou pensando nisso. Mas não sei ainda como será — disse Iago com leve sorriso.

— Serei um de seus clientes. Acredite! — enfatizou e riu.

— É bom saber disso, senhor Hernando. Mas... Recebi seu convite para vir até aqui. Disse que precisava ter comigo com urgência e em segredo. Assunto de muita importância.

— Sim. Muita importância. Venha comigo.

Iago o seguiu. Foram para um lugar que servia como estábulo. Lá, o senhor explicou:

— Este lugar servia de cativeiro desde a época de meu avô. Foi desativado com o fim da escravidão. Ainda tenho a prisão com grades lá no fundo. Ia desmanchar, mas sempre fiquei adiando... Não acho bom que esqueçam a escravidão. Ela precisa ser lembrada para que não aconteça mais.

Caminharam. Aproximaram-se das grades. Atrás delas, sentado ao chão, um casal, de cabeça baixa, não se atrevia a olhá-los.

— Esse é um dos meus empregados. O infeliz vinha desviando e se apropriando de coisas da minha propriedade. Já estava desconfiado dele fazia era tempo. Daí, de madrugada, meu capataz surpreendeu o miserável preparando dois cavalos para fugir com essa aí — fez um gesto como se apontasse com o nariz. — Então, ele os prendeu aqui. Quando soubemos que o nome dessa desavergonhada era Consuelo, lembramos que você estava procurando por ela. — O senhor Hernando pegou um saco e entregou a Iago, dizendo: — Encontraram isso com a rameira. São muitas joias e um bom maço de dinheiro. São seus.

— É ela mesma... Roubou isso tudo e fugiu. É isso mesmo — Iago confirmou ao reconhecê-la.

O capataz da fazenda abriu a cela, pegou Consuelo pelo braço e colocou para fora.

— É sua, Iago. Pode levar junto com seus pertences — tornou o senhor que empurrou a mulher em sua direção.

Pedro segurou a empregada de Marisol pelo braço e a conduziu para fora.

— Sou muito grato ao senhor por me devolver as joias e o dinheiro. Muito honrado de sua parte.

— Você é um bom homem e eu também. Vou tomar as providências com esse aí... — olhou para o funcionário, que estava sentado no chão. — Faça o mesmo com essa outra. Vou emprestar um cavalo para que a leve.

— Amanhã mando um empregado trazer seu animal. Obrigado.

— Não tenha pressa... Venha você mesmo trazê-lo. Passa uma tarde por aqui. Ou então... Faremos melhor: mande me avisar e venham passar o dia. Faremos um belo almoço com assado. Traga a dona Lea, e sua irmã também, a senhorita Angelita, não é mesmo?

— Sim. Minha irmã é a Angelita.

— Já vi a senhorita várias vezes na cidade. Muito séria... Tentei conversar, mas acho que nem me reconheceu. Por isso... Venham! Sou muito sozinho... Meu único neto vive longe... Será um dia agradável. Todos são bem-vindos! Quem sabe sai algum negócio... — riu. — Estou com uns novilhos de raça que você iria gostar de ver.

— Fiquei interessado. Virei sim. Pode me aguardar — ficou satisfeito e sorriu.

Já do lado de fora, montado em seu animal, Iago agradeceu novamente e se foram.

Não muito longe dali, Pedro perguntou:

— Vamos para a fazenda ou direto para a cidade procurar as autoridades?

Antes que o patrão respondesse, Consuelo ergueu o queixo junto com sua amargura e indagou:

— Vai devolver à Lea o que não é dela e sim seu. Valores que lhes foram tirados e ela sabia e não lhe disse.

Iago não deu importância, mas Pedro ordenou:

— Cale-se, infeliz! Não diga besteiras!

— Seu Iago não precisa ser fiel a quem sempre o enganou. Não sabe metade da verdade. Foi roubado, não só pelo tio Ruan, mas por Lea, cúmplice do pai. E mesmo depois da morte do seu Ruan, ela nunca lhe devolveu o que era seu.

— Cale a boca, mulher! — tornou o empregado.

— Deixe-a, Pedro. Ela fará tudo para implantar discórdia. Inventará o que puder. Não lhe daremos ouvidos.

— Não invento nada, senhor. Sou mais fiel do que aquela a quem dedica seu amor. Desde muito jovem, trabalhei para os senhores seus pais. Sei de muita coisa que nunca falei. — Mesmo percebendo que ele não lhe dava atenção, prosseguiu: — Seus pais conseguiram uma garrafada com um mascate. Serviram essa bebida ao seu avô, por algum tempo, até vê-lo bem fraco. Debilitado da mente e do corpo, Dom Onofre, seu avô, fez testamento passando seus bens para seus pais. Logo que ele morreu, sua tia Isabel e seu tio Ruan ficaram inconformados pelo fato da herança ficar para eles. Dona Isabel e o marido tramaram a morte de seus pais naquela viagem que fizeram para aliviar a melancolia da senhora sua mãe. Forjaram um assalto. Mataram sua mãe com pancadas na cabeça e jogaram o corpo no penhasco. Fizeram o mesmo com o seu pai, mas...

— Exijo que se cale! — Iago pediu em tom firme.

— Deixe-me contar, senhor. A viagem é longa e o final dessa história é surpreendente — sorriu com maldade. Sem esperar, continuou: — Seu pai não morreu depois do ataque. Ele foi encontrado vivo no penhasco. Estava aleijado. Depois de levado para casa, ficou doente e agonizando em cima daquela cama. Dona Isabel, sua tia, ficou desesperada e temerosa de que ele acordasse e contasse a verdade. Ela foi visitá-lo e, com um travesseiro, sufocou seu pai. Eu mesma vi, senhor. Entrei no quarto naquele instante. Antes que me pergunte porque não contei, digo, senhor: não contei por medo. Muito medo. Eu era jovem. Não tinha nada nem ninguém que me protegesse. Sua tia disse que, se eu revelasse uma palavra, ela me mataria também. Se foi capaz de assassinar a própria irmã e cunhado, matar-me não significaria nada para ela. — Breve pausa e logo contou: — Para ter certeza de que eu não revelaria nada, quis me ter por perto como sua empregada pessoal. Porém, tem algo que ninguém sabe, mas... Uma pessoa viu! — ressaltou para que ele ficasse atento. — Antes de dona Isabel matar seu pai, Dom Diego, ela e o marido discutiam sobre esse assunto no quarto. Decidiam como iam fazer isso. Nesse dia, Lea, a filha mais velha deles, brincava ao experimentar um vestido de sua mãe. — Nesse momento, percebeu que Iago ficou atento. Aquela história lhe era familiar. — Quando a jovem notou que os pais se aproximavam, escondeu-se embaixo da cama e ouviu toda a conversa entre eles. Foi assim, que Lea soube que a tia Carmem, sua mãe, senhor, foi morta pelos pais dela: Ruan e Isabel. Soube também que algo seria feito para matar o tio, Dom Diego, seu pai, senhor. — Pedro olhou para o patrão, que estava sério demais. Sisudo, ele não disse nada. Notava-se que estava intrigado. Lembrava-se de que Lea contou aquela história, mas não aqueles detalhes. Sem trégua, Consuelo continuou: — Não foi só isso, senhor. Lea soube que o próprio pai conseguiu passar a herança de seu avô para sua mãe, dona Isabel. Que por ser casada com seu Ruan... Tudo era dele! — sorriu. — Não sei muito bem como fizeram isso. Mas Lea sabia. A herança de seu avô nunca chegou até o senhor. É um débito que Edgar tem contigo. Metade do que ele tem é seu. Lea sabe disso.

Iago esforçava-se para não se manifestar. Sentia-se ferver. Sabia que seu tio o tinha enganado, desfazendo-se dos animais e não cuidando da fazenda de seu pai, devolvendo a ele terras improdutivas, quase mortas, mas não imaginava que seus prejuízos eram ainda maiores. Apesar de tê-lo ajudado, Lea não foi totalmente honesta com ele. Ela sabia que seus pais, Ruan e Isabel, eram assassinos dos pais dele e nunca disse nada.

— Muito me surpreende, senhor, sua honestidade com alguém que não lhe é fiel nem valoriza o amor que recebe.

— Não quero me envolver não, seu Iago. Mas essa mulher está inventando a história mais maluca que já ouvi. Quer que a faça calar a boca? — Pedro perguntou.

Iago parecia aturdido, desorientado e um tanto incrédulo.

Seus pais teriam matado seu avô para ficar com a herança? Sua mãe teria coragem de matar o próprio pai? Seus tios, Isabel e Ruan, mataram seus pais? Lea sabia disso? Sabia também que a herança de seu avô nunca foi partilhada com ele?

Talvez ele não estivesse chocado pelo dinheiro, mas sim pelo fato de Lea não ter sido honesta e fiel a ele. Aquela era uma informação que precisava saber.

Sabia que seu pai, Dom Diego, era sórdido, fraudulento e cruel. Apesar de nunca compartilhar com ele informações sobre assuntos ligados a seus bens e a fazenda, tinha ideia de que suas ações eram egoístas.

Mas daí a não se importar com sua morte, era outro assunto.

Lea deveria ter lhe contado.

Justamente ele que sempre fez tudo por ela. Compreendia sua forma de ser, sua vontade de agir, respeitava seu dinamismo e liberdade. Ajudou-a em todos os sentidos. Não a julgou por ser mãe solteira, por ter se envolvido com um homem sem valores ou caráter.

Ainda aceitou ficar com ela.

Lea parecia não nutrir por ele qualquer sentimento.

Não o respeitava. Tinha a obrigação de, no mínimo, ser mais amiga.

Ela deveria rir nas suas costas, caçoar dele.

— Quer mais provas, senhor? — tornou Consuelo falando sempre com um tom pretensioso de intriga. Diante do silêncio, ela disse: — Abra o saco com as joias, senhor. Veja quanto dinheiro ela escondia do senhor. Passaram tanta situação difícil e ela nunca lhe mostrou esse dinheiro e tantas coisas de valor. Mas não só isso... A maior prova da cumplicidade de Lea com o senhor Ruan é que as joias da senhora sua mãe, dona Carmem, estão todas aí. Todas! Lea o traiu! Lea o roubou! — ressaltou. — Creio que deva conhecer o que foi de sua amada mãe. As joias dela estão aí, separadas. Lea sabia disso e não lhe devolveu.

— Quer que eu a faça calar a boca?! — tornou Pedro, indignado.

Iago puxou as rédeas e parou. Tirou o saco com os pertences de dentro do bornal, abriu-o e olhou. Não teve dúvidas do que ela falava. Só então, respondeu:

— Não — disse em tom forte e seco. — Vamos ver Lea.

Nenhum dos dois pôde ver o leve sorriso cínico e audacioso de Consuelo.

Cavalgaram mais algum tempo até chegarem até à casa nova.

Havia pouca movimentação do lado de fora. Estavam arrumando os últimos detalhes da residência. Do lado de dentro, Lea via-se entretida com a colocação das últimas cortinas.

Tudo era harmonioso e combinava com o estilo da época.

O sonho do casal era ter tudo pronto, casa e estrada, para fazer uma grande comemoração com os funcionários e contratados.

Já tinham os nomes de alguns que trabalhariam ali, se aceitassem.

UM NOVO CAPÍTULO

Isso tudo marcaria um novo capítulo de suas vidas: o momento em que passariam a viver juntos.

Lea escutou o barulho dos cavalos. Espiou por uma janela e soube que se tratava de Iago.

Estranhou por ver Pedro e mais alguém. A silhueta era de uma mulher que, pela distância, não reconheceu.

Alegre, percebeu-o entrando na casa. Desceu as escadas e foi encontrá-lo.

Iago já estava no meio da sala, olhando em volta, quando a viu descer o último degrau e ir à sua direção.

Ela sorria.

Indo para junto dele, exibia-se emocionada, feliz feito criança, dizendo:

— Que bom que você chegou! Viu como tudo está lindo?!

Parou bem perto, sorrindo lindamente e esperou um beijo, que não recebeu.

Estranhando, fechou o sorriso. Sentiu algo errado acontecendo.

Iago estava sisudo, sem qualquer animação, firmando olhar nela.

Novamente, com fala suave, ostentando quase um sorriso, Lea perguntou com meiguice:

— O que foi? Aconteceu alguma coisa?

— Aconteceu — respondeu secamente com um tom forte na voz.

— O quê? — indagou, sentindo o coração apertar.

Os olhos de Iago flamejavam ao mesmo tempo que carregava no semblante infinita tristeza e grande decepção.

Ele a rodeou, calcando no chão os passos que podiam ser ouvidos.

Após circular, parou e questionou de súbito, com um tom hostil na voz:

— Sobre seus pais terem matado os meus... Não tem nada para me contar?

Lea sentiu um frio estranho percorrer seu corpo. Seu rosto desfigurou. Não sabia o que responder.

Fez um gesto evasivo com as mãos trêmulas e perguntou, gaguejando, com voz baixa, quase sussurrando:

— Mas... Do que você está falando?...

Iago chegou a ficar ofegante de raiva. Acreditou, ainda mais, que ela estava sempre manipulando, fazendo jogos de interesses, querendo sempre se beneficiar.

— Não minta!!! Pare de ser dissimulada!!! — berrou. Não escondeu sua revolta. — Sabe muito bem do que estou falando!!! Sempre mentiu para mim!!!

— Eu não menti... — tentou murmurar.

Num impulso irascível, Iago a esbofeteou e Lea foi para o chão.

Acercando-se dela, encarando-a fixamente, sentiu sua raiva crescer e gritou:

— Mentiu!!! Mentiu para mim todos esses anos!!! Você estava embaixo da cama, na casa de seus pais, quando soube que eles já haviam matado minha mãe e tramaram a morte do meu pai!!! Sabia que seu pai roubou-me a parte de que me era de direito na herança de meu avô!!! Nunca falou nada!!! Quando contou sobre estar escondida no quarto, sob a cama, foi manipuladora!!! Falou de modo que sua mãe estivesse triste e desesperada pela morte da minha e não desesperada para matar meu pai, que poderia acordar e revelar tudo!!! Não bastasse isso, de alguma forma, conseguiu as joias da minha mãe e ficou com elas, mesmo sabendo das minhas dificuldades!!! Não foi capaz de dá-las a mim ou a minha irmã!!!

Lea se levantou. Apoiou-se em uma cadeira e permaneceu com a cabeça baixa.

Estava confusa, estonteada.

O assunto a pegou de surpresa. Nunca imaginou aquela reação de Iago por causa daquilo. Aliás, nunca pensou que ele pudesse saber tudo, com aqueles detalhes.

Sofria por algo que não cometeu, mas silenciou.

Em sua defesa, tentou justificar:

— Quando vi essa cena, tinha quatorze anos... — chorou.
— Sua filha tem quase essa idade... Olha para Angélica e veja se ela tem condições de decidir alguma coisa...

Aproximando-se, Iago a segurou pelos ombros, olhou-a firme e excessivamente irritado, afirmou:

— Não continuou com quatorze anos até hoje! Olha para você!!! — empurrou-a. — Mentirosa!!! Há pouco tempo me contou essa história, mas não disse toda a verdade!!! Por quê?!!! Eram as joias da minha mãe que queria?!!!

— Para que remexer nesse passado, Iago?! — perguntou chorando. — Acaso acha que vivo feliz por guardar esse segredo?

— Sim! — falou irônico, parecendo mais calmo. — Certamente, vive feliz e zombando de mim. Você é igual ao seu pai e... Não... Ah!... Não! Você é pior do que ele. É uma leviana! — Pensou um pouco e acusou: — Agora entendi!... Casou-se com seu primeiro marido por causa da fortuna! Era um homem velho, não era?! Qual o problema em dormir com um homem velho, por um tempo, só para herdar tudo o que ele tem? Não bastasse, para trazer suas sobrinhas de volta, foi capaz de dormir com um vagabundo!!! Foi capaz de dormir comigo para eu apoiá-la e cuidar do seu filho, não foi?!!! Com quantos mais você se deitou para ter outros benefícios?!!

Mesmo estremecida e nervosa Lea aproximou-se dele e o esbofeteou, gritando:

— Não sou nada disso que está dizendo!!!

Voltando a encará-la, seus olhos se fixaram expressando verdadeira decepção e tristeza. A chama do amor estava encoberta pelos piores sentimentos que surgiram em seus corações.

Empurrando-a, tirando-a de sua frente, tentou andar, mas ela o segurou e Iago a estapeou novamente.

Sem ser detido, foi à direção da porta e ela o seguiu. Ficou olhando e viu quando Pedro estava ao lado de uma mulher que reconheceu ser Consuelo.

Iago foi para junto deles.

Ela saiu porta afora e os alcançou.

Iago pegou o saco com a boca estrangulada e praticamente jogou em Lea, que o segurou. Então, ele disse:

— Toma! Isso lhe pertence! São suas joias, heranças e economias, que também nunca me falou, mesmo sabendo que passamos inúmeras dificuldades financeiras. Lógico!... Sabia que eu fazia o possível e o impossível para seu bem-estar e do seu filho! Ah!... Pode ficar com as joias da minha mãe também!

— Então, você deu ouvidos a essa rameira?! Foi por ela que me disse tudo aquilo sem me dar chance de me defender?!!

— Acaso havia alguma mentira no que lhe falei?!! Havia, Lea?!!

Não houve resposta.

Iago se virou, desamarrou Consuelo e exigiu:

— Suma daqui você também!!! Vá embora!!! — ele exigiu.

Ao se ver livre, a mulher começou a andar rápido.

— Desgraçada!!! — Lea gritou. — Vai pagar tudo o que fez!!!

— Pagar para quem, senhora?! — Consuelo perguntou e riu ao olhá-los. Virando-se, seguiu correndo novamente.

— Para Deus... — Lea sussurrou. Olhando para Iago, que montava o cavalo, perguntou: — Para onde vai? Precisamos conversar!

Ele não disse nada. Virou-se e se foi.

Lea foi para dentro da casa.

Chorou como nunca. Já era noite. Não teria nada o que fazer.

Ficou insone pensando em tudo o que havia acontecido.

Perguntou-se, incontáveis vezes, por que não contou tudo a Iago. Confiava nele.

Por que razão também nunca falou a ele sobre as joias e o dinheiro que tinha? Não sabia explicar isso nem para si mesma.

Quando o dia clareou, voltou para a sua casa. Encontrou com a prima Angelita e contou-lhe tudo o que ocorreu, detalhadamente.

— Por que não contou isso antes nem falou do dinheiro para ele?

— Eu já disse... Não sei por quê... Era difícil para mim... Tive medo, muito medo. Como poderia falar que meus pais são assassinos dos seus?... É vergonhoso... — chorou. — Sobre as joias e o dinheiro... Por um tempo, até esqueci que os tinha guardado... Escondi esse fato por medo também. O que diriam de mim? Outra coisa... Tinha medo de algo dar errado. Ali, havia dinheiro que trouxe da casa do meu pai. Estava dentro do saco com as joias e nem percebi, quando peguei. Guardei para uma emergência. Poderia acontecer algo e não ter nada nem ninguém para me ajudar...

— No dia em que descobriu que Consuelo furtou tudo isso, escutei você dizendo que daria à Angélica as joias da avó dela. Pensei que não soubesse o que falava, de tão atordoada que ficou — contou Angelita.

— Eu dizia a verdade. Minhas intenções eram e são essas. Não menti. Não sou o que o Iago pensa... — chorou.

— Não fique assim, Lea — afagou-lhe as costas. — Falarei com meu irmão. Você vai ver. Foi somente um mal-entendido. A Consuelo deve tê-lo envenenado. Quando estiver calmo, o Iago vai se dar conta do que realmente aconteceu.

Procurando pelo irmão, firme, Angelita foi direto ao ponto.

— Lea me contou tudo o que aconteceu. Inclusive, que bateu nela! — a irmã estava zangada.

— Não quero falar sobre isso.

— Não o estou reconhecendo, Iago! — disse enérgica. — Um homem honrado e sensato dar atenção aos venenos de Consuelo?! Ela foi empregada de nossa mãe! Não se lembra disso?! — não o deixou responder. — Pois eu me lembro muito bem! Vai dar ouvidos à mulher que sempre fez nossa mãe sofrer?!

— Por que, sofrer?!

— Consuelo dormia com nosso pai! Os dois se deitavam por essa fazenda afora e isso fazia nossa mãe sofrer! A mãe colocou Consuelo para dentro de casa para controlar a situação, deixá-la mais perto, pois o pai não a mandava embora.

— Uma coisa não tem nada a ver com a outra, Angelita. Não sei aonde quer chegar.

— Tem sim! — exclamou. — Consuelo é ardilosa, mordaz, aproveitadora! Vai dar ouvidos a ela?! Você nem deu a chance de Lea se defender!

— Defender-se como?!

— Ela teve medo, Iago! Medo! Você sabe o que é isso?! Na época, teve medo do pai! Depois, se tivesse lhe contado, o tio Ruan, certamente, espancaria você acaso lhe fizesse alguma cobrança. Poderia até matá-lo para limpar sua honra! Depois... Teve medo de lhe contar e você não aceitar como está fazendo agora! Com isso, ela perderia o homem que ama e o único em quem confia! Pense bem! — Observando-o pensativo, prosseguiu: — Sobre as joias e o dinheiro... Ela falou que até se esqueceu disso por um tempo. Guardou por segurança, acaso algo saísse errado. Você era casado e ela não sabia se poderia sempre contar com sua ajuda. No lugar dela, eu faria o mesmo. Nossa prima sempre foi honesta. Não duvide dela agora. Sempre esteve do nosso lado. Fez de tudo para me encontrar e até para achar Yolanda, mas não a encontrou... — Mais tranquila, contou: — No dia em que foi descoberto o furto, escutei Lea brigando com a irmã. Em dado momento, ela disse que daria a parte da Marisol. Também daria à Angélica, o que era de sua avó, ou seja, da nossa mãe. Foi no momento da raiva, por isso sei que Lea dizia a verdade. Nem sabia que eu ouvia. Então, ela pensou em devolver a parte da sua filha, meu irmão. Isso mostra que nunca foi gananciosa, só não achou um jeito de fazer o que precisava. — Com voz ainda mais suave, falou: — Pense, meu irmão... Lea sentiu vergonha. Como nos contar que os pais dela mataram os nossos? Você ou eu faríamos isso, caso fosse o contrário? — Deixou-o pensar. — Iago... Dê uma chance para ela se explicar.

— Preciso de um tempo para pensar, Angelita — disse, bem mais calmo.

— Pensar em que, meu irmão?

— Em tudo isso. Afinal, Lea escondeu que nossos tios mataram nossos pais. Se você se satisfaz com a explicação dela, eu ainda não.

— Iago — olhou-o nos olhos —, se ela tivesse contado antes, em que isso ajudaria? O que poderíamos ter feito? — não houve resposta. — Lea era uma menina quando ouviu a conversa. Ficou com medo. Depois, quando se apaixonou por você, teve mais medo ainda de revelar a verdade, justamente, para não vê-lo dessa forma. Essa sua reação não adianta nada. Não muda nada. Não foi culpa dela e você precisa entender isso.

— Está certo, Angelita. Você tem razão. Falarei com ela, mas preciso de um tempo. Tudo isso mexeu comigo. — Um breve momento e contou: — Os homens acabaram a estrada. Hoje estão fixando a porteira. Preciso pagar-lhes e conversar com o Sebastián para avisar quem eu quero para trabalhar aqui e quem deve seguir com o grupo.

— Avisarei Lea que vai conversar com ela, então — sorriu e comentou: — Fico feliz por vocês. Desejo que tenham toda a felicidade do mundo.

Iago sorriu e olhou para a irmã longamente. Estava contente pelo apoio que recebia. Ela o fez ver aquela situação de modo diferente.

Aproximando-se, novamente, abraçou Angelita sem que ela esperasse. Depois, segurou seu rosto e beijou-lhe a testa, agradecendo:

— Obrigado. Suas palavras tiraram um peso enorme do meu coração.

— Eu que agradeço por me ouvir. Sei que é um bom homem e muito honrado. Agora já vou.

Despediram-se.

CAPÍTULO 31

ACERTO DE CONTAS

A estrada foi terminada.

Iago e Pedro foram até o acampamento à procura de Sebastián.

— Aqui está o que devo a vocês. Tem um valor a mais porque estou gratificando pelos bons serviços e rapidez. Terminaram bem antes do tempo.

Sebastián pegou o montante de dinheiro que já estava separado por trabalhador e deu a um outro companheiro ao seu lado.

— Foi bão o sinhô gostá do serviço.

— Gostei muito. Ao longo da estrada, pretendo abrir pasto e novos campos de plantações. Terei mais trabalho a oferecer, mas não vou precisar do mesmo número de funcionários.

— Funcionários ou escravos? — Sebastián perguntou com jeito arrogante.

Iago estranhou e sentiu algo diferente no ar.

— Sempre os tratei como funcionários desde quando aceitaram a empreitada — afirmou convicto. — Todos foram bem-tratados e pagos pelos serviços. Alguém aqui disse o contrário?

Sebastián o rodeou. Tinha um comportamento anormal, olhando-o com o canto do olho, enquanto caminhava a sua volta.

UM NOVO CAPÍTULO

— Minha irmã foi martratada pelo sinhô, seu Iago. Usô ela, dispôs bateu, chutô e só fartô pô no tronco.

— Essa não é a verdade, Sebastián! Não usei sua irmã. Nunca toquei em Carlota como mulher. No dia em que cobriram a casa nova, cheguei a minha casa embriagado e deitei. Ela se despiu e deitou ao meu lado sem eu ver. Fez isso para provocar ciúme em Lea. Quando Lea nos viu, Carlota mentiu. Para que contasse a verdade, precisei ser firme e, confesso, bati nela.

— Tá dizendo que minha irmã mentiu?

O patrão o encarou firme ao responder:

— Sim. Se Carlota disse que eu tentei alguma coisa com ela, mentiu duas vezes!

Inesperadamente, Sebastián desferiu um soco no estômago de Iago.

Pedro reagiu. Pegou a arma que carregava sempre consigo e atirou na direção de Sebastián, mas errou o tiro.

Outros foram para cima dele.

Uma grande briga começou.

Bateram muito em Iago e Pedro.

Quando o segundo disparo foi ouvido, todos pararam.

Deliberadamente, Sebastián atirou no peito de Iago que caiu, olhou para Pedro por alguns segundos e depois fechou os olhos, dando seu último suspiro.

Com maldade expressa e sem intimidação, Sebastián ainda o chutou.

— Agora sim, sinhô, acertamo nossas conta! — cuspiu. — Virando-se para Pedro, que estava em choque, ordenou: — Solta ele! E... Vai!!! Corre! Conta pra todo mundo que nóis somos homes livre e que branco ninhum vai escravizá mais a gente! Somos negro pobre, mais livre!

Pedro, muito ferido, saiu correndo em busca de ajuda.

Ao mesmo tempo, Angelita contava para Lea a conversa que teve com seu irmão.

A prima se enchia de esperança.

— Ele virá. Falará com você. Nossa conversa foi bem clara. Depois que alertei meu irmão sobre Consuelo, Iago abriu os olhos. Estava envenenado por ela.

— Será mesmo que ele entendeu? — desejava reforçar sua convicção.

— Lógico que sim, Lea! — a prima ressaltou, com alegria contagiante.

Naquele instante o sorriso de Lea se fechou. Experimentou uma profunda angústia que entristeceu seu semblante. Não sabia explicar o que era. Seu sorriso esfriou e ficou tonta.

— Lea?... Algum problema? — Angelita quis saber.

— Não sei... Senti uma coisa tão estranha... — falou baixinho, sem forças.

— Você tem experimentado emoções muito intensas. Deve ser por isso. Fique tranquila. Mais tarde, ele aparecerá.

Mas, em vez de Iago, a pior notícia chegou no seu lugar por meio de empregados.

Lea não acreditou.

Montou em um cavalo e, a galope, foi para a casa de Iago.

Ao ver o corpo gelado, não se conformou.

Abraçou-o com a débil esperança de que seu calor e seu amor lhe trouxessem a vida de volta.

Lágrimas escorriam incessantes em seu rosto, enquanto ela acariciava sua face pálida e sem vida.

Tendo-o inerte em seus braços, findada qualquer esperança, apertou-o contra si ao mesmo tempo que olhou para o céu e gritou, um brado de dor e angústia.

Todos choravam, não só pela perda do irmão, do amigo, do patrão... Não só pela perda do homem de bem... Choravam pela dor de Lea. Comoviam-se mais ainda por ver seu desespero.

Maria José, empregada mais antiga daquela casa, aproximou-se e a segurou pelos ombros, tentando fazê-la soltar o corpo de Iago.

Sentindo um esgotamento indizível, como se seus braços enfraquecessem, Lea se largou, perdeu as forças do próprio corpo. Ficou com olhar perdido e sem expressão na face descorada.

A realidade cruel e inesperada deixou-a prostrada. Sem ação.

Com a ajuda de outra mulher, Maria José a ergueu e a levou para outro cômodo.

Não demorou, Angelita chegou. Entrou no mesmo desespero ao ver o irmão morto.

Ninguém se conformava.

A notícia se espalhou e muitas pessoas, mesmo as de longe, foram prestar a última homenagem a Iago. Inclusive o padre Manolo que, sem que alguém pedisse, fez a missa de corpo presente.

No final, quando cumprimentado por outros fazendeiros, o pároco fazia questão de ressaltar:

— É por isso que não podemos acolher nem ajudar esses negros. Eles não têm alma nem coração. Não são de confiança! Nenhum deles presta! — dizia o pobre padre induzindo as pessoas a terem aquele tipo de opinião, contaminando-as com essa ideia preconceituosa e mesquinha.

Pedro, o funcionário mais antigo e fiel de Iago, que tinha pele negra, olhou para o padre, acenou negativamente com a cabeça e não disse nada.

Todos pareciam incrédulos. A comoção era geral.

Nessa etapa, vez e outra, Lea tinha lágrimas a escorrer em sua face pálida e sem expressão. Os olhos fundos, enterrados no rosto, perdiam-se ao longe. Não se fixavam em nada ou ninguém.

Quieta. Completamente calada. Era somente conduzida.

Todos se preocupavam com ela, mas nada diziam. Observavam-na tão somente.

Orações eram proferidas. Terços rezados incessantemente. Grande manifestação de amor na demonstração de desejar o céu, o bem, o acolhimento ao espírito Iago.

Quando o caixão desceu à cova, houve gemidos e choros, principalmente da irmã e de empregados.

Em silêncio, com lágrimas escorrendo, Lea continuava petrificada.

De que valeria o desespero naquele momento?

A demonstração de aflição extrema levaria paz ou dor àquele que se foi?

Mas como controlar as emoções e os sentimentos?

O que expressar, então?

Não há uma regra.

A dor e a angústia em saber que aquela era a última vez que se veria a pessoa amada, não podem ser explicadas, só sentidas.

Logo que o caixão desceu à cova e terra foi jogada sobre ele, Maria José e Rosana conduziram Lea para casa.

Ela deixou-se guiar.

Por dias seguidos, ninguém a ouvia dizer qualquer palavra. Não se alimentava direito. Quase não dormia.

A maior parte do tempo, passava encolhida em uma poltrona no canto da sala, próxima à lareira. Trazia sempre o olhar perdido.

Após uma semana, Angelita decidiu levar a sobrinha Angélica, filha de Iago, para a casa.

Nesse dia, ao ver a menina, Lea reagiu.

Estendeu-lhe os braços e a envolveu com carinho.

Choraram juntas.

— Calma, minha querida... Não fique assim — Lea pediu passando a mão em seu rosto.

— Queria meu pai aqui...

— Agora, tem a mim, mais do que nunca. Cuidarei muito bem de você. Fique tranquila.

Lea enfrentou a época que seria a mais difícil de sua vida.

Sem a companhia, a parceria, o apoio e o amor de sua vida ao lado, tudo ficou triste. Ainda mais, quando precisou enfrentar os aproveitadores, que passaram a abusar do fato de ela ser mulher. Eles negavam pagar valores justos e pressionavam-na a abaixar os preços de toda a produção.

Alguns empregados não suportaram a escassez e deixaram seus serviços.

Reclamações tornaram-se constantes.

Marisol e a filha Clara se mudaram para a casa principal, onde Lea continuou vivendo.

Mesmo percebendo as dificuldades eminentes, a irmã só reclamava. Nunca colaborava com nada.

Com o passar dos meses, Lea reuniu aqueles que ficaram e explicou:

— Com a morte de Iago, descobrimos que os bens que ele tinha, todos, passaram para o nome de Santiago. Iago deixou algumas cartas registradas como se pressentisse que algo pudesse ocorrer a ele e... Nessas cartas, disse que transferiu tudo para o afilhado para que sua esposa Estela não tivesse direito algum, acaso sua filha Angélica se tornasse herdeira, automaticamente, pela sua ausência. De fato, Estela nos procurou e fez exigências. Quando soube disso, partiu, sem nem mesmo ver a filha. — Breve instante e justificou: — Passados todos os bens para Santiago, seu afilhado, Iago pediu a ele que cuide de Angélica e, com os anos e conforme o curso da vida, dê a ela o que lhe for de direito. Como mãe e tutora de Santiago, eu fico administrando todos esses bens até que ele tenha idade e competência para fazer isso sozinho. — Silêncio total. — Fiz questão de reunir todos vocês, que ainda ficaram, para dizer que ninguém será obrigado a permanecer aqui. Esses foram os tempos mais difíceis pelos quais já passamos até hoje. Ninguém é obrigado a ficar e também não expulsarei nenhum de vocês destas terras. Mas trabalharemos! Trabalharemos muito! — enfatizou. — Nem que seja, tão somente, para o nosso próprio sustento. Desejo que o Pedro fique! — Olhando-o diretamente, pediu com humildade, falando mais baixo: — Por favor, Pedro. Sempre foi o braço direito de Iago e, se quiser, continuará sendo o meu. Administrará tudo e todos nas terras do meu primo, como sempre fez. — Voltou a falar mais alto para que pudessem ouvi-la com clareza: — Aguilar, desejo que também fique coordenando tudo como sempre fez para mim, no meu lado das terras. Por eu ser mulher, está difícil encontrar aqueles que não queiram se aproveitar, pedindo menos por nossos produtos. Não cederei. Por isso, aviso que também não sei como ficará o salário de vocês. Eu, Pedro e Aguilar nos reuniremos para combinarmos a fixação de uma porcentagem como pagamento. Depois avisaremos vocês qual será esse valor. Isso já foi feito antes, quando Iago começou a cuidar das terras, e deu certo. Repetiremos isso. Aproveitaremos esse período em que vivemos com dificuldades para aprimorarmos a qualidade de tudo o que produzimos. Todas as ideias serão bem-vindas. Procurem-me para dar opiniões e sugestões. Dessa forma, e somente dessa forma, muito em breve, nossa produção será ainda melhor e mais valorizada, portanto irresistível. — Ofereceu breve pausa para que refletissem: — Dias melhores virão. Mas, ainda reforço, todos terão de trabalhar muito: nos campos, nas plantações, com o gado... Não pararemos. Não faltará o pão de cada dia porque onde existe terra e boa vontade, existe comida. Pensem. Quem quiser, fique! Os que não concordam, podem partir o quanto antes. É tudo o que tenho a dizer.

Um murmurinho se fez entre os empregados, que ocupavam o pátio na frente da varanda.

Alguns já estavam decididos a ficar. No entanto, outros continuaram pensando.

Pedro e Aguilar foram para junto de Lea e ela esperou que se manifestassem.

— Nunca que deixo essas terras — disse Pedro, rodeando a aba do chapéu nas mãos. — Lembro quando o seu Iago deu lugar para dormir e o que comer para mim e minha família. Servirei a ele nesta e noutra vida. Tudo isso passará, dona Lea. Conseguiremos ótimos resultados. Eu acredito.

— Também lembro quando fui enxotado da fazenda do seu Ruan e cheguei aqui. Eu mais meu irmão e nossas famílias. Mesmo tendo feito coisa errada antes, a senhora acolheu a gente, dona Lea. Agora, mesmo com a idade que tenho, ainda me aceita e me deixa no comando, dando orientação para os mais jovens.

— Enquanto tivermos a capacidade de aprender com os mais velhos, com seus erros e acertos, nossa vida será melhor. Não dispensarei seus serviços por conta de sua idade, Aguilar. É exemplo para que outros vejam que idade não é empecilho quando se tem condições e boa vontade. Assim como ser mulher não significa ausência de espertezas, habilidades, talentos e aptidões para outros trabalhos que sempre foram desenvolvidos por homens. — Um instante, virou-se para o outro e disse: — Quanto a você, Pedro... Por seu caráter e honradez, não esperava postura diferente. Como bem falou: conseguiremos. Sairemos dessa situação para dias melhores. Eu acredito. Serei sempre grata a vocês dois. Muito grata.

— Nós é que agradecemos, dona Lea — tornou Pedro, sorridente.

Ao despertar, na espiritualidade, Iago demorou um pouco para entender onde estava.

Achava-se deitado em um leito hospitalar. Nunca tinha visto lugar semelhante, quando encarnado, por isso, não tinha referência de que se tratava de um local de socorro.

Encontrava-se com fortes impressões do corpo físico que usou. Sentia dores e frio. Entrava em estado como que de sono por longo período, depois acordava, observava e dormia novamente.

Em certa ocasião, ficou consciente por mais tempo e percebeu certa movimentação.

— Bom dia, Iago!

— Onde estou? Quem é você? — perguntou, estranhando tudo aquilo.

— Está em um hospital. Sou enfermeira, aqui. Você está se recuperando.

— Sinto-me estranho. Aqui é muito estranho...

— Fique tranquilo, Iago. É assim mesmo no começo. Você ficou bem ferido. Precisou de cuidados. Mas, agora, está bem. Vejo que parece animado. Aguarde um pouquinho só. Informarei que já pode receber visitas.

— Visitas? Onde estou mesmo?

— Em um hospital. Aguarde. Voltarei logo.

O espírito Iago olhou para os lados. A certa distância, havia outros leitos com pacientes que se recuperavam também. Assim como outros enfermeiros caminhando entre eles.

Pensou estar bem doente. Sua visão era diferente do que estava acostumado. Enxergava as paredes de modo estranho. Como se estivessem esfumaçadas. Acreditava que se as tocasse, sua mão entraria nelas.

Havia algo muito esquisito em cada cama. Luzes, que vinham do alto, de lugar que não podia identificar, pois não havia teto, derramavam-se sobre os pacientes.

Música suave e agradável, que nunca ouviu antes, ecoava baixinho, acalmando a todos. O som angelical parecia induzir ao sono tranquilo, renovador.

Precisou se esforçar para permanecer acordado.

De repente, viu uma figura diferente entrar e ir a sua direção. Ela sorria largamente.

Ao chegar bem perto, estendeu-lhe os braços e o envolveu com carinho. Sem entender o porquê, ele retribuiu o abraço. Sentiu-se invadido por grande e inexplicável emoção.

— Meu querido Iago... Que bom que está desperto. Esperava por isso!... — demonstrou-se alegre.

— É... Estou. Desculpe-me, mas... Eu conheço a senhora?

— Você me conheceu, mas não se lembra de mim. Sou Esmeralda, sua avó. Mãe de sua mãe.

Iago ficou longos segundos olhando fixamente, tentando concatenar as ideias.

— Minha avó morreu quando eu era pequeno.

— Sim! — enfatizou ao sorrir. — Quando eu morri, você tinha cinco anos.

— E por que está aqui? Que lugar é este? Como é que posso vê-la?

— Aqui é um hospital. Mas não estamos na Terra. Você passou para o mundo dos espíritos. Não se lembra de como ficou ferido em uma contenda com Sebastián?

Imediatamente, em fração de segundos, Iago recordou-se dos últimos minutos vividos na Terra.

Sobressaltou-se. Sentiu a dor do tiro que lhe transpassou o peito, atingindo seu coração.

Lembrou-se do instante em que observou Pedro e viu desespero em seus olhos. Em seguida, viu-se se afastando do próprio corpo que ficou caído no chão. Olhou para os lados e percebeu figuras estranhas, feias, bizarras que fomentavam briga. Elas se ligavam a Sebastián e seu grupo, aglomerando-se de tal forma que era difícil identificar os encarnados dos desencarnados. Embora nem ele ainda pudesse entender aquilo. Só sabia que eram diferentes.

Tratava-se de espíritos extremamente desequilibrados, praticamente selvagens, disformes, arrebanhados em alvoroço. Alimentavam-se das energias exaladas dos desejos maldosos e práticas cruéis dos encarnados que lhes agradavam.

Era uma cena dantesca.

Em meio àquilo tudo, o espírito Iago foi capaz de identificar uma luz cintilante que surgiu no instante em que pensou: meu Deus, ajude-me!

Não se consegue socorrer aquele que não deseja, por isso somente Iago foi capaz de ver alguém que, expressando bondade e amor, estendeu-lhe a mão ao sorrir. Ele aceitou e não se lembrava de mais nada tão significante até aquele momento.

Assustado, olhou para o espírito Esmeralda e perguntou:

— Eu morri?!

— O seu corpo, meu querido. O seu corpo sim.

— Não! Não! Não!... Não pode ser. Eu...

— Iago! Pare com isso! — Esmeralda expressou-se firme, interrompendo-o. — O seu corpo levou um tiro. Morreu. Fim! — ressaltou. — Acabou para aquele corpo que já foi enterrado. Mas, você, espírito, está aqui sendo cuidado, tratado para que se desimpregne das sensações e emoções que causaram um estrago danado no seu corpo espiritual.

— Espera!... Então... Tudo aquilo que a Lea leu e ficou falando durante tanto tempo... Tudo aquilo existe?! — perguntou assustado.

— Lógico! Como poderia ser diferente? Existe aquilo tudo e muito, muito mais! — ela sorriu.

— Vó... — deteve-se. Foi tomado por forte emoção ao querer saber: — E a Lea?...

— Está seguindo a vida, meu querido.

— Mas, vó...

— Iago, Lea continuará vivendo lá e você aqui até o dia em que Deus permitir. Um dia, daqui a anos, eu creio... Lea virá para cá. Esperemos que, até lá, você aprenda muito para ter condições de recebê-la com dignidade.

— Mas, vó!...

— Pare, Iago! Pare com isso... Você tem um milhão de perguntas, eu sei. Mas não vai ter nem como assimilar todas as explicações agora. Acalme-se. Recupere-se um pouco mais para, só então, vir comigo. Sua mãe está ansiosa para vê-lo.

— Minha mãe?!

— Sim. A Carmem está morando comigo. Ela e a Isabel. Elas tiveram uma passagem curta pela Terra. Viveram gêmeas. Foram as filhas de Marisol — sorriu largamente ao vê-lo ainda mais surpreso. — Elas precisavam de reajustes, harmonização e outras coisas.

— Então era verdade? A Lea tinha razão? As gêmeas eram elas?

— Sim. Sim e sim, como respostas para suas três perguntas. Fiquei tão feliz por cuidarem bem delas e não as deixarem naquele orfanato. Nem imagina! Aqui, sempre temos os melhores planos reencarnatórios, mas o livre-arbítrio de quando estamos encarnados... Muitas vezes colocam tudo a perder. As escolhas mudam tudo. — Olhou-o com carinho, fez-lhe um afago no rosto e orientou: — Agora, descanse. Talvez em dois ou três dias possa vir comigo. Teremos muito para conversar.

A mente do espírito Iago fervilhava de perguntas. Mas ele soube se conter.

Com o passar dos dias, semanas, meses e o auxílio do espírito Esmeralda, foi mais fácil entender que a reencarnação é a bondade e justiça Divina para que possamos evoluir, todos iguais, com a Lei do Amor.

— Mas, espere aí, vó... Deixe-me entender. Em outra vida eu matei o Sebastián?

— Sim, Iago. Em um duelo, você o matou. Duelo nada mais é do que o orgulho e a vingança lado a lado. Ele não lhe perdoou. Na primeira oportunidade, vingou-se. Trazia a falta de perdão e o ódio cravados no inconsciente. Qualquer motivo seria o suficiente para desejar matar você. Ele poderia ter-se controlado, mas não o fez.

— Eu tinha planos ao lado de Lea... Tinha uma vida!...

— Pare com isso, homem! — exigiu com seu jeito peculiar de falar. — Deus não é injusto. Em outra existência, quando você o matou, acaso não acha que ele também tinha planos e uma vida? Pare de se sentir vítima!

— Ele poderia escolher não me matar?

— Poderia. No passado, você teve a mesma escolha. Mas... O pobre Sebastián está ligado a forças e criaturas inferiores... Tirar a vida de outro, para eles, é ato de festa. Não se acredite vítima, Iago. Você mereceu.

— Mereci?!...

— Mereceu. Agora, vê se aprende. Quem sabe, em uma existência futura, terá a chance de prejudicá-lo, matá-lo, fazer qualquer coisa contra ele... Poderá se vingar ou não. Espero que deixe para Deus cuidar do Sebastián. Dessa forma, cortará o laço de ódio e vingança que existe entre vocês.

— Estou pensando na Lea. Como estará? Deve ser difícil para ela.

— As dificuldades nos treinam. Sejamos equilibrados nos momentos de dificuldades. Elas fazem de nós pessoas melhores quando não reclamamos. Reclamações são sinais de que não aprendemos nada com as oposições que tivemos. Isso mostra que precisamos de mais. O ser humano necessita parar de achar-se coitado, vítima de tudo e de todos. Não recorda o passado e os danos que fez na vida dos outros. Passa por uma pequena turbulência e projeta a frustração por sua incompetência em alguém. Nunca assume responsabilidades e culpas. Nunca agradece as coisas boas da vida ou mesmo os desafios que o faz treinar a capacidade. — Breve instante e comentou: — Veja Carmem, que foi sua mãe e Isabel. Há séculos uma tentou contra a outra. Quando a consciência de cada uma delas sofreu o suficiente para entender que agiram errado, reencarnaram juntas, partilhando os mesmos desafios, com as mesmas limitações e só tinham uma à outra. Só assim para desenvolverem o amor, o respeito e o perdão. Foi lindo de ver o retorno delas. Sabe, Iago, penso que evoluir é uma escolha. Quer encontrar a paz e a felicidade verdadeira? Evolua. — Rápida pausa e completou: — Evoluir é abandonar vícios físicos e morais. A recompensa para quem evolui é encontrar a paz e a felicidade verdadeira, que não existe no mundo físico, no mundo terreno. Enquanto não entendermos isso, enquanto ficarmos presos a paixões mundanas, ao que é material, não vamos evoluir nem encontrar a verdadeira felicidade e a verdadeira paz.

— Vó, como estão o vô, meu pai e o tio Ruan?

— São espíritos bem mais endurecidos.

— Eles estão aqui?

— Não. Assim como muitos outros que não respeitaram Leis Divinas, encontram-se perdidos, presos e sofrendo em suas próprias consciências. Seu avô, Dom Onofre, por exemplo, está há longos anos na miséria de seus pensamentos mesquinhos. Orgulhoso e egoísta, impiedoso e explorador, sacrificou muitos homens como escravos. Maltratou e matou porque achou justo. Acreditou na opinião daqueles que diziam que escravos, ciganos e outros tipos de etnias eram inferiores ao homem branco, por isso nem alma tinham. Seu avô não parou para pensar, não analisou com a própria razão. Independente de cor de pele, traços étnicos, somos seres humanos. Sentimos dores, fome, frio... Temos sonhos e vontades.

— Não é injusto um Deus permitir isso?

— Como assim, Iago?

— Sempre ouvi contar sobre as práticas do vô e outros senhores de terras. Também assisti ao que meu pai fazia com alguns criados e... Nunca aceitei. Quando jovem, não reclamei nem protestei com meu pai ou sofreria as consequências de sua insatisfação. Ele já reclamava de mim por ser pacífico demais. Vi dores, sofrimentos indizíveis que me deixavam revoltado. Ouvi contarem casos inimagináveis e... Chego a pensar se Deus não é injusto. Por ser negro ou cigano, um ser humano é humilhado, torturado, escravizado e Deus permite, por quê?

— As Leis de Deus são Leis de amor, Iago. Amor e justiça. O que fez, em outras encarnações, o homem que hoje é escravo? Não sabemos. Quais foram suas práticas em vidas passadas para merecer o que experimenta? Também não sabemos. Por isso, não podemos julgar. — Breve pausa. Prosseguiu: — A escravidão sempre existiu e continuará existindo de diversas formas, até deixarmos de ser egoístas e aprendermos a perdoar. Muitos dos que escravizam hoje, foram escravos outrora, que não perdoaram seus escravizadores e escravocratas. Os partidários da escravatura, hoje, os que humilham e maltratam, amanhã, em futuras reencarnações, sofrerão as consequências de seus atos, tornando-se escravos ou vitimados de doenças terríveis que os farão sofrer.

Quando houver respeito de todos por tudo e a humildade reinar, a vida será diferente na Terra. Talvez seja difícil você entender. Com o tempo, sentirá a lógica das coisas. Sabe, meu querido, quando não queremos aprender, o sofrimento é o cinzel que nos esculpe.

— Raul morreu jovem. Ele está por aqui?

— Também não. Viveu um bom tempo em estado consciencial tenebroso, por conta de todas as dores que provocou. Há tempos, ele reencarnou no último país onde ainda existe escravidão no mundo: Brasil.

— Meu pai e o tio Ruan também estão reencarnados lá? — desconfiou.

— Sim. Estão. Vivem dias tenebrosos. São reencarnes reeducativos e necessários. Esperemos que aprendam rápido. Mas nem tudo o que fizeram será colocado em prova ou expiações neste momento. Terão de retornar e se colocarem à disposição de novos testes e harmonizações.

— Vó, existem espíritos superiores a nós?

— Lógico que sim. Jesus afirmou: há muitas moradas na casa do meu Pai. Precisamos uns dos outros. Na espiritualidade, somos atraídos pelas energias que criamos com nossos pensamentos, palavras e ações. Não podemos nos achar melhores do que alguém. No passado, certamente, cometemos erros, fomos injustos, matamos, roubamos, fizemos tudo errado... Até começarmos a entender que esses comportamentos só nos trouxeram sofrimento, dor e reencarnes para harmonizar o que desarmonizamos. Achamo-nos repletos de dívidas. Após ganharmos consciência do que é certo e errado, respeitando o semelhante de todas as formas, começamos uma nova jornada, um novo capítulo da nossa vida, para testar nosso aprendizado, resistência, fé em Deus.

— Aqui não é fácil. Sinto saudade e também preocupação com a Lea. Dizem que não posso voltar. Não é recomendado.

— Não. Por enquanto não. Mas... Sabe, quando uma coisa me incomoda muito, muito mesmo, costumo fazer o seguinte: ocupo-me com outra que seja boa, útil e saudável.

CAPÍTULO 32

UNIÃO POR AMOR

Dias, meses, anos...
Na fazenda, Lea sempre levou o filho Santiago para a grande maioria dos trabalhos que realizava, inteirando-o e ensinando-o tudo sobre as terras e as produções. Fazia o mesmo com Angélica e a jovem gostava. Sabia fazer tudo. Era esperta e esforçada. Parecia uma réplica de Lea.

Quando a situação melhorou, ela contratou preceptores — professores que vão a domicílio — para ensiná-los, junto com os filhos dos que trabalhavam ali. Todos tinham a oportunidade de aprender. A patroa não foi egoísta. Não negou tal conveniência a ninguém.

A única pessoa que não ajudava e nada produzia era Marisol, que se negava a colaborar até com os trabalhos da casa.

Decorridos anos, Santiago estava apto para assumir muitas responsabilidades. Tornou-se um rapaz tão esperto e lúcido quanto sua mãe.

Ambos se davam muito bem. Conversavam muito.

Lea não escondeu nada do filho.

Quando o viu capaz de entender, contou-lhe sobre sua vida, seus casamentos fracassados, o amor por Iago e que Clara era sua meia-irmã. Explicou que parte de tudo aquilo pertencia à Angélica e que o filho deveria passar para ela o que lhe cabia, sendo justo e honrado.

A filha de Iago era uma jovem inteligente e muito bonita. Lea a educou bem, transferindo-lhe valores e verdades. Dizendo que não precisava se submeter a ninguém, tão menos humilhar qualquer um.

— Todas as moças da minha idade estão casadas, tia! — tratava Lea por tia.

— Bom para elas. Ótimo para você. Não vou colocá-la à venda, Angélica. Você não é uma mercadoria. Essa mentalidade precisa acabar. Se tiver de se casar, conhecerá alguém digno e que a trate com respeito, muito respeito e amor.

— Minha mãe tem razão, prima — concordou Santiago. — Não se preocupe com isso.

— Existem tantas cobranças a respeito que comecei a me preocupar — Angélica considerou. — Nem enxoval tenho!

— Quer um? Reúna as mulheres mais antigas dessas terras, compre cortes de tecidos e solicite que lhe façam as peças. Em pouco tempo, terá seu enxoval. Mas lhe dou um conselho: não ligue para as cobranças. Essas pessoas não cuidam da própria vida e dão palpite na vida alheia. Quem não cuida da própria vida, não pode opinar na vida dos outros — Lea aconselhou.

— Lembrei que nem bordar eu sei, tia! — a jovem ainda falou.

— Mas sabe domar um potro! Laçar boi, controlar o rebanho!... — Lea riu alto. — Mostre-me uma dama que sabe fazer isso como nós! Bordar é fácil e entediante. Tente aprender e depois me conte.

A jovem riu e ficou se imaginando com o aro de bordado nas mãos.

— Melhor não... De repente, nunca precisarei de enxoval. Ficarei eternamente morando, aqui, com a senhora. Cuidarei de tudo!

Lea a olhou com o canto do olho e achou graça. Não disse nada. Sua experiência demonstrou-lhe o quanto a vida surpreende e ninguém tem controle sobre ela, somente Deus.

A vida na fazenda ficou melhor quando Santiago assumiu os negócios.

Com a idade, percebendo que o filho era capacitado, Lea se desapegava de muitas tarefas.

Ela começou a passar as tardes, sentada na cadeira de balanço na varanda, em silêncio, olhando para o céu, perdida em pensamentos que não ousava revelar.

Naquela época, principalmente a mulher, envelhecia mais rapidamente. Ainda mais pelos serviços pesados que executou a vida toda, Lea estava com aparência mais idosa. Não reclamava, mas o corpo doía. As articulações já não flexionavam sem uma sensação desagradável, os músculos não se alongavam com facilidade e, de um modo geral, sentia-se cansada, mesmo que não admitisse. A pele já estava com muitas marcas de expressões na serenidade de sua face sempre tranquila. Seus cabelos, antes pretos e brilhosos, chamavam a atenção pelo grisalho, agora, presos em um coque.

Desde a morte de Iago, sua vida perdeu a cor. Conseguia aceitar e entender, mas a saudade do seu verdadeiro amor tirava o brilho de tudo.

Suas idas à cidade eram poucas e, sempre que o fazia, levava consigo Angélica e Clara. Frequentava a igreja e as festas comemorativas.

Quando o padre Manolo morreu, o novo sacerdote atraiu um número maior de fiéis. Mais jovem e bem mais humorado esse clérigo não tinha práticas escusas nem apresentava desvios dos seus juramentos como padre. Em seu rebanho, todos eram tratados igualmente. Animado, o pároco trouxe novas festividades à paróquia, reunindo mais vezes os religiosos.

Em certa ocasião, Lea saía da igreja de braços dados com Angélica e Clara.

Sem que esperasse, o senhor Hernando, fazendeiro vizinho, foi à sua direção.

— Bom dia, senhora Lea! — tirou o chapéu e se curvou para cumprimentá-la.

— Bom dia, senhor Hernando — inclinou-se levemente com suave reverência.

— Gostaria muito de um minuto de sua atenção.

— Sim, senhor. Estou à disposição agora mesmo.

— Essa jovem é Angélica, filha de Iago, não é mesmo? — foi direto.

— Sim, senhor — ficou séria. Arisca como sempre, desconfiou. — Por que deseja saber?

— Peço permissão para ir até sua casa e conversarmos sobre o futuro da menina.

— Senhor Hernando!... Sei que é viúvo, mas Angélica é jovem demais para qualquer compromisso com um velho da sua idade! Acaso não se envergonha?! — praticamente gritou.

— Certamente, que sim. Tenho idade para ser avô da menina e me sentiria tão envergonhado que jamais seria capaz de um pedido dessa linha. Mas não é o caso. Muitos desconhecem que tenho um neto que criei após a morte do meu filho único. O menino é pouco conhecido aqui. Estudou em Paris e lá ainda trabalha. Mas... Recentemente, visitou-me. Das duas últimas vezes que veio à igreja e a última festa da comunidade, viu Angélica e se interessou pela jovem. Procurou a mim para saber quem era. Somos de valores e costumes tradicionais. Por isso, estou intermediando o pedido.

Lea suspirou fundo e foi bem direta:

— Resumindo, o senhor quer apresentar seu neto à Angélica?

— Sim. Certamente, que é isso.

— Então... Peço desculpas pelo que lhe falei. Fui precipitada e me envergonho por isso. — Olhando para a jovem ao seu lado, ela ofereceu meio-sorriso, depois indagou: — Angélica, você quer que o rapaz, neto do senhor Hernando, vá até a fazenda para conhecê-lo?

A jovem ficou surpresa. Muito acanhada. Parecia assustada, quando respondeu:

— Pode ser tia? O que a senhora acha?

Lea pensou um pouco e questionou ao senhor:

— Qual o nome do seu neto?

— Tomé.

— Então... Estamos combinados, senhor Hernando. Pode ir até lá em casa com o rapaz. Serão bem-vindos — sorriu simpática. — Estão convidados para o jantar amanhã. Podemos esperá-los?

— Convite aceito, senhora Lea. Falarei com o menino. Ele ficará feliz. Tenho certeza de que gostará do garoto. E... — Sorriu ao dizer: — Perdoe-me se não me expressei bem, a princípio.

— Perdoe-me por ter entendido mal — sorriu. Destemida, tirou a luva e estendeu a mão ao senhor que aceitou e, por cordialidade, beijou-a.

Ficaram olhando o homem se afastar e, quando longe o suficiente, as jovens deram risinhos e gritinhos quase inaudíveis, encolhendo-se ao se encostarem em Lea, que continuou sorrindo e advertiu de modo engraçado:

— Parem com isso, meninas...

Durante o jantar, o senhor Hernando explicou que propôs ao neto cuidar de suas terras ou vendê-las a um bom preço, após sua morte. Viúvo, ele não esperava muito da vida. Não desejava forçar o rapaz a uma decisão rápida, mas acreditava ser importante pensar nisso. Além de não ter pai, o moço também não tinha mãe, pois ela havia morrido no parto. Só gostaria de vê-lo bem estabilizado. O avô não mencionou, mas esperava que seu neto encontrasse uma moça de boa família, que o aceitasse e o acolhesse bem, uma vez que Tomé não teria mais ninguém quando ele partisse deste mundo.

O jovem estava em dúvida sobre a decisão de virar ou não um fazendeiro. Apreciava a vida na cidade, mas gostava muito do campo também.

Tomé era um rapaz alegre, mais falante e extrovertido do que o avô. Era fácil se encantar por ele.

Angélica gostou muito do moço e, assim, passaram a namorar.

Não demorou, Tomé afeiçoou-se demais à Lea e também a Santiago, que lhe explicava e ensinava tudo sobre fazenda. Com o tempo, essa amizade entre os rapazes, fez o herdeiro de o senhor Hernando decidir virar um fazendeiro.

Alguns meses depois, Santiago também ficou comprometido com uma jovem, filha de um dos homens com quem negociava.

O casamento de Angélica e Tomé realizou-se com grande festa e a jovem foi morar na casa do avô de seu marido. O casal estava apaixonado. Era lindo vê-los. Diferente da união de seus antepassados. Iniciava-se, ali, uma união de amor.

O senhor Hernando, por sua vez, passou a frequentar assiduamente a fazenda de Lea. A idade não o impedia de cavalgar até lá. Quando o tempo se achava ruim, ele optava pela carruagem. E uma grande amizade se fez. Ele, Lea e Angelita passavam horas conversando sobre diversos assuntos. Algumas vezes, por ser bem tarde, o homem acabava por dormir lá mesmo. A dona da casa até deixava um quarto preparado para isso.

Observando que Tomé era tão honesto quanto o avô, Santiago decidiu fazer a separação dos bens. Tudo o que era de Iago e que sempre foi bem cuidado ele devolveu à prima com todos os lucros. Na partilha, teve direito à casa construída por seu padrinho e Angélica pouco se importou. Achou justo que ele ficasse com a residência.

Algum tempo depois, Santiago também se casou. Por sugestão de sua mãe, foi morar com a esposa na casa que Iago construiu e que nunca foi usada.

No final de um inverno rigoroso, Angelita ficou muito doente. Febre alta, calafrios, dificuldades de respirar e muita tosse mostravam que seus pulmões apresentavam-se bastante comprometidos.

O médico foi chamado. Os remédios da época eram ineficientes, pois os antibióticos só apareceriam dali uns trinta anos.

Angelita não resistiu e faleceu.

Lea perdia mais uma alma querida. Alguém que amava, confiava e lhe era muito cara.

Outra dor. Outro sofrimento.

A alegria só voltou quando soube que seria avó.

Isso a deixou muito feliz.

A geada imprimia suas marcas pelo gramado onde Lea pisava. Envolvida por um xale bem grosso caminhou para longe da casa. Colheu flores no jardim, que foi de Margarida, para levar e depositar nos túmulos de Iago e Angelita.

Orava.

O resfolegar suave de um cavalo fez com que se virasse.

Nesse instante, viu o senhor Hernando descer do animal e caminhar em sua direção.

— Bom dia, dona Lea — tirou o chapéu.

— Bom dia, meu amigo — respondeu baixinho.

Ele carregava flores nas mãos e ela reparou nisso, perguntando:

— Flores para quem?

Percebeu-se um constrangimento, antes de ele responder:

— Angelita.

O senhor se aproximou e depositou o buquê sobre o túmulo da prima de Lea.

Fez o sinal da cruz e uma prece.

Rompendo o silêncio, confessou sem que ela questionasse:

— Sempre a admirei, mas me achei velho demais para ela. Contentei-me enamorá-la em meu coração. Fiquei despedaçado com sua morte... Céus!... Deveria ter sido eu...

Foi então que Lea descobriu de quem eram as flores que sempre encontrava ali.

Decidiu não dizer nada.

Jogou a ponta do xale sobre o ombro e se virou.

Puxando o cavalo pelas rédeas, o senhor a seguiu sem dizer nada.

Chegando à varanda, como de costume, Lea convidou-o para entrar.

As visitas do senhor Hernando eram uma rotina, mas, naquele dia, havia algo diferente.

Já na sala, pediu para que sentasse e ele o fez.

— Pedirei que nos sirvam um chá bem quente. Dê-me um minuto — sorriu.

Após tomarem a bebida fumegando, ele contou:

— Dona Lea... Sinto muito em ser eu a dar-lhe esta notícia.

— Qual notícia, senhor Hernando? — olhou-o bem séria.

— Sobre o senhor seu irmão. Ele... Ele estava muito doente, com aquele abdômem inchado... A senhora sabe...

— Meu irmão morreu? — perguntou com tranquilidade.

— Sim. Sinto muito. Sei que não eram próximos, mas...

— Ainda bem que não temos só esta vida, não é mesmo, senhor Hernando?

— Desculpe-me, senhora... Acho que não entendi direito.

— Faz tempo, muito tempo que desejo conversar esse assunto com o senhor, mas Angelita não permitia. Ela temia que o senhor não aceitasse ou não compreendesse e se afastasse. Afinal, minha prima apreciava incrivelmente suas visitas e não desejava, de forma alguma, que qualquer assunto lhe desagradasse.

— Eu não sei se entendi direito, dona Lea.

— Resumindo: minha prima adorava suas visitas e não queria que eu falasse algo que o fizesse sumir daqui. É isso.

— Ah... Entendi. Então, a senhorita Angelita...

— Sim. Ela gostava do senhor e o senhor dela e vocês dois foram muito idiotas para não perceberem isso. Perderam uma grande oportunidade nesta vida.

— Como assim, nesta vida?... Não estou entendendo ainda.

— O senhor é um homem muito inteligente. — Suspirou fundo e contou: — Pelo menos metade do assunto entendeu: que Angelita também apreciava suas visitas. A outra metade... Bem... É o seguinte: seu neto, minha sobrinha... Quer dizer, a

Angélica, meu filho e a mulher dele... Todos apreciam os ensinamentos sobre a vida após esta vida, sobre reencarnação. Angelita também gostava disso.

Com olhos grandes, o homem fez o sinal da cruz e disse:

— Dona Lea, isso é coisa...

— É coisa nenhuma, senhor Hernando! — achou graça quando enfatizou. — Onde estaria a justiça de Deus se não nascêssemos de novo e de novo?... Um rico, outro pobre... Um branco, outro negro... Por que Deus iria gostar mais de um do que de outro?

— Dona Lea, não sei se isso faz sentido.

— Faz todo o sentido, senhor Hernando. O mundo precisa saber disso! A Margarida, o Iago, a Angelita, meu irmão... Eles não morreram, só o corpo que eles usaram. Na espiritualidade, estão junto àquilo que atraíram para si.

— A senhora está falando do céu e do inferno? Nisso eu acredito.

— Senhor Hernando, pense no mundo. Uns passam dificuldades, experimentam doenças, dores, perdas... Enquanto outros vivem vidas mais suaves, leves... Existem muitas desigualdades. Uns são cruéis demais, outros sofredores e vítimas... Por que um iria para o céu e outro seria confinado ao inferno eternamente?

O senhor ficou calado. Apesar de já ter pensado sobre isso, acreditou que a dor de Lea a estava afetando de alguma forma.

— O pobre do meu irmão foi dominado por seu egoísmo, orgulho. Sem saber lidar com isso, tornou-se um ébrio. Um beberrão sem controle. O que podemos fazer é orar por ele.
— Olhando-o, perguntou: — Uma vez por semana faço uma reunião de estudos, aqui em casa, da Doutrina Espírita. O senhor quer participar?

— Eu não sabia disso...

— Todos estavam com medo de lhe contar — riu com gosto e ficou aguardando resposta.

— Sabe, dona Lea, não tenho muita coisa para fazer desde que o Tomé assumiu a fazenda. Aceito sim. Mas... É uma reunião do que mesmo?

— Estudamos a Doutrina Espírita. Lemos trechos de livros dessa filosofia e conversamos a respeito do que foi lido, procurando refletir e pôr em prática o que aprendemos. Não é fácil explicar em poucas palavras o que é Espiritismo. Resumindo: Espiritismo é Jesus. Tudo o que Jesus ensinou e praticou, o Espiritismo ensina e pratica, além de explicar o que o Mestre fez e propôs. Os ensinamentos da Doutrina Espírita são voltados ao aperfeiçoamento moral e evolução do ser humano para a conquista da paz verdadeira. O Espiritismo acredita na comunicação de espíritos através de médiuns. Acredita na reencarnação como um meio de crescimento e evolução para aprender e evoluir harmonizando o que desarmonizou. Grosso modo, é isso.

— Interessante. — Riu ao dizer: — Na idade em que estou, não tenho nada a perder. Virei sim.

Dessa forma, Lea passou a falar e ensinar sobre caridade e amor.

Sua irmã Marisol também participava, mas não interagia.

Lea ficou muito feliz com o nascimento do neto.

Meses depois, uma febre alta a deixou de cama.

A inapetência, as dores no corpo, calafrios, tosses, indicavam grande comprometimento das vias aéreas e dos pulmões.

Santiago não poupou socorro.

— Mãe, o médico está aqui de novo — dizia ao segurar sua mão.

— O médico?...

— Sim, mãe. Veio vê-la, novamente.

— Ah... O Iago também está aqui. Olha ele ali.

O médico e a empregada se entreolharam.

Todos acreditavam que Lea delirasse devido à febre.

Mas o filho entendeu e acreditou nela.

Santiago sorriu, apesar das lágrimas que escorreram em seu rosto.

Curvou-se e a abraçou forte.
A mãe deu-lhe um beijo e também sorriu.
O médico a examinou e pediu que lhe desse outra medicação que ele havia levado consigo.
Assim foi feito.
Logo que ele foi embora, Santiago voltou a ficar com ela.
— Mãe...
— Que é, San?... — somente em momento de muita tranquilidade ela o chamava assim.
— A senhora ainda está vendo o lago?
— Ele disse que já volta. Agora, quem está aqui é sua avó Isabel e a tia Carmem e também outros... Eu bem que disse que as gêmeas eram elas — riu e teve uma crise de tosse.
— Calma, mãe... Não se esforce — o filho pediu, fazendo-lhe um carinho.
— Seja um bom homem, Santiago. Seja um bom homem.
— Serei, mãe. Serei sim. Esforço-me para isso.
— Como deve se esforçar?
— Vigiando-me, mãe. Vigiando-me.
— Bom menino... — Longo período de pausa e disse: — Filho, ensine seus filhos bons princípios.
— Ensinarei.
— A sua avó me diz que você foi injustiçado em outros tempos, por isso é digno de tudo o que tem hoje. Mas é preciso ter caráter, honradez, dignidade, retidão... Somente assim, será abençoado e levará essas honras consigo.
— Entendi, mãe. Mas pare de falar assim.
— Por quê? Por que parece que vou morrer? — riu e teve tosse.
— Pare, mãe.
— Não vou morrer, meu filho. Ninguém morre. Abandonamos este corpo velho e que não serve muito. Em outros planos, se fomos dignos aqui na terra, estaremos livres e felizes.
— Está bem, mãe. Mas... Descanse.
— Obrigada, meu filho. Você e sua esposa cuidaram muito bem de mim.

— A senhora fez muito mais por mim e por ela.

— Estou cansada... Vou fechar os olhos porque estou com sono. Dê-me um abraço.

Santiago abraçou forte e com carinho. Em seguida, cobriu-a e lhe fez um afago. Beijou-lhe a testa e a viu respirar profundamente, como era de costume, antes de se ajeitar.

Ele a espiou e a viu quase esboçando um sorriso. Deixou a porta entreaberta e o lampião, na parede do lado de fora, aceso com a chama bem baixa.

Naquela noite, Lea abriu os olhos e sorriu lindamente ao ver Iago e Angelita.

Estenderam-lhe as mãos que foram amparadas e se levantou.

Após abraçá-la, Iago a beijou com carinho e, sorridente, como que fazendo graça, convidou-a:

— Venha! Vamos sair logo daqui!

Ela ainda deu uma breve olhada para trás e viu seu corpo. O corpo que usou por anos. Como se estivesse dormindo, estava sem respirar. Estava sem vida.

Não disse nada.

Apenas aceitou o convite e os seguiu.

Meses depois, com aparência jovial, típica de seu jeito...

— Então é tudo verdade! Que maravilha saber que, realmente, a vida não termina com a morte e também não ficamos confinados eternamente em lugares infernais pelos erros que cometemos em vida. Também não nos confinamos ao céu, em um estado inútil, sabendo que outros queridos sofrem em algum tipo de purgatório — Lea disse. Estava encantada com o que aprendia. Cada dia, uma novidade.

— É verdade, minha querida. A existência do céu e do inferno não faz sentido. Como uma mãe ficará bem, sabendo que seu filho amado sofrerá eternamente no inferno? — explicou Esmeralda.

— Lembro que, em uma passagem, Jesus falou que vós, que sois maus, não dais ao filho uma pedra, quando ele pede pão, nem uma serpente, quando ele pede peixe, imagine vosso Pai que está no céu. Diante disso, como podemos acreditar em inferno eterno?

— Você entendeu tudo, Lea. O inferno, o purgatório é um estado de consciência que dura até chegar o arrependimento verdadeiro de suas práticas, o desejo de reparar os erros e, acima de tudo, o nascimento da fé e da esperança, junto do pedido de perdão a Deus. Quando, de todo coração e verdade, um espírito pede ajuda ao Pai da Vida e roga por socorro, o bálsamo do amor Divino o envolve, alenta, socorre. Essa criatura sai desse estado consciencial de dor profunda. Desprende-se do agrupamento onde se encontra e passa a aprender e percorrer caminhos evolutivos para harmonizar-se com a própria consciência, equilibrar os erros cometidos, passar a ter paz e entender que somente o amor, em todas as suas verdades, é capaz de levar a evolução e felicidade real.

— Acho que compreendi, vó. Quando cheguei aqui e entendi melhor tudo o que aconteceu, fiquei surpresa e, de certo modo, decepcionada. Meu pai, o tio Diego, o vô Onofre...

— Eu também sinto muito por eles. Onofre, que provocou inenarráveis dores, é vítima de suas vítimas e não reencarnou até hoje. Diego e Ruan reencarnaram no Brasil e viveram como escravos. Sofreram parte do que fizeram outros sofrerem. Desencarnaram recentemente. Mesmo assim, ainda se encontram endurecidos. Não aprenderam muito e possuem diversos débitos, inclusive, entre eles mesmos. Assim como outros conhecidos também se encontram no umbral da consciência, em colônias purgatoriais difíceis, enredados com muitos outros que se julgam vítimas, quando, na verdade, também são algozes. O padre Manolo, por exemplo. Seu estado é lastimável e o lugar onde se encontra também. Não reencarnou até agora e será difícil fazê-lo. Muitas de suas vítimas o perseguem, maltratando-o. Uma forma de vingança a tudo o que fez. O fato de ele ter sido um representante religioso, um representante da fé, quando encarnado, não o ajudou em nada. Ao contrário. Ele tinha conhecimento. Seu objetivo era levar amor e não dores.

O espírito Angelita, que até então não se manifestava, perguntou:

— Vó, aquela que dirigia o convento e o orfanato, a madre Dulcinéia, o que aconteceu com ela?

— Suas orações repetitivas, decoradas, de palavras sem sentimentos não servem, absolutamente, para nada. Toda prece precisa vir do coração. Dulcinéia não trabalhou seu orgulho. Achava-se sempre certa e ainda acreditava nisso. Não conhece o remorso, a humildade, muito menos reconhece que errou. A maioria das almas que sofreram por sua crueldade perturba seu equilíbrio. Talvez esteja longe de se redimir, ter fé verdadeira e esperança.

— Pobre coitada... — Angelita considerou.

— Ainda bem que pensa dessa forma.

— Vó — Lea chamou —, nossas visitas a esses conhecidos não seriam atitudes benéficas a eles? Poderiam experimentar algum tipo de emoção e desejar mudar.

— Algumas são tão egoístas, tão mergulhadas em suas dores e acreditam-se com tanta razão que não se permitem nos ver. Eles estão em um outro nível de vibração.

— Como assim?

— Só vendo para entender — tornou Esmeralda. — Apesar do tempo que estão aqui, da lucidez e da prestatividade que apresentam, precisam de um pouco mais de estudo e conhecimento para saírem junto com outros interessados, em excursões de aprendizagem. Se desejarem, falarei com o orientador Jorge. Ele é excelente instrutor.

— Lógico que desejo! — Lea se animou. Continuava disposta e determinada.

A sós com Iago, Lea comentou sobre a possibilidade de acompanhar um grupo socorrista.

— Como aprendiz, fui poucas vezes nessas excursões de socorro a espíritos ainda presos na crosta terrestre ou em agrupamentos inferiores. É bem triste. Logo percebi que não me adapto a essa tarefa.

— Como é? Eles nos veem? Conversam com a gente?

— Dependendo do lugar e de quem são, ainda estão presos em suas dores e melindres e não conseguem nos ver nem sequer nos perceber junto a eles. Há os que nos reconhecem e até falam conosco, mas suas consciências, presas nos vícios ou nos desejos de vingança ou ainda outras tendências inferiores, não permitem que os acompanhem nem nos acompanhem. Não estão preparados e não aceitam ajuda. Só vendo para entender.

— Você viu seu pai? Encontrou com ele? — Lea quis saber.

— Sim. Quando desencarnei, soube que eles tinham reencarnado como escravos no Brasil. Depois dessa expiação, retornaram à Pátria Espiritual. Não evoluíram muito. Acreditam-se vítimas de dores e sofrimentos que experimentaram, mas, de certo modo, não existe arrependimento pelos atos semelhantes que praticaram, quando senhores de terras. Fora isso, existe um cerco de ódio mútuo entre meu pai, o seu e o vô Onofre. Um odeia o outro. Não bastasse isso, os três possuem incontáveis perseguidores pelo mal que praticaram. É lamentável ver. Eles não nos veem, não nos reconhecem. É preciso cuidado, muito cuidado para tentar ajudar. Corremos o risco de nos prendermos a eles quando, por piedade ou compaixão, baixamos a nossa vibração. Outra coisa bem prejudicial é o medo. O medo também baixa nossa vibração. O medo está ligado à falta de fé, portanto nos desliga de Deus, desliga-nos da esperança e do socorro Divino. Quando temos medo, podemos ser sugados, vampirizados como dizem. É preciso muito equilíbrio para fazer parte de equipe de socorro. Por isso, é necessário estudo e treino.

— Entendi.

— O mesmo acontece quando visitamos entes queridos. — Sorriu ao contar: — Certa vez, quando fui visitá-la, vi uma cena que quase me prendeu à crosta. Você estava com a Angélica. Fazia tranças em seus cabelos e conversava com ela. Ambas estavam tristes por minha causa. Ao terminar, você sugeriu que ela fosse brincar com o Santiago e outras crianças que estavam no pátio à frente da varanda. Quando ela foi e estava longe o suficiente para não a ouvir, você chorou. Lamentou... Em pranto, perguntou a Deus o porquê de nos separarmos. Por que tanta dor. Por que tanta tristeza. Disse que sentia tanto minha falta que desejava morrer. Aquilo me provocou uma dor tão intensa. Um desespero tão imenso... Abracei-me a você e quis ficar ao seu lado. Choramos juntos. Doía demais. Uma contrariedade começou a crescer em mim. Era um sentimento horrível. Aqui, na espiritualidade, os sentimentos e as sensações são mais intensos. A Esmeralda falava comigo, chamando-me à realidade. Quase não conseguia mais vê-la ou entendê-la... Se ficasse, ali, junto a você, eu me prenderia na crosta e meu sofrimento seria terrível — breve instante de pausa. — O espírito tem necessidade que a crosta terrena não oferece. Precisamos de elevação para combater as dores. A vida terrena é só para quem tem um corpo de carne. E, um corpo de carne é somente um instrumento para aprender, harmonizar e evoluir. O desapego de tudo e de todos é necessário para que tenhamos o mínimo de paz. Seu choro, seu desespero, seus questionamentos passaram a ser meus, mesmo que por alguns instantes. Isso foi o suficiente para muita dor e sofrimento. Eu não estava preparado. Quando a Esmeralda me chamou à realidade, não foi fácil. Precisei de muita força para me desprender e desligar--me de você e acompanhar nossa avó de volta à colônia. Fiquei melancólico. Demorei semanas para me recompor.

— Desculpe-me. Não sabia...

— Quase ninguém sabe. É lógico que a saudade provoca dor. Porém, a aceitação é necessária. O excesso de lamentos, revolta e contrariedade prejudicam os dois lados. Demonstra egoísmo, algo muito contrário ao amor. O amor verdadeiro aceita e não provoca dores.

Lea ficou pensativa.

A cada dia de aprendizado e reflexões entendia como era importante encarnados tomarem consciência de tudo aquilo.

CAPÍTULO 33

OUTROS TIPOS DE ESCRAVIDÃO

Na teoria, todo aprendizado é bem suave se comparado à prática.

Muito tempo depois, o orientador Jorge com outros abnegados tarefeiros espirituais preparavam-se para excursão à crosta terrena para socorro de irmãos pouco favorecidos. A consciência desses irmãos infelizes ainda vivia o egoísmo e orgulho, além da falta de perdão. Maura era um dos espíritos benevolentes que se juntou ao grupo. Ela buscava socorrer um querido de outras eras.

O espírito Lea simpatizou-se de imediato com Maura que possuía uma aura luzente, transmitindo indizível serenidade e confiança. Ambas já se tinham visto outras vezes. Lea ficou feliz ao saber que a outra acompanharia o grupo e fazia de tudo para ficar junto dela, apesar de não ter muito conhecimento do seu passado ou por que estava ali.

O grupo não era grande.

Após muito estudo, orientações e preparos, a comitiva seguiu para a crosta terrena.

À medida que avançavam, os instrutores respondiam às perguntas e esclareciam situações dos que encontravam no caminho.

Era certo que tal excursão não se direcionava somente ao socorro, mas, principalmente, a formação de novos cooperadores e socorristas.

UM NOVO CAPÍTULO

Após longo percurso, achavam-se bem próximos ao plano terreno.

A paisagem era diferente. Muito diferente.

— Na espiritualidade, o que vemos é totalmente estranho ao que quando encarnados enxergamos — Lea observou. — Isso nos foi dito, mas vivenciar essa experiência é algo inacreditável.

— Sem dúvida. Os encarnados não têm ideia do que os rodeia, espiritualmente falando. O que pensamos vai se materializando a nossa volta, espiritualmente falando, à medida que alimentamos determinada ideia, ou seja, nossos pensamentos ganham vida — explicou Jorge. Depois, apontou: — Vejam aquele encarnado. A raiva que sustenta através de opiniões que fervilham em sua mente, cria e atrai partículas espirituais que, com o tempo, vão se transformar em doenças manifestas no corpo físico a médio ou longo prazo, se ele não se corrigir. Sua raiva sempre é gerada por orgulho. Ele quer ter razão no que acredita cegamente e deseja impor sua crença aos outros. Com isso, fica contrariado. Atrai para junto de si espíritos inferiores que contribuem para que insista arduamente no que acha certo. Esses espíritos inferiores vampirizam-no. Dessa forma, criam elos, vínculos difíceis de serem rompidos.

— O que esse encarnado precisa fazer para se libertar deles? — Angelita indagou.

— Algo simples e difícil: deixar de impor aos outros o que ele acredita. Viver mais leve. Perdoar — tornou Jorge.

— Mas quando sabemos de algo que é bom, não devemos orientar aos irmãos o caminho? Insistir com eles? — ela quis saber.

— Orientar é uma coisa. Insistir é outra. Devemos seguir o exemplo de Jesus: o que for bom e correto, precisamos exemplificar, dizer e prosseguir. O Mestre nunca obrigou ninguém a acompanhá-lo nem ouvi-lo. Mesmo assim, até hoje, tem milhões de seguidores. Nunca ficou repetindo e repetindo ensinamentos. Falou uma vez e foi o suficiente. Quem somos nós para exigirmos que nos ouçam? Quem somos nós para impor aos outros nossos pensamentos e crenças?

Todos entenderam.

Era comum depararem com grupos de espíritos baderneiros e desorientados que nem os percebiam. Também encontravam com outros socorristas que os identificavam, cumprimentavam e depois seguiam, cada um com seus propósitos.

— Reparem. Aqui, no plano físico, visível aos encarnados, nada progride. Tudo é feio. Há muito tempo este local era usado para torturas humanas para os considerados hereges pela igreja. Muitos escravos também foram torturados e mortos aqui — Jorge contou.

Na espiritualidade, havia espíritos com trajes bizarros, aparência hostil, falas degradáveis, gargalhadas bisonhas e outros trejeitos agressivos.

O orientador Jorge e os demais benfeitores ficaram alerta. Embora a presença deles, até ali, parecia não incomodar. Alguns se demonstravam incapazes de registrá-los. Ninguém se importava.

Adiante, perceberam um grupo que zombava de alguém, maltratando-o.

Não foi difícil Lea reconhecer a figura do pobre Raul.

Observando de longe, Jorge alertou:

— Não adianta tentar socorrê-lo. Raul ainda não aceita. Depois da época em que reencarnou como marido de Marisol, retornou para a espiritualidade e encontrou muitos algozes. Não entendia que seu corpo físico havia morrido. Ele se armava, imaginando-se com a espada lutando como fez no dia em que desencarnou. Seus perseguidores o feriam diversas vezes. Ele caia de joelhos. Para Raul, tudo era real, em sua mente. Era capaz de sentir todas as dores e agonia experimentadas no instante do seu desencarne. Depois, tudo começava novamente. Mesmo já tendo repetido milhares de vezes essa vivência consciencial, não se dava conta disso. Cada vez que lutava e enfrentava a emboscada que o fez desencarnar, acreditava que poderia vencer e reverter o final. Apesar das dores e desespero, não se lembrava de Deus, não orava, não pedia socorro... Desde a infância aprendeu que poderia fazer de tudo, sem obedecer às regras, normas, leis. Sem respeitar outras pessoas. Aprendeu que não deveria temer nada. Por isso, não respeita Deus. Ficou anos revivendo esse sofrimento. Não havia muitas opções. Ele foi reencarnado como escravo para aprender, expiar e conviver com um povo mais religioso, que o alertasse sobre a espiritualidade. No plano físico, foi cercado de parentes bondosos, pessoas humildes, sábias e evoluídas espiritualmente. Mas Raul também não aprendeu. Traiu seu povo, seu grupo, sua família. Tornou-se tão ou mais terrível do que os escravocratas. Desencarnou à custa de emboscada feita por aqueles que deveriam ser seus parceiros, pois não dividiu o dinheiro que recebeu quando, literalmente, caçou gente de sua etnia. Na espiritualidade, antigos algozes que o seguiam e estimulavam, aguardavam-no. As influências que recebia era somente para que adquirisse mais débitos e sofresse mais. Por isso, Raul se atraiu para cá, novamente, e se encontra em extremo desequilíbrio. O que ouviu sobre Deus e espiritualidade junto ao povo com quem viveu, não usou. Não lhe serviu de nada. É um espírito que não se esforça para evoluir. Não coloca limite em sua ganância, em seu orgulho e vaidade.

— Só uma curiosidade, o orientador disse que Raul ficou anos insistindo em duelar e continuou repetindo a luta que enfrentou? Como não via que estava repetindo a mesma coisa sempre? — Angelita indagou.

— Ficou anos repetindo a luta que enfrentou encarnado. Era um estado de perturbação muito intenso, confuso, difícil. Existia e ainda existem muitos espíritos inimigos ao seu lado reclamando as dores e dificuldades que viveram por causa dele. Mas, gosto de lembrar, que não existem vítimas. Mas precisamos de perdão. Suas consciências vão lhes cobrar todo o mal feito ao outro, não importando se foi por justiça com as próprias mãos. — Breve instante e opinou: — Talvez, em uma próxima encarnação, Raul precise de limites rigorosos para conter a opinião de que pode fazer tudo.

— Como? — Lea quis saber, curiosa. — Com limitações físicas?

— Pode ser por limitações físicas ou por cárcere, prisão por delitos. Depende... Como nos disse um grande espírito: "pagamos em parcelas as dívidas adquiridas no atacado". Deus é bom e justo. Ele conhece nossos limites.

— Aqui é como uma cidade — Lea considerou. — Uma cidade espiritual. Um submundo hostil. Lodaçal, charcos... Os habitantes são seres horripilantes. Escravos e senhores.

— Eu diria que todos são escravos. Sempre escravos — o orientador opinou. — Aqueles que escravizam também são escravos do seu egoísmo e das suas más tendências. Não há senhores.

— É interessante a aura que se mantém ao redor da igreja que frequentávamos — Angelita observou. — É bonita...

— É uma casa de oração e como todas, na espiritualidade, serve também de local de socorro e amparo — tornou Jorge.

— Quando encarnada, nunca imaginei existir tudo isso na espiritualidade — tornou Lea incrédula.

Prosseguiram passando entre espíritos de miserável aspecto que transitavam de um lado para outro.

Alguns largados ao chão como indigentes, em estado deplorável.

Pararam frente a um deles e desta vez foi Maura quem comentou:

— Não acreditem que somente os cruéis, os rudes e os algozes são perseguidos e passam dificuldades após a morte do corpo físico. Pessoas que durante a vida terrena viveram como dependentes, reclamantes, improdutivas também são aleijadas de ânimo e boa vontade, portanto tornam-se mendigas espirituais depois que desencarnam.

Quando olharam pela segunda vez, reconheceram:

— Eugênia! — surpreendeu-se Lea.

— E sua filha Nilda — completou Angelita.

— Eugênia era empregada na fazenda do meu pai — Lea contou sob o efeito de um choque. — Ela armou contra minha prima quando soube de seu comprometimento com Arturo. Quando o casamento estava sendo preparado, Eugênia usou outros empregados e fez com que chegasse aos ouvidos de dona Lindalva, mãe de Arturo, que Angelita, sua noiva, era leviana e se envolvia com qualquer um pelos arredores da fazenda. Fez isso para empurrar sua filha Nilda para Arturo, um moço sem opinião. A difamação se espalhou rapidamente. Meu pai acreditou que, mantendo Angelita na fazenda, comprometeria meu futuro e o de minha irmã. Certamente, não faríamos um casamento promissor. Ainda tive a esperança de que, contando a verdade para Arturo, as coisas se reverteriam. Mas não. Ele era covarde. Teve medo de que sua imagem fosse comprometida e perdesse o respeito. Meu pai mandou minha prima para o convento. Só conseguimos encontrá-la muito tempo depois.

— Lamento o estado em que Eugênia e Nilda se encontram. Agradeço a Deus por não guardar raiva ou mágoa de ambas. Descobri que elas foram instrumentos para que eu aprendesse a não ser mais como elas, pois, no passado, também errei assim — Angelita disse. — As difamações que sofri, a clausura e os maus-tratos no convento não passaram de experiências educativas para mim, como espírito. Errei muito no passado e mereci. Agora, estou livre. Sinto-me em paz e não há sensação melhor do que essa.

— É muito bom ouvir isso, minha amiga. Nem todos pensam, agem e evoluem como você — Jorge disse com sensibilidade. Depois, explicou: — Eugênia e Nilda são espíritos que apreciam ser dependentes. Só querem usufruir o trabalho alheio. Quem assim age sempre encontra, no futuro, trabalhos dos quais não pode fugir. — Breve instante e explicou: — Quando Nilda nasceu, sua mãe pensou que teria mais regalias, por ser filha de Ruan. Mas ele pouco se importou. Só fez o favor de não a demitir e o marido. — Lea já tinha conhecimento daquele caso e não se manifestou. — Continuando como empregada na fazenda, Eugênia só mandava outras executarem tarefas que eram para serem suas. Depois, apresentava tais serviços como se tivesse ela mesma feito. Dessa forma, ensinou a filha. Arrumou um casamento por conveniência, ensinando-a ser dependente. Hoje, vivem perturbadas, mendigando assistência de qualquer sorte. Não entenderam ainda que todos precisamos ser independentes e fortes. Ninguém nos deve nada.

Todos puderam ver um grupo de arruaceiros passarem por elas e as chutarem, zombando. Gritarem palavras ofensivas e as chamarem de mentirosas, diversas vezes.

O quadro era deplorável. Ainda mais quando Eugênia tomava postura agressiva e revidava com outros xingamentos.

Virando-se para o instrutor Jorge, Angelita quis saber:

— Quem sabe aceite socorro. Posso me aproximar?

— Claro. Se você acredita poder ajudar...

Ela se aproximou com expressão amável e Lea a seguiu.

— Dona Eugênia... Nilda... — Angelita as chamou, atraindo seus olhares.

— O que é?! O que você quer aqui?! — indagou Eugênia com agressividade. Apesar do sofrimento e da surpresa.

— Gostaria de ajudá-las.

— Acaso pedi sua ajuda, anjo dos infernos?!

— Mãe... Não fala assim. É a Angelita. Ela foi freira. Pode ajudar — apresentou certo interesse.

— Essa diaba fugiu do convento. Todo mundo ficou sabendo disso. Ela é do inferno!!! Afasta-te daqui, satanás!!!

— Vocês sabem que não vivem mais no corpo de carne. Estão no mundo dos espíritos. Precisam de amparo, ajuda e refazimento. Ainda estão presas e sentindo as necessidades terrenas — tornou Angelita com bondade.

— Estamos sofrendo sim. Sinto dor... Morri no parto. Fiquei anos aqui até encontrar minha mãe. Mesmo assim, ainda sofro — Nilda contou. — Mas isso não é tudo, ainda tenho hemorragia, sinto dores, muitas dores...

— Estamos esperando o dia do juízo final! Sai daqui! — Eugênia exigiu.

— Vamos ver o que ela tem para oferecer, mãe! — expressou-se com certa raiva e insatisfação pela recusa de sua mãe em aceitar socorro.

— Ela é como os outros!!! Não vai ajudar! Só querem nos enganar.

— Por que não deixa a Nilda vir conosco para receber auxílio? — tornou a outra no mesmo tom bondoso.

— Porque aqui não tem socorro! Aqui é o purgatório e é assim mesmo. Não sabemos o que aconteceu para virmos para cá. Íamos à igreja, comungávamos, confessávamos. Alguém errou quando nos mandaram para cá! Aguardaremos o dia do juízo final!

Voltando-se para Nilda, que apresentava estado deplorável, Angelita estendeu-lhe a mão e convidou:

— Venha, Nilda. Aceite a ajuda e o socorro. Pior do que está não ficará. Experimente. Se não for bom, poderá voltar para cá.

Mesmo temerosa, ela segurou sua mão.

— O que faço? — perguntou muito confusa.

— Venha... Ore. — Ajoelhada ao lado, Angelita propôs: — Juntas, prestando atenção em cada palavra, faremos a oração que o Mestre Jesus nos ensinou. Pediremos que a Luz do Cristo ilumine nosso ser, acalme nossa consciência, alivie nossas dores, cure as feridas, restaure nosso equilíbrio. — Nesse instante, Jorge e a comitiva se aproximaram, cercando as duas. Energias sublimes eram despendidas e o pranto de Nilda era de gratidão, pois seu coração, de alguma forma, foi tocado por elevada esperança.

Terminada a oração, leveza indizível envolveu o pobre espírito induzido a alívio sereno e uma espécie de sono.

Dois dos que faziam parte da equipe já estavam preparados para o socorro. Envolveram Nilda e a levaram para lugar seguro, até que todos estivessem prontos para seguir e, no caminho, deixá-la em uma colônia propícia ao seu nível e entendimento.

— Minha filha?! Cadê minha filha?! Para onde ela foi?!

— Dona Eugênia, a Nilda foi socorrida e levada para lugar onde será bem cuidada. Aceita vir conosco também?

— Saia daqui demônio!!! Saia!!! Fora!!! — começou a xingar.

O instrutor tocou no ombro de Angelita e orientou:

— Não adianta. Ela ainda não está preparada. É melhor seguirmos. Eugênia quer tudo pronto. Não ora, não se eleva, a ociosidade domina nela, além da arrogância. Ela não quer se aperfeiçoar. Mente, trama, falcatrua. Acredita que isso lhe traz algum benefício. Não entende que o suposto benefício é momentâneo.

A contragosto Angelita concordou, enquanto Lea ficou muito pensativa com toda aquela situação. Lembrou-se de quando Eugênia foi empregada e amante de seu pai e abusava de suas condições de funcionária mais antiga da casa. Lea procurava absorver cada ensinamento, cada lição.

Seguiram. Não demorou e, logo à frente, depararam-se com cena horripilante.

Existiam vários espíritos feridos, diversos machucados, pouca roupagem, alguns acorrentados uns aos outros com grilhões nos pés e nas mãos. Tratava-se daqueles que, em vida terrena, foram escravocratas que maltratavam e torturavam escravos. Não somente os donos de fazendas, mas também capatazes e outros que nasceram na etnia negra e ajudavam nas torturas.

Eles andavam como rebanho e enfileirados.

Chicotadas estalavam juntamente aos gritos e outras torturas dos que impunham medo e terror. Quando um se rebelava era tirado do grupo e arrastado pelas vias para servir de exemplo. Havia os que puxavam carruagens como se fossem animais de tração para se sentirem humilhados e ridicularizados.

— Dessa vez os papéis se invertem. Neste lugar, temos como escravos aqueles que mandavam e torturavam. E como torturadores os que foram, em vida terrena, escravizados e torturados por eles — Jorge explicou. — São agrupamentos de padecimentos regenerativos para a consciência. Aqui, como em muitos outros sítios semelhantes, encontram-se assessores, políticos, religiosos, grandes administradores de terras e cidades, juízes, todos que, em vida terrena, eram tiranos, tão frios e tão perversos quanto aqueles que os escarnecem, hoje, no plano espiritual.

— Os perseguidores, os que se vingam, aqueles que fazem justiça com as próprias mãos não deixam de ser escravos de suas más tendências, de seus desejos malignos de vingança. Alguém precisa perdoar ou o ódio sempre será alimento de todas essas dores. Os que perseguem hoje serão os perseguidos de amanhã e isso não terá fim até que o perdão aconteça — Maura comentou.

Tinha dor, desespero e angústia em cada semblante torturado. O assombro tomava suas feições, que quase não pareciam humanas.

Muitos, tomados pelo medo e pela vergonha, acreditavam viver em algum estado purgatorial aguardando o dia do juízo final. Ainda assim, não buscavam verdadeiramente elevação em prece ou rogavam a ajuda de Deus. Não se arrependiam do que fizeram no passado.

— O padre Manolo!... — Lea se surpreendeu ao vê-lo inclusive na procissão de infelizes.

— Ele pregou, como aprendeu em sua ordem, que negros poderiam ser torturados e mortos, pois não tinham alma. Como clérigo, abençoou escravocratas por serem rígidos para impor ordem. Levou crianças indesejadas pelos pais para orfanatos hediondos onde sofriam diversos abusos. O mesmo fez com jovens e mulheres desaprovadas por suas famílias. Não bastasse, ele mesmo abusava de uma vida com regalias e com dinheiro que deveria servir a comunidade pobre. Promíscuo, aprovou o aborto para as mulheres com quem se envolvia e até as abençoou, dando-lhes salvo-conduto, o perdão como se Deus houvesse lhe permitido tal ato em Seu nome — o instrutor fez semblante triste ao término da exposição.

— Como isso pode ter fim? Como é ou quando é que aqui, na espiritualidade, essas dores e angústias terminarão? — Lea quis saber.

— Não viverão dessa forma eternamente. Claro que não. Na maioria dos casos, somente o tempo pode acabar com isso. O arrependimento verdadeiro chega. O pedido de socorro acontece para grande parte deles... Quando não, é necessário que ocorra o reencarne compulsório por intercessão de misericórdia. Tudo e todos precisam evoluir — o orientador explicou.

Seguiram.

Muito adiante, chegaram a local estranho. Parecia um palacete mal-assombrado. Jorge adentrou pelos portões e foi até a porta, batendo a aldrava algumas vezes, com uma seleção ou norma de pancadas que fazia o som parecer um código.

Sem demora, foram recebidos por um administrador com vestimentas estranhas que se assemelhavam mais a um soldado de tempos muito remotos.

Trazia o cenho enrugado, parecendo mal-humorado quando fez um cumprimento com a cabeça, ao que o instrutor Jorge disse:

— Como está, meu irmão em Cristo? — sorriu bondoso.

— Ainda aqui, até o Cristo me perdoar.

— O Mestre Jesus não lhe precisa perdoar. Ele não guarda raiva ou rancor.

— Minha consciência cobra — tornou Gaudêncio.

— Recebemos seu recado e viemos para ver aqueles que precisam da nossa ajuda.

— Aguardem aqui — expressou-se friamente. Virou-se e saiu.

Lea e Angelita se entreolharam. Elas e os demais, que nunca estiveram ali, passaram a olhar tudo, observando cada detalhe.

Era um saguão muito grande. Colunas extensas deixavam o teto bem alto.

A iluminação vinda de vitrais, na face superior do ambiente, era fraca.

Percebendo as indagações silenciosas de alguns, o orientador Jorge explicou com bondade:

— Muitos daqueles que, durante a vida terrena, praticaram maldades e/ou injustiças acreditam que nunca sofrerão consequências de seus atos. Grande engano. Desencarnados, eles encontram os seus algozes e desafetos. Passam a ser perseguidos e torturados. Por anos, experimentam sofrimento e suplício. Por tanta dor consciencial, alguns chegam a um estado semelhante à loucura. Não sabem mais por qual razão sofrem ou são sentenciados. Esquecem suas identidades. Ignoram o que foram em vida terrena e sequer lembram o nome que usaram. Quando isso acontece, seus carrascos, espíritos que não lhes perdoaram, não encontram mais prazer em castigá-los. Então, eles são abandonados e vagueiam sem rumo. Acontecendo isso, socorristas os identificam e os recolhem, trazendo-os para cá. Existem inúmeros abrigos de amparo como este, na espiritualidade. Há também, aqui, outros casos que vou explicar à medida que nos depararmos com eles.

Nesse instante, Gaudêncio retornou. Fez um gesto como que chamando todos para acompanhá-lo e autorizou:

— Caro Jorge, os que são seus estão na ala de sempre. Se quiser, pode mostrar todo o lugar para seus alunos.

— Muito obrigado, Gaudêncio — Jorge agradeceu sorrindo.

Passaram por uma porta ao lado e abaixo das escadarias. Saíram por um corredor largo, que tinha uma lateral aberta e nela uma mureta separando-o do pátio. Na outra lateral fechada, longa parede com várias portas.

No pátio puderam ver espíritos em visível desequilíbrio. Alguns olhavam para o nada ou conversavam sozinhos. Outros ficavam simplesmente parados como em estado de choque. Havia aqueles que repetiam a mesma palavra fazendo o mesmo gesto infinitas vezes.

Percebendo a curiosidade, o instrutor explicou:

— Esses que estão aqui fora são os que se encontram em melhor estado. Aguardam socorro para colônias apropriadas.

— Aqui é um hospital para loucos? — Leonardo, um dos alunos, quis saber.

— Digamos que é uma casa de caridade, na espiritualidade, que recolhe irmãos em total desequilíbrio e sem condições de rogarem por socorro. Eles são identificados e depois acionados a socorristas de colônias apropriadas ao seu grau evolutivo. Espíritos queridos, em melhores condições, também os buscam para que possam ser levados da crosta terrena para lugares preparados para ajudá-los a se recompor. Como expliquei anteriormente, suas mentes estão perturbadas a tal ponto que são totalmente incapazes de atraírem quaisquer benefícios ou ajuda para si.

— Depois de socorridos e cuidados, eles recobram a consciência do que fizeram? — tornou o mesmo aluno.

— Cada caso é um caso. Muitos sim. Outros precisam de reencarne para, só depois, retornando ao plano espiritual, terem noção ou vaga noção do que necessitaram e por que necessitaram tal situação, pois esse reencarne nunca é fácil.

Caminharam e, mais adiante, Jorge levou-os à ala onde criaturas deformadas exibiam impressionantes desequilíbrios. Viviam pelos cantos como que jogados, outros se arrastando pelo chão. Havia os que se batiam na cabeça e gritavam ao mesmo tempo.

— Ali temos Darcília. Quando encarnada, foi rica e esposa de um homem poderoso. Mandou torturar e matar as amantes do marido. Torturou escravas por não fazerem os serviços direito... Além disso, abortou várias vezes para que o marido não desconfiasse de seus relacionamentos extraconjugais, uma vez que a criança poderia nascer muito diferente da etnia de ambos e dos filhos legítimos do casal. Desencarnada, foi perseguida por seus desafetos que nunca lhe perdoaram. Na espiritualidade, arrastou-se por anos sob torturas indizíveis, até perder a capacidade de reconhecer-se. Foi trazida para cá e aguarda socorro apropriado. Como podem ver, faltam-lhe os membros, pois, em vida terrena, após muitas outras torturas, mandava arrancar ou esmagar os membros das amantes do esposo e as deixava para morrer. Assistindo sempre à distância, sentia prazer nisso. Só para que tenham uma ideia, é possível que seu próximo reencarne seja sem os membros, pois essa era a forma que mais lhe agradava ver suas vítimas sucumbirem. — Voltando-se para Angelita, o instrutor Jorge comentou: — Lembra-se de quando falei a você o quanto foi bom ter perdoado aos seus algozes? — Não esperou resposta e prosseguiu: — Quando a vi junto com Eugênia e Nilda, aquelas que foram os instrumentos principais para sua ida para o convento, observei o verdadeiro perdão em prática. Conseguiu o aprendizado mesmo com a dolorosa lição. Mas isso não acontece com todos. Mesmo sabendo que, no passado, foram criaturas cruéis e que experimentaram o que fizeram sofrer, alguns insistem em não trabalhar o perdão e o aprendizado. Vejam este caso: aqui temos Orsino. Na última reencarnação, sofreu com deficiência mental leve e, em decorrência disso, o abandono, abusos e violência de todos os tipos. O ódio e o desejo de vingança foram inomináveis após o desencarne. O perdão nunca passou por sua mente. O desejo intenso de vingança está se cristalizando, cada vez mais, em sua consciência. Fica imaginando, com incrível frieza, o que deve fazer com aqueles que o agrediram, abusaram e torturaram. A ausência do perdão e o ódio são excessivamente perigosos. Eles complicam ainda mais futuras existências terrenas. Dores serão necessárias para o refazimento.

Orsino, sentado no chão com as pernas cruzadas diante de uma parede, envergava o corpo e se balançava para frente e para trás, batendo com a cabeça na parede. Parecia um farrapo humano. Não oferecia atenção a nada nem a ninguém. Enclausurado na própria mente, ruminando desejo de vingança, alimentava-se de ódio, cristalizando sentimentos e petrificava a centelha Divina que cada um recebe do Criador no dia da Criação.

— O que pode acontecer a ele? — Lea quis saber.

— Será levado para tratamento. Mas sair desse estado e despertar o perdão, só depende dele.

— E se não conseguir? — tornou ela.

— Vai se atrair para reencarne onde poderá complicar ainda mais sua existência para, só então, depois de muitas dores, começar a despertar para o arrependimento, refazimento e harmonização. O processo pode ser longo. Muito longo. — Jorge ofereceu uma pausa e comentou: — Acredito que deu para conhecer um pouco do que acontece aqui neste submundo espiritual na crosta terrena. Nem sempre os escravizados perdoam. Alguns tornam-se algozes e perseguidores muito cruéis. Agora vamos para a ala ver aqueles que nos trouxeram até aqui. Entenderão melhor o que estou dizendo.

Seguiram para outro espaço. Lá, os olhos de alguns cresceram. A surpresa foi imensa.

Em um canto estava o espírito Ruan. Quase irreconhecível. Sentado, balançava o corpo para frente e para trás num movimento constante. Ao seu lado, o espírito Diego, no mesmo estado.

Outros, iguais a eles, também estavam ali.

Lea e Angelita experimentaram forte emoção ao verem aqueles que foram seus pais naquelas condições. Definhados, desequilibrados e sofridos. Fizeram-se fortes para não exibirem comoção e atrapalharem o socorro.

Jorge as observou. Esperou alguma reação, que não aconteceu. Sentiu-se aliviado por isso. Logo, explicou:

— Ali, perto daquela coluna, está Onofre, aquele que foi sogro de Ruan e Diego. — O espírito Onofre se debatia como se desejasse tirar algo impregnado de seu corpo espiritual. Em alguns momentos, jogava-se contra a parede e caía. Depois, tornava a repetir os gestos. — Em vidas passadas, muito ricos, os irmãos Ruan e Diego foram patrões de Onofre que era um homem pobre e acumulou bens furtando seus empregadores. Quando descoberto, ele acusou Ruan e Diego de bruxaria. Secretamente, os patrões tiveram de pagar grandes quantias ao Santo Ofício para não serem mortos na Inquisição. Ambos odiaram Onofre e nunca lhe perdoaram. Na verdade, queriam os bens materiais que nada valem na espiritualidade. Onofre reencarnou homem rico e, para aplacar sentimentos, o planejado era devolver os prejuízos de outros tempos através da herança que ficariam para suas filhas e respectivos genros. Mas... No meio do caminho, o egoísmo de Diego fez com que

UM NOVO CAPÍTULO

envenenasse o sogro aos poucos. Quando estava muito debilitado, conseguiu fazê-lo passar toda a herança só para ele. Inconformado, apesar de estar bem estabilizado, Ruan não aceitou. De imediato, concordou com a ideia da esposa Isabel para matar a irmã Carmem e o cunhado Diego. Dessa forma, ficariam não só com os bens de Onofre, mas também com parte dos bens de Diego e Carmem. Uma encarnação onde era para harmonizarem o passado, escolheram complicar o planejamento reencarnatório por egoísmo, por não dominarem suas más tendências. — Rápida pausa e explicou: — Não bastasse, Onofre era escravocrata irreversível. E apesar da abolição, Ruan e Diego também. Rudes e cruéis, tratavam a todos como objeto, mercadoria. Não acreditavam terem alma. Em tempos, ainda mais remotos, os escravos que serviram a eles foram seus senhores e tinham crença semelhante. Maltrataram, torturaram e mataram Onofre, Diego e Ruan. Na encarnação em que viveram como sogro, genros e cunhados, os papéis se inverteram. No desencarne, encontraram com suas vítimas. Foram humilhados e torturados. Diogo e Ruan, mais lúcidos, aceitaram socorro. Para aliviar os débitos, concordaram com novo planejamento reencarnatório como escravos. Foi encarnação reeducativa. Mas, revoltaram-se. Acreditaram-se injustiçados. Refletiram pouco e não admitiram que necessitassem daquela experiência, da pobreza, da etnia tão discriminada, da falta de condições. Retornaram com muita revolta. A arrogância e o orgulho ressaltam neles. Talvez precisem de existências onde paguem dívidas menores para, aos poucos, reconhecerem que erraram no passado e precisam fazer diferente. O que aparentam e fazem é o estado de revolta se manifestando. Por outro lado, Onofre nunca se deixou socorrer. Como muitos outros, foi maltratado, torturado até perder a noção de quem foi. Não sabe nem o próprio nome.

— Por que chegou a esse ponto? — Lea se manifestou.

— Como eu disse, por arrogância, orgulho, vaidade, falta de perdão, ausência de amor, coração endurecido... O não reconhecimento de um Deus bom e justo, que permite que tudo aconteça para que possamos evoluir, provoca isso.

— A escravidão de todo tipo precisa acabar definitivamente no mundo — Angelita se manifestou. — É inconcebível o ser humano escravizar outro ser. Torturas, maus-tratos, mortes horrendas...

— A escravidão sempre existiu. Tem-se notícias dela desde o povo hebreu, no antigo Egito, na época de Moisés — Lea lembrou.

— Essa história não é totalmente verdadeira, Lea. De tanto ser contada por aqueles que desejam ser vítimas para atraírem compaixão, ela foi aceita como legítima. Mas não foi assim — alertou Jorge. Em seguida, orientou: — A escravidão é um erro, sem dúvida alguma. Ela existe pela falta de perdão e pelo egoísmo. Muitos escravos de ontem são senhores escravocratas de hoje. Ela serve para trabalhar o perdão, ensinar o espírito.

— E quando, um dia, a escravidão acabar definitivamente em todo o planeta? Isso é possível?

— Angelita, nem sempre houve escravos. Como eu disse, eles surgiram pela necessidade de mostrar poder, arrogância, orgulho, vaidade, falta de compaixão, desejo inconsciente de vingança. É interessante percebermos que o Mestre Jesus nada falou contra a escravidão. Quando procurado, Jesus curou o escravo, mas não pediu para libertá-lo. Certamente, o Cristo pede que nos libertemos da arrogância, do orgulho, do egoísmo e tenhamos perdão. Não existe nada mais saudável e harmônico do que isso. Mas, há almas que ainda irão se escravizar sozinhas, mesmo quando a escravidão humana for proibida em muitas partes do planeta. De uma outra forma, a escravidão continuará existindo. O que precisa é a alma, o espírito se libertar.

— Como assim? Como é que alguém pode se escravizar de outras formas? — tornou ela.

— Posso mencionar diversos outros tipos de escravidão que existem ou que surgirão por necessidade do orgulho, da arrogância, da vaidade... Uma delas é a escravidão religiosa cujos membros aceitam tudo sem questionar. Sofrem, doam o que tem, maltratam o semelhante, realizam coisas absurdas em nome da fé. A escravidão sexual em que algumas pessoas se colocam como sendo essa a única e última alternativa para sobreviverem. A escravidão das drogas em que a pessoa quer fugir, mentalmente, dos desafios que precisa enfrentar. A escravidão do álcool, semelhante a essa última. A escravidão dos vícios de mentir, falcatruar, trair, enganar... A escravidão de torturar psicologicamente alguém, mantendo-o sob seu controle, sob a submissão daquilo que acredita. A escravidão de ser torturado física ou psicologicamente, ficando prisioneiro, por exemplo, de relacionamentos em que a liberdade significa a separação, além de assumir-se e sustentar-se, o medo de ficar sozinho... A escravidão do dinheiro, onde a pessoa só acredita ser feliz quando tem dinheiro ou por mais que o tenha sempre quer mais, não encontra felicidade nas pequenas e belas coisas da vida e é materialista. A escravidão do medo em que a criatura não se desapega ou não procura ter fé verdadeira para aceitar que as coisas sejam como são, ou ainda, experimenta o medo e não busca fazer nada para sair dessa situação. Ela não destrói a paralisia e continua inerte e se deixa travar. A escravidão dos transtornos emocionais que nos tornam dependentes e só nos libertamos quando fazemos um enfrentamento tomando decisões sensatas, elevadas, lícitas e benevolentes para nós e para os outros. Permanecer escravo disso e de outras coisas é uma decisão. A escravidão da beleza, do corpo perfeito. A escravidão por acreditar que tem de ser aceito, com a necessidade de agradar a todos e ser perfeito. Existem escravos das reclamações, pessoas que sempre acham alguma coisa pela qual precisam reclamar, acham-se vítimas de tudo e de todos. A escravidão daqueles que acreditam que o mundo lhe deve algo. Escravidão política, tomando partidos ou tendo necessidade de expressar ardentemente contra alguém ou um grupo.

Todos ouviram atentos e refletiam. Após alguns segundos, Maura concluiu:

— Conheci muitas almas que foram escravizadas e ao fim da jornada terrena, conhecendo o próprio passado, perceberam que só experimentaram o que fizeram outros sofrerem. Em outras épocas, foram senhores e retornaram escravos, por isso. Elas agradeceram a Deus a oportunidade do aprendizado para trabalharem o orgulho, a arrogância e a vaidade. Desenvolveram o perdão aos seus carrascos e auxiliaram no socorro deles após o desencarne, tornando-se, assim, verdadeiramente livres. Quebraram os elos do ódio e da vingança. — Breve instante e contou: — Pedro, vítima de si mesmo, arrumou para si outra forma de sofrer o que fez Iago experimentar. Ele reencarnou expiando sofrer hanseníase, lepra, por ter queimado Iago vivo. Tempos depois, retornaram juntos. Iago respeitou Pedro como pessoa, independente de sua etnia e o contratou como funcionário quando ninguém mais queria. Como prova de perdão, lealdade e gratidão, redimindo-se de todos os atos do passado, Pedro lhe foi muito fiel. Fizeram laços de amizade sincera, que não terá fim. Sempre serão aliados no bem.

— É verdade. Os dois sempre se ajudaram. Viveram em harmonia, amizade e respeito — Lea concordou. — Iago sempre o tratou bem e Pedro retribuiu sendo fiel e honesto.

— Alguém precisa quebrar os grilhões do ódio, da perseguição e do vitimismo. O único que lhe deve algo é você mesmo. Você se deve amor, respeito, otimismo, elevação, compaixão, paz e libertação de todos os sentimentos e emoções que lhe escravizam o espírito a repetidas reencarnações e sofrimento. Você precisa entender que é necessário um grande esforço pessoal, unicamente seu, para que se eleve e seja feliz. Nem Deus nem o mundo lhe devem nada. Você é vítima de seus próprios pensamentos, palavras e ações. São eles que lhe escravizam ou libertam. Para uma coisa ou para outra é preciso muito treino — Maura concluiu em tom bondoso e sereno.

Novamente, olhando para aqueles que foram seus parentes em outra existência, Angelita perguntou:

— São eles que vamos socorrer?

— Sim. Eles mesmos. E aquele ali também — informou Jorge apontando para outro irmão sofrido.

CAPÍTULO 34

AMOR INCONDICIONAL, SEMPRE

Amorosamente, Onofre, Ruan e Diego foram envolvidos e levados para tratamento e cuidados em local de refazimento em colônia apropriada.

De volta a novas atividades, Lea ficou muito reflexiva sobre tudo o que já havia aprendido.

Esmeralda, que foi sua avó materna quando encarnada, procurou-a para conversarem.

— Estou feliz com sua evolução e dedicação, Lea. Tanto você quanto Angelita vêm aprendendo e servindo muito desde que chegaram aqui.

— Não tenho muitas lembranças de minhas vidas passadas. Pelo que expiei na última reencarnação, dá para eu ter ideia do que fui. No topo da lista, o item de ser homem abusivo, machista, insensível com as mulheres... Por diversas vezes e, por muitos meios, separar os que se amavam e... Ah... É bom não lembrar ou saber.

Esmeralda achou graça e disse:

— Aceitarmos o que, realmente, não podemos mudar e nos esforçarmos para sermos melhores, usando a experiência como aprendizado, é maravilhoso. Evoluímos mais rápido. — Passado um instante, o espírito Esmeralda contou: — Vim aqui para me despedir de você.

— Despedir?! Como assim?! — surpreendeu-se.

— Há muito tempo estou aqui na espiritualidade. Não só aprendendo e tentando ser mais útil possível, como também buscando ajudar e resgatar aqueles que me foram muito queridos. Hoje, estou mais tranquila ao olhar Isabel e Carmem e ver o quanto aprenderam e evoluíram.

— Ao menos não se odeiam nem se engalfinham e se matam mais — Lea falou e riu.

— É verdade! — a outra também achou graça. — Elas se dão tão bem agora. A última encarnação foi de grande evolução. O tempo em que passaram juntas, limitadas, tendo somente uma à outra, criaram vínculos de amor e respeito.

— Mas... Por que veio se despedir? — perguntou com desconfiança.

— Agora, Onofre, Ruan, Diego e outros queridos foram resgatados e estão em tratamento. Apesar do estado consciencial de Onofre ser muito comprometedor pelo imenso orgulho e falta de aceitação, além de seu imenso débito do passado, ele está seguro e em recomposição. Além dele, Ruan e Diego também se encontram socorridos. Ainda bem contrariados, não buscam perdão um do outro. Ninguém quer ceder. Cultivam ódio e acreditam-se com razão. Eles têm muito o que harmonizar. Mas estão melhores do que Onofre. Precisarão de outras experiências físicas com dificuldades, limitações, perdas de bens, dores... Talvez assim serenem seus corações, busquem Deus, aceitem tudo com resignação. Do contrário, vão repetir e repetir e repetir... Quantas vezes forem necessárias, vivências diferentes e no mesmo nível, até aprenderem. Por isso, posso seguir para o mundo físico em outras e novas tarefas. Irei me aperfeiçoar para recebê-los como filhos. Existem planejamentos de forças estranhas e inimigas do Cristo, hoje, na espiritualidade, que, muito provavelmente, descerão à Terra, reencarnados. Assim sendo, provocarão grande desordem no planeta, personificando o mal. É lógico que, sob o olhar de um único Deus, bom e justo, essa fase terá começo e fim. Provocará dores, medo, frustrações, inseguranças... Será um momento bem difícil na história da humanidade. Expiações terríveis para uns, provas dificílimas para outros... Sairá vitorioso aquele que tiver melhor fé, o que resulta em controle emocional e melhores decisões como em toda situação difícil.

— E sabendo disso a senhora vai reencarnar?! — assombrou-se mais ainda.

— O que é um curto período diante da eternidade, minha querida? — sorriu com graça. — Alguns precisam de berço onde aprendam amor e bondade.

— O que quer dizer?

— Muitos estarão reencarnados para servir ao mundo exemplificando o amor e levando luz. Outros estarão expiando e experimentando o que fizeram outros sofrerem. Alguns passando pela prova do desapego. Existirão aqueles que escolherão ou não trazer dor e desespero, impiedade e amargura, escravidão...

— Onde reencarnará? — tornou Lea.

— Alemanha — sorriu.

— É na Europa.

— Sim. É na Europa.

— Não sabemos exatamente o que vem por aí, vó. Mas... Fala-se em um anticristo.

— Preste atenção: o anticristo não é uma pessoa, mas um sistema de governo. E não chegará à Europa tão somente. Ele já existe em outros conjuntos de instituições políticas e sociais e nos métodos por elas adotados. Não cultivam a crença em Deus, dificultam ou não aceitam a fé Cristã. O deus deles é o líder. — Breve instante em que a viu pensativa e Esmeralda comentou: — Já estou traçando meu planejamento reencarnatório e vim lhe contar isso.

— Hoje, tenho medo de pensar em reencarnação.

— Você tem tempo. Agora que ganhou uma nova consciência, trabalhe aqui auxiliando nos serviços de socorro. Há muito o que aprender para aplicar lá embaixo depois. Você sempre quis ajudar as pessoas... — sorriu com meiguice e lhe fez um afago.

— É verdade. Cada vez que aprendo, percebo que nada sei — olhou-a com ternura e sorriu.
Continuaram conversando.
Esmeralda foi encaminhada para novo reencarne no início do século XX.

Os espíritos Lea e Iago retornaram à fazenda onde viveram.
Aproximando-se daquele que foi seu filho amado, ela o chamou com ternura:
— Santiago. Santiago?... — Ao vê-lo olhar, sorriu e pediu: — Dê-me sua mão, meu filho.
O semblante do senhor de cabelos totalmente brancos, pele alva e enrugada, ganhou expressão suave e leve sorriso.
Um sentimento forte brotou em seu âmago ao reconhecer a figura materna.
— Mãe?!...
— Sim, meu filho. Sou eu.
— Mãe... — emocionou-se.
— Venha, Santiago. Dê-me sua mão e venha comigo.
— É hora de partir, não é?
— Já passou da hora, né, meu filho! — expressou-se de um modo engraçado. — Ou ainda quer ficar preso nesse pobre e inútil corpo estropiado? — riu.
— Não! Chega! — também riu.
— Então, venha... — sorriu.
À medida que o espírito Santiago se ergueu ganhou a lucidez que se havia reduzido.
Ainda olhou para o corpo e observou técnicos espirituais desligando os últimos liames que o prendiam.
— Nossa... Levantei tão rápido. Não fazia isso há tempos — riu muito.
— A limitação era do corpo, Santiago. Não sua como espírito — Iago sorriu ao explicar.

— Bem-vindo de volta ao verdadeiro mundo — tornou Lea ao abraçá-lo e beijá-lo com carinho. — Agora vamos. Precisamos sair daqui.

Na colônia espiritual em que viviam, Lea e Iago acolheram Santiago com extremo desvelo.

Tempos depois, ele contava e explicava vivências que experimentou:

— Pensei que eu fosse morrer quando peguei a gripe espanhola. Mas não — Santiago contou enquanto ria. — Permaneci de cama. Passei muito mal. Antes de mim, alguns empregados pegaram e se curaram. Mesmo assim, fiquei muito preocupado. Foi difícil me controlar. Além da tia Marisol, dois funcionários morreram dessa peste... Tive medo de ver essa epidemia dizimar todos nós.

— Nem queira saber como foi socorrer sua tia Marisol. Ela entrou em verdadeiro pânico. Os técnicos tiveram trabalho. Marisol estava velha, rabugenta, um maracujá de gaveta! — Lea riu. — Já havia passado da hora! — gargalhou.

— Lea!... Tome jeito! — Margarida sorriu e pendeu com a cabeça negativamente.

— Mas é verdade! A morte não é tudo isso o que pintam dela. Não é horrível morrer. As pessoas encarnadas que têm medo, normalmente, são as que não encaram suas más tendências e, na espiritualidade, ficam expostas com receio de punições. Mas quando entendemos que a morte é a única coisa certa que vai acontecer a todos, sem qualquer exceção, quando sabemos que Deus provê, socorre, coloca auxiliadores que nos ajudam, quando temos a certeza de que sabemos nos elevar e somos humildes, as coisas mudam. Temos medo da morte quando não temos fé verdadeira e somos apegados aos bens terrenos.

— É... Mesmo entendendo que a morte não existe para o espírito, senti medo, pois não sabia o que fazer — Santiago confessou.

— Quando não se sabe o que fazer ou não se tem o que fazer, deve-se orar. Isso é ter fé e aceitar o que não se pode mudar. Entender que aquilo é um prova ou expiação, portanto mudar a atitude de comodismo e de reclamação para atitude de fé e aceitação. Devemos ter resignação. Deus não erra — Lea lembrou.

— Foi isso o que eu fiz — tornou Santiago. — Conversei comigo mesmo, e disse: Santiago, de alguma coisa você vai morrer um dia, homem! Não seja covarde e não implante o terror! Você tem uma família, muitos empregados que têm suas próprias famílias para cuidarem. Se passar medo a eles será responsável por isso e sofrerá as consequências. Acredite em Deus! Nada acontece sem a permissão Dele! Se for para morrer, morra com dignidade! — enfatizou e riu. — Comecei a dizer isso para mim mesmo todos os dias.

— Em nenhum momento você sentiu que era eu quem dizia isso a você? — Iago perguntou, sorrindo.

— Não, tio! — gargalhou. Continuava chamando-o como se acostumou quando encarnado e nem se deu conta disso. — Era o senhor, tio? Pensei que eu era evoluído o suficiente para criar esse tipo de pensamento sozinho — riu novamente.

— Era evoluído para aceitá-lo. Sem dúvida — Margarida lembrou.

— Concordo com você, Margarida — Iago aprovou. — Somente evoluído conseguimos sentir inspirações boas.

— Foram momentos tensos — tornou Santiago. — Buscamos informações sobre prevenção e agimos em cima disso. Passamos a nos expor mais ao sol, pois isso aumenta incrivelmente a imunidade. Orávamos mais e tudo isso ajudou. Entendo que foi uma experiência coletiva necessária para nós nos trabalharmos, sermos melhores e mais solidários.

— E deixarem de ser covardes! Principalmente — Lea exclamou. — Precisamos ter muito, muito cuidado com o medo, que é a vibração mais baixa do Universo. Medo é falta de fé em Deus. Quando nos deixamos dominar por ele, todas as nossas defesas físicas, morais e espirituais baixam. Quanto mais medo temos, mais vulneráveis ficamos. Nós nos deixamos envolver por energias terríveis. Dessa forma, todas as nossas defesas ficam comprometidas, abaladas. Perdemos a confiança no Pai da Vida, a segurança em nós mesmos e também a proteção física ou espiritual, pois afastamos nossos pensamentos de tudo o que é bom. O medo extremo, muitas vezes imaginário, nada mais é do que a covardia, um sentimento tão inferior que se esconde atrás de muitas coisas, principalmente a procrastinação, ou seja, o adiamento das coisas que precisamos fazer. Somos covardes quando adiamos tomar atitudes. Não tem nada pior do que a covardia, uma ramificação do medo.

— Como assim, mãe?

— Suponhamos que você tem uma dificuldade, mesmo que simples. Quando adia tomar decisão e atitude é um covarde — tornou ela.

— Discordo, Lea — disse Iago. — Às vezes a pessoa não está preparada.

— E eu discordo de você, Iago. Pense bem... Quando deixamos de fazer algo para nos melhorarmos, culpando os outros pelo que nos aconteceu ou por eles não nos entenderem, somos covardes. Temos medo de olhar para nós mesmos e enxergarmos o quão inferior nós somos. Se deixarmos de fazer o bem para alguém, somos covardes. Quando falamos do outro, criticando, reparando suas falhas, somos covardes. Aliás, essa é a pior das covardias, porque, além de falar pelas costas, por medo de dizer na cara, somos covardes, mais ainda, por não nos trabalharmos para deixarmos de ser mau, deixarmos de ser mesquinhos, por não cuidarmos da própria vida. É engraçado quando apontamos um monte de coisas que o outro precisa fazer enquanto a nossa vida está uma bagunça e não sabemos por onde começar a reorganização, não é? — Ao vê-los pensar, prosseguiu: — Quando quero impor ao outro a minha verdade e aquilo que, por enquanto, é bom só para mim, eu sou covarde por impor medo, terror para que o outro se submeta ao que eu quero. A minha verdade é sobre mim e a minha vida, não cabe na vida de mais ninguém.

Iago pensou um pouco e comentou:

— Lea, não estou entendendo. Aonde você quer chegar? Estamos falando da gripe espanhola. E você está falando de medo, atitudes e covardia. Não entendi.

— Não percebeu? Tem tudo a ver! — enfatizou e sorriu. — O que foi a gripe espanhola? Um vírus muito forte que se espalhou pelo mundo — respondeu a própria pergunta sem esperar. — Acreditamos em Deus, então, sabemos que Ele não é burro nem cruel. Como muitas outras pestes, essa foi necessária para a humanidade. Em meio às dificuldades coletivas, as perguntas certas são: O que Deus quer de nós? O que precisamos fazer de modo individual para ajudar o coletivo? Qual a minha parte a fazer? Detalhe: não questione sobre a parte que cabe ao outro. Indague qual a sua: criticar? Acusar? Amedrontar? Aterrorizar? Julgar? — Breve instante e respondeu às próprias indagações: — Se eu criticar, acusar, amedrontar, aterrorizar, julgar estarei sendo pior do que o vírus. Estarei criando vibrações e energias negativas a partir de mim. Através do meu medo, da minha covardia ou dos meus interesses. Sim, pois alguns têm interesses cruéis para que os outros tenham medo. Serei o epicentro de tudo o que não presta. Serei contrária aos ensinamentos de Jesus. Serei o vírus vivo do terror, impondo medo, julgando, criticando, acusando! Quando, na verdade, eu deveria ser prudente, procurar conhecimento, verdades científicas, procurar ajudar. Se não der para auxiliar fisicamente, ajudar espiritualmente com preces, ajudar emocionalmente com palavras generosas, com meu equilíbrio e amor. Sou covarde quando acuso, ataco, critico... Sou covarde quando digo ou exponho algo que ajude os outros a terem medo e terror. Quando imponho medo, considero os outros fracos e inferiores a mim. Sou covarde quando não busco a verdade e quando sabendo da verdade, que liberta e pacifica, escondo-a. Lembremos que foi o medo da verdade, foi a covardia que mandou Jesus para a cruz. — Ofereceu uma trégua para que refletissem. — Pensem comigo: o ideal, como disse Jesus, é conhecer a verdade. O Mestre nunca falou ou divulgou medo, terror... Jamais culpou, acusou, criticou ninguém. Aliás, Jesus tirou o medo que tínhamos de um Deus cruel que pune, como todos daquela época pensavam. Ele foi prudente, só pregou amor e não medo. Falou de assumirmos responsabilidades. Sofreremos muito enquanto criticarmos, julgarmos, amaldiçoarmos, atacarmos só porque as coisas não saíram do jeito que queremos, não são do jeito que colocamos na cabeça que tem de ser. Precisamos parar de ser covardes e de passarmos mentiras adiante sem confirmar a verdade, desejando escravizar os outros ao medo. Pararmos de nos escravizarmos e nos abrirmos para buscarmos e aceitarmos novos conhecimentos, novas maneiras das coisas serem feitas. Isso serve para tudo. Quando olhamos de fora, por exemplo, as guerras religiosas que aconteceram, pensamos: por que não dão liberdade de cada um seguir sua crença? Quando olhamos as guerras políticas, que aconteceram, pensamos: por que são tão egoístas? Na verdade, em pequena escala, fazemos a mesma coisa. Queremos impor ao outro a nossa crença, a nossa política, o nosso jeito de fazer as coisas. É em menor escala, mas essa é a verdade. Somos iguais aos que provocam as grandes guerras. É egoísmo puro. É covardia! É injusto! Seremos responsabilizados. A exemplo de Jesus, deveríamos nunca impor nada. Por isso, Ele disse: vinde a mim os mansos e pacíficos. Devemos somente fazer brilhar a nossa luz por meio de nosso bom exemplo. — Nova pausa. — O medo é a covardia em ação. Ficamos chocados quando alguém nos fala isso, mas é a pura verdade. A covardia é a falta de atitude, falta de ação. Primeiro, deveríamos entender ou procurar informações científicas sobre o que é um vírus? Como se espalha? E se existe, de fato, uma forma de controle e de nos precavermos. Se não, qual a ação ou as ações que podemos tomar para nos protegermos? Segundo, procurarmos divulgar essas verdades com bondade, sem impormos. Orientando e não aterrorizando. E se não soubermos o que fazer, confortarmos com palavras. Precisamos ter compaixão.

— O coração dói pelos afetados e precisamos orar por eles. Mas não necessitamos apontar e implantar medo. Em qualquer situação difícil, devemos ter paciência, pois nada é eterno. Em qualquer situação difícil, precisamos nos encorajar dizendo que vai dar certo e que em breve tudo passará.
— Margarida disse com calma que lhe era peculiar. Um momento e lembrou: — Deus criou tudo e todos no Universo, inclusive, os vírus, as bactérias e outros... O vírus tem de cumprir a missão dele. É um processo. Ele fará a parte dele na criação. Não adianta não querer. Ele veio para isso, para levar pessoas embora do plano terreno e para educar outras de modo físico e moral. Deus não é culpado. Se existe um culpado são as próprias criaturas humanas por suas falhas em outras vidas e o merecimento de harmonizar nesta. — Depois de breve pausa, indagou: — Qual a razão da Peste Bubônica ter existido? Qual foi a razão da Peste Negra ter existido? Qual a razão da Varíola ainda existir?[1] Qual a razão da Cólera? Em 1918, qual a razão da Gripe Espanhola? — Não houve resposta. — Na maioria das vezes, uma epidemia mostra o quão imundo é o ser humano. A falta de higiene física demonstra as sujeiras mentais, a ausência de higiene espiritual. Um vírus, uma bactéria, um bacilo, uma doença qualquer ataca o espírito antes do corpo. Precisamos ter mais cuidado com o que comemos, onde vivemos e como vivemos. Cuidado com quem nos envolvemos, pois se víssemos, ou melhor, se conseguíssemos enxergar a espiritualidade em volta daqueles com quem nos envolvemos... Tudo começa aí.

— O medo se implantou porque o número de infectados e mortos só aumentava. As notícias eram sempre horríveis e pessimistas — Santiago contou.

---
[1] Nota da Autora Espiritual: A Varíola só foi erradicada em 1980. Na época desse diálogo, existiam casos.

— Não tente justificar, Santiago. Garanto que essas notícias nunca diziam que Deus não erra. Nunca falavam que era preciso ações de higiene, alimentação melhor, sol, conscientização. Jamais anunciaram que o nervosismo, o medo, o terror, abaixam a imunidade deixando as pessoas mais vulneráveis. Não mencionaram que a oração, a fé, o amor aumentam a imunidade — lembrou Lea.

— No plano físico essas informações são poucas, precárias — Iago lembrou.

— Perceberam que espalhar o medo de modo tão rápido foi imensamente fácil, mas divulgar um modo melhor de viver não? — tornou ela. Não houve resposta. — Haverá meios mais rápidos de comunicação, mesmo assim poucas pessoas ficarão atentas a informações boas e edificantes. A maioria sentirá prazer em falar do mal, fazer terror, implantar o medo, divulgar o que não edifica. — Um instante e recordou: — Cada caso é um caso. De acordo com o que precisamos experimentar, podemos sofrer ou não. Estou recordando de quando cheguei à espiritualidade. Angelita, que havia desencarnado antes de mim e como eu, morreu de pneumonia, contou-me da sua angústia e sofrimento nos dias em que vivenciou a doença no corpo físico. O desespero pela febre, por não poder respirar. Suores, calafrios, falta de ar, medo... Passei pelo mesmo processo. O que me marcou foi o incômodo pelo frio.

— Lembro que a mãe ficava bem quietinha, deitada de lado e, às vezes, reclamava de frio — Santiago recordou.

— Isso mesmo. Não tive medo ou desespero. Não fiquei angustiada. Angelita disse que seu sufocamento foi por tudo o que sufocou na mágoa, no ódio que sentiu pelo que viveu, apesar de ter perdoado e levado a vida adiante, ou seja, perdoou, mas ainda sentiu-se injustiçada. O pouco de conhecimento sobre a vida após a vida ajudou. Mas, foi na espiritualidade que conseguiu se libertar da mágoa, quando teve informações sobre suas práticas em vidas passadas. No meu caso, desencarnei com pneumonia porque era, tão somente, um meio de voltar para o plano espiritual. Também... Eu estava um bagaço. De meia-idade, parecia uma velha de cem anos — riu de si. — Mas vejam só... Lógico que não sou melhor do que Angelita. Tenho muitas outras coisas para trabalhar em mim. Muitas!...

— Vejo que está muito bem, diferente. É bom, quando temos condições de moldarmos nossa aparência aqui na espiritualidade — sorriu Santiago. Depois quis saber: — Tem algum conhecimento de suas outras vidas, mãe?

— Um pouco. Sei o quanto fui intolerante. Como homem, fui machista, insensível com as mulheres. Implantei medo com as crenças que tinha na época... Não deixei filhas terem um casamento digno. Forcei-as a uniões por conveniência. Tratei-as como animais de troca. — Olhou para Iago e afirmou: — Eu e ele fizemos isso com nossas filhas. Interferimos em suas vidas e também de outras pessoas não deixando que uniões necessárias acontecessem como deveriam. Por isso, não ficamos juntos. Tenho muito o que refazer, nesse sentido. Preciso escolher ser melhor, divulgar o que é bom, justo, honesto, elevado, de bons princípios para mim e para os outros. Ser melhor é uma escolha. — Olhando-os nos olhos, fez um jeito engraçado e avisou: — Vocês também precisam voltar e divulgar o que é bom, sem impor, sem terror e a exemplo de Jesus.

— Criticar menos e fazer mais — Iago sorriu ao lembrar.

— Mãe, e a tia Marisol? Ainda não a vi.

— Não aprendeu muito. Não se esforçou como poderia. Reclama. Acredita que precisa sempre ser ajudada. A preguiça, a covardia, a inércia escravizam Marisol. Não admite seus erros. Acha-se o ser perfeito da raça humana.

— Espíritos assim são como alunos que frequentam juntos a mesma sala de aula com o mesmo professor. Alguns se esforçam e se promovem para o ano seguinte. Com a mesma matéria, com o mesmo método de ensino, outros reclamam do professor, que é chato, que oferece muita lição, que os colegas não o ajudam... Se todos estão na mesma turma, por que alguns conseguem dar o máximo de si e se promovem e outros não? — Iago indagou e deixou para reflexão.

— O esforço só depende de nós mesmos. Não tem como outro fazer por mim o que preciso realizar — lembrou Margarida.

Em outro momento, a sós com Iago, Lea comentou:
— Tantas coisas aconteceram...
— E tantas outras estão para acontecer — disse ele.
— À medida que entende que pode fazer algo para o mundo, não se sente incomodado em permanecer na espiritualidade?
— Sinto. É como uma pressão na consciência. Olho para o passado remoto e vejo os erros, os equívocos e isso me incomoda também. Tenho vontade de consertar tudo para ter paz.
— É exatamente o que sinto. — Refletindo, ela disse: — A última encarnação foi de trégua, se comparada ao que verdadeiramente precisávamos harmonizar.
— Nem pudemos viver nossa vida juntos como desejávamos tanto.
— Nosso amor, na Terra, foi bastante complicado, graças as nossas imposições no passado às outras pessoas. Não permitimos o amor de outras pessoas... Separamos amantes...
— Não bastasse, tenho débitos com a Estela. Joguei-a na rua, grávida...
— Embora ela o tenha traído e o filho não fosse seu, seria mais prudente e cristão dar-lhe auxílio. Como eu fiz com a Marisol. Ao menos desse débito estou livre com Marisol. Que bom não tê-la colocado na rua. — Um instante e lamentou: — Eu deveria ter lhe sugerido dar abrigo à Estela. Não precisaria deixá-la sob o mesmo teto. Poderia ter feito o mesmo que fiz a minha irmã: construído uma casa no mesmo terreno... Ela não se degradaria quando se visse abandonada. Tomou um destino muito infeliz.
— Nem me lembre... Minha consciência dói demasiadamente. Por minha culpa ela passou dificuldades, foi expulsa

da casa pelo pai, não tinha para onde ir. Procurou o padre que piorou tudo quando a levou para uma casa de prostituição... O que ela viveu me incomoda. As energias inferiores com as quais se envolveu...

— Você não é o único culpado, Iago. O pai dela tem culpa. O Edgar tem culpa. O padre Manolo tem culpa. Você fez o que era correto para não manchar seu nome. Ao menos, não foi duelar com o Edgar, piorando encarnações futuras mais ainda.

— Os outros podem ser culpados. Mas isso não me importa. O débito é entre mim e a Estela. O quanto antes eu saldá-lo, melhor. Não interessa o que os outros fizeram ou deixaram de fazer. Se esperarmos pelos outros para repararmos o que for preciso, nunca sairemos do lugar. Ao menos o Edgar cuidou do filho. Bem ou mal, deu assistência a ele. Fez dele seu herdeiro...

— Pobre Edgar... — ela lamentou. — Cego por seu orgulho, ganancioso... Viveu uma vida desventurada. Fez da esposa, uma mulher infeliz, amargurada por suas atitudes inconvenientes. Decerto, no futuro, terá de suportar uma vida sem prosperidade ao lado de Leandra que, provavelmente, será esposa exigente, insatisfeita... Quem sabe...

— Uma coisa fizemos certa e temos pelo que ficarmos orgulhosos: sempre fomos honestos e guerreiros.

— Isso foi verdade. Coloquei em prova toda a minha garra — ela riu.

— Eu sei... Ficava muito admirado e orgulhoso de você.

— Iago, sinto vontade de retornar... Fazer as coisas direito. Levar esperança, conhecimento, fé raciocinada aos irmãos do caminho... E fazer também alguma outra coisa pelo mundo, pela humanidade.

— O quê? Tenho medo de quando faz algum projeto, Lea. Fico apavorado.

— Nada grandioso como levantar bandeira e sair gritando por aí... — riu com gosto. — Atitudes minimalistas, sensatas, ponderadas, também salvam o mundo, orientam as pessoas, fazem um planeta melhor... — sorriu lindamente. — Estive conversando com Margarida a respeito. Ela tem ótimas ideias. Até porque, ela quer viver ao lado de seu grande amor... — Ao vê-lo sorrir, perguntou: — Você retornaria comigo para o plano físico?

— Sabe que tenho deveres e reajustes com a Estela. Seria conveniente estarmos eu e ela juntos. Ela teve envolvimento com o que não deveria. É a chance de ampará-la, se ela quiser.

— Não sei se eu suportaria vê-lo, novamente, distante. Não poder tê-lo ao meu lado...

— Eu sei. Mas... Não encontro um jeito de viver bem comigo mesmo enquanto tiver esse reajuste a fazer.

— Estela não lhe perdoou. Não entende que seus desatinos com o Edgar foram os gatilhos para a vida infeliz que buscou. No mundo em que vivíamos, com as crenças, valores, cultura, costumes tão arcaicos, era difícil para uma mulher ser independente. Mesmo viúva, não conseguia ser descompromissada de um homem para tomar à frente as negociações das minhas produções. Precisei trabalhar minha humildade o tempo todo, dependendo de você, depois do Santiago... Homens que levaram a fama por tudo o que fiz. Necessitei trabalhar muito minha humildade. Não foi fácil. Mas tinha de fazer isso. Foi uma expiação, eu sei. Estela sabia que traição, por parte da mulher, significava a expulsão de casa. Ela correu o risco e perdeu.

— Mas eu não fui humano. Eu também sabia que ela levaria uma vida de prostituição quando o pai a expulsou de casa. Não me importei. Difamei-a, escarneci... Justamente em uma época em que a mulher não tinha meios de se sustentar sozinha, de se manter sozinha... Poderia trabalhar como empregada, mas, para ela, de que jeito se a difamei? Sobraram-lhe duas opções: ser indigente e morrer logo ou ser prostituta e... Angariou para si energias funestas, desequilibradas, além de ligações espirituais medonhas. Agora, sinto a necessidade consciencial de reparar isso. Ao lado dela, claro...

— Eu escolheria virar indigente — ela opinou.

— Você tem garra, Lea. Nem todos são como você. Sinto-me culpado. Poderia ter feito o que fez para sua irmã. Dessa forma,

estaria livre de qualquer débito com ela, mas não. Sinto-me culpado. Tenho deveres de orientá-la. Ajudá-la de alguma forma.
— Eu entendo. Mas... Não sei como vai ser. Eu...[2]
— Você, o quê?
— Eu o amo... — olhou-o com ternura e tristeza no olhar.
— Eu também a amo, Lea. E... De verdade, temo nos encontrarmos e não suportar e... Poderemos pôr a perder outra reencarnação, acaso eu traia Estela. Sabe disso.
— Terá de ser forte e eu também. — Breve instante e lembrou: — Estragamos a vida de tantos que se amavam... Essa será nova oportunidade de pagarmos nossos débitos. Viveremos perto dos olhos, mas nossas almas não poderão se ligar.
— Está decidida a retornar, mesmo sabendo que essa será a prova mais difícil?
Não houve resposta.
Abraçaram-se com imenso carinho e amor.

Nos anos que vieram, Esmeralda foi acompanhada de perto.
Conforme o proposto, recebeu como filhos amados: Onofre, Diego e Ruan.
Bem estabilizados, de famílias judaicas ricas, viveram tranquilamente na Alemanha.
Logo após o desencarne de Esmeralda, eis que a 2ª Guerra Mundial começa a se instalar.
Na Alemanha, o partido nazista exige colaboração. Judeus, homens comuns, mas presos ao materialismo, não colaboraram. Preferiram correr o risco de perderem seus bens. Foram presos e levados aos campos de concentração.
Na espiritualidade, Esmeralda lamentava:

---
[2] Nota: N.A.E. As questões 243 e 243ª de *O Livro dos Espíritos*, mostra-nos que depende da evolução do espírito para ele conhecer o futuro. Muitas vezes ele pode somente entrevê-lo, pressenti-lo. Deus é o único soberano e ninguém o pode igualar.

— Meus filhos sabiam. Todos sabiam. Deveriam ter abandonado tudo, abrindo mão do que era material. Fugido, como alguns fizeram. Mas não. Não se desligaram dos bens terrenos, das posses, das joias, das coleções, do dinheiro... De nada. Eles preferiram a prisão, a tortura, a morte a abrirem mão da ganância. Os perseguidores? Muitos deles, apesar de corpos diferentes, roupas diferentes, não passavam de espíritos encarnados e escravizados que, no passado, ruminaram ódio por aqueles que os escravizaram de alguma forma. Hoje, racistas, antissemitas — inimigos dos semitas, judeus —, preconceituosos contra homossexuais, ciganos, negros, deficientes físicos e mentais... Genocídio, limpeza étnica, quando, na verdade, é necessário o entendimento da reencarnação. Hoje senhor, amanhã escravo. Hoje judeu, amanhã negro. Hoje negro, amanhã branco. Hoje branco, amanhã negro. Essas diferenças só existem para trabalharmos a nós mesmos e não para mudarmos o outro. Tanto que falei, conversei, expliquei sobre amor, bondade e desapego... Não adiantou.

— A culpa não foi sua, Esmeralda. Ofereceu além do seu melhor — Margarida a consolou. — Como você bem lembrou. Eles poderiam ter aberto mão de tudo e seguido. Tinham noção do que aconteceria. Mas não fizeram porque não quiseram. Foi escolha para aprenderem.

— O que acontecerá com eles? — Lea perguntou.

— Os soldados que tomam conta dos campos de concentração, obrigados a cumprirem ordens ou pagam com a própria vida, não passam também de perseguidores ou escravizados do passado. Aqueles que sofreram torturas, em alguma época e, ausentes do perdão, com desejo de vingança, hoje, executam trabalhos conforme seus desejos. Por outro lado, os prisioneiros, experimentarão dores e sofrimentos para aprenderem com a vivência. Saberem o quanto precisam se desapegar e perdoar. Desde que o mundo é mundo, a opressão leva às guerras e maus-tratos do semelhante. Nas guerras, vemos almas que lutam e flagelam, invertendo os papéis sem aprenderem a aceitar e perdoar. Nas guerras, encontramos escravos desde antes de Cristo como também soldados de Hernan Cortés, Gengis Khan, inquisidores do Santo Ofício, perseguidores da inquisição, entre tantos outros, somente trocando de lugares. Os opressores de hoje serão os oprimidos de amanhã. Os oprimidos de hoje são os opressores do passado. E assim vai... Enquanto não houver perdão, não colocarem um basta, perdoarem-se e viverem como irmãos, as guerras e os domínios por sistemas governamentais que censuram, impõem e escravizam, vão existir. Nas guerras, sob autoritarismo, não há muito o que fazer a não ser orar. Vamos acompanhar Onofre, Ruan e Diego para ampará-los e socorrê-los no momento certo — tornou Margarida.

Lea e Margarida continuaram se dando muito bem.

Estudavam juntas e realizavam grandes tarefas, sempre unidas.

Assim foi feito.

Passado um tempo, Ruan foi o primeiro que retornou ao plano espiritual. Socorrido, apresentava clareza de pensamentos. Chorou ao ver seu estado e Isabel, quando a reconheceu.

O mesmo se deu com Diego.

Entretanto, a rivalidade entre ambos não se dissolvia. Era tamanha que precisaram viver em colônias diferentes.

A intolerância prevalecia. Diego não suportava o fato de Ruan tê-lo atacado e querido tirar sua vida para ficar com os bens que ele havia recebido de herança de Onofre, mesmo sabendo que foi o responsável pelo assassinato do seu sogro. Revivia as dores e dificuldades que sofreu depois de atingido, caído no penhasco. Quando socorrido, sem movimentos, recordava o momento em que Isabel o asfixiou, tirando-lhe a vida terrena. Mas ele pouco se incomodava, não tinha qualquer remorso pelo que provocou ao sogro, envenenando-o lentamente para que morresse. Por mais que isso lhe fosse dito, ele não entendia.

Isabel, muito arrependida, buscava aprender e encontrar, em trabalhos de socorro, alívio para seu sentimento de culpa. Carmem era sua aliada. Tornaram-se grandes companheiras na espiritualidade. Carmem também sentia remorso e pesar pelo que fez ao pai e desejava intensamente poder reparar isso.

Já Ruan era mais inflexível. Não sentia tanto. Não se arrependia verdadeiramente. Ainda focava nos bens materiais que lhe foram tirados. Não entendeu que a Terra é somente um lugar de escola ao espírito.

Por sua vez, Onofre, um espírito muito mais endurecido, cultivava ódio infinito por seus algozes. Apresentava-se muito perturbado. Não admitia o que vivenciou. Não aceitava ou sequer acreditava que, no passado, havia feito o mesmo com outros que perseguiu.

— Onofre é um caso complicado como muitos outros — explicou Jorge. — Todo seu sofrimento e tortura mental giram em torno da ganância e da falta de perdão. É interessante ser cuidado com amor e bondade para que não se feche. Precisa libertar-se. Entender que na vida diversos acontecimentos não ocorrem conforme seus desejos. Outros irmãos existem e necessitam, tanto quanto ele, de espaço, evolução e crescimento. Precisamos uns dos outros para controlarmos a nós mesmos, nossas opiniões equivocadas e nossas más tendências.

— Existem muitos e muitos como ele — disse o espírito Maura, que estava presente. — Fecham-se e não aceitam a realidade. Não aceitam a lei de causa e efeito, que é a lei do retorno ou experimentar o que ofereceu. Acreditam-se com razão em tudo. Acham-se superiores a todos. Geralmente, são demasiadamente inteligentes e não creem em Deus, em uma Fonte Suprema de Energia Sublime. São materialistas. Precisam, urgentemente, renderem-se ao amor ao próximo e ao perdão. É o extremo do egoísmo essa espécie de amor tão somente a si e não se importar com os outros.

— Esse pensamento de não se importar com o outro que não seja do seu grupo, que não cultive a mesma fé ou sistema é comum, principalmente, na comunidade em que reencarnou pela última vez. Um povo fechado, como muitos, que se escraviza quando segue cegamente uma cultura ou sistema que não se renova. Não se abre à ciência e acredita que o mundo lhe deve algo, sempre se vitimizando. Sempre acreditando na fúria de Deus, quando, na verdade, não existe fúria, existe consequência, pois Deus é justiça e bondade. Um povo que, através da religião, impõe medo, regras e normas para manter bens e riquezas — Jorge explicou.

— Jorge, esse povo enfrenta algum tipo de expiação coletiva? — Lea indagou.

— Como muitos outros. Mas, não raro, reencarnam entre eles alguns espíritos necessitados de expiação semelhantes.

— Entendi — tornou Lea. Curiosa, indagou: — Maura, por que se interessa tanto por Onofre?

Bondosamente sorriu ao explicar:

— Onofre foi meu pai de outros tempos. A princípio fiquei revoltada por me considerar sua vítima, mas depois entendi que precisava daquela experiência educativa e aprendi a amá-lo. Sempre o vi com tramas mesquinhas das quais precisa se desvincular. Depois de muito tempo, ele chegou a esse extremo de se fechar para nova ótica de evolução. Ele é materialista. Seus deuses são o dinheiro e os valores terrenos. Tudo tem de ser para ele e por ele. Para isso, maltratou pessoas, subjugou, impôs medo, aterrorizou... Não tem fé. Não acredita na lei do retorno.

— Mesmo estando na espiritualidade, com a oportunidade de ver tudo o que acontece, ele não crê em Deus? Não crê em uma Fonte Criadora? Na justiça Divina? Não aceita que quando uma pessoa sofre, ele também sofre? — Lea indagou.

— Como muitos outros milhares de espíritos, não. A ganância chega a um ponto tão extremo que nada nem ninguém importam — Maura respondeu. — Então, eles criam uma forma de autoamor hostil. Amam só a si mesmo. Querem tudo somente para si. Ainda que para isso cometam arbitrariedades, abusos, absurdos, atos abomináveis... Apesar de enfrentar a fúria de seus perseguidores, algozes do passado que os torturam na espiritualidade ou mesmo no plano físico, eles não se rendem e não buscam Deus, uma Causa Suprema de todas as coisas, Fonte Superior, Energia Universal... Nada. Não buscam e não creem em nada. Como eu disse, são espíritos, geralmente, dotados de muita inteligência e a usam para obter o que precisa. Fecham-se como conchas, no ostracismo do egoísmo. Precisam de reencarnes delicados e bem planejados, em meio de pessoas que aceitem dedicar muito amor para quebrar a crosta que criaram em torno de si. Geralmente, quem os recebe, no plano físico, são aqueles que têm o dom, a condição ou a necessidade de dedicar amor, paciência, carinho, atenção para começar a desenvolver lentamente nessa criatura fechada a comunicação e a interação social. Aos poucos, dependendo do grau, com algumas reencarnações, eles terão de ceder ao amor aos outros. — Breve pausa e comentou: — Muitos fatores no planeta passarão a favorecer o nascimento de irmãos nessa condição fechada em diferentes graus. É o momento de eles voltarem a Terra. Desejo acompanhar o encaminhamento de Onofre e o planejamento de seu retorno, na primeira oportunidade.

— Como saber que a família que recebe um espírito assim é por amor em desejar ajudá-lo ou por necessidade em fazê-lo, porque tem débitos com ele? — tornou Lea.

— O comportamento e o tratamento oferecido demonstram isso. Os que aceitam com amor e, apesar das dificuldades, suportam e buscam equilíbrio, agindo com benevolência, são uns. Os que se revoltam, reclamam, acreditam em alguma injustiça Divina para passarem por essa expiação, são outros — Maura esclareceu.

— Por que esse tipo de condição, como a que Onofre vai reencarnar, aumentará na Terra?

— Porque é imperceptível aos novos exames clínicos que surgirão. Abortos podem ser aceitos e aprovados quando se descobrir que uma criança que está sendo gerada tem algum problema. É um crime e continuará sendo. Mesmo assim, o ser humano, achando-se dono da vida, desejará livrar sua consciência de dores e remorso, tentando colocar a lei do homem acima da Lei de Deus. Somente após o desencarne, há de se deparar com o que fez. Mas... No caso de algo imperceptível aos olhos e aos exames, como um transtorno do espectro que reúne desordens do desenvolvimento neurológico e extrema sensibilidade a tudo, o aborto não será indicado.

— Ou seja, esse transtorno não será visível. Será uma gravidez normal e os pais não cogitarão o aborto? — tornou Lea.

— Sim.

— Mas me diga uma coisa... Teremos mesmo exames ou uma forma de saber se uma criança terá algo diferente, fisicamente? Por exemplo, futuramente, problemas como os das gêmeas, serão vistos com exames? — Lea se surpreendeu.

— Sim — Maura sorriu.

— Nossa!...

O tempo continuou passando...

Muito empenhada em serviço de socorro, Angelita sempre tirava um tempo para conversar longamente com Lea, que lhe revelou seus planos de reencarne.

— Então é isso. Penso em retornar. Reencarnar e buscar pôr em prática meus planos para ajudar um pouquinho na evolução de alguns irmãos e também ao planeta.

— Também já pensei o mesmo. Como sabe, a fila para reencarne está longa — Angelita riu. — Aqui, muitos beiram ao desespero com o arrependimento pelas práticas cometidas. São lembranças vivas e repetidas dos erros, equívocos, ingratidões, arrogância, orgulho, vaidade, preconceito... Más tendências que os fizeram colocar tudo a perder. Outro dia, conversava com o Hernando a respeito. Ele até lembrou que, quando encarnado, foi chamado de covarde, bobo, idiota e outros conceitos quando não reagia igual aos homens de sua época. Foi uma prova difícil. Mas ele foi manso e prudente.

— Iago também foi chamado de covarde quando não duelou com Edgar. Lembra-se? — Lea perguntou.

— Como não! Somente aquele que tem certeza de estar certo, não se incomoda com os comentários alheios.

Lea riu ao dizer:

— Estou recordando quando o Hernando desencarnou. Ficou tão feliz por ter sido você a recebê-lo — observou a outra sorrindo.

— Já minha irmã... — Angelita disse.

— Ah... Como está Yolanda?

— Ainda é a personificação da revolta. Não se conforma com o que viveu na última reencarnação.

— Igualzinha à Marisol.

— Yolanda está indignada com o casamento arranjado e infeliz que a separou de todos nós.

— Você sabe que fiz tudo para encontrá-la. Assim como foi com você e as gêmeas. Mas não era para ser. Yolanda necessitava passar por aquelas expiações. Iago também tentou achá-la, mas tudo foi em vão.

— Ela e a família do marido mudaram para longe. Passaram muitas privações. Terminaram na miséria. Fome, dor, doenças... As queixas e a revolta tenebrosa deixaram Yolanda vagando em estado de perturbação por muito tempo. Ela reclama demais.

— Você sabe... Como nos foi dito: reclamações são sinais de que não aprendemos nada com as oposições que tivemos. Isso mostra que precisamos de mais. Nas instruções recebidas e o que aprendemos, aqui, no plano espiritual, entendemos que aqueles que reclamam e não fazem nada, não se esforçam, atraem-se para desafios dos quais não conseguem fugir.

— É verdade, Lea. A expiação de Yolanda foi difícil, mas necessária. Experimentou o que fez sofrer. Não se esforçou. Desejava que tudo caísse do céu. — Um tempo depois, Angelita contou: — Estive em uma colônia e... Você não imagina quem encontrei.

— Quem?

— Carlota, Consuelo, Estela...

— Ouvi falar de Estela, das outra não. Como estão?
— Carlota afirma que foi injustiçada. Que a pobreza, a cor da pele, a falta de cultura e outras coisas não a deixaram progredir, prosperar, evoluir... Consuelo e Estela reclamam da falta de recursos, pobreza, ninguém para ajudá-las... Consuelo, com muito mais débitos por se envolver com abortos... foi difícil sua recomposição. As queixas de sempre: ausência de posses, de bens...
— Para mim, é a falta de moral, a falta de caráter que não deixa alguém evoluir. Nisso eu me incluo.
— Às vezes acho você meio dura, nesse sentido.
— Ora, Angelita... Todos me acham dura. Quero ver tirar minha razão. Tanto Carlota, quanto Consuelo e Estela não tiveram caráter, moral, honradez, valores... Não tiveram. Duvido de que não tivesse quem ensinasse ou exemplificasse. Sempre somos abençoados com alguém com quem possamos aprender. Encarnados, sempre encontramos quem nos aponte princípios e valores. Nossas más tendências não nos deixam evoluir. Sou prova disso. Não fui diferente. Culpamos o mundo, todos à nossa volta, nossa cultura, o país, o planeta!... Menos a nós mesmos. Precisamos nos esforçar mais para combater as nossas enfermidades morais.
— É que, às vezes, não é fácil — Angelita considerou.
— Eu sei... Já fiz muitas burradas e estou preocupada para não fazer mais.
— Vai ser difícil encarar o lago com Estela e não se intrometer. Nessa última experiência juntos, se não fossem os desatinos da esposa dele... Não sei se conseguiriam seguir tão juntos sem se envolverem.
— Tenho de conseguir nessa nova chance. Não serei a outra, a amante, a sem princípios. Oro e medito muito para não errar mais. Mas se o for... Quão idiota, imbecil, imoral eu sou! E ao retornar para a espiritualidade, vou brigar muito comigo mesma por ser tão medíocre, por não ter moral nesse aspecto da vida, por não ter caráter!... — Angelita riu. Lea reclamou:
— Não ria! A culpa será minha. Não é para ficarmos juntos e

teremos de aceitar isso. Pronto! Acabou! Chega de fazer coisa errada e estragar a evolução. Não é?

— E viverá sozinha?

Lea olhou para longe, pensou e respondeu:

— Esse é o plano. Preciso me dedicar a um trabalho nobre e útil. Somente assim, focada em atividade de que goste, não terei tempo de me sentir sozinha. Quando encontramos nossa missão de vida, não perturbamos os outros, não nos importamos com o que pensam de nós... Somos felizes por nos sentirmos úteis. Estou consciente de que não viverei um grande amor com Iago.

— Então ore. Medite com sublimidade e vai conseguir. Além disso... — sorriu. —Deus é tão bom... Quem sabe...

Abraçaram-se com força e imenso carinho, reforçando os laços de amizade.

— Quem sabe, o quê? — Lea indagou após o abraço.

— Quem sabe você não seja a pessoa a apontar atitudes e comportamentos bons e saudáveis para Carlota? — riu ao brincar.

— Deus me livre!

— Lea!... — alertou Angelita e continuou rindo.

— Quer dizer... Aaaah... — fez um trejeito engraçado. — Não sei se eu seria simpática com ela.

— Amor incondicional. Lembre-se disso. Amar e ajudar a todos incondicionalmente.

— Pois é... Será que eu passaria nessa prova? — Não houve resposta. — Não sei não. Ela foi o pivô de minha briga com Iago. Quer dizer... Brigar, não brigamos. Eu o abandonei quando a vi no quarto dele. Pensei que fosse o fim e... Daí descobri que Consuelo me roubou... Nossa, aconteceu tanta coisa junta. Não sei como encararia Carlota, Sebastián... Também tem o Luís, com quem posso despertar outro lado com o qual ainda não sei lidar.

— Sebastián é outro que justifica suas atitudes com condições. Tomara que, em outra situação e classe social, eles tenham outra índole.

Sem prestar atenção ao que Angelita disse, Lea pediu:

— Angelita, venha junto comigo como uma grande amiga, irmã, prima... Sei que você já venceu muitos desafios nessa área. Se eu estiver me desviando, por favor, avise-me! Chame minha atenção! Seja dura comigo! Todos somos testados em nossas tendências, caráter, moral em diversas condições diferentes. Deus assim permite para dizer e nos mostrar: olha, o problema não é o mundo, não são os outros, não são as situações, o problema é você. Você é quem precisa ser melhor. — falou de um modo como se imitasse a fala do Criador. Em seguida, contou: — Já fiquei insatisfeita só por saber que Iago passou a visitar Estela para novo planejamento. Isso mostra uma das minhas más tendências. Tenho tanto a trabalhar em mim...

— Fiquei sabendo que ele foi visitá-la. Carlota e Consuelo também pretendem voltar. Você sabia que quando fugiu, Consuelo encontrou o grupo de Sebastián e se juntou a ele? Ela e Carlota se afinaram muito.

— Sim. Eu soube depois que cheguei aqui. Decerto todos têm muita semelhança moral.

— Lea, a próxima encarnação não será fácil. O mundo estará diferente do que conhecemos. Precisaremos nos controlar muito para não nos desviarmos.

— Eu sei...

 2ª PARTE

2015

SÃO PAULO - BRASIL

Algumas décadas se passaram após os últimos acontecimentos. Nessa etapa evolutiva, encontraremos alguns dos
personagens reencarnados próximos, novamente.

Alguns se apoiando, outros se harmonizando e aqueles
que têm grande dificuldade para evoluir ainda.

Seus nomes continuarão os mesmos, a fim de serem identificados com facilidade pelos leitores.

CAPÍTULO 35

NOVA ÉPOCA

Naquele dia, Lea se arrumava para uma entrevista de emprego.
Com antecedência, procurou conhecer qual o padrão da empresa para saber o que vestir. Mesmo assim, estava insegura. Desejava apresentar-se impecavelmente com a melhor aparência possível, mas sem exagerar.

Mais uma vez, olhou seu reflexo no espelho e preocupou-se com a maquiagem. Talvez o tom do batom estivesse forte demais.

Nesse instante, sua irmã entrou no quarto e ela perguntou:
— Marisol, você acha que estou muito maquiada?
— Só por causa de uma entrevistazinha de emprego precisa se produzir tanto assim? — indagou com desdém, em vez de responder.
— Nem sei por que pergunto sua opinião... Deixa pra lá... — murmurou, sem dar importância à resposta. No momento seguinte, pegou o celular, foi até a janela e ficou de frente para a claridade que entrava, deixando o rosto bem iluminado. Tirou uma foto e enviou para sua prima, junto com uma mensagem de voz, em que disse: — Angelita! Dá uma olhada! O que você acha? Tô muito maquiada?

Naqueles poucos minutos, a demora para receber resposta parecia eterna, até que a outra respondeu:
— Ficou bom! Ótimo! — Angelita gravou em outro áudio.

— Ficou bom ou ótimo? — Lea insistiu em saber.
— Que roupa vai usar? — a prima perguntou.
Lea foi para a frente do espelho, tirou uma foto de si e enviou.
— Ficou ótimo sim! Combinou. Gostei desse seu batom.
— Obrigada! Você ajudou muito!
— Avisa quando estiver saindo.
— Ok.
Lea virou-se para arrumar sua bolsa e viu a irmã deitada na cama, que ficava encostada, levantando as pernas, amparando os pés na parede.
— Vou fazer você lavar essa parede! Olha que imundície onde apoia os pés! Que nojo! — Lea exclamou.
— Ah!... Não enche! — Marisol gritou, olhou a irmã de cima a baixo e voltou a mexer no celular.
Após conferir tudo o que precisava, Lea enviou mensagem para a prima e saiu, dizendo ainda:
— Tchau! Me deseje sorte para conseguir essa vaga!
— Não mesmo... — murmurou com a certeza de que a irmã não ouviria.
Já no portão, Lea cumprimentou sua tia que conversava com sua mãe.
— Oi, tia!
— Bom dia, Lea! Nossa! Como você está linda! — Carmem elogiou ao admirá-la e sorriu.
— Obrigada, tia. Ai... Tô nervosa — confessou sorrindo e fazendo graça com um gesto parecendo tremer.
— Não fica assim, filha. Vai dar tudo certo. Se for um lugar bom para você, para o seu futuro, a vaga será sua. Fique confiante. Respira fundo para não parecer nervosa, lembre-se disso: não são seus pensamentos que vão conseguir acalmar sua mente, é sua respiração. Respire fundo e seja confiante — Isabel incentivou animada e sorridente.
— Ai, mãe... Tem de dar certo... Quero tanto trabalhar na área em que me formei.
— Vai dar certo, Lea. Vai ver — tornou a tia que esfregou suas costas como um carinho.

Eis que Angelita chegou quase correndo.

— Oi! Oi! Bom dia, tia!

— Bom dia, Angelita — Isabel respondeu. — Nossa! Você também vai para alguma entrevista de emprego? — brincou. Sabia que a sobrinha já trabalhava há algum tempo naquela empresa e que levaria Lea para a entrevista.

— Não, mas é bom ter boa aparência sempre, né tia?

— Isso mesmo, minha sobrinha linda! — exclamou ao apertar seu queixo e depois beijá-la.

— Vamos? — chamou Lea.

— Vamos — a outra concordou.

Em meio às despedidas, ouviram as últimas recomendações e desejo de boa sorte, depois se foram.

Ao vê-las caminhar em direção da outra rua, onde passava ônibus e lotações, Isabel disse:

— Lea está tão nervosa. Ela não costuma ser assim. Estranho.

— Vai ver está pressentindo algo.

— Como o quê? — indagou curiosa.

— Vai conseguir o emprego que tanto quis, conhecer gente nova, pessoas que farão a diferença na vida dela...

— Esse emprego é o que mais deseja.

— Minha sobrinha é esperta! Puxou à tia! — gargalhou. Ao ver o olhar atravessado da irmã, Carmem falou: — Ela vai conseguir. Se Deus quiser. A Angelita falou que o engenheiro que vai entrevistá-la é meio exigente, mas a Lea preenche as qualificações. Se a Angelita conseguiu, a Lea também consegue. É uma boa empresa.

— Faz mais ou menos um ano que a Angelita trabalha lá, não é? — Isabel quis confirmar.

— Faz. Foi logo que elas se formaram — Carmem afirmou.

— A Lea não está aguentando mais trabalhar como atendente no laboratório. Ela diz que é um serviço monótono, repetitivo o de ficar abrindo ficha. Sem contar que chega gente sem educação e sem razão que agride verbalmente com arrogância. Chega de cara feia.

— Será bom para elas trabalharem juntas. Sempre se deram tão bem.

— Como nós, não é mana? A gente sempre se deu tão bem — Isabel sorriu.

— É verdade. Acho que essa nossa amizade vem de muitas outras vidas. Acredito que há séculos nós nos damos bem. Acho que já fomos mãe e filha, irmãs...

— É certeza. Somente amizade de séculos e séculos explica nossa união... — sorriu mais ainda.

— Vai ver Lea e Angelita também — Carmem supôs. Mudando de assunto, disse: — Mas... Pelo que entendi, na empresa, elas não ficarão exatamente juntas. Enquanto uma vai para uma obra, a outra estará em outra. Terão de ir para o escritório para fazer relatórios, análises... Não estarão o tempo todo nos canteiros de obras.

— Nem sei direito, Carmem. Quando a Lea disse que ia fazer faculdade de Engenharia Ambiental junto com a Angelita, confesso que nunca tinha ouvido falar nisso. Pensei que fossem trabalhar... Sei lá... No meio do mato! — riu com gosto.

A irmã gargalhou e admitiu:

— Eu também nunca tinha ouvido falar. Até estranhei. Mas depois, a Angelita explicou que a Engenharia Ambiental é especializada em recuperação de solo. Geralmente, trabalham para construtoras, por exemplo, avaliando o solo para saber separar ou preparar onde vão construir o imóvel, prédio, *shopping*, paisagismo... Tem mais coisa, mas não sei dizer.

— O importante é elas gostarem, estarem sempre em movimento. Elas não gostam de trabalhar em lugar fechado, como a Lea no laboratório.

— A construtora onde a Angelita trabalha vem crescendo muito — disse Carmem. — Estão com a construção de um *shopping* enorme. Além de vários prédios de arquitetura moderna. Por isso, ela acha que vão contratar a Lea sim.

— Ah, meu Deus... Tomara! Estou orando tanto...

— Não fique aflita, minha irmã. Ela já conseguiu. A gente deve se preocupar mais com as outras duas: Marisol e a minha Yolanda.

— É mesmo... Enquanto Angelita é tão responsável quanto a minha Lea, a Marisol é tão acomodada igual a sua Yolanda — Isabel concordou.

— Nem me fala, Isabel! Nem me fala! A Yolanda só reclama da vida e não faz nada para melhorar.

— Tá igual à Marisol! — enfatizou. — Não quer saber de estudar, não faz nada, é folgada... Só vive no celular. Faz as coisas depois que eu fico falando e falando ou dou um berro exigindo que seja feito. É horrível perder a paciência.

— Igualzinho a minha Yolanda! Bagunceira... Pra ajudar no serviço de casa, preciso ficar falando também. Não sei mais o que fazer.

— É, minha irmã... Essas meninas estão muito acomodadas. Não sei que revolta é essa com a vida, que má vontade é essa em fazer as coisas...

— Isabel, a Marisol também parece ter inveja da irmã? — Carmem indagou quase sem perceber.

— Tem. Tem sim. — Pensou um pouco e concluiu: — Aliás... Não sei se é inveja ou um sentimento de variação da inveja. Quando a Lea chega a casa alegre, contando novidades, a Marisol olha torto, arremeda a irmã, tira sarro, faz qualquer coisa para tentar diminuir o que a outra achou muito legal.

— A Yolanda é igualzinha!... Em vez de ficar feliz com a alegria da Angelita, com as conquistas da irmã, ela também tenta diminuir a outra, ridiculariza... Sei lá... Isso é inveja, não é?

— É sim. Não gosto de admitir isso porque inveja é um sentimento muito pesado, triste, inferior, mas é verdade. Eu não sei o que fazer mais, minha irmã. Já te falei... Conversei com a Marisol tantas vezes para que mude sua forma de ver a vida, que já perdi as contas.

— Eu também, com a Yolanda. Você sabe.

— É tão triste perceber que uma filha tem esse tipo de insatisfação... Porque a pessoa que sente inveja ou experimenta uma sensação variante da inveja, ou seja, não querer apoiar ou contemplar e parabenizar o outro que cresce... Essa pessoa é insegura, triste consigo mesma, não gosta de si, não se admira em nada do que faz. O invejoso não quer ser assim. O invejoso, em qualquer grau, está em dor. A pessoa vive esse processo por alguma razão. Não importa o grau, é dor interna, é dor na alma. Ela não consegue se amar, amar o que é, amar o que tem. Não ama ou não consegue conhecer suas qualidades. Não conhece e não trabalha seus defeitos de modo a se tornar uma criatura melhor. A pessoa que tem inveja, dificilmente assume que é ou sabe que é invejosa. Ela precisa descobrir que sente inveja e usar isso a seu favor. Dizendo para si mesma: nossa, estou com raiva daquela pessoa porque ela tem o que eu não tenho e preciso ter, quero ter o que ela tem. Daí, então, entrar no processo de descobrir o que a outra faz que ela gostaria de fazer. E ir se informar, descobrir o que fazer. Como a outra chegou até ali.

— Mas você sabe que, quando a pessoa faz isso, vai atrás para saber o que a outra fez para fazer igual, no meio do caminho, ela se encontra. Conhece-se mais e descobre que é superior em outra coisa, gosta de outra coisa. Então, acaba que se dá melhor na vida, mais do que imaginava — Carmem acrescentou.

— É verdade. O problema é que a pessoa não enxerga isso até tomar uma atitude. Ou ela vai fazer o mesmo que a outra fez e se dá bem ou foca em algo novo, desenvolvendo paixão por um afazer que goste e a complete. Isso a tira de vibrações ruins, negativas. A pessoa que sente inveja tem raiva das conquistas e das alegrias da outra. Destila seus sentimentos inferiores em forma de críticas, rebeldia, respondendo mal, desejando o mal, desejando que a outra caia pro fundo do poço onde ela está. Isso é criar uma imensidão de forças negativas. Essa pessoa não vai pra frente nunca! Nunca vi um invejoso bem-sucedido! — Isabel afirmou.

— Nem aquele que fica prestando atenção na inveja que os outros sentem dele, esse também estagna. Não vai pra frente. Não prospera. Por isso, devemos olhar para nossos objetivos e esquecer o resto.

— Exatamente! Não podemos ficar preocupados com o que o invejoso pensa e diz de nós, senão entramos na vibração dele. Todo invejoso quer que o outro caia, em vez de ele subir. O invejoso sofre muito, atrai energias tristes e pesadas. Para ele, nada dá certo enquanto for assim. Precisa se trabalhar muito, buscar seus sonhos, o que lhe agrada na vida, descobrir sua importância para o mundo.

— Pior ainda quando o invejoso fica torcendo para dar errado. Faz de tudo para atrapalhar a vida de alguém, seja quem for. Em vez de se capacitar, quer destruir o outro, quer que o outro faça coisa errada, seja demitido, não vai com a cara dele... — Carmem ofereceu uma trégua e concluiu: — Chego a pensar que todo invejoso critica alguém. Critica muito alguém, seja quem for.

— Acho que é verdade... Geralmente, todo invejoso diz pelas costas: não vou com a cara daquela pessoa... Quero que se lasque, que suma da minha frente, que morra!... O invejoso sente aversão inexplicável e quer o cargo do próximo, deseja que ele fique doente ou não se cure, quer o marido ou a esposa do outro...

— Isabel, você lembra do que eu te contei sobre um caso que acompanhei lá no hospital onde trabalhei?

— Que caso?

— No hospital, tinha uma enfermeira muito legal como colega chamada Vera. Então, ela descobriu que a outra enfermeira, a Maria, morava no mesmo bairro que ela. Toda gentil, a Vera passou a dar carona para ela e depois a convidou para ir a sua casa por conta de um aniversário... Enfim... A Maria começou a participar da vida da Vera. Na frente dela, a Maria era um poço de candura, um amor. Quando o marido da Vera chegava para buscá-las, então!... Tinha de ver! Daí eu notei que a Maria fazia piadinhas com o que via na casa da outra, criticava algumas coisas... Tudo com as melhores das intenções de querer ajudar. Elogiava tanto o marido da amiga... Daí notei que a Maria não queria um marido igual ao da Vera. Ela queria o marido da Vera. Com o tempo, lógico que pelas costas, a Maria começou a reclamar do serviço da Vera, apontando erros e até insinuando e mentindo para acusar a outra. Percebi que queria derrubar a Vera de qualquer jeito. Isso era pura inveja.

— Lembro quando me contou isso. Se a Maria se preocupasse em se melhorar como pessoa e como profissional, não teria tempo de ficar armando situações para derrubar a Vera.

— Exatamente! — exclamou Carmem. — Aí, notei o quanto a Maria era pobre de espírito. Não se amava, não se valorizava. Trazia em si algo amargo enquanto trabalhava. Respondia sempre para os pacientes de um jeito... sabe?...

— Sei! Mas tem invejoso que disfarça bem em todo lugar e em todos os sentidos. Precisamos ficar atentos. Ele é capaz de sorrir, agradar e pelas costas puxar o tapete.

— Nisso você tem razão. A pessoa toma café na sua casa, sorri na sua frente, te chama de querida e, por detrás fala mal, critica, te diminui e outras coisas piores.

— É pessoa triste e está infeliz consigo mesma, descontente com o que conquistou, pessoa que não tem paz — disse Isabel.

— Para mim o invejoso é egoísta.

— Sem dúvida, minha irmã! Egoísta e ainda incapaz.

— Por isso — Carmem sugeriu —, precisamos orientar, ensinar dar um jeito nessas duas meninas. A Marisol e a Yolanda precisam ser melhores. Elas estão indo para um caminho difícil. Se a gente não educar direito...

— Verdade. Acaba virando aqueles casos de irmãos que um atrapalha a vida do outro por inveja. Arma para tirar as coisas do outro como herança... Até morte!

— Credo, Isabel! Assim também não!

— Não estou falando das meninas. Mas existem casos gravíssimos de um irmão que dá jeito de falcatruar para ficar com a herança, mata o outro para herdar o que era dele... Triste, mas tem muito disso por aí. É o extremo da inveja. É a ganância e o egoísmo desmedidos. A pessoa quer tudo para si. Lembra aquele caso que o pai contava do irmão que matou o outro, simulando um acidente só para ficar com a herança?

— Lembro. Credo... A pessoa precisa ser muito ruim, mas muito maldosa mesmo para chegar a esse ponto. Uma criatura dessas merece prisão perpétua — Carmem opinou.

— Prisão perpétua não existe no Brasil. É uma pena... Mas, a criatura merece bons anos de prisão.

— Pode ter certeza que a consciência dela vai providenciar algum tipo de prisão para esta ou para a próxima vida.

— Isso explica algumas pessoas serem presas injustamente, outras sofrerem acidentes e ficarem com limitações em um leito... A justiça de Deus não falha. — Um momento e Isabel quis saber: — Mas me conta! Como terminou o caso da Maria e da Vera?

— Ah!... Então, como todo invejoso, a Maria não sustentou a máscara por muito tempo. Até o marido da Vera percebeu e começou a falar. Um dia, a Vera viu que a amiga ficava de conversinha por mensagem com o marido, que fez questão de mostrar para ela. Então colocou um basta.

— Mas a Vera pegou alguma coisa comprometedora?

— Não. Mas percebeu que a Maria queria estreitar a amizade com o marido. Teve uma vez que meio que falou mal da própria Vera para o marido.

— Em amizades assim é preciso pôr um basta. Ainda bem que o marido era amigo da esposa.

— Ele mesmo desfez a amizade, bloqueando a Maria. Daí a Vera também se afastou dela. Não houve briga nem nada. Só afastamento. A Maria passou a demonstrar quem era. Começou a falar da Vera descaradamente, não da forma velada como era antes. Então, todos se afastaram da Maria. Ela exibiu a energia que cultivava. Passou a receber reclamações no trabalho... Enfim... Em alguns meses foi demitida e não tivemos mais notícias. A Vera, com classe e princípios, continuou com um casamento equilibrado, bom comportamento no serviço e foi promovida. Fiquei bem feliz por ela!

— Ainda bem que ela tinha um parceiro, amigo fiel, além de marido. Nem todas nós temos isso.

— É questão de caráter do homem. Questão de caráter! Se o marido não quiser desfazer de uma amizade que não valorize sua esposa, ou que a mulher viu algo errado... Aí tem...

Na espiritualidade, enquanto conversavam, não podiam perceber que amigos e mentores as observavam e gostavam do que viam.

— Enfim, Carmem e Isabel se harmonizaram depois de muitas encarnações como rivais, dotadas de orgulho, egoísmo e más inclinações... — disse o espírito Jorge que acompanhava o desenrolar de tudo.

— É verdade. O interessante é que nem desconfiam do passado. É a bênção do esquecimento — disse um dos acompanhantes do grupo.

— O sentimento que despertou em ambas foi de amor. Amor fraterno, inquebrantável — tornou o instrutor. — Todos nós temos esse amor incondicional em nosso ser. É preciso despertá-lo. É lamentável que, muitos de nós, para despertarmos o amor incondicional precisamos sofrer. Olhamos para o outro e criticamos, em vez de entender e aceitar. Olhamos para o semelhante e sentimos raiva por seu jeito, seu modo de falar, por suas decisões, seu jeito de vida, sua orientação sexual[1], seu corte de cabelo, cor de pele, sotaque, etnia... Em vez de ir cuidar da própria vida e deixar o outro ocupar seu lugar no mundo.

— Jorge, observamos as irmãs falarem muito de inveja. Poderia responder se é inveja quando alguém implica com a sexualidade do outro? Por exemplo, a pessoa que vê um casal gay e critica, é porque ela quer ser igual? E também o contrário. Uma pessoa gay que critica um casal heterossexual, ela sente inveja? — indagou um aluno do grupo.

— Cada caso é um caso. Que isso fique bem claro — disse Jorge. — Não existe um padrão que se encaixe em todos os casos. Por exemplo: um senhor ou uma senhora que tiveram educação rigorosa em que lhe ensinaram que é errado

---

[1] Nota: O livro: *Mais Forte do que Nunca*, romance do espírito Schellida, psicografia de Eliana Machado Coelho, mostra-nos excelentes reflexões e ensinamentos sobre esse tema.

ser gay, podem criticar por ignorância, por ter aprendido dessa forma. Precisamos ter o bom senso e entender a falta de compreensão deles, mas não aceitar a agressão. Isso de modo algum. Esse é um exemplo. — Ofereceu uma pausa onde pareceu refletir, depois prosseguiu: — Outro pode criticar o casal gay, sem que ele, o crítico seja gay, porque, lá no fundo, sente-se frustrado. Seu inconsciente reclama: eles encontraram o amor e eu não. Eles são felizes no amor e eu não. O mesmo não acontece com uma pessoa heterossexual, como foi o caso de Maria e Vera que Carmem acabou de contar. — Breve pausa e explicou: — Nesse caso, é inveja. Em ambos os casos, ou seja, na pessoa que não recebeu educação ou orientação sobre homossexualidade e a inveja propriamente dita, significam falta de amor a si mesmo, amor incondicional às outras criaturas. Quem ama a si, preocupa-se consigo, não critica o outro em nenhum aspecto. Dessa forma, não atrai energias nem espíritos inferiores que se nivelam àquele tipo de pensamento, palavras e ação. A pessoa mais frustrada e infeliz consigo mesma, aquela que não se admira, não reconhece suas próprias qualidades é a que mais se intromete na vida do outro com expressões baixas, hostilidade de alguma forma e até agressão. Lógico que, como já disse, cada caso é um caso. Porém, uma coisa é certa: a crítica, a inveja, o preconceito, as opiniões negativas, a raiva, a intolerância, em qualquer grau, criam limitações e barreiras naqueles que as fazem. Criam limitações e barreiras nas bênçãos recebidas, na prosperidade, na saúde... Em tudo. A pessoa atrai infelicidade. — O espírito ofereceu uma trégua, depois concluiu: — O que arrastou Carmem e Isabel para tanta desarmonia foi a não aceitação da condição da outra. Nenhuma foi capaz de quebrar a corrente do mal. Na última encarnação, antes de nascerem gêmeas com limitações mentais, Carmem, por egoísmo e por inveja do que a irmã tinha, acreditando que Isabel não merecia parte da herança, foi capaz de ser a idealizadora intelectual e também a praticante da morte do próprio pai para ficar com tudo o que era dele. Ela deu a ideia e o marido trouxe o produto tóxico e ela deu ao pai em pequenas doses para não matá-lo de uma só vez. Ignorando os fatos e inconformada pela irmã aumentar seus bens, Isabel também por egoísmo, ganância e inveja, irritada pelo fato de a irmã aumentar suas riquezas, também foi capaz de planejar a morte de Carmem e seu marido. Inclusive, executou seu cunhado quando ele sobreviveu ao primeiro atentado. A raiva transformou-se em ódio e este cresceu a tal ponto que causou desequilíbrio terrível em ambas, principalmente, na espiritualidade. Desespero e inenarrável dor consciencial por tudo o que fizeram de desequilibrado, por repetidas encarnações, aceitaram reencarnar como gêmeas e com deficiências que as limitavam imensamente o entendimento, em uma época em que crianças especiais eram tratadas com desprezo, como animais, muitas vezes. O coração generoso de Lea resgatou-as do orfanato para convivência em família. Ainda assim, foram desconsideradas pela mãe, que tinha o dever de cuidar delas. Só tinham uma à outra quando choravam, brincavam, sentiam-se sós, sentiam dores, pois não conseguiam se comunicar, não conseguiam se expressar.

— A inveja é causadora de muitos males para aquele que a tem. Inveja é sofrimento que se desconhece a origem — comentou outro aluno. — Quando no extremo, prejudica o próximo e causa grandes danos que precisará reparar.

— É verdade. Os danos que alguém causa por inveja, egoísmo terão de ser reparados ou harmonizados pela própria pessoa. No caso de Isabel e Carmem, ambas eram egoístas e se invejavam. Por isso, reencarnaram gêmeas e deficientes.

— Jorge — outro perguntou —, percebemos que tanto Yolanda quanto Marisol têm inveja de suas irmãs Angelita e Lea, respectivamente. Elas correm o risco de experimentarem reencarnações difíceis como Carmem e Isabel em vidas passadas?

— Isso só acontece se os sentimentos de inveja, ódio, egoísmo e perseguição forem recíprocos. Não houve revide de Lea para com Marisol ou de Angelita para com Yolanda. Não existe nenhuma necessidade para que Lea e Angelita experimentem reencarnação com tal prova — Jorge explicou. — Tanto em Yolanda quanto em Marisol nós podemos perceber a clássica falta de amor próprio, a má tendência da preguiça para não cuidar de si, não se esforçar e desejar que os outros façam tudo por elas. Não se admiram pelo que são, não se orgulham do que fazem, não são pessoas positivas. Ao contrário. Elas não conhecem suas qualidades, não se valorizam, não admitem ter preguiça para fazerem algo bom e culpam os outros por seus problemas. Marisol, em vida passada, teve dificuldades no casamento arranjado. Lógico que experimentou o que precisava. Tinha débitos de outras vidas. Nada estava errado. Precisava salvar a própria vida. Mas quando fugiu para a casa da irmã, que a acolheu, acomodou-se totalmente. Não ajudava em nada, não cuidava adequadamente das filhas. Queria ser tratada como princesa. Naquele momento, a inveja começou. O empenho de Lea, sua dedicação, as atitudes firmes, a coragem de trabalhar no pesado... Tudo isso incomodou Marisol, que não se esforçou em nada para contribuir. Ela não precisava ser como Lea, mas necessitava se dedicar a algo. Não bastasse isso, sua inveja e egoísmo fizeram com que traísse a confiança da irmã. Marisol queria tudo o que era de Lea, menos as responsabilidades, as atividades e o empenho. Lea agiu corretamente dando-lhe abrigo e exigindo que cuidasse das filhas, ao menos. Mas Marisol não tinha preocupação com outras necessidades. Viveu à custa dos esforços e empenho da outra. Se compararmos, Angelita teve o mesmo tipo de ajuda, mas não ficou parada, acomodada. Sempre colaborou. Ajudou a tomar conta do filho da prima, Santiago, enquanto ela trabalhava. Cuidava das hortas, dos animais que serviam a eles... Hoje, na atual encarnação, Marisol terá de se empenhar, de se encontrar consigo mesma, descobrir seus talentos, seus dons para evoluir ou vai arrumar mais dificuldades, se quiser ser cuidada e acolhida. O mundo é outro. Não temos as mesmas desculpas do passado. Terá de estudar, trabalhar, ocupar-se com o que for útil. A irmã lhe serve de exemplo. A mãe vai lhe dar direção até onde puder. Ou Marisol se dedica a se melhorar ou vai se colocar em situação ainda mais complicada e pior. Estará sozinha, sem ninguém confiável para orientá-la e auxiliá-la. Ela está esgotando todas as ajudas que poderia ter. O mesmo acontece com Yolanda.

— Lembro que Yolanda foi afastada dos irmãos por conta do casamento arranjado. O marido se mudou várias vezes e ela perdeu totalmente o contato com a família. A prima e o irmão tentaram encontrá-la, mas em vão — comentou outro componente do grupo.

— Nada do que aconteceu estava errado — tornou Jorge. — Em outra vida, ela foi homem rigoroso, severo, cruel com as mulheres. Vendeu suas filhas. Cometeu arbitrariedades terríveis por seu poder. Na reencarnação como Yolanda experimentou boa parte do que fez sofrer. Teve um casamento arranjado que a afastou dos irmãos. Padeceu o mesmo que fez com as filhas vendidas. Yolanda teve um marido rude, abusivo, que a agredia, torturava. Dessa forma, foi submetida ao que fez com mulheres em outra vida. Revoltou-se. Culpou Deus e todos a sua volta. Ainda revoltada, ao desencarnar não quis entender ou aceitar que vivenciou o mesmo que fez sofrer. Na espiritualidade, quando soube da vida dos irmãos, invejou-os. Sentiu raiva por Angelita ter vivido livre na fazenda de Lea. Não gostou de Iago ter prosperidade, mesmo que à custa de muito trabalho. Não aceitou o bem-estar deles. Hoje, deveria se esforçar, evoluir moral, material e espiritualmente. De forma inconsciente, acredita que o mundo lhe deve algo. Fica à espera de ser servida, quer que tudo caia do céu sem qualquer esforço.

— Yolanda e Marisol não são diferentes — tornou o aprendiz.

— Não. Não são — Jorge confirmou. — Suas mães aceitaram a tarefa de guiá-las para que aprendam sem sofrimento, sem dor. Dependerá delas o desejo e as ações positivas, o empenho em melhorarem.

O espírito Maura, que acompanhava o grupo e até então não havia se manifestado, opinou de modo oportuno:

— O mais antigo fato relatado sobre inveja que temos registrado na *Bíblia* é de Caim e Abel. Caim matou Abel por inveja. Em seguida, uma das histórias que nos chama a atenção é no Evangelho. Os fariseus, no extremo desse sentimento infeliz, querem invalidar a autoridade de Jesus, mesmo sem conseguir invalidar o Seu poder. Quando, em um sábado, Jesus curou um cego[2]. Para os judeus, o sábado deve ser guardado. Nada pode ser feito, nesse dia. Por isso, criticaram-No. Essa atitude nos leva a crer que os fariseus invejavam extremamente a capacidade, as habilidades e os conhecimentos do Mestre. Gostariam de ser como Ele, mas estavam longe disso e sentiam-se menores, inferiores. Por isso, atacaram-No, criticaram e investigaram o quanto puderam. Observamos que os fariseus buscaram colocar em dúvida se estava certo ou não a cura, por ter sido realizada em um sábado. Isso mostra a maior evidência de que o invejoso apresenta: a crítica. Em maior ou menor grau, não importa, a crítica sempre aparece. Eles desprezam e desqualificam quem quer que seja. O invejoso não valoriza, não reconhece as qualidades do outro. Dificilmente, o invejoso elogia e, quando o faz, não é verdadeiro e se sente irado, por dentro, muitas vezes, sem demonstrar isso. Quando, de alguma forma, tem poder, ocupa posição de destaque, ele demite, derruba os que possuem atributos e qualificações que ele não tem. Os invejosos sempre falam mal, são provocativos, criticam, zombam, debocham, ludibriam, enganam. Quanto maior seu grau de inveja, mais desabona os outros. Inveja é uma doença que precisa ser tratada. Quando chega ao extremo de seu estado emocional doentio, o invejoso ataca, agride com palavras, roga pragas, deseja as piores infelicidades, misérias àquele que inveja. É lógico que isso ocorre em vários graus. Mesmo que o sentimento seja pequeno é bom ficar alerta, pois como qualquer doença, a inveja cresce. O invejoso não quer o bem do outro e chega a ser destrutivo para conseguir o que cobiça. É muito comum o invejoso falar demasiadamente de si. Elevando-se

---

[2] Nota: Evangelho de Jesus, segundo João, Capítulo 9 – Versículos de 01 a 41.

perante os demais. É vaidoso, enaltecendo-se e discorrendo sobre si, sobre suas façanhas, sempre que tem oportunidade. Os demais, não importam, não dá atenção nem ouve. Ninguém é melhor do que ele. Essa é uma maneira de diminuir seu mal-estar, inferiorizando o próximo por meio de seu enaltecimento e/ou da crítica. A inveja é um sentimento muito destruidor e está sempre associada a expressões violentas de ira ou raiva como xingamentos diante da vitória do invejado. Comprovadamente, em vista do sucesso alheio, a contrariedade sempre é expressa, pois o invejoso acredita ser digno e ter direito à conquista que o semelhante teve. Ele não percebe que é incapaz, tão menos admite ser acomodado. Gasta tanta energia, mesmo que só em pensamento, para criticar, prejudicar, trapacear, falcatruar, desejar o mal a fim de desqualificar o outro e não descobre que é a doença de sua inveja que precisa ser curada a fim de que prospere. Ele precisa deixar de prestar atenção na vida do outro para cuidar e curar sua própria vida.

Após a conclusão, o espírito Jorge e sua equipe continuaram observando as irmãs que conversavam de outro assunto, divertindo-se com algo.

CAPÍTULO 36

OPINIÕES DIFERENTES

Lea soube que seria contratada como engenheira ambiental na mesma empresa onde sua prima já trabalhava e deveria apresentar-se com a documentação solicitada.

Ela não poderia se sentir mais feliz, realizada.

Não parava de sorrir. Nem podia explicar tamanha alegria na alma.

Angelita, bastante satisfeita com a conquista e felicidade da prima, ajudou a agilizar o que era necessário no processo de admissão.

O dia mais especial foi o de conhecer a construtora e ser apresentada para os colegas, ou pelo menos, para a maioria deles.

Mediante a demanda de serviço, Lea soube de sua designação para uma tarefa junto a um dos engenheiros civis e foi Angelita quem os apresentou:

— Este é o Iago, com quem vai trabalhar. — Voltando-se para ele, disse: — Iago, esta é Lea, a mais nova engenheira ambiental. Vai trabalhar com você no novo projeto.

Lea, sorridente, deu um passo e pegou na mão do rapaz que a estendeu para cumprimentá-la.

Seus olhos se encontraram e se imantaram por longos segundos.

— Prazer, Lea... — disse Iago que perdeu as palavras, enquanto sentia o tempo parar naquele instante.

— O prazer é meu... — ela murmurou, mas algo embargou sua voz. Não sabia o que dizer.

Nenhum dos dois teve condições de entender ou justificar o que se passava. Algo diferente acontecia. Não era comum experimentar aquele gelo na alma com o misto de uma alegria e satisfação. Ninguém conseguia explicar. Olharam-se até que a voz de Angelita chamou-os à realidade.

— Fiquei feliz quando soube que a Lea iria trabalhar com você logo de início. É bom demais ter alguém com paciência para nos ensinar e mostrar como tudo funciona.

— Obrigado, Angelita — ele falou sem jeito. Não sabia dizer o porquê de estar desconsertado. — Vou tomar seu comentário como um elogio.

— Mas foi! — ressaltou e sorriu. — Bem... Agora que já se conhecem... Vou cuidar das minhas coisas, que não são poucas. Boa sorte!

— Vou conversar com a Lea sobre alguns projetos em andamento e outros novos. Obrigado, Angelita. Se precisar de algo, estarei por aqui. — Voltando-se para Lea, convidou: — Vem comigo para a sala ao lado?

— Sim. Claro.

Chegaram a uma sala grande, onde havia uma mesa com mapas, plantas de construções, canudos e, em um canto, maquetes.

— Primeiro vou te mostrar os projetos. Depois, podemos ir ao local onde as obras não iniciaram. Assim você pode analisar e... — ficou revirando alguns papéis à procura de algo. Mas não parecia concentrado.

— Perdeu algo? — ela perguntou sem pretensões.

— É... Não... Desculpe-me... Eu quem me perdi e... — Ergueu-se. Sério, respirou fundo e comentou: — Olha... Vai parecer a coisa mais ridícula, mas eu preciso te perguntar: a gente já se viu antes?

— Também tive a impressão de conhecê-lo, mas... Acho que nunca nos vimos — sorriu levemente. Sentia-se nervosa ainda.

— É que você me parece muito familiar. Desculpe-me... Estou atrapalhado porque quero me lembrar de onde a conheço.

Iago pareceu verdadeiramente confuso. Precisou se esforçar para manter o foco no que precisava, não se deixando abalar pela forte impressão que experimentou.

Concentrando-se no que queria, achou as plantas e mostrou suas ideias.

No início da noite, Lea estava em seu quarto conversando com a prima, contando sobre seu dia.

— Então fomos até o local que está sendo preparado e comecei a verificar o material para análise, tirei fotos e... Enfim, foi mais tranquilo do que eu pensava.

— Sabia que seria legal. O Iago é superbacana! Gente fina. Mas existem outros ali que... Nem te conto. Chatos, exigentes, orgulhosos. Por exemplo, quando o Iago vai para a obra ele te leva junto. Outros engenheiros vão e deixam você se virar sozinha, ir por meios próprios. Vai ter de pegar táxi ou sei lá...

— Aconteceu um negócio estranho... — Lea decidiu contar. — Quando vi o Iago, tive a sensação de que o conhecia. Algo muito, muito forte. Não consegui parar de olhar para ele.

— Vai ver porque ele é bonito — disse a prima, caindo na gargalhada.

— Não... Quer dizer... Também — Lea achou graça. — Mas não foi isso. Senti uma coisa estranha e sei que ele também, pois, sem demora, perguntou se a gente já tinha se visto.

Mais séria, Angelita confessou:

— Interessante. Aconteceu isso comigo quando o vi pela primeira vez. Gostei dele.

— Será que já nos vimos em alguma balada?

— Acho que não, Lea. Eu lembraria. Fiquei com uma impressão forte quando o conheci. Nós nos damos muitíssimo bem. Não sei explicar. Mas... Não o conhecemos não. — Rindo, brincou: — Tomara que nunca tenha nos visto em uma balada,

tomando todas e pegando geral!... — Mais séria, disse: — Sei lá... Sabe... Não estou gostando da minha situação, do que ando fazendo, da minha vida...
— Como assim? — a prima quis entender.
— As coisas estão paradas, sem graça...
— Do que você está falando, Angelita? Não estou entendendo.
— Tudo está muito monótono. Trabalho, saio, acho que me divirto...
— Não se diverte?
— Não sei se acho graça das mesmas coisas. Sei lá... Não estou gostando da minha situação com o Arturo. Desde que a gente ficou pela primeira vez naquela balada, lembra?
— Lembro.
— Daí, trocamos mensagens, saímos de novo... Sei lá...
— Também estou incomodada com minha situação com o Luís. Sei do que você está falando. Nós nos conhecemos na mesma balada. Foi a mesma coisa. Trocamos mensagens e saímos de novo. Estou me sentindo insegura. Não sei o porquê.
— Acho que eu sei, Lea.
— Por quê?
— É porque não sabemos o que somos deles. Não sabemos se temos compromisso, se devemos satisfações ou se eles nos devem satisfações.
Pensativa, Lea contou:
— No outro fim de semana o Luís saiu com os amigos e eu fiquei aqui, esperando que ele mandasse mensagem pra gente sair. Fiquei esperando... Esperando... Não fiz nada. Não quis mandar mensagem para não parecer que estou pressionando. Daí, só no dia seguinte, quando dei um oi, ele disse que viajou com os amigos. Nem me avisou.
— Sei perfeitamente como é. Também já passei por isso. Teve um dia, eu e o Arturo saímos e encontramos com a irmã dele e a apresentação foi assim: essa aqui é a Angelita. — Respirou fundo e confessou: — Devo admitir que me senti frustrada com o título: Essa aqui. Que termo horrível! Ele não me apresentou como namorada. Essa aqui... Parece um termo

tão material, usado para objeto, como se eu fosse uma coisa. — Pensou um pouco e afirmou: — Nossas mães têm razão. Precisamos nos valorizar mais. Precisamos parar de aceitar o segundo lugar, quando o primeiro está ocupado ou mesmo quando não tem ninguém nessa posição. Temos de exigir a medalha que merecemos. Essa história de ficar, ficar... Ficar com o cara só nos deixa para baixo, faz a gente se sentir objeto, lixo...

— Você não acha que está exagerando?

— Não. É o mesmo que em uma corrida o primeiro colocado, aquele que se esforçou, que correu mais do que todos e chegou na frente receber somente uma medalha de participação. Seu empenho não tem valor. É isso o que somos quando aceitamos ficar, não somos nada. Somos iguais, objeto comum, sem valor. Eles não nos devem qualquer satisfação, qualquer respeito, qualquer sentimento. Não temos valor — disse Angelita expressando-se com certa amargura. — Quando a gente aceita ficar com um cara sem um título de namorada, se nós o virmos com outra, beijando e abraçando, ele pode dizer: você não é nada minha. Só fiquei com você, assim como tô ficando com ela. Alguns menos indelicados diante de um questionamento desses dizem: mas você não precisa se preocupar com isso. Você é uma mulher moderna, não se prende ao conservadorismo. É dona do seu próprio corpo. Sua modernidade faz com que se iguale aos homens, com direitos iguais. Você é tão livre quanto eu... — Breve pausa, suspirou fundo e concluiu: — Eles falam isso para continuarmos sendo objetos. Sabe... Nós nos achamos modernas, livres, mas nos sentimos mal. Eu me sinto mal. Meus valores, minha autoestima vão lá pra baixo, lá pro pé...

— É... Acho que nos sentimos frustradas — Lea disse.

— Essa é a palavra certa: frustrada. Além de amargurada, triste, porque o cara não nos valorizou, porque não significamos nada para ele. Somos objetos sem valor.

— Não sei se concordo, Angelita.

— Lea, você tem várias peças de bijuterias?

— Sim. Tenho.

— Onde as guarda?

— Ali, no armário, em uma caixa de papelão... Coloquei um ganchinho na porta do armário para pendurar aquelas mais compridas que embaraçam... Por quê?

— Você tem alguma coisa em ouro?

— Tenho — tornou Lea.

— Tenho certeza de que não guarda com as peças de bijuterias.

— Não. Lógico.

— Por quê?

— Ah, Angelita... Sei lá... Porque não quero que misture, por terem mais valor e não quero perder.

— Você disse a palavra que eu esperava: valor. Você protege e tem um lugar especial para o que tem valor.

— Não sei... Será que somos nós que nos sentimos assim? Será que outras mulheres experimentam o mesmo tipo de sentimento quando saem com um cara e só ficam? Será que nós não temos de nos forçarmos um pouco para sermos mais modernas?

— É uma violência sem tamanho você forçar a natureza de alguém, principalmente a sua e é disso o que estou falando. Force um gay a virar hétero. Force um hétero a virar gay. Não dá, porque é a natureza da pessoa! Assim é o nosso sentimento referente ao autoamor. Não dá para forçar ser diferente. Autoamor é dar-se valor. Tratar-se bem. Pense comigo... Muitas de nós, aparentemente, concordam em ficar e aceitam esse tipo de relacionamento. Mas acredito que, lá no fundo, nas horas amargas da noite, no meio da solidão, talvez sofra os efeitos desagradáveis, resultado desse tipo de comportamento e nem sabe! — Um instante e prosseguiu: — Essa necessidade que sentimos de querer ter alguém ao lado, pode ser herança inconsciente das mulheres do passado. Você não acha?

— Pode ser. Até pouco tempo, um século atrás, a grande maioria das mulheres tinham medo de ficar solteiras, de não casarem. Sem condições de ter bom emprego ou de se sustentar, a mulher sempre dependeu do homem. Primeiro dependia do pai. Poucas estudavam e isso limitava o conhecimento. Eram educadas para cuidarem da família. Depois, casavam e dependiam do marido até a morte. Se ficassem viúvas e não tivessem um filho maior, responsável para cuidar dos bens e também dela, precisavam se casar novamente. Muito raramente mulheres se emancipavam e cuidavam de si. Quando ou se isso acontecia, tinham sua moral questionada e dificilmente eram aceitas. Isso era horrível!

— Esse medo de ficar sozinha faz com que aceitemos qualquer coisa com o parceiro em qualquer condição e nos desvalorizamos.

— Acha mesmo que nos desvalorizamos e facilitamos tudo para eles? — Lea ficou reflexiva.

— Se pensarmos em autoamor, em nos colocarmos em primeiro lugar, sim. Eu acho — Angelita opinou.

— Quer dizer que nos desvalorizamos quando exercemos nosso direito de liberdade e de igualdade? — Lea indagou com um toque de contrariedade.

— Quando saímos por aí permitindo que um monte de caras que nem conhecemos, nos beijem, transem com a gente sem nem saber o nome, sim. Tenho certeza de que nos tratamos como lata de lixo. Isso não é direito de liberdade ou de igualdade. É carência. É aceitar qualquer coisa, mesmo que nojenta, para ter a ilusão de ser querida, desejada. Não é diversão, é desprezo a si mesma. Estamos permitindo que nos tratem como objeto sem valor que se usa e se joga fora. Pense! Você usa em qualquer lugar, em qualquer ocasião a peça em ouro mais cara que tem? Não. Usa a bijuteria. Algo sem tanto valor. Usa, abusa e joga fora. Nós estamos nos tratando assim. Por isso, sofremos. Nós nos iludimos com liberdade e igualdade e não admitimos que mulher pensa e sente diferente, Lea. Queremos ser iguais ao homem, mas pensamos e sentimos muito diferente deles. Nossos hormônios são diferentes, nossa composição física, a química do nosso corpo é outra. Será difícil agirmos como um homem, pensarmos e

sentirmos como ele. A alma feminina é um poço de emoções. Sofre quando não encontra justificativas, explicações para seus sentimentos. A alma feminina pensa demais. Para a maioria dos homens tudo é prático, rápido e objetivo. O homem não fica preocupado com detalhes e quando se preocupa não é por muito tempo. Hoje, a gente conhece o cara numa festa, ele agrada, aceitamos e jogamos um charme, acabamos saindo e terminando a noite num motel. Ele levanta, toma banho e, quando muito, deixa a gente em casa. Daí não sabemos se ele vai nos procurar ou não. Na verdade, quer que ele ligue, diga que gostou da noite, da sua companhia... Mas ele nem se lembra do nosso nome! Isso é comum para homens. Eles não pensam nem se preocupam. Praticamente atendem as suas necessidades, quando se atraem por uma mulher e não pela pessoa mulher. Então, ficamos magoadas, tristes, frustradas porque agimos com a liberdade sexual que as mulheres do passado tanto lutaram para conseguir. Então, não teria cabimento ligar para perguntar a ele alguma coisa. Não sabemos o que aquele relacionamento significou. Daí nos sentimos um objeto. Mas a alma feminina, dotada de muita emoção e sentimentos, não gosta de ser objeto. Por isso, frustra-se e se magoa. O que mais nos deixa decepcionada é que sabemos que o cara não está nem aí para o que aconteceu no relacionamento casual, do ficar, e vai procurar outra trouxa como nós para suas necessidades fisiológicas.
— Olhando para a prima, disse em tom quase agressivo: — E você, mulher, feminina, alma feminina, dona do seu corpo, liberal, livre, que se doou para ele, se entregou para um relacionamento íntimo, e que por ser um sujeito estranho, muito provavelmente não aproveitou nada desse envolvimento, simplesmente, sente-se um lixo!
— Ai! Credo, Angelita! Que exagero! — Lea se zangou.
— Exagero?! Pensa, criatura! Um cara que se relaciona contigo, vira as costas e vai embora é porque só te queria para as necessidades físicas dele, jamais teve qualquer sentimento. E você só se envolveu com ele na esperança de conquistar o

sujeito, para ter alguém ao lado, por carência, para um provável compromisso porque você, alma feminina, pensa e sente diferente dele! Você quer carinho! Deseja um ombro, uma pessoa querida! — Usando certa ironia falou: — E você é uma trouxa se acreditar que se expondo, sendo fácil o sujeito terá algum sentimento ou consideração por você!

— Não sou uma trouxa que alguém usa para suas necessidades físicas! — Lea protestou, muito incomodada. — Você está falando igual às nossas avós!

— Eu comecei pensar diferente. Desculpe minha sinceridade. Mas, nesses quase trinta anos de idade, depois de todas as experiências, chego a acreditar que a liberdade sexual das mulheres foi ideia dos homens libertinos. Quem ganhou com essa liberdade foram eles! Eles chegam e nos procuram, nós aceitamos e eles não devem nem satisfações depois de satisfeitos. Viram as costas e vão embora.

— Angelita do céu!!! Não acredito que estou ouvindo isso de você!!! — Lea esbravejou. — No passado e até hoje, em alguns países, por conta de algumas culturas a mulher é tratada como animal ou pior do que animal! Antigamente ela era capacho do homem! Vítima de relacionamentos abusivos, violência de todos os tipos, traição, ingratidão!... Tudo por culpa da mentalidade sórdida de homens que as dominavam. Mulheres não podiam fazer nada! Não trabalhavam, não produziam, não opinavam, não tinham liberdade. Eram submissas. Só serviam para procriação! A revolução para a liberdade da mulher foi a melhor coisa que aconteceu! Hoje, tanto o homem quanto a mulher podem se expressar livremente. Mulheres podem e devem estudar, trabalhar, ser independentes, conquistar seus sonhos, ser produtivas, ocupar lugar de destaque! Não precisa dar satisfações do que faz ou deixa de fazer.

— Lea, presta atenção. Não sou contra nada disso que falou. Devemos sim ser responsáveis por nós mesmas e deixarmos de ser dependentes de homem ou família. E digo mais! Lembro que o homem tem também suas obrigações dentro de uma casa e com os filhos. Sou a favor de quando ele chega à sua casa, ajude com as tarefas, principalmente, quando ambos trabalham. Ajude com os filhos. Vá ao mercado, feira... Não estou falando contra essa situação de empoderamento feminino que é trabalhar, estudar, fazer o que gosta e o que quer sem ter de pedir permissão ao homem. Antigamente a mulher não podia cortar o cabelo que o marido brigava! Era preciso pedir permissão!

— Isso ainda acontece muito. Maridos idiotas ainda acham que mulher precisa ter cabelo comprido ou pedir a opinião dele para mudar o corte.

— E isso precisa acabar. Mas não é sobre isso que falo. Estou me referindo a essa coisa de ficar. Temos liberdade de ir para a balada, ficarmos com o cara e ninguém pode nos repreender por isso, não podem nos julgar. Mas a nossa consciência faz isso! Porque as energias com as quais nos envolvemos, principalmente por não sabermos com quem o sujeito andou, o que ele fez, com quem mais se envolveu... são energias baixas. Elas nos prejudicam. Por isso, nós nos sentimos mal. Ficar com alguém sem compromisso é um envolvimento superficial, deixa um imenso vazio em muitas de nós. Nas mais sensíveis, com certeza. Relacionamentos onde as emoções são vazias de sentimentos fazem o coração doer. Cria um buraco negro nas nossas vidas. Quando estamos sós, não sabemos o que somos, não temos com quem nos preocupar. Não temos quem amar. Não sabemos o que sentir. Homens e mulheres sem sentimentos tornam-se vazios, tornam-se objetos! — ressaltou. — O problema é que vamos nos tornando pessoas frias, incapazes de amar, incapazes de nos relacionarmos com carinho, com generosidade. Temos alguém do lado por um momento, em algumas ocasiões... Rimos, contamos piadas, desabafamos nosso estresse... Mas não sabemos se vamos ver a pessoa amanhã. Não podemos sentir carinho nem gostar. Não podemos criar sentimento algum porque não podemos nos apegar! Tudo vai se evaporar, vai virar pó. Ficamos vazios... Nós estamos nos desrespeitando, espiritualmente falando, estamos deixando de sentir autoamor quando fazemos de nós, do nosso corpo, objeto de uso momentâneo sem qualquer envolvimento emocional. O envolvimento casual, o sexo casual nada mais é do que fazermos de nós objetos. Usou, acabou, joga fora! Não sinta mais nada! Acho que essa luta para liberdade da mulher mexeu com muita coisa, libertou-nos de encargos absurdos, da submissão, mas... Sexualmente falando, ficamos com sérios prejuízos emocionais. Nossa consciência dói, cobra, fica triste, pois somos seres dotados de sentimentos.

— Que absurdo você está dizendo!

— Não, Lea. Presta atenção. Não é absurdo. Pense comigo: o que nós mulheres ganhamos? A liberdade de ficarmos com um cara, hoje, com outro amanhã... Mas sem podermos expressar sentimentos, sem nos apegarmos, sentindo-se um objeto, pois a alma feminina sonha, pensa demais, deseja romantismo, carinho, amor... Não podemos mais desejar romantismo. Nós, que agimos assim, acabamos com ele. O cara não nos deve satisfações e isso nos machuca, não agrada, fere. Sofremos. Deixa um vazio. Sem contar as energias negativas com as quais nos envolvemos. Se, hoje em dia, os homens dizem que as mulheres são todas iguais, é por isso. A impressão que tenho é de que vai ficar pior. O vazio que as pessoas sentem fará com que elas se desgastem mais ainda em envolvimentos sem sentimentos, sem emoções. Talvez, algumas pessoas aceitem viver um momento, ficando com alguém pra rir, passear, beber, comer, divertir-se e acabar a noite na cama. Mas, com o tempo, quem pode garantir que, lá no fundo, sua alma não sentirá dores e sua consciência lhe cobrará um comportamento de autorrespeito? Quem pode assegurar que um vazio não vai acontecer e a dor inenarrável na alma vai trazer muito desespero, transtornos depressivos, ansiedade, pânico por nossa falta de respeito a nós mesmas?... Sabe por quê? Porque, apesar de toda diversão, de ter tantos ao seu lado, sente um vazio inexplicável pela falta de sentimento correspondido. Sente a falta de ver no outro a emoção manifesta em alegria por, simplesmente, vê-la. Pela ausência de carinho... É tão bom receber um carinho, um abraço e saber que alguém gosta da gente. Isso faz falta.

— Quanto exagero! — Lea protestou.
— Você acha mesmo? Pois eu não.
— Penso que existem vários tipos de pessoas. As que se envolvem com alguém e tudo bem, e as que ficam preocupadas e querendo saber o que o cara achou. Vejo em filmes, mulheres europeias e as americanas se envolverem com os caras e tudo bem. Elas não cobram nada deles no dia seguinte.
— Filme?! E você vai se basear em filmes?! Pelo amor de Deus, Lea! Lógico que nos filmes vão mostrar isso. Não vão detalhar que, na vida real, essas mulheres estariam se sentindo objetos, vazias, tristes, deprimidas porque não têm autoamor, não se valorizam. Outra coisa... Também acho que são filmes produzidos por homens que desejam, imensamente, que as mulheres sejam assim, facilitando as coisas para eles.
— Você acha mesmo, Angelita, que uma mulher se desvaloriza só porque dormiu com um homem?
— Se for com todos que encontrou por aí nas baladas, no trabalho, no círculo de amigos, sim. Ela se desvaloriza. Diferente de um envolvimento com mais compromisso, respeito, responsabilidade e, principalmente, com sentimento. E para se criar sentimentos é preciso certo tempo de convivência. É preciso namoro. Hoje, o cara te leva pra cama e não tá nem aí com você, para o que sente ou não. Isso é ou não é ser um objeto?! — indagou firme.
— São direitos iguais! — esbravejou.
— E quem ganha com isso? Vou te responder: ele! O cara ganha com isso porque não terá de pagar a prostituta! E você, muitas vezes, vai ajudar a pagar a conta do motel bem como as bebidas. Com o tempo, vai se odiar por isso.
— Você enlouqueceu! Eu discordo disso! — Lea se irritou.
— Quais seus argumentos de defesa? — ficou no aguardo.
— Não os têm, não é mesmo? Não adianta nada dormir com um cara sem sentimentos! Sem ter o carinho de ele perguntar se você está bem, se foi legal e te procurar no dia seguinte porque estava com saudade. Então, fica com a sua opinião que

eu fico com a minha. Não vou mais me envolver com quem não tenha sentimento, quem eu não conheça! Tudo o que é fácil não tem valor. O que é difícil é valorizado. Sempre foi assim e não mudará nunca!

— Então, fique presa no passado! Agindo como nossas avós!

— Elas estavam certas!!! A mulher era mais respeitada naquela época! E você quer saber?!... Não tenho de ficar discutindo com quem não abre a mente para analisar com a razão. Quem está presa a ideologias pobres é você! Observe o mundo! Nunca se teve gente tão só, tão triste, tão amargurada em uma época em que a comunicação é fácil e tem tanta gente junto com tanta liberdade, principalmente, a sexual. E olha só... Nunca se teve tanta gente depressiva, vazia, destruída por dentro enquanto ostenta um sorriso na cara só para dizer que acompanha a modernidade! O sentimento, as emoções, o carinho, a saudade... se caírem de moda, o ser humano deixa de ser humano. Tchau!

— Vai mesmo! — Lea se zangou.

A prima virou as costas e saiu.

Lea ficou irritada. Extremamente contrariada. Levantou-se e abriu a janela com toda a força, deixando mais ar fresco entrar no quarto.

Não gostava de brigar com Angelita. Além do que, aquele era um assunto delicado, particular demais e qualquer decisão poderia se transformar em arrependimento para um ou significar nada para outro.

Desejou que Angelita retornasse para conversar sobre outros assuntos e para contar mais sobre seu dia, mas não voltou.

— Marisol você precisa fazer algo! Um curso profissionalizante, pelo menos. Parou de estudar, não faz nada nem ajuda com as tarefas de casa!

— Ai, mãe!... Já sei de tudo isso! A senhora falou um milhão de vezes! E eu já fiz curso profissionalizante. Sou manicure.

— Mas não fica trabalhando em lugar nenhum por muito tempo. Quando conseguiu emprego em um salão, ficou de conversinha, falando mal de uma e de outra. Ficou mexendo no celular em vez de atender a cliente! Onde já se viu? Foi por isso que te demitiram!

— Ignorância da proprietária! Eu só dei uma olhadinha. Todo mundo faz isso. É normal!

— Não, Marisol! Não é normal, é desrespeitoso. Enquanto se trabalha, não deve procurar distrações no celular, olhar mensagens... Deve dar atenção ao trabalho. Fugir para o banheiro para gravar áudio ou trocar mensagens também é errado. O resultado foi a demissão! Gostou? Agora está aí sem fazer nada!

— Que droga, mãe! Já ouvi tudo isso! Cansei!

— Não, Marisol! Você não cansou, pois repete tudo de novo em cada emprego. Aliás, o que você pensa em fazer da vida? Vai continuar sendo manicure ou usar essa profissão para crescer e ir além? Pode muito bem trabalhar meio período e fazer outro curso.

— Ai, mãe... Chega, vai!

— Não! Não chega! — Isabel respirou fundo e procurou se acalmar. Tentou conversar com mais tranquilidade. — Filha, estou falando para o seu bem. Sejamos realistas, muito realistas. Você deve aproveitar o momento, agora, nessa idade para fazer alguma coisa em prol do seu futuro. Não vai ter a mim e a sua irmã ao lado pelo resto de sua vida. A Lea pode ir trabalhar longe, pode se mudar, casar... Uma hora ou outra ela vai cuidar da própria vida. Quanto a mim... Não vai contar comigo para sempre. Alguma coisa pode acontecer. O que vai ser de você? Como vai viver? Como vai pagar um aluguel, comer, vestir, ter dinheiro para comprar um medicamento?...

— Saco!... — exclamou baixinho. Levantou-se e colocou uma caneca de café na pia. Quando ia sair da cozinha, encontrou com Lea e comentou amargurada: — Pronto! Tá aí a sua queridinha! A filha exemplar!... Conversa com ela! Enche ela de beijos e mimos!

— Marisol! Não é isso! — a mãe falou alto, mas ela não quis ouvir e foi para o quarto.

— Bênção, mãe — disse Lea.

— Deus te abençoe, filha. — Percebendo-a desanimada, perguntou: — Ontem a Angelita chegou aqui e foi embora tão rápido. Aconteceu alguma coisa?

— Discutimos. Coisa boba.

— Não dê tanta importância. São amigas. Se Angelita falou algo que te desagradou foi por te querer bem.

Lea revirou os olhos sem que a mãe percebesse. Isabel não tinha ideia sobre o que falaram e desejava opinar. Talvez quisesse saber o assunto. Mas a filha não iria conversar sobre aquilo e decidiu mudar o diálogo.

— Qual é o problema da Marisol hoje?

— O de sempre: eu. O problema da sua irmã sou eu. — Observando que a filha achou graça, explicou: — Estou insistindo para que estude, faça algo que garanta um futuro melhor. Eu disse a ela que, na minha falta, você não é obrigada a cuidar dela e ajudá-la. Não é certo uma vez que é capacitada e teve oportunidades como as suas.

— Que parte de: cada um deve ser responsável pela sua vida, que a Marisol não entendeu? Chato a pessoa não se esforçar, não se empenhar em algo para seu próprio bem e ficar atrapalhando os outros. Somos úteis para a Marisol só quando ela precisa das coisas. Olha, mãe, chego a pensar que ela não quer estudar, não quer aprender uma profissão, ter um emprego para não ser responsável, para não ter de levantar cedo e ir trabalhar. Se ela estudar, terá de assumir responsabilidades, terá de ser uma pessoa séria, comprometida... É muito melhor e mais cômodo não arrumar emprego, não ter profissão, ser dependente, sentir-se ou fazer os outros acreditarem que é uma pobre coitada que todos têm de ajudar. Daí, até ela mesma, começa a acreditar que o mundo lhe deve algo! Acredita que o governo é quem tem de sustentá-la, dar comida, remédio e tudo mais. Ela acredita que os parentes ou familiares que se esforçaram, que deram um duro danado para terem independência, equilíbrio financeiro e vida melhor têm a obrigação de ajudá-la! Mãe, o próprio Jesus disse: não dê peixe ao filho, ensine-o a pescar. — Breve pausa e ainda falou: — Desculpa, mãe... Se a Marisol quiser ajuda para fazer um curso, uma faculdade, tudo bem. Eu colaboro. Mas ela não verá um centavo meu para comprar uma camiseta. Chega! Já ajudei demais. Quando eu trabalhava como atendente no laboratório, uma parte do meu salário era para ela pagar o curso de manicure. Cadê que ela foi trabalhar? Disse que faria podologia. Paguei três meses de curso e depois descobri que não estava fazendo nada. Não, mãe! Agora chega. Fui usada e enganada uma vez só. Ela esgotou sua chance comigo.

Isabel suspirou fundo. Deu um gole no café que estava na xícara.

Sabia que Lea estava coberta de razão. Não disse nada para não incentivar o desafeto entre as irmãs.

CAPÍTULO 37

DEIXAR-SE FLORIR

Algum tempo depois...
Era um dia chuvoso em que o céu ostentava nuvens cinza e pesadas.
Sentada à mesa da casa da irmã, Isabel tomava uma xícara de café bem quente para ajudar a aquecer naquele dia frio e disse:
— Choveu a noite toda e pelo visto não vai parar. Hoje, tinha roupas para lavar, mas não vai dar para estender no quintal e não gosto que sequem nos varais espremidos da lavanderia.
— Dias de chuva nos fazem procurar abrigo na alma. É aí que ficamos introspectivos. Muitos não gostam de olhar para dentro de si e se ver tal como é, aceitando-se, compreendendo-se, amando-se, corrigindo-se, esculpindo-se... Quando assim se permitirem e o fizerem, vão amar os dias de chuva e, após isso, deixar-se florir.
— O que é isso, minha irmã?! — Isabel achou graça. — Virou poetisa? — riu.
— Todos temos um pouco de poeta na alma. Gosto de dias chuvosos — Carmem afirmou, sorriu e deu outro gole no café.
— Eu nem tanto. Principalmente porque lá em casa tem uma goteira que preciso arrumar e só lembro quando chove — deu risada.
— Chama o seu... Ai, esqueci o nome dele... É o marido da dona Juanita. Ele trabalha fazendo pequenos reparos. Acho que o nome dele é Ernâni.

— Ai... Não sei... Não gosto muito do Raul, o filho deles. A Marisol andou conversando com ele e... Não acho esse moço boa companhia para ela. Gostaria de evitar.

— Não tem nada a ver, Isabel. É o homem quem vai consertar o telhado e não o filho dele. E outra... É uma família bem necessitada. É bom ajudar oferecendo trabalho. A dona Juanita tem uma perna deficiente, tem dificuldade de locomoção. Vive no médico pelos problemas de saúde. O homem também é muito doente. São pobrezinhos e necessitados.

— É tão complicado não ter marido para fazer essas coisas ou chamar alguém e ficar de olho... A Lea é meio doidinha, você sabe. Não vou nem dizer nada pra ela ou é capaz de subir no telhado para arrumar.

— Ah... Mas o que é que tem se ela arrumar?

— Tenho medo que se machuque, sei lá... Da última vez que tentou arrumar a instalação, para melhorar a iluminação na lavanderia, quase se matou eletrocutada! — Isabel riu.

— Eu lembro! Levou um baita choque e aprendeu a desligar a energia elétrica antes de mexer em instalações. Olhando por esse lado, ficou a lição — achou graça. — A Angelita também é assim. O que é bom. Desde que o pai morreu ela faz muita coisa. Procura soluções para o que não consegue arrumar... Parada não fica.

— Lea também é assim. Nossa, Carmem... O Diego morreu tão novo. Coitado...

— Novo mesmo. O câncer tomou conta do estômago e todo aparelho digestivo... Foi tão rápido... Ele nunca sentiu nada! Isso é que nos chamou a atenção. Quando o Diego reclamou de dor de estômago, eu trabalhava no hospital e a gente tinha convênio de lá. Falei para ir ao médico. Marquei duas consultas e ele não foi a nenhuma. O Diego era muito reclamão e sem ação. Um tempo depois, quando a dor incomodou demais, foi ao médico, fez os exames e... Apesar da cirurgia e de todo o tratamento, não teve jeito. Ele ainda ficou revoltado com Deus e todo o mundo. Foram tempos tão difíceis... — Carmem comentou em tom triste. — As meninas eram pequenas, montei um quarto de hospital aqui em casa.

— Lembro... Eu levava as meninas lá pra casa para elas não sofrerem tanto vendo o pai daquele jeito o dia inteiro.

— O problema nem era tanto o trabalho com todos aqueles cuidados. O problema era conviver com a revolta dele que xingava, brigava, ofendia todo mundo... Ainda bem que, naquela época, nós duas trabalhávamos em horários diferentes no hospital e você revezava comigo os cuidados com o Diego — Carmem lembrou.

— Nesse período, ele se revoltou comigo. Pegou uma implicância... Não queria que eu chegasse nem perto. Coitado. Eram os efeitos dos remédios, a dor emocional por causa da doença.

— Acho que não era só isso, Isabel. Acredito também que fosse dele mesmo. Trabalhando como enfermeira, em hospitais, nós duas sabemos que pessoas com a mesma doença agem completamente diferente. Umas são dóceis, aceitam a provação, são gentis, amáveis... Outras nem tanto. Cada um aprimora o que é.

— Já percebi que a maioria dos pacientes que aceitam sua condição com benevolência e tratam bem os cuidadores são os que se recuperam mais rápido e sofrem menos.

— Verdade! Já percebi isso. Ao contrário dos que reclamam ou são desagradáveis e revoltados. Esses têm seus quadros agravados e sofrem mais. — Carmem suspirou fundo e comentou: — Foi o caso do Diego. Mesmo dizendo para ser mais amável, explicando o quanto se prejudicava sendo grosseiro, ele não aceitava. Não entendia. Culpava Deus e o mundo. Berrava, xingava... Fazia um inferno da vida de quem cuidava dele.

— Sei o quanto sofreu naquela época. Lembro bem... — considerou Isabel.

— Fiquei muito, muito estressada e não podia falar sobre isso com ele nem com as meninas, tadinhas... — Carmem estendeu as mãos sobre a mesa e pegou as mãos de Isabel. Olhando-a nos olhos, sorriu e agradeceu: — Se não fosse você, minha irmã... Obrigada por me ajudar, me ouvir, secar minhas lágrimas e toda a ajuda.

— Você fez o mesmo comigo quando o Ruan foi embora de casa com aquela safada. Ele me deixou com as duas meninas pequenas! Lembra? — Não esperou que a outra respondesse e comentou: — Que momento difícil para mim! — enfatizou.

— Ao menos você descobriu enquanto ele estava vivo. Não foi o meu caso. Só descobri que o Diego me traia depois que ele morreu.

— Senti tanto ódio do Ruan. Até hoje não me conformo. Não sei como você aceitou tão bem ao descobrir, um dia depois do enterro, que o Diego teve outra mulher.

— Quem disse que aceitei, Isabel? De modo algum. Fiquei muito decepcionada, triste, arrasada! Mas logo lembrei todo o sofrimento que vi o Diego passar. Das dores intermináveis, que não aliviavam com remédio algum, do desespero, da sua revolta, o que indica dor emocional... Não somente o seu corpo estava sendo corroído, sua alma também. Entendi que isso era remorso. O remorso inconsciente. Se tínhamos algum débito, algo para harmonizar juntos, nesta vida, tenho minha consciência tranquila de ter feito a parte que me cabia da melhor forma possível. Nunca o traí. Fiz por ele além dos meus deveres. Agradeço por ter me dado duas filhas que amo mais que tudo!

— Não guardou mágoa?

— Não sei se o nome certo para o que sinto é mágoa. Creio que eu chamaria de decepção. O Diego me decepcionou. É bem provável que, no planejamento reencarnatório, ele não programou me trair. Deveria ter sido mais forte contra suas fraquezas morais. Deveria ter sido mais honesto com seus deveres. Mas não. Preferiu prazeres momentâneos ignorando as consequências do refazimento e da harmonização, o que nem sempre é fácil. Nunca teve paz e vai custar muito adquiri-la. Morreu aos berros, mesmo com todo o cuidado e medicação do hospital. Ah... Sei lá... Acho que Diego pagou caro por muitas coisas desta e de outras vidas.

— Coitado... Sempre temos harmonizações do passado. Nada escapa. Mas quando não aceitamos, não entendemos o que precisa ser feito, sofremos mais — Isabel levantou. Colocou a xícara na cuba da pia e espiou pela janela. — A chuva está bem fraca.

— Oi, tia! — Yolanda chegou e a cumprimentou.

— Oi, minha sobrinha! — sorriu largamente. — Como você está? — perguntou alegre.

— Tô bem, tia.

— Lave as mãos, filha. Acabou de chegar da rua.

A jovem revirou os olhos ao suspirar fundo. Ia à direção da pia da cozinha quando Carmem pediu:

— Aí, não. Lave as mãos na pia do banheiro ou no tanque de lavar roupas. Já te falei isso.

— Tá bom... Tá bom... — foi para o outro cômodo.

Virando-se para a irmã, Carmem disse baixinho, dando ênfase:

— Parece uma coisa! Não aprendem nunca! Ensino isso desde que era pequena.

— Nem me fala! A Marisol é igualzinha — Isabel comentou e riu. Ao ver a sobrinha retornar, afirmou: — Sua mãe tem razão, Yolanda. Ao chegar da rua devemos ir direto para o banheiro e lavar as mãos. Se não fizermos isso, esquecemos e pegamos nas coisas contaminado tudo, sabe-se lá com o quê!

— Ai, tia... Eu só ia pegar um pouco de água. Tô morrendo de sede.

— Não importa, meu bem. A regra é higiene e pronto. — Ofereceu uma trégua e, com jeitinho, comentou: — Vem aí o começo de ano e... Eu vi um curso para auxiliar de radiologia. Bem que você e a Marisol poderiam fazer juntas. Seria tão bom.

— Área hospitalar deve ser horrível para trabalhar — Yolanda reclamou.

— Como pode saber? — tornou a tia.

— Ah... Só tem gente doente.

— Digamos que é natural as pessoas ficarem doentes. Mas você não está doente e é por isso que pode trabalhar em algo para ajudar quem precisa. Pode ser uma coisa muito legal.

Ao ver que a filha não se manifestava, Carmem decidiu colocar um limite:

— Pois é, Yolanda... Já estive pensando e decidi uma coisa: se no início do ano que vem você não iniciar um curso profissionalizante sério e não procurar um emprego...

A filha não deixou que terminasse de falar e, com modos arrogantes, questionou encarando-a:

— O que vai fazer?! Me colocar pra fora de casa?!

Carmem respirou fundo e calmamente respondeu:

— Não. Mas não vou te dar sossego. Vai ter de trabalhar muito aqui. Terá de dar conta de todo o serviço da casa. Estou aposentada, mas precisamos de mais dinheiro. O que recebo com a pensão do seu pai não é suficiente e você sabe. Para o próximo ano, estou com emprego para ser cuidadora em vista. Quase tudo confirmado. Então, enquanto eu e sua irmã trabalhamos, você vai ter de cuidar da casa, das roupas, da comida, se não estiver estudando e trabalhando. Eu e sua irmã não faremos mais nada em casa.

— Muito engraçado isso! Não serei empregada de ninguém!

— Nem eu e sua irmã seremos provedoras dos seus gastos e necessidades! Trate de estudar e arrumar um emprego! — a mãe foi enérgica.

— Que saco! Droga! — gritou e foi para outro cômodo.

Carmem esfregou o rosto num gesto aflitivo e falou angustiada:

— Ai, meu Deus! Diga-me o que fazer!

— Calma, Carmem... Não fica assim.

— E ficar como, Isabel?

— Também não sei. Tenho problema idêntico e não sei o que fazer. — Foi para perto da irmã e esfregou-lhe as costas. — Será que ela e a Marisol são assim porque ficaram sem os pais quando eram crianças? Sei lá... Podem ter ficado traumatizadas...

— Mas Lea a Angelita também perderam os pais, quando crianças, e não são assim. Acho que é algo que elas precisam trabalhar na alma! — Carmem expressou-se zangada.

— Será, minha irmã? — indagou, mas não teve resposta.

Enquanto isso, na espiritualidade, Jorge acompanhava tudo juntamente com o grupo que o seguia.

— Carmem e Isabel estão dispostas a ensinarem as filhas a terem equilíbrio e independência. Mas as jovens não querem, pelo menos, não da forma mais fácil, que é aceitando as orientações e observando os exemplos. Por isso, Yolanda e Marisol atraem para si experiências difíceis, situações que as chamem para responsabilidade.

— Prestei muita atenção naquilo que Lea falou outro dia. Muitas pessoas não querem estudar, aprender, procurar qualificação e emprego para não se tornarem responsáveis — disse Guimarães, um dos acompanhantes do grupo.

— Isso é pura lógica e verdade — o espírito Jorge concordou. — Quando a pessoa se qualifica e trabalha, ela assume responsabilidades. Na maioria das vezes, aquele que não quer aprender um ofício e se empregar ou produzir algo, é porque quer continuar acomodado, dependente dos outros. E tudo o que acontece de ruim com ela é por culpa dos outros.

— Isso é cabível de ser comparado com algumas pessoas que são doentes? — o espírito Letícia indagou.

— Como assim? Não entendi sua pergunta — tornou o instrutor.

— Já observei algumas pessoas em que a doença, para elas, é algo muito conveniente. Elas não querem melhorar, não querem se curar. Por isso, não se esforçam para recuperarem a saúde, terem qualidade de vida. Seja qual doença for, elas adiam tratamentos ou nada do que é oferecido e sugerido para que possam melhorar seu estado serve ou adianta. Ao contrário. Se oferecemos algo, aquilo lhes faz mal. Vivem reclamando de suas dores para deixarem bem claro que sofrem e que a vida delas é difícil. Fazem isso para deixarem bem claro e lembrarem aqueles à sua volta que elas são doentes.

— Mas é lógico que isso existe, Letícia! — afirmou Guimarães na vez do orientador. — Já cansei de ver gente assim. Elas reclamam e reclamam constantemente para deixarem claro que não podem assumir compromissos, não podem trabalhar, não podem isso ou aquilo. Pessoas assim são manipuladoras.

Usam seus problemas de saúde, suas dores para serem cuidadas, para serem dependentes.

— Lógico que existe o doente que experimenta a doença, a dificuldade, a limitação e em meio a tudo isso, busca recursos, busca a cura, ajuda, trabalha a consciência para entender qual a mensagem daquela doença. Daí, então, transforma-se. Faz reforma íntima, muda os pensamentos, as palavras e as ações se reformulando, buscando ser mais fiel a Deus, a princípios e valores honestos, bons, úteis e saudáveis para não ficarem dependentes. Mas, em contrapartida, outros usam a doença, acreditando que, manipulando os demais, poderão se encostar, ser dependentes e não ter responsabilidade — completou Letícia.

O espírito Jorge, orientador do grupo, ficou somente observando a conversa muito animada e não teve chance de responder à pergunta feita.

— Sem dúvida — tornou Guimarães, afiado para criticar —, existem os que desejam evoluir e, por isso ou para isso, fazem de tudo para se curarem ou procurarem qualidade de vida. Mas existem outros que a doença é conveniente. Esses não querem se curar nunca. Para cada remédio que você arruma, eles encontram uma doença diferente. Por causa da sua doença, seja ela qual for, eles não podem assumir qualquer responsabilidade, fazem o que querem e quando querem e ninguém pode falar nada ou eles têm um chilique. Eles podem falar, gritar, se fazem de vítima, mas, se você disser qualquer coisa, eles adoecem mais ainda para partir seu coração e gerar sentimento de culpa.

— É verdade. A doença é um mecanismo, ou seja, uma ferramenta usada para manipular o outro e o outro fazer o que o doente quer — ela completou.

— Se a doença acabar, acabam as desculpas para essa pessoa se tornar apta e responsável por si mesma. É o caso daquele que não quer estudar, aprender um ofício e trabalhar. Essa pessoa não quer se tornar responsável por si mesma. Não quer conquistar ou lutar pelas coisas de que precisa.

Não quer ser responsável pela vida dela nem por suas decisões. Quer ser cuidada.

— Verdade, Guimarães. Essas pessoas podem culpar Deus e todo o mundo por seus fracassos, por sua falta de sorte na vida. Culpam a família que não ajuda, o pai e a mãe pela genética ruim, o professor que não ensinou e não teve paciência, culpam o médico que não encontra sua cura. Essas pessoas se acham inocentes, frágeis, pobres coitadas.

— Letícia, o mundo está cheio de gente assim. Tanto na área das doenças, aqueles que não querem ser curados, quanto na área dos acomodados, que não se esforçam para estudar, qualificar-se e trabalhar. Eles se acham inocentes e a culpa é sempre dos outros.

— Guimarães, já vi casos em que a pessoa chega ao absurdo de torturar os filhos e os mais próximos, deixando-os enlouquecidos, dizendo-se doente, gemendo ao falar que vai morrer. Isso desde quando os filhos são pequenos, para torturá-los e manipulá-los e fazê-los se sentir muito mal com uma perda que não aconteceu.

— São manipulações doentias! — interrompeu Jorge com calma peculiar. — Não esqueçam isso. São, sem dúvida, almas doentes. Consciências doentes que, consciente ou inconscientemente, usam suas doenças, sejam elas quais forem, para tentarem manipular os outros, para terem mais atenção, afeto, cuidados. Para se acomodarem. Elas desenvolvem e/ou não se curam de doenças físicas ou mentais para chamarem a atenção. Isso é doença. Não se melhorar, quando se tem condições, para se tornar responsável, amedrontar os outros colocando neles a culpa por seu estado ou por aquilo que pode lhe acontecer, é doença. Só que, sem saber ou sem acreditar, atraem para si companhias espirituais terríveis, algozes sarcásticos e é aí que, espiritualmente vão adoecer de modo terrível.

— O que podemos dizer de uma pessoa assim? — indagou Guimarães.

— Como qualquer um de nós, é um espírito, uma alma com inclinação ao vício. O vício da manipulação. É um vício moral, uma ramificação do orgulho e do egoísmo, pois a pessoa se sente bem, sente-se importante quando consegue manipular os outros para atendê-la, tratá-la bem, dar-lhe tudo o que precisa — tornou Jorge muito calmo. — É o vício do egoísmo, pois não pensa no outro, que o outro tem sua vida, seus problemas, sua evolução para cuidar. Essa pessoa só pensa em si.

— Isso você diz no caso da pessoa que usa a doença. Mas e no caso da pessoa que não quer estudar, trabalhar?...

— Existem razões que levam alguém a fazer isso. Ainda assim, a acomodação também é um vício moral que se ramifica do orgulho. Inconscientemente, a pessoa não quer assumir responsabilidades porque se acha melhor do que a outra e quer ser tratada, cuidada, amparada. O fato de querer ser protegida e auxiliada, mostra que ela não dá valor aos esforços da outra que é obrigada a cuidar de si e dela também. Isso mostra que ela não se preocupa com o desgaste da outra. Só pensa em si, na sua estabilidade, conforto e proteção. Sem despender qualquer esforço para isso. Esse é um vício moral que se ramifica do orgulho e do egoísmo. Não é diferente do caso daquele que é doente e não quer se melhorar para não assumir responsabilidade. Esse doente não se importa com os sentimentos, com o sofrimento, com o desgaste e os esforços do outro. Isso é doença. — Um tempo e exemplificou: — Vejamos o caso de Marisol. Pode-se dizer que ela ficou abalada psicologicamente porque o pai foi embora de casa e construiu outra família. Ela ficou chocada, sem chão, sentiu-se desamparada. Isso a traumatizou. Conhecendo a vida anterior de Marisol, vemos que o divórcio dos pais não passou de um motivo para que despertasse seu desejo de ser tratada, cuidada, acomodada e se colocar na posição de vítima para não estudar, não fazer nada e não se responsabilizar. Conhecemos seu histórico. Ela traz isso de outras vidas. Aqui, dirão que houve um trauma. Para nós, na espiritualidade, diremos que foi o despertar de seu vício moral. Se o pai não tivesse saído de casa, ela arrumaria outra razão para apresentar-se assim. Marisol, egoísta, não respeita o desgaste da mãe nem da irmã que a sustenta. Ela é ingrata. Não retribui. É lógico que se trata de uma doença e precisa ser tratada. A assistência espiritual ajudará muito, pois espíritos afins se aglomeram junto a ela como podemos perceber. Um tratamento com psicólogo clínico ajudaria incrivelmente, desde que ela queira mudar. Vamos lembrar que é um espírito em evolução. — Jorge ofereceu longa pausa para vê-los refletir e, com tranquilidade, observou: — Meus caros, não vamos esquecer que são irmãos em evolução. Quero reforçar isso. Assim como nós, que temos nossos vícios. Lembremos, inclusive, que a crítica, como a que ouvi agora há pouco, também é um vício pernicioso, ramificado do orgulho, pois, quando criticamos, sempre nos achamos superiores aos outros, mas, lá no fundo, sofremos com a infelicidade de não nos amarmos nem nos valorizarmos. Portanto, precisa de aperfeiçoamento tanto quanto nossos outros irmãos. Quem se ama e se valoriza não perde tempo criticando. Quem se ama se valoriza, porque sabe que a crítica nada mais é do que a manifestação do mal em si, querendo deixar evidente as mazelas do outro para que as suas não sejam vistas. O que ouvi de vocês não me pareceu uma apresentação de fatos para estudo, mas, sim uma crítica.

Letícia e Guimarães se entreolharam e abaixaram as cabeças. Sentiram-se envergonhados e nada disseram.

CAPÍTULO 38

ENVOLVIMENTO SEM SERIEDADE

Sentado à mesa da cozinha na casa de sua irmã, Iago prestava atenção em suas conversas prazerosas e sempre alegres. Ele adorava o jeito de ser da irmã. De estar perto dela. Sentia-se envolvido por uma calma e otimismo.

Margarida era uma mulher extrovertida, sempre comunicativa. Embora gostasse de ouvir, falava transbordando positividade.

— Então eu disse a ele: Antônio, meu querido, vamos ter de dar um jeito e fazer uma viagem curta. Nem se for de dois dias ou até um bate e volta. Afinal, é meu aniversário e sempre gosto de viajar nessa data.

— É verdade. Você sempre gostou de viajar no seu aniversário. Como foi que pegou esse gosto nisso? É capaz de lembrar? — Iago perguntou com tranquilidade.

— Ah, se lembro... — sorriu. Foi quando fiz quinze anos. O papai me perguntou: você quer uma festinha aqui em casa para comemorar com suas amigas ou passar o dia na praia e no fim da tarde compramos um bolo de aniversário e cantamos parabéns? Eu amo praia! Não poderia recusar. Lógico que sabia que o papai estava sem dinheiro e qualquer festinha de aniversário, mesmo aquelas com meia dúzia de coleguinhas, sairia caro. Dispensar a festa seria o ideal e ótimo para ele. O papai trabalhava como entregador de móveis e, naquele final de semana do meu aniversário, teria uma entrega para fazer na cidade praiana de São Vicente, perto de Santos. Ele entregaria os móveis e ficaríamos na praia o dia todo.

— Então você decidiu ajudar o papai? — o irmão perguntou sorridente.

— Não só isso... — sorridente, falou com ar de leveza. — Aconteceu algo interessante... Quando somos pré-adolescentes, jovens de uma forma geral, não fazemos as coisas para nós. Tudo o que decidimos é para mostrar aos colegas. É para exibirmos, mostrarmo-nos superiores. Lembro que minhas amigas estavam me pressionando, perguntando se minha mãe já tinha alugado salão, qual o tema da festa e tudo mais. Eu sabia que nossa família passava por situação financeira difícil. Você tinha um aninho nessa época... Papai ficou desempregado um bom tempo e só mamãe trabalhava. Eu queria muito uma festa! Desejava um vestido de baile lindo e brilhante, de cor azul-celeste!... — riu com gosto. — Imaginava-me a própria Cinderela. Convidar quinze casais da mesma idade, com roupas de gala, vestidos rodados para as meninas e... Sabe como é sonho. É bom sonhar. Mas também é maravilhoso estar consciente da realidade. Seria bem complicado e um tremendo desperdício para nossa família, naquele momento, fazer uma festa dessa. O papai propôs um aniversário em casa, com um bolinho para eu comemorar com as minhas amigas e... Sabe, essa ideia não me agradou. Eu desejava algo mais! — enfatizou. — Quando pensei na viagem de ida e volta passando o dia na praia!... Ah!... Isso seria libertador! Eu não teria de aguentar minhas amigas de cochicho, risos, na sala de casa para cantarem parabéns. Elas falariam de tudo. Em contrapartida, eu passaria um dia inteirinho na praia, brincando na água, tomando sol... Coisa que adoro. A única satisfação que dei para minhas colegas foi: no dia do meu aniversário, estarei na praia — falou de um jeito engraçado, dando de ombros e fazendo olhar de arrogante como se estivesse vivenciando aquele momento saudoso. — Teve uma que reclamou, mas não dei a menor importância.

Comemoraria meu aniversário na praia, isso seria muito chique! — riu alto. — Quando o papai chegou bem cedo com o caminhão, eu, você e a mamãe subimos. Não tinha nem sol. O dia nem estava claro! — sorriu. — A gente se espremeu junto do ajudante e fomos embora. Chegando lá, o papai nos deixou na praia, uma praia onde havia pedras enormes, lindas, com as ondas batendo e esborrifando alto... A mamãe providenciou dois guarda-sóis, cadeira e acomodações, principalmente, para você. Fiquei na praia, sentada na areia. Foi a primeira vez que vi o céu e o mar trocando de cor e as estrelas sumirem e o sol nascer... Que presente lindo!... Foi o melhor presente que poderia ter. Lembro que, no meio da tarde, falei que nem queria bolo. Mesmo assim, o papai comprou um bolo na padaria e cantamos parabéns na praia mesmo. Fiquei tão feliz! Bem depois, quando o sol foi embora, recolhemos tudo e voltamos. — Ficou calada um momento e Iago sorrindo a observou com olhar perdido. — Daquele dia em diante, disse a mim mesma que faria de tudo para não ficar em casa em nenhum aniversário. Por isso, eu me presenteio com uma viagem para um lugar diferente no meio da natureza, praia, montanha, floresta... Nem se for a um parque à beira do lago. Gosto de sair, viajar no meu aniversário. É um presente.

— Desde os quinze anos faz isso?

— Sim. No ano seguinte, pedi para o papai para fazermos a mesma coisa — contou empolgada. — É muito mais alegre, agradável e... Sei lá!... Renovador!

— Deu certo porque você cedeu. Não ficou emburrada, contrariada com a situação. Aproveitou o que havia. Qualquer outra adolescente ficaria chateada, triste e estragaria o dia, carregando o trauma pelo resto da vida por não ter tido a festa de quinze anos — ele comentou.

— Mas é verdade, Iago. Sempre falo isso aqui em casa. Pare de ficar magoado, triste, chateado com pequenas coisas. Isso não te leva para frente. Hoje em dia, os jovens são revoltados e todos traumatizados, não podem ouvir um não! Onde já se viu? O que será desses pobres coitados amanhã?

UM NOVO CAPÍTULO

O que a gente mais ouve na vida é não. O não nos faz mudar de direção, encontrar novos rumos, novas e verdadeiras alegrias. O não testa nossa resistência, nos faz fortes. Quando recebemos não, buscamos alternativas, desafiamos nossa mente, consequentemente, evoluímos.

— Se você não tivesse aceitado de bom grado a sugestão do papai, ficaria amargurada, sofrendo com as chacotas das amigas e traumatizada até hoje — ele riu. — Se bem que não consigo ver você amargurada.

— Na minha opinião, amargura é uma opção. Eu fico amargurada, triste sim. Quando algo sai muito errado, quando me decepciono com alguém fico chateada. Mas não deixo esse sentimento me dominar nem desconto nos outros. Comecei a ficar craque em descartar amarguras. Você sabe, isso é um treino.

— Me ensina, maninha... Tô precisando.

Margarida olhou para o irmão longamente enquanto expressava suave sorriso enigmático. Levantou-se. Adoçou o chá que havia acabado de fazer. Colocou duas canecas sobre a toalha já estendida na mesa. Em total silêncio, foi até o armário, pegou um pacote de biscoito que despejou em um recipiente e depois à mesa.

Sentou-se frente ao irmão e comentou:

— Para não deixar que a amargura, a angústia te consumam é preciso descobrir o que te deixa amargurado e angustiado.

— Nem eu sei o que é. Pensei que você, com seu jeito meio bruxinha, pudesse me dizer.

— Não me ofenda! Como ousa me chamar de meio bruxinha?! — riu com gosto para não deixar o momento tenso. — Aqui não tem nada pela metade. Sou uma bruxa perfeita! — brincou. — Só não tenho vassoura que voa. Uma pena. Tenho um ótimo caldeirão que, aliás, está cheio de sopa e espero que goste. Não tenho um corvo, mas tenho aquele pássaro preto que serve bem e...

— Onde está o Adamastor? — o irmão perguntou, referindo-se ao pássaro preto que tinha esse nome.

— Após as 17h ele vai sozinho para a gaiola. Levanta a portinha, entra e não sai mais de lá. O danado acorda cedo. No final de semana, quando esqueço de fechar a gaiola, quero assar esse pássaro! — enfatizou ao brincar. — O Adamastor vai lá ao meu quarto e pousa na minha cabeça e me bica para me acordar! Pode isso? — riu.

— Eu contei para um amigo que você achou um pássaro preto caído no quintal. Não encontrou o ninho e por isso cuidou dele. Hoje, ele vive solto e te acompanha para todo lado do sítio. No viveiro de plantas, em toda parte. No final do dia, vai sozinho para a gaiola. O cara não acreditou.

— Falou que eu tenho também o Bernardo, que é um gato, e que o Adamastor adora dormir em cima dele quando está frio?

— Ninguém vai acreditar. Depois você me passa uma foto. Se falar disso sem provar o pessoal não acredita.

— Depois te passo. E também o vídeo que o Antônio fez com o Adamastor no meu ombro lá no viveiro de plantas.

— Eu quero. Passa sim.

— Mas... Voltando ao seu assunto, senhor Iago... O que está pegando? Ou melhor, o que está te deixando amargurado?

— Não sei explicar direito, Margarida. Às vezes, sinto um vazio. Tenho ótima formação, estabilidade, trabalho com o que gosto, mas minha vida está vazia. Quero chegar ao meu apartamento cada vez mais tarde para não encarar a solidão ou acabo levando alguém para lá e não sei o que é pior. Acordo de ressaca, desejando que a hora passe logo para beber de novo e aí acabar o final de semana... Não sei o que está acontecendo. Enquanto estou trabalhando, ocupado, estou bem, mas...

— Você tinha arrumado uma namorada, a Estela, não é mesmo?

— Não é bem minha namorada, ela é... É só uma pessoa. — Fugiu o olhar e depois de um tempo, disse: — Não sei... Estou achando que não tenho mais a capacidade de amar ninguém.

— Ainda está com a Estela?

— Não é que... Estou com a Estela. De vez em quando a gente fica, bebe, se distrai...

— Iago, farei quarenta e seis anos no próximo final de semana. Sou quatorze anos mais velha do que você. Pode dar a impressão que é pouco, mas da minha geração para a sua o mundo pareceu dar um salto enorme em termos de comportamento social, humano, sexual... Os melindres não nos deixam ter amizades sinceras e verdadeiras. Não podemos mais falar a verdade para um amigo ou ele se magoa, fica triste e vai embora, mesmo estando errado. Não há mais diálogo. Por isso, as amizades, hoje em dia, geralmente, na grande maioria, são superficiais, sem seriedade, sem profundidade, sem sinceridade. Não falamos na frente da pessoa o que sentimos, mas quando ela vira as costas... Dizemos tudo o que pensamos sobre ela e nossas opiniões sobre as coisas que vimos e consideramos errado. O mundo está muito mimizento. Cheio de mimimi... Muito melindre. Credo! Tá chato. Pessoas assim, que vivem se magoando com o que os outros falam, com o que leem, ouvem, com a realidade da vida... Pessoas assim não prosperam, não progridem, não se melhoram, a vida delas não flui. É tão lamentável... Geralmente, são aquelas criaturas que foram sempre ajudadas. Aquelas que tiveram papai e mamãe ou alguém que deu de tudo para que não passasse dificuldades nem frustrações. São aquelas que, normalmente, todo mundo precisa compreender, ajudar, não fazê-la sofrer... Ou, então, a pobre criatura se melindra. Presta atenção: pessoas vencedoras, pessoas que prosperam não ligam para o que falam delas. Elas não dão o mínimo de atenção às frases negativas. Elas focam naquilo que querem fazer e vão pra frente. Não esperam aprovações. Não se melindram...

— Não estou entendendo o que você quer dizer — o irmão admitiu e esperou uma explicação melhor.

— Calma... Eu vou chegar onde quero — sorriu. — Eu tenho uma amizade há mais de trinta anos. Nós nos damos muito bem por causa da sinceridade. Discordamos em muitas coisas, mas nos respeitamos e nos aceitamos. Vivemos tão bem!... Se eu for tão sincera com outra pessoa como sou com essa amiga, é provável que a pessoa não me queira por perto e até se torne minha inimiga. Mas com essa minha amiga... posso falar de tudo. Então, eu digo que sou amiga verdadeira dessa amiga, mas com outras pessoas a amizade é superficial, é rasa, aparente. Não posso dizer tudo o que penso. Aquelas com as quais não posso ser tão sincera, aquelas cheias de mimimi, de melindres, aquelas criaturas frágeis que não querem pensar diferente ou prosperar, crescer de mente e evoluir a alma... Essas nunca vão me entender. — Margarida ofereceu grande pausa e prosseguiu: — Você pode ter muitos amigos, Iago, mas sinto em dizer que são amigos superficiais, sem sinceridade. Se em uma conversa é necessário medir palavras e suas opiniões, ocultar sentimentos, crenças e ideias, não pode confiar totalmente, não estará conversando com um amigo. É difícil lidar com gente assim. Aí, você não quer magoar, não quer ser o desmancha-prazeres e então guarda tudo dentro de si, sobrecarregando os pensamentos, a alma, o coração... Mas isso não para por aí. Não mesmo! — enfatizou. — Como eu disse, da tua geração à minha deu um grande salto. Por exemplo... Eu conheci o Antônio através de amigos de um curso de paisagismo. O grupo combinou de sair e uma das colegas levou o Antônio. Conversamos muito naquela noite. Na semana seguinte, a nossa colega em comum levou o telefone dele para mim, dizendo que ele pediu para eu ligar. — Margarida riu ao lembrar o acontecimento. Pegou a caneca de chá, deu um gole, mordeu um pedaço de biscoito e, a princípio, falou de boca cheia: — Eu disse a ela: não vou ligar não. Se ele quiser, ele que me ligue. E passei meu telefone. — O irmão também achou graça. Lembrou-se do fato que ela contou na época. — Não sabia se tinha feito a coisa certa. Queria falar com ele, mas não desejava parecer fácil. Era essa minha forma de pensar.

— Lembro isso. Você ficou toda aflita, preocupada porque tinha gostado do cara.

— E tinha mesmo! Esperei uma semana que pareceu um ano! — riu com gosto. — Até que o Antônio ligou no telefone fixo de casa — rio de novo. — Nós conversamos, conversamos e conversamos... Marcamos um encontro, só nós dois. Fomos ao *shopping* tomar sorvete. E... conversamos. Marcamos na semana seguinte e fomos ao cinema. Passou uma semana e ele me chamou para ir a um parque. Era inverno e estava aquele dia lindo, de céu azul maravilhoso e sol espetacular. Passamos o dia no parque, sentados na grama. Então ele me beijou — sorriu com leveza como se nunca tivesse esquecido aquele momento tão especial.

— Demorou três encontros para se beijarem?! Não acredito!!! — Iago espalmou a mão sobre a mesa e se jogou para trás, rindo em seguida. Acomodou-se e balançou a cabeça, negativamente, respirando fundo e olhando para ela.

— Isso foi há... Deixa ver... Uns vinte e seis anos e tanto! E foi ma-ra-vi-lho-so! — ressaltou, falando com separação silábica. — Aquele momento, enquanto se espera que algo aconteça entre você e a pessoa... aquela empolgação... aquele aguardo... Tudo isso, mexe com a gente. Faz o desejo nascer forte e crescer muito. Passado um tempo, eu disse a ele: Antônio, não sou do tipo de pessoa que fica com alguém. Não gosto de me sentir descartável. Também não trato ninguém como objeto que se usa e joga fora. Gosto de preservar sentimentos e emoções. Por isso, preciso saber se estamos ou não namorando?

— E ele?! — o irmão perguntou com expectativa.

— No primeiro momento, ficou surpreso. Talvez não esperasse essa minha atitude. Mas, em seguida, admitiu que também não gostava dessa coisa de ficar.

— Mas... Já tinha o ficar nessa época?

— Tinha sim! Lógico! Não sou tão velha assim! — riu alto. — Aí, o Antônio disse pra mim: somos namorados. Você concorda? Ah!... Sorri e dei um beijo nele e disse: claro que sim. Aproveitei o momento e falei: quero te levar à minha casa e te apresentar como meu namorado. Vi que ele estremeceu — achou graça. — Nunca tinha feito aquilo.

— Até eu tremeria! — Iago riu também.

— A partir daí, tudo passou a ser muito claro, muito transparente entre nós. Namorei alguém que me namorava também. Ficava à espera de alguém que me esperava. Aos poucos, as decisões passaram a ser tomadas juntas. Nossa ligação, nossa relação nunca foi superficial. Nosso envolvimento era respeitoso, gostoso, a dois, só nós dois. Eu dava satisfações a ele e ele a mim. Discordamos, discutimos, mas nunca nos desrespeitamos. Mas, hoje em dia, Iago!... Com essa liberdade toda de se envolver com uma, com outra, com um, com outro... Não sei se isso serve para todos. Aliás, na minha opinião, isso não serve para ninguém, meu amigo. Mais cedo ou mais tarde as consequências de diversos envolvimentos e relacionamentos íntimos, sem compromisso, o chamado sexo casual, sem qualquer sentimento, com um desconhecido, com uma desconhecida... Mais cedo ou mais tarde a conta desse envolvimento chega. Aí, você me pergunta: de que forma? Por quê? E eu respondo: a conta chega como um vazio. O vazio que, sem sombra de dúvidas, é o excesso do que carregamos por ações, palavras e pensamentos sobre o que não é bom para a nossa alma nem para a nossa evolução. — Breve pausa e continuou: — A pessoa que se relaciona com um, com outro, vira objeto e aceita o outro como objeto. O sexo, a energia sexual é sagrada, é divina, é uma centelha da sua alma. Quando se troca essa energia, doa-se e também se recebe do outro. Imagina, então, o que fica quando se envolve e se relaciona com alguém que vive trocando essa força energética com dezenas de pessoas? No mínimo, essa energia vem bagunçada, desequilibrada, grosseira, ruim, pesada... Somente um espírito muito grosseiro, muito rude não percebe nem se desequilibra, aparentemente. Do contrário, o desequilíbrio começa a se manifestar como vazio, desânimo, perda de entusiasmo... Sabe por que, Iago? Quando se vira um objeto e faz os outros descartáveis, você deixa de criar em si mesmo sentimentos pequenos e importantes que vão te levar a criar e deixar crescer o amor.

Sabe aquilo que contei que senti quando comecei a me envolver com o Antônio? — ela perguntou, mas não esperou resposta. — A empolgação, a expectativa para vê-lo, a espera de uma ligação dele, o desejo de ouvir sua voz, o entusiasmo de um compromisso... Tudo isso, que mexeu comigo e mexeu com ele também, foram emoções que antecederam o sentimento maior: o amor. Eu não o considerei descartável. Ao contrário. Em nenhum momento, eu o usei ou me deixei usar com a ideia de ele somente ser mais um, que era um envolvimento somente para me divertir.

Não podemos nos divertir nos relacionamentos íntimos, Iago, ou sairemos muito machucados. Se fizermos isso, estaremos nos desrespeitando e desrespeitando o outro. Deixando de plantar em nós a semente do amor e dos mais nobres sentimentos — disse ela com imensa tranquilidade. — Quando deixamos de nos amar, deixamos o vazio crescer. Nós nos tornamos frios, cruéis. Sofremos. Sua geração e as gerações mais novas estão perdendo a capacidade de amar, de se envolver com carinho e com respeito. Amor exige respeito de si e do outro. Hoje em dia, a maioria das pessoas está se vulgarizando. Essa liberdade sexual, sem compromisso, esse sexo casual que está aí, só proporciona a descarga orgástica e implanta a semente da insegurança, do medo do amanhã. Porém, lá no fundo, inconscientemente, a pessoa sabe e deseja uma companhia, um cafuné, um abraço sem sexo, mas com carinho, com sentimento. Só que isso será difícil conseguir quando se deixa usar e usa alguém. Você terá somente uma relação, um relacionamento superficial, extremamente superficial. Essa coisa de beijar vinte numa noite, fazer a maior pegação é só para massagear o ego e se exibir para os outros, como quem diz: eu sou bom pra caramba! Pego a mais bonita, a mais gostosa... E a mulher diz a mesma coisa. Isso é só para se orgulhar, para ostentar, se achar o melhor. Mas o que está por detrás disso é muito horrível para a alma.

Iago respirou fundo e comentou:

— Hoje as coisas são assim e não vão mudar.

— Não mesmo. Mas todos nós temos o direito à opinião. Não seguir todo mundo é ter opinião. Deixa a manada seguir para onde quiser. Como a mamãe dizia: você não é todo o mundo! Não importa se as pessoas de hoje estão se relacionando como animais, como bicho no cio, sem sentimentos, só pela necessidade do sexo. Não importa. O essencial é você não se tratar como bicho.

Uma quantidade de espíritos impressionantemente inferiorizados está decidida a aumentar seu número, engrossando suas fileiras do mal, envolvendo encarnados fracos de opiniões. Nublando seus pensamentos e fazendo-os se rebaixar, se inferiorizarem e se aprisionarem na mais infeliz das escalas espirituais através do sexo promíscuo — Margarida falou firme. — Dessa forma, provocam desequilíbrio de toda a ordem. Desequilíbrio psíquico, moral, energético, espiritual, físico. Por sugestão de espírito inferior, primeiro a pessoa torna-se adepta do sexo casual. Passa a beber... Ingerir bebidas alcoólicas cada vez mais fortes, com mais frequência e maior quantidade para fugir do seu vazio. Às vezes, a bebida não é suficiente porque o vazio aumenta e fica tão forte que se torna doloroso e insuportável. Medicações fortes são necessárias porque entram em depressão, desenvolvem ansiedade ou pânico... Ou ainda, buscam usar entorpecentes e drogas pesadas, ficando na mão de traficantes e... Existem tantos jovens assim e ninguém parou para pensar, né? São os jovens da pegação, aqueles que pegam todos ou todas! Que beijam todos ou todas! Que ostentam... Aí fica difícil... Uma condição extremamente problemática. Lógico que fui ao extremo na minha explicação. Mas o caminho é mais ou menos esse. E nem estou falando da parte física, que envolve o risco de gravidez indesejada ou contrair HIV.

— Você está dizendo que a depressão, a ansiedade ou o pânico são provocados porque as pessoas praticam sexo casual? — ele indagou com tom de contrariedade.

— Não. Não foi isso o que eu disse. Falei que a prática de sexo casual, de ser objeto sexual, pode levar a pessoa à depressão, ansiedade ou pânico a curto, médio ou longo prazo. É o preço que se paga por não se respeitar, por não se controlar, não respeitar o que Deus te deu de mais sagrado.

— Quem te disse isso? Seu mentor?
— Não. O seu. Eu já pensava assim, mas ele está me dizendo tudo isso agora.

Iago achou graça e sorriu no primeiro instante. Não demorou, ficou sério e perguntou:

— Meu mentor te disse isso?
— Sim. Ele disse — sorriu sem mostrar os dentes e ficou com uma cara engraçada.
— E como é que eu me melhoro para sair desse vazio?

Margarida fez um jeito espirituoso e falou:
— Se depois de tudo o que te falei, você não entendeu!... Não merece mais nenhuma orientação, meu irmão! Caramba! Presta atenção! Livre-arbítrio é lei e assumir as consequências do que se pratica também! É você quem tem de tomar as rédeas da sua vida e buscar ser mais amado por si mesmo. Tratando-se com mais carinho, respeito e cuidado. Dinheiro nenhum paga o bem-estar da consciência. E o bem-estar da consciência é adquirido com respeito a si e aos outros.

— Você acha que devo... Sei lá... Assumir um namoro com a Estela?

— Desculpe-me, Iago. Não sei responder a isso. Não sei se ela é mais uma, se tem algum sentimento por você e vice-versa. Nem conheço a moça.

— É complicado.

— Então, descomplica. Afinal, é a sua vida. Na minha opinião, todas as pessoas moderninhas de hoje nunca se sentiram tão sozinhas. São pessoas mais liberais, com pensamentos e ideias das mais variadas, que têm liberdade em tudo!... Essa liberdade, essa libertinagem levou a um vazio imenso! Que ironia, não acha? Tanto as amizades quanto os relacionamentos são rasos, sem profundidade, levianos, sem seriedade. Você conhece alguém hoje mesmo e leva essa pessoa pra cama antes de levá-la para o seu coração. É só mais uma. Não tem qualquer respeito porque essa pessoa mesmo quer que seja assim. Levar alguém para o coração antes de levar para a cama exige atenção, carinho e respeito. O pessoal precisa acordar e entender que não somos objetos, temos sentimentos, quer goste ou não. Não somos coisas descartáveis. Cedo ou tarde sofreremos as consequências. As almas mais sensíveis, com um pouco de elevação, sofrerão primeiro esse vazio que independe de ter dinheiro, casa, bom emprego, religião, fé... É o vazio provocado pelo peso da bagagem imensa que carregamos por nossas atitudes levianas conosco, porque não é algo legal a se fazer consigo e a conta chega. Muitos defendem esse tipo de envolvimento sem romantismo, sem compromisso, o famoso sexo casual... Acham que precisamos nos divertir. Eu te afirmo: não existe diversão com troca de energias espirituais. Não existe diversão com troca de energias sagradas, energias do cerne da alma. Não existe esse tipo de diversão. Existem consequências e responsabilidades. Se houver algum compromisso moral, entre pessoas que se envolvem e se respeitam, desejam o bem uma da outra, cujo casal se sente unido por afinidade e bem-estar, que apreciam ficar juntos... Nada está errado. Mas quando o envolvimento é superficial, em troca de sexo puro, de descarga orgástica... Meu amigo, você está complicando sua vida. — Ofereceu uma pausa ao vê-lo pensativo. Depois prosseguiu: — Quando esse tipo de prática se torna constante, perdemos a capacidade de amar. Não foi essa a sua queixa? Sente um vazio e se acha incapaz de amar? Não é isso o que está acontecendo? — Breve instante. — Nos dias de hoje, o romantismo, tão combatido ou ridicularizado, está fazendo falta. Ele é o preparo psicológico que nos leva ao amor, ao autoamor também. Já vi casais que estavam à beira do divórcio, mas ainda tentaram uma última alternativa para salvar o casamento. Eles passaram a namorar, a ser românticos. Ele pegou uma flor e levou para ela. Ela preparou um jantar especial só para os dois... Saíram para passear de mãos dadas em um parque, contemplando a natureza, sem levar os celulares. O romantismo alegra a alma de quem faz e de quem o recebe. O romantismo mexe com a gente e faz a vida voltar à alma. Não podemos perder a capacidade de sermos românticos ou perderemos a capacidade de amar e, assim, estragar todos os nossos relacionamentos e atrofiar nossa alma. — Silêncio e o viu totalmente reflexivo. — A maior bênção que recebemos foi o livre-arbítrio, o poder de decidir o que fazer ou não. Não interessa para onde a manada está indo. Não interessa se o sexo casual está em moda... Se todo mundo está se pegando geral e isso está em moda. Você tem o poder de decidir o que quer fazer com sua vida, sabendo que vai arcar com as consequências. Nenhum amigo superficial vai te dizer tudo isso, muito menos te fazer pensar sobre isso. A minha geração, a sua e essa moçada dos vinte anos que está aí são gerações que mais tiveram liberdade em todos os sentidos, mas são as que mais se queixam de vazio, solidão, dor na alma. O pior, a maioria não percebe e não acredita que haja um fundo de verdade no que estou dizendo, apesar de sofrerem as consequências do que praticam. Não acreditam no mundo invisível onde, espíritos que querem nos ferrar vão nos induzir a ter pensamentos para que façamos tudo o que não é bom para a nossa paz. Volto a afirmar: não somos objetos nem só matéria, somos mais importante do que isso. Somos espíritos. Temos emoções e sentimentos e são eles que nos fazem evoluir. Romantismo cria emoções e sentimentos. Emoções e sentimentos fazem nascer o amor. Amor é a faculdade que nos faz evoluir. O amor é o máximo do progresso e da elevação pessoal. Para atingi-lo necessitamos de sentimentos e emoções nobres. Sem o amor só temos instintos, agimos sem pensar, não nos importamos com os resultados espirituais e nos igualamos a nossos irmãos animais irracionais em evolução. Quando educamos os sentimentos e as emoções com respeito atingimos o amor.

— Desculpe discordar, mas... Tenho conhecidos que levam uma vida totalmente liberal, vivem bem dessa forma. Alguns, com o tempo, acabaram até se casando com a ficante e... Não sei se você tem razão.

— E você acha mesmo que eles vão contar o que vivem na consciência? Será que são felizes de fato quando estão sozinhos? Será que não se casaram só por causa desse vazio e sem amor e ainda continuam experimentando esse vazio, apesar de estarem juntos? Isso você não sabe! Jamais vão te contar! E não vão contar porque são amigos superficiais, não são sinceros, não são confiáveis. Entre quatro paredes nunca sabemos o que acontece. Já vi fotos lindas e maravilhosas nas redes sociais e no dia seguinte a jovem se suicidou. A imagem que ela passava não condizia com o sofrimento que vivia. Estamos cansados de ver isso. Não podemos confiar que a pessoa apresenta o que sente porque não é assim. Hoje em dia, a maioria não é sincera, não é verdadeira, é superficial, só mostram algo para desejar que os outros tenham admiração e inveja. Tipo: eu sofro por dentro, mas sou invejada por fora!

— Ainda não sei se concordo.

— Além disso, Iago, quando você curte e se envolve com algo que não é legal, jamais vai atrair o que é bom. As energias não batem. Você só atrai o que não presta quando vive junto ao que não presta. Bem... O recado foi dado, meu querido irmão. Não pode alegar ignorância. Resumindo... Deixe de ser galinha! Ah... Tome cuidado no trabalho. Tem duas ou três pessoas lá que não gostam tanto de você por ser todo certinho.

— Como assim?

— Não sei explicar. É dinheiro que corre por fora e você nem sabe.

— Ah... Não sei não. O Sebastián é um cara todo correto. Não se envolve com coisa errada.

Nesse momento, ouviram um barulho que anunciou a chegada de Antônio e dos filhos Pétros e Íris e o assunto foi interrompido.

— Olha quem está aqui! — exclamou o cunhado alegre por revê-lo.

Antônio foi à direção e o abraçou.

Os sobrinhos fizeram o mesmo.

Depois, o marido se aproximou da esposa, beijou-a como sempre fazia e lhe deu um saquinho de papel.

Os filhos também a cumprimentaram com beijos e a abraçaram com carinho. Esse era o hábito.

Iago ficou reparando. Sabia que fazia somente algumas horas que não se viam e se cumprimentavam com generosidade, como se não se vissem há dias.

Margarida abriu o saquinho, olhou, sorriu e disse:

— Aaaaaah... Obrigada, meu amor, por se lembrar de mim — foi até o esposo e lhe deu um beijinho rápido. Virando-se para o irmão, contou: — Ele sabe que adoro esse doce que tem, especialmente, na padaria da cidade. E quando passa por lá, o Antônio se dá ao trabalho de trazer um para mim.

O irmão sorriu. Achou bonita aquela atitude, aquele carinho. Um simples doce o fez lembrar da esposa e a deixou feliz. Ele começou a entender sobre o que ela falava.

Acreditou que, realmente, faltava romantismo e carinho no mundo.

Não se lembrava há quanto tempo não presenteava alguém com um simples mimo, sem que fosse aniversário, Natal ou qualquer data especial.

Também não se recordava de quando recebeu um agrado fora de época.

Margarida talvez estivesse certa. As pessoas estavam se tornando superficiais.

— Vamos arrumar a mesa para o jantar! Todo mundo pro banho. — Virando-se para o irmão, afirmou: — Você também.

— O tio vai dormir aqui? — Pétros perguntou, apreciando a ideia. — Tenho um jogo novo que você vai achar da hora! Quer ver?

— Depois do jantar! — a mãe exigiu.

— Dá pra jogar de três, tio! — Íris lembrou.

Todos ficaram animados com a ideia de Iago estar ali.

CAPÍTULO 39

APROXIMANDO-SE DE IAGO

Domingo à tarde, Iago estava em seu apartamento, um imóvel pequeno em plano aberto.

Esticou-se no sofá e passava os canais de TV, mas não encontrava nada que lhe agradasse.

Pegou o celular e decidiu enviar uma mensagem para a Estela, que respondeu rapidamente.

Chamou-a para sair, tomar um chope e ela aceitou.

No caminho para o bar, onde haviam marcado, Iago estava parado no semáforo, quando um garoto lhe ofereceu para comprar botões de rosas embrulhados de modo individual.

De imediato, lembrou-se da conversa que teve com a irmã sobre romantismo. Em seguida, pensou também em ajudar o garoto e decidiu adquirir a flor que colocou sobre o banco.

Ao descer do carro, sentiu-se sem jeito para levar a rosa consigo. Nunca tinha feito isso.

Chegando ao bar, olhou por toda a parte e não viu Estela.

Escolheu uma mesa e se acomodou. Pediu um chope e avisou que aguardava alguém.

Passada mais de meia hora, ela chegou. Muito bem-arrumada e sorridente, beijou-o no rosto e se sentou.

Iago pegou a rosa e lhe deu.

— Nossa! — ficou admirada, porém mais constrangida do que feliz.

Ele não percebeu. Mas achou bem estranho ela não agradecer. Pegando a rosa, contemplou-a e sorriu em seguida. Depois, colocou-a sobre o assento da cadeira ao lado, junto a sua bolsa.

Começaram a conversar e se animaram mais ainda depois que ela pediu algo para beber e ficou mais relaxada.

Comeram, beberam, riram e falaram muito.

O tempo passou...

Iago sentiu que estava tarde e desejava encerrar a noite por ali, mas Estela parecia querer algo mais.

— Você não veio de carro? — ele perguntou.

— Não. Vim de táxi. Afinal... — sorriu e não completou.

— Então... Está ficando tarde para mim e... Eu posso deixá-la em casa.

— Não vamos esticar a noite e ir para um lugar mais reservado?

— Hoje, não. É que... — não completou.

— Tudo bem. Não se preocupe. A noite foi boa. Mas não precisa me levar em casa. Prefiro voltar de táxi.

— Posso pedir a conta? — o rapaz perguntou.

— Sim. Claro.

— Deixa que eu pago sozinho — ele decidiu.

— Nossa! — ela ficou admirada e riu.

— Algum problema? — ele ficou observando e achou graça na reação.

— Não. Faça como quiser.

Iago pediu a conta, pagou-a e a acompanhou até a calçada, onde aguardaram por um táxi, que não demorou. Despediram-se e, no instante em que a viu entrar no veículo, certificou-se de que não estava com a rosa. Esqueceu-a na cadeira onde a tinha colocado.

Ele sentiu certo desapontamento. Lembrou-se da conversa com Margarida, mais uma vez.

Foi para o carro e se sentou. Ficou quieto por longos minutos e, novamente, aquele vazio, uma espécie de angústia que não sabia explicar.

Respirou fundo e foi para casa.

A sós no seu apartamento, sentiu uma amargura inexplicável. Foi à geladeira, pegou uma cerveja, abriu e começou a beber. Mexeu no celular e respondeu a algumas mensagens, mas não havia nenhuma da Estela. Mesmo assim, decidiu perguntar:

"Chegou bem?"

A resposta afirmativa só chegou no dia seguinte.

Dias depois, na construtora, após cuidar de alguns assuntos, Iago estava concentrado em um projeto, quando Lea o procurou:

— Tem um tempinho?

— Claro. Entra — pediu com leve sorriso. Gostava de tê-la por perto.

— Examine isso aqui — ela mostrou alguns papéis. Aparentava-se nervosa e ficou mais ainda enquanto aguardava. Olhando para os lados, através da meia-parede de vidro, para ter certeza de que ninguém chegaria ali.

— Que estranho! — ele disse surpreso. — Está no meu nome, mas não pedi nada disso. Aliás...

— Iago, por favor... Não diga que fui eu que te mostrei isso. Peguei essa ordem de serviço, por engano, na mesa da Carlota. Foi passada pelo Sebastián — ela referiu-se a outro engenheiro e um dos sócios da construtora. — Sei que o projeto é seu. Não entendo muito bem, mas estão tirando cerca de um terço do material de ferragem da obra e isso...

— Implica que daqui a uns anos o prédio pode cair! Essa porcaria está no meu nome, mas não fui eu quem pediu ou assinou. Essa assinatura não é minha.

— Só não diga que te contei, tá?

Ficou pensativo.

— Preciso falar com o Sebastián.

— O que vai dizer?

— Não vou dizer. Vou perguntar — disse, virou as costas e saiu.

Lea sentiu-se gelar. Embora soubesse fazer a coisa certa, ficou preocupada.

Enquanto procurava por Sebastián, Iago ficou pensativo. Não gostaria de prejudicar Lea. Não sabia o que tinha acontecido. Por isso, não se deixaria dominar pelas emoções.

Entrando na sala do outro engenheiro, após cumprimentá-lo, indagou:

— Houve alguma alteração nos pedidos dos materiais para esta obra? — estendeu-lhe os papéis.

— Não sei... — ficou surpreso ao pegar os papéis. Não esperava que Iago fosse lhe perguntar sobre aquilo. Olhando o documento, Sebastián comentou: — Passa tanta coisa por aqui, não sei dizer. Que estranho. Alguém deve ter errado.

— Muito estranho.

— Eu mesmo verifico isso, Iago. Não se preocupe.

— Eu me preocupo porque meu nome está aí. Acho que vou até a obra checar de perto o que está acontecendo.

— Não esquenta com isso. Vou mandar ver.

— Prefiro assim... — sorriu e virou as costas para sair.

Sebastián ficou preocupado. Após o outro ir embora, saiu à procura de sua irmã Carlota.

Ao encontrá-la, indagou:

— Como o Iago encontrou aquelas ordens de serviço?

— Nem sei do que você está falando! — Carlota estranhou.

— Estou falando disto daqui! — mostrou para ela.

— Estava na minha mesa, dentro da pasta. Por que ele mexeria lá? — ela não gostou.

— O Iago está indo para a obra. Disse que vai checar tudo de perto.

Carlota olhou para os lados e reparou que outros funcionários os observavam. Desconfiada, propôs:

— Melhor conversarmos na sua sala.

Seguiram.

De cabeça baixa, Lea ouviu a conversa. Assim que os irmãos se retiraram, ela foi atrás de Iago e o encontrou no estacionamento.

— Pare! Espere aí! — gritou ao vê-lo sair com o carro.
O rapaz aguardou e ela o alcançou, dizendo:
— Iago, estou nervosa.
— Entra aí! — pediu rápido.
Lea obedeceu e contou:
— A Carlota e o Sebastián pareceram bem nervosos e foram conversar na sala dele. Estavam preocupados por você ir até a obra.
— Vem comigo? Vou conversar com o gerente de obra.
— Vou sim — aceitou sem pensar no que fazia. — Quando vi os papéis, não sabia o que fazer. Só tive o impulso de te mostrar e...
— Se eu conseguir provar essas alterações, estarei comprovando um crime. Posso processar o Sebastián.
— Sim. É algo bem grave. Se fez isso com você, poderá fazer comigo. Já imaginou se ele mudar um laudo meu e passar informações erradas em um terreno arenoso, por exemplo?
Iago olhou-a por um momento e comentou:
— Precisamos ver isso de perto. Você lembrou bem. Podem fazer muita coisa errada em nosso nome. Certa vez, tive uma desconfiança, quando vi uma das fundações e... Pouco tempo depois, o engenheiro ambiental foi demitido, documentos sumiram...
— O Sebastián teria coragem?
— Por dinheiro?... Talvez — lembrou-se de sua irmã que disse sobre ele tomar cuidado no trabalho, pois havia dinheiro correndo por fora.
Pouco tempo depois chegaram ao canteiro de obras da grande construção.
Iago desceu e Lea fez o mesmo.
Ele foi para o lado do carro onde ela estava e pediu:
— Fique por aqui. Esse gerente de obras é bem desconfiado.
— Gosto do senhor Aguilar. Ele é gente boa e confiável.
— Talvez possa ficar cismado com você.
— Que nada! — ela sorriu. — Vou junto. — Tomou postura firme e foi à direção do funcionário, seguida por Iago, que não apreciou muito sua iniciativa.

Mais próximo, cumprimentou o homem:
— Oi, senhor Aguilar! Tudo bem por aqui?
— Boa tarde, dona Lea — sorriu, feliz ao vê-la.
— Ah... Dona Lea nada, seu Aguilar. É só Lea.
— É pra não perder o costume... — ele brincou.
— Boa tarde, Aguilar! — Iago disse.
— Boa tarde. — Antes que perguntasse, o gerente contou: — Os ferros da fundação chegaram hoje cedo.
— Ah... É? — Iago tentou disfarçar.
— Sim. Mas... É... — o homem parecia em dúvida. Talvez constrangido e temeroso de apontar algo errado.
— Algum problema, Aguilar?
— O senhor é quem manda... Mas é que... Me pareceu tão fina essas ferragens. Só de olhar dá pra perceber. O prédio é de quatorze andares.
— Onde estão? — tornou o engenheiro.
— Lá nos fundos. Quer ver?
— Claro. Por favor.
Seguiram o gerente de obras até o local e Iago analisou o material.
Erguendo-se, perguntou:
— É só isso?
— Sim, senhor. É só. Foi outra coisa que estranhei. Olhe estes vergalhões, parecem incompatíveis, não parecem?
— Você tem a documentação dos pedidos?
— Tenho sim. Vamos lá que mostro para o senhor.
Passaram por entre alguns trabalhadores e foram para uma cobertura que servia como uma espécie de escritório.
O funcionário pegou alguns papéis e entregou a Iago que os observou detalhadamente. Depois disse, quase ordenando:
— Suspenda o uso de qualquer ferragem para a fundação. Está tudo errado.
— Mas foi o senhor mesmo quem pediu. Diz aqui, ó! — mostrou, apontando o papel.
— É o que parece. Mas está errado. Não fiz este pedido e este rabisco não é minha assinatura.

— Também estranhei. Tô acostumado a trabalhar com o senhor. Mas...

— Ficarei com estas notas e as ordens de serviço. Providenciarei, eu mesmo, a troca de tudo. Não use nada.

— Tá certo. O senhor é quem manda!

— Aguilar, você tem meus contatos. Qualquer coisa estranha que observar, fala comigo antes, por favor. Tem algo muito esquisito acontecendo e não sei explicar.

— Pode deixar, seu Iago.

— Só uma pergunta... — Lea disse. — O Sebastián esteve por aqui?

— Não. Só a dona Carlota. Quis saber das entregas. O que achei estranho. Ela nunca aparece na construção.

Iago respirou fundo. Sério, decidiu:

— Agora, precisamos ir. Qualquer coisa, entre em contato comigo, por favor, Aguilar.

— Tá certo, seu Iago. Entro sim.

— Tchau, Aguilar!

— Tchau, dona Lea.

— Até mais...

— Tchau, seu Iago.

Foram para o carro e Iago, sentado frente ao volante, ficou muito pensativo.

Lea respeitou seu silêncio, embora seus pensamentos fervilhassem e desejasse falar muitas coisas sobre aquilo tudo.

Após longos minutos, ele comentou:

— Os pedidos não foram estes — apontou para o papel. — Alguém trocou e assinou por mim.

— Isso é crime — opinou ponderada.

— É sim. E não pode ficar desse jeito — olhou para ela. — Caso eu precise, você seria minha testemunha? — sorriu com leveza.

— Claro que sim! Não suporto injustiças.

— Preciso pensar sobre o que fazer.

— Converse com um advogado. É o melhor a ser feito.

— Sim. Lógico. Não tinha pensado nisso. Mas... Antes quero verificar onde foram feitas as trocas, quem fez estes pedidos.

— Certamente, vou perder o emprego, mas... Se eu puder ajudar, conte comigo.

— Isso é complicado... — olhou-a por longo tempo. — Você já está fazendo muito em me ajudar, mostrando isso. Desculpe-me por te envolver e... Vou pensar bem antes de qualquer atitude para não te complicar.

— Ora... Faça o que precisa ser feito.

Ele sorriu. Olhou o relógio ao propor:

— Bem... O mínimo que posso fazer agora é deixá-la em casa.

— Deixei minha bolsa na empresa. Ai... Como sou burra... — jogou-se para trás e recostou a cabeça no banco, fechando os olhos.

Iago achou graça no seu jeito. Sem que ela percebesse, contemplou-a o quanto pôde.

Lea era uma moça bonita. Aparência e fala agradável. Olhos castanho-claros que combinavam com seus cabelos da mesma cor. Altura mediana. Lindo sorriso de dentes alvos e alinhados. Bastava olhar e ela sorria, o que a deixava com jeito encantador. Era inteligente, voluntariosa e com iniciativas. Características marcantes de sua personalidade, além da pontualidade invejável, o que exibia sua responsabilidade aos compromissos assumidos. Apesar de gentil, passava firmeza em seus propósitos e sabia liderar com habilidade peculiar. Tudo o que ele admirava muito. Todos paravam para ouvi-la. Era líder nata.

— Tudo bem. Voltamos para a empresa e depois te levo para casa.

— Não... Será muito trabalho — disse séria. — Vamos até lá e depois vou embora.

— Teimosa!... — murmurou e ligou o carro. Pensou, mas não disse: — "Tudo tem de ser do jeito dela ou não serve."

Em pouco tempo, estacionou o veículo em uma vaga e, antes que Lea pensasse em descer, ele decidiu:

— Melhor você não subir. É pouco provável que tenha gente aqui, neste horário, mas não é bom arriscar. Não seria conveniente que nos vissem juntos por causa destes documentos que vieram para minhas mãos. Não quero que deduzam que os recebi de você. É só a bolsa de que precisa?

— Meu celular também. Ele está fácil de ver, ficou sobre a mesa. A bolsa está enlaçada na cadeira.

— Você deixou o seu celular na mesa?! — indagou incrédulo, olhando-a de um modo sério, mas engraçado.

— Saí correndo atrás de você e não esperava que me pedisse para ir junto! — enfatizou. — Do que está reclamando?

— Não se deixa celular exposto no serviço. Alguém pode mexer!

— Meu caro!... Coisas importantes não se deixam no celular. Ou você não aprendeu isso? — Sem esperar resposta, acrescentou: — Qualquer criança pode pegar meu celular, assim como qualquer *hacker*. Não conseguirão encontrar nem fazer nada. Não deixo minha vida exposta em um celular. Não sou boba! — sorriu com ar irônico.

— Nem foto do gatinho ou do cachorrinho? — riu e brincou com ela.

— Não. Não tenho bichinho de estimação. É uma pena, mas não posso ter, agora.

— Vai dizer que a última foto com o namorado não está na galeria e já fez *backup*? — ele perguntou com ar de graça.

— Não tenho namorado — falou de um jeito que pareceu orgulhar-se disso.

Iago sorriu largamente sem perceber e desceu do carro, deixando-a esperando.

Sem que ela visse, ele riu até entrar no prédio, enquanto balançava a cabeça negativamente, achando graça do jeito como falou.

Chegou ao andar que precisava. Pelo horário, não haveria mais ninguém trabalhando. Caminhava em direção de onde estava a mesa de Lea quando, de súbito, encontrou Carlota, que perguntou:

— Oi! Que susto! Por aqui a essa hora?

— É... Vim pegar uma coisa — o rapaz disfarçou e foi para sua sala.

Carlota o seguiu.

— O que foi? Parece preocupado. Posso ajudar?

— Não foi nada. Não tem como me ajudar.

Ela se aproximou e foi direta:

— Quer sair, hoje? Tomar um chope... Tá tão quente, não acha?

— Hoje não. Não vai dar — respondeu enquanto mexia em alguns papéis, disfarçando.

A moça encostou-se na mesa, ficando quase a sua frente.

Com delicadeza, passou a mão fina no rosto de Iago, fazendo-lhe um carinho.

— Acho que você precisa relaxar.

Vagarosamente, ele se esquivou e pediu com educação:

— Carlota... Por favor...

Com modos sedutores, ela indagou na voz melosa:

— Por favor, sim?... — afagou-o novamente, aproximando-se ainda mais.

Ele segurou seu braço sem usar força e, sério, exigiu:

— Não faça isso!

— Ora... Ora... Qual o problema?

— Nenhum — afastou-se e foi até um armário.

Ela o seguiu. Envolveu-o pelas costas e acariciou-lhe o peito.

Outra vez, o rapaz segurou seu pulso e se desvencilhou, dizendo:

— Deixe de ser baixa!

— É muita areia pra você, não é mesmo? Seu frouxo! Covarde! — desafiou-o e riu com sarcasmo.

Iago experimentou-se ferver. Sentiu vontade de agredi-la e precisou fazer grande esforço para se deter. Não entendeu aquilo. Era uma reação que considerou estranha. Nunca desejou bater em ninguém, principalmente, em uma mulher.

Virando as costas, demonstrando-se nervoso, saiu da sala e foi para outro setor, onde havia várias mesas. Passou perto de onde Lea sentava e, rapidamente, pegou o celular e a bolsa. Antes de sair, escutou Carlota ofendendo-o.

Pegou o elevador e desceu.

Chegando ao carro, Lea percebeu algo estranho.

— O que foi? Parece nervoso.

— A Carlota estava lá.

— Só ela?

— Só ela. Foi o suficiente.

— O que aconteceu? — Lea quis saber.

Não houve resposta. Entregando-lhe, disse:

— Sua bolsa... Seu celular...

— Ela viu você pegando minhas coisas?

— Não sei. Não importa... Não se preocupe com isso... É que... Às vezes, a presença dela me irrita. Não sei explicar. — Olhando-a, perguntou: — Podemos ir?

— Não precisa me levar em casa...

— Claro — ligou o carro e saiu. — Vou te deixar na calçada — riu.

— Você é teimoso — achou graça. Em seu íntimo, gostou. — Vou explicando o caminho...

Depois de um tempo, ele perguntou:

— Podemos ir a um barzinho. O que acha?

— Não sei — titubeou.

— Como não sabe? — olhou-a e sorriu.

— Não estava nos meus planos — respondeu ao sorrir, observando-o.

— De última hora, a senhorita pode incluir isso nos seus planos? — falou em tom de brincadeira.

— Só se me pedir: por favor! — riu com gosto, correspondendo e se divertindo com o jeito que ele falou.

Iago riu. Não conhecia esse seu lado bem-humorado. Brincando, pediu parecendo implorar:

— Cara senhorita Lea, por favor, por acréscimo de bondade e empatia, dê-me a honra de sua ilustre companhia para um chope? Prometo levá-la sã e salva para casa, depois.

— Não. Você não vai me levar sã e salva! — falou de um jeito engraçado.

— Mas por quê?! Qual o problema agora?! Eu pedi por favor e fui muito educado.

— O problema é você dirigir depois de tomar chope. Isso não pode. Não estarei sã nem salva — olhou de um jeito espirituoso.

— Ok! Você venceu!

Iago ficou pensativo, arquitetando algum plano para derrotá-la naquela guerra de palavras e decisões.

Logo à frente, ela exclamou:

— Ei! Esse não é o caminho da minha casa. Falei para pegar a segunda rotatória.

— Eu sei. Entendi muito bem.

— Para onde está me levando? — inquieta, sorriu intrigada.

— Vamos para um barzinho. Mas, antes, vou passar em casa para deixar o carro.

Lea começou a achar estranho. Não imaginava o quanto Iago era insistente.

Ele entrou na garagem do edifício e estacionou o carro. Desceram.

— Quer subir e conhecer onde moro?

Insegura, perguntou:

— Você mora sozinho?

— Moro sim. Mas não vai correr risco nenhum. Não sou psicopata.

— Como posso ter certeza? — forçou parecer séria.

Iago gargalhou.

— Só um minuto para conhecer o apartamento. Você vai gostar da arquitetura deste prédio.

— Está bem. Só por um minuto. Estou curiosa mesmo para ver como é. Esse edifício tem uma aparência moderna, muito diferente. Quero ver como é por dentro.

Seguiram para o elevador e ele comentou:

— Os apartamentos aqui não são grandes, porém são bem modernos e práticos para solteiros, claro.

— Deve ser bem caro. Tudo muito sofisticado. Veja estes elevadores! — ela admirou.

— Nem me fala em preço... — murmurou.

Chegaram ao andar e Iago abriu a porta que exigia um código e a digital.

— Uall! Sem chave? — Lea reparou.

— Sim. Sem chave.

Entraram e as luzes do *hall* acenderam sozinhas.

O rapaz acendeu outras lâmpadas e, em um botão próximo à entrada, também ligou o som bem baixinho. Queria exibir mais comodidades.

— Plano aberto, pouca decoração... Tudo muito *clean* e atual... Minimalista e sofisticado — Lea comentou enquanto observava.

— O único ambiente fechado é a suíte.

A parede externa da sala era totalmente de vidro e ela foi até lá. Admirou as luzes da cidade vistas de longa distância. Era bonito.

— É lindo olhar daqui! Que vista! — admirou.

— Você não tem medo de altura?

— Não. Gosto de adrenalina.

O rapaz achou graça e observou-a sem que ela percebesse. Em seguida, ofereceu:

— Quer água? Refrigerante?...

— Água, por favor.

Iago pegou uma garrafa e serviu no pequeno balcão que dividia a cozinha da sala.

Lea sentou-se na banqueta e bebeu vagarosamente. Ficou reflexiva por um segundo quando sua mentora se aproximou e emanou-lhe pensamentos que a fizessem questionar o próprio comportamento. Sem saber a razão, naquele instante, lembrou-se da discussão que teve com Angelita, algum tempo antes. Então, perguntou-se, mentalmente, se estar ali seria a coisa certa a fazer.

Gostava da amizade e da companhia de Iago. Atraía-se por ele de uma forma que não sabia explicar. Era bom estar com ele e desejava mais. Porém, ali, sentiu algo diferente, como se ele quisesse se aproximar. Criando situação que os deixava mais íntimos. Afinal, levá-la ao apartamento, parecia uma atitude de quem gostaria de mais privacidade. Ele insistiu para que saíssem e, na primeira oportunidade, chamou-a para conhecer onde morava. Planejado ou não, era uma condição diferente da que enfrentava no ambiente de trabalho ao lado dele, quase todos os dias.

O que ele pensaria dela? Sem dúvida, a opinião dele contava. Ela poderia pôr tudo a perder. Gostava muito de Iago, até mais do que deveria. Não seria nada bom parecer fácil e leviana.

Trabalhavam juntos. Ela seria mais uma?

Será que ela gostaria de ser mais uma para ele?

E depois? Como iria encará-lo? Aquele tipo de envolvimento teria algum futuro ou ele a descartaria?

Lá no fundo de seus sentimentos mais secretos, admitia grande atração por ele. Desejava conhecê-lo, mas não como uma aventura. Sonhava com algo que durasse mais do que um dia. Conhecia aquele tipo de relacionamento nada sério, superficial, onde sempre se decepcionou. Apoiava a liberdade sexual das mulheres, mas percebia que a leviandade tinha uma linha tênue com a liberdade. Sentiu-se insegura. Ficou séria.

O que fazer? Como agir?

— Algum problema? O copo está sujo? — Iago sorriu.

— Não — sorriu lindamente, mesmo com o susto por ser chamada à realidade.

— Ficou pensativa de repente. Achei estranho.

— O apartamento é muito bonito. Adorei.

— Não tem muita decoração. Preferi assim.

— É apartamento de homem. Normal.

— Quer ver a suíte?

— Não. Quero ir embora — falou sem pensar. Num impulso.

— Algum problema, Lea? — perguntou mais sério.

— Não. Na verdade... Não sei o que me deu e... — levantando-se da banqueta, pegou a bolsa sobre o sofá e ficou em pé, esperando por ele.

— Ei... Relaxa... — pediu sorrindo, descontraído.

— Você me convidou para tomar um chope. Foi o que aceitei. Subimos só para ver seu apartamento e... — sorriu forçadamente e ele percebeu. — Já conheci. Podemos ir? — ficou séria.

— Poderíamos tomar uma cerveja aqui mesmo, pedir uma pizza...

— Desculpa. Por favor, abra a porta.

— Desculpa, Lea... — ficou sem jeito. Não entendeu aquele seu comportamento. Assediou-a sem perceber. Seus convites eram inoportunos e ela não ficou satisfeita. Não esperava por aquilo. Estava acostumado a outras reações. — Não deveria insistir, né? Vamos sim. Vamos tomar um chope em um barzinho — sorriu constrangido.

Lea sentiu-se aliviada. Foi à direção da porta que ele abriu e saíram.

No elevador, Iago chamou um veículo de aplicativo.

— Faremos como você sugeriu. Não vou dirigir depois de beber — sorriu para ela. — Assim, ficamos tranquilos.

Ela sentiu-se satisfeita. Mas surgiu um sentimento tenso que apertou seu coração. Algo que não sabia explicar.

CAPÍTULO 40

FAMÍLIA É IMPORTANTE

Estava uma noite agradável quando chegaram a um bar.
Do lado de fora, a música era ouvida em baixo volume, o que era agradável. Por isso, decidiram escolher uma mesa ali.

— Ainda estou preocupada com o que descobrimos na construtora — disse Lea.

— Nem me fala. Tenho meu nome a zelar.

— Vai tomar providências?

— Farei novos pedidos de materiais e... Verei o que aconteceu. — Um momento e lembrou: — Engraçado... Semana passada, fui à casa da minha irmã e ela me disse para tomar cuidado com duas ou três pessoas no trabalho. Talvez elas quisessem me prejudicar. Teria dinheiro envolvido.

— Falou isso do nada?

— Minha irmã é uma figura incrível! — sorriu ao lembrar. — Ela tem um lado místico, um lado vidente, bruxa... — achou graça e Lea também. — Somos só nós dois. Não temos mais irmãos. A Margarida é quatorze anos mais velha do que eu. Sabe aquele jeito diferente de ser? Só de olhar a gente percebe. Ela usa saias ou vestidos longos, leves... É uma mulher alta, pouco mais baixa do que eu. Tem cabelos bem longos, ondulados ou meio cacheados nem sei dizer... São castanho-claros e começando a ficar grisalhos. Olhos verdes. Puxou ao nosso pai. Vive bronzeada porque tem loja de plantas e árvores frutíferas e trabalha com paisagismo. Mora em um sítio.

— Que gostoso! Deve ser muito bom! — animou-se. — Coisas que adoro!

— Minha irmã sempre gostou disso. Adora ervas. É toda naturalista... Sempre brinco dizendo que ela é uma bruxinha. Quando a gente olha para o marido dela... — achou graça. — É um cara diferente dela. Um sujeito normal. Os dois se dão muitíssimo bem. Eles se completam. Algo raro nos dias de hoje.

— Eles têm filhos? — Lea se interessou. Acho a conversa agradável.

— Sim. Um casal. O Pétros e a Íris.

— Nomes gregos. Gostei. Interessantes.

— Meus sobrinhos são adolescentes maravilhosos. Não são daqueles jovens chatos, arrogantes, emburrados, que vivem com a cara no celular. Eles estudam e ajudam a mãe nas estufas e nas tarefas de casa.

— Que ótimo. Não é comum vermos uma família unida nos dias de hoje — Lea comentou. Mas ainda estava interessada na pergunta que tinha feito. — E sua irmã falou para você tomar cuidado assim, do nada?

— Como te falei, ela é diferente. Tem algo mais sensível nela. Às vezes, fala coisas como que prevendo. Entende?

— Entendo sim. Sou espírita. Por isso, sou capaz de entender.

— Ah! Você é espírita?! Bom saber. Não costumo comentar sobre a Margarida com muitas pessoas. Tem gente que julga ou quer uma consulta — riu.

— Sei como é. É o caso de muitas pessoas que não conhecem o espiritismo acharem que, na casa espírita, encontrarão aqueles que revelam suas vidas passadas, falem do futuro e resolvam seus problemas. Quando, na verdade, espiritismo, como filosofia, faz entender que é preciso aceitar o que não se pode mudar, ser uma pessoa melhor para que seu futuro seja mais leve e evolua para experiências felizes. O espiritismo tem como base os ensinamentos de Jesus e... Ai, Iago... Desculpa... Não viemos aqui para eu te dar aula de doutrina espírita.

— Não me importo. Acho até interessante.

— Mas não são todas as pessoas que apreciam.

— Para dizer a verdade, o meu pai era espírita. Minha mãe católica e... Lembro que, quando pequeno, orávamos uma vez por semana em casa.

— Faziam o evangelho no lar.

— Isso mesmo! — enfatizou. — Tinha até esquecido o nome dessa reunião. Colocávamos água sobre a mesa, meu pai lia um trecho do evangelho, comentávamos, depois orávamos e por fim bebíamos a água. — Breve pausa e comentou: — Meu pai dizia que as previsões de Margarida eram mediunidade.

— E sua mãe?

— Minha mãe, aceitava numa boa. A igreja católica não dava explicações.

— Vocês iam à igreja?

— Sim. Todos os domingos. Uma vez minha irmã olhou para o padre e falou: ele vai morrer daqui uns dias. Não deu outra. Uma semana depois o padre morreu. Minha mãe ficou assustada. Decidiu não contar nada para ninguém para não causar problemas para nossa família. Eu tinha uns cinco anos. — Demorou um pouco e contou: — Recordo bem de quando a Margarida acordou chorando e dizendo que nosso pai tinha morrido. Minha mãe ficou desesperada. Nervosa, chegou a bater nela para que parasse com o escândalo. Meu pai viajava entregando móveis. Dessa viagem, ele não voltou. Aconteceu um acidente e faleceu. A previsão da minha irmã deixou todos nós chocados. Ela mesma ficou muito abalada, meio traumatizada. Eu tinha sete anos nessa época. Nossa mãe ficou estranha após a morte do nosso pai. Hoje sou capaz de entender que ficou deprimida. Mas, na época, não sabia. Era uma mulher jovem. Trabalhava como vendedora em uma loja de roupas. Acabou se fechando para o mundo. Apagou para a vida. Nesse período, eu e a Margarida ficamos muito ligados um ao outro. Conversávamos bastante. Ela dizia para ficar tranquilo, para não ter medo, que iria cuidar de mim — sorriu levemente. — Minha irmã me levava para todo lado. Não teve condições de a Margarida completar os estudos com uma faculdade. Mas fez vários cursos, incluindo paisagismo.

Adorava trabalhar e mexer com plantas e... Só quando cresci entendi que não tínhamos dinheiro suficiente. Durante um dos cursos ela foi apresentada ao Antônio e começaram a namorar. Não demorou, minha mãe teve um câncer fulminante. Morreu em menos de um ano. Margarida e o Antônio se casaram e foram morar na casa que era dos nossos pais, junto comigo. Minha irmã não deixou que nossa tia me levasse para morar com ela. Isso era inadmissível para Margarida. Era a mais velha e se achava responsável por mim. Eu me sentia órfão, mas, ao mesmo tempo, seu apoio me ajudava muito. Fui crescendo. Sobrevivi a terrível fase da adolescência... — sorriu mais largamente.

— Foi tão ruim assim? — Lea achou graça da forma como ele se expressou.

— Para mim, foi. Eu era um cara fechado. De poucas conversas com os colegas. Não tinha amigos e, talvez, por isso, sofri muito *bullyng*. Apanhei... A Margarida percebeu. Conversamos a respeito e não havia meio de eu mudar. Então, ela decidiu me colocar em uma academia de artes marciais. Fui aprender *Karatê*. Foi muito bom.

— Aprendeu a bater nos outros? — ela riu.

— Sabe que não? Muitos pensam que as artes marciais são para bater. Mas a primeira coisa que se aprende, em uma boa academia, é a disciplina. Além disso, a gente gasta energia e isso é ótimo para um adolescente introvertido ou que guarda raiva, sente-se contrariado, é indeciso e não sabe o que fazer com tudo isso. Quando é uma arte marcial que tem origem secular e filosófica, é a melhor coisa para uma criança ou adolescente. Aliás, recomendo também para adultos. Mexe com a cabeça, com seu desenvolvimento psicológico e físico. Passei a ter amigos, a procurar coisas saudáveis para mim. Aprendi que fumar não me faria bem ao contrário do que os coleguinhas da escola pensavam. Para fazer parte de um grupo de amigos na escola, a primeira coisa a aprender era fumar. Nesse ponto, os colegas da academia eram bem saudáveis. As conversas eram outras, nossos interesses eram outros... Comecei a ser mais extrovertido e mais seguro. Uma vez, no final do ensino médio, um grupo provocativo me cercou, tentou me ofender com palavras... Comentários que não me atingiam mais e... Por ser indiferente a provocação, eles tentaram me agredir fisicamente. Só que, dessa vez, não apanhei sozinho. Quando perceberam que eu estava diferente do moleque que antes apanhava e se diminuía, eles fugiram. Não me tornei um cara briguento. Mas aprendi a me defender e ocupar o lugar que mereço. — Breve pausa e contou: — Fui fazer faculdade de engenharia mecânica. O Antônio e a Margarida pagaram o curso. Devo isso a eles que me incentivaram e apoiaram bastante. Achei interessante, mas... Não sabia muito bem o que queria e...

— Desistiu do curso?

— Não. Terminei a graduação. Depois de formado, arrumei emprego, mas não na área. Fui trabalhar em uma construtora. Comecei a fazer engenharia civil. Abonei algumas matérias e comecei a trabalhar na área. Nessa época, a Margarida tinha se mudado para a região entre as cidades de Valinhos e Campinas. Tive de me acostumar a viver sozinho. Quando me estabeleci um pouco, vendemos a casa dos nossos pais. Com sua parte, ela montou o negócio que sempre quis e eu comprei aquele apartamento, mas lógico que precisei completar o que faltava.

Iago se calou. Sério, rodeou o copo de chope e ficou pensativo.

Uma suave névoa de tristeza pareceu cobrir seu rosto.

Lea percebeu um toque de solidão, carência talvez. Não sabia se deveria dizer algo e interromper aquele momento breve, mas profundo.

No instante seguinte, ele olhou para ela, sorriu e respirou fundo. Deu um gole na bebida e comentou:

— Nossa!... O que foi que me deu para contar toda a minha vida para você? — encarou-a com ar de satisfação.

— Não sei o que foi, mas achei muito legal.

— Conte-me sobre você — ficou aguardando com olhar fixo nela.

— Sobre mim?... Acho que nunca falei sobre minha vida — ficou pensativa.

— Sempre existe a primeira vez. Vamos lá! Sou todo ouvidos — brincou.

— Moro com minha mãe e uma irmã. Minha mãe é enfermeira e está se aposentando. Eu sempre quis fazer faculdade, mas não na área da saúde como minha mãe e a irmã dela, a tia Carmem, mãe da Angelita. Meu primeiro emprego foi na recepção de um consultório odontológico. Depois, fui para um laboratório de análises clínicas, enquanto fazia faculdade de engenharia ambiental, junto com a minha prima. Quando terminamos, ela logo arrumou emprego na área, mas eu não. Ainda continuei no laboratório. Esse é meu primeiro emprego como engenheira ambiental e, após poucos meses, estou prestes a perdê-lo porque não gosto de coisa errada e serei testemunha de um cara legal — gargalhou com gosto e deu um gole na bebida.

Iago riu junto e comentou:

— Não me deixe com peso de consciência... Por favor.

— Não foi esse o meu intuito. Também estou com medo de que façam o mesmo comigo, falsificando ou ignorando minhas análises. Tenho um nome a zelar.

— É verdade. Mas... Voltemos sobre a sua vida — ele se interessou. — Você e a Angelita se dão muito bem, é o que parece.

— Melhores do que irmãs! Sempre nos demos muito bem. Minha irmã e eu não somos tão próximas. Por mais que eu me esforce. O interessante é que a minha outra prima, Yolanda, irmã da Angelita, é incrivelmente parecida com a minha irmã Marisol.

— Sua irmã é mais nova?

— Sim.

— Ela faz faculdade ainda?

— Quem dera! Largou os estudos. É manicure, quando consegue emprego. É folgada e não ajuda com as tarefas de casa, vive no celular. É provocativa e mal-educada. — O celular de Lea tilintou. Ela visualizou rapidamente e disse:

— Me dá uma licencinha. É minha mãe preocupada. Preciso responder.

Ele admirou a decisão. Esperou que terminasse de enviar a mensagem e perguntou:

— Quer dizer que a Angelita também tem uma irmã? Não sabia disso. Ela é bem reservada. Gosto muito dela.

— Ela é quieta no serviço. Se conhecê-la melhor, verá que é bem alegre e extrovertida.

— Agora que você está trabalhando e sendo mais independente, pensa em morar sozinha? — ele quis saber.

— Você não é a primeira pessoa que me faz essa pergunta. Para dizer a verdade, já pensei muito nisso. Eu e minha mãe nos damos muito bem. Minha mãe é uma mulher guerreira, batalhadora. Segurou a barra mais pesada da vida quando meu pai, sem caráter, chegou e anunciou que iria embora de casa para morar com outra mulher. Lógico que ele não cumpriu a promessa de não nos deixar faltar nada. Não demorou para os filhos com a outra se tornarem mais importantes e suas prioridades eram mais relevantes do que as nossas. Minha mãe, guerreira, muitas vezes, encarou dois empregos para nos dar estudo e uma vida satisfatória, sem deixar faltar nada. Sempre amorosa, nunca deixou suas frustrações servirem como desculpas para nos maltratar. Pelo contrário, sempre nos amou, deu-nos carinho, atenção, tudo... Então eu penso: se com todos os problemas e dificuldades minha mãe não nos ofereceu menos, não nos deixou em segundo plano, não nos abandonou, não se fez de vítima para nos dar sobras... Por que eu, agora, um pouquinho melhor na vida, deveria abandoná-la?

— Uall!... Que resposta! Confesso que não esperava por isso — ficou legitimamente admirado com a maturidade de Lea.

— Vou tomar como um elogio.

— Foi um elogio — ele afirmou.

— Fui verdadeira.

— A maioria das pessoas quer independência e individualidade. Saem da casa dos pais logo que arrumam um bom emprego — Iago lembrou.

— Se o clima em casa fosse horrível, não me desse bem com minha mãe, é provável que fizesse isso mesmo. Mas não é o caso. Precisei muito dela para chegar onde estou e não sou ingrata. Se um dia sair de casa, será para me casar, não agora. Família é importante. Família nos coloca limites. Por outro lado, penso que há um estímulo grande de alguns sistemas para os filhos saírem da casa dos pais porque os gastos e a arrecadação de impostos aumentam. Morando com minha mãe, embora minha irmã não ajude — sorriu —, nós dividimos todas as despesas. Se eu morasse sozinha, gastaria muito, muito mais e minha mãe também. Manter uma casa não é fácil! — ressaltou. — Contas de água, luz, IPTU, telefone, TV por assinatura, internet, alimentação, produtos de higiene, limpeza e muitas outras coisas. Essa é uma escolha minha. Não vou seguir a manada.

Iago olhou-a firme e achou graça. Lembrou-se de sua irmã quando falou no poder de escolha e seguir ou não a manada.

— Se você se dá bem com sua mãe, não vejo problema algum.

— Também não vejo e o que estou economizando já dá para dar uma boa entrada em um carro! — expressou-se feliz.

— Parabéns! Brindemos a isso! — ergueu o copo e brindaram, bebendo em seguida. Depois, ele perguntou: — Já sabe que carro quer comprar?

— Pior que não — sorriu. — Não tenho nenhuma ideia. Pensei... — calou-se.

— Pensou, hein?... — ficou curioso.

— Pensei em pedir para meu pai ir comigo, mas... Os interesses dele são outros. Terei de me virar.

— Entendo... Quer um carro seminovo ou zero?

— Zero, não. Acho que não dá. Na verdade, não sei. É por isso que preciso procurar, ver preços...

— Bem... Você precisa analisar suas condições a começar pela garagem. Eu adoro minha picape, mas nem toda garagem comporta. Sua casa tem garagem?

— Tem, mas não é coberta. Porém, acho que será fácil fazer uma cobertura, daquelas com telhas tipo calheta. Coisa simples. Minha casa é simples.

— Sei. A casa é de vocês?

— Sim. É nossa. É uma residência que não tem ostentação. É antiga, mas muito bem cuidada. No corredor lateral, que é a garagem, dá para colocar telhas da parede da casa até o muro.

— O muro é de vocês também, do vizinho ou dos dois?

— Da vizinha — sorriu.

— Melhor não encostar no muro.

— A vizinha é minha tia — achou graça. — Mãe da Angelita.

— Melhor não encostar ou fazer uma boa calefação para não dar umidade na parede.

— Entendi. A largura desse corredor é muito boa. Só depende escolher a altura. Se fizer muito alto, precisará ser mais comprida para a chuva não molhar tanto o carro.

— Pelo visto você quer deixar aberta na frente e no fundo?

— Sim. Para não ficar escuro. Temos a janela da sala nesse corredor.

— Pode usar telhas transparentes.

— Verdade. Ótima essa sugestão. Obrigada. Por isso, é bom conversar sobre alguns projetos com pessoas que entendem.

— Visto que não há problema com a largura, é escolher o carro e está tudo certo.

— Mais ou menos isso — ela sorriu lindamente.

— Se quiser, posso ir com você a algumas concessionárias para dar uma olhada — ele ofereceu com certo constrangimento.

— Poxa... Obrigada. Eu adoraria. Para te falar a verdade, não entendo nada de carro e estou com receio de ser enganada.

— Lea, diga para mim que você sabe dirigir — Iago falou em tom de ironia, fazendo semblante desconfiado para brincar com ela.

— Lógico que dirijo! Nunca tive carro, mas dirijo.

— Vai precisar de aulas para habilitados?

Lea deu uma risada gostosa de ser ouvida, jogou-se para trás, na cadeira, e voltou a dizer segurando o riso:

— Não tenho vergonha de assumir que já estou fazendo aulas para habilitados, em uma autoescola. Por quê? Algum preconceito?

— Um brinde a isso também! — tilintaram os copos e ele comentou: — Eita mulher corajosa!
— Ah... Acho que precisamos fazer enfrentamentos, se desejamos sair do lugar e progredir.
— Você está certíssima. Admiro isso! — afirmou.
Lea e Iago conversaram bastante.
Assim que decidiram ir embora, ele chamou um táxi e disse:
— Vou deixá-la em casa, depois volto para minha.
— Não precisa. Daqui vou sozinha. Não se preocupe.
— Faço questão — falou de um jeito que a encarou e invadiu sua alma.
Olharam-se por alguns segundos e pareciam já terem experimentado aquela sensação antes. Mal conseguiam respirar. Havia um desejo, uma vontade, um anseio de não sei quê. Uma atração inexplicável.
Desconheciam suas promessas, na espiritualidade, de seguirem caminhos diferentes para outras harmonizações e expiações, por isso não podiam ficar juntos. Mas a energia que os atraía era forte. Não sabiam definir que força era aquela.
O veículo chegou e ambos entraram. Sentaram um ao lado do outro.
Ele reparou quando Lea pegou o celular e enviou mensagem.
— É para sua mãe? — quis saber.
— É sim. Dizendo que já estou voltando. Para não se preocupar — respondeu com naturalidade.
Ao vê-la terminar, perguntou:
— Vai comentar com a Angelita sobre o que aconteceu hoje?
Lea ficou intrigada. Não sabia exatamente a que ele se referia. Estaria falando do material adulterado cujo pedido foi feito em nome dele? Ou do fato de terem saído para tomar um chope?
— Está falando de?...
— Do material... Na obra...
— Ah... Pensei em comentar com ela sim. Acha que não devo?
— Não sei dizer — ficou pensativo.
— Angelita é de confiança. Sabe guardar segredo.

— Se confia... Decida como quiser. Preciso pensar bem no que fazer. Para dizer a verdade, também estou preocupado com o seu emprego — olhou-a e observou sua reação, percebendo-a apreensiva.

Algum tempo depois, chegaram à frente da casa.

O táxi estacionou e ficou esperando. Ao descerem, ele olhou bem a residência, querendo observar a tal garagem. Encarando-a, disse:

— Não serei precipitado. Fica tranquila — Iago decidiu.

— Tudo bem. Faça como quiser. Obrigada pela noite.

— Eu também agradeço. Foi muito boa nossa conversa — inclinou-se e a beijou no rosto. — Boa noite.

— Boa noite — despediu-se, num murmurinho. Sentiu seu coração disparar por causa daquele simples beijo no rosto.

Iago esperou que ela entrasse e voltou para o carro. Do portão, Lea o viu entrar no veículo e ir embora.

Aquilo mexeu com ela. Não gostaria de admitir, mas sentiu-se ainda mais atraída por ele.

Ao chegar ao seu apartamento, Iago experimentou uma leveza que há muito não sentia.

Sem perceber, sorriu ao lembrar de Lea com seu jeito bem-humorado e positivo, porém, sensato, ele acreditou.

Não se lembrava de ter conhecido e conversado tanto sobre si mesmo como fez com ela. Pessoa simples, autêntica e sem arrogância. Não tinha vergonha de suas origens, pois, em seu íntimo, diferenciava o certo do errado e assumia opiniões.

Lea era diferente.

No momento em que não quis ficar naquele apartamento, sozinha com ele, soube disso. Realmente ela era diferente e admirou isso. Gostou.

Era certo que, se tivessem pedido pizza e tomado cerveja, a noite não seria a mesma. A conversa seria outra e era bem provável que estivessem dormindo juntos naquela hora.

Notou que, enquanto conversavam, teve total atenção dela, sem qualquer interesse. Falou sobre sua vida, sua irmã. Ouviu-a com curiosidade. Admirou sua opinião própria sobre a mãe e família. Algo raro. Muito raro. Com outras mulheres, sempre soube só das reclamações e incompatibilidades entre mãe e filha, que eram desagradáveis de ouvir.

Nos dias atuais, para não se sentir rejeitado, é comum seguir a opinião da manada, como sua irmã disse. Lea compartilhava da mesma ideia que ela.

Recordou sua adolescência. Poderia ter se enturmado com os garotos da escola. Fumado, bebido, usado drogas. Mas não. Não seguiu a manada. Rumou por outro caminho. Lembrou que, anos depois, encontrou com a irmã de um dos colegas de quem ele apanhou no ensino médio. Ela contou que o irmão morreu em troca de tiros com marginais por causa de cobrança de dívida de drogas. Um outro ainda soube que foi preso por se envolver com tráfico. Só que, esse último, formou-se em medicina.

Aqueles que não pensam nas escolhas que fazem, podem acabar experimentando uma vida que não desejam.

Gostou tanto de Lea. Mas ela tinha muita maturidade. Não iria desejar um cara como ele. O que poderia oferecer? Sua vida era vazia. Vivia o tal do vazio existencial. Precisaria se encontrar. Ela não ficaria ao seu lado por muito tempo.

Como aceitaria um cara que enche a cara e dorme o final de semana inteiro?

Ele precisava se aprimorar mais, aperfeiçoar-se mais para chegar ao nível dela.

Lea mostrava-se uma pessoa corajosa, destemida, determinada e muito fiel a princípios. Ficou impressionado com sua coragem por lhe mostrar o que encontrou de errado sobre o serviço dele.

Novamente a preocupação com o ocorrido na empresa.

Precisaria ser cauteloso.

Foi até a geladeira, pegou uma cerveja e começou a beber.

Ligou a televisão e não encontrou nenhum programa interessante.

Lembrou-se de Lea, outra vez, e decidiu enviar uma mensagem, apesar da hora. Sorriu sem perceber.

"E aí? Chegou bem? Levou bronca?"
Nenhuma resposta. Provavelmente estaria dormindo.
O sentimento de angústia e solidão incomodaram novamente. Sua vida era vazia, apesar de ter exatamente tudo o que queria e precisava.
O que faltava?
Talvez sua irmã estivesse certa.
Relembrando a conversa com Margarida, dormiu no sofá mesmo.

Sem demora, Lea contou tudo o que aconteceu para a prima.
— E agora? — Angelita perguntou.
— Não sei o que ele vai fazer. Estou preocupada.
— Será que não foi algum engano? Trocaram os pedidos das obras...
— Não pareceu. Ele sabia que não tinha pedido aquilo — Lea afirmou.
— O Iago é um cara bem ponderado. Mas é difícil imaginar sua decisão.
— Ontem fui até o apartamento dele — Lea contou.
— O quê?! — Angelita se surpreendeu.
A prima contou exatamente tudo, enquanto a outra ouviu com atenção.
— Você fez bem ter caído fora. Trabalham juntos e, sabe como é... — Angelita opinou.
— O Iago é um cara legal.
— Sim, Lea. Ele é um cara legal. Mas depois, não sabemos como vai ser, né?
— Pensei nisso. Aliás, desde que conversamos não paro de pensar naquilo.
— Percebi que você não gostou, não ficou legal depois de tudo o que falei. Desculpa.
— Não peça desculpa. Sempre fomos verdadeiras e não será agora que vamos ficar de meias-palavras. Fez bem. Fez com que eu pensasse, mas...

— Lea, dei minha opinião sobre o que serve para mim, o que é bom para mim. De repente, o que eu disse não serve para você. Por exemplo, o Arturo se afastou.

— Como assim?

— Cobrei dele um posicionamento. Perguntei o que nós éramos. Ele não soube explicar. Entendi que não somos nada. E eu não quero ser nada na vida de alguém. Quero ser desejada, querida. Desejo alguém que se importe comigo.

— Se pensarmos assim, ficaremos sozinhas.

— Já estamos sozinhas! Você não entendeu que caras como o Arturo e o Luís não assumem compromissos e que não significamos nada para eles? Portanto, estamos sozinhas.

Lea ficou pensativa. Depois confessou:

— Acho que estou gostando do Iago.

— Do Iago?!

— Não sei, Angelita. Sinto uma coisa quando olho para ele, quando estamos juntos, quando... Dá uma coisa por dentro. Ontem, antes de ir, ele me deu um beijo no rosto e... Esse beijo significou mais do que qualquer outra coisa mais próxima com outro cara. Sabe... De manhã, para minha surpresa, ele tinha enviado uma mensagem perguntando se eu cheguei bem, se levei bronca... Ele se importou em saber como eu estava. Sabe quando o Luís fez isso? Nunca!

— Vai devagar. Tem homem que tem tática de ser todo atencioso quando quer te conquistar. Depois...

— Não sei, Angelita. Sinto uma coisa quando penso nele...

— Não quero te desanimar, mas preciso alertar. Vai devagar. O Iago é gente fina, mas não conhecemos bem como é seu caráter. Você mesma disse que ele insistiu para que ficassem no apartamento tomando cerveja e comendo pizza. Onde acha que isso terminaria?

— Foi no que pensei...

O telefone de Lea recebeu uma mensagem e ela verificou quem era.

— É o Luís. Está me chamando para sair.

Angelita suspirou fundo. Ofereceu um sorriso e levantou-se, dizendo antes de sair:

— É com você, prima! Deixe-me cuidar de algumas coisas... Se precisar, tô lá em casa... Tchau.
— Tchau...
Com sua ausência, Lea ficou bem indecisa. Precisava responder.
Olhou, novamente, para o celular e decidiu aceitar o convite.

CAPÍTULO 41
EMPATIA, PREJUDICIAL OU NÃO?

Nos dias que se seguiram, Iago avisou Lea que investigou mais sobre o ocorrido. Embora tivesse certeza do que havia indicado para a obra, não conseguiu provas sobre aquela documentação. Na verdade, ele não sabia dizer o porquê de perder o interesse naquele assunto e resolveu deixar para lá.

De certa forma, ela ficou tranquila e não comentou mais nada. Não conversaram mais e o assunto foi esquecido.

A atenção de Lea voltava-se para o carro que tanto desejava. Eles falaram sobre isso e ele deu algumas sugestões, mas precisava levá-la para conhecer de perto o que indicava.

Lea estava animada. Devido a sua ocupação e falta de tempo, pediu para que sua mãe conversasse com alguém que pudesse fazer a cobertura para a garagem.

Em conversa com sua irmã, Isabel comentou:

— Não gostaria de chamar, novamente, o senhor Ernâni, marido da dona Juanita. Da última vez ele trouxe o filho. Aquele moço... Sei lá...

— Você ainda está implicando com o rapaz?

— Pior. Estou implicando com a Marisol. Fica de conversinha com ele. Toda assanhada pro lado dele. Aquele rapaz não tem futuro. Não estuda nem trabalha. Vive por aí com companhias duvidosas. Não podemos julgar, mas não tem como não ver isso. Esse moço é tão improdutivo. Algum tempo atrás, a Marisol fez amizade com ele. Custou muito para ela cortar, mas... Sabe como é.

— Mas está difícil encontrar alguém que faça pequenas obras, né, minha irmã? Que eu conheço, só o senhor Ernâni, por aqui.

— Isso é verdade, Carmem. Não encontramos gente que queira trabalhar com pequenas obras. Por isso, da última vez, tive de chamá-lo para consertar o telhado. Que coisa... Acho que vou chamar seu Ernâni. A Lea não vê a hora de fazer essa cobertura para a garagem.

— Ela é esforçada. Isso é muito bom. Como eu admiro a Lea — a tia ficou feliz. Gostava muito da sobrinha.

Sem demora, Isabel foi à procura do homem para realizar a cobertura para fazer a garagem.

Dias depois, Ernâni preparava o telhado. Levou consigo um ajudante e também o filho Raul. Isso não deixou a cliente satisfeita.

Praticamente, era Ernâni e o ajudante que se empenhavam. Raul esforçava-se o mínimo possível.

A todo momento, Isabel ia olhar e conferir o que estava sendo feito.

Muitas vezes, sua irmã Carmem também dava uma espiada.

A certa distância, as duas conversavam enquanto observavam o que era feito.

— Coitado daquele moço, o Edgar, ajudante do seu Ernâni. Moço sofrido, né? Veio do nordeste para São Paulo para a casa do irmão que depois o mandou embora com a mulher e a filha — Isabel contou. — Tenho tanto dó dele.

— Eu também. É um rapaz muito educado e prestativo. Chamei a mulher dele, a Leandra, para fazer faxina em casa algumas vezes, porque... Você sabe, não é sempre que dá para pagar e também não posso deixar a Yolanda acomodada.

— Acho que o Edgar não trouxe almoço hoje — Isabel se preocupou. — o Ernâni e o filho vão almoçar em casa, pois moram pertinho. Já o Edgar, que mora na comunidade, é mais longe. — No momento seguinte, Isabel quis a opinião da irmã: — Fica mal eu chamar o Edgar para entrar e almoçar quando os outros dois forem para casa?

— Acho que não. Ele vai aceitar. É um bom moço.

— Sabe o que é, Carmem... Às vezes, tenho receio. Com a maior boa vontade, já fui ajudar pessoas que eram arrogantes e eu não sabia. Daí, responderam: não estou te pedindo nada! — arremedou de modo grosseiro.

— Sei, exatamente, como é. Também já passei por isso.

— A gente quer fazer o bem, quer ajudar, mas a pessoa é orgulhosa, arrogante. Acabo me sentindo muito mal.

— Não liga, Isabel. Sua intenção foi fazer o bem.

Não demorou, Ernâni e o filho foram almoçar. Nesse momento, Isabel viu Edgar tirando um pão com manteiga de um saco de papel.

Virando-se para a irmã, decidiu:

— Deixe-me ir lá... — Em seguida, chamou: — Edgar?

— Senhora! — respondeu de pronto.

— Se você não se importa... Quer almoçar lá dentro?

— Não quero dar trabalho, dona Isabel.

— Não é trabalho nenhum. Venha. Entra aqui — chamou-o e foi na frente.

Bastante constrangido, o rapaz guardou o lanche e a seguiu.

— Sente-se aí — pediu gentilmente indicando um lugar à mesa. — Vou preparar seu prato.

— Obrigado — pareceu tímido. Acomodado na cadeira, ficou esperando.

Ela o serviu e acreditou que, sentando-se com ele à mesa, poderia deixá-lo mais envergonhado.

Colocou bananas e laranjas sobre a mesa e orientou:

— Sirva-se à vontade. — Virou as costas e foi para a sala e o observou de longe sem ele perceber.

Edgar terminou a refeição. Levantou-se e procurou-a com o olhar.

UM NOVO CAPÍTULO

Isabel foi para a cozinha e o viu colocando o prato na cuba da pia.

— Muito obrigado, dona Isabel. A comida estava ótima. Ótima mesmo! Muito obrigado! — agradeceu várias vezes.

— Imagina... — Sem perder tempo, perguntou: — Sua esposa é diarista, não é mesmo?

— É sim. Ela já trabalhou para a dona Carmem.

— Minha irmã falou. Pena que não é sempre que dá para chamar. Às vezes, o dinheiro está curto.

— Mas a senhora pode chamar e pagar depois, viu?

— É bom saber. Vou falar com a minha filha. É que a Lea é quem ajuda nas despesas.

— Como a senhora quiser. — Um barulho no quintal e entendeu que Ernâni havia chegado. — Com licença, dona Isabel. Muito obrigado pelo almoço. Estava ótimo.

A mulher sorriu e sentiu-se comovida sem saber o porquê.

Na espiritualidade, Jorge que acompanhava a trajetória de todos, comentou com o grupo:

— Os laços de simpatia e bem-querer são fortes. Inexplicavelmente nos afeiçoamos a algumas pessoas sem saber qual a ligação que tivemos no passado. Encarnada, Isabel não imagina que, em tempos remotos, Edgar foi seu filho. Mesmo assim, nutre grande simpatia por ele.

— Edgar está muito diferente — Guimarães comentou.

— Quando viveu como filho de Ruan e Isabel, ele deixou o orgulho e a arrogância dominarem suas práticas e decisões — o espírito Jorge explicou. — Egoísta, apoderou-se de bens e terras que, sabia, não lhe pertenciam. Foi incapaz de devolver ao primo Iago, na época, o que lhe cabia. Tratava empregados com desprezo, desrespeito e humilhação. Considerava-os pobres e criaturas de pouco valor e, sempre que podia, maltratava-os e desdenhava de suas condições. Sua esposa Leandra, na época, apesar de submissa a ele, também foi pessoa arrogante e egoísta. Sofreu, logicamente, pelos caprichos e deslealdade do marido, mas isso não a fez humilde. Ao contrário. Apesar da abundância, preferia ver alimentos estragados a dá-los aos empregados, que tratava como escravos. Descarregava suas frustrações e contrariedades naqueles que lhe serviam, que trabalhavam para ela. Edgar, pelo excesso de bebida alcoólica e extravagância de toda sorte, desencarnou muito doente pelos abusos que fez. Leandra não foi muito diferente, pois se envenenou com o ódio, a raiva, a não aceitação, o desejo no mal, o egoísmo e ações no mesmo nível. Esses sentimentos e práticas envenenam o corpo igualmente a uma poção de substância para esse fim. Na chegada à espiritualidade, ambos sofreram. Demoraram para perceber que todos recebemos de volta o que ofertamos aos outros. Amedrontados e com muitos débitos, mas ainda sem condições de entenderem a lei reencarnacionista Divina, o melhor, na nova vida terrena, foi expiarem em condições simples, humildes, sem qualquer ostentação, experimentando encontrar, por vezes, aqueles que trataram com arrogância e humilhação no passado. Por acréscimo de misericórdia, encontram aqueles que poderão ajudá-los, tornando a existência um pouco mais suave.

O espírito Jorge e seu grupo continuaram observando.

Marisol chegou e viu sua mãe parada à porta da cozinha.

— E aí?

— Estou olhando como está ficando a cobertura para a garagem.

A filha fez cara de desdém, mas ela não viu.

Entraram.

Marisol lavou as mãos e a mãe fez o mesmo.

Isabel serviu o almoço para ambas.

Sentaram-se e, enquanto almoçavam, conversaram sobre algumas coisas do cotidiano.

Ao terminarem, a mãe comentou:

— Vou dar aquele cobertor para o Edgar. Aquele que está sobrando.

— Por mim... — a filha não se importou. Mas ao ver um prato a mais na cuba da pia, perguntou: — Quem almoçou aqui?

— Dei almoço para o Edgar. Ele não trouxe comida.

— Vai acostumar mal essa gente. Pobre é um problema. Dá a mão e ele quer o pé.
— Não fale assim, Marisol. Ele é trabalhador e esforçado. Pobre nós também somos.
— É só um servente de pedreiro — desdenhou.
— Porque não teve a chance de aprender uma profissão diferente. Além disso, merece nosso respeito. É educado e precisamos do serviço dele. Tem gente que, mesmo tendo condições de aprender uma profissão, se encosta, vive acomodada. Não é o caso desse moço nem da mulher dele.
— Pronto! Já começou...
— Quer saber de uma coisa, Marisol? — não esperou resposta e falou: — Farei igual à sua tia determinou para a Yolanda. No início do próximo ano, se você não for estudar em um curso profissionalizante ou faculdade e também arrumar um emprego, você é quem vai tomar conta dessa casa fazendo todo o serviço!
— Vou virar empregada? É isso?
— É sim! — foi firme. — É injusto eu e sua irmã sustentarmos você. Internet, celular, roupas, calçados, alimentação, água, luz... Você dá despesas! Lavar, passar, cozinhar, limpar a casa será uma forma de retribuir o que recebe. Está decidido!
— É engraçado, né! Num momento você faz caridade. Dá comida, cobertor... No outro, exige que sua filha seja sua empregada! Quer cobrar o que ela come e veste! Muito cristão da sua parte! — falou com ironia.
— Marisol, você não quer entender! Se exijo que trabalhe e estude, penso no seu bem! No seu futuro! Para que não dependa de ninguém! Quero que tenha uma profissão e assuma responsabilidade de cuidar de si mesma na minha ausência e sem depender da sua irmã ou de qualquer outra pessoa!
— Lá vem você me torturar dizendo que vai morrer!
— Não só isso, minha filha! Você pode não fazer um bom casamento, ter um companheiro que te abandone! É a realidade! O que será de você no futuro?! Vai viver do quê?!
— Eu sei me cuidar!

— Como? Vai virar pedinte?! Mostre agora como vai se cuidar! — a mãe falava firme.

Na espiritualidade, Jorge e sua equipe ainda acompanhavam o que acontecia.

Aproveitando a oportunidade, o instrutor comentou:

— O que Marisol faz é buscar motivos para se aproximar daqueles que já deveria ter se desligado. Olhem bem.

— Como assim, Jorge? — o espírito Letícia perguntou.

— No passado, Raul e seus pais, Ernâni e Juanita, eram muito abastados. A posição social que ocupavam era de destaque, o que alimentava o orgulho, o egoísmo e a ganância. Maltratavam todos que podiam. Eram cruéis com os que dominavam. Ambiciosa, Marisol exigiu que seu pai Ruan arrumasse para ela um casamento conveniente, onde fosse servida e bem-tratada. Suportou humilhações pelas exigências da sogra e do marido em troca de *status* e mordomia. Tudo mudou com o nascimento das filhas gêmeas. O esposo, assim como os pais dele, culparam-na pela deficiência das meninas e passaram a tratá-la ainda pior. Ela acuou quando decidiram colocar as filhas em um orfanato. Não lutou pelas meninas em momento algum. Ainda preferiu a mordomia. Acreditou que tudo seria esquecido. Mas, quando entendeu que seus sogros temiam que ela gerasse outros filhos deficientes e pudessem tentar contra sua vida para que Raul se casasse novamente, Marisol decidiu fugir. Raul, homem mimado, que nunca se esforçou para nada, procurou-a, mais por temer seu nome manchado do que para tê-la de volta. Entendendo que a esposa não desejava ser encontrada, forjou sua morte e se casou novamente. Por outro lado — Jorge prosseguiu —, Marisol, protegida pela irmã Lea, continuou acomodada. Não ajudava em nada. Mal cuidava das filhas resgatadas pela tia. Só sabia reclamar. Nunca se conformou com o tratamento recebido do marido nem dos sogros. Achou injusto o que viveu com eles e nunca lhes perdoou. Afinal, seu dote, o valor dado por seu pai para que aquele casamento acontecesse, foi consideravelmente alto, contando com a parte subtraída do dote de sua prima mandada para o convento. Ela passou o resto da vida pensando nisso. Quando não perdoamos, não abrimos mão de pessoas que não nos foram boas, nunca esquecemos situações infortunas, nós criamos ligações energéticas e nos prendemos a elas, assim como tudo do que reclamamos.

— Reclamar é reivindicar, exigir, clamar novamente. Então, chamamos de volta aquilo de que falamos, de que reclamamos — Guimarães lembrou.

— Exatamente — tornou Jorge. — Nós nos ligamos a tudo, exatamente tudo o que reivindicamos, reclamamos. E nos ligamos de uma forma tão forte que, mesmo em futuras encarnações, sem a necessidade de estarmos juntos àquelas pessoas ou fatos, nós nos atraímos para perto deles.

— Marisol tinha seus acertos e experimentou o que precisava junto de Raul e sua família. Mesmo se achando vítima, deveria tê-los perdoado — Letícia comentou.

— Justamente — tornou Jorge. — Eis a importância do perdão. Mas ela não fez isso. Ao contrário. Achou-se injustiçada e ligou-se a eles. Na atual existência, deveria desenvolver-se, produzir, descobrir e focar em seus talentos. Mas não. Ainda quer ser tratada, cuidada, quer mordomia e ficar acomodada. Apesar de todos os ensinamentos e alertas de sua mãe. Não quer aprender da forma mais fácil.

— Lembrando também que ela, no passado, foi extremamente ingrata. Traiu a irmã quando teve um romance com o companheiro de Lea. Traiu a única pessoa que a acolheu e ajudou — Guimarães disse.

— Dessa vez, Lea, de modo inconsciente, sabe que precisa ser instrumento de ensino na vida de Marisol. Ela não vai aceitar que a irmã se torne dependente dela, novamente. No passado, os tempos eram difíceis para uma mulher. Hoje, não mais. A falta de amor-próprio, o desejo de viver acomodada, a ausência de perdão e a cobrança inconsciente, faz com que Marisol se aproxime daqueles que deveria se afastar. Algo desnecessário e, talvez, lamentável, pelas situações que vai atrair. Por livre-arbítrio, ela escreve seu destino. Não é Deus nem ninguém que nos coloca em situações desafiadoras. Somos nós mesmos que o fazemos — Jorge considerou.

— Raul e sua família não têm um futuro promissor, não é? — Letícia indagou curiosa.

— Raul poderia ter um futuro diferente — Jorge explicou. — Um pouco melhor. Mas suas inclinações o levarão para grandes reparos. Terá de se reeducar. Juanita e Ernâni, novamente, criaram um filho fora da realidade, com proteção, mimos, sem exigências e ainda, sem religiosidade. Ela e o marido só sabem reclamar da vida e das dificuldades. Nunca agradecem o pouco que tem. Acreditam que o mundo todo tem débitos com eles e que todos precisam ajudá-los de algum jeito. De certa forma, ainda querem ser servidos como no passado. O pior é que ambos fecham os olhos para o dinheiro, os objetos que o filho traz para casa, mesmo sabendo que Raul não trabalha e não tem condições de comprar nada ou ter valores. Ele está fazendo roubos e furtos. Os pais desconfiam. Acham certo. Afinal, pensam que quem tem deveria doar mais. Nunca educaram o filho e não vão fazê-lo.

— Juanita é uma mulher muito má. No passado, praticou muitas crueldades e, apesar das deficiências, das sequelas que traz no corpo, não aprendeu. Se tiver oportunidade, pratica o que não deve — Letícia comentou.

— Deus permite que nossa consciência nos cobre para que possamos aprender. Talvez, a cobrança da consciência de Juanita não tenha sido suficiente. Precisará de mais — tornou o orientador.

Após discutir com sua mãe, Marisol foi para fora de casa, sentando-se na mureta perto do portão.

Raul se aproximou, perguntando:

— E aí? Qual foi a treta?

— Minha mãe e minha irmã querem me fazer de empregada. Tão pensando que sou trouxa.
— Todo mundo tá a fim de mandar na gente, né?
— Pra você ver...
— Tá a fim de curtir? Hoje tem uma balada aí, ó! Tá a fim não?
— Minha mãe tá um saco. Vai brigar comigo.
— Aí, ó... Se fica briga, se for briga... — deu risada. — Seja feliz!
Marisol achou graça e concordou com ele:
— É... Tô dentro.
— Te pego.
— Valeu.

Era bem tarde quando Lea viu sua mãe preocupada, andando pela casa.
— A Marisol ainda não chegou?
— Não. Essa menina...
— Menina? Ah, mãe... Por favor!
— Eu sabia que não deveria ter chamado o seu Ernâni. Ele sempre traz o filho. Sabia que ia dar nisso. Aquele moço não é boa coisa.
— Mãe, a Marisol e o Raul já se falam há tempos. Já saíram juntos outras vezes. Só a senhora que não quer admitir.
— Mas fazia tempos que eles não se falavam, Lea!
— Isso é o que a senhora pensa! Sempre tá trabalhando quando eles saem para dar rolés.
— Não sei o que fazer com sua irmã.
— Mãe, a senhora já falou, ensinou, educou... A Marisol é assim porque ela quer. Aliás, acho que ela quer aprender as lições da vida da pior maneira. É lamentável admitir isso, mas é a verdade. Vamos ter de respeitar a vontade dela.
— Lea, o problema é que, quando tudo der errado, quando ela estiver na pior, com um filho nos braços, sem emprego, abandonada, sem ter onde morar... Ou quando estiver com uma doença grave como hepatite C, HIV, Aids... Quando estiver na

pior e sozinha, é para mim que ela vai voltar! É a mim que vai procurar! É nesta casa que vai ficar! É por isso que me preocupo. Sou mãe! Não consigo virar as costas!

— Mas a senhora não entende! Ela quer quebrar a cara para aprender! Não vai ter outro jeito! Já falamos, explicamos, mas ela não quer assumir a responsabilidade de estudar, trabalhar e cuidar da própria vida. Ela quer responsabilidades piores!

— Não consigo abandonar. Sou mãe!

— Então, sofra! — Lea gritou.

— Lea! — exclamou. — Com quem pensa que está falando?!

— Tá... Desculpa, mãe... — disse mais branda. — Também estou cheia das coisas que ela apronta. Não bastavam as preocupações que tenho no serviço...

— O que está acontecendo no serviço? — quis saber, falando de modo mais suave. Percebia que, por causa de Marisol, não oferecia tanta atenção para Lea.

— Ah... Peguei uma coisa estranha acontecendo e... — contou.

— Acha que alguém falsificou o pedido?

— Com certeza!

— Mas é um problema do engenheiro e não seu, não é?

— Sim. Mas e se falsificarem coisas minhas também?

— Terá de ficar atenta, filha.

— Estou estressada com essa história. A princípio, o Iago, o engenheiro encarregado, disse que tomaria providências. Agora, resolveu deixar quieto. Não entendi por quê.

— Talvez não teve certeza de nada. Mas deve estar de olho.

— É... Deixa pra lá... Ficarei de olho.

Isabel esfregou a mão em suas costas e aconselhou:

— Isso mesmo. Agora, é tarde. Vai dormir. Também vou deitar um pouco.

Assim o fizeram.

Na manhã seguinte, Marisol chegou a sua casa sob efeito de álcool.

Logo que a viu, Isabel tentou conversar, mas não teve como.

A filha respondeu e falou alto, desrespeitando-a com gritos.

Trôpega, Marisol jogou-se na cama e dormiu do jeito que estava.

Isabel contou para Lea, porém não entrou em detalhes. Não gostaria de ver as irmãs brigando. Além disso, não desejaria levar mais preocupações para a filha mais velha.

Alguns dias se passaram.

Carlota convidou algumas pessoas para irem a sua casa. Disse que seria uma reunião de amigos por conta do seu aniversário.

Lea e Angelita decidiram comparecer, mais por obrigação e curiosidade do que por amizade.

A prima não ficou satisfeita quando soube, na última hora, que a outra tinha convidado Luís, para levá-las.

Música alta. Um DJ que deixava tudo bem animado. Luzes eletrizantes e muita gente dançando no espaço frente às caixas de som.

A piscina reluzia multicores, refletindo até perto das mesas por entre os garçons que circulavam com bandejas, servindo aos convidados.

Estavam acomodados em uma mesa, quando a aniversariante chegou muito alegre.

— É ótimo ver vocês aqui!

— Não poderíamos deixar de cumprimentá-la, Carlota — Lea disse sorrindo, beijando e abraçando a aniversariante. — Parabéns!

— Obrigada! — agradeceu muito sorridente.

Angelita também a cumprimentou na sequência. Depois, Lea apresentou:

— Este é o Luís.

Carlota o beijou diante dos parabéns.

— Sua festa está muito linda! — o rapaz elogiou.

— Eu sei! Pensei em todos os detalhes — a anfitriã respondeu com alegria. — Quero que todos meus convidados fiquem satisfeitos.

— Pode ter certeza de que sim — Lea afirmou.

Nesse instante, Carlota deu um gritinho para demonstrar sua surpresa e alegria ao ver Iago chegando em companhia de Estela.

Eles se cumprimentaram e Estela elogiou sem demora:

— Você está linda Cacá! Deslumbrante! — chamou-a pelo apelido de que gostava.

— Obrigada, minha amiga! Você também! Olha esse seu cabelo!...

As trocas de elogios não terminaram por aí. Ambas continuaram falando sobre as marcas de suas roupas, sapatos e onde compraram. Mencionaram cabeleireiros e maquiadores, além do perfume importado.

Carlota era uma mulher muito bonita. Alta, magra, corpo bem delineado e chamativo, principalmente pelo tipo de roupa que usava. O que muito atraia a atenção, eram seus belos e grandes olhos azuis. Tinha uma pele sedosa, cabelos naturalmente lisos e loiros com algumas luzes, que viviam bem penteados com leve ondulações. Seu rosto prendia a atenção, daqueles que apreciamos olhar por mais tempo. Naquele dia, estava bem mais produzida e linda.

Enquanto ambas trocavam discursos de aprovações, Iago, que achou graça no que acontecia, decidiu cumprimentar todos à mesa.

Pelo fato de haver cadeiras sobrando, ele perguntou:

— Esperam alguém?

— Não. Somos só nós — Angelita respondeu sorrindo. Desejava que ficasse ali.

— Então... Se não se importarem... Ficarei por aqui — tornou o colega de serviço.

— Fique à vontade! — tornou ela satisfeita.

Lea inclinou-se para Angelita e sussurrou algo, fazendo a prima sorrir levemente.

UM NOVO CAPÍTULO

Depois de algum tempo, Estela e Carlota terminaram o assunto. A aniversariante pediu licença e a acompanhante de Iago foi apresentada, momento que pareceu examinar meticulosamente as mulheres sentadas ali. Somente depois, acomodou-se.

— Gente! Isso sim é festa! A Cacá é ótima em tudo o que faz! Ela arrasou! — Estela admirou.

— Sim. Está tudo ótimo — Angelita concordou.

— Cacá é a aniversariante? — Luís perguntou baixinho para Lea.

— Sim. O nome dela é Carlota, mas prefere ser chamada de Cacá. Não gosta do próprio nome.

— Vocês trabalham na construtora? — Estela perguntou para Lea e Luís.

— Eu sim. Ele não — Lea respondeu intrigada. Mas decidiu esclarecer: — Eu a conheço. Já vi você algumas vezes por lá.

— Ah... Desculpe-me. Ando tão focada em outras coisas. Eu conheço a Angelita, mas você não. Faz tempo que não apareço por lá e... Seu rostinho é meio comum. Penso que a confundi com outros.

Lea não ficou satisfeita com o que ela disse nem o tom usado. Nitidamente, Estela tentou diminuí-la. Decidiu não revidar. Afinal, estavam em uma festa e ela era acompanhante de Iago. Mas passar a noite em companhia de alguém que, logo de início, diz algo daquele jeito, não seria fácil.

Angelita inclinou-se para o lado da prima e disse:

— A Estela é gerente na empresa do pai, que é um dos principais fornecedores de materiais para a construtora.

Para puxar conversa, Iago virou-se para Luís e quis saber:

— Você trabalha na área de construção civil?

— Não. Sou empresário. Tenho uma empresa de montagem de estandes para eventos como feiras de exposições de produtos, sejam eles quais forem como: cabeleireiros, ferramentas, salão do automóvel, livros... E também pequenas feiras com exposições em *shoppings*.

— Que interessante! Deve viajar bastante.

— Um pouco. Fico entre São Paulo, Rio, Curitiba, Belo Horizonte... Em torno da região Sudeste do país. Quando é mais longe, mando os colaboradores — sorriu. — E você? Trabalha em quê?

— Sou engenheiro civil.

Os dois passaram a conversar, enquanto as três moças falaram de outros assuntos. Lea ficou na defensiva. Não apreciava nada do que Estela dizia. Passou a questionar o que uma mulher como ela fazia ao lado de Iago? Se bem que era muito bonita e parecia rica também por tudo o que ostentava. Por um instante, Lea sentiu-se diminuída. Talvez pelo que Estela disse. Seu rosto seria comum? Nunca tinha pensado nisso.

Ela estaria namorando Iago?

Como ele poderia ter uma pessoa daquele jeito ao lado?

Novamente, começou a reparar na outra. Realmente era uma mulher bonita. Isso não teria como negar. Aliás, não conseguiria colocar nenhum defeito, a não ser no seu jeito arrogante. Estela era do tipo que gostava de diminuir as pessoas. Seu jeito de olhar já fazia com que se sentisse menor.

Lea ficou preocupada. Seu rosto seria comum mesmo?

Havia se produzido tanto para aquele aniversário. Sabia que teria pessoas de alto nível, todas bem-apresentadas de acordo com o evento.

Disfarçadamente, olhou-se e se comparou à Estela.

No momento seguinte, achou-se ridícula por fazer aquilo.

Iago gostava mesmo de mulheres como a que o acompanhava? Será que ele não se atraia por ela pelo seu jeito simples?

Deu-se por feliz por não permitir uma aproximação no dia em que foi ao apartamento dele. Se é que, de fato, ele havia se interessado mesmo por ela. Pode ter sido somente impressão. De repente, ficou com pena de sua forma de ser. Ou pior, convidou-a para sair e ir a um barzinho, mas, depois, observando-a melhor, arrependeu-se e quis comer pizza e tomar cerveja, ali, no apartamento, porque ficou com vergonha dela.

Não. Isso não seria possível. Ela se vestia bem. Sabia se comportar.

No instante seguinte, imaginava que ele gostava mesmo era de mulheres todas produzidas como a Estela e a Carlota. Eram lindas. Devia admitir.

Não demorou para a bebida deixar todos mais relaxados.

Quando foi dançar, Lea esqueceu-se um pouco do incômodo que Estela lhe provocou.

Muito mais à vontade, conversaram e divertiram-se muito.

Era bem tarde quando perceberam Carlota um tanto alterada pelo efeito da bebida, mas isso não tirava o toque de preocupação que estampava no rosto. Diferente do começo da festa.

Ela e Sebastián conversaram seriamente em um canto e repetiram a cena algumas outras vezes.

Ao passar perto da mesa, Estela perguntou:

— O que foi, amiga? Alguma coisa que posso ajudar?

— Minha prima, a Consuelo. Ela não está muito bem. Precisou sair da festa e foi lá pro quarto. Vamos dar um tempinho para ela, né? — Carlota disse, mantendo a classe para não se expor.

Ao ver a outra se afastar, Estela comentou:

— A Consuelo não está bem. Coitada. Uma pessoa tão legal, tão extrovertida...

— O que ela tem? — Luís se interessou.

— A Consuelo é prima da Carlota. Aquela que estava, ali, agora há pouco, naquela outra mesa — discretamente, apontou. — Elas são bem parecidas. A Consuelo, do nada, passou a ter problemas emocionais. Entrou em depressão, pânico, tem transtorno de ansiedade... Tudo junto. Está bem diferente da pessoa que conhecemos tempos atrás — Iago explicou. — Ela toma remédios e deve ter misturado com bebida alcoólica. Agora está em crise.

— Não julgue, Iago. Você não sabe se ela misturou remédios com bebida — Estela se manifestou.

— Ela estava bebendo, ali, agora, e isso todo mundo viu — ele se explicou.

— Mas você não sabe se ela tomou os remédios — tornou Estela.

— Se os remédios são de uso contínuo, não poderia suspender. Pela lógica, não se interrompe o uso de medicação contínua para tomar bebida alcoólica — Iago justificou.

— O certo é interromper a bebida! — Luís disse e riu.

— Mas quem consegue?! — Iago gargalhou. — É mais fácil interromper o remédio! — riu de novo.

— Ou tomar tudo junto — o outro brincou ainda mais.

— Ai, gente... Para com isso! Tenham compaixão — Estela não gostou.

— Ah... Por favor, Estela... Estamos só brincando — Iago disse, ainda achando graça.

— Brincando com algo que merece atenção e cuidado — ela replicou.

— É assim — disse Iago mais sério —, a Consuelo está doente. É uma doença séria e que eu respeito. Mas não posso concordar ou ser conivente com alguém que não se cuida, não se considera, não se trata com importância. Ela está brincando consigo mesma por não fazer o que é certo. Por que eu não posso brincar? — não houve resposta. — Já conversei com a Consuelo diversas vezes, ela quer que as coisas mudem, que os outros mudem e a tratem melhor. O mundo não muda por causa de ninguém. Gostem ou não, essa é a realidade. Somos nós que precisamos mudar ou parar de nos importar. Não podemos esperar que todos sejam simpáticos e compreensivos conosco. Ou nos fortalecemos e procuramos objetivos úteis e esquecemos a opinião alheia, ou sentamos e choramos pelo resto da vida.

— Você está sendo cruel, Iago. Não tem compaixão — Estela considerou.

— Compaixão eu tenho. Mas, pense: no que a minha compaixão vai ajudar a Consuelo ou qualquer outra pessoa? — ele indagou.

Todos estavam sérios, agora. As brincadeiras pararam e os sorrisos sumiram. Alguns à mesa, abaixaram olhares.

— Uma conversa amiga, um papo legal... Isso sempre ajuda — Estela considerou. — E para fazer isso, é preciso sentir compaixão.

— Ajuda? Até quando?! — Iago perguntou firme. — Hoje, você fala, conversa muito com a pessoa, investe seu tempo... Aí, a pessoa fica legal. Mas não faz nada para se melhorar. Não busca novos rumos nem novos objetivos. Não vai à procura de vida mais saudável mental, física ou espiritualmente. Volta a ficar mal. Volta a ficar depressiva, com pensamentos decaídos... Se eu for conversar com essa pessoa todas as vezes que ela estiver assim... Desculpa, minha cara... Desculpa minha sinceridade, mas se toda vez que essa pessoa estiver mal, estiver depressiva eu for conversar com ela, deixarei de viver a minha vida. Imagina se eu tiver três ou quatro conhecidos assim! Acabou minha vida, cara! — exclamou e tomou grande gole da bebida que tinha em mão.

— Como você é egoísta, Iago! Não estou te reconhecendo! — Estela protestou.

— Estela, perdoe-me, mas eu entendo o Iago — Luís defendeu. — Entendo perfeitamente. Ele não está sendo egoísta. Está preservando a própria saúde mental. Ouvir reclamações esgota qualquer um. A gente se sente sugado. Ninguém, que não seja da área da saúde mental, está preparado para lidar com pessoas que vivem determinados transtornos. Aliás, o Iago está fazendo o que é certo e preservando a própria saúde mental. Ele não é preparado para isso. A pessoa precisa procurar um psicólogo o quanto antes e fazer psicoterapia. Olha... Por exemplo, suponhamos que eu queira ser solidário e me dedique o dia todo para conversar com meus conhecidos que passem por problemas desse tipo. Digo para que mudem seus pensamentos, sua forma de vida para sair do buraco onde se colocou. O que vai acontecer comigo? Deixarei de viver minha própria vida e me colocarei no buraco. Primeiro, não sou especialista nem tenho preparo para tratar pessoas. Segundo, cada caso é um caso. Tem gente que passa por isso porque seu organismo sofreu algo e não produz hormônios para seu equilíbrio mental. Outras, porque fizeram coisas das quais se arrependeram e nunca vão contar para um conhecido. Nunca. Outras, ainda, porque precisam trabalhar seu acomodamento na vida, sair da posição confortável, da zona de conforto que se colocou e tomar as rédeas da própria vida. Existem as que estão perdidas, não sabem o que fazer e precisam se encontrar. Têm as dependentes emocionais que precisam, que sempre precisam e precisam mais... Essas esgotam qualquer um! Cara!!! — expressou-se com muita ênfase. — Eu, pobre mortal, sem preparo, não tenho a menor condição de orientar pessoas assim! Aliás, é perigoso o aconselhamento de amigos. Além de desconhecer o núcleo do problema, o ouvinte se sente obrigado a responder qualquer coisa para se ver livre da reclamação, ou, por ser amigo, sente-se forçado a responder e aconselhar algo para tentar ajudar, sem que nem ele mesmo saiba, se esse algo que foi dito, se esse conselho, foi perigoso devido ao seu despreparo. É muito arriscado dar um palpite errado. Não se sabe o que a pessoa desesperada vai entender e fazer com o que ouviu. É necessário ter formação na área de Psicologia ou Psiquiatria! O conselho deve ser de procurar ajuda profissional, sempre. — Com menos empolgação, concluiu: — Eu entendo o lago, perfeitamente. Tenho cerca de 80 funcionários. Eles têm dificuldades, problemas de todos os tipos, inclusive de transtorno emocional. Se eu tirar quinze minutos, por dia, para conversar com cada um deles para tentar ajudá-los, todos perderão seus empregos, porque não farei mais nada da minha vida nem da empresa. Quem entrará em depressão serei eu! — Breve pausa e ainda opinou: — Desculpa aí... Mas, o que podemos dizer é: procure um Psicólogo muito bom. Mas, a pessoa fica preocupada com o gasto em dinheiro. Quer saber por quanto tempo ficará fazendo psicoterapia e não abre mão de mudar seus hábitos...

— Discordo de vocês dois! Estão sendo muito egoístas! — Estela mostrou-se contrariada. — Imagina! Se não podemos dar atenção por cinco minutos para um amigo!

— Estela, presta atenção em uma coisa: não serão somente cinco minutos. Além do que, se eu for fazer isso com os conhecidos que passam por esse tipo de situação... Acabou meu dia. Ficarei esgotado. Não trabalho mais — defendeu-se Luís.

— Isso é egoísmo. Ninguém me tira da cabeça. — Olhando para Angelita, perguntou: — O que você acha da opinião desses dois?

Ela pensou um pouco e respondeu:

— Acho que palavras de estímulo, uma conversa para levar luz e esperança são sempre bem-vindas à pessoa que precisa. Não podemos negar isso. Ou, talvez seja um pouco de egoísmo. Mas, quando essa situação de dependência emocional, por conta dos seus transtornos, torna-se constante, quase como que uma exigência ou necessidade desmedida de alguns, fica muito complicado. Essa pessoa é quem está sendo egoísta de forma inconsciente, claro. Depressão, ansiedade, pânico são doenças e precisam de tratamento. Se a pessoa não faz nada para se melhorar, para mudar seu estado, quem quer ajudá-la precisa tomar cuidado. Quem vive um problema, uma situação difícil, um transtorno emocional precisa entender que o outro também tem sua vida pessoal e nela inclui muitos desafios, às vezes, terríveis e que não comenta. Precisamos nos conscientizar de que o outro também sofre e tem suas dificuldades. Ninguém está aqui a passeio. Aquele que vive um transtorno, uma depressão, precisa se conscientizar de que é necessário parar de projetar sua insegurança, seus medos, seus infortúnios sobre o outro. Precisamos assumir nossas responsabilidades sobre nossa própria vida e não ficarmos esperando sempre, sempre e sempre a ajuda dos outros. Ninguém consegue carregar o outro nas costas e ficar servindo constantemente. Ele também tem suas dores. Dores que nem comenta. Para o depressivo falar é muito importante, mas para quem não está preparado para ouvir, pode ser doloroso. Falar é bom e necessário, mas precisa ser com a pessoa certa, preparada para isso.

— Concordo com a Angelita! — Luís salientou. — Eu tive um conhecido com depressão. Aconselhei o cara: vai procurar um psicólogo. Ele foi e não gostou. Falei: vai procurar outro. Foi. Gostou, mas não ia às sessões de psicoterapia como deveria. Ia, faltava... Só aparecia na frente do profissional, novamente, quando estava mal...

— Sabe por que ele não ia? — Iago perguntou rindo. Sem esperar a resposta, disse: — Porque o psicólogo era bom e ia ajudá-lo a enxergar seus erros e onde precisaria mudar. Melhorar significa mudança e isso ninguém quer. De alguma forma, o estado que ele se colocou era conveniente. Era cômodo. Se ele mudasse deveria assumir responsabilidades e obrigações. Isso daria trabalho — disse sob o efeito de bebida e não media qualquer opinião.

— Verdade! — tornou o outro no mesmo estado emocional. — Esse cara dizia que estava com problema com a esposa. Ele não tinha posicionamento. Ela ficava sobrecarregada e brigava com ele. Na verdade, ela precisava de ajuda. Precisava do marido do lado dando força, mas não... Ele só ficava atrás. Por isso, a mulher era exigente. Por outro lado, era mais fácil colocar a culpa nela, reclamar dela, em vez de assumir responsabilidades. Daí o cara arrumou outra mulher.

— Com a clássica argumentação pobre de dizer que a esposa não o compreendia, que ela era exigente!... — Iago deduziu e riu.

— Exatamente! — Luís exclamou. — Ele tinha problemas com ele mesmo. Mas projetava suas falhas nela. Transferindo a culpa para ela. E o oposto também acontece. Não vamos colocar a culpa somente nos homens — riu e o amigo concordou. — Aí, eu dizia pro cara: para de beber e tomar esses remédios. Ele nem aí!... Vai cuidar da saúde, fazer caminhada. Muda de vida. Faz psicoterapia... Não teve jeito, ele não mudou. Hoje, ele está na cama. Mal se mexe. Teve um derrame. Cara novo, meu! Tinha de ver!

— Lógico que não é a amante quem está cuidando dele? — Lea indagou com ar insatisfeito.

— Lógico que não. É a esposa, já que ninguém quis cuidar. Mas gostei do que ela fez.
— E o que ela fez? — tornou Lea.
— A mulher deu uma virada na vida. O cara aposentou, lógico. Com o que recebe, pagam uma cuidadora para ele. Ela arrumou um novo emprego. Abriu um novo negócio e se cuida, se arruma toda e é outra pessoa! Vive nova vida. Muito melhor. Enquanto o marido está lá, na edícula no fundo do quintal, olhando para o teto. — Luís deu um gole na bebida que havia no copo, depois disse: — O cara não fez nada para si. Só reclamava. Dizia que conversar comigo era bom, se sentia melhor... Mas... Presta atenção: não sou psicólogo e não podia continuar perdendo meu tempo com as conversas do cara. Ele não fazia nada do que eu sugeria. Eu tinha meus problemas e muita coisa pra cuidar. Foi uma época em que tudo estava bem agitado para mim. Ele nem sabia nem procurava saber. Eu também não iria dizer. Como a Angelita falou, era egoísmo dele não se dar conta disso. Tudo o que conversávamos era sobre ele. Por isso, o ideal é procurar profissional na área de Psicologia.
— E um psicólogo de verdade e não esses porcarias que têm por aí — Iago falou grogue.
— Eu acho legal alguns *coaches* e terapeutas holísticos. Gosto muito de alguns apontamentos que fazem — Lea considerou.
— Eu não. A maioria só te enrola e te distrai. Terapeutas não são psicólogos. Quem está vivendo transtorno emocional precisa mesmo é de um psicólogo e com P maiúsculo. Nem aconselho psicanalista, hein! — tornou Iago enfático.
— *Coach* e terapeuta holístico são bons para quem busca caminhos. Eles não tratam os problemas profundos, da alma. É minha opinião. Você não sabe o que é depressão, ansiedade nem pânico. São doenças sérias. Esses transtornos podem enterrar as pessoas que os vivem, podem levar ao suicídio. Muitos terapeutas não saberão lidar com eles com a profundidade que exigem, podendo dar dicas tortas, que pioram a situação.
— Concordo com o Iago — Angelita opinou.

— Isso não me impede de gostar de *coaching* e terapia holística — Lea reforçou sua opinião.

— Ninguém aqui está dizendo que eles não prestam. Você está misturando tudo, Lea — disse Iago bem alterado pela bebida.

— Você e o Luís estão se achando os profissionais perfeitos na área da saúde mental, pelo visto — Estela falou insatisfeita. — Ainda acho que é egoísmo não querer ajudar.

— Não se trata de não querer ajudar, Estela! Você não quer entender! Trata-se de não termos condições, conhecimento, tempo!... — disse Iago parecendo zangado. — Estou sendo sincero! Não tenho tempo.

— Para mim, tempo é dinheiro — Luís admitiu. — Tenho de trabalhar. Desculpe, minha cara. Na minha opinião, cada qual deve dar conta da sua vida em primeiro lugar. Eu não tenho competência para ser muro de lamentações. Se ficar doando meu tempo e ouvido, com muita frequência, vou à falência e, quando acontecer isso, ninguém vai me ajudar. Por essa razão, nem casamento está nos meus planos. União exige tempo e atenção. Isso eu não tenho! — destacou.

Com muita discrição, Angelita olhou para a prima querendo que se atentasse para o que Luís acabava de dizer.

— Acho que sempre é possível dar atenção para alguém. Depois, caso aconteça algo com aquela pessoa... — Estela foi interrompida.

— Se a pessoa quer fazer chantagem e imprimir em mim qualquer sentimento de culpa pelo que ela faz ou deixa de fazer com a vida dela, perdoe-me, mas essa pessoa não merece a minha amizade mesmo! Vai pro inferno! Aconteça o que acontecer é problema dela! Não posso e não vou me sentir culpado ou responsável por um amigo! Por isso, não dou conselho! Não oriento em nada! — disse Iago nervoso.

— Meu único conselho é que procure ajuda profissional, procure uma religião, mais nada! Não serei responsável mesmo. Quem chantageia ou tenta colocar nos outros a culpa pelos seus atos, são pessoas vampiras, tóxicas. Pessoas tóxicas e vampirizadoras nunca são amigas. São egoístas. Preciso cuidar de mim, da minha saúde mental para não ficar igual a elas, como o Luís lembrou muito bem. Tô fora!

— Acho que a bebida está falando por você, Iago. Nunca o vi assim — Estela não gostou.

— Nunca pediu a minha opinião a respeito. Essa é a verdade. Estou sendo sincero. E o Luís tem razão. A Angelita, com toda sensatez, fala mansa e bonita, tem mais razão ainda — ergueu o copo na direção da colega como se fizesse um brinde e sorriu. — Essa coisa de ser empático e ter compaixão precisa ter limite. Nem sempre temos estrutura. Ninguém pode se sentir culpado por não ter emocional suficiente ou preparo para suportar as reclamações e problemas dos outros. Ninguém precisa ser forte para aturar gente tóxica. Sua saúde mental precisa ser colocada em primeiro lugar. Essa ideia de que todo mundo precisa ser forte o tempo todo para aturar os outros, precisa acabar ou todos vão parar no buraco. Tudo tem limite. Não podemos maltratar as pessoas que estão doentes, com depressão ou outras coisas. Que isso fique claro. Mas se eu não tenho estrutura, não posso me violentar. Não é minha culpa não conseguir fazer nada e não poder fazer nada. O egoísmo é seu, Estela, se pensar assim. — Olhando-a firme, ainda disse: — Pare de cobrar empatia de quem não tem condições! Se você tem tempo e se acha competente para dar palpite na vida dos outros, se tem energia para doar o tempo todo, parabéns! Você é uma super-humana! Vá em frente! Mas sinta-se responsável pelas consequências e resultados que o outro vai fazer com os seus conselhos. Não creio que esteja preparada para isso, justamente, pelo tipo de opinião que demonstra agora: unilateral. Extremista — deu outro gole na bebida.

Sua acompanhante não gostou. Fez fisionomia de insatisfação.

Lea, que esteve a maior parte do tempo calada, observou cada comportamento e opinião. Sua postura foi sábia. Em meio a discussões, o melhor é silenciar e aprender.

O clima ficou um pouco tenso. Imediatamente, Luís puxou outro assunto para que a conversa fosse mudada. E funcionou.

CAPÍTULO 42

O REENCONTRO

Enquanto conversava com a prima, Angelita comentou:
— A Carlota não veio trabalhar hoje. Mandou mensagem sobre a Consuelo.
— E aí? — Lea quis saber.
— Respondeu que a levou para o hospital, logo depois que a gente foi embora. Deram um remédio e ela dormiu muito.
— As últimas vezes que vi a Consuelo aqui, não achei que estava nada legal. Tinha uma coisa estranha nela. Não estava focada no que dizia. Acabou me cumprimentando duas vezes, praticamente, em seguida. Tinha uma euforia no seu jeito.
— Ela é tão bonita quanto a prima — Angelita considerou. — Mulherão. Conquista qualquer cara. Cada dia estava com um diferente. Vai ver...
— O quê?
— Muitas coisas levam alguém a estado emocional abalado. Muitas! — ressaltou. — Mas, nos dias de hoje, vejo que quando a pessoa se faz ou se deixa fazer de objeto é pior.
— Lá vem você com esse assunto de novo.
— É o que estou reparando, Lea! Não somos objetos e estamos nos tratando como tal. Somos espíritos e para evolução, precisamos utilizar os sentimentos, o equilíbrio dos sentimentos. Não nos despojarmos deles. Ninguém vive sem sentimento. Só os psicopatas! Hoje, a pessoa se usa e usa

o outro e acha que é diversão. Pensa que não sente nada. Amanhã faz igual... Depois, vem uma tristeza que não sabe explicar. É a soma de um monte de energia.

— Mas quem está sozinho também está triste, "deprê" por não ter alguém ao lado. Você está sem ninguém! Está feliz?! — Lea indagou duramente.

— Sinto-me melhor do que quando saia com um e com outro. Às vezes tinha nojo de mim — confessou. — Exibia-me feliz, linda e maravilhosa, mas por dentro estava um caco. Algumas vezes, saí com a Carlota e com a prima dela. Como sabemos, a Consuelo é uma mulher descolada. Linda, perfeita. Tudo quanto é cara ficava de olho nela. A Consuelo se achava a tal! Tinha certeza de que abafava. Que estava no controle de tudo e de todos. Escolhia quem queria e ficava. Agora, olha para ela!... Tem crises de tudo quanto é jeito. Agora, como você percebeu, tem algo estranho até no jeito de ela falar. Toda acelerada. Deixou de ficar atenta. Não para pra escutar ninguém nem deixa os outros falarem. Só ela tem assuntos que importam e deseja ser ouvida. Deixou de vir à empresa... Nem sei do que está vivendo. — Ofereceu breve pausa, depois revelou: — Algumas vezes, me achei inferior por causa da postura dela, do comportamento, do jeito articulado, da beleza, das ostentações... Agora entendo que nada disso nem todo o dinheiro do mundo compra a paz e o equilíbrio.

— Credo, Angelita! Você está falando como uma freira — Lea disse e deu risada.

— E quem disse que freira tem equilíbrio e paz? — riu junto. — Cada um de nós carrega o fardo do que precisa harmonizar. E para entender o que precisamos harmonizar na consciência, na maioria das vezes, cometemos burradas e sentimos dores até entendermos o que é errado para nós. Somos seres únicos, individuais. O que serve para mim, talvez não sirva para você que, talvez, precise de mais dores para desejar se livrar do que te incomoda — fez cara de riso.

— Hei! Tá me agourando? — Lea brincou.

— Eu disse você no sentido figurado. Só um exemplo — riu.

— Sabe... Quando disse que se sentiu diminuída por causa da Consuelo, lembrei que senti isso com a presença de Estela junto da gente lá no aniversário da Carlota. Para começar, a Estela me mediu de cima a baixo quando me cumprimentou. Fiquei tão... Diminuída. Depois falou que eu tenho um rosto comum. Detestei aquilo. O que será que o Iago viu naquela mulher?

— Ela é bonita. Não podemos negar — Angelita admitiu.

— Bonita, mas... Intragável! Arrogante, presunçosa, vive de aparências... Nada flexível. Orgulhosa demais. Não sei como estava com ela — tornou a prima inconformada.

— Até onde sei, eles não têm um compromisso. São ficantes. — Breve instante e disse: — Viu que droga essa coisa de ficar? Eles têm compromisso ou não?

— Para mim não. Lógico que não.

— Mas estavam juntos. Dançaram, se beijaram.

— Não se beijaram! — Lea exclamou. — Fiquei de olho neles.

— Eu vi se beijarem. Além disso, ele ficava com a mão na cintura dela. Ficavam se agarrando... Ah... Sei lá. Ele se exibiu muito com ela do lado. Tava se achando. — Observando-a ainda incomodada, opinou: — Lea, eu poderia te consolar, dar esperanças, mas não sou sua amiga superficial. Por isso, aconselho que desencane. Não se deixe envolver. Ele é excelente pessoa, mas... Não sei dizer se é maduro o suficiente, se está preparado para um envolvimento sério. Se você se envolver com ele, desejará mudá-lo e isso não vai funcionar. As pessoas só mudam quando elas querem e quando se esforçam para isso. No momento, você só será mais uma. Tudo bem se quiser que seja assim, mas haverá consequência. E esse resultado é de frustração, sofrimento porque gosta dele.

A prima não gostou do conselho. Ficou emburrada.

Naquele instante, o tilintar do celular chamou a atenção de Angelita que visualizou o aparelho e disse:

— É a Carlota. Tá perguntando se posso ir à casa dela — contou e digitou algo.

— Você vai? — Lea quis saber.

— Perguntei por que. Até agora, ela não respondeu.

— Não sabia que ainda estavam tão próximas assim para ela te chamar para ir até a casa dela.

— Quando comecei a trabalhar aqui, ficávamos mais juntas. Eu não conhecia ninguém. Depois... A gente foi se afastando nem sei por quê. Ou até sei e... Sabe como é. Andamos no meio de serpentes, porém quando percebemos que não picamos, não temos veneno e não rastejamos, descobrimos que estamos no grupo errado. Então nos afastamos, mas nem sempre é possível sair do covil. Tomamos cuidado para não sermos picadas, mas não pisoteamos em nenhuma. Precisamos entender que cobras são importantes para a cadeia alimentar e para a Natureza de alguma forma. Afastar é suficiente. Traz esperteza e evolução. Tudo é questão de saber lidar. Equilíbrio.

— Deveria se afastar de vez — Lea opinou.

Angelita observou o celular e disse:

— Ela quer que eu converse um pouco com a Consuelo.

— E você vai? E todo aquele papo sobre dar palpite ou não na vida dos outros?

— Hoje, especialmente, estou bem cansada. Por isso, não vou. Não estou com ânimo para falar. É o meu limite, hoje — deixou claro. — Amanhã ou em outro momento, é provável que eu vá conversar com ela.

— Disse que era assunto de psicólogo...

— Lea, havia um pouco de fundamento em tudo o que foi dito naquela mesa. Cada um tinha seu grau de razão, porque cada um tem o seu limite. Isso nós precisamos respeitar. Hoje, por exemplo, vou respeitar meu limite e recusar o convite. Preciso de um tempo para mim — levantou-se.

— Está tudo bem?

— Quando é que tudo está, exatamente, bem?

— Foi a Yolanda? — Lea indagou, já sabendo da resposta.

— Como sempre. Minha mãe não sabe mais o que fazer. Arrumou uma galera aí e vive fora de casa.

— Igualzinha à Marisol. Deu pra chegar bêbada também.

— Só não dou um basta na minha irmã por causa da minha mãe — Angelita disse.

— Idem...

— Minha mãe e a tia Isabel nem nos contam tudo. Acho que para não brigarmos mais ainda com elas.

— Bem que poderíamos ser irmãs, não é? — Lea sorriu com a ideia.

— Coitada de quem fosse mãe das outras duas — achou graça.

— Pensando bem... Você está ficando muito chata. Está pegando muito no meu pé! — Lea fechou o sorriso.

— Antes de reencarnar, talvez tenha pedido para eu puxar suas orelhas quando estivesse fazendo coisa errada. Não lembra? — riu e não esperou resposta. Virou-se e saiu.

Lea riu e prestava atenção na prima, quando um vulto ao seu lado chamou sua atenção.

Ao olhar, viu Iago.

— Oi — disse ele. — Tem um espaço na sua agenda para uma análise?

— Sim. Claro — sorriu.

— Não é na cidade de São Paulo. É um novo empreendimento.

— Onde?

— Campinas.

— Ótimo. Passe-me o dia que quer e...

— Estou pensando em ir para lá amanhã cedo. Pode ir comigo?

— Deixe-me ver... — consultou sua agenda eletrônica. — Sim. Pode ser amanhã sim. Vou desmarcar o que tenho, por ser coisa simples.

— Excelente! Se quiser, passo na sua casa. Assim, vamos direto. Gostaria de sair bem cedo.

— A que horas vai me pegar? — ela indagou atenta.

— Às oito.

— Combinado — aceitou e sorriu.

A caminho da cidade de Campinas...

— Gostei do Luís. Um cara bem racional — Iago comentou.

— Muito direto, às vezes.

— Franco, eu diria — ele afirmou.

— É... Também — Lea achou graça. Lembrou-se de que os dois concordavam em tudo, um com o outro.

— Desculpe-me perguntar... O que ele é seu? — ficou aguardando com expectativa.

Lea suspirou fundo. Sentiu-se incomodada com o questionamento.

— Somos amigos. Quando a Carlota convidou para o aniversário, deixou claro que poderíamos levar alguém.

— Ah... Tudo bem. Entendo — respondeu com um travo na voz e sem perceber.

Depois daquela pergunta, ela se viu à vontade para querer saber:

— A Estela é sua namorada?

— Não. É uma pessoa... Às vezes, ficamos. Somos amigos também.

— Pelo visto, ela e a Carlota se dão muito bem.

— É verdade. Aliás, eu nem ia àquele aniversário. Foi a Estela quem insistiu.

— Preciso te falar uma coisa. — Ao vê-lo atento, opinou: — Achei estranho você não tomar qualquer atitude depois daqueles materiais errados. Principalmente, porque eram da empresa do pai da Estela. Descobri isso agora.

— Andei procurando provas, culpados e... Quer saber a verdade? — Olhou-a por um momento. — Depois que me lembrou de que poderia perder o emprego se tudo viesse a tona, eu...

— Não me diga que não fez nada por minha causa?!

— Também foi.

— Quando eu liguei uma coisa com outra e entendi que a Estela era filha do dono da empresa que enviou os materiais, pensei que não tivesse feito nada por causa dela — estranhou.

— Pensei em você e em mim. Para ser sincero, não é o momento de perdermos o emprego. Não acha?

Lea não sabia o que responder. Ficou surpresa e gaguejou:

— É... Verdade...

— Tenho de ficar de olho e você também. Não podemos deixar nossas obrigações serem feitas por outras pessoas.

Devemos verificar cada detalhe. Aquilo foi uma lição. Um alerta para ficarmos atentos. Entende?

— Claro — ela concordou e ficou pensativa.

— Além do mais, ganhamos razoavelmente bem. Vamos focar em nossos objetivos. Pelo menos, por enquanto.

— Você chegou a comentar tudo isso com a Estela? — ela se interessou em saber.

— Mais ou menos. Contei que fizeram entregas erradas. Afinal, tinha de pedir a troca do material. Ela trabalha na empresa do pai.

— Se ela não falar nada para a Carlota sobre eu ter encontrado aqueles papéis...

— Não toquei no seu nome. Fica tranquila — ele garantiu.

Entreolharam-se por um instante. Depois, Iago voltou a atenção para a estrada.

— Obrigada.

— Não por isso. Ser fiel e honesto é uma obrigação para com qualquer um, em qualquer circunstância, até com os que não correspondem.

Lea riu e foi sincera:

— Concordo com a primeira parte da frase.

Iago achou graça e continuou dirigindo.

Ligou o som e seguiram.

Chegaram onde precisavam e trabalharam no que era necessário.

Já passava da hora do almoço e ambos foram a um restaurante simples, perto da obra em projeto.

— Estou morrendo de fome — ele comentou. — Tomara que não demorem para nos servirem — disse assim que o garçom virou as costas. Ela achou graça e nada comentou. Nesse momento, ele lembrou: — Hoje cedo, quando fui te pegar, vi que já fez a garagem!

— Sim! — afirmou iluminando o rosto com lindo sorriso.

— Então... Está prestes a comprar um carro?

Lea suspirou fundo ao responder:

— Estou com um frio na barriga — fez um jeito engraçado.

— Ansiedade.

— Sim. Estou ansiosa. Não vejo a hora de comprar um carro, mas, ao mesmo tempo, sinto um medinho — encolheu-se e riu.

De imediato, Iago perguntou sem pensar, demonstrando uma ponta de ciúme:

— O Luís vai com você para escolher o carro?

— O Luís? — o sorriso se fechou e franziu a testa. — Não! Ora... Por que pergunta?

— É seu novo ficante!

— É um amigo, mas... Acho que nem... Quer dizer... — atrapalhou-se. Teve imensa dificuldade para responder e Iago ficou atento. O seu olhar fixo a deixou mais nervosa ainda. — Ele é mais um conhecido e muito ocupado.

— Não tem tempo para sair com você para procurar um carro?

Sentindo-se pressionada, sem saber o objetivo daquela pergunta, falou em tom sério:

— Pensei que você fosse comigo. Aliás, foi o que combinamos. Disse que poderia chamá-lo. Não teria cabimento eu pedir isso para o Luís, se já fizemos um trato. Pensei que pudesse confiar na sua palavra — ficou séria, quase irritada.

— Acreditei que tivesse sido posto de escanteio — sorriu.

— Em nenhum momento eu desfiz o combinado. Se fosse o caso, seria bem sincera e já teria falado. Acreditei na sua palavra. Mas... Se for incômodo...

— Não. Não é. Por que diz isso? — Iago indagou encarando-a.

— Porque você colocou o Luís no meio dessa história — respondeu firme.

— Mas foi por ter levado o cara na festa da Carlota.

— Qual o problema? — irritou-se. — Você levou a Estela!

Repentinamente, Iago achou a discussão muito estranha. Uma conversa que ele havia começado, mas algo totalmente sem propósito.

Tomou um gole de água que havia no copo e concordou:

— É verdade. Estamos falando de coisas sem cabimento e... Desculpe. Quando estiver pronta é só me dizer e vamos juntos procurar um carro.

O clima ficou estranho. Ambos tentavam entender o que havia acontecido.

— Sabe dizer se a Consuelo melhorou? — Lea perguntou para mudar de assunto.

— Parece que está na casa da Carlota ainda.

— A Carlota não foi trabalhar ontem nem hoje e chamou a Angelita para ir lá.

— A Consuelo é igualzinha à Carlota: esnobe, arrogante, orgulhosa, acha que o mundo deve estar aos seus pés. Já olhou as redes sociais da Carlota?

— Já. Confesso que não apreciei muito. De fato ela é muito arrogante. Fica humilhando as pessoas, fala muita besteira, é provocativa... — Lea disse.

— Elas te tratam bem no primeiro momento, em seguida, te humilham. A Angelita foi até lá? — ele quis saber.

— Não. Ontem, não. Disse que não estava em um bom dia para conversar.

— Foi como falei. Nem sempre estamos bem, temos disposição ou mesmo competência para aconselhar alguém assim. E ninguém pode nos culpar por isso. — Um segundo e perguntou: — A Angelita está bem?

— Sim. Preocupada com coisas de família. Tem uma irmã igualzinha à minha.

— Vocês deveriam ser irmãs. Se dão tão bem.

— Seria uma bênção. Não tenho sorte com irmão. A que vive comigo... Já sabe. A meia-irmã que tenho nunca olhou para mim. O irmão... — não quis comentar.

— Falando em irmãos... Vamos até a casa da minha irmã? — Iago propôs de súbito.

— Como assim? — achou graça no jeito dele.

— Quero visitá-la. Não é tão longe e temos o resto da tarde.

— Quando voltarmos será noite — ela lembrou.

— E daí? — Iago fez um gesto com as mãos e sorriu. — Vamos!

— Não vai parecer estranho? Não conheço sua irmã — ficou constrangida.

— Não. Não sei por que, mas acho que a Margarida vai gostar de te conhecer. Vai ser legal!

— Então, tá... — concordou, apesar de se sentir insegura.

Um pouco depois...
Iago entrou com o carro em uma rua de terra ladeada por grama verde e flores campestres aos pés da cerca branca, que deixava o lugar adorável.

Não demorou e avistaram um portal branco feito com madeira de demolição larga e envelhecida. Ele era coberto lindamente pelas ramagens da planta Primavera com cachos de flores cor-de-rosa bem forte, que chamava muito a atenção.

Iago parou o veículo embaixo do portal e Lea ficou impressionada:

— Que lindo! — murmurou admirada. — Tudo aqui é lindo!...

— Você não viu nada — disse antes de descer e abrir o portão. Retornou, avançou com o veículo. Desceu novamente para fechar o portão e achou graça quando retornou e viu Lea ainda de boca aberta, encantada com o local.

Seguiu e estacionou perto da casa.

Enquanto se preparava para descer, Lea observou uma mulher alta, usando regata amarela e saia longa, larga de estampa florida. Cabelos compridos e ondulados, com alguns grisalhos que ficavam bem charmosos. Em um dos lados da cabeça, uma mecha de cabelo era presa com uma flor artificial amarela, bem semelhante a algo natural.

Logo deduziu tratar-se de Margarida que caminhava sorridente, com as mãos na cintura, na direção do irmão.

— Ora!... Ora!... Que surpresa boa!... — ela falou com um toque de carinho na voz agradável.

Perto de Iago, abraçou-o com ternura e o beijou no rosto demoradamente. Afastou-se e o contemplou, acariciando seu rosto.

— Eu trouxe alguém para você conhecer — ele disse.

A essa altura, Lea já havia contornado o veículo e estava parada na frente do carro, como que esperando sua vez.

Os olhos de Margarida brilharam nesse instante. Ambas ficaram paralisadas por alguns segundos. Uma alegria indefinida resplandeceu em seus corações que se aceleraram.

A voz forte de Iago tirou-as daquele êxtase:

— Esta é Lea, uma amiga que trabalha comigo.

Margarida caminhou lentamente e estendeu os braços para Lea que correspondeu ao abraço como se já a conhecesse e estivesse matando saudade.

Beijaram-se no rosto e se olharam por longo tempo, sem palavras.

Sempre sorrindo, Lea sentiu seus olhos se aquecerem como se fosse chorar. Não entendeu. Precisou se forçar para segurar as emoções.

— É um prazer conhecê-la e grande alegria tê-la, aqui, na minha casa — disse a anfitriã, também impressionada com a visita.

— O prazer é todo meu. Tudo aqui é muito lindo! É encantador! E você também!... — disse com extrema alegria.

— Muito obrigada. Quanta gentileza sua... — Pegou sua mão, entrelaçou seu braço ao dela e chamou, conduzindo-a como se fossem grandes amigas: — Venha. Vamos sair deste sol. Devem estar cansados da viagem. Vou servir um suco — levou-a para a varanda.

Iago, parado, ficou observando a cena agradável.

Teve a impressão de que a irmã sentiu o mesmo que ele quando viu Lea pela primeira vez. Aquela sensação de carinho, algo que só se sente por pessoas que conhecemos há muito tempo. Uma sensação rara.

Ainda sorrindo, ele seguiu atrás delas.

Subiram alguns degraus para a varanda e Margarida perguntou:

— Preferem ficar um pouco aqui fora ou lá dentro?

— Vamos ficar um pouco aqui — disse o irmão que puxou uma cadeira de madeira, frente à mesa branca com lindo arranjo de flores naturais. — O vento ajuda pra caramba a refrescar um pouco.

— Como quiserem. Só me deem dois minutos — Margarida pediu com jeito mimoso. — Volto logo! — Abriu uma porta de tela e foi para dentro de casa.

A sós com Iago, Lea admitiu, surpresa.

— Nossa! Adorei sua irmã.

— Não acha que é cedo demais para dizer isso? — ele ficou curioso com a situação.

— Não. Senti uma coisa inexplicável. Parece que a conheço, que somos amigas e ficamos um bom tempo longe uma da outra. Pela forma como me abraçou a Margarida sentiu o mesmo.

— Vai ver é o lugar... — o rapaz brincou. — A energia daqui é muito boa. Tranquiliza, revigora. Ela e o marido cuidam muito bem de toda a propriedade. Cada cantinho tem um toque especial. Lá atrás tem o que Margarida chama de jardim secreto. Alguns minutos ali e sairá com a alma renovada.

— Tudo é impecável! Nossa! Estou admirada.

— Trabalham com isso. Este sítio é, inclusive, para servir de inspiração para os clientes.

Lea olhava tudo minuciosamente. Reparou que as colunas e balaustres de madeira da varanda que contornavam a casa eram, caprichosamente, pintados de branco e estavam limpos. Havia samambaias penduradas que derramavam as folhas e vasos com impatiens repleto de flores de diversas cores e tipos espalhados pela varanda. Tudo limpo e harmonizado.

Olhou ainda no chão, na parte de baixo que rodeava a sacada, belo canteiro de margaridas brancas todo florido e algumas roseiras de espaço em espaço, no meio dele.

— Adoro flores. Aqui, em cada canto que se olha a gente vê flor. É lindo!

A irmã de Iago retornou trazendo uma bandeja com copos e uma jarra de vidro cristalino onde o gelo tilintava ao balanço.

— Nada melhor do que suco de limão em tarde tão quente. Não é mesmo?

Colocou sobre a mesa e os serviu.

Lea experimentou e elogiou:

— Nossa! Que delícia. Tem algo diferente neste suco. É muito bom.

— Bati o suco no liquidificador com ramos de capim-limão. É bom, né? — ficou feliz com a satisfação da outra.

— Ótimo! Uma delícia!

— Sirvam-se à vontade. — Olhou para o irmão e disse: — Que bom terem vindo.

— A construtora aceitou um trabalho em Campinas. Trouxe a Lea comigo para analisar o lugar. Ela é engenheira ambiental. Depois do almoço, convidei para vir aqui.

— Deveriam ter vindo para almoçar — tornou a irmã.

— Seria muito incômodo — Lea considerou. — Não tínhamos avisado.

— Imagina! Adoro gente do bem na minha casa! — enfatizou e riu.

— Tudo aqui é tão lindo, Margarida. Estou encantada com todos os detalhes.

— Obrigada — agradeceu tocando o braço de Lea por um instante, sorrindo sempre. — Depois daremos uma volta para conhecer o resto da propriedade. Acho que vai gostar.

— Deve ser bom demais morar em um lugar como este.

— É bom sim. Sempre podemos fazer da nossa casa um lugar bom e agradável, mesmo com poucos recursos — Margarida disse.

— Isso é verdade. Só o fato de manter tudo limpo, ter as coisas no lugar, um arranjo de flores... Já proporcionamos harmonia ao ambiente — Lea considerou.

— Você me fez lembrar de quando era pequena. O lago nem tinha nascido. Meus pais não tinham muitos recursos. Em nossa cozinha, não havia armários. A pia era sustentada por duas paredes com uma prateleira de tábua embaixo. Minha mãe encapou, revestiu essa tábua e ainda deixou uma barrinha para fora como uma saia e fez um franzido nela. Guardávamos as panelas ali. Todas brilhavam. Fechávamos com uma cortina feita de um tecido com flores. No canto, ao lado da pia, mais três prateleiras também revestidas e com aquelas barrinhas franzidas e caidinhas. Era onde guardávamos os pratos, copos, canecas... Tínhamos uma mesa com quatro cadeiras bem simples. Sobre a mesa havia um pote de vidro sempre com flores ou um galho verde que minha mãe colhia do quintal. O chão era de vermelhão. Brilhava! — enfatizou, falando sempre de um modo tranquilo, sustentando leve sorriso. — Deixávamos daquele jeito com esfregão. Ficava lindo. Era tão agradável.

— Imagino que sim. Não importa o quanto sua casa seja simples. Se impregnar amor em cada detalhe, será um lar abençoado — Lea considerou.

— Em um lar não só é importante impregnar amor, cuidando dos detalhes com carinho e capricho, mas também é imprescindível cuidar das palavras e dos pensamentos — a anfitriã acrescentou. — Sabe... Nunca tivemos luxo, mas tivemos a bênção de pais amorosos. Nossa mãe, principalmente, era uma pessoa bem consciente e equilibrada. Dizia para não sermos impulsivos. Que deveríamos analisar bem, seja o que fosse, antes de julgar, criticar, decidir ou falar.

— Minha mãe é assim. — Um momento e pediu: — Posso me servir com um pouco mais desse suco? Está muito bom!

— Mas é claro, Lea! Colhi esses limões fresquinhos ali nos fundos agora mesmo. — Em seguida, quis saber: — Conte-me sobre você. Mora com seus pais? Tem irmãos?

— Moro com minha mãe e uma irmã. Meus pais se divorciaram. Minha irmã era pequena. Meu pai decidiu vender a casa para sobrar dinheiro para a nova família. Foi assim: vivíamos aparentemente bem. Um dia, de repente, apareceu no nosso portão a amante dele, a Eugênia. Ela disse que estava grávida. Minha mãe ficou arrasada. Desde aquele dia, não o deixou entrar em casa. No divórcio, a casa foi vendida. Ele formou outra família e minha mãe, eu e minha irmã, aos pedaços, fomos para a casa do meu avô, que já estava bem velhinho. Com a morte do meu avô, minha mãe e minha tia venderam a casa dele. Com o dinheiro que sobrou das duas casas, minha mãe comprou a casa ao lado da minha tia Carmem. Elas se dão muitíssimo bem! — destacou.

— Que ótimo — Margarida disse.

— Acabamos de crescer nessa casa. Minha mãe e minha tia são enfermeiras. Minha mãe trabalhou duro para nos criar, já que nunca pôde contar com a ajuda do nosso pai. Embora minha irmã, a Marisol, não tenha dado valor tão menos aproveitou as oportunidades que teve para estudar. Meu pai, o senhor Ruan, que havia se comprometido em nunca se afastar das filhas e não deixar faltar nada, deixou a gente de lado quando minha primeira meia-irmã, Nilda, nasceu. A situação ficou pior quando nasceu meu segundo meio-irmão, o Manolo. Não exatamente quando ele nasceu... O Manolo ainda era pequeno e perceberam algo diferente nele na forma de andar. Levaram a vários médicos e descobriram que ele tem Distrofia Muscular de Duchene. — Breve pausa e explicou: — Hoje, ele vive em uma cadeira de rodas. Não se locomove sozinho e... É bem triste vê-lo desse jeito. Então... Tenho uma irmã completa — riu —, a Marisol, e outros dois meios-irmãos.

— Então, seu pai fez uma linda família, mas se enveredou por caminhos de que não precisava, pelo menos agora, ou dessa forma. Mas Deus não perde tempo e aproveita a oportunidade para todos evoluírem — disse Margarida.

— Concordo totalmente. — Lea se lembrou que Iago havia dito que seu pai era espírita. Por isso, falou sabendo que ambos entenderiam: — Eu também acho que o planejamento reencarnatório é um, mas quando a pessoa insiste no que não precisa, insiste em procurar o que não agrega ou não é bom, tudo pode mudar.

— Verdade. Livre-arbítrio é lei. Você pode usar seu poder de decisão para colocar sua vida para baixo, jogar as oportunidades pelo ralo ou... Pode usar seu poder de decisão para encarar desafios e tomar atitudes nobres e equilibradas — Margarida acrescentou.

— Foi o caso da minha mãe. Ela não desistiu de nós. Lembro que, durante um mês, ela chorou. Chorou muito. Minha tia deu a maior força para a gente. Mesmo assim, minha mãe ficou arrasada. No fundo do poço.

— É porque nunca esperamos uma punhalada daqueles que amamos. Ficamos decepcionados. Ninguém pode nos culpar. Mas... Precisamos nos reerguer — tornou a anfitriã.

— Na época, eu não sabia o que pensar. Não entendia direito o que estava acontecendo. Sabia que meu pai não agiu bem por arrumar uma amante e minha mãe estava certa pela decisão de colocá-lo para fora. Hoje, vejo com outros olhos. Tenho opinião formada. Traição é algo terrível que fere e machuca profundamente. Mas, minha mãe é guerreira. Parou de chorar. Nunca falou mal do nosso pai para nós. Jamais reclamou dele. Mesmo quando ele não pagava a nossa pensão ou não vinha nos pegar ou visitar, ela nunca o criticou. Tenho muito orgulho dela. Nós duas nos damos muito bem.

— Você se dá bem com seu pai? — Margarida quis saber.

— Teve época, na adolescência, que fiquei muito zangada por não vir nos ver, por atrasar a pensão... Mas, minha mãe me fez entender ou pelo menos aceitar que ele era um coitado. Estava preso a uma família que exigia muito dele. A Eugênia é uma mulher extremamente nervosa, desequilibrada, que não se controla nem com os remédios psiquiátricos que toma, desde quando surgiram os problemas com a saúde do filho caçula. Ela grita muito. Ofende a todos, xinga, briga à toa. E não tem coisa pior do que uma mulher nervosa dentro de casa e que grita. O Manolo, coitado, vive dependente e meu pai não pode fazer muito. Só aguentar. A Nilda, por sua vez, é aquela rebelde sem causa que apronta todas e ninguém a segura. Minha mãe foi e continua sendo o alicerce da minha família. Apesar de minha irmã, Marisol, ser meio desmiolada... — riu de si. — A dona Isabel teria todos os motivos do mundo para viver se queixando, amaldiçoando o marido e o mundo, mas não o faz.

— Sua mãe é um grande exemplo para você — Margarida afirmou.

— É sim.

— E você deve ser o orgulho dela. Aquela pessoa para quem ela olha e diz: valeu a pena!

— Disso eu não sei — sorriu meigamente. Sentiu-se constrangida.

Um momento e a anfitriã convidou:

— Quer conhecer um pouco mais da propriedade? Antes que escureça. Vamos aproveitar essa luz do entardecer por que tudo fica tão lindo.

— Gostaria de não demorar. Ainda temos a viagem de volta para São Paulo — Lea lembrou-se ao se levantar.

— Duvido que saiamos daqui sem jantar — Iago comentou baixinho e rindo, mas elas não prestaram atenção.

Quando retornaram do passeio pela propriedade, a jovem estava ainda mais apaixonada pelo lugar.

Não parava de falar em cada detalhe caprichoso que reparava.

Antônio chegou com os filhos e todos foram apresentados.

Lea admirou a educação dos adolescentes e o carinho que tinham com os pais.

Antônio era um homem gentil e educado.

— Meu marido é o realizador dos meus sonhos e projetos — Margarida contou.

— Ai de mim se eu não for — ele brincou e a beijou na cabeça quando a puxou para si.

— O Antônio é empreiteiro. Sócio em uma empresa que constrói casas de madeira. Além disso, ele também me ajuda muito aqui. Divulga os serviços de jardinagem ou projetos de paisagismos que eu faço para os clientes. Ele os traz aqui para ver os modelos. Depois, ajuda a montá-los — Margarida explicou.

— Fiquei apaixonada por cada cantinho, por cada pedra dessa propriedade. Quero vir morar aqui! — Lea brincou, rindo e falando sério.

— É tudo obra da Margarida — disse o marido.

— Bem, pessoal!... Vamos servir o jantar — a esposa anunciou.

— Não, não, não... Precisamos ir, não é mesmo, Iago? — olhou para o amigo.

— De jeito nenhum! Avisa sua mãe que hoje vai jantar na casa de uma amiga. Venha, Vamos... — chamou para outro cômodo. — Enquanto se lavam ali, vou arrumar a mesa — Margarida determinou, sempre positiva e bem-humorada.

Na hora de irem embora, despediram-se.
Margarida segurou o rosto de Lea, olhou-a com carinho, beijou sua face e a abraçou com ternura, dizendo ao ouvido:
— Foi maravilhoso recebê-la na minha casa. — Afastando-se, pediu: — Quero que volte novamente. Passe um dia aqui! Melhor! Passe um final de semana inteiro! Ou uma semana de férias! Quem sabe?! — estava muito feliz com a ideia de vê-la outra vez ali.
— Não diga isso. Gostei tanto de vocês, deste lugar... Sou capaz de aceitar.
— É para aceitar! Promete que vai voltar?
— Prometo. Voltarei sim.
— Passe-me o seu número de celular — Margarida pediu. Estava determinada a manter contato. Em seguida, afirmou: — Vamos nos falando. Assim não esquece a gente, o lugar, de mim...
— Impossível esquecer! Ah... Muito obrigada pela orquídea que me deu, pelos biscoitos que estou levando, os pêssegos, laranjas e...
— Vamos embora logo ou vai sair daqui levando um saruê[1] — Iago disse rindo. Mas não deram atenção.
— Puxa... Eu não trouxe nada e estou voltando carregada! — estou até com vergonha.
— É um prazer saber que gostou. Este é meu presente. Ficarei te esperando e volte em breve.
Iago só sorria. Ficou impressionado como Lea foi recebida e como gostou de sua irmã. Não conseguiu entender.
Despediram-se e se foram.

---

[1] Nota: Saruê é uma espécie de gambá comum no Brasil e demasiadamente importante para a fauna. Alimenta-se praticamente de tudo o que encontra como insetos, larvas e pequenos roedores. Mas o principal é que deixa os lugares livres de escorpiões.

CAPÍTULO 43

ATRAÍDO POR LEA

Durante o caminho de volta...
— Poxa vida!... Não tinha nada para dar à Margarida. Adorei sua irmã e a família dela. A casa é linda. Toda delicada. Em cada canto um encanto! — Lea ficou muito admirada. — Aquele quintal, o pátio, o pomar, as estufas então!... Os viveiros de mudas e árvores frutíferas... Amei tudo! Ela é uma pessoa tão simples de um espírito tão rico, tão nobre... Fiquei até com vergonha das coisas que ganhei. Nossa!... Quero comprar um presente para ela. Alguma coisa que agrade. Faço questão de voltar para trazer para ela. Mas... Acho que não sei se consigo encontrar o sítio. Precisarei da sua ajuda. — Quando Iago pensava em dizer alguma coisa, Lea prosseguia: — Aquele jardim nos fundos..: — falava expressando mimo e encantamento. — Ela chama de jardim secreto e entendo por quê. O caminho entre arbustos onde seguimos aquela trilha que esconde todo o lugar. Aí a gente chega e escuta a cascata, depois a vista se enche com as flores pelo chão e a pérgula com aquela trepadeira linda de flores azuis e o banco de balanço... Ai! Quanta coisa linda! — deu um gritinho bem baixo.

— Posso falar? — perguntou Iago achando graça no seu jeito. Gostou de vê-la daquela forma, mas quis interromper só para provocá-la.

— Ah... Por favor... Me desculpa. Não parei de falar. Mas é que estou tão... Tão... Não sei explicar.

— Empolgada, é a palavra certa. Eu imaginei que uma engenheira ambiental fosse gostar de lá. Mas estava longe de saber que a reação seria essa.

— Não só o lugar. Sua irmã é incrível! Uma pessoa que... Arrisco a dizer que nos conhecemos em outras vidas.

— Ela também gostou de você. Deu para perceber.

— Tomara que sim, porque fiquei com a maior vontade de voltar a vê-la — falou expressando felicidade. — Sabe que, até agora, esqueci de mandar mensagem para minha mãe e dizer que estou voltando! — preocupou-se. Pegou o celular e, rapidamente, escreveu um texto e enviou. — Quero só ver o que a dona Isabel vai dizer quando me vir chegando em casa com tudo isso. Não acreditará que fui a trabalho para outra cidade.

— Deveria ter trazido um saruê — Iago brincou.

— Oh... Não. Pobrezinho. Eles são importantes para nós em seu habitat. Aliás, percebi que a Margarida tem lugares para alimentar animais silvestres.

— Sim. Ela preserva demais a natureza. Diz que quem ama pássaros, cria-os soltos. Ela tem o pássaro preto, mas é criado livre. Vive com ela por escolha. Tem muito para conhecer ali. Sabia que a horta é orgânica?

— Ela falou. A propósito, o pássaro preto é um encanto. Adamastor! Nome curioso.

— Precisa vê-lo pela manhã, no ombro dela. Quando acorda tarde, ele vai bicar a orelha dela.

— Que lindo! Eu vi que, quando deu o horário de ele dormir, foi sozinho para a gaiola, entrou e fechou a porta! — admirou-se. — Muito fofo. E o gato, então? Bernardo! Nunca tinha visto de perto um gato e um pássaro preto se darem bem. Lindo, lindo!

Continuaram falando somente sobre o sítio de Margarida, até ele parar o carro frente à casa de Lea.

Ela desceu e foi para a parte de trás do veículo para pegar suas coisas no porta-malas.

— Ajudo a levar... — ele disse, pegando uma caixa e algumas sacolas que enlaçou no braço.

— Obrigada — respondeu com o vaso de orquídea, outra sacola e sua bolsa nas mãos. Procurou as chaves e abriu o portão, convidando: — Venha! Entre... — caminhou na frente, seguindo pelo corredor e chamando: — Mãe!... Mãe!...

Iago não tinha entendido se era para entrar na casa e parou no quintal.

Lea se virou e o convidou:

— Venha, entre.

Isabel abriu a porta e se deparou com ambos.

— Oi, mãe — disse, entrando na cozinha e ele foi atrás.

— Oi, Lea — sorriu ao vê-la. Pensou em reclamar sobre a hora, mas viu a filha acompanhada e achou melhor conversarem depois.

— Mãe, este é o Iago. Trabalhamos juntos. — Virando-se para ele, pegou a caixa que trazia e apresentou: — Esta é minha mãe, a tão famosa dona Isabel.

A mulher estendeu a mão e, sorrindo, comentou:

— Espero que seja uma fama bondosa.

— Prazer, dona Isabel. Tenha certeza de que sim. Até hoje só ouvi coisas boas sobre a senhora.

— Mas o que é tudo isso, minha filha? — perguntou surpresa.

— Tive uma tarde maravilhosa. Depois conto. Deixe-me mostrar a cobertura da garagem para o Iago.

O rapaz passou os olhos pela cozinha. Tudo simples, limpo e arrumado.

— Deixa o seu amigo se sentar, vou preparar um café.

— Agradeço, dona Isabel. Mas está tarde. Estou um pouco cansado. Um outro dia, eu aceito com todo o prazer. Agora... Deixe-me ver a cobertura da garagem.

Saíram pela porta que dava para o corredor e foram mais para os fundos, onde foi feita a cobertura.

— Poxa! Ficou muito bom — ele elogiou.

— A iluminação está ruim porque o senhor Ernâni não sabe fazer. Mas eu vou dar um jeito.

— Minha filha, por favor, não. Chame alguém que saiba fazer.

— Imagina, mãe! É só um ponto de lâmpada. Eu sei fazer.

Olhando para Iago, Isabel contou:

— Uma vez, essa menina se meteu a colocar iluminação melhor na lavanderia, ali, no fundo — apontou. — Foi à loja de material elétrico, explicou o problema e o atendente a ensinou o que fazer. A Lea esqueceu de uma regra básica: desligar a eletricidade. Ela cortou os dois fios juntos e ligados. Ouvimos um estouro. A escada caiu e ela também. Ficou zonza no chão. Não sabemos se foi pelo choque ou se bateu a cabeça na queda. Fomos para o Posto de Saúde e, depois de duas horas esperando, o médico examinou e deu um remédio para dor de cabeça, pois era a única queixa. Mandou a gente observar.

— Aprendi. Depois disso, já coloquei iluminação no jardim e na frente da casa. Deu tudo certo.

— Eu não conhecia esse seu lado aventureiro — ele disse, achando graça.

— Não queira. Quando ela cisma em fazer algo...

Lea revirou os olhos, suspirou fundo e disse:

— Mãe, é só uma lâmpada.

— Geralmente, mulheres têm medo de mexer com parte elétrica. É bom saber que você é assim, mas tome cuidado. É perigoso. Muito perigoso.

— Mudando de assunto... — sorriu. — O que você achou? Fizemos um bom contrapiso para não termos problema com rachaduras.

— Ficou ótimo. O tamanho está excelente. Até a picape cabe aqui com as portas abertas. Virei com ela da próxima vez para a gente ver. A altura está perfeita. Só falta o carro.

— Essa menina está louca por um carro... — a mãe murmurou.

— Hoje em dia, dona Isabel, eu diria que carro é uma necessidade e não um luxo — Iago considerou.

— Se bem que tem gente que se dá ao luxo de ter dois carros — Lea disse, sorriu e olhou para ele.

— Ah... Tenho sim. Uma picape e um SUV. Primeiro por causa do rodízio de placas na cidade de São Paulo. Tem dias que não posso rodar com um deles. Segundo, que, dependendo do caso, preciso da picape. Viu aonde fomos hoje. Viu onde minha irmã mora? Quando chove, só picape ou um bom jipe. Algumas obras aonde vamos, veículo assim, é necessidade.

— Eu nem preciso de tanto. Um carro popular está de bom tamanho — admitiu empolgada. — Não vejo a hora.

— Essa garagem está muito boa — Iago repetiu.

— Agora, vou providenciar o carro.

— Quando quiser, é só me chamar. — Sem demora, decidiu: — Preciso ir. Já está tarde. — Virando-se para a senhora, disse: — Foi um prazer conhecê-la. A Lea fala muito bem da senhora.

— Ah... Obrigada — ficou sem jeito. — Foi um prazer conhecer você também. Apareça para um café.

— Assim que a Lea comprar o carro, virei sim. Pode me esperar — sorriu de modo simpático.

Foram caminhando até o portão. Despediram-se e ele se foi.

Ao entrarem, Isabel indagou de modo surpreso:

— Lea! Mas o que é isso? Você não foi trabalhar em Campinas?

— Fui, mãe! E nem te conto! — exclamou toda alegre, mexendo no que havia trazido do sítio de Margarida. Detalhou tudo o que aconteceu e falou sobre ter ficado impressionada com a irmã de Iago. — Mãe, a gente se conhece de outras vidas. Só pode.

— Que bom, filha. É tão agradável quando encontramos pessoas assim, que alegram o coração da gente.

— Ai, mãe... Ela me chamou para ir lá novamente. Imagina? Falou para eu passar um final de semana.

Ficaram até bem tarde conversando e Isabel ficou feliz com a empolgação da filha.

Pelo caminho, Iago ficou reflexivo. Achou que passou um dia diferente, que há muito não experimentava.

Sentia um contentamento sem explicação.

Chegou ao seu apartamento e, mesmo após o banho demorado, sentiu-se cansado. Mas um cansaço diferente. Como um relaxamento. Algo bom.

Era comum chegar a sua casa e tomar uma bebida para relaxar, mas naquele dia não precisou.

Olhou o celular e respondeu as mensagens da irmã. Ela queria saber se chegou bem e, lógico, perguntou sobre Lea.

Trocaram algumas linhas.

Esperou que Lea enviasse alguma coisa, mas não.

Deitou-se e adormeceu, ainda pensando em como foi o dia.

Na manhã seguinte, sob efeito do sono, sorriu por ver uma mensagem de Lea, com foto da orquídea amarela em seu quarto perto de seu rosto sorrindo lindamente.

Contemplou-a e sentiu-se bem. Foi bom vê-la feliz.

Visualizou as mensagens de Estela e se deparou com diversas perguntas que não quis responder.

Ainda desejava guardar as emoções do dia anterior. Relembrar tudo, principalmente, a empolgação da amiga com aquele lugar encantador, que era a casa de sua irmã.

Estava muito atraído por ela. Às vezes, percebia que ela ficava zangada com o que ele propunha ou falava. Como foi o fato de ter comentado sobre o Luís ir ao aniversário de Carlota. Lea não devia gostar dele. Era uma pessoa diferente das que conheceu na vida. Mais família, mais centrada...

Precisava tomar cuidado. Não gostaria de ser rejeitado acaso se apaixonasse.

Estaria apaixonado? E se estivesse?

O que ela pensava sobre ele?

Não sabia responder.

Era sábado de manhã quando Lea, sentada à mesa da cozinha, tomava café enquanto conversava com sua mãe e mexia no celular.

— A Margarida me manda mensagem todos os dias desejando bom dia. Nossa! Ela levanta muito cedo! As 04h30min. Sempre pergunta como estou e quando vou lá novamente. Mandei fotos da orquídea que ela me deu para ver que está linda — contou descontraída. Estava sentada na cadeira com os joelhos encolhidos e os pés sobre o acento. Ainda de pijama.

— Guarda esse celular. Não quero celular na mesa.

— Só tô olhando... — colocou o aparelho de lado.

— E esse moço, o Iago, irmão dela... Ele... — Isabel não terminou a frase.

— O que tem ele? — a filha quis saber.

— É um moço interessante. Bonito...

— Ah!... Mãe!... Somos colegas de trabalho.

— Ele namora? — Isabel insistiu em mais detalhes.

— Vive de pegação com a Estela. Ela é filha de um dos fornecedores de materiais para as obras da construtora. Rica, filhinha de papai. Insuportável. Nojenta. Não combina com ele, mas... Devem se dar bem. Vira e mexe, estão juntos.

— Esse moço pareceu tão simpático e educado... — Breve pausa e orientou: — Vocês precisam colocar a cabeça no lugar. Não consigo entender essa geração. Estão juntos, mas não namoram. Não têm compromisso, mas não se largam. Está na hora de arrumar um compromisso firme, com alguém de responsabilidade. — Sem demora, perguntou: — E o Luís?

Insatisfeita, Lea respondeu com uma única palavra:

— Viajando.

— Só para eu entender... Vocês namoram ou não, filha?

— Ai, mãe... Não. Não sei.

— O Iago já perguntou se você namora? — tornou a senhora.

— Já — respondeu e pegou o celular de novo.

— E você respondeu também que não sabe?

— Ai, mãe...

— Quando a resposta é: Ai, mãe!... É porque você não gosta do que está fazendo. Está insatisfeita com os resultados de suas escolhas.

— Uma vez li, em um livro, que não importa a decisão que tomamos. No final, todos nós vamos perceber que a escolha foi certa, que o caminho era correto — Lea falou com certa eloquência, gabando-se por ter uma resposta. Percebeu que Isabel estava mal-humorada e era certo que isso ocorria por Marisol não ter chegado até àquela hora da manhã.

Porém, não esperava que sua sabedoria estivesse tão aguçada, apesar de seu estado emocional.

— Cuidado com reflexões pobres em frases sem valor, onde pessoas rasas correm o risco de entenderem o que querem porque o autor é vazio de conhecimento, princípios e valores. Frase pobre, essa que você gostou. Eu jogaria esse livro no lixo! — falou zangada. — Uma decisão errada e impensada pode custar muito refazimento e dificuldade por toda a vida. Escolhas direcionam o caminho. Pense muito antes de escolher, pois só o futuro revelará o resultado delas. Olhe para o seu pai. Ele tinha uma família linda. Tinha tudo. Escolheu trair.

— Ai, mãe... É só uma frase de reflexão e...

— Lea, precisa entender que, pelo menos, essa frase não tem uma mensagem responsável, é uma reflexão infeliz. Cuidado com o que lê e acredita. Toda decisão que tomamos é importante sim. Uma decisão é diferente da outra sim. E vai levar a lugares diferentes sim. E digo mais, se sua vida está ocupada por um cara irrelevante, indeciso, enrolado e complicado que vai resultar em futuro desagradável ou futuro nenhum, duvido outro rapaz que seja bom surgir e entrar na sua vida. Aprenda: Mostre a Deus o que você quer, recusando o que não deseja. — Observando-a pensativa, perguntou: — O que te prende ao Luís?

— Não sei — sussurrou.

Nesse instante, Marisol chegou a casa. Não cumprimentou ninguém e ia para o outro cômodo quando a mãe a chamou firme:

— Volte aqui, Marisol!

Com jeito largado, comportamento demonstrando insatisfação e desdém através de certo gingado com o corpo, respondeu com voz mole:

— O que é?...

— Bom dia! — tornou a mãe, descontente.

— E aí? — disse a filha caçula.

— Eu já disse que não quero mais você chegando em casa no dia seguinte — foi enérgica.

— Tenho direito de me divertir.

— Sua vida já é uma diversão! Você não tem responsabilidades!

— Péra, aí! — gritou e levantou a mão como se pedisse para a mãe não falar. — Preciso comunicar uma decisão a vocês duas.

— Qual? — Lea perguntou em voz baixa e tom de ironia. — Que arrumou um emprego e vai trabalhar e estudar? — sorriu levemente.

— Quem você pensa que é para se achar melhor do que eu, sua... — Marisol xingou, esbravejou e tentou ofender a irmã.

Nitidamente descontraída, Lea mexia no celular. Trazia o rosto abaixado e ainda com leve sorriso. Não se importou com o escândalo da outra.

De súbito, Marisol tomou o celular das mãos dela e, antes que reagisse, jogou o aparelho contra a parede.

Lea se levantou e a empurrou. A irmã agarrou-a pelos cabelos e começaram a brigar com violência.

Isabel tentava separá-las, mas não conseguia.

Na espiritualidade, Jorge e sua equipe acompanhavam a cena.

Um grupo de espíritos, incrivelmente inferiores, juntava-se a elas envolvendo-as com energias imensamente baixas.

Esses espíritos sem instrução, ligados à Marisol, cediam-lhe forças para lutar contra a irmã. Eles não conseguiam ver Jorge e seu grupo, devido à elevação que tinham.

— Vocês perceberam que Lea foi influenciada por um daqueles espíritos para dizer aquilo e a briga começar? Entidades dessa escala, tão inferior, só querem angariar outros que vibrem na mesma sintonia que eles. Quanto mais, melhor — o instrutor falou.

— Não importa se é do bem ou do mal. Todo exército quer engrossar suas fileiras. O do bem, por simpatia e equilíbrio no amor. O do mal, pela crueldade e subjugação.

— Disse bem, Guimarães — o orientador afirmou.

As irmãs se chutavam quando a mãe entrou no meio, chamando-as pelo nome para que parassem. Isabel elevou os pensamentos, chamando por Deus, para que a briga tivesse fim.

O grupo de espíritos arruaceiros cedia forças para Marisol. Nesse instante, alimentada por tais energias funestas, ela empurrou a irmã com muita força, fazendo-a cair e bater fortemente com a cabeça na parede e depois no chão, ficando desfalecida.

Jorge, atendendo a rogativa de Isabel e achando que naquele ponto poderia interferir, emanou de si uma luz radiosa em direção ao grupo de espíritos inferiores, que se assustaram.

— Largue sua irmã! Olha o que você fez! — Isabel gritou e se ajoelhou perto de Lea.

— Tomara que morra!!! Essa infeliz!!!

A mãe se levantou e deu um tapa no rosto de Marisol, não só com a intenção de repreendê-la, mas de também chamá-la para a realidade.

— Você me bateu!!! Me bateu por causa dessa... — xingou.
— Se eu perder o meu filho por causa de vocês duas, vocês vão ver!!! Vão ver!!! — berrou com toda a força de seus pulmões. Virou-se e correu para o outro cômodo.

Nesse instante, atraída pelos gritos, Carmem chegou para ver o que estava acontecendo.

Rápida, foi para junto da sobrinha ao chão, ajudando a irmã a esticá-la.

— Lea... Lea... — Isabel batia suavemente em seu rosto para despertá-la.

Carmem levantou e pegou um pano, umedeceu-o com água fria e voltou para passar no rosto da sobrinha.

— Meu Deus... Lea... — chamou-a e a viu se remexer. — Ela está reagindo. Calma, Isabel. Ela está bem — disse para a irmã ao vê-la chorar.

Demorou alguns minutos para Lea se dar conta do que havia acontecido.

Fizeram com que se sentasse e despertasse mais.

— Precisa ir ao hospital — a mãe opinou.

— Não... Estou bem.

— Você bateu com a cabeça! — tornou Isabel nervosa.

— Não foi nada, mãe. Só fiquei tonta.

— Vamos ao hospital — insistiu.

— Não. Não quero. Estou bem.

— Vamos observar, Isabel. Pode não ser nada.

— Meu Deus! Como tudo isso foi acontecer? — manifestou-se preocupada e incrédula. — E para ajudar, acabei de saber que a Marisol está grávida! — ficou inconformada.

— Grávida?! — Lea se surpreendeu. — Eu devia continuar desmaiada... — murmurou contrariada.

— Ela acabou de me dizer — a mãe afirmou desconsolada. — O que vai ser dessa menina?

O celular de Lea tocou. Ela foi até onde estava o aparelho e pegou-o do chão. Olhou, passou a mão e deu-se por feliz pelo fato de ele funcionar, apesar da tela estilhaçada. Lamentou. Custou tão caro e ainda estava pagando.

Atendeu.

— Oi.

— Estou a um tempão em frente da sua casa. Marcamos para ir às agências para procurar um carro. Esqueceu?

— Não... Desculpa...

— Mandei mensagem e você não respondeu. Decidi ligar.

— Pode me dar um tempinho mais, por favor. Perdi a hora — mentiu.

— Claro. Tô te esperando.

CAPÍTULO 44

DIAS DIFÍCEIS

Por mais que se arrumasse, Lea não achava que estava bem. Havia algo errado no seu comportamento. Perdeu a confiança e a postura. Estava cabisbaixa.

Mesmo maquiando, tinha uma coisa estranha em sua aparência.

Um inchaço, na maçã do rosto, que começou a ficar roxo pouco tempo depois, foi percebido por Iago quando chegaram a uma concessionária de veículos.

— O que está acontecendo com seu rosto? — preocupou-se ao notar a mudança.

— Hoje cedo... — sua voz embargou, mais por raiva do que outro sentimento.

— O que foi, Lea? — indagou mais sério e ficou aguardando.

— Não perdi a hora. Nunca perco a hora — abaixou a cabeça. Sentiu-se envergonhada. — Estava tomando café. Minha irmã chegou. Como sempre, foi malcriada com minha mãe. Disse que tinha um comunicado. Boa notícia não deveria ser. Então fui irônica. Perguntei se tinha arrumado emprego e iria estudar. Ela me xingou. Não me importei. Nem olhei para ela. Sem que eu esperasse, a Marisol pegou o celular das minhas mãos e atirou na parede. Levantei. Fiquei furiosa. Dei um empurrão nela. Começamos a brigar... Tapas, chutes... No meio disso, bati com a cabeça na parede e depois no chão. Desmaiei

por alguns minutos. Acordei com minha mãe e minha tia em cima de mim. Em algum momento, a Marisol deve ter acertado meu rosto e... Aí, minha mãe disse que ela contou que estava grávida. Fim. Foi isso.
Silêncio.
Depois de longos minutos, Iago propôs:
— Você não está em um bom dia. Quer dar uma volta?
— Você se disponibilizou para me ajudar a encontrar um carro.
— Sou mais capaz do que isso. Não acha? — sorriu generoso. Quando a viu sorrir timidamente, pediu: — Coloque o cinto. Vamos a um parque. — Pegou o celular e digitou ao mesmo tempo em que falava: — Parques em São Paulo... — Ela sorriu ao ver seu jeito. — Pronto! Esse é o mais perto daqui: Parque da Aclimação.
Iago dirigiu até lá.
Caminharam pelo parque, mas Lea não conversou muito.
Ficou mais animada quando começaram a falar sobre Margarida. Aquele assunto a deixou feliz.
Sentaram-se no gramado, na frente do lago, um ao lado do outro.
— Então ela está decidida a fazer uma estufa muito maior — ele desfechou o assunto após contar os projetos da irmã.
— A Margarida é muito disposta. Admiro isso nas pessoas.
Iago se aproximou, tocou seu rosto de leve e decidiu avisar:
— Hummm... Está bem inchado.
— Está doendo.
— Está levemente roxo. — Não segurou o riso e brincou: — Isso é o que dá lutar boxe sem proteção facial.
— Ah... Para... Estou com raiva — sorriu fazendo um jeito dengoso. Sentia uma mistura de raiva e certo grau de satisfação, pelo jeito como ele falava. Havia um toque de generosidade ou não sei o que em Iago e ela gostava disso. Em seguida, comentou. — Coitada da minha mãe. Estava nervosa. Se não fosse por ela...
— O que faria? Bateria mais na sua irmã?

— Não. Sinto pena da Marisol. Não enxerga a burrada que faz.
— E se não fosse por sua mãe, você faria o quê?
— Sairia de casa. Cuidaria da minha vida, longe dela. Sabe... Acho que tenho um grande débito com minha irmã.
— Talvez não. É possível que estejam juntas para ela aprender com você.
— Como vai ser agora? Se já é insuportável, imagina agora com um filho.
— De repente, ela vai ficar com o pai da criança — ele deduziu.
Lea sorriu lindamente, olhou-o com ternura ao considerar:
— Você é tão otimista, Iago. Gosto disso — olharam-se por longo tempo e sorriram. Seus olhos se fixaram e aquilo era bom. Trazia uma alegria indefinida para seus corações.
Ele sentiu vontade de se aproximar e lhe dar um beijo e esse desejo começou crescer dentro dele. Tocou seu rosto com toda a palma da mão como se o amparasse. Fez-lhe um carinho enquanto invadia sua alma com o olhar. Não sabia dizer. Não entendia. Nunca foi homem de se intimidar com uma mulher. Mas o que ela pensaria dele? E depois? Seria uma aventura, algo superficial ou mais sério? Nunca se imaginou em um relacionamento sério. Mas, naquele instante, passou a cogitar isso. Seria o momento? Ela estava chateada. Havia tido problemas sérios em casa. Ele seria insensível.
Por sua vez, Lea sentiu seu coração bater forte. Pensou em deixá-lo perceber que aquele carinho era bom e ficou feliz em senti-lo. Experimentava por ele um sentimento que nunca teve por ninguém. Quis abraçá-lo. Desejou ser beijada, envolvida. Porém, achou que a iniciativa deveria ser dele. Por que tocava seu rosto daquela forma? Por que a olhava daquele jeito e não a tomava para si? Talvez não fosse tão sério. Ele não a queria tanto assim. Trabalhavam juntos. Como seria depois?
Lea abaixou o olhar e Iago tirou a mão de seu rosto como que fazendo um carinho. Respirou fundo, contrariado, e fitou ao longe, espargindo o olhar.
— Acho que vai acabar sobrando para mim e minha mãe — tornou a falar sobre à irmã.

— Esquece um pouco disso — pediu em tom generoso, voltando a encará-la. — Não vai adiantar. Perderá a chance de espairecer, distrair a mente.

— Verdade — sorriu.

— Está quase na hora do almoço — Iago lembrou e deu um sorriso engraçado.

— Você não quer mais espairecer? — perguntou brincando.

— Eu quero. Meu estômago não — deu risada. — O que acha de procurarmos um restaurante aqui perto? — ele sugeriu.

— Podemos. Quando quiser, é só falar. Eu ajudo a pagar.

— Você é feminista? — indagou de um jeito engraçado.

— Eu não sou nada. Nas últimas horas, mal consigo ser eu mesma.

Iago achou graça. Ficou em pé e estendeu a mão para ajudá-la a se levantar.

Passaram uma tarde agradável e, após deixar Lea em casa, foi para seu apartamento.

Consultando o celular viu que tinha incontáveis mensagens de Estela. Visualizou, mas não respondeu.

Enquanto mexia em algumas coisas, o celular tocou.

— Oi, Estela.

— Oi. Onde está?

— No meu apartamento.

— Tentei falar com você o dia inteiro. Vamos sair?

— Hoje? — não se sentiu animado.

— Lógico!

— Estou meio indisposto. Acabei de chegar.

— Estou indo aí. Permita que eu suba, hein!... — falou alegremente. — Até daqui a pouco! Tchau! — não esperou que ele respondesse.

Iago ficou insatisfeito. Não gostou daquele comportamento. Ela forçou a situação e ele deveria ter se posicionado, mas não o fez.

Pouco tempo depois, Estela chegou trazendo uma garrafa de uísque e outra sacola com salgados.

— Oi! — beijou-o rápido.

— Oi.

Ela entrou, colocou o que trouxe sobre o balcão da pia e foi para a sala.

— Você sumiu. Por onde andou?

— Fui ajudar uma amiga a escolher um carro. Ela não tem experiência nisso.

— Que amiga é essa que não conheço? Não estou sabendo dessa história.

— É... Acho que não conhece — mentiu. — Mas... Conta aí o que tem feito.

— Nada de novo. — Olhou em volta e convidou: — Vamos sair, vai? Depois a gente volta e termina a noite por aqui.

— Para dizer a verdade, hoje é um daqueles dias que gostaria de ficar sozinho.

— Deixa disso, Iago!

Ele pegou o controle remoto da TV e ligou o aparelho, acomodando-se no sofá.

Percebendo que ele não desejava mesmo sair, ela sentou-se no outro sofá e contou:

— Fui visitar a Consuelo. Nossa. A coitada tá mal. Ela... — e não parou de falar.

Insatisfeito, Iago mal ouviu enquanto assistia a um filme.

Bem mais tarde, Estela abriu a bebida que havia levado, colocou salgados em um recipiente e começaram a comer e beber.

Após conversar com sua mãe, já era noite quando Lea decidiu falar com sua irmã. Tinha suas suspeitas e desejava deixar bem claro o que precisava fazer.

Encontrando-a no quarto, bem séria, perguntou:

— Tem um minuto, Marisol?

— Pra você, não — foi rude.
— Precisamos conversar.
— O que você quer?! — foi agressiva.
— Pare com isso. Para que essa hostilidade? — Não esperou por qualquer resposta e disse: — A mãe falou que você está grávida. Isso é verdade? Você fez algum exame clínico?
— Fiz dois testes de farmácia e deram positivos — respondeu mais brandamente.
— Será melhor fazer um exame laboratorial. Ou então... Vá ao Posto de Saúde. Assim já pega um encaminhamento para iniciar o pré-natal.
— Por que esse interesse, Lea? Qual é?
— Porque o Raul... Ele é o pai, não é?
— Lógico que é! — sentiu-se insultada.
— Então... O Raul e você terão de assumir a responsabilidade de terem e cuidarem, juntos, desse filho. Dessa forma, vocês dois precisam decidir o que fazer logo.
— Como assim?! Você está me mandando embora?! — fez um ar de desagrado, deixando a fúria crescer.
— Estou dizendo que é o momento de você e do Raul assumirem, juntos, esse filho. E que isso não pode ser feito aqui, ou seja, o Raul não vai morar nesta casa. Isso precisa ficar bem claro.
— Esta casa também é minha! — gritou.
— Tanto quanto minha e da mãe. Mas como você nunca ajudou em nada e, provavelmente, nunca ajudará, o melhor é vocês dois cuidarem de suas vidas e do filho que vai nascer.
— Onde está sua empatia? Suas práticas caridosas?! Vive sorrindo na casa espírita, apoiando projetos sociais, mas quer expulsar a irmã da própria casa!
— Minha caridade está no mesmo lugar em que você deixou sua responsabilidade. Eu e a mãe sempre demos um duro danado para mantermos esta casa e termos o mínimo de conforto, aqui. Você nunca ajudou. Não quis estudar e ter uma profissão. Não quis garantir seu futuro e ser independente. Não ouviu os conselhos da mãe nem aprendeu com nosso exemplo. Chega, Marisol. Tá na hora de você cuidar de si.

Ela começou a gritar e berrar. Exigindo, através de chantagens emocionais, compreensão e direitos.

— Vocês não são espíritas?! Isso é o que o espiritismo prega?! Onde já se viu?! Querem me colocar na rua com um filho no colo!!!

Aparentemente, Lea pareceu inabalável, imperturbável. Mas se forçava para não reagir, pois sabia que não adiantaria. A irmã era provocativa e, certamente, faria algo para ser vítima da situação.

Quando percebeu que ela parou de falar, disse:

— Você esgotou todas as suas oportunidades. Nunca fez nada para si, para se promover, ser melhor, independente... Aproveita que ainda tem o Raul e vai com ele. Quem sabe, uma vida diferente te traga um pingo de ânimo para fazer algo por você mesma. — Virou-se e foi para o quarto da mãe, onde passou a dormir desde que começou a trabalhar na construtora.

Após fechar a porta, percebeu Isabel muito nervosa.

— Isso não está certo, filha. Precisamos dar apoio a sua irmã.

— Ela não quer aprender de outra forma, mãe. Não aguento mais o comportamento da Marisol. Estou no meu limite! — enfatizou falando baixinho. — Ela é provocativa, ingrata e irresponsável! Olha para ela. Com tanta informação, ficou grávida de um vagabundo. Um cara que tem vida duvidosa e não pode dar qualquer segurança para ela e para o filho. O jeito dela aqui em casa, sempre infeliz, reclamando, batendo as coisas, gritando, falando de um jeito desdenhoso, sem respeito, vive desafiando a gente com aqueles modos... Um jeito baixo, vulgar... Não foi essa a educação que recebeu e sou prova disso. Ela deveria ser grata, aprender com o exemplo que recebeu e se esforçar um pouco. Não pode ser trauma porque teve um pai ausente. Eu sou prova de que isso não é motivo para rebeldia. A senhora vai me desculpar, mas essa é a verdade! E eu não aguento mais. Não brigo com ela e exijo outra postura por sua causa — falou zangada.

— Lea — falou com brandura —, não colocarei sua irmã na rua — seu coração transbordava angústia, enquanto a olhava. Sabia que tinha toda razão do mundo. Reconhecia o quanto era esforçada, trabalhadora e generosa com ela. Considerava-a muito nobre.

A filha abaixou a cabeça. Por um momento, achou que a mãe escolhia a irmã a ela. Sentiu-se amargurada. Depois explicou:

— O que eu disse a Marisol foi a última tentativa para que assuma a responsabilidade e exija do Raul o mesmo, para essa criança não ficar aqui para a senhora cuidar e custear. Quem sabe vai morar com ele.

— E se não for, Lea?

— Não vou conseguir ficar aqui.

Isabel a puxou para si. Fez com que se sentasse na cama ao seu lado. Envolveu-a com carinho e pediu:

— Não faz isso, filha.

Não houve resposta.

Carmem chamou por Isabel para conversar.

— Senta aí.

— Que cara é essa, minha irmã? — indagou desconfiada.

— A de quem vai ser vó.

— O quê?! Como assim?! — surpreendeu-se.

— A Yolanda está grávida também.

— O que está acontecendo com essas meninas?! — Isabel indagou inconformada. Levantou-se. Lentamente, deu alguns passos pela cozinha, voltou e se sentou no mesmo lugar.

— Também não sei.

— Quem é o pai? — tornou Isabel bem séria.

— Ela também não sabe. Não tem certeza.

— Minha nossa!... Cadê ela?

— Lá no quarto, chorando. E eu... Nessa fase da vida, depois de trabalhar tanto, de dar um duro danado na vida... Pensei que, aposentada, fosse descansar um pouquinho. Mas não. Agora vou escutar criança chorando.

— Sabe, minha irmã, acho que fizemos muitas burradas no passado e agora estamos pagando.

— Não sei não, Isabel. Acho que o livre-arbítrio, o poder de escolha de alguns, ferram a vida de outros. Se nossas filhas, a Yolanda e a Marisol, fizessem boas escolhas, tivessem se esforçado, não estariam aí com filhos a caminho. Não agora. Sei que filho deve ser sempre bem-vindo. Mas, questiono: em que circunstâncias?! Colocar um filho no mundo sem ter emprego, sem ter com o que se manter e manter a criança? Como isso pode ser bom de alguma forma?

— Calma, Carmem. Não fale assim — Isabel não gostou do tom.

— Como ter calma? O que vai ser dessas duas? A Yolanda nem sabe quem é o pai! A Marisol tem o Raul, mas por quanto tempo?! São moças bonitas, perfeitas, tiveram todo exemplo bom que pudemos dar! Orientamos! Educamos! Se não fizeram nada na vida, foi por não quererem. Por que não seguiram o exemplo das irmãs que estudaram, se esforçaram para ter uma profissão, trabalham e podem se sustentar? — Um instante e disse: — Você reparou, né? São as duas caçulas! Com elas nós fomos mais frouxas, mais moles. Sempre pegamos mais firme com as mais velhas. Fomos mais exigentes.

— Isso é verdade... — ficou pensativa.

— Deveríamos ter exigido mais das caçulas. Mais castigos quando fizessem coisas erradas! Menos mordomias! Mais tarefas de casa! Faltou isso da nossa parte. Mas eu juro pra você!... Eu juro que agora será diferente. Ah! Vai! — estava muito zangada.

— O que vai fazer, Carmem?

— Me aguarda!

— Não! Não, senhora! Quero saber para fazer o mesmo. Pode falar.

Carmem enfiou a mão no bolso, tirou e mostrou:

— Já comecei. O celular dela está aqui. Sem celular, sem TV por assinatura, pois já cancelei a que tínhamos. Já vai se inscrever no curso de podologia que encontrei, querendo ou não!

— Mas... Espera. O nenê vai nascer no meio do curso.

— Não tem problema! Para o curso, tem o nenê, depois volta para o curso. Dessa forma, perderá menos tempo. Já liguei para lá e perguntei se isso é possível. É sim. Então, a dona Yolanda terá de aprender uma profissão. Vai arrumar um trabalho e sustentar o filho. Não terá mais moleza. Chega! Errei demais com essa menina!

— Menina, não. Mulher.

— Você tem toda razão! Precisamos parar de ver nossas filhas como meninas!

Continuaram conversando...

— O quê?! A Yolanda também está grávida?! — Lea ficou alarmada com a notícia que Angelita dava.

— Pois é... Para dizer a verdade, eu já esperava por isso.

— Se puderam ficar grávidas, podem ter pegado uma doença! Onde é que estão com a cabeça?! Preservativos são distribuídos de graça nos Postos de Saúde!

— Fala baixo, Lea — sussurrou ao pedir.

— Que droga... Ai, Angelita... Não sei quanto a você, mas não vou aguentar ficar em casa com a Marisol e um bebê. Imagina isso! Filho chorando, ela gritando para demonstrar falta de paciência e transferir para outro sua responsabilidade...

— Calma. Às vezes, as coisas mudam. — Breve pausa e perguntou: — Foi ver o carro?

— Fui e não fui... — contou tudo. — Fiquei sem cabeça e...

— Nem deu para conversarmos, né?...

— É... Eu precisava falar com você... Tá rolando uma coisa estranha — falou bem baixinho. — Nós estávamos sentados no gramado do parque e ele colocou a mão no meu rosto e... sei lá... Senti aquela coisa.

— O que rolou?

— Não rolou nada. Nada mesmo. Mas ficou um clima... Ele ficou olhando e...

— Angelita? — Carlota a chamou. Ao vê-la olhar, pediu: — Pode vir aqui um instante?

Levantando-se, foi até ela sem que a prima terminasse o assunto.

Caminhou certa distância e ao chegar perto, Carlota disse:

— Senta aí... Eu gostaria que você fosse lá a minha casa conversar com a minha prima. A Consuelo não está muito bem. Quando vocês conversaram, de outras vezes, foi bom para ela.

— Bem... Não sei. Estou com uns problemas lá em casa e...

— Por favor — pediu com jeito manhoso.

— Quando?

— Hoje será ideal.

— Depois do serviço? Poxa... Fica muito tarde para eu voltar.

— Eu te pago um táxi, se é esse o problema — expressou-se de modo mais arrogante.

— Não é esse o problema. O problema é a hora que sairei de lá para ir embora. Moramos longe. No sentido oposto. Além disso... Sabe, Carlota, a Consuelo tem de procurar ajuda profissional. Precisa fazer psicoterapia, tratamentos diversificados que podem ajudar de alguma forma com florais, fitoterapia, ioga, fazer caminhada e até arrumar uma religião... Sei lá... Ela precisa de profissionais qualificados. Não sou a pessoa certa. Não tenho especialização.

— Você tem um jeitinho todo especial para falar e a Consuelo te ouve — tornou a falar de um jeito manhoso. — Só dessa vez... A Lea pode ir junto. Faremos assim: sairemos daqui, nós três, vamos direto para minha casa. Na volta, faço questão de chamar um táxi para vocês.

— Falarei com a Lea. — Angelita não gostou, mas pensou em fazer aquilo como caridade.

— Não me deixa na mão... Preciso da sua ajuda — Carlota sorriu de modo treinado e fez jeito de preocupada.

Ao conversar com a prima, precisou ser insistente para ela acompanhá-la.

Bem depois, Estela chegou à empresa procurando pela amiga, no final do expediente.

Havia algo estranho no ar. As duas pareciam tramar algo.

Angelita e Lea ficaram surpresas ao ver que Estela foi junto para a casa de Carlota.

Chegando à luxuosa residência, Angelita foi para o quarto conversar com Consuelo, enquanto as outras três permaneceram na sala.

Rapidamente, a anfitriã providenciou drinques para todas. Sentadas na ampla sala de estar, Carlota comentou:

— Espero que essa conversa com a Angelita anime a minha prima. Quando elas conversam, a Consuelo se sente muito bem. Suas ideias clareiam.

— Ela está fazendo algum tipo de tratamento? — Lea indagou.

— Foi ao médico e ele receitou alguns remédios. Mas não estão adiantando.

— Medicações só aliviam alguns sintomas. É preciso conhecer a causa — Lea lembrou.

— É isso que espero que ela entenda depois de falar com a Angelita. A gente fala para que procure ajuda, mas ela não ouve.

— Quem estava pra baixo no sábado era o Iago — Estela disse propositadamente, percebendo que Lea ficou atenta.

— Ah, é?! Vocês saíram e nem me convidaram? — Carlota perguntou.

— Não saímos não, amiga — riu. — Ele me chamou para ir ao apartamento dele. Disse que a manhã de sábado foi um porre. Estava cansado demais por ouvir ladainhas e choramingos de sei lá quem! — gargalhou e a outra também. Sabia que atacava Lea de alguma forma. — Aí ele veio com aquela conversa de que é um saco ajudar os outros, né? Sabe o quanto ele detesta isso.

— Sei. O Iago é muito franco.

Atenta, sem perceber o que fazia, Lea deu um grande gole no uísque e respirou fundo.

Carlota notou sua reação estranha e nada disse. Sorriu, em seu íntimo, e trocou olhares com sua amiga. Virando-se para Estela, com risos maliciosos, perguntou:

— E você ficou lá dando ouvidos aos queixumes dele?

— Dei ouvidos e um trato também — gargalhou e se jogou para trás, no sofá.

— No que será que ele se meteu para ficar aborrecido? Ele contou? — Carlota insistiu saber para deixar bem claro para Lea que Iago ficou insatisfeito com ela.

— Não sei exatamente. Não quis detalhe. Só sei que tentou ajudar gente chata, como ele mesmo disse. Aquele tipo de pessoa tóxica que só suga energias dos outros.

— Sei como é! Oh... Como sei! Chato isso — fez um jeito desdenhoso ao envergar a boca, demonstrando repulsa com outras expressões.

— Quando acordamos de manhã, o Iago era outra pessoa. Estava todo carinhoso e bem-humorado.

— Hummm... Sei... Aquele homem é tudo, amiga! — Olhando para Lea, que estava totalmente calada, Carlota falou com toque de ironia: — Oh... Tadinha da Lea!... Será que está constrangida com esse assunto? — falou em tom dengoso.

— Não se incomodem comigo. Fiquem à vontade. — Levantando-se, disse: — E para isso, vou lá para fora caminhar por seu lindo jardim. Assim, poderão falar tudo o que quiserem com total liberdade — sorriu.

Ao vê-la andar para as grandes portas de vidros que davam para o jardim, Estela falou:

— Não sabia que você era tão puritana!

Lea se virou. Suspirou fundo e, com classe, respondeu:

— Não se trata de ser puritana. O Iago é um colega de serviço e eu o respeito. O que ele faz particularmente e com quem dorme não é da minha conta, por isso não preciso saber desses detalhes íntimos. Com licença.

Horas depois, Lea contou tudo para a prima.

— E as duas ficaram lá, falando disso! — exclamava baixinho. Sentia-se ferida, magoada. — Por que o Iago não disse isso para mim? Não deu certo de procurarmos por um carro, mas foi ele que ficou perguntando o que aconteceu. Foi ele quem convidou para irmos ao parque, depois almoçar... Depois foi falar para aquela safada que estava mal por conversar com gente que fica choramingando problema... — estava quase chorando.

— Calma, Lea. Às vezes, não aconteceu bem desse jeito.

— Como não, Angelita? A Estela é vidente para saber daquilo? Além do mais, dormiu com ele! Deu um trato nele!... — sussurrou. — Ai, que ódio! E eu ali... Sem poder falar nada! Como sou burra!... — não conseguiu segurar as lágrimas e secou os olhos com as mãos. — Burra! Burra!... Até achei que ele me olhou diferente. Tive a débil impressão de achar que sentia algo por mim...

Angelita conhecia a prima muito bem.

Aquele não era o momento de dizer nada. Lea não ouviria. Abraçou-a e puxou-a para que chorasse em seu ombro.

A situação era delicada. Percebeu que havia fortes sentimentos por parte de Lea. Não poderia ajudar. Somente confortar.

Em casa, Lea tentou esconder o rosto vermelho, mas sua mãe notou.

— O que foi, Lea? Você chorou?

— De raiva, mãe. Chorei de raiva.

— O que aconteceu?

Contou parcialmente:

— Uma amiga da Carlota, a Estela, aquela que é ficante do Iago... Estávamos conversando e ela disse que ele falou que encontrou uma pessoa chata que tomou o tempo dele no sábado. O dia que ele veio me pegar aqui para procurar um carro.

— Ela não disse se ele revelou com quem esteve?

— É. Foi isso. Fiquei com raiva. Ele deveria dizer para mim.

— Ele não falou coisa nenhuma. Essa moça está com ciúme, inveja! E você caiu nessa? Acreditou?

— Como não? Ai, que raiva!

— Raiva ou ciúme?

— Raiva! Lógico! Por que o Iago não disse isso para mim? Por que me convidou para sair, ir ao parque, almoçar?... Eu falei para a senhora o que aconteceu.

— Sim. Falou. Ora, Lea... Você entendeu que essa tal Estela sabe que o Iago está a fim de você e, por isso quis causar intriga.

— Ora, mãe! O Iago a fim de mim? Imagina! A senhora bebeu?

— Não. Mas você sim. Está cheirando bebida.

— Tomei um uísque na casa da Carlota. A senhora tinha de ver aquelas duas falando do Iago na minha cara! Como a Estela poderia saber o que aconteceu se ele mesmo não tivesse contado?

— Olha, filha! Acorda! Te deram bebida para você não ser racional. Essa moça falou isso porque está desconfiada que o Iago está se interessando por você. Acredite!

— Se fosse isso, ele não teria dormido com ela! — quase gritou.

— Será que dormiu mesmo? Você estava lá para ver? Ele te contou? — Não houve resposta. — Pontos para o obsessor!!! — Isabel riu e aplaudiu.

— Ora, mãe! O que é isso?

— Pontos para o obsessor! Parabéns para ele que conseguiu te deixar dessa forma. Presta atenção, Lea. Essa Estela está mentindo. Tramou tudo isso e você caiu direitinho na conversa. Deixa de ser boba, filha — sorriu. — Toma banho e vai deitar. Amanhã é outro dia e as coisas ficarão mais claras.

Marisol escutava a conversa atrás da porta. Sentia sua raiva crescer por achar que a irmã era mais querida por sua mãe. Sempre as via conversando de modo calmo e Isabel demonstrava prazer na presença de Lea. Notou que a irmã estava gostando do tal Iago e sua mãe a confortava, dando esperança e força. Decerto, o rapaz era alguém do serviço e com o nível profissional de Lea. Sabia que a sua mãe torcia para que a filha mais velha fizesse um bom casamento, uma boa união, enquanto pensava em colocá-la para fora de casa estando grávida.

Marisol não se deixou ver, correu para o quarto antes da outra se levantar.

Lea ficou muito chateada com o ocorrido. Decidiu se distanciar de Iago, pois a situação não ficou clara.

Ele percebeu sua frieza e aceitou dar o espaço que ela exigia.

No primeiro momento, pensou ser problemas que tivesse em casa, com a irmã. Depois, acreditou ser ele o motivo do afastamento. Provavelmente, não o admirava como pessoa, como homem ou até mesmo como colega de trabalho.

Alguns dias depois, incomodado com o fato, resolveu se aproximar:

— Oi, Lea? Tudo bem?

— Tudo — respondeu séria e com simplicidade.

— Como ficou a compra do carro? Precisamos marcar.

— Não estou com cabeça para isso agora. Mas... Obrigada pela oferta. Desculpe-me se, naquele dia, eu fui um incômodo para você com meus queixumes.

— Não sei de onde tirou essa ideia. Não foi incômodo algum. Aliás... — lembrou — Conversei com um colega e ele me indicou uma concessionária e disse ser muito boa. Podemos ir lá e...

— Iago! — Carlota o chamou. Ao vê-lo olhar, disse: — O Sebastián quer falar com você.

— Depois conversamos... — disse e deu uma piscadinha.

Lea continuou com semblante pesado e nada respondeu.

Na semana seguinte, uma ligação surpreendeu Isabel, que ficou verdadeiramente chateada.

Quando Lea chegou à sua casa, a mãe a chamou, e também a Marisol, para que fossem até a cozinha. Precisavam conversar.

A filha mais velha ficou com grande expectativa. Os últimos dias foram difíceis e aquele suspense a torturava.

— Hoje recebi uma ligação da Eugênia. Ela contou que o pai de vocês sofreu um acidente e está internado. Disse que o Ruan não está nada bem. Está no C.T.I. — Centro de Terapia Intensiva — Segundo os médicos... — não conseguia prosseguir.

— Fala, mãe! — Marisol exigiu, diante da pausa.

— Segundo os médicos, se o Ruan sobreviver, ficará tetraplégico.

Marisol desencadeou um pranto incontrolável. Por sua vez, perplexa, Lea perguntou:

— Como podem ter certeza?

— O acidente de moto foi há quatro dias. Somente hoje ela lembrou de nos avisar.

Lea abraçou sua mãe e foi correspondida. Sabia o quanto estava triste.

Naquela noite, dia de culto do Evangelho no Lar, pediram para que o melhor acontecesse a Ruan.

Os amigos espirituais presentes envolveram-nas em energias de força. Recolheram suas vibrações e direcionaram até o enfermo.

— O que acha que acontecerá ao Ruan, Jorge? — Guimarães perguntou.

— Ruan cometeu erros e crimes por não conter seu egoísmo, orgulho e ganância desmedida. Em vida, não pagou por nenhum deles, naquela época, quando esposo de Isabel. Hoje, com a alma presa no cárcere do corpo, é provável que cumpra sua pena na cadeia de um leito.

— Jorge, poderia esclarecer como Eugênia entrou nessa história e está ligada ao Manolo, seu filho? — tornou Guimarães.

— Eugênia era uma das amantes de Ruan. Nilda, a filha que ele não assumiu. Ele as tinha como empregadas. Embora Eugênia fosse casada, aceitava-o como amante, principalmente, na juventude de ambos. Por conta disso, tinha muitas regalias na casa. Mandava e desmandava em tudo e nos demais empregados. A ideia foi de Marisol, mas foi Eugênia quem chamou o padre Manolo para levar Angelita para o convento. Em épocas diferentes, ela também usou os serviços do mesmo padre e entregou outros dois filhos nascidos de seu envolvimento com Ruan. O padre Manolo levou as crianças para o orfanato, onde experimentaram terríveis tratamentos. Hoje, com toda a perturbação espiritual que arrastou consigo devido às suas práticas levianas, crianças que entregou aos abusos abomináveis, Manolo reencarnou como filho de Eugênia e Ruan. Preso ao corpo, Manolo experimenta perturbações espirituais e psíquicas de toda ordem. Sofre com assombros que vivencia por seus obsessores e nem mesmo pode se manifestar.

— Não tem o que pode aliviar as dores da sua alma? — tornou o aluno.

— Religiosidade. Se os pais o levassem a uma casa de oração, tivessem práticas evangélicas no lar, Manolo poderia receber bálsamos de conforto para viver menos assombrado. Tratamentos naturais com florais e fitoterápicos também ajudariam. Mas, sua mãe quer tudo prático. Não quer ter trabalho.

— Por isso que crianças, mesmo com problemas de intelecto ou físicos devem frequentar uma casa de oração e receber assistência? — indagou Letícia.

— Esses são os que mais precisam — o instrutor esclareceu. — Geralmente, os espíritos sem evolução, que os rodeiam, são socorridos. Isso proporciona alívio. — Breve instante e comentou: — Eugênia que, no passado, ensinou a filha de modo errado e equivocado, tramando para ter alguém que a sustentasse, hoje, recebeu Nilda para indicar-lhe bons caminhos e ensinar sobre escolhas. Nessa oportunidade, Ruan assumiu a filha que renegou e tratou como empregada.

— Jorge, diga-nos uma coisa... — Letícia quis saber. — Se Ruan não tivesse um caso com Eugênia, os filhos Nilda e Manolo não teriam nascido. Então, a traição estava prevista no planejamento reencarnatório?

— Nenhuma traição é planejada. A traição é uma tendência inferior do espírito. O desejo de trair precisa ser contido, controlado, assim como muitas outras inferioridades do ser como: a maledicência, o desejo de fazer fofoca, o escárnio, o orgulho, a vaidade, a inveja e muitas outras tendências negativas do caráter. Em muitos casos, como foi o de Ruan, a oportunidade entre ele e Eugênia foi aproveitada. Esse ocorrido foi oportuno para reparos, lições e até mesmo para o reencarne daqueles com quem se tem compromissos. Vejamos Eugênia: tanto desejou Ruan que, hoje, o tem, mas precisará assumir toda a bagagem que não era para ser dela. O mesmo com ele.

— Estava planejado Ruan ficar tetraplégico? — tornou Letícia.

— Sim. Estava. Cada um vai resgatar o que precisa. Harmonizar o que desarmonizou. Só escapamos disso quando abraçamos uma missão melhor e maior do que os débitos adquiridos. Isso não é comum, mas possível. Somos mais úteis como trabalhadores em prol de causas nobres.

CAPÍTULO 45

INTOLERÂNCIA

A semana seguinte foi marcada por considerável abalo e movimentação.

O estado de Ruan estremeceu as emoções das filhas, da esposa e da ex-esposa.

Marisol expressava-se de modo exagerado. Muitas vezes, chorava à beira do desespero.

Por sua vez, Lea era muito contida. Mostrava-se preparada espiritualmente. Isso não significava menos sofrimento. Ao contrário. Sua evolução e compreensão sobre a vida, a imortalidade da alma e a certeza de harmonizações necessárias eram responsáveis por sua forma de agir e se expressar. Por ter uma consciência mais ampla, era bem provável que sofresse mais do que a irmã. De modo algum, significava ausência de sentimentos fortes ou pouco caso ao que acontecia.

Apesar de abalada, Isabel se comportava tal qual a filha mais velha. Sem dúvida, respeitava Ruan pelo significado que teve em sua vida como marido e pai de suas filhas. É óbvio que as decisões e atitudes equivocadas que o ex-esposo tomou, deixaram dores e grandes cicatrizes. Mas, depois de tanto tempo, Isabel era incapaz de sentir dores ou desejo de vingança. Ao contrário, tinha compaixão pela vida de dificuldades e desafios que Ruan levava com os filhos e a esposa tão desequilibrada. Agora, sabendo de suas novas condições, mais ainda.

Devido a toda complexidade da situação, Lea não foi trabalhar por ir ao hospital.

— Ela não veio trabalhar de novo — Carlota comentava com Estela. — O pai está no hospital. Caramba... Não vai adiantar nada não vir para o serviço. Fosse lá, fizesse uma visitinha e viesse para a empresa! Não acho que ficará o dia inteirinho no hospital. Tenha dó!

— Depois daquela conversa, acha que essa idiota se tocou que ela não é para o Iago?

— Lógico! Não viu a cara dela?! — riu alto. — Quando você falou que acordaram juntos na manhã seguinte... — Carlota riu novamente e se jogou para trás, balançando a cadeira.

— Uma cretina de vida mediana e medíocre se achando desse jeito — tornou Estela, falando com pouco caso e desdém.

— Eu diria que a vida dela não é mediana. É abaixo disso. Criatura insignificante. Nem carro tem! — ressaltou. — Se tivesse sido eu a entrevistá-la para o cargo já teria sido reprovada pela cor da pele.

— Mas ela não é preta — Estela lembrou.

— Não diga preta, amiga. É negro que se fala, ou melhor, afrodescendente. Toma cuidado. Podem até te processar — Carlota disse de modo cruel, arrogante, envergando a boca para baixo em sinal de insatisfação.

— Verdade. Mas ela não é negra ou afrodescendente.

— Sei lá... É quase. Não é? Quinze minutos a mais no forno e sairia queimadinha — Carlota gargalhou e a outra riu alto. Eram insensíveis e desumanas em suas colocações.

— Ela é bonita. Não podemos negar — Estela acreditou.

— Bonita?! — olhou a amiga com certa contrariedade. Em seguida, respondeu com ironia à própria pergunta: — Bonita somos nós, amiga! Loiras autênticas! Olhos azuis legítimos! Cabelos lisos naturalmente! Aquilo ali, para ficar bonita, leva duas horas só usando prancha de cabelo!

Gargalharam.

— Não sei que graça o Iago viu nela — tornou Estela.

— Não foi ele. Foi ela. Deve dar em cima dele direto. Fica arrumando coisas para falar com ele... Pedindo favores...

Fica esperta! — alertou. — Ela está fazendo charminho. Mudou de tática. Percebi que não deu muita atenção a ele que, por sua vez, fica puxando conversa. Quando vejo, faço qualquer coisa para interromper. Ele não fala muito comigo. Nem sei o porquê.

— O Iago não se abre muito com ninguém. Para ele revelar que tinha saído com ela para ajudar a escolher um carro e que depois não se sentiu bem por conta de problema de família... Nem te conto o trabalho que deu. Precisei deixá-lo embriagado! Só depois falou por alto. Ainda disse que estava com dó dela. Quando eu ri, ele brigou comigo. Chegou a pedir para eu ir embora. Acredita?

— Sério?! Chegou a esse ponto? E você foi?

— Não, né! Pedi desculpas e me aliei a ele dizendo que achei engraçado que ele estivesse sendo ouvinte de pessoas tristes, pois isso não era comum. Falei que tinha compaixão dela. Mas temos de dar um jeito dessa pobretona sair do caminho dele. — De repente, Estela sugeriu: — Bem que você poderia demiti-la!

— Boa ideia! E de quebra a priminha vai junto. Não gosto da Angelita. Quem sabe, podemos aproveitar que está faltando... — ficou pensativa, planejando.

Estela espalmou a mão no ar, esperando que a outra batesse. Uma forma de comemorar. Assim foi feito.

A sós com seu irmão, Carlota comentou:
— Penso seriamente em demitir a Lea e talvez a Angelita.
— Por quê? Com o que você está implicando agora?
— A princípio com a cor. Você mesmo disse que deveríamos ter menos profissionais negros com nível superior.
— Num país como este tá difícil. Os negros decidiram fazer faculdade, enquanto os brancos, idiotas, estão fazendo tatuagens, raspando o cabelo de um jeito ridículo, pintando de verde ou rosa, usando *piercing* no nariz igual a bicho...

Lembra aquela engenheira que chegou aqui? Tinha cabelo roxo, azul, rosa, sei lá mais que diabo era aquilo! Cheia de tatuagem... Parecia o mapa do inferno! Como dar emprego para aquela coisa? — Sebastián comentou de forma preconceituosa e racista, mostrando suas opiniões impróprias com relação a pessoas diferentes dele. — Entre ela e a Lea, sem dúvida, a Lea. Até porque, a Lea não é negra e é competente. Bem esperta.

— Ela é morena — insistiu, intolerante e impiedosa.

— Parece levemente bronzeada para mim. A cor da pele é bonita. Não é feia não. Para mim, passa por branca tranquilamente. Ela é bonita. Além disso, ela se apresenta muito bem. Sabe falar, se comportar. Não temos vergonha quando ela chega e temos clientes importantes. É muito competente e pontual. Não sei do que você está reclamando.

Carlota pensou rápido. Precisava encontrar um meio de convencer o irmão:

— Desconfio que foi ela quem pegou as ordens de serviço com o pedido daqueles materiais e... Sabe? — supôs.

Sebastián parou com o que fazia. Ergueu o olhar e a encarou, perguntando:

— Será que foi ela quem contou para o Iago?

— Desde aquela época, sempre vejo os dois conversando. Percebo que ambos estão mais atentos. Tanto que... E a Angelita também. Por não terem segredos, só posso deduzir que Lea falou com a prima a respeito — a irmã disse. — Na época, o Iago contou para a Estela sobre o ocorrido, mas não revelou a fonte. Disse ter sido ele quem encontrou os pedidos com materiais trocados. Mas eu duvido. Fiquei sabendo, por outro empregado, que ele e a Lea foram conversar com o Aguilar. Quando perguntei se o Iago havia ido lá, o Aguilar mentiu. Falou que não sabia.

— O pai da Estela, o seu Aristeu, também contou que o Iago passou a conferir os pedidos e as entregas, ele mesmo. Podemos engrossar nossos lucros com pequenas trocas de materiais. Mas, com ele de olho, fica difícil... Já pensei em demitir o Iago ou aprontar para ele. Demitido, desconfio que possa dar com a língua nos dentes. Morto não.

— Não precisamos chegar a esse ponto, meu irmão. Calma Sebastián. Acho que precisamos dele aqui. Mas quanto a essas duas... O que me diz? Posso dispensar a Lea? — ela quis saber.

— Você decide. Mas quero alguém tão competente quanto ela.

— Deixa comigo — Carlota sorriu com satisfação e se foi.

Sebastián e Carlota não haviam mudado em nada. No passado, apontaram as diferenças sociais e a opressão vivida para tentar justificar suas práticas no mal. Quando, na verdade, o egoísmo, o orgulho, a inveja, a raiva, a ausência de nobres sentimentos que cultivavam, eram os culpados por seus comportamentos e atitudes.

Como prova, a reencarnação em circunstâncias completamente modificadas foi feita para exibirem o verdadeiro caráter.

A etnia não piora nem privilegia o indivíduo. O que importa, realmente, são as atitudes que ele toma através do seu caráter.

O preconceito, o racismo e a intolerância mostram o quanto o espírito ainda é inferior e precisa se trabalhar.

As diversas oportunidades de vida, em condições extremamente diferentes necessitam existir para que possamos modificar nossas más tendências, nossas más inclinações.

Enquanto o ser humano for cruel com sua própria raça e com os animais, irmãos menores, haverá, no planeta, calamidades, lugares de miséria e dor.

Não somos brancos, negros, asiáticos.

Não somos pobres, ricos ou medianos.

Não somos homens ou mulheres.

Somos espíritos. Não temos etnia, cor, bens, sexo.

Somos criaturas iguais porque fomos criados pela mesma fonte Divina: Deus.

Não bastava toda a preocupação vivida, a notícia da demissão surtiu um efeito devastador em Lea.

A princípio ficou incrédula, tentando encontrar uma razão. Mesmo pedindo uma justificativa, Carlota não lhe deu resposta.

Decidiu esconder o fato de sua mãe e da irmã, pedindo a colaboração de Angelita para que não tocasse no assunto.

Com os dias, Ruan saiu do C.T.I. A notícia confirmada da tetraplegia deixou todos bem tristes.

Dias depois, conversando com a filha, Isabel contou:

— Então a Eugênia veio me dizer que tenho a obrigação de cuidar do Ruan, pois ele foi meu marido e ela já tem um filho excepcional para criar.

— E o que a senhora disse? — Lea indagou preocupada.

— Eu disse que, a partir do momento que ele me abandonou com duas filhas e saiu de casa, ele mesmo cortou qualquer laço de obrigações entre nós. Falei ainda que enquanto vocês eram menores, Ruan nem pagou pensão como deveria. Nós nos divorciamos e eles estão casados. Não tenho mais nada a ver com isso.

— Mãe, a senhora está certa. O pai fez as escolhas dele junto com a Eugênia. Não deve mais nada a ele, a não ser visitas, se quiser.

— Como não temos nada com isso?! — Marisol praticamente gritou. — Está falando do nosso pai! Fico abismada com o que ouço de vocês! A mãe tem sim de ajudar a Eugênia. Precisa cuidar do pai. Até porque, é enfermeira e ninguém melhor do que ela para isso.

— Você está bêbada ou insana, Marisol?! — Lea perguntou, mas não a deixou responder. — A mãe trabalhou a vida inteira para cuidar da gente! Mal aposentou, há um mês! Ela precisa cuidar dela e não servir de empregada a quem quer que seja! E isso vale para você! Nunca passou de uma parasita que jamais trabalhou duro e não sabe o que é colocar dinheiro dentro de casa! Só sabe viver à custa dos outros. É fácil exigir que o outro se doe quando não sabe o que é sacrifício! A pessoa que nada faz é a primeira a reivindicar direitos que não possui! Caia na real!

— Você é quem precisa cair na real!

— Vamos parar as duas!!! — Isabel exigiu firme. — Aqui, quem decide as coisas sou eu!

— Então tenha compaixão do pai das suas filhas! — a caçula gritou.

— Você é quem deveria ter compaixão e respeito por mim, Marisol! Não sabe o que é ter dois ou três empregos para sustentar uma casa e duas filhas. Dar educação, estudo e condições mínimas de conforto. Aliás, você nem sabe o que é ter um emprego! Nunca reclamei do seu pai para vocês, mas ele sempre foi omisso! Ausente! Irresponsável! Nunca pensou em vocês ou se preocupou com as duas depois que me abandonou! Quando foi que ele teve compaixão por nós? Vendeu a casa onde morávamos e precisei ir para a casa do seu avô, por não ter onde morar, estar com medo, assustada e com duas filhas que dependiam só de mim! Você é a última pessoa, nesta casa, para pensar em exigir de mim uma postura ou decisão sobre ter compaixão de quem quer que seja! Não vou mais sustentar seus luxos ou caprichos! De hoje em diante, o que quiser, terá de trabalhar ou pedir para o pai do seu filho! E mais! Não quero a presença do Raul nesta casa!

Marisol ficou chocada. Não esperava aquela reação de sua mãe. Sem saber o que dizer, com postura contrariada, saiu da cozinha pisando duro.

Lea estava séria. Sem qualquer manifestação, apreciou a postura da mãe. Levantou-se, colocou água para ferver e viu quando Isabel se sentou e segurou a cabeça com as mãos, apoiando os cotovelos na mesa.

Após fazer chá, encheu duas canecas e deu uma para sua mãe, dizendo:

— Bebe um pouco.

— Obrigada — disse baixinho, levantando o olhar.

— Sente-se bem?

— Fiquei nervosa.

— Foi bom ter dito isso para a Marisol. Demorou.

— É tão desgastante... Não me sinto bem quando falo assim.

— Foi necessário, mãe.

— É uma pena a Marisol não se esforçar para entender como a vida funciona. Terá de sofrer para aprender que não podemos viver à custa dos outros ou do governo...

— Outro dia, estava lendo um romance espírita e reparei uma coisa: o plano espiritual superior é exigente. Lá não aceitam fracassados na fé. Não aceitam dependentes de amor. Não aceitam acomodados que só querem receber. Para conquistar um lugar melhor, na espiritualidade, é necessário ter muita fé, gerar em si o amor incondicional, não ser acomodado e atuar positivamente, ou seja, trabalhar no bem. O chamado Umbral só tem aqueles que não se esforçaram em nada, que se achavam vítimas. Na verdade, todo aquele que se acha vítima é vaidoso, orgulhoso e egoísta. Todo aquele que se acha vítima exige dos outros e faz isso porque se acha melhor, deseja ser servido. Isso é egoísmo puro.

— O livro disse isso?

— Não. Foi a reflexão que ele gerou em mim. Então, passei a ver pessoas como a Marisol encaixadas na categoria de egoísta. Só reclama e exige dos outros, em vez de se esforçar para criar em si a capacidade para realizar alguma coisa. — Breve pausa e concluiu: — Às vezes, mãe, pessoas como eu e a senhora precisamos ser instrumentos na vida de alguém como a Marisol. Não é por acaso que somos da mesma família e vivemos juntas. Precisamos ser firmes e ter um posicionamento, dizer não, para que ela aprenda. A senhora agiu certo.

— Essa conversa sobre cuidar do seu pai gerou um sentimento estranho em mim. Será que eu deveria ajudar?

— O objetivo da Eugênia foi gerar sentimento de culpa para que a senhora sirva de empregada para ela. Quando se envolveu com um homem sabendo que era casado, se deixou engravidar para destruir um lar, não pediu opinião. Não pensou que suas decisões egoístas teriam consequências futuras. Quando o pai te traiu, engravidou a Eugênia, trocou todas nós por ela, ele também tomou decisões egoístas, não quis saber como nos sentimos. Não pensou na dor que causou, nas emoções conflitantes que experimentamos. Sem mencionar as dificuldades materiais, resultado das decisões dele. — Ofereceu um momento de pausa e lembrou: — Outro dia a senhora me corrigiu sobre uma reflexão. Eu disse que havia lido sobre algo, mais ou menos assim: não importa a decisão, no final a escolha será a certa. — Nova pausa. — Aí, me disse que era uma frase pobre. E pessoas rasas, que não param para pensar, poderiam entender o que quisessem. E me lembrou que uma decisão errada ou impensada pode custar muito refazimento e dificuldades por toda uma vida. A senhora disse aquilo para mim, mas acho que precisa prestar atenção no que falou. As decisões trazem consequências e precisamos ficar muito atentos antes de tomá-las. O pai tomou as decisões dele. Com isso, cortou os laços que tinha com a senhora. Não se sinta na obrigação de ajudar. Não se sinta culpada por não ajudar. Cuidado com a manipulação da Eugênia. Ela não passa de uma daquelas pessoas egoístas que só pensam nelas. Não é capaz de admitir que as decisões e escolhas erradas a colocaram onde está e que, na época, prejudicaram a gente. A senhora não deve nada a eles. O seu afastamento servirá para o aprendizado dos dois.

— Mas e o meu dever com a caridade?

— Jesus disse para ensinar o filho a pescar. Desculpe pela minha forma de pensar, mas é a caridade de dar e não de ensinar que alimenta pessoas egoístas como Eugênia e Marisol. Fazem com que continuem na zona de conforto. Caridade de dar a quem precisa, sim é certo, mas por tempo determinado, para não criar parasita. Com limite, a fim de fazer a pessoa agir, se movimentar. A não ser se for alguém igual ao pobre Manolo. A caridade de doar que acomoda e faz a pessoa dependente, isso não é caridade, é aleijar alguém. Seremos responsáveis. Já cheguei a pensar se, em outra vida, eu tenha aleijado a Marisol dando tudo o que precisava — achou graça do que disse. — Nesta vida, vim para ensinar, servir de exemplo. Até quando, não sei, pois uma hora vou ter de cuidar da minha vida e não poderei olhar para trás.

— Para ser sincera, não me sinto na obrigação de ajudar a Eugênia e seu pai — falou reflexiva, sem fixar o olhar em lugar algum. Pensou em contar para a filha um segredo que guardava há alguns dias, mas decidiu que não era o momento.

— A senhora não deve nada a eles.
— As cobranças surgirão.
— Volto a repetir: a senhora não deve nada a eles! — enfatizou. — Cuida da senhora, mãe.

Isabel sorriu de modo triste. Estendeu a mão sobre a mesa e apertou a mão da filha. Amava-a demais. Lea era sua amiga, alguém com quem podia sempre contar e em quem confiava.

Olharam-se longamente.

Somente no dia seguinte, Lea procurou sua mãe para contar sobre a demissão.

— Não houve razão ou motivo aparente. Perguntei o porquê e a Carlota nem me deu ouvidos. Estou me sentindo muito mal.
— Sei como é. Já passei por isso, filha. Sabe, às vezes, essas coisas acontecem para algo melhor aparecer na nossa vida. No momento, não conseguimos entender, mas com o tempo...
— Já fui lá, peguei minhas coisas... Farei a rescisão contratual amanhã. Ainda bem que não comprei o carro. Teria mais uma despesa. Já me basta a prestação do celular que está com problema. Custou tão caro. Não quero gastar dinheiro agora. Principalmente agora!
— Será que não dá para arrumar?
— Acho que não tem conserto. Amanhã vou sair e aproveitar e levar para arrumar. Uma hora ele funciona, outra não... Tem hora que envio mensagem e vai, outra não... Nem recebo mais nada.
— Encontrará um trabalho melhor, filha. Você merece. Pegue meu celular. Use até arrumar o seu.
— Mas tenho meus contatos e nem consigo avisar ninguém...
— Leva o meu pra uma emergência, teimosa!

Lea sentiu-se amargurada. Desejava sair, distrair-se e não pensar mais em todas aquelas coisas que fervilhavam seus pensamentos.

Decidiu pegar o celular de sua mãe e ligar para Luís. Conversaram pouco e resolveram sair. Era o melhor a fazer. O rapaz passou em sua casa e a pegou.

Era início de noite e Marisol voltava da casa de Raul. Estava no portão quando um carro parou na frente da casa.

O moço abaixou o vidro e olhou como se procurasse alguém.

De imediato, ela deduziu que se tratava de Iago. Tinha ouvido sua mãe e a irmã falarem sobre ele.

Sorrindo de modo simpático, ele desceu do veículo, cumprimentou e quis saber:

— A Lea está?

— Não tá não.

— Você é a irmã dela, a Marisol?

— Sou sim — sorriu.

— São bem parecidas, logo deduzi. E... Sabe me dizer se ela volta logo? Já enviei várias mensagens e ela nem visualizou.

— Nem sei se minha irmã volta hoje.

— Ela viajou? — Iago se interessou.

— Não. Saiu agorinha com o Luís — De imediato, experimentou imenso desejo de prejudicar a irmã. Seria uma forma de revidar como Lea a tratava. Com um jeito malicioso, disse ao sorrir de forma enigmática: — Quando esses dois saem... Sabe como é...

Iago ficou sem graça.

— Tudo bem... Obrigado pela informação. Tchau.

Ele se sentiu inconformado com a resposta. Em seguida, lembrou-se de que Marisol não se dava bem com Lea. Porém, por mais que tentasse se convencer do contrário, aquilo o angustiou.

UM NOVO CAPÍTULO

Longe dali, em um barzinho...

— O melhor a fazer é esquecer tudo isso, pelo menos hoje — Luís opinou. Muito preocupado com outros problemas em seus negócios. Não estava disposto a ouvir sobre dificuldades alheias. Gostaria que aquele assunto terminasse o quanto antes.

— Estou tentando, mas não é fácil esquecer que estou desempregada e que o meu pai ficou tetraplégico. Não bastasse, minha irmã está grávida. São coisas que me afetam.

— Mas não precisa falar disso direto, né!

— É mesmo. Esqueci que você e o Iago não toleram gente que fala de seus problemas.

Luís deu grande gole na bebida que segurava, riu e afirmou:

— Desculpa, aí!... Fui sincero. Ouvir problemas dos outros é um saco — riu novamente. Estava insatisfeito e tentava disfarçar. Na realidade, nunca se interessou pelos desafios, conquistas, bem-estar ou mal-estar de Lea e ela nunca reparou nisso.

Olhando-o por longo tempo, ficou se perguntando o que estava fazendo na companhia de alguém como ele? O que um homem como aquele somaria em sua vida?

— Relaxa, gata! Aproveita! — ele se inclinou e beijou seu pescoço.

Ela se esquivou, rejeitando o carinho. Sentiu-se mal com aquela atitude. Experimentou uma sensação péssima por estar ao lado dele. Não entendia o que acontecia.

— Qual é? Vai regular? — tornou ele de modo insatisfeito, quase agressivo e fechou o sorriso. Tomou outro gole de bebida.

— Regular o que, Luís? — indagou séria.

— Qual é, Lea? Saímos para quê?

— Para eu ter certeza de que você não é uma boa companhia. Não é nem meu amigo.

— Que saco! — reclamou, falando alto e chamando a atenção ao espalmar a mão na mesa, como se desse um tapa.

Ela não gostou. Sentiu-se envergonhada. Levantando-se, pegou a bolsa e ouviu:

— Você não vai fazer isso! — ele ficou zangado ao perceber que Lea iria embora.

— Fazer o quê?

— Me largar aqui! Caramba! — foi grosseiro.

— Você não é nada meu. Nem meu amigo. Não te devo satisfações!

— Vagabunda — ele murmurou e deu outro gole na bebida.

Enervada e enfurecida, Lea aproximou-se e deu-lhe um tapa no rosto.

Luís também se levantou. Quando ergueu a mão para agredi-la, intimidou-se pelos olhares que atraiu.

Um garçom se aproximou e ficou olhando.

Lea virou-se e saiu rápido, sem olhar para trás.

Em casa, deitou-se na cama e chorou muito.

Por mais que sua mãe tentasse conversar e descobrir o que tinha acontecido, ela não contava.

Iago ainda estava inconformado por saber que Lea havia saído com Luís.

O que Marisol contou incomodou-o muito. Precisava saber a verdade.

Era domingo à tarde quando decidiu ir, novamente, até a casa dela.

Encontrou Marisol sentada no portão, conversando com Raul.

Após cumprimentá-los, perguntou sobre Lea.

— Eu te falei, cara. Ela saiu com o Luís desde sexta-feira, aquele dia que esteve aqui. Quando aqueles dois saem... — Marisol riu de modo malicioso.

— É mesmo, mano... Tão curtindo por aí... — Raul confirmou, com jeito gingado e seu modo de falar, mesmo sem que alguém pedisse sua opinião.

— Precisava falar com ela. É sobre serviço... — Iago mentiu e sorriu sem graça. — Tudo bem. Amanhã falo com ela.

— É o jeito, já que Lea não para em casa — ela disse e fez um gesto singular.

— Obrigado. Tchau.

— Tchau.

— Falô... — disse Raul.

Marisol gargalhou ao vê-lo longe e passou a conversar com Raul, alegrando-se com o resultado que aquilo traria para sua irmã.

CAPÍTULO 46

A PAZ É O PRÊMIO FINAL

Segunda-feira...
Iago percebeu Angelita pegando suas coisas e deixando a mesa limpa.
Aproximando-se, perguntou:
— Tudo bem? — estava curioso.
— Oi, Iago — olhou-o e o cumprimentou sem ânimo para responder.
— Oi — achou estranho. Decidiu ser direto: — O que aconteceu?
— Simples. Fui demitida — forçou um sorriso.
— Demitida?! Por quê? O que houve?
— Houve a mesma coisa que aconteceu com a Lea. Ninguém sabe dizer.
— A Lea? Como assim? Fiquei duas semanas fora e... Não estou sabendo de nada — ficou preocupado.
— É compreensível. Estava cuidando de uma obra em outra cidade. Bem... Só para que saiba, na sua ausência, a Lea foi demitida. Não bastava o pai ter sofrido um acidente, ficar em coma e despertar tetraplégico. Ela não veio trabalhar por dois dias e acho que foi suficiente para demiti-la. Mas quanto a mim... Não sei o motivo. Aliás, desconfio de outra coisa.
— Eu não sabia. O pai da Lea, tetraplégico?
— Foi um acidente de moto.

— Ela não me falou nada. Não mandou mensagem nem me procurou — demonstrou-se confuso.

— Você não gosta de ouvir problemas e deixou isso bem claro. Acho que foi por isso que ela não quis te incomodar.

— Ora, Angelita!... Por favor! Não é o caso.

Sorriu de modo forçado quando falou:

— Precisa dizer isso a ela. Você é um cara legal. Um ótimo profissional e colega de trabalho. Foi bom te conhecer. Obrigada por tudo. Preciso ir.

— Boa sorte — murmurou ao beijar-lhe o rosto.

— Obrigada. A você também. Desejo tudo de bom a você.

Quando ela ia saindo, ele perguntou:

— Angelita? — ela olhou. — Você e a Lea têm algo em vista?

— Ainda não.

— Se eu souber, aviso.

— Obrigada — sorriu meigamente. Verdadeiramente, grata.

Iago achou bem estranha aquelas demissões. Era uma empresa grande que necessitava de profissionais como elas. Não havia razão para despedirem Lea e Angelita.

Aquilo o deixou triste.

Pensou que deveria ter falado para Angelita que procurou Lea duas vezes, nesse período, mas se sentiu constrangido em dizer.

Naquele dia, quase não se concentrou no que precisava.

No final da tarde, pareceu ainda mais insatisfeito por Estela chegar ali. Sabia que ela iria chamá-lo para sair.

Iago tinha um grande problema: não se posicionava, o que deixava Estela livre para fazer o que quisesse em sua vida.

Antes de procurá-lo, ela foi atrás de sua amiga para conversarem.

— Hoje a prima foi demitida também — Carlota contou e riu.

— A Angelita? — indagou com satisfação.

— Quem mais? — achou graça.

— Pronto! Estamos livres dessas aberrações — Estela riu com gosto. — Acho que chega de ter gente medíocre e cheia de moralismo do lado, hein! Pode parar! Veja se você não contrata mais mulheres para as vagas. Foca somente em homens lindos, gostosos e que não sejam gays, pelo amor de Deus! Aturo gays só como cabeleireiro! — gargalhou e rodou-se na cadeira giratória onde estava, divertindo-se com o que acontecia. Estela tinha uma alma pobre e mesquinha. Era outra que também não aprendeu com as experiências vividas no passado e não aproveitava a vivência atual, apesar de todos os seus atributos.

— Na entrevista, não posso perguntar se o cara é gay! — Carlota riu alto. — Ficou louca?! — divertiu-se, imaginando a situação. Fazia zombaria.

— Amiga, você não pode perguntar diretamente, mas pode dar um jeitinho de, no bate-papo, arrancar essa informação.

— De qualquer forma, você me deve essa! — Carlota lembrou. — Mandei as duas moralistas embora por sua causa.

— Me fala quando eu tiver de te pagar por isso, amiga! Será com grande prazer!

— Só uma dica, Estela — falou de um jeito astucioso. — O Iago pareceu meio insatisfeito quando soube das demissões. O dia inteirinho ficou com uma cara...

— Perguntou alguma coisa?

— Não. Eu o vi conversando com a Angelita, pouco antes de ela sair daqui de manhã. Foi ela quem contou tudo para ele. Acho que nem sobre a demissão da Lea ele sabia.

— Será que não? — Estela duvidou.

— Acredito que não. Nem devem se falar mais.

— Penso que seja impossível Iago ter algum interesse nessa Lea. Que ridículo!

— Homem é bicho besta, amiga — Carlota afirmou.

— Mas deixa comigo... — riu com toque de maldade. Levantou-se, foi até a mesa, inclinou-se e beijou o rosto da outra.

Mais tarde, Estela e Iago estavam em um bar. Ele, muito quieto, somente ouvia. Por sua vez, ela não parava de falar.

Em dado momento, a garçonete esbarrou em seu braço, fazendo-a entornar um pouco do conteúdo do copo que estava em sua mão.

— Ah... Por favor, me perdoe... — disse a moça que, de imediato, pegou um pano e secou a mesa. — Vou trazer outro chope.

Na ausência da funcionária do bar, Estela comentou:

— Só podia ser dessa cor mesmo. É como a Carlota fala... — foi interrompida.

— Mas que opinião infeliz e grosseira! — Iago repreendeu-a firme e de imediato.

— Não foi bem isso o que eu quis dizer. Falei o que a Carlota diria.

— Não importa! Foi preconceito, racismo e intolerância da sua parte só por repetir. Está sendo conivente — o rapaz se incomodou.

— Credo! Precisa reagir assim? Não pensei que você fosse se ofender por uma garçonete!

— Pouco importa a profissão. Seja ela garçonete ou juíza de direito. Não se coloca em dúvida as qualificações de uma pessoa por causa da sua cor, sexo, gênero, religião... — Respirou fundo. Tomou mais um gole da bebida que havia em seu copo. Bem insatisfeito, decidiu: — Vou pedir a conta. Quero ir embora. Você continua aqui?

— Mas, já?! — Estela não gostou.

— Sim. Eu vou.

— Você não me parece bem. Vamos conversar? — ela propôs.

— Não.

— Vamos para minha casa, então. Relaxar um pouco.

— Não estou em um bom dia, Estela. Vou embora — foi firme.

— Tá bem... Tá bem...

Chegando ao seu apartamento, Iago experimentou intensa sensação de vazio e forte angústia.

Não sabia explicar o que era.

Foi até a geladeira, pegou uma cerveja, abriu e começou a beber.

Sentou-se no sofá e olhou o celular. Reparou que as mensagens que enviou para Lea não foram visualizadas.

Certamente, ela estava envolvida com Luís.

Pensou que fosse uma pessoa diferente das mulheres que conhecia. Achou-a tão responsável. Gostou do fato de ela valorizar a mãe, a família, pensar na vida desejando um futuro seguro, estável. Somente agora conseguiu perceber que, na questão relacionamento, Lea era igual às outras. Ela não queria envolvimento sério com ninguém.

Olhou as mensagens de sua irmã e perguntou:

"Posso te ligar?"

Alguns minutos depois, leu:

"Lógico."

— Oi, Margarida.

— Oi, Iago. Como você está?

— Bem. E aí?

— Com boas novidades! — ela falou com alegria na voz. — Começamos a construir a nova estufa. Enorme e linda! As chuvas de dezembro... Você sabe, né? São chuvas abençoadas e que precisamos agradecer e respeitar. — Ele riu e a irmã percebeu, mas não se importou. — Por isso, estamos esperando que as águas do céu nos deem uma chance para prosseguirmos com o trabalho. Já estou cultivando novas mudas espetaculares de tudo o que tenho. Precisa ver!

— Talvez eu dê uma chegada aí no final de semana.

— Venha! Será ótimo. E... — Margarida não completou.

— E? O quê?

— Eu ia te dizer para trazer a Lea, se puder — pediu desconfiada.

— Não sei da Lea.

Margarida esperava aquela resposta e indagou:

— Estão em projetos diferentes?

— A Lea não faz mais parte do quadro de funcionários da empresa. Eu a procurei para conversar, mas... Percebi que não quer falar comigo. Ela já estava tomando distância e nas últimas semanas nem visualizou minhas mensagens. Afastou-se de vez.

— Percebi que não tem visualizado as minhas também. Creio que aconteceu algo para fazer isso. Eu ia até te ligar e perguntar sobre ela.

— Pela prima dela, fiquei sabendo que o pai da Lea sofreu um acidente de moto. Foi bem sério. Ele ficou tetraplégico.

— Nossa... Coitado.

— Antes de saber disso, procurei por ela, já que não me respondia. Aí soube que tinha saído com um cara. Um ficante.

— Ficante, é?

— Até sei quem é. O nome dele é Luís. Mas... Isso mostra que a Lea é igual às outras.

— Qual o problema por isso? Acaso você não é igual aos outros? Está com ciúme, Iago? — afirmou convicta e com um toque de graça na voz.

— De jeito nenhum! — reagiu.

— Lógico que está! — enfatizou no mesmo tom.

— Hoje, a mulherada quer liberdade! Quer ser tratada como objeto mesmo! É isso aí!

— Só agem iguais aos homens. Qual o problema? Não estou te entendendo — riu por dentro. Depois disse: — Pare de ser ciumento, procure por ela e descubra o que está havendo. Decerto aconteceu alguma coisa.

— Eu sei o que aconteceu. A irmã dela me contou.

— Não soube por ela. A Lea não te contou nada.

— E por que não me contou? Por eu não ser nada dela. Somente mais um na vida dela. Nem ficante eu fui. Não significo nada. Ela não se deu ao trabalho nem de ver minhas mensagens e não respondeu as suas. Isso mostra que quer distância. O recado está dado. Não vou incomodá-la. E quer saber? Tô cheio, já!

— Você bebeu? — a irmã indagou com tranquilidade.

— O que isso interessa? — ficou zangado.

— Daqui, sinto o cheiro, não da bebida, claro. O cheiro é de obsessor.

— Ah, Margarida!... Qual é?

— Minha sugestão é para que vá procurá-la. Mas se não quiser a verdade, sinta-se à vontade para viver com o que tem.

— Tudo bem. Outra hora conversamos — sentiu-se incomodado.
— Aguardo você ligar.
— Tchau — ele se despediu.
— Tchau, Iago. Um beijo.
— Outro.

Na casa de Carmem...
— Quando isso começou, Isabel? — a irmã preocupou-se.
— Uma semana antes do Ruan sofrer o acidente.
— Você sabe que hemoptise é coisa séria! Você é enfermeira! Foi enfermeira a vida toda! — esbravejou. — Problemas nos vasos sanguíneos ou nos pulmões, câncer ou infecções sérias, isso tudo pode causar tosse com sangue.
— Parou por uns dias. Agora voltou de novo. Pode ser bronquite — considerou em tom suave.
— Ora! Pelo amor de Deus, Isabel! Você nunca teve bronquite. Pode ser tumores nos pulmões! Já deveria ter procurado um médico! — Carmem estava muito zangada. Sabia tratar-se de algo sério.
— Eu ia. Recebemos a notícia sobre o Ruan e... Hospital, preocupações, visitas...
— Já marcou consulta? — Carmem quis saber.
— Já sim — respirou fundo com um toque de desânimo. — Trabalhei a minha vida toda como enfermeira. Dediquei-me totalmente para cuidar dos outros. Criei minhas filhas e... Agora, aposentada, tenho de enfrentar isso. Nunca fumei. Só bebi socialmente...
— Contou para as meninas?
— Não.
— Nem para a Lea? — indagou admirada.
— Não. Ela está com preocupações demais com o emprego, o pai...

— Você tem ou teve febre? Existe a possibilidade de ser tuberculose?

— Ai, Carmem!... Não tive febre e acho que saberia reconhecer uma tuberculose. Foram somente tosses com expectoração sangrenta. Não senti dores nem nada.

— Problema cardíaco também pode dar isso — não parava de pensar, buscando alternativa.

— Não viaja, Carmem. Não tenho problema cardíaco. E outra... Teria de ser algo constatado, uma insuficiência cardíaca congestiva para esse resultado. Daqui a pouco vai suspeitar de Lúpus, uso de crack, ferimento a bala... Tenha dó! — sorriu sem perceber.

— Desculpa... Fiquei nervosa e só quero ajudar. Vou ao médico com você — disse procurando acalmar-se.

— Eu liguei para a secretária do doutor Ricardo. Lembra dele?

— Ah-rã!...

— Recordou-se de mim rapidinho. Expliquei o caso e ela fez um encaixe para uma consulta, já que será só para pedir exames.

— Vou com você! — intimou.

— Não conta para as meninas, por favor. Não agora.

— Tudo bem, Isabel. Não conto. Por agora.

As irmãs se abraçaram fortemente.

Desde quando o esposo retornou para casa, Eugênia entrou em desespero.

Já tinha de cuidar do filho Manolo acamado e totalmente dependente. Agora, do marido.

Naquela visita que fez ao pai, Lea ficou impressionada com as condições da residência, embora grande e muito boa. Havia roupas sujas pelos cantos. A casa toda tinha um mal-cheiro insuportável. Muita louça suja na pia e também sobre a mesa. Panelas abertas em cima do fogão e sobre o balcão.

Moscas voando sobre o lixo aberto e em cima das várias caixas e embalagens de comida comprada. Tudo uma bagunça.

No quarto, encontrou o homem deitado sobre a cama cujos lençóis pareciam postos há vários dias sem trocar. Revirados e sujos.

— Oi, pai — falou baixinho e esperou que Ruan abrisse os olhos para vê-la.

Só conseguindo mexer a cabeça de um lado para o outro, virou-se para ela e indagou de modo rude:

— O que você quer? Veio ver minha desgraça?!

— Vim visitar o senhor.

— Pra quê?! Não presto para mais nada e suas visitas não farão milagres! Nem precisa vir aqui perder seu tempo. Essa vida... — xingou. — Não me resta fazer nada. Só olhar pro teto!

— Sabe, pai... Às vezes, nesta existência, não entendemos os propósitos e a bondade de Deus e... — foi delicada ao falar, mas ele a interrompeu.

— Deus?! Que Deus?! — exclamou com voz rouca. — Se esse infeliz existisse!... E se existe, Ele não é nada bom! Nada justo! — teve crise de tosse. — Por que eu?!... Por que comigo?!... Tanto vagabundo aí roubando, matando, usando drogas!... Por que comigo?! Sempre trabalhei! Antes de ter uma empresa e ser empreiteiro fui servente de pedreiro para chegar onde estou! Hoje, sou patrão! Tenho vários empregados que dependem de mim! Olha para meu estado! Olha!!! Isso é algo bom?! É justo?!

— Aqueles que matam e roubam também terão a vez deles — ela disse, mas o pai não ouviu.

— Sempre trabalhei. Cuidei da minha vida... E agora? — xingou muito.

Lea começou a se sentir muito mal. Uma sensação estranha a dominou. Desejava sair dali.

Enquanto seu pai falava, procurava não prestar atenção, desviando o olhar para distrair os pensamentos. Não desejava ouvir aquilo e experimentar aquelas vibrações.

UM NOVO CAPÍTULO

Verificou que a porta do banheiro da suíte estava aberta e viu roupas amontoadas no canto e o cesto de lixo sanitário transbordando para o chão.

Ninguém poderia ver. Na espiritualidade, espíritos de aparência bizarra rastejavam pelo ambiente como se fossem répteis. Movimentavam-se em torno e sobre Ruan alimentando-se das energias e fluidos criados por sua ira. Não bastassem esses espíritos inferiores, inimigos do passado castigavam-no mais ainda. Esbravejavam, ofendiam, riam, caçoavam e o agrediam como se o corpo físico pudesse sentir. Tratava-se de adversários do passado, funcionários/escravos que desenvolveram ódio pelo tratamento oferecido por Ruan. Havia ainda os que somente se desentenderam com ele e que, de alguma forma, viram-se com algum prejuízo e não perdoaram. A ausência de perdão prendia todos ali. Entre eles, o espírito Diego no ideal de vingança e empenhado para o sofrimento de Ruan.

A ausência de elevação, fé, aceitação era o que permitia tanta atração e envolvimento.

Se ao menos Ruan fosse resignado, confiasse nos desígnios de Deus, entendesse que aquele era um estado, uma situação momentânea e não uma condição imposta para a eternidade, experimentaria conforto na consciência e leveza na situação.

Mas Ruan não havia mudado, assim como Diego.

Não entendiam que o egoísmo, o orgulho, a ganância, a ambição desmedida eram os males que os prendiam na vingança, no ódio e em tantos refazimentos dolorosos.

Estavam endurecidos, cegos e não refletiam que tudo o que é matéria fica no plano físico. Eles eram criaturas que precisariam se trabalhar muito, talvez em diversas oportunidades para entenderem que o verdadeiro tesouro é o que existe em nosso coração e só pode ser visto quando nossas más tendências deixam de existir. Por isso, precisamos deixar brilhar nossa luz, nossos talentos no bem.

O desconforto de Lea aumentou ainda mais quando ele começou a urrar:

— Quero morrer!!! Eu deveria ter morrido!!!
— Pai! Pare com isso! — a filha pediu firme.
— Cala a boca você!!! Diz isso porque não está no meu lugar!!! Quero morrer!!!
— Pai...
— Sai daqui!!! Suma!!! Vá embora!!!

Lea não pensou duas vezes. Virou as costas e saiu do quarto sentindo-se extremamente abalada.

Na sala, encontrou a esposa de seu pai e uma empregada cuidando de Manolo.

Eugênia reclamava da vida e da situação, sempre amargurada.

— Viu?! Viu como está seu pai?! Lá, jogado, aleijado! Não bastasse, berra e grita o tempo inteiro! Até me mordeu, ó! — mostrou a marca no braço.

— Um pouco de religiosidade ajudaria, Eugênia. Quando nos apegamos a Deus, quando oramos, a situação pode não se resolver, mas, com toda a certeza, ficamos mais fortes.

— Se Deus existe, esqueceu da gente, Lea! Olha pra isso! — apontou para o filho. — Não vive! Vegeta! Não sendo suficiente meu martírio com ele, agora tenho o pai de vocês pra trocar as fraldas, dar banho, comida na boca!... E não esqueça! O Ruan é pai de vocês, viu?! Sua mãe, que é enfermeira e está aposentada, pode vir aqui e ajudar.

— Minha mãe é a ex-mulher — falou com simplicidade.

— Não importa! Tem duas filhas dele! — falava com agressividade.

— Eugênia... — Lea disse mansamente. — Não querendo ser desrespeitosa, mas... Já colocou a mão na consciência para lembrar que seu marido era casado, vivia com a esposa e duas filhas quando você, sabendo disso, se envolveu com ele?

— Não me venha com lição de moral! Quem é você pra falar assim comigo?!

— Sou uma das filhas que teve o pai ausente por sua causa. Sou a filha que não recebeu visita do pai conforme estabelecido. Aquela que não recebeu o valor da pensão do pai que disse não ter dinheiro, mas viajou para a *Disney* com a nova

UM NOVO CAPÍTULO

esposa e a primeira filha desse segundo casamento. Sou quem ficou doente, várias vezes, e ele não foi me ver. Sou a filha que quis conversar com ele assuntos que seriam importantes e ele não pôde, por não ter tempo, pois precisava cuidar dos outros filhos. Sou a filha que pediu ajuda para pagar faculdade e ele negou. A minha vida, a vida da minha irmã e a da minha mãe foi toda prejudicada por você, Eugênia. Vocês têm uma casa ótima aqui. Tem uma boa casa na praia, que eu sei pelas fotos nas redes sociais, pois nunca fui lá! Tem condições de arrumar mais uma empregada, se essa não for suficiente. Coloque a inútil da Nilda para ajudar a, pelo menos, recolher o lixo e lavar as louças. Esta casa está imunda.

— Quanta ousadia, sua... — xingou.

Lea não parou para ouvir. Estava perto da porta, acionou a abertura do portão eletrônico e saiu sem olhar para trás.

Estava enfurecida, inconformada com a situação e a exigência de Eugênia para que sua mãe fosse ajudar.

O espírito Jorge e sua equipe acompanhavam o ocorrido para estudo.

Aproveitando a oportunidade, o espírito Guimarães comentou:

— Coitado do Ruan e da Eugênia. Aliás, coitada de toda essa família. Um lar sem Deus é uma caverna sem luz ou um jardim sem verde. Nada é bonito. Não importa o nível social, nada é agradável de ver. Não se tem paz. Deus é como água.

— Não entendi — Letícia se interessou.

— A fé é tão importante quanto ter um copo de água no momento da sede. Nenhuma outra coisa nos satisfaz. Você pode ter o uísque mais caro, o champanhe mais saboroso, o vinho da melhor safra, mas é de água que precisa para matar a sede. Nenhuma outra coisa serve. Deus é assim. Diamante, dinheiro, ouro, casa luxuosa, muitos amigos, ótima condição social... Nada disso conforta, acalenta ou sustenta, somente Deus.

— Sem fé, sem buscar Deus nós murchamos da mesma forma como quando ficamos sem água. Isso é uma grande verdade — Letícia concordou.

Voltando-se para o instrutor, o espírito Guimarães quis saber:
— Jorge, o planejamento reencarnatório é feito para nós nos melhorarmos e nos despojarmos das nossas más tendências, dos nossos vícios morais e materiais e harmonizarmos o passado. Porém, nem sempre, conseguimos e é por isso que o planejamento tem o plano A, plano B, plano C... — Sorriu e continuou: — Percebo, nitidamente, que Ruan não resistiu as más inclinações. Não foi fiel, saiu de casa e formou outra família. Não deu assistência à primeira família como deveria, apesar dos bens e patrimônios... Aproveitando a troca do plano A, para o B, Nilda e Manolo reencarnaram entre Ruan e Eugênia. Cumprindo-se o que ele precisava experimentar, Ruan ficou tetraplégico. Isso deveria acontecer, mesmo se ele estivesse casado com Isabel para que ela cuidasse dele. Diga-me uma coisa: Isabel ainda tem a obrigação de cuidar dele?

O orientador Jorge pensou um pouco e respondeu:
— Na espiritualidade, tudo foi acertado em planos reencarnatórios para que Isabel cuidasse de Ruan nesse momento de prisão no corpo físico. Embora tenha sido Ruan quem atacou os cunhados, aleijando-os e matando Carmem, a ideia de tudo foi de Isabel. Aproveitando a oportunidade de tê-lo preso à cama, Isabel e Lea falariam a ele sobre Deus, Suas leis de causa e efeito, harmonizações, reencarnação e tudo mais sobre evoluir com amor e resignação. Ele não teria como fugir desses ensinamentos. Porém, no momento em que Ruan decidiu abandonar a família e formar outra, as coisas mudaram. Como você exemplificou, o plano A não deu certo e foi colocado em prática o plano B. Nesse caso, Ruan liberou essa família de qualquer acordo feito na espiritualidade. Por outro lado, Eugênia, sabendo que era um homem casado e com filhos, reforçou a tomada de decisão dele sendo, inclusive, o motivo principal pelo qual ele abandonou a família. Ela errou tanto quanto ele. Dessa forma, atraiu para si a obrigação e cuidados em todos os sentidos. Eugênia merecia e encontrou trabalhos dos quais não pode fugir.

— Deixe-me ver se entendo. Então, Isabel não tem obrigação de cuidar de Ruan e ajudar Eugênia?

— Não. Apesar de que, pelo entendimento espiritual que possui e boa elevação, Isabel vai querer ajudar de alguma forma. Mas a obrigação não tem. Ele a liberou disso quando saiu de casa.

Todos ficaram pensativos até Letícia dizer:

— Aproveitaram a união de Ruan e Eugênia para reencarne de Nilda e Manolo. Podemos ver que Nilda ainda é um espírito ignorante que expressa sua revolta e insatisfação consigo mesma através do modo agressivo e desajustado, típico jovem rebelde, mimado, desequilibrado, sem regras, portanto sem objetivo, de futuro incerto por culpa dos pais, principalmente, que não determinaram e exigiram respeito, educação e obediência. Arrasta consigo espíritos degradados, infelizes e se nivela, cada vez mais, com eles. É uma descida ao poço e de difícil retorno. A reencarnação de Nilda entre eles eu até entendo, uma vez que Ruan não assumiu a paternidade e Eugênia não foi a mãe que lhe ensinou moral e princípios, entre outras coisas.

— Naquela época, Eugênia era casada. Traiu o marido quando ele viajou. Depois, disse que a filha era dele e que nasceu antes do tempo. Mesmo sabendo que o esposo não era o pai — Guimarães disse. — Por não ter moral nem princípios, ela não poderia ensiná-los para a filha.

— Ruan sabia que Nilda era filha dele! Ignorou a paternidade. Muito comum para homens daquele tipo, naquela época — tornou Letícia. — Eu entendo a razão de Nilda encarnar entre eles, mas... Por que Manolo?

Sempre disposto a ensinar, o instrutor contou:

— Com o intuito de equilibrar as más tendências em torno do sexo, em encarnação passada, Manolo buscou, no sacerdócio, o alicerce e compromisso nobre que o forçaria a uma conduta adequada. Apesar do juramento feito e da exigência da igreja católica, não conseguiu. Como padre, faliu em seus simples compromissos, que eram o de levar os ensinamentos do

Cristo como bálsamo aos necessitados. Não abraçou causas nobres auxiliando os mais fracos e desorientados. Foi leviano e desrespeitoso. Em troca de dinheiro e benefícios pessoais, levou para orfanatos os recém-nascidos indesejados, as crianças com anomalias, os filhos rejeitados pelo coração e ausência de sensibilidade. — Jorge ofereceu pausa. Depois, prosseguiu: — Manolo sabia que, no orfanato, administrado por almas cruéis e satânicas, a classe eclesiástica abusava de crianças com perversidades sexuais e fantasias anormais de mentes doentias em total desalinho. Ele mesmo foi frequentador do lugar. Promiscuidade e desequilíbrio em torno do sexo, extravagantes e contínuas depravações resultam sempre em tormentos e profundas perturbações para quem os pratica, além de muito refazimento, lições espirituais, harmonizações consideráveis e perseguições de toda sorte.

O sexo, por ser santuário de vida, por ser a própria energia vital, quando desequilibrado por práticas promíscuas, atrai energias aflitivas para o indivíduo. Com isso, distúrbio de comportamento, transtornos psicológicos de diversas ordens. A troca frequente de parceiros intoxica o corpo espiritual, como um veneno intoxica o corpo físico. Junto a isso, seguem os obsessores espirituais. Alguns como vampiros a sugarem as energias, outros, como inimigos do passado, induzem à compulsividade sexual, práticas promíscuas e estranhas, anormalidade de equilíbrio e muito mais, pois desejam que suas vítimas se afundem no lodo do desespero e de tormentos difíceis de sair. — Nova pausa e o instrutor prosseguiu: — Apesar do conhecimento, Manolo não se atentou para isso. Ao acordar na espiritualidade, frustrado ao se deparar com o não cumprimento dos deveres assumidos, do tempo perdido, mergulhou em desespero incontrolável aos gritos de suas vítimas, acusações incessantes e dolorosas. Não há como descrever o desespero de sua mente, cerne do espírito. Desespero, dores, tormentos infernais sem trégua. Ficou à mercê de espíritos terrivelmente inferiores, maus, vingativos. Mesmo com as alucinações, quase um século depois, vimos a misericórdia de Deus se manifestar. Não podemos socorrer aqueles que não se permitem. Foi então que espíritos amigos e piedosos incentivaram, ininterruptamente, Manolo à elevação, convidando-o à prece e pedido de socorro. Foi assim que sua mente, em desalinho, começou a lembrar do Cristo, de Mãe Santíssima e dos santos. Soberano, o amor sempre socorre. Manolo foi envolvido e encaminhado para local adequado. Ainda assim, sua mente estava perturbada e em desequilíbrio. Implorava reencarne para o esquecimento do mal praticado e trégua para as repetidas visões e audições de tudo o que fez e viu ser feito. — Ofereceu um minuto, quando percebeu todos pensativos. — Visto que Eugênia foi uma das que usou seus préstimos, assim como Ruan, o melhor e mais rápido se deu entre eles para esse primeiro momento de refazimento e harmonização. É uma reencarnação de trégua para Manolo.

— Mas veja o assédio espiritual que ele sofre! — Letícia enfatizou. — Isso é trégua?

— E como. Em vista do que sofria sim. Muito ajudaria se os pais cultivassem harmonia no lar, leituras saudáveis, frequentassem uma casa de oração. Como eu já disse. Os obsessores, no caso, começariam a ser doutrinados, socorridos ou se afastariam por incompatibilidade. E as dores conscienciais de Manolo ficariam mais suaves.

— Então, a experiência de Eugênia e Ruan nos mostra que precisamos tomar bastante cuidado com todos aqueles com os quais nos envolvemos. Muitas ligações e laços de amizade podem nos deixar amarrados para outras vidas e nunca sabemos quais as bagagens que os outros carregam — Guimarães observou.

— É mais ou menos isso — tornou Jorge. — Todas as experiências que vivemos são resultados da nossa teimosia em não querer mudar as fontes geradoras de aflições, que são: nosso egoísmo, orgulho e vaidade.

Muitas vezes, não importa se eu causo prejuízos ou dificuldades nos outros, meu prazer em ter mais vem em primeiro lugar. Não importa se eu causo lesões ou dores nos outros, meu prazer precisa ser satisfeito. Prazer é o lema. Essa é a regra para muitos encarnados. Só que ao aproveitar tudo o que o corpo é capaz de sentir e não observar o que a alma precisa para se elevar, assumimos dores e sofrimentos para conosco. — Um segundo e Jorge completou: — Lembremos do ensinamento do Mestre que nos avisou que não passaria um J ou til. Tudo precisará de reajuste. A paz é o prêmio final para a consciência que se eleva. Enquanto não houver paz, sempre haverá o que harmonizar.

Todo o grupo ficou pensativo nas palavras do instrutor que havia oferecido grande lição.[1]

---

[1] Nota: O livro: *No Silêncio das Paixões*, romance do espírito Schellida, psicografia de Eliana Machado Coelho, mostra-nos excelentes reflexões e ensinamentos sobre esse tema.

CAPÍTULO 47

O REENCONTRO COM HERNANDO

Com o passar dos dias, Consuelo, prima de Carlota, entrava em grande desespero.

Sentia-se pressionada mentalmente por dores invisíveis e indizíveis, que não saberia descrever.

Gritou e chorou, mas nada aliviava.

Devido ao orgulho e vaidade, quando estava bem, Consuelo não procurava ajuda nem oferecia atenção às orientações que recebia de amigos sensatos que tentavam ajudá-la sair daquele estado.

Inspirações para o bem não faltaram.

Angelita foi uma das pessoas que mais aconselhou para que buscasse auxílio e socorro através de profissionais da área da saúde mental. Indicou também leituras salutares, alimentação adequada, assim como a eliminação de bebidas alcoólicas; frequentar uma casa de oração, fosse igreja católica, evangélica, centro espírita, umbanda ou qualquer outra religião ou filosofia para encontrar, dentro de si, a própria razão da sua existência, sua missão de vida, a luz e o amor. Somente dessa forma, poderia alcançar força e energias sublimes para encontrar equilíbrio e paz.

Mas não. Consuelo continuou cada vez mais ligada a espíritos inferiores com os quais criou intercâmbio devido a enfermidades morais que não se empenhou em curar.

Ela acomodou-se mentalmente. Desejava uma pílula mágica que a libertasse daquelas dores.

Cada caso é um caso. Motivos diferentes levam pessoas diferentes a enfrentarem transtornos emocionais, depressão, pânico ou ansiedade.

No caso de Consuelo, tais transtornos atravessaram encarnações e práticas desajustadas. Hábitos e vícios irregulares, desequilíbrio no preconceito, na intolerância, na ganância e ambição desmedida. Não se inspirava em atuar com bondade. Ao contrário, caçoava, desdenhava e humilhava quem podia. Não atentou para a mudança de conduta moral, entregando-se a práticas sexuais com total liberdade e múltiplos parceiros.

Tudo isso, destruía sua arquitetura psíquica e mental, ampliando irradiação vibratória nefasta, comprometendo todo o organismo cerebral, perturbando, inclusive, sinapses e a harmonia do cérebro, atingindo e alterando a química, os neurônios com produção desequilibrada das enzimas.

Nesse meio tempo, pensamentos rebeldes, de vitimismo, autocompaixão eram implantados por espíritos vingativos, obsessores, e aceitos como sendo seus. Por isso, ela rejeitava as orientações nobres, acreditando ser aconselhamentos perversos só para que se sentisse mais culpada.

— Vamos! Quebra tudo! Vai! Arrasa! — diziam espíritos de baixíssimo nível, incentivando-a a destruir todo o apartamento. Outros, tanto ou mais inferiores do que esse, faziam alvoroços, gritando incessantemente como uma torcida estimulando práticas contra ela mesma.

Consuelo arrebentou tudo o que havia na luxuosa sala, berrando junto a cada golpe.

Não suficiente, foi para a cozinha, abriu os armários e fez o mesmo com as louças e cristais.

Sobre a pia, encontrou as caixas dos comprimidos que usava para aliviar a depressão e ansiedade.

— Vai, infeliz!!! Idiota!!! Toma tudo sua imunda!!! Vai logo!!! Engole tudo isso de uma vez!!! — expressavam-se muitos deles.

— Não perca tempo!!! Toma logo tudo isso!!! Você é uma covarde!!! Tá esperando o quê?!!! Você é... — muitos xingamentos e palavrões que provocavam vibrações funestas.

— Venha logo para este lado, infeliz!!! Acaba logo com essas dores fracas aí e vem para as mais, muito mais intensas aqui!!! — gargalhadas sinistras. — Vai ver o quanto sua vida era boa aí, idiota!!!

— Ela é homicida!!! Matou inocentes em outra vida!!! Morra!!! Morra!! Se mata logo!!!

— Ela é preconceituosa!!! Intolerante!!! Racista!!! Racista!!! É piranha também!!!

As vibrações e ofensas eram intensas na espiritualidade.

A falta de fé, religiosidade, rogativas e esperança faziam com que Consuelo permutasse energias com aqueles desencarnados infelizes.

Uma névoa densa, acinzentada criou-se em todo o ambiente, deixando a espiritualidade tóxica.

Consuelo, por sua vaidade e orgulho, não acreditava que elevando os pensamentos pudesse afastar aquelas ideias mórbidas de si e se ajustar, encontrando equilíbrio.

Chorando, destacou os comprimidos e colocou-os na palma da mão.

Seu mentor a envolveu em prece e vibrações positivas. Mas o seu desejo em se colocar como vítima, sua falta de fé em lutar para fazer algo bom e saudável, seu desprezo a Deus foram maiores.

Consuelo colocou todos os comprimidos na boca. Teve dificuldade para engolir. Foi até a pia e bebeu água que aparou da torneira para a mão.

Novamente, berrou. Lembrou-se de algo.

Foi até a lavanderia e procurou por um produto que havia comprado.

Revirou o armário até encontrar.

Nesse instante, Carlota, que possuía a chave do apartamento da prima, entrou chamando por ela.

Olhou por toda a sala destruída e ouviu barulho que vinha da cozinha.

Foi até lá e viu a prima.

— O que está fazendo?! — ficou assustada.

— Quero morrer!!! Essa vida não presta!!! Chega!!! Ninguém me entende!!! Ninguém me ajuda!!! Não estão nem aí comigo!!! Quero parar de sentir isso!!! — berrou.

Carlota olhou as cartelas de remédios vazias e perguntou:

— Você bebeu isso?!

— Chega!!! Quero morrer!!!

Carlota a segurou pelo braço sem perceber que a prima tinha algo na mão.

Empurrando-a, Consuelo abriu o recipiente. Quando a outra viu e foi a sua direção, ela jogou o conteúdo sobre ela.

Carlota colocou as mãos no rosto que começou a arder de modo insuportável. Quase sem enxergar encontrou a pia e começou a jogar água na face. A dor era intensa e ela chorou e gemeu.

Enquanto isso, Consuelo foi para a sala gritando.

Em desespero, Carlota procurou por sua bolsa e a encontrou no chão. Com extrema aflição, conseguiu pegar o celular e ligar:

— Sebastián, pelo amor de Deus!!! Me socorre!!! Me ajuda!!! — implorou chorando.

— O que foi?! — assustou-se.

— Estou no apartamento da Consuelo!!! Ela jogou alguma coisa no meu rosto! Está queimando muito!! Me ajuda, pelo amor de Deus!!! — gritou.

Sebastián não estava muito longe e foi imediatamente para lá.

Ao chegar, viu um carro de polícia estacionando e ficou mais preocupado ainda.

A notícia não poderia ser pior.

Consuelo se suicidou atirando-se do andar em que morava.

O que jogou na prima era um produto a base de ácido.

— A interferência da obsessão na conduta moral, geralmente, é a primeira coisa a ser feita por espíritos inferiores, vingativos, cruéis para, só depois, influenciarem na conduta mental, interferindo no raciocínio e na lógica — comentou Jorge ao grupo que o acompanhava. — Os perseguidores do passado são tão desnaturados quanto insensíveis e infelizes.

— Pobre Consuelo — o espírito Letícia lamentou. — Mergulhou na loucura do suicídio acreditando que toda a dor e o desespero acabariam com a morte do corpo físico, mas não. É agora, no plano espiritual, que a dor e o desespero se intensificam. Nem conseguimos vê-la nem ela nos viu como espírito.

— Lógico que não. Consuelo foi atraída imediatamente para uma região onde se encontram outros espíritos que tiveram a mesma atitude de suicídio[1]. — Jorge esclareceu. — Será necessário muito empenho para que se coloque em condições de socorro.

— É do vale dos suicidas que você está falando, Jorge. É um lugar para o qual todos os suicidas se atraem automaticamente. Região de terror, medo e extremo sofrimento onde o suicida não escapa ao desapontamento, arrependimento extremo, sensações de angústia e horror. Eles sentem a repercussão do que aconteceu com o corpo físico no momento e após o desencarne e pode persistir, nesse estado, por anos, décadas... Cada caso é um caso. Vivenciam também o desespero e agonia dos outros como eles, pois estão na mesma sintonia — disse Guimarães. — Disso eu sei muito bem. Já fui suicida. Demorei muitas reencarnações, mais de cinco, para me harmonizar do que fiz comigo e tentar acalentar a dor dos mais próximos. Somos responsáveis pelo sofrimento daqueles que estão em nosso caminho, daqueles que abandonamos. É um grande erro, nos dias atuais, encarnados acreditarem que existem recursos e assistência para cuidar de suicidas, na

---

[1] Nota: Os livros: *Força para Recomeçar* e *O Brilho da Verdade*, romances do espírito Schellida, psicografia de Eliana Machado Coelho, mostram-nos as consequências do suicídio, além de trazerem excelentes reflexões e ensinamentos sobre esse tema.

espiritualidade. Já ouvi dizer que alguns admitem que existam hospitais espirituais que os socorrem imediatamente após o desencarne. Isso não é verdade. O estado consciencial do suicida é único e coletivo. Ninguém consegue tirar a perturbação, o desespero, as dores, as angústias horríveis do suicida. Esse é um estado de consciência pessoal, único, dele. Assim como não é possível tirar o estado de consciência da depressão, do pânico, da ansiedade daquele que está encarnado. Essa condição é um estado da consciência, são estados conscienciais que somente a pessoa pode e consegue vencer. Ninguém pode tirá-lo de um estado consciencial.

— Mas as preces e vibrações ajudam — Letícia disse.

— Sem dúvida alguma — tornou o amigo. — Quando uma pessoa, com depressão, conversa com um psicólogo ou mesmo com alguém e fala sobre uma reprogramação de sua vida para coisas boas, para práticas no bem coletivo, geralmente, ela melhora porque vibra no que é bom. Se ela começar a praticar pensamentos bons, atitudes boas para com ela e o coletivo, focar em tudo o que é saudável, cuidar, principalmente, da religiosidade em sua vida, seu estado consciencial começa a melhorar, ou seja, é preciso que aproveite os estímulos que veem de fora para encontrar a sua própria luz, o próprio amor. No caso do suicida, é semelhante. As preces, as vibrações, as orações são estímulos de fora que ele deve aproveitar para se tirar de onde se colocou. Porém, isso é muito mais difícil do que podemos imaginar.[2]

— Eu não sabia que já havia sido suicida, Guimarães — Letícia se admirou.

— Digamos que não é algo agradável para eu ficar comentando.

— Mesmo após cinco reencarnações?

— Apesar delas.

Virando-se para Jorge, ela indagou:

— Consuelo tinha muitos espíritos inferiores junto a si e alguns de incrível maldade, obsessores ferrenhos. Alguns

---

[2] Nota da Médium: Em *O Livro dos Espíritos*, nas questões 943 a 957 encontramos o tema *Desgosto pela vida*. Suicídio, que podem esclarecer muito sobre o assunto.

atraídos pela atual vida. Os obsessores mais odiosos vieram de onde?

— Sempre é comum termos inimigos do passado. No caso de Consuelo, trata-se, principalmente, de espíritos que abortou. Foi amante de seus patrões e quando engravidava, abortava. Os demais, são de abortos que realizou em outras mulheres. Pelo sofrimento que o abortado enfrenta, muitos deles, desenvolvem grande revolta e desequilíbrio. Alguns buscam vingança tanto da mãe, do pai que exigiu o aborto ou pelo abandono que levou a mãe a procurar essa alternativa e também daqueles que se envolvem no aborto.

— O que acontece com os obsessores depois de concluída a vingança, como no caso de Consuelo em que o objetivo era de fazê-la se suicidar?

— Sem dúvida, eles são criminosos espirituais. Agora, vão experimentar grande vazio e frustração. Receberão a repercussão da dor e do desespero do espírito Consuelo. Estarão sem metas e objetivos, sofrerão tormentos íntimos... Perdidos, apáticos sem condições de fugir para qualquer outro lugar, pois suas consciências inferiorizadas os prendem aqui, serão imperceptivelmente atraídos para reencarnação, geralmente, compulsória e dolorosa, experimentando gradualmente as consequências de suas práticas. Cada um a seu modo: abandono terreno, anomalias, enfermidades reparadoras, entre outros. Somente na oportunidade de dor, muitos de nós encontramos o caminho da luz.

— É a pura verdade, Jorge. Lembro-me de que, quando me suicidei, poderia, ou melhor, deveria ter resistido. Toda a dor enfrentada não chegava perto do desespero consciencial pela prática do suicídio. Na espiritualidade, tempos depois, vi em minha tela mental como seria minha vida terrena se eu tivesse resistido e me dedicado a tarefa de amor, a começar por mim mesmo. Poxa... Meus caminhos seriam outros. Deus sempre recompensa a coragem e o empenho e alivia as dores. Descortina horizontes, traz luz e novos rumos. Bastava insistir no bem, em procurar harmonia para mim realizando tarefas, abrir mão do que não podia e não deveria controlar. Tudo isso me traria paz e equilíbrio.

Silêncio.

Depois da reflexão, todos seguiram.

Em casa, Lea estava preocupada com uma oportunidade de emprego que surgiu e conversava com sua mãe a respeito.

— É uma chance muito boa. O salário também é bom, mas... É na cidade de Marília. Não sei o que fazer, mãe.

— Vá, Lea! — encorajou-a. — Encare! Você sempre foi determinada e destemida.

— Mas e a senhora? Ficará aqui?

— Para onde eu iria? — sorriu.

— Ai, mãe... Não sei se é o certo...

— Filha... Precisa pensar em você e na sua vida. É o momento de fazer suas conquistas. Hoje, vivo o resultado das minhas escolhas, assim como, no futuro, terá de viver as suas. — Isabel não sabia se aquela era a hora de contar que esperava os resultados de seus exames. Achou melhor não dizer nada. — Se acredita ser bom para você, aceite. Vá! Se não for bom, pode voltar para cá e recomeçar. Se for bom... — Sorriu ao sugerir: — Podemos vender essa casa e nos mudarmos. Estou aposentada mesmo.

— É mesmo, né, mãe? — gostou da ideia. — A senhora concordaria com a mudança?

— Por que não? — tornou Isabel sorridente.

Dando um grande e profundo suspiro, sorriu ao decidir:

— Vou aceitar.

Era noite quando Lea conversava com Angelita que contava:

— Nem acreditei quando soube! Disse que a Carlota está com o rosto todo deformado, desconstruído pelo ácido que a Consuelo jogou. Parece que pegou metade do cabelo também.

— Nossa... — Lea lamentou. — Ela é tão bonita. Era tão vaidosa...

— Para você ver... Fiquei chateada quando soube.

— Ninguém merece isso.

— Mas sempre existe uma grande lição atrás de casos como esses. Alguma coisa a Carlota tem para aprender. Talvez a dor e a experiência façam com que seja mais empática, que não seja mais preconceituosa, orgulhosa...

— Preconceituosa ela sempre foi. Demais — Lea lembrou.

De repente, Angelita perguntou:

— Tem falado com o Iago?

— Não. Fiquei mais de três semanas sem celular. Mandei para o conserto. Ficou uma porcaria. Tive de comprar outro e ainda estou pagando aquele! — estava zangada. — Quando passei os contatos perdi todas as mensagens. Não sei o que aconteceu. Não recebi mais nada dele.

— Ele disse que havia enviado mensagens para você e não respondeu.

— Deve ter ficado com pena por minha demissão. Só isso. Não enviou mais nada. Quis ser solidário. Mas não gosta de ouvir queixumes... — falou de forma irônica.

— Dá um oi pra ele — Angelita sugeriu.

— Não. Não quero incomodá-lo — foi orgulhosa.

— Dá um oi para a irmã dele — a prima insistiu.

— É... Para a Margarida... Até pode ser — ficou pensativa.

— Então... Decidiu aceitar o emprego em Marília?! — Angelita indagou com alegria.

— Sim! — Lea riu pelo nervosismo. — Tá dando um frio na barriga! — enfatizou.

— Vai dar certo! — Angelita torceu positivamente.

— Vai sim. E se não der... Volto para São Paulo. Será uma mudança e tanto. Não conheço nada por lá!

Continuaram conversando.

De fato a mudança foi bem movimentada e com tantas coisas acontecendo, Lea se esqueceu de enviar mensagens para Margarida.

Com o passar dos dias, Lea viajou para a cidade de Marília a fim de começar um novo emprego e uma nova vida.

Sentia-se ansiosa. Porém, conhecendo Hernando de perto, o engenheiro com o qual trabalharia, ficou mais tranquila.

Lea e Hernando formaram grande parceria.

Foi ele quem a ajudou a alugar um pequeno apartamento e mobiliá-lo, de modo simples.

Em pouco tempo, ele também contribuiu para que fizesse amigos, conhecesse lugares e tivesse uma vida social mais ampla.

Desconheciam ligações de vidas passadas, quando Hernando era um senhor com quem apreciava muito conversar.

Na atualidade, não era diferente.

Ele a levou para conhecer a casa espírita de que participava, lugar que ela gostou demais e passou a frequentar.

Em conversa, Lea contou sobre sua vida, da saudade de casa e de sua mãe, com quem era bem apegada e ele gostou de ouvir isso.

Tudo estava um pouco mais estabilizado e, naquela noite, sozinha em seu apartamento lembrou-se de Margarida e experimentou uma saudade inexplicável. Sorriu ao se lembrar dela. Viu-a somente uma vez e não sabia explicar aquilo. Olhou para a orquídea que ela lhe deu. A flor já havia caído, mas a planta estava lá, perto da janela. Havia levado consigo. Olhou e sorriu. Era uma lembrança boa. Decidiu enviar uma mensagem.

"Oi. Ainda se lembra de mim?"

Sem demora, leu:

"Lea! Quanto tempo! Senti sua falta. Você está bem?"

"Sim. Estou com muitas novidades"

"Quer que eu ligue?" — Margarida indagou.
"Eu ligo."
Sem demora...
— Oi, Margarida! Que saudade!
— Eu também. Você sumiu. Imaginei que estivesse bem ocupada. Não respondeu mais minhas mensagens. Então a deixei quietinha.
— Nada disso. Meu celular quebrou e... — contou tudo. — Não perdi os contatos, mas não fiquei com nenhuma mensagem. Tinha muita coisa acontecendo. Meu pai... Fui demitida... Agora, estou trabalhando em Marília — contou outros detalhes.
— Que bom, Lea! Fico feliz por você. Até perguntei para o Iago a seu respeito, mas também não sabia.
— É... Nem sei dele. Me afastei...
— Manda uma mensagem, um oi...
— É... Vou ver.
— Gostaria que viesse para cá ver como minha nova estufa está linda. Tem tanta novidade. Sei que iria amar — contou detalhes. Estava feliz.
— Gostaria de ir, mas na próxima semana vou para São Paulo ver minha mãe. Estou morrendo de saudades.
Margarida silenciou um instante. Depois, aconselhou:
— Fique ao lado de sua mãe. Será bom para vocês duas.
— Nunca tinha me separado dela antes — riu da situação. — Uma marmanjona deste tamanho... Mas acho que estou me virando bem. Vejo o quanto de força da dona Isabel tenho dentro de mim.
Continuaram conversando sempre de modo positivo.

No final de semana...
Depois de se abraçarem muito e contar as novidades para sua mãe, Lea perguntou de Marisol.

— Estou aqui — respondeu, vindo de outro cômodo. — Também tô pronta para me mudar.

— Mudar?! — a irmã se surpreendeu.

— Pensa que só você pode fugir dos problemas? — indagou, mas a irmã não entendeu a pergunta.

— Vai para onde, Marisol? — Lea quis saber.

— Vou morar na casa do Raul.

Isabel, com jeito triste, comentou:

— Achei melhor não contar para você. Estava longe e... Faz umas quatro semanas, aconteceu uma explosão do botijão de gás que deixou a dona Juanita e o seu Ernâni, os pais do Raul, com sérias queimaduras de terceiro grau por todo o corpo. Após cinco dias internada em estado grave, ela faleceu e depois de dois dias, o marido não resistiu.

Não poderiam imaginar que aquele ocorrido estava ligado a resultados de atitudes de outra encarnação, quando Juanita e Ernâni eram impiedosos e cruéis com aqueles que os serviam.

— Nossa, mãe... Que triste. Não deve ter morte pior do que com queimaduras.

— A mãe quis te poupar... Não sei do quê — falou com deboche.

— E o bebê, como está? — indagou Lea, ignorando a provocação.

— Ótimo! E ficará melhor depois que eu sair desta casa onde só recebo críticas e exigências. O Raul já mandou arrumar a parte da cozinha que ficou destruída. Está tudo arranjado. Hoje deve chegar a nossa cama de casal. Se ele montar, hoje mesmo vou para lá. Senão, amanhã, sem falta.

Lea percebeu certa seriedade no semblante de sua mãe. Voltando-se para a irmã, desejou:

— Boa sorte, Marisol. Que essa nova etapa de sua vida seja de muita felicidade.

A irmã ouviu com pouco caso as suas palavras e saiu sem dizer nada.

Séria, perguntou para sua mãe:

— É verdade tudo isso? Ela vai se juntar com o Raul mesmo?
— Pelo jeito é sério sim. Já levou muitas coisas dela para lá. Mas não sei até quando. — Encarou a filha, respirou fundo e resolveu contar: — Mas não é só essa novidade, Lea.
— Ai, meu Deus... O que mais, mãe?
— Filha... — falou com calma. — Uma semana antes do acidente do seu pai comecei a tossir sangue — contou tudo.
Lea sentiu-se gelar. Ficou incrédula, olhando para sua mãe e esperando que terminasse, Isabel desfechou:
— Vou começar as sessões de quimioterapia.
A filha já estava chorando quando perguntou:
— Isso é verdade mesmo, mãe?... — levantou-se e foi para junto dela, abraçando-a com força.
— Eu não brincaria com uma coisa dessas...
Choraram abraçadas.
Pouco depois, mais recomposta, mas ainda experimentando imensa dor, Lea perguntou:
— A Marisol sabe?
— Sabe. Creio que foi por isso que decidiu ir para a casa do Raul. Ela não quer ter trabalho comigo. A verdade é essa. Devo admitir.
— Não poderíamos esperar nada diferente dela. A Marisol...
— Pare, Lea! — a mãe a interrompeu. — Deixa sua irmã.
Pensando um pouco, decidiu:
— Mãe, vou pedir demissão e volto para casa. Aqui, arrumarei um novo emprego e cuidarei da senhora.
— De jeito nenhum. Tenho minha irmã do ladinho! Graças a Deus! A Carmem me acompanhou em tudo e está me dando muita força. Nós duas já conversamos sobre isso. Não vou atrapalhar sua vida.
— Atrapalhar minha vida?! É meu dever! Mas não só isso. Acho que ficará bem cuidada somente por mim. Se estiver longe, não terei cabeça para nada. Não sou como a Marisol.
— Lea, não se trata disso. Não pode perder seu emprego. Você ganha bem e precisa cuidar da própria vida, ter estabilidade. Isso é só uma fase. Vai dar tudo certo. Sua tia e eu nos

damos muito bem. Acho que essa deve ser daquelas amizades milenares, sabe? — sorriu. — A gente se entende e...

Isabel falou bastante e Lea não se manifestou. Não queria contrariar sua mãe.

Bem mais tarde, abraçada à Angelita, Lea chorava escondida e lamentava:

— Por que vocês não me contaram? Por que você não me contou? — afastou-se e secou os olhos.

— De que adiantaria? Aliás, eu soube semana passada. As duas, sua mãe e a minha, esconderam a verdade o quanto puderam. Sabe como elas são.

— Não ficarei em Marília trabalhando e sabendo que minha mãe está doente. Nem posso contar com a ajuda da Marisol, aquela inútil! — falou com raiva.

— Eu imagino como se sente...

— Não vou continuar longe. Não tem como. Acho que nem vou trabalhar direito e... É uma pena, pois o pessoal é muito bacana. Hernando, o engenheiro e sócio da construtora, é gente finíssima. Foi ele quem me ajudou em muita coisa. Fui a uma festa de aniversário da irmã mais nova dele, a Angélica e conheci a família toda. A mãe o pai... Fui tão bem recebida. De vez em quando a mãe dele faz bolo ou outra coisa e manda pra gente... Parecerá ingratidão, mas... Não posso continuar lá e... — De repente, Lea ergueu o olhar e fixou-se na prima. Ficou paralisada, séria, concatenando as ideias. — Eu não, mas você pode! — exclamou.

— Eu posso, o quê? Do que está falando?

— Vou conversar com o Hernando e explicar a situação. Direi que posso deixar no meu lugar alguém que trabalha igual a mim! Eu me demito. Ele te contrata! Você vai morar no apartamento que aluguei e... Será perfeito!

— Lea, ficou doida?!

— Não, Angelita! Você não arrumou emprego e será perfeito!
— Não tenho planos de arrumar emprego fora de São Paulo!
— Agora tem! — animou-se.

Ao retornar para a cidade de Marília...
— Então é isso, Hernando. Se concordar, minha prima Angelita pode ficar no meu lugar.
— Nossa, Lea... Estou muito triste pelo que sua mãe está passando e sinto muito por você. Nós gostamos muito de você e... — tentou forçar um sorriso, pegando em seu braço, como se tentasse dar mais apoio.
— Vai gostar da Angelita também. Ela é ótima profissional. Acredite! — enfatizou, tentando sorrir, mas não conseguiu. Seus olhos se encheram de lágrimas e fugiu ao olhar.
— O que me deixa impressionado é o fato de, apesar do que está acontecendo, você ainda se preocupar com a empresa.
— A empresa me acolheu tão bem que merece meu respeito e o melhor que eu puder oferecer. No caso, indicar a Angelita, é o que posso fazer para que não fiquem na mão.
— Está certo. O que precisar de nós, estaremos à disposição. Quando podemos conhecer a Angelita?
— Ela veio comigo — sorriu. — Está lá fora.
— Ora! Peça para entrar, por favor.
Lea se apressou em abrir a porta para a prima.
Constrangida e cautelosa, Angelita entrou na sala oferecendo sorriso suave.
Hernando iluminou o rosto com sorriso alegre e estendeu a mão para cumprimentá-la, dizendo:
— Prazer conhecê-la, Angelita.
— O prazer é meu.
— Sinta-se bem-vinda. Sente-se, por favor. Fique à vontade.
— Obrigada — não conseguia tirar os olhos dele.
— Aceita água ou café? — ofereceu solícito.
— Não precisa se incomodar — Angelita disse.

— Isso não é resposta — ele riu.
— Água, por favor.
— Ótimo! — Ele mesmo foi até o canto, pegou dois copos com água e levou até a mesa, servindo-a com um. — Soube que trabalhou por um bom tempo em outra construtora. Conta um pouquinho sobre isso.

Lea sorriu sem perceber. Sentiu algo diferente no ar e na animação de Hernando que, à primeira vista, pareceu gostar muito de Angelita.

Sentindo-se sobrando, Lea disse:
— Vou esperar lá fora... — não foi ouvida e saiu.

CAPÍTULO 48

AMOR, SENTIMENTO MAIOR

O tratamento de Isabel era intenso.

Os dias de quimioterapia terríveis. Sentia-se abalada pelas químicas da medicação e a angústia da incerteza sobre a eficácia do tratamento naquele caso.

Lea ficava o máximo de tempo fazendo companhia a ela.

Muitas vezes, era comum Isabel se esticar no sofá, cobrir-se e colocar a cabeça nas pernas da filha, que lhe fazia carinho sem se importar com a falta de cabelo.

Lea sempre tinha um toque de humor para todos os acontecimentos. Nunca deixava que a tristeza dominasse.

Não comentava para a mãe sobre sua angústia ou insegurança. Muito menos sobre a falta de dinheiro, pois viviam com a aposentadoria de Isabel. Também não falavam sobre a ausência de Marisol que quase não ia visitá-la. Quando muito, conversavam admirando o quanto ela estava bonita na gravidez.

A filha sabia que assuntos inúteis e desagradáveis não fariam bem à mãe, por isso sempre os evitava.

Assistiam a um filme.

Isabel estava com a cabeça sobre as pernas de Lea que, apesar da TV ligada, mexia no celular.

Nesse momento, a jovem achou estranha a mensagem que recebeu. Era de Carlota.

"Oi. Tudo bem com você?"

"Oi, Carlota. Comigo tudo bem." — Lea respondeu.

"Como estão as coisas? Tá trabalhando?" — perguntou, mesmo sabendo.

"Estou cuidando da minha mãe. Sem emprego ainda."

"Lea, me desculpa. Preciso falar com alguém."

"Você está bem?"

"Não." — Carlota respondeu.

"Não sei como eu poderia te ajudar." — Lea foi sincera.

"Tentei falar com a Angelita. Mas não consegui."

"Minha prima mudou o número. Nem está morando em SP."

"Você pode vir até minha casa? Por favor?"

"Desculpa, mas não posso. É tarde e tenho de ficar com minha mãe. Ela fez uma sessão de quimioterapia e não está muito bem."

"Químio? Nossa. Mas amanhã você poderia?"

"Não sei" — Lea não gostou da conversa. Não estava disposta a conversar com Carlota. Não esqueceu a última vez que foi a sua casa. Nunca mais se falaram desde a demissão. Nem mesmo quando Consuelo faleceu. Era bem estranho ela procurá-la. Sempre desdenhava pelas costas, era irônica. Aturava-a por causa do emprego. Tudo, em seu comportamento, sempre a incomodou. Firme, quis saber: — "Do que se trata, Carlota? Desculpa, mas não sei como poderia, justo eu, te ajudar de alguma forma."

"Não tô bem, Lea. Pode achar que você seria a última pessoa de quem eu iria precisar, mas na verdade é a única."

"Pra dizer a verdade não estou disposta a ir até aí nem hoje nem amanhã. Como sabe, estou com a minha mãe doente. Dá para adiantar o assunto?" — foi seca.

"Posso ir até sua casa?"

A pergunta pegou Lea de surpresa. Não fazia a mínima ideia do que a outra poderia querer com ela.

— Mãe?... — chamou baixinho. — Tá dormindo? — olhou-a.

— Não. O que foi? — Isabel indagou e se sentou.

— Lembra da Carlota? Falei muito sobre ela.

— Lembro. A que demitiu você e teve uma prima que se suicidou.

— A própria. Ela acabou de mandar mensagem querendo que eu fosse à casa dela. Disse que não estou disposta. Aí, ela perguntou se pode vir aqui. Não sei o que responder. Não quero falar com ela e... Sei lá. Tá estranho isso.

— Não foi ela que teve o rosto queimado com ácido? — perguntou, ao se lembrar.

— Ela mesma.

— Acho que está sofrendo e precisa conversar com alguém.

— Ela conhece tanta gente. Por que comigo?

— Não conhece gente sincera, que traga paz e mostre o caminho. Está com alguma dor na alma.

— O que respondo? — Lea ainda estava em dúvida.

— Manda a moça vir, filha. Se não for bom, não aceite mais. A casa é sua.

Pensativa, respondeu:

"Hoje está tarde e minha mãe precisa descansar. Você poderá vir amanhã."

"Obrigada, Lea. Muito obrigada."

Era início da tarde quando as amigas de Isabel, que frequentavam a mesma casa espírita, foram visitá-la.

Carmem ajudou Lea a preparar um bolo e café para recebê-las.

Todas conversavam com tranquilidade, positivismo e lembravam de coisas engraçadas, quando a campainha tocou. Lea foi atender.

Era Carlota. Ao vê-la, Lea estranhou sua aparência.

Ainda elegante pelo modo de vestir e se arrumar, estava longe de ter a mesma beleza facial. A pele do seu rosto estava deformada, com queloides[1] causadas pelas queimaduras devido ao produto químico que a prima jogou em sua face. Usava uma boina, inclinada para o lado, a fim de esconder

---
[1] Nota: Queloide é uma cicatrização anormal, que se ressalta na pele com tamanho aumentado, além do habitual.

a lateral da cabeça com a parte do couro cabeludo afetado pelo mesmo motivo. Sua mão também trazia vestígios de deformidades.

Educada, a anfitriã não disse nada a respeito. Somente sorriu ao abrir o portão.

— Oi, Carlota. Como vai?

Tirando os óculos escuros, respondeu:

— Mais ou menos.

— Preciso avisar: quatro amigas da minha mãe vieram visitá-la e minha tia Carmem, que é mãe da Angelita, também está aqui. Eu esqueci que viriam.

— Melhor eu voltar outra hora.

— Não. Entre. São pessoas muito boas. Posso garantir.

— Vão olhar para mim e perguntar o que aconteceu e dizer que eu devia ser bonita antes disso e que...

— Pare com isso, Carlota! — foi firme. — Pare de se achar o centro das atenções ou de desejar ficar como centro das atenções. Pode acontecer de alguém perguntar? Pode. Quando algo não é comum, as pessoas olham e algumas perguntam. Fazer o quê? Tenha um pouco de humildade! Se a pergunta for simples, responda. Se for indagação por maldade com o intuito de ferir, ainda assim, seja educada e diga que não quer falar sobre isso e pronto. Vai fugir até quando? — Não houve resposta. — Vamos entrar.

— Não estou conseguindo encarar as pessoas. — Colocou os óculos e tentou se virar para o portão dando a impressão de que sairia.

Lea segurou seu braço e perguntou:

— Até quando fará isso? Até quando não vai encarar o mundo real? Até quando deixará seu orgulho determinar o que deve fazer, mesmo sendo o errado?

— Você não entende! Olha para mim!

— Desculpe, Carlota. Não vejo nenhuma diferença entre nós a não ser que eu cansei de enfrentar *bullyng* na escola. E quando cansei, deixei de dar importância ao que falavam de mim. Isso acabou com meu orgulho e me libertei. Tô nem aí!

UM NOVO CAPÍTULO

Fico com pena de quem diz algo a meu respeito seja lá sobre o que for. Não revido nem jogo indiretas... Indiretas mostram que me feri. Isso se chama: enfrentamento. Ou como diz minha mãe — sorriu —, é deixar de ser besta e não ligar para o que os outros pensam ou falam quando você estiver certo. Então, larga de ser besta e vamos entrar. Não foi por acaso que elas vieram aqui e você também. Se te perguntarem, conte seu caso. Se não e mesmo assim quiser falar, fale. No mínimo será boa terapia botar pra fora o que aconteceu. Vamos, entre! — determinou e não deu tempo para pensar, conduziu-a pelo braço até a porta da cozinha.

Visivelmente constrangida, Carlota parou logo após os primeiros passos e Lea a apresentou:

— Esta é a Carlota, uma conhecida e... Carlota, esta é minha mãe, dona Isabel, minha tia Carmem e as amigas delas — disse os nomes.

— Oi... Prazer — Carlota murmurou e cumprimentou de uma forma geral.

— Sente-se aqui — Carmem, ligeira, arrumou uma cadeira para que se juntasse à mesa que estava rodeada por todas.

Lea pegou a bolsa que a outra segurava e seus óculos, levando para outro cômodo.

Serviu café e bolo enquanto a conversa continuou entre as amigas que riam e se divertiam com uma história corriqueira que contavam.

Ao lado de Lea, Carlota foi se sentindo relaxada e mais à vontade. Chegou a rir algumas vezes.

Ninguém lhe fez qualquer pergunta. Pareceram nem notar algo diferente nela.

Em dado momento, Alice, uma das amigas de Isabel, pediu a permissão para que fizessem a leitura de um trecho de *O Evangelho Segundo o Espiritismo* antes de irem embora. De imediato, a anfitriã permitiu e foi muito grata.

Lea pegou o livro que, aberto casualmente, a leitura indicada foi o item 8 do Capítulo 11 – *Amar ao próximo como a si mesmo*. Após o término, Alice completou com a explicação:

— Como vimos, o amor resume toda a doutrina de Jesus. É o sentimento maior. É o máximo do progresso e da elevação pessoal. O ser humano, quando ainda não tem moral elevada, é puramente instinto. O instinto pede para atacar, agir sem pensar. O instinto não nos deixa refletir nas consequências do que fazemos. Eu ofendo alguém pelo simples prazer de me sentir melhor ou superior. Isso é instinto. Tiro algo de alguém pelo prazer de me sentir no poder, é o instinto querendo que eu sobressaia, que fique no poder. O instinto é pura sensação, é alimentado por sensações. Podemos percebê-lo mais facilmente em animais, principalmente, em animais selvagens. Por instinto caçam, dominam, matam para se manterem no poder e sobreviverem sem sentimento de culpa. Os animais são seres em evolução e nossos irmãos, pois foram criados por Deus. O ser humano, dotado de raciocínio, quando se deixa dominar pelos instintos, pelas sensações ainda têm muito o que evoluir. Quando não nos aperfeiçoamos, não nos transformamos em seres melhores, sofremos. Evoluir não é fácil, mas é preciso e teremos de fazê-lo. Não há outro jeito.

— Por quê? — Carlota perguntou de súbito, sem que ninguém esperasse.

— Porque evolução é lei — Alice respondeu de modo doce, quase sorrindo.

— E se eu não quiser evoluir? — tornou.

— Vai querer. Desejará. Porque todos nós, sem exceção, buscamos uma coisa em comum: a paz. E não existe paz sem evolução. Podemos ser felizes por um dia, um mês... Podemos ter alegrias momentâneas. Ter bem-estar. Tudo isso é passageiro. Tudo isso é gerador de sensações que proporcionam momentos ou períodos de satisfação ou prazer. Mas a paz, a paz é duradoura. A conquista da paz é algo sublime. E para alcançar a paz não existe outro meio senão pelo amor. E o amor só é aprendido através da evolução. Por isso, há mais de dois mil anos, o Mestre Jesus, com Seus ensinamentos, veio aqui neste planetinha falar sobre o maior ato, sentimento e desejo que podemos despertar em nós e praticar: o amor. O amor é o que nos tira dos instintos, das sensações e nos leva, ou melhor, eleva-nos para outro patamar na escala evolutiva. Não falo do amor no sentido vulgar, carnal, físico. Isso é sexo. Falamos daquele amor suave que raciocina, entende, que nasce somente após emoções e sentimentos bons. Não julga, não escarnece, não humilha, não é egoísta, não mente, não machuca, não critica... Aquele que ama faz o seu melhor, mostra o caminho certo, vai pelo caminho certo, mas não exige nada de ninguém. Aquele que desenvolve o amor em si sabe que cada um tem seu tempo. Mas o amor que temos em nós, como centelha Divina em nosso coração, faz com que nos amemos a nós mesmos, pois não adianta amar a si, tão egoisticamente, e não amar aos outros, saindo por aí prejudicando, ferindo, magoando a quem quer que seja. Amar a si é tratar-se bem. Pensar em si com carinho. Deixar de lado tudo o que te prejudica, tudo o que faz mal. Amor a si é cuidar-se, buscar fazer coisas boas. Somente depois que nós nos amarmos seremos capazes de desenvolver amor equilibrado ao próximo. Não adianta eu me prejudicar para favorecer a alguém. Isso não é amor a si. Aliás, é falta dele. Hoje, no mundo moderno, muito se fala de amor, principalmente nas redes sociais, mas na prática... Amor é ação constante de detalhe. Quer um exemplo? Eu levanto pela manhã, escovo os dentes, penteio o cabelo. Acelerada, troco de roupa e em meio a isso fico pensando no que vou fazer, no que vai acontecer, no que preciso... Ou então, eu acordo, sento na cama e fico, ali, parada por longos minutos reclamando em pensamento porque ainda é muito cedo, por ter de ir trabalhar, acho ruim por estar frio ou calor, por não ter dormido direito e... reclamo e reclamo... Estarei vibrando e chamando energias espirituais negativas para o meu dia. Atraindo entidades inferiores para me acompanhar. Isso não é amor por mim. Estou vibrando ódio por mim e o que vibro, atraio. Com o tempo, estarei livre de tudo o que é bom, saudável, útil, lindo e maravilhoso porque fui eu que entrei na sintonia do ódio, das coisas ruins e erradas. Não estarei bem e minha vida, independente do fator financeiro, estará uma bagunça, porque eu me esforcei muito para atrair tudo o que não presta, desde a hora que levantei acelerada ou, ao contrário, fiquei parada reclamando. Foram meses, anos de esforço para me colocar e envolver em energias terríveis e atraí espíritos inferiores como companhia. Resultado: ansiedade, depressão, pânico...

— O que se deve fazer pela manhã, então? — Carlota quis saber. Perguntava de modo sério, sem entusiasmo.

— Orar. Agradecer por mais um dia. Esse deve ser o nosso primeiro pensamento. Agradecer o que dormiu e por acordar. Agradecer pela cama que usou e ter um teto. Agradecer ao seu mentor ou anjo da guarda a proteção que recebeu. Depois, pedir bênçãos para o seu dia. Pedir que guie seus passos e ilumine sua consciência para que tenha discernimento, que faça as escolhas certas porque toda escolha traz consequências. Pedir para não se deixar levar pelo orgulho, arrogância, vaidade... Que espíritos elevados, que atuam em nome de Jesus, possam te guiar para que faça o melhor, com amor. Isso é amar a si. É o que precisamos aprender a praticar, só pela manhã, para começarmos ser melhores e conquistarmos a paz.

— Isso só pela manhã. É pequena amostra grátis — Carmem brincou e sorriu.

— É verdade — Alice concordou. — Temos de nos vigiar e muita reforma íntima a fazer.

— Muitas vezes, ficamos xingando, criticando, cuidando e falando sobre as decisões dos outros, perdendo tempo com o que fazem ou dizem sobre nós e não nos dedicamos em cuidar do que precisamos consertar em nós. Não é mesmo? — Isabel sorriu ao lembrar. — Não podemos reclamar por falta de tempo. É só deixar o outro quietinho — falou com graça no tom de voz.

— Então, vamos aproveitar a lição de hoje e cuidar mais do autoamor. Quando nos amamos somos capazes de amar ao outro com equilíbrio. — Breve instante e Alice propôs: — Gostaria de convidar a todos para fazer a oração do Pai Nosso e, assim, darmos por encerrada nossa reunião.

Oraram.

UM NOVO CAPÍTULO

Terminada a prece, as amigas de Isabel se despediram e se foram.

A sós com Carlota, Lea disse:

— Espero que não tenha se incomodado com a reunião.

— Talvez eu precisasse ouvir isso, Lea... — O silêncio reinou. Estava angustiada. Depois pediu: — Você pode me dar um copo com água?

— Claro — levantou e a serviu com rapidez.

Carlota deu alguns goles depois disse:

— Não estou me sentindo muito bem nos últimos tempos. Meus amigos se afastaram. Sempre estão ocupados. Sei que é desculpa, mas... Não tenho com quem conversar... — chorou. — Não sei o que fazer da minha vida... — chorou mais ainda. — Desde que a Consuelo morreu... Não sei... As coisas não ficaram certas. Sinto coisas que não sei explicar. A Estela falou que pode ser a Consuelo me perturbando para que eu faça o mesmo que ela. Não conheço nada sobre espíritos. Eu me lembrei da Angelita e você falarem algumas coisas a respeito. A Angelita conversava com a Consuelo e ela ficava bem, mas... Não sei o que deu errado depois.

Lea respirou fundo e diante da longa pausa decidiu falar:

— O errado com algumas pessoas que sofrem e procuram ajuda é que elas não fazem nada de tudo aquilo de bom que foi indicado. Não existem milagres para deixar de sentir dores na alma, existem atitudes e escolhas. O que deu errado com a Consuelo foi ela não ter feito nada do que a Angelita falou. Conheço bem a minha prima e imagino o que tenha dito. Sou diferente dela e não me acho boa conselheira.

— Preciso de ajuda! — falou como se implorasse. — Preciso saber o que fazer, Lea! — chorou. — Estou com depressão e ansiedade. Tenho momentos de pânico... Penso em suicídio também — chorou mais ainda. — Talvez a Consuelo esteja me perturbando.

— Estou com medo do que tenho para te dizer, Carlota. Não sou profissional da área da saúde mental. Vou ser bem sincera. Aliás, muito sincera.

— Pode falar — encarou-a e ficou esperando.

— Não acredito que a Consuelo, ou melhor, o espírito Consuelo esteja te prejudicando. A coitada está em dificuldades tão grandes, reprisando o próprio desencarne. Deve estar no que, nós espíritas, chamamos de vale do suicídio. Um espaço consciencial. Um lugar de dor e sofrimento para onde os suicidas se atraem. Lá, eles revivem, revivem, revivem e revivem ininterruptamente o instante em que tiraram a vida do corpo. Essa cena não para. É constante. Imagine você reviver, a cada dez segundos, o momento em que tirou a própria vida e pense nisso se repetindo vinte e quatro horas ininterruptamente. Agora, pense nisso acontecendo por meses, anos sem trégua, sem parar para comerciais. Só imagine. É isso o que acontece com quem se suicida e eu duvido que esse pobre espírito consiga se lembrar de alguém para ir perturbar. As dores constantes que o corpo sofreu se reprisando, o desespero pelas reproduções sem fim que não consegue parar. Duvido que ela se lembre de algo. Se se lembrar, rogo para que seja de Deus. Implorando para que uma força maior a tire dali. Descarte essa possibilidade da Consuelo te perturbar. Ela precisa de preces, de orações feitas em casas espíritas, igrejas, terreiros, templos de qualquer tipo. Ela precisa é de muita oração.

— Por que eu estou assim, então? Não falo da aparência do meu rosto. Estou tremendo, com medo, com pavor. Sinto uma coisa horrível!

— A Alice falou uma coisa importantíssima na explicação da leitura de agora há pouco. Disse que a gente se esforça muito para ficar na pior, para se dar mal, para entrar em depressão, desenvolver ansiedade, pânico... Não foram essas as palavras, mas, em resumo, é isso. A gente se esforça muito para sofrer. — Parecendo não falar com Carlota, Lea olhou para cima e disse de um jeito diferente: — Ai, meu Deus... Não sou boa conselheira e... Não presto para dar opiniões.

— Por favor! Preciso de um rumo. Preciso saber o que fiz de errado, se foi isso o que me deixou assim. Tenho de saber para não continuar fazendo. Apesar do que, só passei a me sentir assim depois da morte dela, do meu rosto ficar desse jeito.

— Carlota, não importa qual seja a situação, a verdade é que a gente se esforçou pra caramba para estar onde e como estamos hoje. Ninguém é culpado pelo que passamos. E se não foi nesta vida, aprontamos em outra, com certeza, para experimentarmos o que vivemos. Para consertarmos as burradas desta ou de outra vida, só temos a partir de agora. Não existe quem possa consertar por nós. — Olhou-a com compaixão, mesmo assim, sentiu necessidade de falar: — O passado nos serve como referência. Você não está sentindo isso tudo de medo, tremor, pânico só porque aconteceu o que aconteceu com a Consuelo. Isso é resultado de tudo o que sempre foi. Esse medo, esse pânico, esses sentimentos confusos podem ter várias causas para pessoas diferentes. Cada caso é um caso. Mas no seu... — calou-se.

— O que tenho eu? O que fiz que me deixou assim?

— Desculpe por falar, mas... Até onde eu a conheço, posso perceber que é seu orgulho, egoísmo, vaidade, preconceito, intolerância e muita arrogância.

— Como eu expresso isso? — quis saber.

— Como eu disse... Não sou boa com palavras.

— Até hoje só encontrei pessoas que mentiram para mim. Amigos que me diziam o quanto eu era maravilhosa, mas, agora, na hora em que estou desesperada, não encontro um para me dizer o que fazer. Portanto, fala! Quero saber o que me deixou assim. Sempre vivi cega. Tenho pedido a Deus que me mostre um caminho. Talvez esse apontamento, essa direção venha de forma dura, triste porque vou conhecer o monstro que sou e que nunca percebi. Mas se isso me deixou assim, nesse desespero, preciso saber o que é! — implorava.

— Se eu continuar sendo desse jeito, não vou aguentar. O que me deixou assim?! Por que precisei passar por isso?! Por que perdi minha beleza, algo que achei que nunca, nunca poderia sair de mim! Por quê?!

— Todas as nossas práticas ruins, nossas más tendências, vícios e inclinações no mal são demonstrações do nosso egoísmo, orgulho vaidade, arrogância.

— Tá, eu entendi. Preciso que me diga como manifesto isso. Peço a Deus que me ajude, mas nada muda, nada acontece! Sinto um medo horrível. Quero sumir! Morrer! Tem um jeito de Deus mudar isso?!

— Você sempre se achou a tal, a mais bonitona, a mais gostosa, a poderosa... Usou isso para espezinhar as pessoas, humilhar, desdenhar de alguma forma. Esse comportamento arrogante te dava a sensação de poder. Sensação é instinto falando alto, como a Alice comentou. Esse seu comportamento te dava a sensação de superioridade. Isso significa satisfação, prazer. Só que satisfações e prazeres são momentâneos. Acabam rápido. Eles são como efeito de drogas, entorpecentes: acabam e, quando isso acontece, a pessoa quer mais. Sempre quer mais. Não importa quantas injustiças tem de cometer, quantas dores precisa provocar para humilhar alguém, ela precisa de mais sensação de prazer. O prazer de se sentir superior. — Um instante de pausa. — Você, linda, loira, alta, olhos azuis, um corpão maravilhoso invejado por toda mulher. Além disso, com dinheiro. Olha que máximo! Mas, querida, sinto em dizer, seu conteúdo é horrível. Seu conteúdo é mesquinho, avarento, egoísta, arrogante, orgulhoso. Tão orgulhoso e tão egoísta que pensa em morrer, em se matar. É como aquele adolescente ou criança birrenta que sapateia, grita e faz escândalo querendo alguma coisa, querendo o jogo novo do videogame ou o celular último tipo. Olha, pai e mãe, se vocês não me derem o jogo novo eu vou gritar! Vou me jogar no chão! Farei escândalo! — arremedou. Vendo-a chorar, comentou: — Eu disse que não sou boa conselheira. Sou horrível.

— Você não está entendendo, Lea! — mesmo chorando, ainda estava contrariada, como se se recusasse a entender ou aceitar. — Estou pedindo a Deus que me ajude! Não estou fazendo escândalo! Não estou me jogando no chão!

— Não! Está querendo se jogar pela janela! Isso não é a mesma coisa? Ah... Não. É pior. É fazer chantagem. Está agindo como uma criança birrenta!

— Não! Não é! Ou... Seja mais clara, então! — praticamente exigiu. — Não consigo enxergar! Não vejo onde fui tão arrogante e orgulhosa como está falando.

— O orgulho e o egoísmo chegam a um ponto que adoecem o ser. Então, a mente doente age igual à criança birrenta. Só que, em vez de ser birrenta com os pais, está sendo birrenta com Deus. Assim como uma criança, a mente precisa ser novamente educada.

— Não estou sendo criança birrenta! Pare de insistir nisso! Só quero que isso tudo que estou sentindo passe! Por acaso é errado pedir isso a Deus?! — exigiu saber.

— Carlota, você chegou ao auge do orgulho e da vaidade. Não quer arrumar a bagunça que fez na sua vida! Não quer ser uma pessoa melhor nem boa para os outros. Não quer ser humilde. Nem ter bons princípios. — Pensou: — O que mais posso dizer?... Deixe me ver... — foi um pouco irônica. — Ora, por favor! Olhe para tudo o que sempre fez. Precisa mudar. É o mesmo de não querer parar de beber, de fumar e querer ter saúde perfeita, pulmões maravilhosos nesta e em outra vida e exigir que Deus te ajude nisso. Ah! Tenha dó!... Na faculdade, vi uns caras usando drogas, detonando o cérebro perfeito que Deus deu. Sempre temos informações de que drogas fazem muito mal e isso é um fato que não se pode mudar. Então, mesmo sabendo que fazia mal, viciava, que acabava com a sanidade mental, eles estavam lá, usando entorpecentes. Amanhã ou depois, quando estiverem lesados com demência, sofrendo pra caramba, vão reclamar de Deus, vão pedir ajuda. Você está igual! Não no uso de drogas, pois nem sei se usa, mas...

— Não! Não uso! Mas em que estou agindo igual?

— Igual no sentido de intoxicar sua mente, sua alma, suas energias com tudo de agressivo que faz e oferece ao mundo e nem se dá conta. Agora tá aí, com tremores, medo, pânico, sensações horrorosas e quer morrer, quer fugir da dor que sente. Recusa-se a encarar as responsabilidades de ter de mudar todos os comportamentos negativos que te levaram a isso. Quer fugir de tudo através da morte. Mas vai se ferrar quando descobrir que a morte não existe, minha querida! Está agindo igual a uma criança birrenta sim, quando ora a Deus pedindo que acabe com todas as suas dores e sensações negativas, mas não dá nenhum passo em favor disso. Que fique claro, foram todas as suas ações, tudo o que fez até hoje, cada palavra, cada gesto, cada pensamento seu que te fez ficar assim. Você não nasceu com isso. Você ficou assim. Não é o caso de algumas poucas pessoas. Não foi Deus! Não foi o mundo que te deixou assim! — enfatizou. — Por isso, não exija nada de Deus. Não exija nada das pessoas. Exija de si mesma as mudanças e assuma as responsabilidades que cabem tão somente a você. Presta atenção, Carlota, veja o quanto precisa se corrigir e se equilibrar.

— Você não é tão sincera, Lea? — pareceu desafiá-la. — Então me diga, diga na minha cara o que fiz ou o que posso ter feito de tão errado assim para ter me deixado deste jeito! Já que fala que isso que sinto é minha culpa! Vivo em um mundo que não me compreende! Um mundo injusto! É isso o que vejo.

— Se pensa dessa forma, não teremos muito o que conversar. Você é do tipo de pessoa que quer controlar tudo e todos. As coisas precisam sair do seu jeito. Todos têm a obrigação de atender aos seus desejos e fazer o que você quer. Sabe, Carlota, está agindo de forma tão automática que nem percebe e nem acredita que está agindo errado. Não abre mão de criticar alguém ou alguma coisa. Já vi você apontar ou falar escondido, dizendo que fulano é feio e ridículo. Essa é a forma que encontrou para se sentir superior. Falar mal dos outros te põe pra cima! Mas, depois, o seu inconsciente te faz tremer, ter sensações estranhas, ter medo. Você não quer mudar, mas acha que Deus tem de te ajudar e acabar com o que sente. — Olhou-a e exclamou: — Pensa, criatura!

Os outros são filhos Dele tanto quanto você. E Deus é justo! É você que precisa mudar e enxergar os outros como irmãos, necessita aceitar melhor as pessoas como elas são.

Carlota falou alguns palavrões e amaldiçoou a vida. Depois disse:

— Não consigo ver essas coisas. Não sei como posso mudar!

— Não sabe ou não quer?! É por isso que precisará de diversos tipos de apoio e mudanças de hábitos. Um psicólogo, meditação, *Yoga*, terapias alternativas, caminhadas, abandono de vícios morais e físicos... Todas essas coisas te farão ver a vida diferente e ter outro comportamento à medida que entender como o Universo funciona. Precisará de novas amizades, lugares para frequentar, conviver com pessoas com outros princípios e moral. Por exemplo, você diz: olha, Deus, me ajude! — arremedou. — Tire de mim esses sentimentos. Faça esse medo parar. Mas não vou mudar. Não vou parar de xingar nem de falar palavrões e mandar todo mundo se ferrar, atraindo uma leva de espíritos inferiores e zombeteiros para junto de mim por causa das vibrações que eu mesma provoco e que lhes agrada. Não quero nem saber se espíritos superiores não precisam falar palavrões para se expressarem. Entidades superiores não gritam, não berram, não falam palavrões porque têm autoridade moral e equilíbrio e sabem que plasmam a sua volta tudo o que se pensa e fala. — Breve pausa. — Desse jeito não dá! Em que está contribuindo para alguma melhora? Além disso, não adianta mudar somente em um aspecto. A mudança tem de ser geral! Isso se chama reforma íntima. Um dia eu a vi praguejando, desejando o mal para alguém. Isso é não deixar a vida prosperar e fluir! É não perdoar. Querer vingança! Vibrar para que alguém se ferre é a pior coisa que fazemos para nós. Acha que Deus vai te ajudar como? Continua mentirosa, ciumenta, falando mal disso e daquilo e quer que Deus tire de você aquele tremor, aquela sensação dos infernos?! Como?! Deus é Luz, é Amor, é Leveza, mas suas práticas mentais, verbais e físicas não. Você produz coisas ruins, negativas. Deus tira, mas você as cria novamente. — Viu-a séria, encarando-a e continuou: — São detalhes e coisinhas diárias que fazem, que contribuem para te deixar assim. Pior, quer melhorar continuando a ser como sempre foi. Impossível. Daí... Vai lá na roda de amigos ou nas redes sociais falar mal de político, do governo, do seu país esquecendo que nada é por acaso e que Deus não erra. Estamos na família de que precisamos, no estado e no país que merecemos, com o governo necessário para a nossa evolução. Pare de criticar e preste atenção. É impossível não notar, pelo menos, uma única coisa boa acontecendo. E quando a perceber, vibre no bem, fique feliz. Mas não! O que importa são os meus interesses pessoais e não o coletivo. Que o próximo se dane! Só interessa o seu bem-estar! Não importa se o governo fez algo legal, seja o político que saiu ou o que entrou, o que está no poder, eu tenho de falar mal. Vibrar contra. Só que isso faz mal, muito mal e não me dou conta. Então começo a tremer, sofrer ansiedade, medo, pânico e não sei por quê. Como quer equilíbrio? Como quer leveza? Isso é como dizer: olha Deus, não vou amar o próximo, vou falar mal mesmo, mas tira essas coisas que eu sinto. Faça alguma coisa. Pare de falar mal do passado do seu país! Pare de falar mal do presente do seu país! Se quiser que as coisas melhorem, não vibre no negativo! Faça o seu melhor para o seu país! É a sua casa! O lugar onde mereceu nascer! O que você pode fazer de bom para a sua Pátria? — Não houve resposta. — Digo isso, porque olhei suas redes sociais. — Um instante de pausa. — Queria que eu falasse a verdade, mas isso é só o começo do que tenho para te dizer. Quer que continue? — A outra a encarou e Lea prosseguiu: — Você, Carlota, olha para o próximo e o acha feio, fedido. Repara suas roupas baratas, a falta de cultura, critica o quanto pode. E torce para encontrar alguém igual a você para ajudar a falar mal. Isso é querer se sentir superior. Mas, depois, corre para Deus e pede milagres! — Nova pausa. — E em casa, então! Grita, berra, briga, faz pirraça, provoca, maltrata, não ajuda em nada, xinga o vizinho, humilha a empregada. Todos têm de ter medo de

UM NOVO CAPÍTULO

mim! — arremedou. — Eu preciso ser bem-tratada. Todos têm de entender minhas dificuldades e problemas e precisam me dar atenção e serem submissos. Grita com a mãe e até xinga. Se puder, bate nela. Mas, depois, vai lá e quer que Deus te ajude a acabar com o medo inexplicável que sente. Em outro momento, enche a cara! Toma todas! — ressaltou. — Fala desaforos e diz tudo o que dá na telha porque com bêbado ninguém discute. Não se incomoda se o outro ficou triste, magoado... Cedo ou tarde a conta chega com dores na alma e não sabe por quê. Não quer mudar. Não deseja mudar, mas quer que a ansiedade acabe. Exige de Deus que acabe. Isso é ser criança birrenta, Carlota. Você quer ter sem merecer. — Nova pausa e disse: — Vai lá nas redes sociais e briga, fala tudo o que pensa. Xinga, ofende, manda indiretas e provoca, implica com as pessoas e até inventa mentiras depois treme, sente coisas estranhas. Abandone as guerrinhas nas redes sociais. Não ligue para o que os outros falam e vai ver como a leveza vem para a sua vida. Pare de ser egoísta e exigir atenção. Não ganhará nada de positivo com isso. — Silêncio. Bem tranquila, contou: — Uma vez, vi uma colega que trabalhava comigo no laboratório dizer que gritava com os filhos porque eles ficavam muito em cima dela querendo atenção e perguntando coisas. Acho que ela deveria acreditar que os garotos precisavam ir ao *Google* procurar respostas para a vida pessoal e íntima. Acabou que, tempos depois, os traficantes deram mais atenção e ouvidos a um de seus filhos e os aliciadores de prostitutas e prostitutos ao outro e eles se convenceram de que a vida longe dela seria melhor. Ela não lhes deu atenção. Berrou para que não falassem de seus problemas. Não lhes deu religião, princípios. Depois chorou. Mas eu tenho certeza de que as páginas das redes sociais dela sempre estavam atualizadas.

Esperou por longo tempo e a outra não se manifestou. Mais calma, Lea disse:

— Sabe, Carlota, quando tomamos atitudes egoístas elas sempre resultam em ferimentos na nossa alma e nas outras.

São detalhes no dia a dia, coisas bobas ou pequenas que fazemos que agregam dores e sofrimento, senão no momento, no futuro, com certeza.

— Está dizendo que temos de aceitar tudo dos outros?

— Não! Lógico que não. Ser boazinha também nos faz sofrer. Precisamos ter posicionamento, saber do que gostamos ou não e colocarmos limites nos outros. Exemplo: está errado ser boazinha e aceitar aquele parente bêbado ou desagradável que chega a sua casa, fala abobrinha e é inconveniente. Depois você sofre. Tem de colocar um fim nisso. Assim como com aquela visita que leva a criança que mexe em tudo, quebra suas coisas, pula no sofá ou na cama e você não fala nada. Está errado. Tem de dizer sim, chamar a atenção sim. Não fique tremendo de medo por causa disso. Não está sendo boazinha, está sendo boba e isso faz mal. Por essa razão, é importante um tratamento de psicoterapia com um psicólogo. Sabendo de seu comportamento, ele apontará o que precisa corrigir.

Outra coisa — prosseguiu —, pare de reclamar! A humanidade, os animais, o tempo, a temperatura, o ar, o sol, a chuva, o vento não podem ser como você quer. Aceite. Pare de brigar, xingar o clima. Depois vai passar mal e entrar em pânico por não aceitar as coisas como são. Veja, ter equilíbrio requer postura equilibrada. Dizer não quando necessário e sim, abençoando aquilo que não pode e não deve mudar. Toda boazinha, não fala nada para a visita chata e ainda sorri, mas xinga o tempo que não está de acordo com o que queria. Tomar atitudes equilibradas requer treino. — Lea ofereceu uma pausa, depois orientou: — Não dá para ter equilíbrio sem princípios e valores.

— Como assim?

— Tem gente que joga charme para o companheiro ou companheira da outra pessoa, destrói um relacionamento, um lar, uma família e acha que o importante é ser feliz. Mas, depois, não quer assumir as consequências do que fez, não quer as responsabilidades nem nesta ou em outra vida. Mas quer que Deus a ajude. Traiu, continua traindo pensando que o companheiro ou companheira é trouxa, que todo empenho do outro, todo o amor e apoio que o outro deu foi besteira e é problema dele. Depois quer que Deus o ajude. Oferece o troco errado e deixa o cliente no prejuízo. Recebe o troco a mais e não devolve. Encontra carteira com documentos, dinheiro e cartões de bancos e não devolve na agência bancária para que achem e entreguem ao cliente. Ser objeto sexual, dormindo com um e com outro, isso traz sérias consequências. Essas, e muitas outras coisas, são princípios e valores.

    Carlota, não dá para ter paz e não ter boas práticas. Pessoas mesquinhas e egoístas não conseguem ter paz — Lea falava com mais brandura. — Eu disse que não sou boa conselheira. Mas, se quiser sair do buraco, tá na hora de entender que não existe mágica. Não existem milagres. É preciso, o quanto antes, você se conscientizar de que é necessário mudar para corrigir a bagunça que fez consigo mesma. — Um instante e admitiu: — Estou sendo grosseira. Sei disso. Posso parecer insensível, mas... Caramba! Falando com delicadeza você não ouve. Todos foram gentis e tomaram cuidado com cada palavra e orientação para com a Consuelo. Acho que é preciso um tratamento de choque. Um tapa na cara para acordar! — enfatizou.

    — Ninguém fala a verdade. A maioria dos amigos é solidária com essa doença.

    — Carlota, pense! Será solidariedade ou omissão? — Lea esperou, mas não houve resposta. — Ninguém tem coragem de dizer porque é difícil lidar com melindre. As pessoas que se melindram só têm amigos superficiais, que não as levam a sério. Eu não costumo dar opiniões na vida dos outros porque é chato ter de medir palavras para apontar verdades. Saímos de malvados na situação. Acham que sou insensível, grosseira. Mas... Mentiras e meias-verdades nunca ajudam em nada. Não sou sua amiga e, talvez, seja por isso que estou te falando essas coisas. Só costumo ser sincera com quem é sincero comigo. Por isso, eu e a Angelita nos damos bem.

    — A vida é difícil. Não encontramos amigos verdadeiros — disse em tom baixo.

— Nada disso. A vida é só uma experiência. Nós que a dificultamos e não aceitamos as coisas e as pessoas. É preciso entender que os outros também têm necessidades, problemas. Por isso, entenda que o tempo deles é sagrado. Não dá para massagear o seu ego a todo instante. Pare de projetar suas frustrações e egoísmo sobre os outros. Respeite-os. Importe-se mais com as pessoas e não queira somente receber. Aprenda a orar, meditar...

— Não sei se vou conseguir meditar. É algo muito...

— Então não faça. Berre! Grite! Revolte-se! E exija de Deus que cure sua ansiedade! Não faça nada por você! Caramba, Carlota! Pare de ser resistente! — Percebendo que a outra se opunha às sugestões, arremedou e falou com trejeitos como se a imitasse para fazê-la entender: — Imagina, Deus, se vou perder o meu tempo orando à noite antes de dormir, ao acordar e ainda agradecer antes das refeições! É muito abuso da Sua parte exigir isso de mim! Dá licença, mas tenho mais o que fazer, viu, Deus?! Ah... Mas vou procurar notícias ruins, deprimentes. Vou dar atenção ao que não é saudável para a minha mente, noticiários horripilantes que desenvolvem depressão e pânico. Já percebi que muitas notícias mentirosas me deixam tremendo e tenho crise de ansiedade depois, mas... mesmo assim, vou assistir. Continuarei assistindo a programas de baixaria que não elevam, repleto de palavrões, novelas podres, filmes de violência, terror e pornôs, enchendo minha casa de espíritos afins, trevosos e malfeitores que amam assistir a isso juntinho de mim, ali, do meu lado, coladinho no meu ombro! Impregnando as paredes, os pisos e o teto de matéria espiritual grosseira, pavorosa, que me afeta e faz muito mal espiritualmente! Mas eu quero, eu exijo, Deus, que a minha vida dê certo. Exijo meu equilíbrio, ser feliz e ter tranquilidade sem nada me perturbando! — Continuou como se a estivesse arremedando, com muita ironia: — Quero que você, Deus, faça parar esses sentimentos, essas sensações. Mas eu não abro mão de ouvir música porcaria, sensuais, podres, de baixo nível moral. E tenho de ouvir isso bem alto! Nó último volume incomodando os vizinhos, perturbando o sossego dos outros! Faço isso até no meu carro, coloco o som no último, infernizo os outros mesmo e não tô nem aí! Mas quero ser feliz e ter tranquilidade, porque meus pensamentos estão tão agitados, tão acelerados que nem eu me aguento. É horrível, sabia?! Sinto esgotamento, que é difícil até andar. Por isso, quero que meu ânimo volte, porque tem dias que não levanto da cama. Mas não quero mudar. Não quero fazer nada para evoluir, muito menos tratar bem os outros. Os outros que se danem! Porém, Deus, essa coisa que sinto, faça parar! Ah! Quase ia me esquecendo... Não vou deixar de ser objeto sexual. Dormirei com um e com outro, somando ao meu corpo espiritual energias podres, purulentas, extremamente inferiores de um e de outro que nem lembro o nome, talvez, nem o rosto porque eu estava tão bêbada! Fui tão idiota que só fui objeto e nem prazer tive na relação. E ainda achei que se tratava de diversão. Foram tantos que perdi a conta. Mas meu inconsciente me cobra amor e princípios para comigo. Porém, eu não acredito que tudo isso que sinto é pela soma de todos esses comportamentos. Ah, não! Não é! Mas não vou parar de fazer isso. Não vou parar de ser vulgar. Fruto da minha vaidade e orgulho. Afinal, se tenho é para mostrar. Quero ser a melhor, a gostosona!... Mas, Deus, acaba com isso que sinto! Tira essa depressão de mim! Não vou e não quero assumir responsabilidade de tudo de errado que fiz a mim mesma e que continuarei fazendo! Não quero consertar nada! — quase gritou, exagerando na ironia e com trejeitos. — Exijo que aperte um botão, perdoe as minhas burradas, burradas que não vou parar de fazer e me faça feliz! Simples assim! — Breve pausa. — Existem tantos, mas tantos detalhes e coisas que faço... No trânsito, por exemplo, quando eu sou pedestre ando no meio da rua desafiando os veículos, atravesso fora da faixa de segurança e não respeito o semáforo para pessoas, irrito os motoristas, demoro para atravessar quando fica verde para os carros só para irritar o motorista que espera a minha boa-vontade. Quando sou motorista, acelero para cima do pedestre só para impor medo sem o menor bom-senso. Não importa se não percebi que a pessoa tem pouca mobilidade devido à idade dela ou alguma dor momentânea que sinta no joelho, coluna ou quadril. Eu acelero mesmo! Se a pessoa tropeçar, que se dane! Eu também buzino para outro motorista lento, lerdo, infeliz que não viu o semáforo aberto, que não viu o trânsito andar. Eu buzino mesmo e ainda quando consigo abaixo o vidro do meu carro e xingo! Xingo mesmo! Ele precisa se sentir irritado, perceber que ele é um lento idiota! Mas, olha, Deus, eu quero que você pare com o que sinto. Não mereço ter depressão nem ansiedade. Continuarei dirigindo acima do limite de velocidade permitida. Não importa se vou colocar não só a minha vida, mas também a vida dos outros em perigo. Estacionarei meu carro na frente da guia rebaixada para a rampa de acesso de cadeirante ou na frente da garagem dos outros. Não importa. Será só um minuto. Não faz mal que o morador precisa ou não sair para trabalhar ou socorrer uma pessoa, ele que espere a minha boa-vontade de tirar meu carro. Não serei multado porque, ali, é difícil passar um agente de trânsito para fazer a autuação. Deixarei o morador irritado, com raiva, desesperado, mas não faz mal... Sou egoísta. Só meus assuntos importam. Ele que me espere. — Breves segundos. — Depois, com o tempo, a carga daquelas energias negativas inferiores, que eu gerei aos outros, vai chegar e me atingir e nem lembrarei de tudo o que fiz para irritar, amedrontar ou deixar os outros nervosos. Então, alguma coisa na minha vida não dá muito certo. Estarei desanimada e pensarei: é inveja de fulano! Fulano está com inveja de mim! É olho gordo! Odeio fulano por ele ser invejoso. Na verdade, o fulano está cuidando da vida dele e nem lembra que você existe. Sabe... Quando agimos corretamente, com equilíbrio e pensando no bem comum, quando não irritamos os outros com nossas atitudes, automaticamente, estamos na vibração do bem e do amor. Nesse estado, nessa sintonia, inveja nenhuma é capaz de nos derrubar, porque a energia do bem, a energia positiva jamais é rompida por qualquer negatividade. Às vezes, nem obsessor chega perto. — Nova pausa. — Quanto à minha paciência... Não dá para mudar. Sinto muito. Não vou mudar. Ficarei irritada mesmo! Não vou tolerar esperar em lugar nenhum. Seja no caixa do mercado, na maldita fila do banco, na fila do caixa da loja onde tenho de pagar a compra que fiz!... Não vou esperar! Todos têm o dever de me atender com rapidez! Não importa qual seja o problema deles! Devo ser atendida! Atendida sempre! Em tudo, até nas compras pelos *sites*. Não quero saber se o problema de demora foi da logística, se atrasou porque as entregadoras estavam em greve, se tinha gente doente, se o momento era de muita demanda. Não importa. Eu sempre tenho razão! Não importa se meu cartão de crédito não debitou e nem vi! Não importa se não paguei o boleto! Preciso ser atendida de imediato! — Lea dramatizou. Elevou as mãos ao alto e disse quase gritando: — Todos têm de me amar e me reverenciar! Ajoelhar aos meus pés porque estou pagando!!! Além disso, continuarei comprando produtos piratas, prejudicando alguém, indústrias que empregam pais, mães, trabalhadores em geral. Vou baixar livro grátis da internet, sem contribuir com a propriedade e os direitos. Não faz mal que estou prejudicando aqueles que trabalham naquilo, é só um livro. Não vou valorizar o trabalho dos outros, eles precisam cobrar menos pelo que fazem. Não importa se o artesão ou a artesã ficaram horas fazendo aquilo. Vou desdenhar de uma manicure cobrar o preço justo, imagina... O único trabalho que importa é o meu!!! Depois eu não entendo por que tenho prejuízos, mas... Que absurdo!!! — elevou a voz. — Não vou mudar nada em mim, Deus, e você precisa me atender com urgência! Precisa tirar essa dor da minha alma. Continuarei como sou. Vou maltratar meus professores! Eles são imbecis! Maltratar meus alunos e impor a eles a minha ideologia, meus conceitos políticos. Não vou focar na aula que precisa ser dada. Não estou nem aí. Sou a única pessoa certa e com toda razão! Vou impor minha crença, minha religião goela abaixo das pessoas! O meu Deus é o único certo! O deles não existe! Quanto aos vizinhos... Que se danem eles! Farei minhas festas noite adentro com som alto e que se danem! Usarei salto e sapatearei dentro do meu apartamento como se tivesse pisando a cabeça deles! Vou rir alto! Dar gargalhadas nas reuniões dentro do meu apartamento madrugada afora! Eu não vou mudar! A vida é minha!!! Outra coisa, não vou parar de ridicularizar ninguém. Já falei isso, né?! Não importa o grupo, classe... continuarei com as mesmas postagens nas redes sociais ridicularizando mulheres, homens, gays, héteros, trans, negros, brancos, japoneses, gordos, magros, deficientes... Farei piadas com eles sim! Imagina! Que mal tem?! — perdeu a classe discorrendo com sarcasmo uma série de observações que conhecia a respeito de Carlota e também outras mais. — Mas olha, Deus, você aí, como Deus tem o poder de tirar de mim essa coisa que sinto! Eu não vou me esforçar para ser melhor! Não quero! Continuarei fazendo tudo errado e quero ser feliz, apesar disso, apesar da minha atitude contribuir para a tristeza e desconforto dos outros. Faça isso passar! Não aceito ser contrariada! Sou aquela criança birrenta, mal-educada, chata, que grita e esperneia para que tudo aconteça como eu quero e quando eu quero! Deus! Dá um jeito nisso!

 Lágrimas escorriam na face pálida de Carlota, enquanto Lea sentiu certa exaustão.

 — Eu disse que não sou boa conselheira — falou com brandura. — Perdoe-me. Sei muito bem que depressão e transtorno de ansiedade são doenças terríveis. Sérias! A pessoa que as tem precisa de ajuda, de tratamento. Não existe milagre! É necessário, o quanto antes, a criatura se conscientizar de que ela é obrigada a mudar e se corrigir. Sair da depressão e da ansiedade exige mudanças! — ressaltou com bondade. — Mudanças profundas! Jesus disse para orar e vigiar. Orar é fácil, vigiar é muito, muito difícil. Se quisermos melhorar precisamos ficar atentos, vigilantes. É indispensável buscarmos ajuda e aceitarmos as propostas para sermos melhores. Não vai adiantar nada... Presta atenção: não vai adiantar nada mesmo se você não mudar, não fazer o que seu médico manda, o que seu psicólogo sugere, o que seu amigo de verdade indica... Não adianta nada não fazer o que Jesus ensinou — falou com muita brandura. Longa pausa onde viu a outra secar uma e outra lágrima que, às vezes, corria. Levantou, pegou folhas de papel toalha e ofereceu à Carlota. Depois, quebrou o silêncio, lembrando: — A Angelita falou algumas vezes com a Consuelo. Tenho certeza de que não falou da maneira como falei agora. Eu sou tão grossa... Minha prima é muito boa. Não é meu caso. Não sei dar conselhos. Certamente, ela indicou uma casa espírita, fazer evangelho no lar, livros saudáveis e não essas literaturas baratas de quinta categoria repleta de lixo pornô, travestido de romance adulto, tão imundo que nem sei classificar. Fico até imaginando o espírito inferior coladinho ao seu ombro apreciando junto e trocando energias contigo, enquanto lê aquilo. Deve ter falado para assistir a filmes bons, leves, que ria ou se emocione pelo exemplo de um personagem guerreiro. Filme que traga exemplo de auxílio ao próximo. Nesse quesito, tem algumas coisas boas à disposição. E não filmes que tire sua sanidade por tanta demonstração de violência, sexo, pedofilia, baixaria de todos os níveis, que afrontam a dignidade feminina ou masculina no que diz respeito ao amor verdadeiro, pois tratar pessoas como objeto não é saudável nem normal. Isso é doença! Tenho certeza de que a Angelita falou isso. Pelo que conheço minha prima, delicadamente, ela disse para se amar mais, se respeitar mais e deixar de ser objeto, lembrando a Consuelo que somos um espírito e temos sentimentos sim! — enfatizou. — Falou para procurar um psicólogo, uma casa de oração... Disse para se libertar de amigos duvidosos, daqueles que oferecem ou insistem para que use álcool, fume, use drogas. Só depois que nos livramos de amigos que não prestam encontramos gente do bem. Provavelmente, aconselhou para fazer caminhada, que não custa nada, procurar vida saudável. Deve ter falado para mandar embora as mágoas, os pensamentos negativos, a irritação, o preconceito, a fofoca, a mentira... A Angelita, certamente, falou tudo isso e sabe o que deu errado? A Consuelo não fez nada do que ela sugeriu. Os obsessores, os espíritos zombeteiros incentivaram a Consuelo a ser aquela criança birrenta, inflexível e exigente para que sapateasse e ameaçasse Deus. Exigindo que Deus consertasse a bagunça que ela fez com a própria vida. Então, o resultado foi que os obsessores venceram. Consuelo não fez nada por si e cumpriu a promessa de se matar. Mas a morte não existe. E... Com toda a Sua suprema bondade e amor, Deus vai deixar a Consuelo no cantinho do castigo que ela mesma se colocou para pensar se o que fez está certo, para aprender a valorizar a vida, pois a morte não existe! — enfatizou. — A Consuelo já está decepcionada consigo mesma, revendo, revendo e revendo o instante da morte do corpo que lhe pertenceu. Isso deve dar um desespero! — salientou. — Porém, é no meio desse desespero todo que deve se equilibrar e rogar, implorar por ajuda, arrepender-se verdadeiramente porque, na espiritualidade, não dá para mentir. Todos sabem o que estamos pensando. Depois de, sabe-se lá quantos anos, será socorrida. Envergonhada da burrada que fez, vai implorar reencarne com deficiência, suportando no corpo físico debilitado, os desarranjos que provocou com o suicídio. Médicos, tratamentos, medicações, injeções, cirurgias, internações, dores e mais uma série de coisas dolorosas para preservar a vida do corpo fragilizado. Enfrentará muito sofrimento terreno. Depois, reencarnará de novo e de novo... Sabe-se lá quantas vezes para equilibrar o que desequilibrou. Pode até enfrentar problemas da não aceitação de sua mãe que, na gestação, pode descobrir a deficiência física e optará pelo aborto, esquartejando-a para não ter de cuidar de filho deficiente. É... Ela ainda corre esse risco. Não será fácil. Reencarnada, enfrentará desafios, problemas e mais problemas para que se coloque, novamente, na prova de suicídio. E terá de suportar. Terá de ter forças! Sem contar com os obsessores torcendo contra. Só, então, talvez, novamente, possa seguir de onde parou quando interrompeu a vida do corpo. — Breve pausa. Observou a outra pensativa.

— Cá pra nós, Carlota, é mais fácil corrigir a bagunça toda a partir de agora. Vai se poupar de sofrimento extra para harmonizar o que desarmonizou. Economizará tempo para evoluir mais rápido, conquistando a paz. Não acha?

Balançando a cabeça levemente, admitiu:

— É mesmo — falou baixinho.

— Será fácil se recuperar, se reestruturar e procurar ser melhor? — Sem ter resposta, disse: — Não sei se será fácil. Mas tem de ser feito. Siga melhorando-se. Corrigindo-se! Siga se amando de verdade. Então, se quiser ajuda, seja minha, do psicólogo, do médico, da casa espírita, do padre, do pastor, do pai de santo, de sei lá mais quem... Se quiser ajuda, terá de se esforçar. Terá de se comprometer e fazer o que precisa ser feito por você. Somente por você e para você. Terá de parar de culpar os outros pela sua responsabilidade. Terá de parar de ameaçar Deus e os outros dizendo que vai morrer. "Não tente o Senhor seu Deus." Jesus disse isso. Primeiro, porque a palavra tem poder imenso. Você nem imagina. Segundo, porque você tem de parar de ser a infeliz que quer deixar os outros preocupados e com sentimento de culpa. Isso é baixo e cruel. É egoísmo puro. Todos nós já temos os nossos próprios problemas. Todos estamos sobrecarregados e cansados porque passamos por muitos problemas. Às vezes, com bagagens mais pesadas do que qualquer um pode imaginar. Então, está na hora de parar e pensar que tudo é sobre você e tem de ser para você, pois você deve estar em primeiro lugar na vida dos outros. As pessoas que passam pela nossa vida são amigos, parentes ou companheiros com os quais podemos ou não interagir e não exigir. Ninguém deve carregar ninguém nas costas. — Respirou fundo. — Isso só é necessário, aliás, um dever, quando se tem um filho deficiente, especial. Os pais ou responsáveis precisam e devem ampará-lo do início ao fim. É outro caso. Mas você não é deficiente. Você está doente. Depressão é uma doença séria, muito séria. A primeira coisa a fazer é procurar um médico psiquiatra e ver o que ele aconselha.

— Já fiz isso. Ele me passou medicação — Carlota contou.

— Tudo bem. Faça corretamente o uso dessa medicação. Procurou um psicólogo?
— Não.
— Procure. É importantíssimo que o faça. Tratamento psicológico não é luxo, é necessidade. Deve vir em primeiro lugar. Dê preferência a psicólogo com formação *Junguiana* porque ele será espiritualista, pois, Carl Jung[2] fez um trabalho científico de conclusão sobre estudos com a mediunidade. Pesquise a respeito. É bem interessante. Dessa forma, quando você falar a respeito de energia, de suspeita de interferência de espíritos na sua vida, o psicólogo não vai estranhar nem ignorar. Ao contrário, ele pode orientar melhor.
— Como saber se o psicólogo é *Junguiano*?
— Perguntando. Simples assim.
— Vou procurar.
— Será bom se decidir por uma religião ou filosofia. Isso é muito importante.
— Não sei por onde começar. Minha mãe é católica, mas... Não sei... Gostei de ouvir hoje o que a Alice falou, a forma como explicou o trecho do livro. Acho que me daria bem no espiritismo.
— Ótimo. O espiritismo é uma filosofia. O bom, em uma casa espírita, são os grupos de estudo da Doutrina. Conhecerá pessoas bem diferentes das que está acostumada.
— Posso ir onde você frequenta?
— Claro — sorriu surpresa. — Por que não? Outra coisa importante que sugiro é que faça caminhada. Olhe a paisagem, árvores, flores, repare em detalhes... Uma pessoa que anda, um carro que passa... Olhe. Não use fone de ouvidos. Música de jeito nenhum. Esteja presente na caminhada, concentrando-se no que está fazendo naquele momento. Preste atenção na caminhada e não pense que é uma corrida. Pelo menos, agora, no começo. De hoje em diante, ensine sua mente a prestar atenção no que você está fazendo naquele momento.

---

[2] Nota da Médium: Carl Gustav Jung foi médico psiquiatra suíço que fundou a Psicologia Analítica. Por treze anos, trabalhou ao lado de Sigmund Freud, criador da Psicanálise.

Deixe-me explicar melhor — sorriu. — Imagine sua mente como uma criança birrenta e mal-educada. E é você quem precisa educá-la. Então vai ter de fazer isso toda hora, a cada minuto se for preciso, para que ela preste atenção e foque no presente e no que é importante naquele instante. Isso deve ser um treino. Nós aprendemos com repetições. E só vai dar certo depois de repetir várias e várias vezes até ela, sua mente, obedecer.

— Será cansativo.

— Você quer ou não quer parar de sentir essa pressão emocional, esse medo, o desespero não sei do que, o tremor e o pânico? A decisão é sua. Quer ou não?

— Lógico que quero!

— Então vai ter de fazer! — Lea foi firme. — Terá de se empenhar e se comprometer. Terá de acabar com os vícios e substituir por hábitos saudáveis. Por exemplo, em vez de ficar horas na internet, leia um bom livro. Se for uma obra muito boa, que traga boas reflexões, releia para aprender mais sobre algo que deixou escapar. Outra coisa, procure uma atividade legal par fazer para os outros. Imagino que, por causa da depressão, a pessoa não se sinta bem em ser voluntária em um hospital, asilos, orfanatos... Isso, talvez, a abale. Mas existem tarefas simples que pode fazer à distância para ajudar pessoas. Isso vai fazer com que se sinta ocupada e útil. Quando fazemos algo legal, temos orgulho saudável de nós mesmos.

— Fazer o que, por exemplo?

— Trabalho em tricô ou crochê, roupas de lã como gorros, meias, xales...

— Não sei tricotar.

— Que ótimo! Ocupará bastante sua mente para aprender. Pode fazer artesanatos. Tem tanta coisa nesse universo. É muito bom.

— Não conheço quem faça tricô.

— Minha mãe sabe, mas não sei... Veja com a sua mãe.

— Lea, serei capaz?

— Se não se esforçar e não se comprometer, não será.

Longo silêncio em que Carlota ficou pensativa e Lea respeitou.

— Sabe... Enquanto você falava e tecia aquela lista enorme do que não queremos deixar de fazer, mas exigimos libertação das dores da alma... Enquanto falava, bateu um desespero. Quase mandei você se calar porque no primeiro momento não concordei, mas... Conforme ouvia... Percebi o quanto sou uma pessoa horrível. Me encaixei em muita coisa, mas ainda tem muito, muito mais que não foi dito — lágrimas escorreram quando a encarou.

— Você não é uma pessoa horrorosa, Carlota. Ninguém o é. Cada um de nós se encontra em uma fase evolutiva na própria existência. Uns adiantados, outros nem tanto. Você está cansada da sua fase evolutiva, desses seus comportamentos típicos dela e expressa isso através desse estresse emocional. Não quer mais ser como se mostra. O seu eu, a sua essência, a centelha de Deus que existe em você quer aparecer, quer brilhar, quer fazer coisas boas, quer evoluir. Mas, para isso, é preciso abandonar todas as práticas, sentimentos e pensamentos incompatíveis com a Luz, com a evolução, com o amor incondicional. Todos nós somos bons. Temos a bondade em nosso ser porque fomos criados pelo Pai da Vida, que é bom e justo. A essência Divina já está em nós. Só precisamos expressá-la através de nossas atitudes, emoções e pensamentos renovados, nobres, bons, saudáveis para nós e para os outros. Para fazer isso, precisamos nos livrar do orgulho e do egoísmo responsáveis pelas práticas inadequadas que desenvolvemos. Não precisamos aprender a ser bons, já temos a bondade em nós. Necessitamos descobrir um jeito de abrir mão do que alimenta o nosso orgulho e egoísmo. Quando fazemos coisas boas para nós e para os outros, não sentimos amargura, ao contrário, experimentamos uma felicidade incrível. Enquanto que o contrário...

— Tenho tanta coisa em desordem na minha vida.

— Você não é a única. Muito que eu disse a você estou trabalhando em mim. Algumas más tendências abandonei há pouco tempo. Sempre estamos nos reconstruindo. — Um instante e disse: — Não foi do dia para a noite que você entrou em depressão e transtorno de ansiedade. Não será da noite para o dia que vai se transformar em uma pessoa que se orgulha de si. Mas vai se transformar, terá de se empenhar. Quem quer vencer, não poderá desistir. Queira, então! Haverá momentos difíceis. Dias de dores, mas precisará continuar para conquistar vitórias. Vai ser um dia de cada vez. Esforce-se. Esteja consciente do que quer e foque. Vai ter dia que não desejará caminhar porque nem quer sair da cama. Troque-se, coloque um tênis, enxugue as lágrimas, leve um lenço e vá caminhar. Alguns dias, não terá vontade de ir à casa espírita ou à igreja, estará tão feliz que desejará ficar em casa, curtindo o friozinho, enrolada num cobertor, sentada no sofá vendo um filminho legal... Nesse dia, tenha certeza de que é o obsessor te dando uma trégua para que se sinta bem e fique longe do envolvimento de bênçãos sublimes, de orientações boas. Terá dias que estará de saco cheio para ir ao psicólogo. Vai achar que ele tá chato, que parece que não ajuda e está gastando dinheiro demais... Ou então, que você está tão bem, se sentindo ótima e não precisa mais de psicoterapia. É no dia que estamos bem que precisamos nos conscientizar ou ouvirmos ou falarmos sobre o que precisamos fazer. Planos novos são bem-vindos. Certamente, o obsessor vai te sugerir algo assim para que desista e não progrida nem prospere. Terá dias que vai sentir vontade de jogar tudo pro alto, chutar o balde e fazer o que fazia antes: beber, fumar, sair... Vai dizer: vou encher a cara! Não tô nem aí! Nesse dia, lembre-se, mas lembre-se mesmo que o obsessor quer ver você um lixo! Pois quando viramos lixo, ficamos embriagadas, fazemos tudo, tudo o que nos arrependemos depois. E pior! Teremos de consertar. Além disso, lembre-se de que foi tudo isso que te levou a essas condições em que se encontra.

— Será uma longa jornada.

— Então dê logo o primeiro passo para acabar o quanto antes. Liberte-se de tudo o que te impede de ter paz. Não existe atalho. Não existe milagres. Não existe pílula mágica. Quem disser isso, estará mentindo. Ore. Faça preces ao acordar. Agradeça ao se alimentar. Ao deitar, ore pedindo proteção e amparo para sua noite.

— Não sei fazer preces ou orações — envergonhou-se.

— A conversa sincera e respeitosa com Deus é uma oração. Basta o coração puro e o desejo no bem para você e para os outros. O Pai da Vida sempre nos ouve. — Breve momento de pausa e lembrou: — Vou te dar este livro: *O Evangelho Segundo o Espiritismo* — puxou o livro sobre a mesa e entregou a ela. — No final tem um capítulo especial com uma coletânea de preces espíritas. Além disso, leia esse livro. Estude-o. Comece por ele.

Silêncio enquanto Carlota olhava o livro.

— Desculpe-me, Lea. Por favor, desculpe-me...

— Do quê? — achou graça.

— Qualquer dia a gente conversa sobre esse assunto. Errei muito sobre você.

— Esquece isso.

Carlota se levantou e Lea também.

Inesperadamente, abraçou a anfitriã por longos minutos sem dizer nada e foi correspondida.

Afastando-se, perguntou:

— E sua mãe? Quero me despedir dela.

— Com certeza está na casa da minha tia — sorriu. — É ao lado. Vou chamar...

— Não! Deixa... É bom ela se distrair. Diga que deixei um beijo para ela.

— Direi. E quanto a ir ao centro... Te mando mensagem dizendo o dia, o horário e o endereço.

— Fico aguardando. Posso te enviar mensagem pedindo alguma sugestão sobre algo que eu precisar? Não sei se assimilei tudo o que me disse.

— Claro — falou com bondade. — Pode sim. Só se lembre de que minha mãe precisa de mim e nem sempre consigo responder na hora.

— Lógico. Não vou abusar.

— Carlota, lembre-se: sua vida é uma história e somente você poderá escrever um novo capítulo.

— É verdade.

Abraçaram-se mais uma vez e Carlota se foi.

Lea se sentiu estranha. Parecia que não tinha entendido direito aquela situação. Carlota nunca foi sua amiga e Lea nunca teve simpatia por ela. Estavam longe de qualquer tipo de afinidade.

Como foi que tudo aquilo aconteceu, ali, diante dos seus olhos?

Não sabia explicar.

Quando Isabel retornou, a filha contou tudo.

— Eu percebi que essa moça estava bem aflita quando chegou. Creio que você foi envolvida para falar sobre tudo isso para ela.

— Mãe, fiquei com medo. Não sei o que me deu. Tenho opiniões fortes, mas... Falei muito. Fui muito dura.

— Foi envolvida, filha. Talvez, pessoas como Carlota precisem de um choque de realidade espiritual para entenderem e também se mexerem em benefício próprio e pararem de culpar Deus e o mundo por seu estado. Mas, lembre-se, Lea, o que disse serve para você também.

CAPÍTULO 49

UMA GOTA DE VENENO

A vida seguia seu curso...
Para Isabel era uma expiação bem difícil. Havia momentos bons e outros nem tanto. Não sabia dizer o que era mais difícil: a doença ou o tratamento.

Lea continuou ao lado de sua mãe. Ao mesmo tempo, sempre trocava mensagens com Carlota, principalmente, depois que passou a frequentar o mesmo centro espírita que ela. Nessas oportunidades, fazia questão de dar carona em seu carro para Lea e Isabel.

Isso fez com que se aproximassem e criassem amizade.

— Como estão as coisas, Carlota? — Lea quis saber. — Como você está?

— Tem dia que estou animada, tenho esperanças e ânimo, mas há outros que não são fáceis.

— Insista com tudo o que for bom, somente assim, os dias em que tem ânimo e esperança serão em números maiores.

— Na última palestra a que assisti na casa espírita, o palestrante falou muito sobre reforma íntima. Eu diria que não estou fazendo reforma íntima. Estou fazendo uma destruição total — achou graça.

— Para reconstruir de novo. Não é? — Lea sorriu.

— Sem dúvida. Estou lendo muitos livros que... Nossa! Tem cada conteúdo bom! Estudando também. Quando leio, sinto-me bem. O medo, aquelas coisas aliviam imensamente. Ah! Não te contei! — lembrou alegre. — Comecei a fazer *Yoga*.

— Que bom! Notícia boa! Gostei de saber! — ficou feliz por ela.

— Estou gostando muito. Isso é outra coisa que está me ajudando imensamente, além da meditação. Não sei se percebeu, mas não estou tão alucinada pelo uso do celular. Você notou?

— Isso foi ótimo. Muitas vezes, o celular é uma forma de escravidão — Lea comentou.

— Eu vivia intoxicada por tudo o que tinha nas redes sociais. Ficava alucinada para conferir quantas curtidas, quantos comentários, quantas visualizações... Chegava à beira do desespero, na hora do almoço, quando não tinha o número de curtidas que eu gostaria que tivesse na foto postada na academia de manhã. Ficava feito louca, preocupada para não repetir roupa, mudar o cabelo, deixar a maquiagem impecável para as *selfies* das postagens diárias. Tinha de ver o número de seguidores aumentando ou, sei lá, sentia uma coisa horrível por perder a popularidade, deixar de ser o centro das atenções.

— Eu sabia um pouco sobre esse seu comportamento — Lea afirmou e sorriu.

— Sei... Você era uma das poucas pessoas que trabalhava comigo e não curtia minhas postagens e eu ficava muito irritada com isso.

— As redes sociais têm utilidade sim. Quando voltada para coisas úteis, elevadas, que confortam e orientam, é ótimo. Mas, quando não temos isso para apresentar ou buscar, elas são uma forma de escravizar. É interessante não querermos mais a escravidão e nos escravizar de outras formas.

— Não percebia isso antes. Tornou-se um vício. Não só isso... Eu ficava irritada quando mandava mensagem e a pessoa não respondia. Pior ainda, quando visualizava e demorava horas para responder. Exigia, mentalmente, que me respondesse na hora, de imediato. Não conseguia entender que tinham coisas mais importantes naquele momento. Foi você quem me alertou sobre isso. Daí, comecei a pensar: que tipo de pessoa eu sou para ficar horas esperando uma resposta? Não entendia que trabalhavam, tinham ocupações, problemas... Como era egoísta... — falou em tom de lamento. — Não enxergava essas coisas. Exigir que me atendessem na hora, tornou-se um vício. Acionava uma inquietação, uma ansiedade absurda. Tive de treinar minha mente, conversar comigo mesma para me controlar. Comentei muito, muito mesmo com minha psicóloga a respeito. Ela orientava que eu me observasse e me perguntasse se a resposta que eu esperava era mesmo urgente, se precisava ser para aquele momento. Caso fosse, deveria telefonar. Então comecei a perceber que nada era urgente. Poucas situações tinham tanta relevância. — Olhou para Lea e sorriu ao revelar: — Contei para ela o que me falou. Disse que cheguei a ficar com muita raiva de você. Mas fui eu quem pediu para que apontasse meus erros. Achei você tão insensível... Mas depois, quando parou de falar e me perguntou se eu queria ou não sair desse estado... Tudo o que disse clareou meus pensamentos. Foi a única pessoa verdadeira e capaz de dizer, na minha, cara o que pensava de mim e explicar as causas do meu sofrimento. Chorei por uma noite inteira — achou graça.

— Desculpa... Não foi essa minha intenção — falou com um toque de arrependimento.

— Não peça desculpas. Somente com o que disse, consegui entender que tudo o que sinto: medo, pânico, tremor, desespero, ansiedade extrema, depressão... Tudo isso era o meu Eu, dizendo para mim mesma: Para, Carlota! Chega! Tem muita coisa errada que estava fazendo e é hora de parar, senão eu te abalo! Eu farei você tremer, ter medo, desespero, ficar confusa, perder as forças. Para, Carlota! Para com tudo de errado que está fazendo para si mesma! Está falando sim, sim, sim, sim para as coisas erradas. Dizendo: não, não, não, não para o que precisa fazer de correto. Ame-se mais, Carlota! Ame-se de verdade, pois o que faz não é amor é se expor! Deixe de lado o que não serve e viva mais leve! Pare de querer controlar tudo. Abandone o celular, não só porque tem mais coisas importantes para fazer. Concentre-se no aqui e agora. Eu não vivia, Lea. E não sabia disso.

— Eu entendo. Minha mãe chamava minha atenção por causa do celular à mesa. Ficava com raiva. Mas depois aprendi que tinha coisa mais importante por perto.

— Eu comia sem prestar atenção. Fazia a refeição com a cara no aparelho. Hoje, assisto aos filmes ou aos programas para relaxar a alma. Alimento-me prestando atenção na comida. Tomo banho concentrada no banho. Estou mais presente. E isso não é nada fácil — achou graça. — Hoje, olho nos olhos das pessoas para conversar. Controlo minha voz para não falar com irritação, não gritar... Nossa, amiga! Não é fácil.

— Mas é possível e esse é o caminho. Estou gostando tanto de saber que está indo bem.

— Sabe... Tem dia que me encontro pra baixo... Acho que não vale a pena.

— São aqueles dias que te falei.

— Lembrei disso! Aliás, conversei isso com minha psicóloga. Ela falou que é isso mesmo. Depois, quando melhoro, fico melhor do que antes. Toda animada. Mas comecei a perceber que essas recaídas, sempre estão associadas a alguma coisa que faço ou lembro. Então, procuro trabalhar o assunto na psicoterapia ou me ocupo com algo que seja bom. Uma leitura, por exemplo. Quando fazemos coisas boas para os outros, quando tratamos os outros bem estamos tratando a nós mesmos, estamos nos amando e eu não sabia disso. Quando agredimos os outros com críticas, impondo a nossa vontade, agredimos e abalamos a nós mesmos, sofremos as consequências dessas atitudes.

Diante do silêncio, Lea comentou com bondade:

— Depressão, ansiedade e pânico são estados de consciência. Ninguém sai da depressão, da ansiedade, do pânico quando continua fazendo tudo o que sempre fez. Você está fazendo a coisa certa. Mudando. Sabe... Hoje em dia, vejo muita gente sofrendo com insônia, irritação, tensão, inquietação, perda de concentração, dor no peito, dor de cabeça, formigamento, tontura, palpitação, alterações gastrointestinais entre outras coisas... Cada uma com um problema ou desafio particular diferente, mas com algo incomum para cuidar ou harmonizar e equilibrar. Esse algo incomum é ela com ela mesma. As Leis Divinas, as Leis de Deus estão registradas na consciência humana. Lá no fundo, nós sabemos que precisamos nos desapegar de muita coisa, ser paciente, manso, prudente, ser grato, orar, amar... Quando tomamos atitudes que vão contra essas Leis Divinas, vamos somando pontos negativos para nós mesmos. É como um copo que vamos enchendo com gotas. Cada atitude, pensamento ou palavra desarmoniosa com a Natureza Suprema, colocamos uma gota de veneno no copo. Então, em determinado momento, o copo enche e o veneno transborda, derrama na nossa alma em forma de tremor, medo, suor frio, sensações de desmaio, fraqueza, tontura, dor no peito, inquietação, insônia, dor de cabeça e por aí vai... Essa é a prova de que nós nos envenenamos com tudo, exatamente, tudo o que oferecemos para o mundo, para os outros. Não adianta nada você orar para Deus, pedindo e implorando que progrida, arrume emprego, cure a enfermidade, abençoe seu filho, liberte você ou filho ou marido de uma dor, faça um livramento se você ainda faz piada com o magro, gordo, baixo, alto, gay, hétero, branco, negro, asiático, feio, com o que fala errado, com o que está embriagado com... sei lá mais o quê. Mesmo que só uma piadinha, só uma postagenzinha, só uma conversinha criticando o cabelo da fulana... Sua atitude mental, verbal e física podem ser gotas de veneno para o seu copo. Se aquele gay que você criticou ou aquele gordo que você fez piadinha, se o negro, a loira, o magro que você zombou fosse você mesma, seu filho ou parente... Não faria isso e não ficaria contente se alguém o fizesse. Isso é se colocar no lugar do outro. Isso se chama empatia. Mas não importa, quando não é contigo nem com a sua família não precisa se preocupar. Mas a gota de veneno pingou no seu copo. Daí a pouco, esquece e, novamente, faz campanha contra alguém que agiu errado. Olha nas redes sociais, vê algo contra o fulano que foi preconceituoso, agressivo e entra na campanha de divulgação do mal contra ele, sem perceber que você também está fazendo o mal. Expondo o sujeito. Mostrando a cara dele, ofendendo e xingando... É nessa hora que vibra no mal, no negativo. Como consequência, pinga mais uma gota de veneno nesse copo. Quando fazemos isso, esquecemos do que Jesus falou: "Que venham os escândalos, mas ai daqueles por quem eles venham."

— Eu demorei para entender isso, Lea. Demorei muito. Em pequenas atitudes e pensamentos fazemos o que nos desequilibra e nem percebemos — disse Carlota pensativa.

— Por isso, eu te falei que nós nos esforçamos muito, nos empenhamos demais para que viessem os abalos, os transtornos. Vivemos nos maltratando e nem percebemos. É lógico que outras pessoas podem ajudar para que nos libertemos desses vícios, para que aliviemos as dores da alma, mas a nossa reconstrução depende unicamente de nós mesmos. Sua reconstrução depende de você. É você quem precisa se reformar intimamente, criar hábitos mentais e físicos saudáveis. Quando vier aquela vontade de gritar, brigar, ofender ou fazer qualquer coisa negativa que contribua com as gotas de veneno para encher seu copo, pare, respire fundo e pense: eu não preciso disso — sorriu. E falou com brandura: — Isso sim é se amar. Saiba dizer não para as pessoas tóxicas. Saiba dizer sim para comportamentos positivos. Faça coisas boas das quais se olhe e sinta orgulho positivo de si. Eu, particularmente, precisei trabalhar muito isso em mim. Achava que merecia aproveitar a vida. Que ninguém tinha nada a ver com isso. Saia e me envolvia com pessoas erradas que não preservavam sentimentos. Eu não dizia não às coisas das quais não me orgulhava. Uma vez, minha prima me falou algumas verdades a respeito, mas achei que estava errada. Imagina! Enfim... Não me sentia bem, estava meio pra baixo comigo mesma e me perguntei: o que faço é motivo de orgulho de mim mesma? A resposta foi: não. Parei. No início, como todo vício, senti algo estranho. Mas, com os dias, me vi melhor, senti uma criatura melhor despertar em mim. Me afastei de uma pessoa e vi o quanto minha vida ficou mais limpa, mais clara e calma. Agradável. É igual praia — riu. — Quando a praia está cheia, você não consegue ver a beleza da Natureza. Fica até poluída. Quando vazia, limpa... Aí sim! Consegue admirar o espetáculo daquele paraíso. Não podemos poluir nossa vida com muita gente sem qualidade. Quando queremos nos mostrar para recebermos curtidas, para termos um monte de seguidores, acabamos cometendo excessos.

— Nessa mudança, muitos amigos se afastaram de mim.

— Não se importe. Não eram amigos. Eram só pessoas conhecidas. Não cobre delas o que não têm.

— Acabei me sentindo meio sozinha e...

— Os amigos verdadeiros vão aparecer. Sempre encontramos pessoas afins. Sabe, Carlota, somos um conjunto de coisas e atraímos pessoas com as mesmas práticas. Se eu não der o troco certo ou não devolver o troco que me deram a mais, vou atrair pessoas que me deixem no prejuízo. Estou colocando gotas de veneno no meu copo. Se compro produto pirata, roubado, ilegalmente baixo filmes e livros gratuitos prejudicando os produtores e não tô nem aí que o *site* é pirata, quero mesmo levar vantagens, não respeitando aqueles que trabalham não pagando pelo que fazem, estou permitindo que, na minha vida, apareçam pessoas que não valorizam o que faço, que não me paguem o que mereço pelo meu serviço, estou atraindo prejuízos para minhas produções, contribuindo para o meu desemprego, para meu baixo salário. E colocando gotas de veneno no meu copo. Quando berro com aqueles mais próximos, magoando, ofendendo, brigando, estou afastando de mim aquele próximo mais próximo que me ajudaria a mudar. Ajudaria a trabalhar meu orgulho, egoísmo de me achar sempre com razão. Com ele, tenho de aprender a ouvir, falar com calma... Quando falamos baixo, somos humildes. Por isso, fale sempre com carinho.

— Nossa... Verdade. Quando nos achamos com razão, inconscientemente, pensamos ser o símbolo perfeito da raça humana — achou graça. — Eu era muito agressiva no trânsito. Não tinha paciência com pedestres... Nessas horas, quantas e quantas gotas de veneno coloquei no meu copo. Criticar e falar mal do outros era comigo mesma! Nem quero lembrar.

— O legal é saber que podemos esvaziar esse copo. Lembre-se disso.

— Só conseguimos isso à medida que fazemos escolhas boas para nós e para os outros. Quando mudamos nossa forma de pensar e agir, vigiando o tempo todo.

Lea sorriu ao dizer:

— Muitos não se importam com as companhias que têm e se justificam dizendo que Jesus andou entre pecadores. É bom lembrar no dia em que Pôncio Pilatos pediu para escolherem entre Jesus, o Messias, ou Barrabás, o ladrão, foi o povo com quem andou que colocou o Mestre na cruz e elegeram Barrabás para que vivesse. As pessoas que não vivem em harmonia com princípios bons, moral elevada e com as Leis de Deus elegem desonestos neste mundo, desde a época de Cristo para continuarem fazendo tudo errado, acreditando que o mal é bom e vence. Mas está errado. Tanto que Barrabás foi esquecido e tudo o que Jesus disse sobre amor, honestidade, perdão está aí até hoje sendo lembrado. Lembre-se da frase de Jesus: "Quem comigo não junta, espalha..." Quer se juntar a Jesus? Ame. Ame ao próximo não lhe fazendo nenhum mal, não criticando e sim orando por ele. Dessa forma, estará orando para você também sem saber. Ame ao próximo não fazendo piadinhas infelizes que magoam e destroem. Ame ao próximo respeitando o trabalho honesto, pagando o que é justo. Ame ao próximo não colocando preço no serviço dele. Ame ao próximo não contribuindo para o plágio, para o falsificado, para a pirataria, não contribuindo para o troco errado. Ame ao próximo dando informações corretas. Não gritando, não berrando. Ame ao próximo sorrindo sem exigir nada em troca nem mesmo bom dia. Não exija... Não fique testando seus amigos, chantageando-os, querendo ver quem te dá mais atenção... São pessoas com problemas e desafios, muitas vezes bem maiores do que os seus. Deixe ir o que não for seu. Liberte-se do julgamento dos outros. Não queira controlar nada. Não seja submissa ao ponto de se prender a pessoas tóxicas que te sugam, que te usam e depois te jogam fora, que te humilham, agridem psicológica ou fisicamente... Não se submeta a isso. Liberte-se! Crie coragem de assumir a si mesma, de se sustentar se for preciso. Ame-se! Somente assim vai esvaziar o seu copo de veneno e viver bem consigo e com o mundo. O que o outro faz da vida dele é problema dele. É a forma que ele está buscando para aprender. Não se importe, não se irrite, não se preocupe. Liberte-se. Viva bem consigo mesmo. Acalme sua mente e seu coração. Silencie.

— Estou me trabalhando em tudo isso, Lea.

— Que ótimo. É por isso que tenho certeza de que vai conseguir.

— Tem dia que não é fácil. A tristeza chega arrebentando, a dor é grande e rasga a gente ao meio... Para esses momentos, aprendi a respirar — achou graça. — Verdade! — salientou quando viu a outra rir. — Aprendi isso no Yoga. Começo a respirar profundamente para acalmar a mente. Prestando atenção somente na respiração. Faço isso por longos minutos.

— Esse é o certo. Está insistindo, ensinando para a sua mente quem é que manda — riu. — A aceleração da vida, as multitarefas abraçadas, a irritação, o nervosismo e muito mais coisas sobrecarregaram sua mente e o resultado foi a depressão e a ansiedade. Agora está fazendo o caminho contrário. Será a insistência no que é equilibrado que trará a paz e o alívio — sorriu. — Estou tão feliz por você.

— Te devo muito, Lea — sorriu junto.

— A mim? De forma alguma. Deve a si mesma. Poderia ter se melindrado com tanta coisa que eu disse, mas não. Usou como ferramentas para encontrar um caminho.

— Foi a pessoa mais sincera que encontrei. Todas as outras... Deixa pra lá...

— Preciso te confessar uma coisa e peço que me perdoe — Lea ficou sem jeito.
— O quê? — Carlota indagou e ficou curiosa.
— Quando conversamos e te falei aquele monte de coisa... Não estava te tratando como amiga. Aliás, você não era minha amiga.
— Agora sou? — Carlota ficou na expectativa.
— Lógico! — sorriu e a abraçou. — Desculpa... Hoje eu não falaria tudo aquilo. Talvez... Só um pouquinho!
Riram e se afastaram.
— Foi o que me acordou para a vida. Obrigada. Mas... Mudando de assunto. Como está sua mãe. Ela nem foi hoje ao centro.
— Amanhã ela vai para a sexta sessão de quimio. É bem difícil. A saga começa cedo. Sair daqui, atravessar a cidade...
— Você não tem carro! — não tinha lembrado isso até então. — Como faz?
— Chamo um táxi.
— Virei aqui para levá-las! A que horas vai sair?
— Não se incomode, Carlota. Estamos acostumadas.
— Então, vou acampar na frente da sua casa! Resolvido.
Lea sorriu. Achou graça no seu jeito. Mas, no íntimo, a ideia do conforto de um carro foi boa.
— Está bem. Aceito. Obrigada.
— Eu que agradeço. Sinto-me bem em poder ajudar.
Combinaram horário e Carlota se foi.

No dia seguinte, enquanto aguardavam o tratamento de Isabel, Lea disse:
— Pode ir para a empresa. Já nos ajudou muito. Posso ficar. Sem problemas.
— Estou me desligando da empresa. Revendo toda a minha vida. Está na hora de mudar.
— Entendo. Estou surpresa.

— Por causa das queimaduras que tenho, posso assustar pessoas como disse meu irmão.
— O Sebastián falou isso? Que crueldade — admirou-se Lea.
— Meu lugar não é lá. Até porque a construtora tem muita coisa errada. Você sabe.
— Não sei de nada. Desconfiança não é comprovação dos fatos.
— No fundo, você sabe. Sonegação de impostos, compra de materiais de segunda ou terceira linha, entre outras coisas. Se quero mudar, preciso começar por ali.
— E o que vai fazer?
— Ainda não sei. Estou com medo. Coloquei minha casa à venda. Ela tem valor considerável. Está em nome do meu irmão. Ele concordou com a venda e vai me dar o dinheiro.
— Não vai mais trabalhar com seu irmão?
— Não. Às vezes, fico bem estressada, pensando nisso. Acho que não terei mais dinheiro, ficarei na miséria. Acho que vai acontecer isso e aquilo... Penso até que pode ser obsessor tentando interferir nas minhas opiniões para me deixar confusa.
— Sem dúvida. Mas lembre-se de que o obsessor só usa a insegurança e o medo que temos. Faça um tratamento de assistência espiritual.
— Vou começar semana que vem. Lá no centro, já passei na entrevista para isso.
— Não se acomode, Carlota. Tem gente que vai à casa espírita fazer assistência, outra vai à igreja e faz promessa e com isso joga o problema no colo de Deus e vai para casa descansar. Precisamos fazer a nossa parte. Isso requer enfrentar o medo, o desânimo, a preguiça. Fazer a nossa parte requer escolhas e atitudes, dedicação e empenho. Resumindo, requer coragem.
— Mas e quando não sabemos o que fazer e sentimos medo, ficamos sem rumo?
— Não perca a fé. A fé vai direcionar sua vida. Peça a Deus.
— Lea... Às vezes, não é fácil. Minha vida toda parece sem sentido, por isso sinto medo, tremores...

— O que dá sentido à vida é a morte. Durante o período que vivemos encarnados, precisamos realizar muita coisa que planejamos antes de reencarnar. Se tivéssemos a vida terrena eterna e alguém dissesse que precisaríamos ser bons, nós diríamos: ah... Daqui a sete mil anos eu penso nisso! E continuaríamos sendo maus. Se tivéssemos de perdoar, diríamos: daqui a três mil anos penso nisso. E continuaríamos perseguindo e maltratando aquele que nos magoou. Se precisássemos ter paciência, ser manso e abandonar a agressividade, diríamos: daqui a uns vinte mil anos penso a respeito. E continuaríamos sem paciência, agredindo a todos. Deus é tão, mas tão inteligente que fez a reencarnação. No período em que estamos encarnados, precisamos cumprir o planejado feito antes de reencarnarmos, além de tarefas inúmeras e entre elas a de sermos uma pessoa melhor. É por isso que, quando colocamos gotas e mais gotas de veneno no nosso copo, ele transborda porque tem um limite. — Lea ficou em silêncio um momento, depois explicou: — Quando Jesus disse: "Eu e o Pai somos um." Quis dizer que Nele havia a essência de Deus. Quando Jesus disse: "Sois Deus e vos esqueceis disso". Ele afirmou que temos em nós essa essência do Criador, que muitos chamam de centelha Divina, Luz da Criação... Não importa o nome. Essa centelha, essa essência precisa se manifestar na forma mais sublime do amor. Nem que isso provoque dor na alma para chamar nossa atenção para que sejamos mais nobres com nossas atitudes, palavras e ações. Essa Luz vai se manifestar. A senha para sairmos de todos os problemas é o amor incondicional a nós e aos outros. Não podemos amar só aquele que nos ama, só os que torcem pelo mesmo time, que praticam o mesmo esporte... Não podemos amar somente aquele da mesma cor, etnia, orientação sexual, do mesmo partido político, o que não é diferente... Amor incondicional é honestidade, paciência, perdão, fidelidade para comigo e com os outros. Todo planejamento reencarnatório tem como prioridade nos melhorarmos. Mas, dotado de livre-arbítrio, que é o poder de decisão, podemos alterar tudo. Nosso livre-arbítrio faz com que coloquemos gotas de veneno naquele copo que vai se enchendo. Quando ele transborda, surgem os problemas, as doenças, as síndromes, os transtornos emocionais... e todos eles, sem exceção, têm como objetivo colocar a gente no caminho de volta, do qual nunca deveríamos ter saído: o caminho do amor. As doenças físicas e emocionais vão fazer com que busquemos, cedo ou tarde, um caminho de retorno ao plano original, que é ser uma pessoa melhor. A doença nos resgata, vira nossa cabeça na direção da Luz, na direção de Deus. Geralmente, quando está tudo bem, nós não procuramos Deus. Normalmente, a doença, principalmente a emocional, provoca parada, uma pausa na existência. Toda pausa na vida é a oportunidade para olharmos em volta, admirarmos a paisagem, agradecermos, buscarmos orientação e seguirmos com mais tranquilidade.

 A nossa Luz, a nossa essência Divina de amor e bondade precisam e querem se manifestar. É essa essência que nos trava, faz doer, tremer para darmos atenção a nós, ao que estamos fazendo conosco. Essa dor pode chamar depressão, ansiedade... Não importa. A sua Luz Divina quer brilhar. — Breve pausa e perguntou: — Lembra aquela amiga da minha mãe que falou sobre instinto?

 — Lembro sim.

 — O instinto é aquele lado animalesco, egoísta que exige: é o eu quero, eu preciso, tem que ser do meu jeito, eu não vou fazer, os outros são trouxas, danem-se os outros, tirarei vantagens, vou criticar mesmo, humilho sim e daí?... Isso tudo e muito mais é oriundo do instinto. Quando nossas ações deixam de ser instintos para serem racionais, nós começamos a evoluir. A isso, damos o nome de educar os sentimentos, disciplinar pensamentos, palavras e atitudes. Então, quando vejo o videozinho engraçado do bêbado que está sendo motivo de humilhação... não acho mais graça. Fico com pena. Peço a Deus que dê luz a sua consciência para que ele se recupere e siga um bom caminho porque, certamente, aquele homem embriagado tem uma família, um filho, uma mãe que está triste por vê-lo daquela forma. Aquele embriagado poderia ser eu, minha mãe, meu pai, minha irmã... Quando educo meus sentimentos e disciplino meus pensamentos, não exponho mais ninguém para que seja motivo de riso, sarcasmo... Quando vejo o vídeo de um gay ou de uma mulher com andar alterado, trejeitos ou modos diferentes viralizando para que sejam zombados e muitos riem, expondo o rosto da pessoa... Não acho mais engraçado. Poderia ser eu, meu irmão e, certamente, não estaria feliz. Aquela pessoa não está feliz. Aquele sujeito que foi filmado sendo preconceituoso, mal-educado... Coitado. Não fico com raiva. Fico triste. Ele é meu irmão perante Deus e precisa de ajuda, de amor, de compreensão e muito, muito ensinamento. Imagine se uma dessas pessoas exibidas se suicida porque não suportou ser tão exposta e eu ajudei nisso. Serei também responsável por isso. Criticamos o garoto ou a garota que se achava o tal e fez *bullyng* na escola, quando, na verdade, somos piores do que eles quando os expomos. É incompatível eu ser solidária à Campanha do Setembro Amarelo, dizer não ao suicídio, dizer para aguentarem firme que isso passa, lembrar que falar é bom... Mas, depois, com a maior hipocrisia do mundo, exponho alguém só por achar engraçado o seu jeito que considero ridículo, tomo partido de ódio contra determinada conduta, tenho atitude de preconceito e intolerância. E se aquela pessoa se mata? Eu contribuí para isso. Jesus andou entre pecadores, mas nada disse contra eles, somente os ensinou. Temos varias passagens em que vemos o Mestre se indignar contra os hipócritas. — Longa pausa. Depois alertou: — Minha conduta evoluída deve ser construída através das normas da sociedade e da educação recebida em casa ou adquirida de outra forma sobre tudo aquilo que é conveniente e inconveniente para mim e para os outros. Isso se chama equilíbrio, ou seja, eu consigo seguir regras. E Deus... Ah... Deus é cheio de regras! Observe Sua mais perfeita Lei do Retorno. É uma regra implacável da qual ninguém escapa. — Longa pausa. — Estou te dizendo tudo isso porque percebo e vejo muita gente vivendo com depressão e ansiedade sem saber muito bem o que fazer. Percebo que Deus está, realmente, transformando o planeta. É hora de acordar esse povo se não for pelo amor, será pela dor. Observe: essa e nenhuma outra dor são causadas por Deus. Todas são resultados de nossas atitudes. Mas Ele, com bondade Suprema, pode e vai nos ajudar, de acordo com nosso empenho e escolhas. Então, minha cara, não tenha medo de fazer o que é certo, moral, equilibrado, honesto, justo, prudente... Ao fazer isso, Deus estará contigo. Quando tomar atitudes boas, Deus estará contigo. Quando praticar o bem, é Ele quem te vai amparar. Quando for luz é Ele quem te vai iluminar. Faça o certo. Quer sair da construtora porque não é mais o seu perfil? Saia. Quer abandonar os conhecidos que não agregam positividade a sua vida? Não titubeie. Abandone. Quer se libertar daquela pessoa tóxica que te envenena e te enerva? Liberte-se. Diga não a ela. — Longos minutos e Lea disse: — Ah... Desculpe-me se falei demais. Aliás, não sei por que, falo muito quando estou com você — sorriu.

— É muito bom conversar contigo. Um novo mundo está se descortinando à minha frente. Nem imagina.

— Que bom... — inclinou-se para o lado e encostou a cabeça em seu ombro.

— Você é daquele tipo de pessoa que sempre colabora para que algo bom ocorra na vida dos outros. Pena não ter reparado nisso antes.

— Que nada. Só penso um pouco diferente. Sempre entendi que a tranquilidade nos deixa pensar e agir para o melhor. Tranquilize-se.

— Lea, como está a Angelita? — Carlota interessou-se em saber.

— Está bem. Graças a Deus! — ficou feliz ao dizer. — Ela trabalha na cidade de Marilia. Nem sei se te contei como foi... Eu arrumei emprego em uma construtora de lá. Aí... — falou tudo. — Agora está namorando o Hernando. Quem diria?... Estou tão feliz por ela. Ele é uma pessoa muito boa.

CAPÍTULO 50

REAJUSTES

O celular de Lea tocou insistentemente até ela despertar e atender.

Mal disse alô, começou a ouvir a outra pessoa. Incrédula, perguntou:

— Quem?! — silenciou. — É sério isso? — ouviu, novamente. — Nem sei o que dizer... Gostaria de ir ao hospital, mas... — conversou um pouco e depois desligou.

— O que foi, Lea? — Isabel havia acordado e quis saber.

— A Carlota ligou. Disse que o Iago estava na construção junto com alguns operários e tudo desabou em cima deles. Parece que um morreu. O Iago e os outros funcionários foram levados ao hospital.

— Quer ir até lá, filha?

— Não, mãe. O que farei lá?

— A irmã dele já sabe?

— Não sei... Não quero ser eu a avisar. Também não tenho outros detalhes. Pedi para a Carlota me manter informada. O que eu diria para a Margarida?

Aquela notícia deixou Lea abatida. Algo nada comum de se ver. Sentia um carinho especial por Iago. Não sabia explicar. Na ligação, a amiga desconhecia a extensão do acidente e o quanto Iago estava ferido.

Certamente, o acontecimento foi resultado da ganância de Sebastián. Lea não entendia o que prendia Iago naquela construtora.

No decorrer do dia, estava com o coração apertado. Desejava notícias, mas nem mesmo Carlota tinha mais informações.

As horas pareciam eternas até que decidiu enviar mensagem para Margarida e recebeu áudio, dizendo:

"Estou a caminho de São Paulo. Ainda na estrada. Soube que o Iago passa por cirurgia na perna por fratura exposta. Fraturou o braço também. Não tenho mais detalhes. Assim que chegar e souber de algo mais, aviso você."

Lea agradeceu e ficou aguardando.

Sua aflição e preocupação com Iago não a deixou esquecer a mãe.

Percebendo que Isabel não se encontrava bem, decidiu levá-la para o hospital, mesmo contra sua vontade.

Isabel ficou internada.

Seu quadro se complicou. A dificuldade para respirar era imensa e precisou ser sedada e entubada.

Carmem ficou ao lado da sobrinha por horas e, visto que não ajudaria em nada permanecerem no hospital, pois Isabel foi para o C.T.I., voltaram para casa.

Naquela noite, ao saber do ocorrido, Marisol procurou pela irmã.

— E aí?

— A mãe está internada. Seu estado não é nada bom.

— Caramba... Nossa vida é marcada por tragédia. O pai abandonou a gente, temos um meio-irmão deficiente, uma meio-irmã louquinha que se esculhambou toda, a nossa mãe com câncer nos pulmões, o pai tetraplégico... o que mais falta acontecer?

— Fazer o que é certo a partir de agora para termos menos coisas para resgatarmos.

— Você acredita mesmo em tudo isso, Lea?

— Se não acreditar, vou achar que Deus é injusto. O que nos acontece é resultado do que fizemos no passado. O que fazemos agora vai determinar o nosso futuro.

Marisol, preocupada somente consigo, nem prestou atenção no que a irmã disse e perguntou:

— Você acha que eu e o Raul fomos feitos um para o outro?

Lea olhou-a com mais atenção. Reparou o quanto seu ventre estava avolumado. O bebê deveria nascer em torno de um mês. Pensou em dar uma resposta mais dura, realista, mas em uma fração de segundo lembrou-se de que falar com amor é um ato de caridade. Após suspirar fundo, disse com bondade:

— Marisol, não nascemos para outra pessoa. Nascemos para nós mesmos. Precisamos dar o nosso melhor na vida em todos os sentidos, inclusive nos relacionamentos. Mas se o outro não corresponder ou de alguma forma te ferir, entendo que esse outro dificilmente vai mudar para que a relação melhore.

— Você nunca foi casada. Não pode saber disso.

— É... Tem razão — falou com desânimo. Na verdade, não quis estender o assunto para tentar fazê-la entender. Marisol não estava pronta para mudar.

— Você só diz que eu tenho razão? Não tem outra resposta?

— Minha irmã, neste momento, estou bastante preocupada com a nossa mãe. Ela está no C.T.I. Mal pude vê-la. As notícias não são boas. Não consigo pensar em outra coisa.

— Você é muito egoísta, né?

Tudo o que havia conversado com Carlota surgiu na mente de Lea e ela respondeu:

— Desculpe-me. No momento, não sei ser diferente.

— Estou procurando respostas. Meu filho está para nascer. O Raul... Sabe, está ocupado e... Não tá tendo muito tempo para mim. Desde que os pais dele morreram... Bem, era o pai que trabalhava e colocava dinheiro em casa. Agora, a situação tá difícil, né. Nem fiz enxoval do bebê direito. Eu ia até te pedir para... Sei lá. Ver se você e a mãe podem ajudar com alguma coisa.

— Todos esses meses cuidando da mãe, não estou trabalhando. É a aposentadoria da mãe que sustenta a casa. Não temos qualquer luxo. Os gastos são imensos. A tia Carmem até ajuda com alimentação, às vezes. Ela tem duas aposentadorias. E... Apesar de a Yolanda estar grávida, ela está trabalhando.

— A Yolanda deu sorte!

— Pois é... — No minuto seguinte, disse: — Desculpe-me por não poder ajudar.

— É que o Raul está fazendo uns serviços e não recebeu ainda.

— Entendo — Lea lembrou-se do quanto sua mãe forçou Marisol a estudar. Orientou para que tivesse uma vida produtiva, independente, mas ela não quis. Pensou em dizer-lhe isso, mas decidiu, para paz do seu próprio coração, deixar a irmã aprender pelas próprias experiências. — Também não tenho nada. O dinheiro que está aí é para pagar o lotação e o metrô para ir ao hospital.

— E quando eu for para o hospital?

— Você precisa planejar isso com seu companheiro, Marisol. Senta com o Raul e explica que ele é quem precisa te levar para o hospital. Estou muito ocupada com a mãe e também não tenho dinheiro sobrando.

— O Raul não está parando muito em casa.

— Por quê? — perguntou. Mas, em seguida, arrependeu-se.

— Ele está devendo pra uns caras aí. Pegou uma grana emprestada. Também tá fazendo uns serviços por aí...

Lea nem ousou pedir detalhes. Sabia que não conseguiria ajudar a irmã e que qualquer informação que tivesse não adiantaria nada. Além disso, Marisol precisava aprender com os próprios erros, já que não aprendia com os exemplos e orientações que lhes foram dadas.

— A vida não é fácil, Marisol. Por isso, precisamos pensar muito antes de fazer qualquer coisa. No começo, achamos que é divertido, mas as consequências podem ser escravizantes.

Nesse instante, a campainha tocou.

Lentamente, Lea levantou-se e foi ver quem era.

No portão, encontrou Carlota e Margarida.

Lea e Margarida, praticamente, jogaram-se uma no abraço da outra e ficaram em silêncio, somente embalando-se, vagarosamente, de um lado para outro.

Carlota só observou e sorriu. Não soube dizer a razão de a cena forte de emoção tocar seu coração quando lágrimas transbordaram em seus olhos ao ver aquilo.

Margarida e Lea, duas almas amigas que vinham se ajudando em diversas encarnações, confortavam seus corações na ternura de um abraço amigo, fiel, que fortalece.

Ao se afastarem, lágrimas escorriam no rosto de ambas. Sorriram e secaram com as mãos.

— Vamos entrar — a anfitriã pediu.

Aceitaram e seguiram.

Na cozinha, apresentou-as à irmã.

Lea explicou o estado de sua mãe. Depois, foi a vez de Margarida:

— O Iago levou uma pancada forte na cabeça. Foi induzido ao coma após a cirurgia do fêmur que teve fratura exposta. Está com duas costelas quebradas também.

— Meu Deus... — Lea murmurou triste.

— É tão difícil, não é mesmo, minha amiga? — Margarida perguntou. — Por mais que tenhamos aceitação, ficamos fragilizados quando aqueles que amamos estão sofrendo.

— É verdade. Há meses minha mãe vem sendo guerreira. Tento animar, ajudar, mas não estou conseguindo.

— Só o fato de estar ao lado dela é de grande ajuda — tornou a outra.

— Estou admirada de vê-la, aqui, na minha casa. Apesar do Iago no hospital, tirou um tempinho para mim... — sorriu ao se emocionar.

— Não poderia deixar de vê-la, Lea. Por suas mensagens venho acompanhando o que sua mãe está passando e imagino o quanto está sofrida, além de ocupada demais. Precisava prestar minha solidariedade. Eu ia procurar um hotel...
— Margarida não terminou de falar. Foi interrompida.

— Pode ficar, aqui, na minha casa. É simples, mas... — sorriu.

— Eu já ofereci acomodações para a Margarida lá na minha casa, Lea — disse Carlota satisfeita. — Sinto-me útil por ajudar e... O hospital é mais perto de onde moro. Além do que, você está preocupada com sua mãe.

— É mesmo. A Carlota tem razão. Já tem trabalho e preocupações demais — Margarida concordou.

Conversaram um pouco mais. Depois se foram.

Marisol, que ficou a maior parte do tempo calada, pediu:

— Posso ficar aqui esta noite?

— Claro. Pode sim — a irmã respondeu com tranquilidade, quase sussurrando. Lea experimentou grande amargura. Sentia sua alma aprisionada em uma situação que não conseguia resolver. A espera angustiante era a única companhia, mesmo se estivesse rodeada de pessoas. Ela e a mãe tinham uma ligação muito forte, intensa. A doença ingrata não causava somente dores físicas, mas também criava fantasmas e tormentos que eram difíceis de lidar, por mais que tivesse conhecimento, equilíbrio e fé.

As visitas ao C.T.I. eram rápidas demais. Os minutos pareciam segundos.

Ver sua mãe naquele estado era cruel demais.

Lea expressava um triste silêncio no semblante sério, sempre reflexivo.

Não bastassem as complicações que surgiram no estado de Isabel, Lea estava desempregada, sem recursos financeiros.

Conversando com sua tia Carmem, contou:

— A Marisol pediu para dormir lá em casa por esses dias, enquanto nossa mãe está no hospital.

— Será bom ter companhia.

— Acho que ela está com problemas. Não sei não...

— É com o Raul? Ela disse alguma coisa?

— Contou que está fora por causa de um serviço e por conta de uma dívida... Não gostei disso, tia. Ele deve ter se envolvido em alguma encrenca. Minha mãe tinha razão. O Raul não é responsável. Tão menos a Marisol que se juntou a ele. O que será dessa criança quando nascer?

— Esse filho é para fazer a Marisol criar responsabilidade, assumir a própria vida e ser independente. Não ficar esperando algo dos outros — disse Carmem, intuitivamente. — Ficando com um homem sem responsabilidade, pouco empenhado ou preocupado com ela, vai complicar ainda mais a própria vida.

— Tia, minha mãe falou, orientou muito! Aliás, ela sempre deu mais atenção para a Marisol do que para mim. Minha irmã sempre deu mais trabalho. Falta de aviso não foi.

— E se ela quiser voltar para casa depois do nascimento do filho, Lea? O que vai fazer?

— Não posso impedir. Ela é tão filha quanto eu. Não adiantará nada eu brigar, berrar e espernear. Mas ela vai ter de trabalhar e cuidar do bebê.

— É justo.

— Tia... Tô com o coração tão apertado...

— E o seu amigo, o Iago? Como está? — perguntou para mudar de assunto.

— Graças a Deus saiu do coma induzido e despertou bem. Está consciente, mas fisicamente limitado com gesso na perna e no braço. A Margarida, irmã dele, quer levá-lo para a casa dela até que se recupere, mas ele insiste em ficar aqui na capital.

— Homem é manhoso e teimoso. Duas coisas difíceis de lidar — Carmem riu e brincou para distraí-la.

— Tia, acho que a Marisol não está fazendo o pré-natal.

— Será? Você perguntou?

— A obrigação é dela. Nem perguntei. Pode parecer crueldade da minha parte, mas... A Marisol é o tipo de pessoa que, se eu me mostrar interessada, ela passa as responsabilidades dela para mim. Minha irmã sempre acha que os outros devem ajudá-la. Já tenho meus próprios problemas. Nos últimos meses, nem visitar nossa mãe ela foi.

— É complicado.

— Estou me sentindo tão tensa, tia.

— Mantenha-se firme, Lea.

Um estranho vazio invadiu a alma de Lea, deixando intrigante sensação de insegurança. Experimentou tremor por dentro e forte dor no peito, além do nó na garganta. Lembrou-se do que Carlota disse ter sentido.

Olhou para a tia e disfarçou com suave sorriso.
Levantou-se. Colocou a xícara de chá na pia e decidiu:
— Já vou, tia.
— Lea, tenha fé, filha. A fé é a única coisa que nos resta quando todas as outras vão embora. Cultive-a.
— Pode deixar, tia — sorriu. — Obrigada.
— Se precisar, estou aqui.
— Pode deixar.
Ao chegar a sua casa, viu a irmã sentada no sofá com a TV ligada e uma bacia de pipoca nas mãos.
— E aí? — Marisol perguntou.
— Tudo bem. Estava conversando com a tia.
— Quer pipoca?
— Não. Obrigada.
— Você está muito murcha, Lea.
— É preocupação.
Não conversaram mais.
Durante a madrugada, o celular tocou.
Ao perceber que a ligação era do hospital, Lea gelou. A sombra hostil de um medo inominável pareceu invadir seu corpo todo e sentiu o peito apertar.
Atendeu.
Soube que o estado de sua mãe havia piorado ainda mais e seu comparecimento foi requisitado no hospital.
Nesse instante, soube que algo pior tinha acontecido e que sua presença foi solicitada apenas para que não dessem a notícia por telefone.
Lea se fez forte. Trocou-se e foi para lá, sem avisar ninguém.
Somente pela manhã, ligou para a irmã e para a tia dando a notícia.
Esse foi o momento mais difícil de sua vida.

Apesar de só haver passado uma semana após o falecimento de Isabel, Carmem foi conversar com a sobrinha a respeito do inventário.

— A casa era da Isabel e só tem vocês duas como herdeiras. O inventário deve ser feito até um mês após o falecimento ou terá multa. Lembro que precisei fazer isso quando o Diego morreu. Quase pagamos multa. Se não tivessem me avisado...

Lea, apesar do sofrimento, procurou um advogado que fizesse esse processo.

Na semana seguinte, Marisol entrou em trabalho de parto e, pelo fato de Raul não estar em casa, chamou a irmã para ajudá-la a ir ao hospital. Lea precisou pegar dinheiro emprestado da tia para chamar um táxi.

Marisol deu à luz um menino. Enquanto estava no hospital, Raul foi visitá-la e disse que, a partir dali, ele assumiria cuidar de Marisol e do filho. E assim aconteceu.

Passados dias, quando Lea foi até a casa da irmã ver o sobrinho, sem demora, ela comentou:

— Lea, estava conversando com o Raul e ele acha que devemos vender a casa da mãe e repartir logo a herança. Não há necessidade de a gente ficar adiando isso.

— Marisol, pense bem. Você e o Raul não são casados. Não têm uma união tão sólida... Estou sem emprego e com dificuldades de arrumar algo na minha área. Na minha opinião, deveríamos adiar um pouco mais a venda da casa. Ter um imóvel é ter um porto seguro, tanto para mim como para você. O dinheiro que vamos receber com a venda não será grande coisa quando partilhado. Essa grana pode sumir em pouco tempo e ficaremos sem nada.

— Sinto muito pensar diferente de você. Eu prefiro o dinheiro.

— Pense um pouco mais, Marisol.

— Estou decidida. Quero minha parte.

Ao sair da casa da irmã, Lea foi direto para a casa de Carmem.

— Tia, a senhora não acha que isso é um erro? Tá na cara que a Marisol vai dar todo o dinheiro na mão do Raul e, em pouco tempo, não sobrará nada!

— Entendo sua preocupação. Você tem toda a razão. Mas sabe que sua irmã não dará sossego até receber a parte que tem direito.

— Nem emprego eu tenho! O que posso fazer da vida?! — preocupou-se muito, sentindo-se amargurada.

— Fica tranquila, Lea. Todos nós, você, principalmente, estamos abalados há meses. Vamos manter a calma. Primeiro, peça a alguém de uma imobiliária avaliar a casa e coloque à venda. Não se vende um imóvel tão rápido. Enquanto isso, foque em arrumar emprego.

— E se a casa for vendida?

— Você vem morar aqui. Pode ficar com a cama da Angelita. Afinal de contas, tirou a minha filha desta casa! Nada mais justo do que vir ocupar o lugar dela! — brincou, fingindo-se zangada. Mais serena, comentou: — Você é como uma filha para mim, Lea. Aqui terá casa e comida. Garanto.

— Estou envergonhada de vir comer aqui.

— Se fosse o contrário, tenho certeza de que me ajudaria. Vai ver, tenho esse débito contigo! — riu e segurou o braço da sobrinha ao seu lado. — Em outra vida, você me ajudou, me deu casa, comida... Por isso, sinto-me no dever de retribuir. Quero vê-la bem. Feliz e realizada. O que está acontecendo é uma etapa de aprendizado. Vai passar.

— Tem de passar logo, tia.

Carmem se levantou e a abraçou com carinho. Não deixou a sobrinha ver seus olhos marejados pela forte emoção.

Ao chegar a sua casa, Lea viu as várias mensagens de Carlota. Sem pensar, decidiu ligar.

— Carlota, o que aconteceu?

— Meu irmão... O Sebastián morreu — chorou.

— Como isso aconteceu?

— Desde que a construção desabou, o Sebastián se afastou da construtora. Estava com medo das investigações, pois poderia ser preso. Então, ele viajou de carro para Florianópolis. Já estava lá, na casa de um conhecido, há semanas e... — chorou. — Quando estava na cidade, em uma avenida movimentada, dentro do carro, parado no semáforo, foi assaltado. O bandido pensou que ele fosse reagir quando foi tirar o relógio e deu um tiro nele — chorou mais ainda.

— Eu poderia ir aí, mas... — Lea gostaria de ajudar e confortar, mas não quis dizer que não tinha dinheiro para a condução. No funeral de sua mãe, Carlota a acompanhou e ajudou nos gastos, que não quis receber de volta.

— Eu posso ir até sua casa?

— Claro! Venha! Estou te esperando.

Algum tempo depois a amiga chegou.

Dentro da casa, abraçou-se à Lea e chorou muito.

Ficaram na sala conversando a maior parte da noite.

Na espiritualidade...

— Bem... É isso o que está acontecendo, Esmeralda — o espírito Jorge explicou. — Você ficou fora tanto tempo... Pensei que não viria para o resgate de Isabel.

— O trabalho que abracei foi mais demorado do que imaginava. Ainda bem que cheguei a tempo de auxiliar e receber Isabel. Foi bom tê-la de volta e vê-la liberta dos débitos do passado. Que bênção! Que vitória! O desencarne dela foi incrível libertação.

— E como ela está? — sorrindo, Jorge quis saber.

— Agora, com a consciência expandida, sente-se muito bem. Está feliz por seus acertos. Lógico que com saudade das filhas e da irmã... — riu. — Isabel e Carmem demoraram tanto para fazerem as pazes... Custou tanto se perdoarem. Conseguiram ver que toda a rivalidade, a ausência de perdão, o ódio que nutriram por séculos era pura tolice e infantilidade.

— Na última existência, percebemos que as duas não se largavam.

— Foi maravilhoso saber — Esmeralda ficou feliz.

— Agora, acompanhamos os que ficaram. Marisol não aprendeu nada com todos os ensinamentos, exemplos e orientações. Tanto na outra vida quanto nesta, ela não quer assumir responsabilidades. Quer que os outros cuidem dela. Por causa disso, sofrerá.

— A falta de emprego e a venda da casa serão fatores que libertarão Lea da irmã. Embora não consiga enxergar isso agora. Marisol precisa crescer e aprender com as escolhas erradas que fez.

— Pobre Marisol... Deveria se assumir. Cuidar de si, tomar as rédeas da própria vida e não depender de ninguém. Mas insistiu em investir em alguém que não pode nem com ele. Não temos como ajudar.

— A propósito, os pais de Raul, Juanita e Ernâni, que, em outra época, eram ricos e fazendeiros escravocratas, nessa última encarnação, tiveram vida simples e enfrentaram doenças e limitações no corpo físico. Desencarnaram por consequências das queimaduras devido à explosão de um botijão de gás. Sofrendo lesões com o fogo, da mesma forma que feriram escravos e empregados em outra vida.

— Eu acompanhei. Foram socorridos, mas se revoltaram. Acharam Deus injusto pelo sofrimento que passaram. Eles não se libertam do que é material. As dores pelas queimaduras continuaram no corpo espiritual após o desencarne, pois o campo psíquico pedia reajuste. Porém, eles não entenderam isso. São espíritos endurecidos, que atraem ainda mais sofrimento pela falta de humildade, aceitação, amor ao próximo. Não acham que o outro é como eles. Encontram-se em tratamento. Acham o socorro inadequado e exigem encarnar imediatamente para acabarem com as dores.

— Pelo menos entenderam que reencarnação existe, mas... Já conseguiram a oportunidade de retornar ao corpo físico?

— Você sabe, Jorge. Têm exigências. Eles querem reencarnar na riqueza, com beleza...

— Já vimos casos assim antes, minha amiga... Veja a Carlota e o Sebastián que tanto reclamaram de suas condições em outras vidas. Não aprenderam muito. Somente a Carlota, ultimamente, está se esforçando bastante. Temos de admitir.

— Fiquei admirada ao vê-la. Apesar da dor que enfrenta na alma, podemos ver que Carlota está mais liberta, mais transparente, mais sublime... Interessante.

— Ela está se esforçando e isso auxilia nossa ajuda. Recebe muito amparo e proteção, apesar de se achar sozinha — Jorge comentou.

— É um processo. Em breve, ela vai se libertar dessas dores e enxergar o mundo de outra forma. Com mais tolerância, humildade, amor... Sairá definitivamente da depressão. Tenho certeza.

— Com o desencarne do irmão, muita coisa mudará. Sebastián desencarnou da mesma forma que tirou a vida de Iago. E isso foi só o começo para Sebastián... Lamentável — tornou o amigo.

— E o Iago precisou ficar quase soterrado por dívida de outra vida ainda! Porque não deu condições adequadas de trabalho. Além de outras coisas, como de afastar-se do que não serve, do que não agrega.

— Esmeralda, minha amiga... Nada escapa. Harmonizamos tudo o que desarmonizamos.

— É verdade, meu querido. São tantos reajustes... No momento, precisamos amparar a Carmem. A filha caçula, a Yolanda, dará à luz Onofre, aquele que foi meu marido, pai de Carmem e Isabel. Dono de muita fortuna. Carmem, por egoísmo, junto com o marido Diego, aos poucos, envenenaram Onofre para que passasse todos os bens para ela. Agora, Onofre reencarna como filho de Yolanda, que em outra vida foi rebelde, ingrata, maltratou os filhos que Deus lhe confiou aos cuidados com castigos muito, muito severos. Yolanda precisará dedicar muitos anos e extrema atenção a esse filho que vai nascer. Carmem, por sua vez, deve ajudá-la muito, reparando, assim, o que fez com o pai na outra existência.

— É verdade. Onofre é um espírito com muitos débitos e perseguidores — Jorge comentou.

— Pobre Onofre... Homem muito rigoroso e cruel. Usava de torturas com seus escravos, funcionários. Após Carmem e

Diego o terem assassinado, na espiritualidade, ele foi rodeado por seus algozes. Sofreu torturas e perseguições. Poucos foram os que lhe perdoaram. Foi arrastado para regiões tenebrosas. Nesse lugar, Onofre via e ouvia, ininterruptamente, os berros e gemidos daqueles que torturou, sentindo o corpo espiritual sofrer. Décadas e décadas... Os espíritos que lhe perdoaram rogaram por ele para que fosse atendido e socorrido.

— Inclusive você. Apesar de todo o sofrimento que ele a fez experimentar.

— Atire a primeira pedra aquele que nunca errou em encarnação nenhuma. Sou defensora do perdão. Perdão é amor, é piedade, principalmente, quando sabemos que a consciência daquele que perdoa sente paz, alívio. Quando não perdoo, envolvo-me mais ainda com meu algoz, crio laços com ele.
— Breve instante e Esmeralda contou: — Décadas revendo tudo o que fez deixou a consciência de Onofre muito abalada. Reencarnou na Alemanha e foi para campos de concentração. Expiou algumas coisas, mas seu ódio e egoísmo cresceram. Ele se fechou e deixou de amar. Envolvido e resgatado por aqueles que o amavam, foi cuidado e preparado para reencarne. Nascerá perfeito de corpo, mas totalmente fechado para a vida.

— Autismo — disse Jorge.

— Sim. Autismo em um grau muito elevado. Precisará de muito, mas muito amor, atenção, cuidado, prece, oração, envolvimento no que for elevado, músicas de elevação, coisas tranquilas, alimentação adequada... É muito bom Carmem e Yolanda serem espíritas, pois procurarão suporte nesse sentido e terão.

— Será importante, pois, aqueles que ainda o perseguem podem ser socorridos e tratados, aliviando o presente e o futuro.

— Exatamente! — Esmeralda ressaltou.

— Será importante inspirarmos Yolanda a procurar por alimentação natural, sem açúcar de nenhum tipo, sem glúten também... Pois, a alimentação afeta muito a criança. Aliás, todas as crianças. Alguns tipos de alimentos como glúten e açúcares, excesso de carboidratos deixam as crianças agitadas e sem atenção.

— O número de crianças com déficit de atenção vem aumentando devido a muita alimentação industrializada. Alimentos naturais estão sumindo da mesa. Uma inspiração cairia bem para Yolanda — ela sorriu.

— Esse filho vai ajudá-la. Fará com que busque sua missão de vida.

Entreolharam-se e sorriram

CAPÍTULO 51

POR SUA CAUSA, NÃO DESISTI

À noite foi de longas conversas.

Lea e Carlota quase não viram o tempo passar.

Era início da manhã quando foram dormir e as poucas horas de sono não incomodaram para acordar.

Ao servir o desjejum, a anfitriã lembrou:

— Sinto muito por ter somente café e biscoito. Sei que está acostumada a muito mais coisas no café da manhã.

— Pare com isso — acomodou-se à mesa. Pegou a xícara com café e bebericou.

— Está bom de açúcar? Esqueci e adocei... Era costume. Eu e minha mãe adoçávamos o café antes de colocarmos na garrafa térmica. Tínhamos a mesma preferência. Ainda não perdi o hábito.

— Está ótimo. — Quando viu Lea sentada a sua frente, disse: — Conversar com você me fez muito bem. Como sempre. É lógico que estou triste, mas sem o desespero de antes. Acalmei meus pensamentos dizendo a mim mesma que não vou poder mudar a situação. Sei que meus outros dois irmãos estão cuidando de tudo e isso me acalma. Preciso estar no controle dos meus sentimentos para não desesperar, mais ainda, minha mãe.

— Certamente, sua mãe está muito abalada e ferida. Dizem que não há nada pior do que a perda de um filho. Se ela a vir sem controle, sofrerá ainda mais.

— Saindo daqui, vou até Embu das Artes, que é a cidade onde ela mora. Não tinha condições de ir vê-la ontem à noite.

— Você está bem equilibrada, agora. — Olhando-a, Lea decidiu: — Terminando de tomar café, vou me trocar para ir com você. Se me permitir — sorriu com generosidade.

— Lógico que aceito. — Breve instante e comentou: — Estou percebendo que você está com dificuldades de arrumar emprego, não é?

— Estou sim, principalmente, por querer na mesma área e... — silenciou. Depois contou: — Minha irmã quer que vendamos a casa. Insiste nisso por causa da parte que tem direito. Sei que não será uma boa coisa, porque estou sem emprego e ficarei sem ter onde morar. Enquanto ela está em uma união... Sabe?... Tem um companheiro que é nitidamente irresponsável. Vão torrar todo o dinheiro, ficar sem nada... Daí, é provável que se torne aqueles relacionamentos complicados, difíceis. Mas é escolha dela. Não posso interferir. Avisada, está.

— Eu me afastei da construtora. Nem sei o que meu outro irmão anda fazendo depois do desmoronamento que feriu o Iago e matou outro funcionário que morreu no hospital. A empresa passará por dificuldades. Não tenho ideia de como será. Se não fosse isso, você estaria lá.

— Não se incomode, Carlota. Imagina... Aliás, nem sei se quero ficar na capital. Às vezes, penso em ir para o interior. Foi tão bom o tempo que morei em Marília. Pena que não encontro nada por lá. Andei conversando com minha prima. Estou aguardando. Quem sabe...

— Quero te ajudar de alguma forma. Se me permitir, claro. Posso te dar algum valor em dinheiro.

— Obrigada, Carlota, mas não será preciso. É somente uma fase.

— Não é orgulho seu?

Lea riu.

— Acho que não. Mas vamos fazer assim: se as coisas não melhorarem em alguns dias, aceitarei como empréstimo, tá bom? — sorriu e pegou em sua mão sobre a mesa em sinal de agradecimento.

— Estou à disposição — sorriu também.
Lea olhou em seus olhos e disse com jeito tranquilo:
— Carlota, quero te pedir desculpas por tudo o que disse da primeira vez que me procurou para conversar. Acho que despejei muita coisa em cima de você. Não fui sua amiga e... Sei que foi um balde de água gelada. Não fui bondosa. Perdão.
— Pare com isso! Você foi a única pessoa sincera comigo até hoje. Posso afirmar que foi a primeira amiga de verdade, capaz de dizer, na minha cara, o que havia de errado comigo. Mostrou as verdadeiras causas do que me levou ao sofrimento, do que me levou ao fundo do poço. Nós oferecemos o inferno para as outras pessoas quando disseminamos medo, ódio, discórdia, esquecendo que tudo isso volta para nós de diversas formas. Precisamos escolher bem o que oferecemos ao mundo. Não conseguimos colher flores, se plantarmos pedras. Os amigos que tive nunca foram francos, honestos comigo. Só percebi a falsidade quando não tinha o que oferecer. Primeiro, perdi a beleza. Olha para mim — breve pausa. — Nem eu consigo me olhar no espelho, se quer saber — lágrimas escorreram em seu rosto. — Em seguida, quando as dores na alma começaram, ninguém quis me ouvir. Todos se afastaram. Entendo que cada um tem seus problemas.
— Eu não te ouvi. Te dei o maior sermão.
— Não foi sermão. Você apontou as coisas erradas que eu fazia. Me deu soluções, apontou caminhos, mudança de pensamentos, comportamento, me ensinou a buscar ajuda certa. Dar sermão é dizer: bem-feito! Foi bom para você aprender!
— Apontei seus erros e isso não foi educado.
Carlota riu e perguntou:
— Como podemos corrigir algo ou alguém sem comentar as falhas? É falta de caridade. A maior caridade que o mundo recebeu foi através dos sermões de Jesus, que usou esse método para nos ensinar. — Observou a outra pensativa e disse: — Você não me expôs em público. Disse tudo para mim. Na minha cara. Não mandou recado nem indiretas. Quando te procurei, eu estava pronta para tirar minha vida.

UM NOVO CAPÍTULO

Você me mostrou onde estava errando e me apontou caminhos. Hoje, já me sinto diferente. Agradeço a Deus pelos dias melhores, mais leves e felizes e... Medito, oro, passeio, leio bons livros que me trazem reflexões saudáveis, que elevam a alma, expandem a consciência, alegra o coração... É impressionante como isso tira a minha mente do estado de abalo e de medo. Transporta meus pensamentos para um novo patamar de equilíbrio e fé. Aprendi isso com você. Ainda preciso me vigiar muito para tratar as pessoas, não criticar, não ironizar, não xingar no trânsito... — riu. — Não quero mais gotas de veneno no meu copo. Talvez, a pobre da minha prima não tivesse feito o que fez se uma pessoa como você tivesse surgido no caminho dela.

— Não podemos afirmar isso. Deus sempre coloca em nosso caminho recursos e pessoas para nos orientar e auxiliar a evoluir e crescer. Porém, a decisão de se empenhar para melhorar é nossa. Se você não lesse os livros, não fosse ao psicólogo, não fosse à casa espírita, não fosse fazer caminhada e buscar tantas outras coisas, não estaria melhorando.

— É verdade. Sinto-me melhor. Nos dias em que estou bem, são os que preciso me vigiar mais para não voltar a fazer o que fazia antes. Nos dia em que não estou bem, me esforço ainda mais.

— Existe o lado espiritual que interfere muito. Lembre-se disso. Por essa razão, a assistência espiritual e a religiosidade ajudam bastante. Leituras edificantes, palestras com oradores capacitados para ajudar a entender certas coisas... Isso auxilia incrivelmente![1] Mas esse lado espiritual também tem jeito, quando buscamos ajuda. Tudo tem jeito. Deus sempre socorre aqueles que O buscam.

— Não quero que pense que foi dura demais comigo.

— Foi bom não sermos amigas, né? — indagou rindo. — Senão, é bem provável que eu não diria tudo aquilo.

---

[1] Nota: O livro: *A Conquista da Paz*, romance do espírito Schellida, psicografia de Eliana Machado Coelho, mostra-nos excelentes reflexões e ensinamentos sobre esse tema.

— É mesmo, né? — Carlota achou graça. — Eu também não era sua amiga — riu.
— Agora é diferente — Lea afirmou. — Gosto muito de você.
— Promete que continuará sendo sincera comigo, por favor. Por sua causa eu não desisti. São poucas as pessoas para quem podemos dizer isso.
— Prometo.
— Obrigada, amiga. Agora vamos?
— Claro.

Alguns dias se passaram e Margarida ligou para Lea desejando saber como estava.
— A casa foi anunciada e recebi poucas visitas. Nenhuma oferta próxima do valor estabelecido. Não está fácil vender.
— Eu estava pensando, Lea e até cheguei a falar com o Antônio... Você gostou tanto daqui e... Acredito que daqui a pouco venderá essa casa e, com a parte que receber, o que acha de investir em empresa de paisagismo? Para trabalhar aqui, comigo, lógico. Podemos pensar em sociedade. O que acha?
— Eu?! — exclamou ao indagar e respirou tão fundo que a outra ouviu.
— Não, Lea, a sua vizinha — Margarida riu.
— Nossa! Não tinha pensado nisso, mas adorei a ideia. Porém, não tenho qualquer prática e, precisarei aprender muita coisa e... Ai, meu Deus... Deu frio na barriga — riu de si mesma.
— Só é preciso amar a terra, as plantas, acordar cedo... Isso é preciso. O resto se aprende.
— Eu topo! — concordou, mesmo sentindo os efeitos da descarga de adrenalina. — Só é preciso esperar a venda desta casa.
— Por que esperar? O que a impede de vir para cá e começar a trabalhar comigo? Preciso de mais alguém aqui e você seria a pessoa ideal. Até porque já pode ir se adaptando com o trabalho e terá a chance de saber se é nisso mesmo que quer investir.

— Eu aceito! Nossa! Aceito sim. Se você tiver um lugar para dormir...

— Tenho. É uma casa simples que chamo de chalé. É boa. Precisa de uma faxina, claro. Uma pintura de verniz também. Foi feita pela construtora do Antônio. É de madeira e muito bonita. Fica nos fundos do terreno, perto da nova estufa. Se quiser, pode ficar lá.

— Quero sim, Margarida. Eu aceito — falava expressando felicidade na voz. — Ainda estou surpresa com a proposta e ansiosa por essa nova vida. Vou conversar com minha tia e providenciar a mudança. Se bem que não tenho muita coisa...

— Lea, fica tranquila. Sabendo que aceitou trabalhar aqui, até para experimentar e ver a possibilidade de fazermos uma sociedade, já me deixa confortável, pois não preciso procurar outra pessoa.

— Não procure. Darei um jeito nas coisas por aqui o quanto antes e te aviso.

— Que ótimo! Sei que vamos nos dar muito bem — Margarida ficou feliz.

— Também acredito nisso — Lea disse com o coração repleto de alegria. Seria nova chance de recomeçar e escrever um novo capítulo de sua vida. No momento seguinte, perguntou: — E o Iago? Como está?

— Como sabe... Ele não quis ficar aqui até se recuperar. Ficou na casa da Estela. Está bem melhor. Conversamos todos os dias. Falou que está entediado por ficar em casa.

— É bom saber que está se recuperando — Lea comentou em tom singular na voz, quase triste. Algo a incomodou profundamente quando soube que Iago estava na casa de Estela. Gostava dele, mas não era fácil admitir.

— De verdade, eu gostaria de ter meu irmão aqui. Principalmente, por saber de tudo o que aconteceu. O acidente foi por negligência do Sebastián para ter lucros.

— Você ficou sabendo que o Sebastián faleceu?

— Fiquei. Ele foi para longe na esperança da poeira baixar após o acidente na obra. Lamentável. Mas não podemos fazer nada.

— Espero que o lago se recupere o quanto antes — Lea desejou.
— Vai sim. Estamos todos torcendo.
Conversaram um pouco mais, depois desligaram.
Lea ficou muito pensativa. Foi envolvida por um misto de alegria e ansiedade. Desejaria ter sua mãe ali para conversar e se aconselhar.
Nesse momento, uma dose de tristeza a dominou. Era saudade. Mas não durou muito tempo, pois ela procurou mudar os pensamentos, ocupando-se com outras coisas.
No dia seguinte, procurou pela tia e contou tudo.
— Então é isso. O que a senhora acha?
— Nossa, Lea... É uma mudança e tanto. Vejo que sempre gostou de terra e plantas... — sorriu. — Acho que vai se adaptar bem. O bom é que a Margarida aceitará que trabalhe lá antes de investir em uma sociedade. Dessa forma, terá como analisar antes de investir o dinheiro que terá com a venda da casa. Essa experiência será boa. Em todo investimento existem riscos.
— Verdade, tia. O período em que estiver trabalhando poderei especular bem o negócio.
— Então, vá, filha... — disse a tia sorridente. Tinha um carinho muito especial por Lea. Como se, realmente, fosse sua filha.
A sobrinha sabia disso. Sentia. Ignoravam que se tratava de gratidão pelo carinho e amparo oferecidos em outra vida. O interesse e os esforços para tirar Carmem e Isabel do orfanato, o acolhimento e as generosidades dispensadas às gêmeas especiais, em outros tempos, ficaram cravados nas emoções, na alma.
Levantando-se, abraçou a sobrinha.
Nesse instante, o espírito Isabel se juntou a elas, envolvendo-as com imenso amor.
Lágrimas escorreram em suas faces, pois o coração transbordou emoções e sentimentos que somente as almas experimentam.
No abraço apertado, com voz abafada, Lea murmurou:
— Eu gostaria que minha mãe estivesse aqui...

— Eu estou, filha — Isabel a envolveu ainda mais ao dizer, mesmo sabendo que Lea não a ouvia.

— Sua mãe sabe disso. Ela está torcendo por você. Tenho certeza.

— A saudade dói, tia...

— Eu sei... Eu sei... — Carmem sussurrou.

Somente aqueles que amam sentem saudade. Ela chega a ser tão intensa que pode parecer dor. Mas nunca deixe o desespero ou a angústia existirem junto com a saudade, pois isso será enviado àquele que partiu.

— É que tem dia que é difícil... — a sobrinha disse baixinho.

— Lea — esperou que a olhasse e disse —, lembre-se das coisas boas com sua mãe. Das alegrias, dos momentos engraçados... Saiba que essa separação não é eterna. Vocês não disseram adeus. Foi um até daqui a pouco. Agradeça a ela por ter te dado a vida, o amor, os bons momentos, o aprendizado, o carinho e muitas outras coisas importantes para sua evolução. Agradeça, mas sem dor.

— Estou me esforçando para fazer isso. Mas estou fazendo. Éramos bem ligadas.

— Ainda são. Deus não separa os que se amam. A morte não nos distancia dos que amamos. Os que se vão continuam nos vendo, acompanhando, amando... A limitação é nossa por não conseguir vê-los. Mas, com a alma em paz, conseguimos senti-los.

Lea forçou o sorriso. Nesse instante, experimentou algo confortante que não saberia descrever em palavras.

Ainda era o abraço de sua mãe que a envolvia com imenso carinho.

Com ternura, o espírito Isabel disse:

— Eu te amo, minha filha. Estou vibrando amor e prosperidade para você. Seja prudente e gentil.

Sem saber o que acontecia na espiritualidade, Lea se fez forte. Respirou fundo e decidiu:

— Farei isso, tia. Vou aceitar a proposta da Margarida e irei para o sítio o quanto antes para começar a trabalhar. Enquanto isso, deixo a casa à venda. A Marisol quer a parte dela e, dessa forma, terá sua independência de mim. É o que ela quer.

— Sua irmã terá dificuldades. Sabemos disso. Todos os que insistem em não mudar, sofrem pelas escolhas erradas. É o orgulho falando alto.

— Pois é...

— E quando você vai para o sítio de Margarida?

— O quanto antes, tia! — alegrou-se. — Não vejo a hora.

No final de semana, o nascimento do bebê de Yolanda reuniu todos no hospital.

Angelita, acompanhada do namorado Hernando, estava presente.

Após fazerem a visita, foram para a casa de Carmem que se achava bem feliz.

— Ela decidiu colocar o nome de Onofre — a avó contou.

— É um nome incomum, nos dias de hoje — Angelita comentou.

— É por ele ter nascido no dia de Santo Onofre — tornou Carmem.

— Por acaso a Yolanda virou religiosa, agora? — indagou Angelita com graça.

— Nos últimos tempos sim. Ela mudou muito. Acho que a gravidez mexeu com ela. Ia à igreja, à casa espírita... Procurava uma forma de se aproximar de Deus. Isso é o que importa. Conversamos muito. Ela tem mudado sua opinião sobre a vida.

— Eu percebi isso, tia — Lea admitiu. — A Yolanda está mais responsável. Fez o pré-natal direitinho, cuidou-se, cuidou do bebê... Falou para mim que, logo que o bebê puder ir para a creche ou escolinha, quer fazer faculdade para garantir-se no futuro. Achei maravilhoso!

— Sim. Ela vem se planejando para uma vida melhor. Estou tão agradecida a Deus por isso... — Carmem se manifestou com alegria.

— Bem diferente da minha irmã. A Marisol não tem a menor preocupação em se melhorar.

— Continua do mesmo jeito? — Angelita quis saber.

— Se não do mesmo jeito, pior — Lea lamentou. — Acredita que foi a nossa casa e pegou todas as roupas de cama da nossa mãe e também os utensílios de cozinha?

— E você? — a prima se surpreendeu.

— Não estava. Tinha ido com a Carlota à casa da mãe dela. A Marisol levou o que pôde. Na hora que descobri fiquei irritada. Ia falar com ela. Nesse exato momento, a Margarida me ligou e ficamos conversando... Acabei deixando pra lá. Pensei: vou falar o que com a minha irmã? Para quê? Só passarei raiva. Ela não vai devolver nada mesmo e estou indo para uma vida melhor — fez um gesto singular, encolhendo os ombros e sorriu. — Antes de me mudar, direi para ir pegar o resto. Deixarei a casa limpa e vazia para demonstração. E torcer para que venda logo.

— Então você vai mesmo mudar de vida? — Hernando perguntou.

— Vou — sorriu largamente. — Será uma mudança e tanto! Estou tão ansiosa.

— Pois é... — Carmem murmurou. — Minha irmã se foi... Angelita longe... Lea indo embora... — respirou fundo e abaixou a cabeça.

Hernando olhou para Angelita e ambos sorriram. Sem demora, ele disse:

— Dona Carmem, nós viemos aqui não só para visitar a Yolanda e o bebê. Bem... Eu e a Angelita ficaremos noivos. E trouxemos as alianças porque fazemos questão que a senhora participe desse momento.

— Noivos?! Aqui?! — ela se surpreendeu.

— Sim. Noivos.

— Mas... E sua família? — Carmem quis saber.

— Conversei com minha família e eles compreenderam que é um momento bastante importante para a Angelita. Depois, em outra oportunidade, a senhora e a Yolanda vão para Marília e comemoramos lá.

— Mas, aqui?... Sem uma festa... Sem nada? — Carmem ainda não se conformava.

— Sim, mãe. Sem festa, sem nada. Para nós, está bom.

Sentados à mesa, um ao lado do outro, Hernando pegou a caixinha com o par de alianças e, olhando para Angelita, perguntou:

— Você aceita se casar comigo?

— Sim — ofereceu a mão direita em que ele colocou a aliança.

Em seguida, ela fez o mesmo.

Trocaram um beijo.

Carmem e Lea estavam petrificadas, enquanto os dois riam.

— Ah! Não!... — Lea reagiu. Levantou-se. Olhou embaixo da pia onde encontrou uma garrafa de refrigerante. Sabia que a tia guardava ali. Foi até o armário, pegou copos e colocou sobre a mesa. Encheu-os e disse: — Precisamos brindar a isso! Parabéns aos noivos!

Após o brinde, emocionadas, as primas trocaram forte abraço e cumprimentos.

— Foi grande surpresa para mim. Nem sei o que dizer... — Carmem admitiu, ainda emocionada. — Mas... Poderiam esperar um pouco mais. Quando a Yolanda terminasse a dieta, poderíamos ir para Marília.

— Achamos melhor assim, dona Carmem. Estamos providenciando nosso apartamento. Ele está saindo da planta e... Vamos nos casar quando estiver pronto.

— Mas... Existe alguma razão para toda essa pressa? — perguntou desconfiada e olhando para a filha.

— Não, mãe! Claro que não.

— Nós nos gostamos muito. Não vemos a necessidade de esperarmos mais para ficarmos juntos.

— Que engraçado... — Lea contou sorrindo. — Quando eu os apresentei, senti que algo iria acontecer entre vocês.

— Então se prepara porque está cotada como madrinha! — Hernando avisou e riu.

— Com todo o prazer! Será uma honra!

— Outra coisa — Hernando falou mais sério. — Precisamos conversar com a senhora, dona Carmem. É que... Quando a Angelita soube que a Lea aceitaria a proposta de trabalhar em outra cidade... Bem...

— Não enrola, Hernando — disse Angelita de um jeito engraçado. — Mãe, a senhora ficará muito sozinha aqui com a Yolanda. Então... Que tal vender esta casa? Aproveitando a venda da casa da tia Isabel, pois será interessante para alguma construtora. Então, a senhora e a minha irmã podem morar na cidade de Marília. Ficarão pertinho da gente. A Yolanda poderá estudar, arrumar um emprego e cuidar do Onofre. O que me diz?

— Nossa!... Não sei. Fui pega de surpresa.

— Será bem melhor, mãe. Terá a gente por perto. Quando quiser, poderá visitar a Lea e ela também a nós.

— Precisamos falar com a sua irmã. Não acha?

— Se ela está tomando novas atitudes, essa mudança será bem-vinda. Ela vai gostar — Angelita acreditou.

— Por mim... Eu aceito — Carmem sorriu. — Quero sim. Mas é importante que a Yolanda aceite também.

— Conversaremos com ela quando retornar, mãe.

— Sua irmã e o Onofre vão precisar da minha ajuda. Pelo menos, nos primeiros meses.

Lea sentiu grande expectativa. Não disse nada.

Estaria sozinha, por sua conta, longe de tudo o que conheceu, viveu e sem nenhum parente por perto.

Respirou fundo e confiou em Deus.

Orou muito.

A vida a deixou sem ninguém. Sozinha.

Por esforço pessoal, era uma pessoa firme, destemida e determinada.

Sentia medo, mas não se deixava abalar. Não reclamava e sempre estava disposta a encarar novos desafios porque sabia ser uma pessoa que não desistia de algo que era bom e útil.

CAPÍTULO 52

A NOVA CASA DE LEA

Diante de mudanças, novas realidades e tarefas, costumamos sentir o coração apertado, ansioso, com muita expectativa. Com Lea não foi diferente.

Mudou-se para o sítio de Margarida. Devido ao caráter, a honestidade e aos laços de amizade que existiam de outras vidas, elas se entendiam perfeitamente bem.

Seus conhecimentos como engenheira ambiental, complementavam os de Margarida e vice-versa.

Não demorou e a amiga percebeu que, quando o assunto era Iago, Lea se interessava, mas havia uma sombra de tristeza quando surgia o nome de Estela nos comentários e sobre ambos morarem juntos. Por isso, evitava falar.

De imediato, Yolanda concordou de venderem a casa e irem morar em outra cidade. Ficou empolgada em construir uma vida nova, escrever um novo capítulo de sua jornada. Seus planos eram estudar e buscar futuro melhor para si e para o filho.

A venda da casa de Carmem se deu junto com a de Isabel, exatamente como Angelita havia previsto.

Com isso, Lea partilhou com sua irmã Marisol o valor do imóvel.

Em conversa com ela, Lea aconselhou:

— Por que não faz como a Yolanda? Busque uma vida nova e melhor, Marisol. Complete os estudos. Faça um curso superior com esse dinheiro. Arrume um emprego. Coloque seu filho na creche... Procure uma vida de acertos e vitórias.

— Às vezes, chego a pensar que está com inveja de mim, Lea.

— Inveja? Do quê? — perguntou com piedade.

— Tenho um companheiro ao meu lado enquanto está sozinha.

— Nem vou conversar com você a respeito disso — lamentou.

— Lógico que não. Nem precisa. Talvez não encontre justificativas para o que sente sobre mim.

— É... Talvez não — evitou discutir. — Então... Desejo tudo de bom para você. Tem meu telefone. Quando achar conveniente, mande notícias. Não vou mais te incomodar.

— Tá bom. Vai com Deus.

O tempo foi passando...

Carlota e Lea sempre trocavam mensagens e se atualizavam. A distância não era problema.

Lea ficou feliz em saber que a amiga arrumou emprego em uma construtora na cidade de Campinas. Agora, estavam mais perto e poderiam se ver com mais frequência.

Marcaram encontro em um *shopping* da cidade.

Abraçaram-se com carinho e trocaram beijos.

Feliz, Carlota mostrou:

— Gostou do resultado da última cirurgia? — virou o rosto de lado para que a outra visse.

— Ficou ótima! Você está cada vez mais linda! — Lea afirmou, passando a mão em sua face e sorrindo.

— Igual ao que fui, não. Mas estou satisfeita com o resultado. Um pouco de maquiagem e quase não aparece nada. Sabe que já nem ligo mais! — ficou contente. — Quando aconteceu, eu me importava tanto. Hoje, não.

— Você está bem diferente. Mais feliz e animada. Estou gostando de ver! Mas... Conte as novidades, direito — Lea pediu com alegria.

— Pois bem... Estremeci demais por perder a casa e tudo aquilo que tinha. Havia colocado à venda para ficar com o dinheiro e meu irmão concordou, pois o imóvel estava em nome do Sebastián. Mas, depois que ele morreu, as coisas em seu nome foram confiscadas. Só faltei babar de medo, nessa época! Você lembra — deu uma gargalhada ao recordar seu estado. — Mentalmente, precisei me desapegar de tudo o que era material para deixar de sofrer com as perdas. Tive de pedir para minha mãe me deixar voltar a morar com ela. Não nos dávamos bem, mas... Só agora entendo as coisas que ela me ensinava e eu, uma idiota perfeita, não queria aprender. As dificuldades da vida me fizeram ver que ela estava certa. Voltei a aprender e entender o que me ensinava. Tive de baixar as orelhas, ser mais humilde. Era isso o que estava faltando. Aí, arrumei aquele emprego e agora recebi essa nova oportunidade. É em uma construtora... É minha área... — sorriu satisfeita. — Como a doutrina espírita me ajudou! Como suas broncas... Opa! Seus alertas me ajudaram! — riu com gosto. — Hoje, vejo a vida muito diferente. Deixo as coisas acontecerem. Aceito mais. Estou sendo responsável, mas desapegada de tudo. Acho que comecei a encontrar o equilíbrio.

— Ai, que bom! Mas me diga, e sua mãe?

— Ah!... Alugamos a casa dela lá em Embu das Artes e nos mudamos para cá. É aluguel, porém bem mais barato e a casa é grande e muito boa. — Suspirou fundo e disse: — Desde a minha adolescência que não me entendia com minha mãe. Achava que ela era cafona, quadrada, antiquada... Eu e meus irmãos pensávamos da mesma forma sobre nossa mãe. Ignorei seus conselhos. Precisei sofrer muito para descobrir que ela tinha razão.

— Estão se dando bem?

— Muitíssimo bem! Conversamos bastante, nós nos divertimos muito... A vida está mais alegre, mais leve e tranquila. Como fui idiota... Poderia ter feito isso antes.

— Precisava crescer. Tudo a seu tempo.

— Agora, será muito melhor. E podemos nos encontrar mais vezes — alegrou-se.

— Sim. Venho sempre à cidade.

— E você? Está gostando da nova vida, Lea?

— Muito! Não pensava que seria assim. Sou apaixonada pelo que faço. Nasci para isso — achou graça. — No fim da tarde, tomo banho, faço um chá e sento na varanda da minha casa. Olho as flores, a vegetação vasta, as montanhas e o lindo pôr-do-sol... É uma paz tão grande.

— Mas tem de dormir cedo e acordar muito cedo?

— Sempre! E adoro isso também — ressaltou.

— Ai, não... Dormir cedo não é para mim.

— Eu gosto. Sabe, Carlota, a única coisa que sinto é não ter minha mãe comigo — sorriu com doçura.

— Imagino como é. Vocês sempre foram unidas.

— Muito. Mas... — sorriu. — Acho que ela está de olho no que eu faço. E, de vez em quando, coloco flores especialmente para ela — falou com graça. — Acho que recebe.

— Você tinha me falado que compraria o terreno. Comprou?

— Sim. Com parte do dinheiro da casa, compramos outro terreno ao lado e estamos expandindo.

— Que bom a sociedade ter dado certo.

— Graças a Deus. Acho que eu e a Margarida fomos irmãs em outra vida. Nós nos damos tão bem!

— Vai ver que sim. E o Iago? Tem aparecido por lá? Teve notícias dele?

— Nunca foi lá. Soube que está vivendo com a Estela — Lea contou.

— Fiquei sabendo. Está trabalhando com o pai dela. E não ficará muito feliz quando descobrir as falcatruas daquele homem.

— É mesmo?!

— Lógico. Ele e o Sebastián... Ah... Deixa para lá. Não tenho mais contato com eles. Nem falo mais com a Estela. Ela se afastou há tempos. Foi a melhor coisa que aconteceu. Estranhei o Iago ficar com ela. Sempre achei que ele tinha uma quedinha por você.

— Que nada. Éramos só amigos. Nem sei por que nos distanciamos...

— Desculpa. Eu contribuí para isso. Preciso que me perdoe. Quando você esteve na minha casa e eu e a Estela falamos do Iago... Ela inventou que dormiram juntos e que ele tinha dito que conversou com alguém que reclamou muito e... Lembra disso?

— Lembro. Fiquei decepcionada com ele.

— Ele não disse nada. Foi invenção. A Estela precisou deixá-lo bêbado para que contasse com quem havia saído para procurar um carro. Ele falou que foi com você, mas que estava triste por ter tido problemas em casa. Em nenhum momento reclamou do que conversaram.

— Não tem problema. Já passou — disfarçou a tristeza com um sorriso. — Mas me conta... E o novo emprego? — quis mudar de assunto.

— O Pedro é gente finíssima! Ele e a esposa, a Maria José, são os donos da construtora. Ótimas pessoas. Aliás... Acho que tem lugar para um engenheiro civil lá e estou morrendo de vontade de falar isso para o Iago. O que você acha?

— Não sei opinar. Ele e a Estela estão morando em São Paulo... Não sei dizer.

— Pois é... Talvez ele nem queira e... Chato a gente dizer alguma coisa. Vai que a Estela... Deixa pra lá... Estou amando o trabalho. Faço a mesma coisa, só que com mais amor — sorriu.

Conversaram muito e prometeram se ver mais vezes.

Passados meses...
Em um final de semana, Carmem, junto com Yolanda, Angelita e Onofre foram visitar Lea.

— Tia, foi bom demais terem vindo. Foi ótimo! Estava morrendo de saudade.

— Nós também. Como andam as coisas?

— Tudo bem. Estamos com novidades. Estufas novas... — contou.

— Tem falado com a Marisol? — a senhora se interessou.

— Não. Ah, tia... Toda vez que pergunto como ela está, ela me agride com um jeito arrogante de falar. Se dou algum conselho para vê-la melhor, diz que tenho inveja ou que não tenho nada a ver com a vida dela. Por saber que nunca agrado, resolvi me afastar. Se precisar, que me procure.

— Filha, desculpe ser eu a portadora de más notícias.

— O que aconteceu, tia? — ficou séria.

— Seu pai...

— Faleceu? — Não aguardou resposta e ficou indignada: — Mas ninguém me falou nada!

— A Marisol me ligou após um mês. A Eugênia ficou revoltada. Não avisou ninguém. Quando eu soube, pensei que não adiantava te contar por telefone.

— Coitado do meu pai... — ficou pensativa. — Estava tão contrariado, tão irritado com sua condição...

— Descansou, né?

Lea ergueu os olhos e indagou:

— Será, tia? — não houve resposta.

— Tem outra coisa: o Raul está preso — Carmem falou de uma vez.

— Preso?! O Raul?!

— Sim, Lea. Ele se envolveu com tráfico de drogas.

— Ah, meu Deus... — lamentou. — E a Marisol?

— Está arrasada. Cuidando dela e do filho. Levando uma vida miserável. Às vezes, consegue fazer trabalhos de faxina ou unha... Faz qualquer coisa.

— Já deve ter gastado todo o dinheiro que recebeu pela venda da casa — a sobrinha considerou.

— Sim. Já. Ela me ligou. Contou que o Raul tinha dívidas e que precisou usar o dinheiro. Mas jurava que iria devolver.

— Ai, tia... O que fazer?

— Também não sei, Lea. Nem estamos perto para ajudar.

— Com isso, passamos a ser os parentes maus, egoístas, que não ligam para as dificuldades dela e do filho.

— Por isso, é sempre bom conhecer os dois lados de uma história. O mal nem sempre é mal. O bom nem sempre é bom. Não julgue.

— Acho que vou ligar para ela. Ver se precisa de ajuda.

— Conhece sua irmã. No caso dela, a ajuda não é para se reerguer é para depender. Se for ajudar, coloque um prazo ou fará uma dependente eterna de você, Lea.

— Vou pensar, tia.

Nesse momento, Angelita e Yolanda, com o pequeno Onofre no colo retornaram do passeio pelo sítio.

— Mas ele é muito lindo! — Lea exclamou, indo ao encontro da prima, brincando com o garotinho. — E muito sério também.

— Você também notou? Estou preocupada com esse comportamento, Lea. Ele é muito sério. Introspectivo demais. Falei com a pediatra. Ela disse que ele tem poucos meses e isso pode mudar — disse Yolanda.

— Cada criança tem um ritmo diferente de desenvolvimento — Carmem opinou.

— Eu sei, mãe. Mas não estou tranquila com o que percebo. Até conversei com uma professora lá na faculdade sobre isso. Contei que o Onofre fica olhando para o nada. Não sorri, não interage ao som da nossa voz ou das brincadeiras. Ele tem sempre a mesma expressão. Não é normal.

— Para com isso, Yolanda — a mãe pediu com jeitinho. — Está se preocupando à toa.

— Mas é verdade! — insistiu. — Ele não corresponde aos estímulos. Não dá gritinhos, não reage. É sempre sério. Outra coisa que percebo é que ele não oferece retorno visual. O Onofre não encara a gente nos olhos. Quando abraçado e beijado, ele se irrita. Agora que está quase sentando sozinho, percebi movimentos repetitivos como bater palmas, mas é um jeito diferente, num ritmo próprio. — Pendeu com a

cabeça negativamente e contou: — Já marquei com um novo pediatra.
— O que você acha que pode ser? — Lea indagou.
Com olhos marejados, a prima respondeu:
— Autismo. Andei pesquisando a respeito.
— Não. Não é não, filha — Carmem não gostou da suspeita.
— Minha mãe não aceita, mas é importante o diagnóstico precoce. Até porque, estou fazendo faculdade de Nutrição e aprendendo que uma dieta alimentar adequada é muito importante para o Transtorno do Espectro Autista e também para outros Transtornos de Déficit de Atenção e Hiperatividade.
— É mesmo?! Não sabia — Lea comentou.
— Quanto mais açúcar e glúten, pior o quadro de agitação. Estou preocupada com ele.
Carmem pegou o neto no colo e o abraçou. Não gostaria que o pequeno Onofre sofresse.
Com olhos nublados, saiu para o quintal em frente à casa de Lea, embalando o garotinho no colo.
Olhando-a a distância, Angelita comentou:
— Minha mãe não aceita. Porém, vejo que a Yolanda está certa em investigar. Não entendo muito de criança, mas vejo que o Onofre é diferente.
— O que causa o Autismo? — Lea indagou.
— Aparentemente, não existem causas conhecidas. Uns afirmam que é predisposição genética, mas isso não procede muito. Existe o suposto de que é causado por fatores ambientais, excesso de poluição, agrotóxicos na alimentação, uso de alimentos preparados e aquecidos no micro-ondas pela mãe bem antes de engravidar. Desde a década de 1980, o Autismo vem aumentando. Essa década é o marco para o aumento da poluição e uso de micro-ondas, agrotóxicos nos alimentos. Particularmente, eu acredito muito nisso. Alimentos industrializados são apontados também, uma vez que os conservantes, os corantes e outros são terríveis e até cancerígenos.
— Sério?!
— Lógico, Lea! Antigamente, o leite comprado estragava e azedava de um dia para o outro. Hoje, fica meses na embalagem

fora da geladeira. Pensa no quanto de formol ou conservante é preciso para aquilo não azedar. Chamo de aquilo porque pode ser tudo, menos leite. Outra coisa de que precisamos nos livrar é o glúten. Ele faz tão mal que tem pessoas que estavam com transtornos emocionais e, tirando o glúten, disseram-se curadas ou tiveram melhora impressionante.

— Também não sabia disso. É curioso. Logo que vim para cá, passei a comer alimentos naturais e sem agrotóxicos.

— Comida de verdade — Yolanda disse e sorriu. — Nada de ensacados, empacotados, envidrados, enlatados...

— Isso mesmo — Lea achou graça. — Sabe, passei a me sentir muito, mas muito mais disposta! Também aqui é fácil. Vou ali e colho alface, tomate e faço salada. Vou lá embaixo e pego uma pêra ou laranja...

Nesse momento, Carmem chamou Yolanda para saber onde estavam as fraldas de Onofre.

A prima pediu licença e foi ao encontro da mãe.

A sós com Angelita, Lea comentou:

— Nossa!... Estou muito admirada. A Yolanda parece outra pessoa. Está com uma desenvoltura impressionante.

— Desde que começou a fazer faculdade passou a agir e se portar diferente. Principalmente, por estudar em uma boa universidade que foca no ensino, não em outras coisas.

— Que bom, né? — Lea ficou feliz.

— Muito. Ela está mudada. Madura. Arrumou emprego de auxiliar de cozinha em um restaurante. Estuda de manhã e trabalha à tarde e à noite.

— Tomara que o Onofre não tenha nada disso.

— Também estou torcendo por meu sobrinho.

— Mas me conta!... Para quando é o casamento?

— Para o final do outro ano. Como sabe, será minha madrinha.

— Ainda está longe... Mas... Com quem? Não tenho par.

— Pode ser com o primo do Hernando. Aliás, preciso apresentá-lo a você! — salientou e deu uma risadinha maliciosa.

— É... Quem sabe... As inscrições de vagas para candidato estão abertas — riu alto, brincando. Mais séria, comentou: —

Estou tão bem comigo que só quero alguém na minha vida se for para somar ou multiplicar paz e prosperidade. Subtrair ou dividir não. Quero viver longe de alguém que me traga problemas.

— Ah... Deixa te contar. Ainda estou abalada com o caso — Angelita lembrou.

— O que foi? — Lea se interessou.

— Fui até outra cidade comprar uma peça de móvel rústico para decorar o *hall* de entrada do meu apartamento. Encontrei o que queria, onde me indicaram. O homem que me atendeu era um sujeito rude, sem qualquer educação. Me tratou bem, mas... Enquanto conversávamos, passei as medidas e expliquei o que queria, apareceu uma jovem de uns treze ou quatorze anos. Visivelmente, notava-se que era Síndrome de *Down*. Descobri que era filha dele. Seu nome era Dulcinéia. Não sei porque... Senti uma coisa estranha. Não sei explicar. Ela foi para perto de mim, sorriu e pegou no meu braço. Ficou o tempo todo com o rosto encostado em mim. Então, fiz um carinho. Eu estava com um lenço jogado no pescoço. Ela começou brincar com ele. Ria, se divertia com a estampa e as franjas. Conversei com o pai dela e expliquei o que queria. Combinamos o dia da entrega e tudo mais. Quando ia embora, a Dulcinéia ainda estava segurando a ponta da echarpe e brincando. Eu tirei do pescoço e perguntei se queria de presente. O homem, meio rude, disse que não me importasse com ela que era boba e não sabia das coisas. Achei tão agressivo. Falei para ele que era um presente meu. Ela ficou toda feliz com o lenço. Colocou no pescoço e ficou girando, se divertindo com ele. Deve ter achado a seda geladinha e gostosa. Coisa de menina. Passados uns dias, voltei para pegar a peça de móvel rústico. A loja estava fechada. Aí, uma vizinha contou que ele e a esposa estavam na casa de um irmão dele, pois a filha, a Dulcinéia, havia sido sequestrada. Ficou dias desaparecida, até que encontraram seu corpo. Foi abusada sexualmente e torturada antes de morrer — sua voz embargou e ficou com os olhos empoçados em lágrimas.

— Nossa... Que coisa... — ficou, verdadeiramente, comovida.

— Não sei por que, até agora estou chocada, Lea. Era só uma menina inocente. Quem faria essa monstruosidade?...

— Faça preces por ela na casa espírita.

— Já estou fazendo. Essas coisas são revoltantes.

— São mesmo. Mas, conhecendo as Leis de Causa e Efeito, podemos entender as razões de algumas dores ou experiências difíceis. Vamos orar por ela e pelo agressor que, certamente, foi uma vítima no passado.

— Sei disso. Mas penso que deveria haver um basta. Alguém precisa parar com o círculo de vingança.

— O que para o círculo de vingança é o perdão.

— Parece que o homem que a atacou é um psicopata. Um doente que precisa ser preso e afastado da sociedade porque é incapaz de viver nela sem ferir alguém. Por outro lado, com o conhecimento que temos, penso que a Dulcinéia poderia harmonizar o passado errante de outra forma, você não acha?

— Não sei, Angelita. Deus não erra. Se essa era a maneira de ela aprender, não dava para ser diferente. Tem gente que insiste tanto nos erros que precisa experimentar as dores que provocou. Assim como esse homem que a agrediu e a matou. Psicopata ou não, precisará sofrer o que fez a outras pessoas. Hoje estamos com piedade e compaixão da Dulcinéia. Talvez, no passado, diante do que ela fez, desejamos que sofresse o que fazia os outros experimentarem. O ser humano que a atacou hoje e nós o achamos monstruoso, será a vítima pela qual nós teremos compaixão e piedade amanhã. Somente Deus para julgar e saber qual a forma de alguém harmonizar o que desarmonizou. A nós cabe não ter ódio daquele que pratica o mal, isso é o que precisamos aprender.

— É verdade. Mas estou muito chocada com o fato.

— Vai saber se, em uma vida passada, você não conheceu a Dulcinéia e hoje ficou impressionada com ela. Talvez seja uma conhecida.

— Será que a conheci?

— Talvez. Mas... Para que saber?

Angelita desconhecia o passado e nem poderia imaginar o que Dulcinéia realizou como madre do convento que dirigiu.

No início da semana, Lea telefonou para sua irmã a fim de saber como estava e ter notícias do sobrinho.

— E aí, Marisol? Como estão as coisas? — perguntou com naturalidade.

— A tia já deve ter te contado. Só pode! — falou com modos grosseiros. — Veio dizer que me avisou?! Se for isso...

— Calma... Não fique na defensiva. Eu soube que o pai faleceu e...

— Olha, Lea, estou cansada... Não me venha com cobranças. A Eugênia não avisou ninguém! — começou a chorar. — Essa vida é uma droga! Não sei o que deu errado.

— Não sabe mesmo? — perguntou com bondade.

— Não venha me dar sermões! — quase gritou.

— Não estou dando sermões. Só fiz uma pergunta para te fazer pensar. Tudo o que fez te levou até onde está. Se quiser ficar assim, continue fazendo as mesmas coisas. Se quiser que sua vida seja diferente, mude.

— Isso é sermão! Eu quero conforto! Palavras que me animem!

— Estou te mostrando um caminho que te dê um futuro confortável. Palavras que só fazem bem por instantes, não constroem vida próspera. Vai por mim!

— Se eu quiser sua opinião eu peço. Não é o caso.

— Então, tá... Só para saber: como está o Raulzinho?

— Está bem. Muito chorão.

— Então, tá... Preciso desligar. Quando quiser minha opinião, é só ligar.

Marisol desligou sem se despedir.

— Droga — Lea reclamou. — Acho que sou péssima irmã e uma terrível conselheira. Somente a doida da Carlota se deu bem com meus conselhos que dão tapas na cara.

Nesse momento, o espírito Santiago aproximou-se e a abraçou pelas costas.

Sem saber, Lea se emocionou.

"Que sensação leve..." — pensou. Sentiu vontade de sorrir.
— "Devo estar maluca. Num momento, brigo com a Marisol, no outro, sinto uma coisa tão boa. Será que tem alguém me dando um abraço? Será que é minha mãe."

— Não. Sou eu, aquele que foi seu filho — disse, mesmo sabendo que não poderia ouvi-lo. Envolveu-a com carinho.

Lea fechou os olhos e ficou experimentando aquela sensação carinhosa por longos minutos.

Santiago passou-lhe vibrações boas, elevadas, de amor e gratidão.

— Nossa... Devo ter recebido uma visita muito importante aqui em casa — falou em voz alta.

— Visita importante? Eu? — Santiago riu com gosto.

Mesmo sem saber, ela ainda disse:

— Seja bem-vindo ao meu lar. Espero que goste do meu chalé. Os queridos do coração, recebo e acolho com felicidade. E já que não posso oferecer um chá, vou ao quintal pegar um vaso de flores e ofertar para que leve o símbolo contigo e se sinta feliz ao olhar e se lembrar de mim — disse, rindo e saiu da casa.

CAPÍTULO 53

NO FUNDO DO POÇO

O tempo seguiu seu curso...

Meses depois, preocupada com o irmão, Margarida decidiu viajar para São Paulo deixando o sítio sob os cuidados de Lea, que já estava totalmente inteirada com tudo, após um ano ali.

Ela avisou Iago que iria encontrá-lo no apartamento dele.

Ao chegar, surpreendeu-se.

— Sabia que iria encontrá-lo decaído, mas não abaixo do fundo do poço.

— Qual é, Margarida?... — incomodou-se com a crítica.

— Olha para você, Iago! Sem dó ou piedade! Olha para você! Um homem capaz, competente, inteligente!... — foi firme. — Pelo menos eu o julgava inteligente! Veja em que está se transformando! Um indigente emocional! Daqui a pouco será irresponsável também! Olhe para este apartamento! Imundo!!! — praticamente gritou. — Roupas para todo lado! Louças sujas! Se eu quiser um copo para beber água, terei de lavar! Garrafas de bebidas vazias enchendo o lixo! Enquanto você!... Olha para você!

— Pare, Margarida! Veio aqui para isso?!

— Vim! Vim aqui exatamente para isso!

— Você não tem nada a ver com a minha vida...

— Essa frase é típica de uma pessoa idiota e cretina! Tenho a ver com a sua vida sim! Sabe por quê? Porque quando você estiver mal, quando estiver na pior, quando perder tudo o que tem desde os bens materiais até a dignidade e a saúde, sabe quem será a única pessoa que vai ter de cuidar de você?! Eu! Sua irmã! Por isso, vai me ouvir sim!

O irmão não deu importância e se jogou sobre a cama.

Enérgica, como raramente se viu, ela o agarrou pela camisa e o fez sentar. Em seguida, não se importando com as reclamações, puxou-o em direção do banheiro e o colocou dentro do box, abrindo o chuveiro na água fria.

Quando Iago tentou reagir, Margarida deu-lhe forte tapa no rosto, falando muito zangada:

— Não se atreva a me empurrar! O que faço é para o seu bem! Vim aqui conversar com meu irmão e quero fazer isso com ele sóbrio. Não sou do tipo que conversa com bêbado! Nem sou capaz de aturar um! Amanhã cedo preciso voltar. Mas, antes, você vai me ouvir! Por isso, tome um banho e procure acordar! Vou fazer um café amargo e, se quando eu terminar, se não tiver tomado banho, eu mesma vou dá-lo! Entendeu?

Alguns minutos depois, Iago foi para a sala onde ela o esperava.

Não encarava a irmã. Margarida tinha autoridade moral, que ele não ousava enfrentar.

— Toma este café — entregou-lhe uma caneca nas mãos, logo que o viu sentado.

Fez cara feia quando experimentou a bebida.

Sem encará-la, olhou em volta e percebeu que ela havia arrumado a bagunça do lugar.

Sem dizer nada, forçou-se a beber o café amargo, forte e quente.

Sentada a sua frente e de cara amarrada, a irmã observava-o, pensando em quando começar a falar.

Ao perceber que ele ergueu o olhar em sua direção, indagou:

— O que acha que vai acontecer se continuar assim?

— Não sei — murmurou sem fitá-la.

— Você está vivendo com a Estela. Uma mulher rica, linda, moderna demais para o meu gosto. Vivem um relacionamento aberto, liberto!... — ironizou. — Sinônimo de infidelidade e infelicidade. Sabe por quê? Porque quando vivemos ao lado de alguém com quem nos damos bem, aceitamos e nos aceita. Não precisamos procurar outra pessoa. Não necessitamos de aventuras extraconjugais para quebrarmos a monotonia! Somente uma pessoa desrespeitosa faz isso. Somente uma pessoa infeliz aceita. — Rápida, curvou-se, deu um forte tapa na mesinha de centro da sala e gritou: — Acorda, Iago! — Ele se sobressaltou com um susto. — Isso é vida?! Não! Lógico que não! É infelicidade pura! — falava com dureza na voz e semblante carregado. — Como é que fica a sua cabeça pensando que a sua companheira pode estar com outro cara? Me diz! — exigiu. Não houve resposta. — Quem procura vários parceiros não é feliz com ninguém nem consigo mesmo! Esse tipo de escolha, cedo ou tarde, vai trazer consequências! E já podemos ver essas consequências na sua vida, meu irmão! Olha para você! Bêbado, a maior parte do tempo! No seu caso, a bebida serve para anestesiar as dores que experimenta quando pensa em um monte de coisa a respeito da sua vida com a companheira que arrumou. Um parceiro ou uma parceira deve agregar, multiplicar, trazer evolução e não contrariedades desse nível baixo!

— Não sei o que está acontecendo comigo. Eu... me sinto meio preso.

— Você é um homem competente, Iago. Sempre foi! O que te prende a ela? — indagou mais branda.

— Não sei. Estou trabalhando com o pai dela e...

— Ah! Ótimo — foi irônica. — É isso, então. Trabalha para o pai dela e acha que não é capaz de arrumar outro lugar? Acha-se sem competência? Ora... Por favor. — Breve instante e disse: — Você usa a bebida como meio de fuga da realidade. Não quer encarar seus problemas. Toda vez que ligo, está falando mole. Dorme com o telefone ligado e não me ouve. A cada dia, vai de mal a pior. Onde acha que vai parar? Já se perguntou isso?

— Já, Margarida! — ficou nervoso. — Sou fraco e incompetente! Não consigo sair do lugar. Pensei que... Pensei que, ao lado da Estela, poderia ter uma vida tranquila. Formar uma família.

— Com outro tipo de mulher sim. Talvez pudesse planejar isso. Mas ao lado de uma pessoa tão liberal, que sempre ficou com um e com outro e não parou até agora?!... Você é um idiota perfeito! Quer formar o quê?!

— Sou mesmo. Sou idiota — resmungou, olhando para o chão.

— E continuará sendo? — indagou exigindo.

— Não sei o que fazer e...

— A primeira coisa a fazer é ficar sóbrio para encarar a realidade e ver o que te incomoda, o que não aceita, o que dói. A segunda é ser independente. Sair dos domínios da Estela e do pai dela. Até porque, ela vai te dar um belo pontapé no traseiro quando estiver um pouquinho mais no fundo do poço por causa da bebida. O que não deve demorar.

Iago levantou o olhar e a fitou longamente.

— Vou trabalhar onde?

— Procure! Procure por lugares, empresas, com conhecidos! Procure! — falava sempre com firmeza. — Erga a cabeça. Tenha mais confiança em si ou ninguém mais terá. — Um momento e, mais brandamente, falou: — Iago, espiritualmente falando, quem acha que está ao seu lado pelo tipo de vida que leva? — Não houve resposta. — Espíritos inferiores estão fazendo a festa com as suas más tendências. Eles atacam o nosso lado fraco, nos estimulam a fazer coisas que nos deixam infelizes, arrependidos, tristes.

— Eu sei... Mas não consigo me desvencilhar dela e... Sei que estou cansado. Faz três meses, estava mexendo em umas coisas, na casa dela, e encontrei drogas. Fui falar com a Estela. Ela riu e achou que era ridículo. Falou que não era vício. Usava só em momento que queria se permitir. Falou outras coisas.

— Falou coisas que não te convenceram — comentou em tom triste. — Daí você passou a beber mais para não pensar no assunto.

— Não sei se foi isso. Fiquei desgostoso, decepcionado e...

Margarida respirou fundo, inconformada com a atitude imatura e sem posicionamento do irmão.

— Sabe... — conversou com calma. — Não sei o que te prende a ela. Talvez, algum tipo de compromisso espiritual. Mas ninguém, ninguém nasceu para se prejudicar por causa de outro. Não podemos nos submeter a um compromisso ao lado de alguém e ser infeliz devido às práticas dessa pessoa. Nada é por acaso. Sabemos disso. Em toda união deve haver respeito. Por exemplo: não casei para me separar. Minha união com o Antônio foi e é para nos trabalharmos, nos tolerarmos em alguns momentos, sermos fiéis, darmos carinho e atenção sempre. Mas, isso não significa que, se e quando o Antônio fizer coisas intoleráveis, extremas, eu deva aceitar. Não sou obrigada a tolerar agressões físicas ou psicológicas. Agredir é uma escolha dele e eu tenho o direito, ou melhor, o dever de escolher me proteger. Por amor a mim mesma, vou me separar dele. Não sou obrigada. Embora eu tenha consciência de que nos unimos e de que isso é importante para a nossa evolução, não posso me permitir ao lado de alguém que me oferece uma vida infeliz. Na espiritualidade, por mais que tenhamos planejado ficarmos juntos, é inadmissível eu me sacrificar por alguém que me agride, não quer melhorar e faz das nossas vidas um inferno! — ressaltou. Um instante e disse: — É o seu caso. Tem a esperança de construir uma família. Quer casar, ter filhos, vida tranquila... Mas a pessoa com quem está quer algo completamente diferente. É desequilibrada e não está de acordo com o que você almeja. Ela não vai mudar, pois se fosse fazê-lo já teria acontecido. Ao contrário, a Estela quer que você leve a mesma vida que ela, mas isso não agrada ao seu Eu, ao seu íntimo. Vai contra seus valores e princípios. Então, Iago, você não tem obrigação nenhuma de ficar ao lado dela. Já que o comportamento dessa companheira te deixa tão infeliz. Isso só vai piorar. Liberte-se. Liberte-a.

Iago respirou fundo e esfregou o rosto com as duas mãos. Depois disse:

— Acho que preciso voltar a morar aqui definitivamente.

— Por que definitivamente? Está vivendo aqui e também lá com ela?

— Mais ou menos isso.

— Iago... Meu irmão, por favor, não faça isso com você. — Margarida pensou um pouco e propôs: — Faça o seguinte: largue tudo aqui e fique um tempo lá em casa. Tire uma ou duas semanas de férias, sem fazer nada, sem falar com ninguém por mensagens. Desligue o celular. Nesse período, coloque os pensamentos em ordem e decida pelo melhor.

— Ficarei sem grana — preocupou-se.

— E daí? Lá não precisará de dinheiro para nada. — Olhou-o com carinho ao dizer: — Tenho certeza de que vai pensar com mais clareza e decidir por algo bom em sua vida. Faça isso por você.

— É... Acho que preciso de um tempo.

— Que tal irmos agora? — ela sorriu ao propor.

— Quer dizer, ir com você?

— Sim. Pegue algumas roupas e vamos.

— O que digo para a Estela?

— A verdade. Que precisa de um tempo e vai lá pra casa.

— Está bem. Vou fazer uma mala — concordou e se sentiu bem pela decisão.

— Ótimo!

Margarida ficou feliz. Desejava ajudar o irmão. Não gostaria de vê-lo sofrer.

Chegaram ao sítio e Lea ficou surpresa por ver Iago. Fazia muito tempo que não se encontravam.

Percebeu-o cabisbaixo. Mal a cumprimentou.

Ela não disse nada.

Nos dias que seguiram, Iago soube que Lea estava empenhada em um trabalho muito grande de paisagismo. Ela saía bem cedo e voltava no final da tarde.

Talvez, por saber que ele estava ali, não aparecia na casa de Margarida.

Era início de noite, quando a sócia a procurou.

— Oi, Margarida! Entra — Lea pediu contente por sua visita.
— Já sei! Veio saber do Bernardo — referiu-se ao gato. — Ele tem dormido por aqui. Não sai dos pés da minha cama.

— Esse safado está me traindo! — riu e brincou, afagando o felino que passou por suas pernas.

— Quer um pouco de sopa? — Lea ofereceu.

— Ah... Não. Obrigada. Vim aqui para te ver e saber como está o projeto. Mal tivemos tempo de conversar nos últimos dias.

— Em andamento. Estamos adiantados. Não há com o que se preocupar.

— Ah, que bom. E você?

— Eu? — sorriu. — Estou bem — Lea respondeu com sorriso simples.

— Percebi que não tem ido lá em casa. Acho que é por causa do Iago. Não é mesmo?

— Não sei o que aconteceu, lá atrás, para o Iago se afastar de mim. Apesar de ter passado tanto tempo, ele mal me cumprimentou quando chegou. Tem me evitado. Anda distante. Só estou respeitando isso e dando espaço.

— Meu irmão veio aqui passar uns dias porque está com problemas. Bebendo muito, confuso... Bem diferente do Iago que conhecemos.

— E você veio aqui para pedir minha ajuda? Quer que me aproxime dele? — Lea perguntou, bem séria.

— Sim para sua primeira pergunta. Não para a segunda. Estou achando ótima a sua postura. Todos que conhecem meu irmão sabem como ele era ótima pessoa. Porém, se queremos que o Iago saia do fundo desse poço e se torne alguém bem melhor do que já foi, não podemos ficar com pena dele e passar a mão na cabeça. Essas atitudes só acomodam as pessoas. Criam dependentes emocionais.

— Não sou do tipo de pessoa que passa a mão na cabeça de ninguém — Lea sorriu. — Você me conhece.

— Ótimo. — Margarida retribuiu o sorriso. — Ninguém desenvolve forças quando outra pessoa a carrega no colo. Acho que o Iago precisa, por si mesmo, procurar saídas e desfazer a bagunça que fez na própria vida. Não posso e não vou carregá-lo no colo. Tentarei ajudar, mostrar o caminho, apontar erros, clarear as coisas, ajudá-lo a tomar um fôlego ficando uns dias aqui. Mas, se não quiser mudar e insistir na vida que leva, não poderei fazer nada a não ser lamentar.

— Eu te entendo e apoio.

— Por isso, vim falar com você. Se tiver o intuito de ajudar o Iago, não o apoie. Ele é o único culpado por sua vida estar dessa forma. E é ele quem deve consertar isso. Estou dizendo essas coisas porque sei que se conheceram, trabalharam juntos e, embora exista algo estremecido na amizade de vocês, pode acontecer de ele te procurar e você achar que precisa apoiá-lo, só pelo fato de ser meu irmão.

— Não farei isso. Fique tranquila.

— Que bom, Lea. Obrigada.

Poucos dias após essa conversa, Iago viu Lea mexendo na estufa, selecionando algumas mudas, que levaria para o local onde estava trabalhando. Acercando-se, cumprimentou-a:

— Oi. E aí? Tudo bem?

— Tudo ótimo — sorriu e voltou-se para o que fazia.

— Vejo que se deu muito bem trabalhando com a Margarida.

— Sim. Graças a Deus. Mas não estou só trabalhando. Sou sócia da sua irmã.

— Opa!... Desculpa. Não quis ofender — sorriu ao falar de um jeito tentando brincar.

— Só quis deixar claro, para que não pense que sou empregada. Apesar de a sócia majoritária ser a Margarida, sou dona da empresa também.

Enquanto ela mexia em alguns vasos, ele contornou o corredor e se aproximou, perguntando:

— Quer ajuda?

— Não. Obrigada — não o olhou. Continuou em silêncio.

— Perdi o contato com muita gente e... Como está a Angelita?

— Está bem. Mudou-se com a mãe e a irmã para a cidade de Marília.

— Bom saber que está bem. Ela continua trabalhando na área? — tentava puxar conversa.

— Continua — respondia sem olhar. Andava alguns passos, verificando outras coisas enquanto ele a seguia de perto.

— Estou procurando uma nova empresa para trabalhar.

— Construtoras não faltam na cidade de São Paulo. Não será difícil.

— É... Acho que não. — Não sabia mais como puxar conversa e arriscou: — E o Luís? Tem visto muito?

— Há anos não falo com ele. — Ergueu-se e o encarou, dizendo: — Era um cretino. Eu, uma idiota que não percebi isso antes.

— Ele me pareceu um cara legal — tornou logo observando sua atitude. Por não haver reação, contou: — Quando seu pai se acidentou e você foi demitida, fui procurá-la na sua casa. Era uma sexta-feira. A Marisol disse que havia saído com o Luís. No domingo, voltei lá e sua irmã falou que não tinham retornado ainda. Acho que viajaram juntos.

— Mentira! — afirmou séria. — Nunca viajei com ele. E nunca soube que foi lá me procurar.

— Foi o que a Marisol disse.

— E acreditou nela? Uma pessoa que eu tinha dito ser folgada, acomodada, que pegou meu celular e jogou na parede! — ofereceu um sorriso leve com o canto da boca.

— Mas você não respondeu as minhas mensagens.

— Lógico que não. Nem suas nem de ninguém. Meu celular deu problema desde que foi arremessado na parede pela

Marisol. Ficou semanas no conserto e voltava com defeito. Até que não funcionou mais. Tive de comprar outro e continuar pagando aquele.

— Então foi tudo um mal-entendido?

— Creio que sim — respondeu, voltando sua atenção ao que fazia.

— Lea... Quer sair hoje? Podemos ir até a cidade.

Ela se ergueu, encarou-o e respondeu:

— Não saio com homens comprometidos. Aliás, minha vida mudou tanto. Ganhei tanta paz desde que não saí mais com nenhum babaca!

— Espere aí! Você está me chamando de babaca ou não quer sair porque acha que sou comprometido?

— As duas coisas! — ressaltou com seriedade.

— Hei! Qual é?!

— Iago, devo ser sincera. Muito sincera. Olhe para você. Está vivendo com uma mulher que, Deus e todo o mundo, sabe que leva uma vida estilo... Digamos muito estranho. Não tenho nada com isso. O problema é dela. Mas, quem com porcos come acaba lambuzado. Então, você, um cara comprometido quer sair comigo para quê? — Não o deixou responder e falou por ele: — Para dizer que é infeliz na sua relação. Falar que ela não está em um bom momento para terminar. Explicar que está preso a ela e que... Ora! Faça-me um favor! Não sou do tipo que cai nessa justificativa medíocre e barata.

— Você se tornou uma pessoa amarga, Lea!

— Não, Iago. Tornei-me uma pessoa lúcida! Que não se deixa enganar por mais ninguém. E com licença! Preciso trabalhar! — foi dura. Virou-se e saiu.

Ele retornou para a casa da irmã e Margarida percebeu que havia algo errado. Logo imaginou se tratar de Lea não compactuar com ele.

Margarida sorriu enigmática e ficou calada.

Inconformado, Iago pegou seu carro e saiu. Foi para a cidade.

Procurando se distrair, foi até um *shopping*. Quis comprar um tênis novo e olhou algumas lojas. Nada lhe agradou. Ficou apreciando as vitrines com os pensamentos perdidos.

UM NOVO CAPÍTULO

Na verdade, não parava de lembrar o que Lea tinha dito. Ficou irritado com aquilo. Era como se não o respeitasse ou algo assim.

Além do mais, sentiu raiva da Marisol por ter mentido para ele. Odiou-se também por ter se deixado enganar. Na época, deveria ter procurado Lea e esclarecido tudo.

Inesperadamente, ouviu seu nome:

— Iago? — perguntaram nas suas costas. — Você por aqui?

Quando se virou...

— Carlota?!

— Eu mesma! Como vai! Que prazer em vê-lo — ela se aproximou e o cumprimentou.

O rapaz sorriu e quis saber:

— O que faz por aqui?

— Agora, moro na cidade. Eu e minha mãe.

— Estou surpreso por te encontrar. Como estão as coisas? — ele perguntou.

— Depois da morte do Sebastián, a empresa acabou. Muita coisa errada, bens confiscados... Até minha casa entrou no rolo.

— Sério? Não sabia.

— Vamos ali tomar um café? Nós sentamos e conversamos um pouco — ela convidou.

Iago concordou e assim foi feito.

Carlota atualizou-o sobre tudo.

— A Lea me ajudou muito. Você nem imagina. Ainda bem que, agora que mudei para cá, estamos mais próximas e nos encontramos com mais frequência. E eu sempre ganho flores — sorriu.

— Nossa... Você mudou... — ficou admirado e muito reflexivo.

— Precisei tomar uma surra da vida para aprender e crescer.

— Você sumiu. Depois do acidente, fiquei com a Estela. Nem ela sabia onde você estava.

— Quando se quer vida melhor, velhos hábitos e amigos, geralmente, não nos acompanham. A Estela se afastou quando percebeu que perdi tudo: beleza, *status*, dinheiro... Fui morar com minha mãe. Fiquei deprimida. Um verdadeiro caco. Um lixo. Não conseguia nem me olhar no espelho. A Lea me fez ver que eu não tinha chegado ao fundo do poço. Sempre estive lá. Só não percebia isso por causa do meu orgulho, do meu egoísmo e vaidade. À medida que perdia meus bens, como beleza e outras coisas, as pessoas que julgava amigas se afastaram.

— Eu te entendo. Ando meio assim. Distante de tudo e de todos.

— Foi você quem se colocou nessa posição, Iago. Fez como eu.

— Meu envolvimento com a Estela não foi boa coisa.

— Lógico que não! Ela vive em outro mundo. No mundo que já vivi e te afirmo: não deu certo e nunca vai dar para ninguém. Descobrir isso, é questão de tempo. Uns levam metade da vida, outros uma vida inteira.

— Você sabia que a Estela usa drogas esporadicamente?

— Não — foi sincera. — Nunca me contou ou começou depois que nos distanciamos. Desculpe-me, mas preciso te perguntar: você aceita isso?

— Não, mas...

— Mas ainda está com ela... — encarou-o e o viu fugindo ao olhar. — Que pena, Iago. Que pena você não se amar, não se respeitar, não ter uma atitude.

— Vai me dar sermão como a minha irmã? — sorriu.

Ela riu com gosto e disse:

— Entre os idiotas, como eu fui, Jesus não é bem visto por seus sermões. Só entendi isso bem depois. Foram os sermões da Lea que me fizeram ver o quão imbecil eu era. Aqueles que se importam com você e te dão sermões, apontam falhas a serem corrigidas. Aqueles que não ligam para o que você faz, não se importam com suas escolhas erradas. — Breve pausa e comentou: — Eu li vários livros que a Lea me indicou. Nossa! Quantos sermões existem em O Evangelho Segundo o Espiritismo, em O Livro dos Espíritos... Pela falta de sermões, muitas crianças e jovens estão perdidos, confusos, mal-educados, despreparados para a vida, porque seus pais não sabem dar sermões. Muitos de nós, adultos, ainda precisamos deles.

Ele ficou pensativo e Carlota respeitou seu silêncio. Após um tempo, Iago respirou profundamente e comentou:

— Vou dar um tempo com a Estela.

— Dar um tempo não é atitude de homem. Assuma sua própria vida. Não está bom, termine. Coloque ponto final. Dar um tempo é deixar um fio ligado a você. Assuma uma posição.

— Você tem razão. Aliás, estou procurando emprego.

— Nisso eu posso te ajudar, mas terá de mudar para cá — sorriu.

— Por que não? — ele gostou da ideia.

— Gostei de ouvir — ela sorriu.

— Você está muito diferente, Carlota. Não parece a mesma pessoa — falou com admiração. — Está muito, muito melhor. Gostei de ver — sorriu largamente.

— Que ótimo ouvir isso! Vou tomar como um grande elogio! — sorriu e fez um gesto mimoso. Em seguida, pediu: — Passa seu telefone. Farei contato. Vou conversar com o Pedro ou com a Maria José, esposa dele. São pessoas boas.

Ele passou o número e ficou grato:

— Vou aguardar seu contato. Obrigado.

Conversaram bastante enquanto tomavam o café.

Naquela mesma noite, Iago chegou ao sítio e, quando subiu os degraus da varanda da casa da irmã, olhou ao longe e viu as luzes acessas no chalé de Lea.

Apesar de ter se sentido magoado com o que ouviu, decidiu ir até lá. Talvez quisesse mostrar para ela que estava tomando decisões em sua vida.

Ela se achava deitada em uma rede estendida na varanda, balançando lentamente, com olhos fechados.

Ao escutar o estalo de um graveto, ergueu-se para ver o que acontecia.

Viu Iago e se sentou.

— Oi — ele falou.

— Oi — respondeu séria.

— Você nem imagina quem encontrei no *shopping*, hoje! — falou empolgado.

— A Carlota — respondeu com simplicidade.

— Nossa... É o ar puro daqui que está te deixando igual à Margarida?

Lea sorriu lindamente, achou graça na comparação.

— A Carlota está morando no centro da cidade e trabalha lá. É a única pessoa que você poderia encontrar.

— Verdade... Poxa vida! Como ela mudou! Fiquei surpreso.

— Mudou muito. Estou gostando de vê-la cada dia melhor.

— Ela disse que vai me ajudar a encontrar trabalho por aqui. Está em uma construtora e talvez tenha um lugar para mim.

— Você sempre foi responsável. Ótimo profissional. Será fácil uma empresa gostar do seu trabalho.

— Estou ansioso.

— Fica tranquilo — ela sorriu. — Tem vários projetos realizados em seu nome. Vários prédios, condomínios e participação em construção de *shoppings*... Não é seu primeiro emprego. Qual é seu medo?

— Boa pergunta. Vou pensar em uma resposta — sorriu. — Vim aqui só para te contar. Achei que gostaria de saber que encontrei a Carlota. Aliás, ela falou muito bem de você. — Lea sorriu, novamente. Não disse nada. Diante do seu silêncio, ele desejou: — Então... Boa noite.

— Boa noite, Iago. Boa sorte também.

— Obrigado.

Na casa da irmã...

— Amanhã vou para São Paulo. Pegarei minhas coisas na casa da Estela e conversarei com ela.

— Não está aqui nem dez dias e já clareou as ideias, meu irmão! Estou gostando de ver — sorriu satisfeita.

— Sabe, Margarida, parece que... Não ria — pediu. Olhou-a de um jeito engraçado e contou: — Parecia que tinha

um cobertor molhado e pesado nas minhas costas. Eu me sentia cansado. Desanimado.
— Esse suposto cobertor eram energias densas que aceitou. Se não reagisse, iria decair cada vez mais. Percebi que não bebeu nada alcoólico desde que chegou e espero que continue assim. Sóbrio, lúcido...
— Obrigado.
— Pelo quê? — ela sorriu lindamente.
— Pelo sermão que me deu.
— O sermão pode ter sido meu, mas a atitude foi sua. Recomece, Iago. Vire a página. Escreva um novo capítulo.
— Eu vou. Certamente, que vou. Não posso ficar ao lado de alguém que não tenho afinidade e só me prejudica.
— Isso mesmo. Está sendo sensato e tendo posicionamento.

No dia seguinte, ao chegar à casa de Estela, Iago pegou suas coisas e arrumou uma mala.
Ao vê-lo, Estela parou a sua frente e perguntou:
— O que isso significa?
— Estou indo embora.
— Como assim?! Primeiro, decide tirar uns dias para descansar. Depois, vem com essa história de ir embora. Quem você pensa que é?
— Dono da minha vida! — foi firme.
— Perderá o emprego com meu pai e todo prestígio que tem.
Ele pensou em discutir, mas resolveu ficar quieto. Preferiu terminar logo com aquilo.
Olhou em volta para ver se ainda havia mais alguma coisa e Estela disse:
— Você é um fracassado! Não arrumará nada aonde quer que vá! Se meu pai falar de você, sua vida profissional já era! Até um prédio caiu na sua cabeça e matou um cara! — Ao vê-lo virar as costas, ela ainda gritou: — Assassino! Fracassado!

CAPÍTULO 54
OS PLANOS DE SANTIAGO

Em seu apartamento...
As palavras de Estela não paravam de ecoar em sua cabeça. Iago se culpava pela morte do funcionário, mesmo sabendo que não tinha nada a ver com isso.

Muito tempo antes, quando Lea descobriu a quantidade e a qualidade alterada de materiais naquela ordem de serviço ele deveria ter denunciado. Mas não. A construtora continuou a fazer o mesmo em outros trabalhos. O material, incompatível com as necessidades das obras, colocava em risco muitas construções. Sebastián era criminoso e como engenheiro Iago sabia disso. Iago ficou atento aos serviços confiados a ele, mas não tinha controle sobre os outros, por essa razão, procurava outro lugar para trabalhar.

A obra que desmoronou não era sua. Tinha sido chamado lá para dar sugestões. Ignorava os intuitos perversos de Sebastián que desejava tirar-lhe a vida, pois desconfiava que ele pensava em sair de lá e poderia denunciar toda irregularidade existente. Iago não era responsável pela construção que desabou, mas, a vida do funcionário, que estava com ele, poderia ter sido poupada. Isso era o que ele pensava.

Todas as vítimas no desmoronamento precisavam, de alguma forma, experimentarem o que aconteceu. Nada estava errado.

UM NOVO CAPÍTULO

Aquele sentimento de culpa o atormentou diuturnamente. Talvez, esse fosse seu maior obstáculo para voltar a trabalhar com construção.

Não resistiu. Pegou uma garrafa de uísque e colocou uma dose no copo. Acreditou que tomaria somente uma dose. Mas não.

No dia seguinte, achava-se largado sobre a cama e acordou com o telefone tocando.

Demorou para encontrar o aparelho e quando conseguiu, atendeu:

— Pronto!

— Oi, Iago! É a Carlota. Desculpa ligar essa hora, mas enviei mensagem e você não visualizou. Preciso de sua resposta o quanto antes. Pode vir aqui na construtora amanhã?

— Amanhã de manhã?

— É! O Pedro quer conhecê-lo. Falei de você para ele e, de fato, precisam de alguém com o seu perfil.

— Tudo bem. Pode confirmar.

— Amanhã às 9h, tá? Vou te passar o endereço por mensagem. Fica mais fácil.

— Obrigado, Carlota. Estarei aí.

— Imagina... Até amanhã — despediu-se com voz alegre.

— Até...

Desligou. Sentia a cabeça doendo, pesada.

Mal conseguiu abrir os olhos. A luz incomodava.

Decidiu tomar um banho para despertar. Ao terminar, ainda vestido em um roupão, foi até a janela da sala e a abriu. Olhou a bela vista da cidade.

Achava-se infeliz como nunca.

Um vazio, uma coisa estranha e incrível amargo em seus sentimentos.

O espírito Santiago se aproximou e o abraçou pelas costas.

— Calma... Aguenta mais um pouco. Tudo vai mudar. Nada fica eternamente como está.

Sem saber o que acontecia na espiritualidade, Iago respirou fundo e falou em voz alta.

— O que é que estou fazendo da minha vida?!

Entre vários espíritos atraídos pelo consumo de álcool, estava Edimilson, o operário que morreu no desabamento da construção.

— Você me matou. Eu morri por sua causa. Deixei mulher e filho. Tinha uma vida. Desgraçado! Infeliz!

— Que sensação horrível... — Iago murmurou e fechou o vidro. Arrependeu-se por ter bebido.

Olhou para o apartamento e experimentou grande sensação de desânimo, muito diferente de dias anteriores quando ficou no sítio de sua irmã.

Pegou o celular e ligou para Margarida.

Fora de área.

— Pegue suas coisas e saia daqui. Vá para a casa da sua irmã — Santiago o inspirou.

Sem entender a razão, decidiu fazer as malas. Juntou tudo o que precisava, levou para o carro e foi para a casa da irmã.

Margarida ficou surpresa. Não esperava vê-lo tão rápido.

— Posso ficar aqui? Amanhã vou até a construtora como te falei e...

— Claro que pode. Seu quarto está a sua espera.

Ela sentiu algo estranho e o irmão contou:

— Liguei, mas seu telefone estava fora de área.

— A manhã inteira estive no sítio onde estamos fazendo o paisagismo. Lá não tem bom sinal para celular.

— Então foi isso — falou com modo esquisito, sem encará-la. Diferente da pessoa alegre que, dias antes, estava ali.

— Iago, aconteceu alguma coisa?

O irmão puxou a cadeira e se sentou. Depois, contou:

— Terminei com a Estela. Lógico que ela disse coisas e isso me colocou pra baixo.

— Ela fez isso para te ferir. Não significa que sejam verdades.

— Pode ser, mas não parei de pensar. Fui para o meu apartamento e fiquei pensando...

— Encheu a cara? — Não houve resposta. Margarida respirou fundo e afirmou: — Iago, é lógico que existe o lado espiritual

atuando. Espíritos inferiores sempre tentam, nos inspiram a fazer coisas que não são boas e nos prejudicam. Mas é preciso ter a má tendência para que o obsessor possa agir. Por exemplo: o irmãozinho desencarnado que ainda vive na inferioridade e quer meu mal, me envolve e me inspira a assaltar um banco. A ideia passa pela minha cabeça. Eu dou risada e esqueço, porque não tenho, em mim, a má tendência para fazer assaltos a banco. Mas, se eu tiver essa má inclinação, a coisa muda de figura. O mesmo é com tudo! — enfatizou.
— Bebida, comida, compulsões por doces, compras, jogos, promiscuidade sexual, traição... Só aceita a praticar a má tendência inspirada pelo obsessor, aquele que ainda a tem em si. É preciso ser firme e forte com você mesmo. Procure ajuda no centro espírita, na igreja, no templo de não sei o quê... Mas procure! Por que digo isso? Porque quando o assunto é má tendência, a religiosidade tem muito poder de ajudar. A religiosidade nos dá poder sobre nós. E quando não fazemos o que o espírito inferior deseja, ele se afasta.

— Eu quero uma vida nova. Estou decidido a isso. Mas ainda... — não completou.

— Precisa de forças. Eu te entendo. Já é ótimo saber que está decidido a uma vida nova. Mas precisa se esforçar mais. Trabalhar a sua má tendência que, no caso, é a bebida. Você bebe exageradamente. No dia seguinte, se sente culpado, no fundo do poço, dominado por um sentimento ruim, exaurido de energias valiosas... Pare com isso, Iago. Está na hora de sentir orgulho de si mesmo.

— Eu me sinto culpado pela morte daquele operário — revelou de uma vez, encarando-a. — Nunca disse isso a ninguém, mas...

— A obra não era sua. Você foi lá a pedido do Sebastián, que solicitou sua opinião sobre uma possível mudança no projeto. Não foi isso? Por que se sentir culpado?

— Muito tempo antes, a Lea me procurou e... — contou tudo.

— Entendi... — a irmã pensou e observou-o. — Então você precisa mesmo de auxílio espiritual. Tem um irmãozinho que necessita ser socorrido. Precisa de esclarecimento.

— Você acha mesmo?

— Tenho certeza. — Um instante e orientou: — Quer encerrar um capítulo da sua vida? Comece um novo. Ore, medite, movimente-se, faça algo por você! — Fitou-o nos olhos e afirmou: — Eu vou te ajudar, mas não me venha com a historinha de que foi fraco, não resistiu, teve uma recaída... Não vou tolerar você bêbado. E vamos procurar ajuda em todos os sentidos.

Iago foi entrevistado na construtora.

Ao conhecê-lo, Pedro e a esposa simpatizaram, de imediato, com ele.

Isso o deixou feliz, novamente. Bem animado e repleto de esperança para uma nova vida.

Começou a trabalhar de imediato e Carlota o ajudou a se familiarizar.

Alguns dias depois, precisaram de um gerente de obras e Iago, imediatamente, lembrou-se de Aguilar, com quem trabalhou. Ainda tinha seu contato. Convidou-o para se tornar funcionário da construtora e ele aceitou de imediato, sem se importar com a mudança de cidade. Estava desempregado desde que a empresa de Sebastián fechou, após sua morte.

Iago ficou morando na casa da irmã. Todos os dias, no sítio, procurava por Lea querendo saber do seu dia e contar suas novidades.

O tempo foi passando...

Naquele dia, ao chegar do trabalho mais cedo, surpreendeu-se ao ver o pássaro preto de Margarida no ombro de Lea.

— O Adamastor encontrou um novo poleiro! — ele riu ao vê-la.

— Pois é! O Antônio também ficou admirado — ela comentou sorrindo.

— Dizem que animais gostam de pessoas boas.

Lea ficou encabulada e nada disse sobre o elogio. Mudou de assunto:

— E lá na construtora?

— Está tudo bem. Peguei um projeto em andamento e dando início a uma nova planta. Te contei que o Aguilar já começou a trabalhar com a gente?
— Contou. Que bom. Fico feliz por você e por ele também.
— A Carlota estava me contando que vocês duas frequentam a mesma casa espírita toda semana e que... Posso ir com vocês? Estou procurando assistência espiritual.
— É o mesmo lugar que a Margarida frequenta. Só que ela vai durante a semana. Eu, aos domingos.
— Posso ir junto com você? — indagou com modos gentis.
— Pode, mas só quando eu voltar de viagem.
— Vai tirar férias? — surpreendeu-se Iago. Não sabia de nada.
— Mais ou menos... A Angelita vai se casar e serei madrinha.
— Eu não sabia — sentiu-se decepcionado. Talvez esperasse um convite.
— É... Adiaram um pouquinho o casamento por causa do atraso no apartamento... Mas, agora, está tudo resolvido. Desta vez, vai! — riu.
— Quando será?
— No próximo final de semana. Irei para Marília na quinta-feira e retorno no domingo à noite ou na segunda-feira de manhã.
Iago ficou sem jeito e comentou baixinho, quase como um murmúrio:
— Faz tanto tempo que não vejo a Angelita... Vou comprar um presente para ela. Assim, você entrega e diz que desejei felicidades.
— Ela vai gostar — Lea sorriu.
— Então... Semana que vem vou ao centro com você.
— Por mim, tudo bem — ela sabia, por Margarida, dos problemas que Iago enfrentava. Não disse nada. Mas estava bem ciente.

Na noite seguinte, Iago foi até o chalé de Lea com um pacote nas mãos.

Da varanda, chamou-a e foi atendido.
— Sobe aí! — pediu.
Ele subiu os degraus com um embrulho, dizendo:
— É um presente para a Angelita. Tem um cartão junto com desejo de muitas felicidades. Acho que ela vai gostar.
— Por que você mesmo não entrega a ela?
— Ela está aí?
— Não!... — riu alto e ele gostou de ouvir aquele riso. — Claro que não. Conversei com ela que o convidou. Pediu desculpas por não ter mandado convite, mas não sabia seu endereço nem que estava morando aqui.
— Você não contou.
— Não — respondeu com simplicidade. — Ela enviou convite para a Margarida, mas ela está com aquele projeto imenso atrasado e... Não podemos, nós duas, deixarmos o trabalho nesse período.
— Por isso, a Margarida não vai.
— Pois é...
— Desculpe, Lea... Este pacote está pesado.
— Por favor, me desculpe... Entre! Coloque aqui em cima da mesa, por favor.
Iago obedeceu.
Ao deixar o pacote onde ela pediu, correu o olhar pela casa. Tudo muito organizado e bonito. Flores graciosas encantavam os ambientes. De onde estava, podia ver até a outra sala e parte do quarto pela porta aberta.
— Nossa! Que incrível esse chalé. Nunca pensei que pudesse ficar assim.
— Quando vim para cá, estava bem simples. Dei uma arrumada nele todo. Envernizei. Coloquei aquele painel na parede... Venha ver de perto — levou-o até o outro cômodo.
— Você envernizou tudo isso?
— Lógico! Coloquei o painel e os lustres também. Aqui, na cozinha — foi para lá e ele a acompanhou —, troquei o revestimento da parede da pia. Tirei todo o resto. Uma cozinha não precisa de tanto azulejo. Só deixei sobre a pia e fogão. O Antônio me ajudou com os armários, claro.

— Sabia que fazia reparos de eletricista, mas não conhecia esse seu lado de construtora. Parabéns! Estou admirado.

— Obrigada.

— Você é muito caprichosa. Reparei que a varanda também está repaginada. Pintura nova, rede, cadeira de balanço e as plantas penduradas deram um charme todo especial. Certamente, tudo foi escolha sua.

— Deu um trabalhão. Mas valeu a pena. Ficou agradável. Sinto-me bem em um ambiente aprazível — falou de um modo gracioso.

— Eu disse para o Pedro que minha irmã e a sócia têm uma empresa de paisagismo. Falei que ficaria interessante incorporarmos jardins de inverno, paredes vivas nos projetos. Ele gostou e espera um bom desconto.

— Lógico! Vamos falar com a Margarida — ficou feliz.

O silêncio reinou por um momento em que se olharam mais longamente.

Sentiram suas almas invadidas por algo que não sabiam explicar.

Lea fugiu ao olhar e sorriu para disfarçar, lembrando:

— O que decide? Vai ao casamento?

— Vai de carro para lá?

— Sim. Vou.

— Posso ir com você? — ele sorriu e ficou na expectativa.

— Por mim... Tudo bem.

— Será bom rever a Angelita e... Quero ter vida social de melhor qualidade. Penso que pessoas amigas como você, a Carlota... — Riu e se explicou: — Quem diria que a Carlota mudaria tanto? Ela era insuportável!

— É mesmo. Nem acredito. Hoje, ela é uma pessoa muito especial para mim.

— Para mim, também.

— A Carlota é prova viva de que é possível mudar, é possível evoluir. Basta querer e fazer por merecer. Estou admirada com os trabalhos que ela vem realizando na casa espírita, na área de assistência social com gestantes. Quando for lá, eu te mostro.

— Bom saber! Quero conhecer. Como estava dizendo... Procuro por uma vida mais saudável e quero me envolver com gente desse nível. Você precisa conhecer o Pedro e a Maria José, esposa dele. São ótimas pessoas! — ressaltou.

— A Carlota falou deles. Elogiou, na verdade. Disse que são pessoas generosas, humildes, apesar de estarem muito bem de vida.

— Sim. São pessoas que estão muito bem de vida sim — Iago afirmou.

— Não é errado ter dinheiro. O dinheiro é um mecanismo para evolução. É preciso saber usá-lo — Lea disse e sorriu.

— Então... — fixou em seus olhos e, novamente, foram invadidos por uma sensação que não conseguiam entender. — Acho que já vou e... Depois me diz que horas vai sair na quinta-feira... Tenho de adiantar algumas coisas na construtora... — falava enquanto caminhava até a porta. Depois, tornou a dizer: — Gostei muito do que fez com este chalé. Ficou lindo. Está de parabéns.

— Obrigada — agradeceu ao abrir a porta.

Ele saiu e ela o acompanhou até os degraus.

Ali, Iago se virou e disse:

— Tchau — inclinou-se e a beijou no rosto.

Lea não esperava e murmurou:

— Tchau...

Ele desceu os degraus e se foi.

No plano espiritual, Santiago olhou para Isabel. Sorriram largamente e ele disse:

— Não foi desta vez! Que coisa! — torcia para que seus planos fossem realizados logo.

— Menino... Sossega! — ela brincou.

Santiago estava com aparência jovial, parecia um adolescente com jeito espirituoso. Não se despojou da graça e vivacidade. Vibrava pela união de Lea e Iago. Desejava vê-los viver um grande amor.

UM NOVO CAPÍTULO

A viagem até a cidade de Marília para o casamento de Angelita foi tranquila, apesar de um pouco cansativa.

A noiva ficou feliz em rever o amigo, principalmente, ao lado da prima. Por dentro, Angelita divertiu-se com as ideias que lhe passavam pela cabeça sobre os dois, mas não disse nada.

O casamento seria realizado em um espaço muito bonito, iluminado e repleto de flores.

Todos estavam relativamente tranquilos até Hernando avisar que seu primo, que seria padrinho e faria par com Lea, não estava se sentindo bem.

Quando soube, Carmem não pensou duas vezes e procurou por Iago, pedindo:

— O terno dele vestiria perfeitamente em você. Seria muito se eu te pedisse para ser padrinho junto com a Lea, Iago?

— Só se for hoje! Cadê o terno? — animou-se.

Carmem ficou feliz. O casamento da filha seria perfeito. Passou a mão no rosto de Iago, quando o viu pronto, agradeceu e disse:

— Não sei por que, mas senti um carinho tão especial por você.

— Obrigado, dona Carmem. Eu também senti — sorriu e abraçaram-se.

Resolvido o problema, tudo aconteceu conforme planejado.

No dia seguinte, Angelita e o marido agradeceram imensamente a Iago por ter aceitado o convite de última hora. Hernando gostou muito dele e prometeu convidá-lo para um final de semana em sua casa.

Após a partida dos recém-casados para a lua de mel, Lea e sua tia conversavam.

— É, Lea... Descobrimos que o Onofre tem autismo mesmo.

— Sinto muito, tia.

— Ainda o levaremos a especialistas para acompanhá-lo. É um transtorno que requer atenção e muito, muito carinho e paciência. Pelo conhecimento que temos, sabemos que nada é por acaso. Se estamos na vida dele e ele na nossa, precisamos nos amar. Temos compromissos e comprometimentos.

— Não importa o passado, tia. As outras vidas devem ficar lá. O essencial, daqui para frente, é o que faremos hoje para um futuro melhor. Não procure especular o que se fez no passado para ter autismo. De nada vai adiantar. É como a senhora falou: se estamos juntos nesta, existe comprometimento e saber disso é suficiente.

— Eu lembro que meu pai dizia algo mais ou menos assim: não sabemos as burradas que praticamos no passado e é melhor não saber. É por isso que não podemos julgar — disse Iago.

— Seu pai tem razão, filho — Carmem considerou.

— Tinha. Ele já faleceu — Iago contou.

— Sinto muito. Não sabia — tornou a senhora. Voltando-se para a sobrinha, disse: — Nem tivemos tempo de conversar, né, Lea? Conta como você está.

— Estou bem, tia — sorriu. — Trabalhando muito. A senhora precisa ir lá e passar uns dias comigo.

— Vou sim. Deixa a Yolanda pegar férias que nós vamos.

— A Lea está fazendo um trabalho espetacular no sítio.

— Minha sobrinha sempre foi muito esforçada. Admiro isso nela. Em compensação, a outra...

— Tem notícias da Marisol?

— Está do mesmo jeito. Liguei perguntando se viria para o casamento. Ela só reclamou. Praguejou... Tenho pena daquela criança.

— Parei de ligar para minha irmã. Darei um tempo. Sinto-me mal quando conversamos. É agressiva e... Ela é igual ao nosso pai. Sempre ofensivo com as palavras. Ninguém é obrigado a aturar maus-tratos de qualquer tipo.

— Também liguei para a Eugênia para saber como estava, após a morte do Ruan. Foi outra que só reclamou.

— Nem liguei para ela, tia. Não tenho o que conversar. Ela tinha meu telefone e nem me avisou sobre a morte do meu pai. Onde já se viu fazer isso?

— Não liga, Lea.

— Tenho o direito de me distanciar. Ela deu motivos. — Um instante e decidiu: — Tia, o papo está ótimo, mas temos de ir.

— Não, Lea! Está cedo!

— Por isso mesmo. Vamos agora para não escurecer no meio do caminho.

— É verdade, dona Carmem. Outro dia voltamos aqui. Afinal, o Hernando me prometeu um final de semana para compensar o sacrifício de ser padrinho — riu alto.

Despediram-se e se foram.

A viagem de volta foi tão tranquila quanto a de ida.

Fizeram várias paradas para tomarem café e descansarem.

Tiraram fotos e enviaram para Carmem e Margarida, falando sobre o caminho.

— Olha aquele pôr-do-sol!... — Lea se admirou. Iago dirigia e procurou parar no acostamento.

— O que está fazendo? — ela quis saber.

— Vamos admirar isso.

Desceram e ficaram em silêncio, contemplando o sol alaranjado se pondo no firmamento. O céu estava bordado de nuvens lindíssimas.

Diante do espetáculo e da claridade com luzes impressionantes, Lea disse:

— Olhe esse céu. Se Deus é capaz disso, ore e confie, porque Ele é capaz de muito mais.

— Bela reflexão — ele afirmou.

— É... Tô inspirada, hoje — sorriu.

Iago parou a sua frente e disse:

— Gostei de ser padrinho da Angelita junto com você.

— Que bom saber disso... Foi ótimo ter aceitado o convite. Acho que em nenhum outro aquele terno vestiria — riu alto, de uma forma gostosa de ouvir.

— Também gosto do seu jeito de dar risada — olhou-a nos olhos e mergulhou em sua alma.

Lea suspirou fundo. Ficou sem jeito e abaixou o olhar.

— É melhor irmos. Vai escurecer logo — e caminhou para perto do veículo.

— O carro tem faróis. Sabia? — ele murmurou, pareceu insatisfeito.

Na espiritualidade, também insatisfeito, Santiago reclamou:

— Caramba! Não foi dessa vez, Isabel! Não foi dessa vez! O que há de errado com ela?! O que há de errado com esses dois?! — ria ao mesmo tempo que estava inconformado.

— Calma, menino! Se aquiete! — ela orientou e riu.

— Não é possível!... Não é possível!... Eu quero nascer!!! — abriu os braços e olhou para o alto.

Isabel riu muito e comentou:

— Depois dizem que ninguém pede para nascer. Olha o escândalo deste menino!

Chegaram ao sítio, repletos de novidades.

— Não acredito que trouxeram bolo e docinhos para mim! — Margarida riu ao ver a bolsa térmica. — Ela é das minhas! — ficou muito feliz.

— Foi coisa da minha tia. Ela é das antigas. Aliás, reclamou por você não ter ido.

— Ah... Você sabe. As chuvas atrasaram nossos projetos e o proprietário quer tudo pronto para o casamento da filha. Não podemos atrasar mais um dia sequer.

— Eu sei. Expliquei tudo para elas.

Mexendo na sacola, ainda comentou:

— Quer dizer que o Iago foi padrinho de última hora?

— Foi. As roupas dos padrinhos combinavam e não poderia ser outra pessoa. O terno pareceu feito para ele! Viu as fotos?

— Verdade. Vi sim. Achei muito curioso.

— Que bom que deu tudo certo — Margarida ficou satisfeita.

— Agora vou para a minha casa. Estou morta de cansada pela viagem. Amanhã a gente conversa.

— Até amanhã, Lea. Fica com Deus.

— Espera aí... Vou com você até o chalé — Iago se prontificou.

A irmã riu sem que eles vissem.

Alguns segundos, Margarida foi até a porta e ficou olhando os dois caminharem em direção da luz fraca do chalé. Antônio foi ver o que a esposa admirava e colocou o braço em seus ombros, perguntando:

— O que foi?

— Acho que ganhei uma cunhada.

O casal começou a rir.
Antônio lhe fez um carinho e a envolveu, beijando-a com amor.

Chegando ao chalé, Lea acendeu outras luzes da varanda para iluminar melhor o lugar.
— Está entregue — ele disse e sorriu. Depois, agradeceu:
— Muito obrigado por permitir que eu fosse com você. Foi bom demais. Fazia tempo que não me divertia assim de modo tão... Como posso dizer?...
— Simples?
— Simples. Não sei se essa é a palavra certa. Eu diria, de forma tão natural e sincera. Isso. A diversão foi natural e sincera.
— É na simplicidade que está a grandeza.
— Obrigado, Lea. Pela sua companhia, principalmente.
— Ora... Que é isso... — ficou sem jeito.
Iago se aproximou. Tocou seu cabelo com as pontas dos dedos e, em seguida, seu rosto. Contemplou-a de modo diferente.
Lea sentiu-se invadida por forte emoção.
Seus corações aceleraram no mesmo ritmo. O tempo parou para eles.
Iago se curvou e a beijou nos lábios com ternura e abraçou-a com carinho.
Ela correspondeu.
Ao se afastarem, percebeu-a sem jeito e revelou:
— Sempre quis fazer isso. Não sei o que me impediu. Gosto muito de você — beijou-a, novamente.
Depois, agasalhou-a com um abraço apertando-a contra o peito.
Com voz abafada, Lea questionou:
— Estamos fazendo a coisa certa?
— Eu tenho certeza de que sim.
Afastando-se, segurou suas mãos, olhou-o nos olhos e disse séria, bem sincera:

— Não vou aceitar ninguém na minha vida que seja para aventura. Quero um compromisso. Também não quero problemas e preocupações exaustivas por causa de comportamentos e vícios. Não viverei em um relacionamento tóxico.

— Entendo o que quer dizer. É sobre a bebida. Não vou beber nunca mais e somente do meu lado você terá certeza do que estou falando — olhou-a firme. — Mas tem uma coisa que preciso perguntar.

— O quê?

— Quer namorar comigo? — sorriu enquanto aguardava a resposta.

Lea achou graça no modo de Iago falar. Ao mesmo tempo, pareceu antiquado e nunca pensou em ouvir aquilo. Mas gostou imensamente. Quando o viu sério, esperando por sua resposta, disse:

— Sim. Quero namorar você.

— Eu ia fazer o pedido para sua tia.

— Não faria isso! — ela riu.

— Lógico que iria fazer. Já que não tem sua mãe nem seu pai, sobrou sua tia como pessoa que representa sua família e a quem deve obediência, satisfações... — riu junto.

— Pai e mãe fazem falta. Gostaria de poder tê-los junto neste momento da vida.

— Acredito que aqueles que te amam acompanham os melhores momentos de sua vida e torcem por você de onde estão. É certo que estão dando bênçãos neste instante.

— Eu dou sim. Vocês têm a minha bênção — o espírito Isabel respondeu, mesmo sabendo que não a ouviam.

Naquela hora, uma ave noturna piou alto e Iago disse, rindo:

— Ouviu? Isso foi um sinal!

— Pare com isso! Imagina... — achou graça.

Iago a abraçou com carinho apertando-a, novamente, contra o peito e afirmou:

— Tenho vontade de guardar você dentro de mim, sabia?

Beijou-a com amor.

Ao se afastarem, Lea lembrou:

— Amanhã tenho de levantar cedo. E outra coisa... Não fica bem você por aqui.

— Tudo bem. Entendo... Amanhã, antes de sair, venho te dar bom dia. Pode ser?

— Pode — sorriu encantada.

De novo, ele a beijou. Despediram-se e se foi.

Nesse momento, na espiritualidade, Santiago gritou:

— Aeeee!!!

— Quieto, menino! — Isabel riu e olhou para os demais.

— Por que tenho de ficar quieto? Eles não estão me ouvindo! — comentou de um jeito travesso e riu.

No dia seguinte, Lea pareceu inquieta e Margarida notou. Esperta, deu um jeito de perguntar e a fez contar tudo. No final, ela revelou seu medo:

— Fico preocupada pelo fato do Iago ter tido problema com bebida.

— Ele bebeu alguma coisa alcoólica no casamento?

— Não. Fiquei de olho. Não bebeu não. Nem eu.

— Quando a pessoa se encontra, ela não busca mecanismos de fuga. Iago parece que se encontrou. Não está se obrigando a nada. Sua vida ao lado daquela uma foi... Sei lá o que foi aquilo. Talvez, se ela tivesse outro tipo de desejo e sonhos... Mas não. Ele estava lá contrariado. Pelo menos, é isso o que parece. — Um momento e aconselhou: — Lea, é assim: você não é obrigada a ficar com alguém sem equilíbrio. Na primeira pisada na bola do Iago com bebida, mande-o passear.

— Mas eu vou sofrer.

— Sofrerá mais se ficar com ele.

— Meu pai teve problemas com bebida, antes de nos abandonar. Todo final de semana enchia a cara. Foi horrível.

— Não aceite passar por isso de novo. Determine-se a isso.

Quando o irmão contou sobre o namoro, Margarida o parabenizou e disse:
— Essa é uma vida nova, Iago. Não estrague tudo.
— Lógico que não.
— Coloque Deus entre vocês. Não decepcione a si nem a ela. A Lea teve um pai com problemas com bebida. Ela sofreu. A família sofreu. Tenho certeza de que não vai aceitar passar por isso novamente.
— Eu sei. Estou consciente. Ao lado dela as coisas são diferentes. Sinto-me bem. Minha vida ganhou luz.
— Então, alimente essa chama. Fica esperto. Se você pisar na bola eu apoio a Lea. Entendeu?
— Claro. Nem precisa falar. A propósito, comecei um tratamento de assistência espiritual.
— Que ótimo! Estou feliz por você — disse Margarida satisfeita.
— Coloquei o apartamento à venda e já vendi o outro carro.
— Excelente! Estou gostando de ver! — animou-se.
Com olhar travesso, Margarida pegou sua caneca de chá e saiu meneando o vestido longo que quase arrastava no chão. Deu um assobio e, sem demora, Adamastor, seu pássaro preto, surgiu voando e pousou em seu ombro.
— Bruxa! — o irmão gritou para ela que ouviu e deu risada.

O tempo foi passando...
Iago tornou-se outra pessoa. Alegre, ativo, compromissado com assuntos importantes e levando seus planos e projetos de vida bem a sério.
O tratamento de assistência espiritual ajudou ao irmão infeliz, que estava ao seu lado, e isso mudou muita coisa no

sentido de vibrações. Os pensamentos de Iago ficaram mais claros e tinha foco em bons objetivos.

Lea continuava com seu trabalho junto com Margarida. Davam-se muito bem e sempre se apoiavam em tudo.

Era uma tarde bem quente de domingo e Lea mexia nas plantas na estufa.

Iago a procurou e disse:

— Tá difícil de te encontrar, hein? — falou com um toque de reclamação.

— Está tão quente. Vim aqui para ver como está a temperatura.

— Já que esse é um lugar tão importante para você, mais importante do que eu...

— Ai... Do que está reclamando, Iago? Parece criança mimada... — riu. Nem o olhou.

— Preciso te fazer uma pergunta.

— Qual? — indagou sem encará-lo.

— Quer casar comigo?

— Como?... — indagou baixinho. Parou o que fazia e se virou para ele. Ficou séria. Não acreditou no que tinha ouvido.

— Quer casar comigo? — Iago repetiu.

Iluminando o rosto com lindo sorriso, respondeu:

— Sim. Quero — e o abraçou, beijando-o em seguida.

— Estive pensando e... Já é tempo, né? — disse ele.

— É — falou de modo travesso. — Chega de ficar me enrolando.

— E onde vamos morar? Podemos comprar uma casa na cidade.

— Podemos morar aqui. Você se muda da casa da sua irmã para o chalé.

— Será que a Margarida permitirá? — ele riu.

— Duvido que não. Afinal... — não completou e gargalhou.

— Isso!!! — Santiago gritou, expressando-se feliz. Virando-se para Isabel, decidiu: — Vou voltar para a colônia, agora, e fazer minhas malas para reencarnar!

— Que malas, menino? — ela riu.

— Vou reencarnar! Estou tão feliz! Não estava nos planos iniciais, mas agora está. — Olhando para aqueles que seriam seus pais, avisou: — Tenho uma tarefa muito boa e produtiva. Reencarnar entre eles será maravilhoso. — Olhando-os, novamente, ressaltou: — Aguardem por mim! Em breve, retorno entre vocês! — Santiago sentia-se realizado.

— Sabe, Santiago — Isabel sorriu de modo enigmático e maroto. — Até eu penso em voltar. Posso aproveitar a carona? Afinal, está tão em moda nascimentos de gêmeos nos últimos tempos... — riu com gosto.

— É lógico que pode! Vem comigo! Tenho ideias ótimas e muitos, muitos planos. Vamos animar a vida desses dois! — Santiago estava feliz e satisfeito com seus projetos.

Partiram para a colônia.

Para redigir, em sua vida, uma nova página, é preciso começar com uma palavra, uma linha... Desenvolver a história que se deseja com esperança, amor e fé, fazendo o melhor, pois, a cada dia, sempre é possível escrever um novo capítulo.

Fim.

Schellida.

A certeza da *Vitória*

Psicografia de Eliana Machado Coelho
Romance do espírito Schellida

Romance | Formato: 16x23cm | Páginas: 528

E se a vida te levasse a se apaixonar pelo filho do homem que matou sua mãe?

Neste romance apaixonante e impressionante, A certeza da Vitória, o espírito Schellida, pela psicografia de Eliana Machado Coelho, mais uma vez, aborda ensinamentos maravilhosos e reflexões valiosíssimas em uma saga fascinante de amor e ódio, trazendo-nos esclarecimentos necessários para a nossa evolução.
Boa Leitura!

 www.boanova.net

 www.facebook.com/boanovaed

 www.instagram.com/boanovaed

 www.youtube.com/boanovaeditora

LÚMEN
EDITORIAL

Entre em contato com nossos consultores e confira as condições
Catanduva-SP 17 3531.4444 | boanova@boanova.net | www.boanova.net

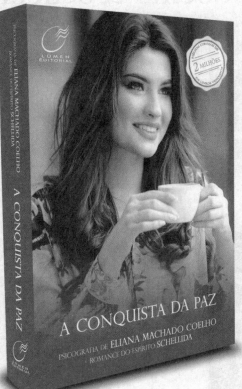

Eliana Machado Coelho & Schellida

...em romances que encantam, instruem, e emocionam... e que podem mudar sua vida!

A CONQUISTA DA PAZ
Eliana Machado Coelho/Schellida
Romance | 16x23 cm | 512 páginas

Bárbara é uma jovem esforçada e inteligente. Realizada profissionalmente, aos poucos perde todas as suas conquistas, ao se tornar alvo da perseguição de Perceval, implacável obsessor. Bárbara e sua família são envolvidas em tramas para que percam a fé, uma vez que a vida só lhes apresenta perdas. Como superar? Como criar novamente vontade e ânimo para viver? Como não ceder aos desejos do obsessor e preservar a própria vida? Deus nunca nos abandona. Mas é preciso buscá-Lo.

LÚMEN
EDITORIAL

Entre em contato com nossos consultores e confira as condições
Catanduva-SP 17 3531.4444 | boanova@boanova.net | www.boanova.net

Eliana Machado Coelho & Schellida

SEM REGRAS PARA AMAR

NOVA EDIÇÃO
REVISADA E AMPLIADA

Romance
16x23 cm | 528 páginas

Romances que encantam, instruem, emocionam e que podem mudar sua vida!

LÚMEN EDITORIAL

Entre em contato com nossos consultores e confira as condições
Catanduva-SP 17 3531.4444 | boanova@boanova.net | www.boanova.net

Eliana Machado Coelho & Schellida

...em romances que encantam, instruem, e emocionam... e que podem mudar sua vida!

Mais forte do que nunca
Eliana Machado Coelho/Schellida
Romance | 16x23 cm | 440 páginas

Abner, arquiteto bem resolvido, 35 anos, bonito e forte, decide assumir a sua homossexualidade e a sua relação com Davi, seu companheiro. Mas ele não esperava que fosse encontrar contrariedades dentro de sua própria casa, principalmente por parte deseu pai, senhor Salvador, que o agride verbal e fisicamente. Os problemas familiares não param por aí. As duas irmãs de Abner enfrentarão inúmeros desafios. Rúbia, a mais nova, engravida de um homem casado e é expulsa de casa. Simone, até então bem casada, descobre nos primeiros meses de gestação que seu bebê é portador de Síndrome de Patau: o marido Samuel, despreparado e fraco, se afasta e arruma uma amante. Em meio a tantos acontecimentos, surge Janaína, mãe de Davi e Cristiano, que sempre orientou seus filhos na Doutrina Espírita. As duas famílias passam a ter amizade, Janaína orienta Rúbia e Simone, enquanto Cristiano começa a fazer o senhor Salvador raciocinar e vencer seu preconceito contra a homossexualidade.

Entre em contato com nossos consultores e confira as condições
Catanduva-SP 17 3531.4444 | boanova@boanova.net | www.boanova.net

LÚMEN EDITORIAL

Av. Porto Ferreira, 1031 | Parque Iracema
CEP 15809-020 | Catanduva-SP

www.**lumeneditorial**.com.br
www.**boanova**.net

atendimento@lumeneditorial.com.br
boanova@boanova.net

📞 17 3531.4444
🟢 17 99777.7413
📷 @boanovaed
f boanovaed
▶ boanovaeditora

Acesse nossa loja

Fale pelo whatsapp